COLEÇÃO
ABERTURA
CULTURAL

Copyright © 1997 by ISI Books
Copyright da edição brasileira © 2016 by É Realizações
Título original: *Edmund Burke – A Genius Reconsidered*

Editor | Edson Manoel de Oliveira Filho

Produção editorial e projeto gráfico | É Realizações Editora

Revisão técnica, preparação de texto e elaboração do índice remissivo | Alex Catharino

Preparação de texto | Carlos Nougué

Revisão | William C. Cruz

Capa e diagramação | Mauricio Nisi Gonçalves

Reservados todos os direitos desta obra. Proibida toda e qualquer reprodução desta edição por qualquer meio ou forma, seja ela eletrônica ou mecânica, fotocópia, gravação ou qualquer outro meio de reprodução, sem permissão expressa do editor.

CIP-BRASIL. CATALOGAÇÃO NA PUBLICAÇÃO
SINDICATO NACIONAL DOS EDITORES DE LIVROS, RJ

K65e

Kirk, Russell, 1918-1994
 Edmund Burke : redescobrindo um gênio / Russell Kirk ; tradução Márcia Xavier de Brito. - 1. ed. - São Paulo : É Realizações, 2016.
 576 p. ; 23 cm. (Abertura cultural)

 Tradução de: Edmund Burke : A Genius Reconsidered
 Apêndice
 Inclui índice
 ISBN 978-85-8033-274-2

 1. Burke, Edmund, 1729-1797 - Irlanda - Biografia. 2. Cientistas políticos - Irlanda - Biografia. I. Xavier de Brito, Márcia. II. Título. III. Série.

16-36165   CDD: 923.2
                                                 CDU: 929:32(417)

É Realizações Editora, Livraria e Distribuidora Ltda.
Rua França Pinto, 498 · São Paulo SP · 04016-002
Caixa Postal: 45321 · 04010-970 · Telefax: (5511) 5572 5363
atendimento@erealizacoes.com.br · www.erealizacoes.com.br

Este livro foi impresso pela Gráfica HRosa em julho de 2020. Os tipos são da família Sabon Light Std e Frutiger Light. O papel do miolo é o Pólen Soft 80 g, e o da capa, cartão Supremo 300 g.

EDMUND BURKE

Redescobrindo um gênio

Russell Kirk

ORGANIZAÇÃO DA TERCEIRA EDIÇÃO REVISTA
EM INGLÊS DE **JEFFREY O. NELSON**

TRADUÇÃO DE **MÁRCIA XAVIER DE BRITO**

APRESENTAÇÃO À EDIÇÃO BRASILEIRA DE **ALEX CATHARINO**

PREFÁCIO DE **ROGER SCRUTON**

ESTUDOS ANEXOS À EDIÇÃO BRASILEIRA DE **FRANCIS CANAVAN S.J.,
EDWIN J. FEULNER, GEORGE A. PANICHAS, JEFFREY O. NELSON &
CHRISTIAN EDWARD CYRIL LYNCH**

SELEÇÃO BIBLIOGRÁFICA DE ESTUDOS RECENTES SOBRE
EDMUND BURKE DE **ALEX CATHARINO**

2ª reimpressão

É Realizações
Editora

À memoria de John Abbot Clark (1903-1965)

Sumário

Apresentação à edição brasileira: O lugar de Edmund Burke no conservadorismo kirkeano e as análises de Russell Kirk sobre o pensamento burkeano 11
Alex Catharino

Prefácio 97
Roger Scruton

Nota preliminar 101
Russell Kirk

Agradecimentos pela revisão da terceira edição 103
Jeffrey O. Nelson

Nota à edição brasileira 105
Alex Catharino

Cronologia da vida e da época de Edmund Burke 107
Jeffrey O. Nelson & Alex Catharino

EDMUND BURKE – REDESCOBRINDO UM GÊNIO

Capítulo 1 | Edmund Burke está morto? 131

Capítulo 2 | Das letras à política 155

Capítulo 3 | Conciliação e prudência 181

Capítulo 4 | Reformar o partido e o governo 207

Capítulo 5 | Índia e justiça 237

Capítulo 6 | À beira do abismo 261

Capítulo 7 | A revolução do dogma teórico 283

Capítulo 8 | A defesa da civilização 307

Capítulo 9 | Nunca ceda ao inimigo 329

Epílogo | Por que Edmund Burke é estudado? 351

Apêndice A | O conservadorismo de Edmund Burke 371

Apêndice B | A personalidade de Edmund Burke 375

Nota bibliográfica 393

ANEXOS À EDIÇÃO BRASILEIRA

Anexo 1 | Russell Kirk e o renascimento de Edmund Burke
Francis Canavan, S.J. 405

Anexo 2 | As raízes do pensamento conservador moderno de Edmund Burke a Russell Kirk
Edwin J. Feulner 413

Anexo 3 | A sabedoria inspirada de Edmund Burke
George A. Panichas 437

Anexo 4 | As reflexões de Edmund Burke sobre o revolucionário europeu encontram a América do Sul
Jeffrey O. Nelson 447

Anexo 5 | O Caleidoscópio Conservador: A Presença de Edmund Burke
no Brasil
Christian Edward Cyril Lynch 479

Seleção bibliográfica de estudos recentes sobre Edmund Burke 529
Alex Catharino

Índice remissivo.. 547

Retrato de Edmund Burke. 1769. Óleo sobre tela. Sir Joshua Reynolds (1723-1792). National Portrait Gallery, Londres, Reino Unido.

Apresentação à Edição Brasileira

O LUGAR DE EDMUND BURKE NO CONSERVADORISMO
KIRKEANO E AS ANÁLISES DE RUSSELL KIRK SOBRE O
PENSAMENTO BURKEANO
ALEX CATHARINO

A biografia intelectual do estadista e pensador irlandês Edmund Burke (1729-1797) escrita por Russell Kirk (1918-1994) é a terceira obra do eminente autor conservador norte-americano lançada em português. Antes da publicação de *Edmund Burke: Redescobrindo um Gênio*,[1] em 2016, os leitores lusófonos foram brindados pela É Realizações Editora com os livros *A Era de T. S. Eliot: A Imaginação Moral do Século XX*,[2] em 2011, e *A Política da Prudência*,[3] em 2013,

---

[1] O livro foi publicado originalmente, em 1967, pela Arlington House e teve pela Sherwood Sudgen, em 1988, uma segunda edição revista pelo autor. Postumamente foi impressa, em 1997, uma nova versão revisada por Jeffrey O. Nelson, que serviu como original da presente tradução brasileira de Márcia Xavier de Brito e apareceu em inglês na seguinte edição: Russell Kirk, *Edmund Burke: A Genius Reconsidered*, ed. Jeffrey O. Nelson, pref. Roger Scruton, 3.ª ed., Wilmington, ISI Books, 1997.

[2] Lançada pela primeira vez, em 1971, pela Randon House, a obra recebeu uma segunda edição revista e ampliada pelo autor, que foi impressa pela Sherwood Sugden & Company em 1984 e reimpressa pela mesma casa editorial em 1988. Esta última reimpressão foi relançada em 2008 pelo Intercollegiate Studies Institute (ISI) com uma nova introdução de Benjamin G. Lockerd Jr. e serviu como original para a tradução em português lançada como: Russell Kirk, *A Era de T. S. Eliot: A Imaginação Moral do Século XX*, apr. Alex Catharino, intr. Benjamin G. Lockerd Jr., trad. Márcia Xavier de Brito, São Paulo, É Realizações, 2011.

[3] A obra foi publicada pela primeira vez em 1993, numa edição em capa dura, pelo Intercollegiate Studies Institute (ISI), e foi reimpressa pela mesma editora em forma de brochura, em 2004, com o acréscimo de uma introdução de Mark C. Henrie. A reimpressão do livro foi utilizada como original para a

além de ter-se incluído na coleção Biblioteca Crítica Social o trabalho *Russell Kirk: O Peregrino na Terra Desolada*,[4] de nossa autoria.

O próprio Russell Kirk não considerava o presente livro um trabalho digno de receber maior destaque na sua vasta produção intelectual. Na autobiografia *The Sword of Imagination: Memoirs of a Half-Century of Literary Conflict* [A Espada da Imaginação: Memórias de Meio Século de Conflito Literário], publicada postumamente em 1995, o pensador menciona apenas uma vez *Edmund Burke: Redescobrindo um Gênio*,[5] ao relatar que, publicada em 1967 e reeditada em 1988, a obra foi por algum tempo a única biografia sobre Edmund Burke disponível para o público norte-americano. Além da já citada *A Era de T. S. Eliot*, considerada "uma obra verdadeiramente maior",[6] Kirk ressalta na autobiografia a importância de *The Conservative Mind*[7] [A Mentalidade Conservadora], o trabalho que o tornou

---

tradução da seguinte edição em língua portuguesa: Russell Kirk, *A Política da Prudência*, apres. Alex Catharino, intr. Mark C. Henrie, trad. Gustavo Santos e Márcia Xavier de Brito, São Paulo, É Realizações, 2013.

[4] Alex Catharino, *Russell Kirk: O Peregrino na Terra Desolada*, São Paulo, É Realizações, 2015.

[5] Russell Kirk, *The Sword of Imagination: Memoirs of a Half-Century of Literary Conflict*, Grand Rapids, William B. Eerdmans Publishing Company, 1995, p. 373.

[6] Idem, ibidem, p. 374.

[7] O livro foi publicado originalmente, em 1953, pela Regnery Publishing com o título *The Conservative Mind: From Burke to Santayana*. A partir da terceira edição norte-americana, publicada em 1960, a obra passou a ter como subtítulo *From Burke to Eliot*. A edição definitiva em inglês do livro, que utilizaremos em todas as citações no presente ensaio, é a seguinte: Russell Kirk, *The Conservative Mind: From Burke to Eliot*, intr. Henry Regnery, 7.ª ed. rev., Washington D.C., Regnery Publishing, 1986. Esta versão será lançada em língua portuguesa pela É Realizações Editora com o título *A Mentalidade Conservadora: De Edmund Burke a T. S. Eliot*. Recentemente, a versão da primeira edição recebeu a seguinte reimpressão: Russell Kirk, *The Conservative Mind*, Miami, BN Publishing, 2008. A reedição da primeira edição será citada como *The Conservative Mind: From Burke to Santayana*, ao passo que a sétima edição será citada como *The Conservative Mind: From Burke to Eliot*.

conhecido do grande público,⁸ de *Enemies of the Permanent Things: Observations of Abnormity in Literature and Politics*⁹ [Inimigos das Coisas Permanentes: Observações sobre as Aberrações em Literatura e Política], o qual "acreditava que fosse, de certo modo, o seu livro mais próximo de algo original e mais imaginativo",¹⁰ e de *The Roots of American Order*¹¹ [As Raízes da Ordem Americana], um contraponto ao "alarido dos radicais contra a Civilização Ocidental".¹²

Acreditamos que *Edmund Burke: Redescobrindo um Gênio* não recebeu a atenção merecida, em parte, devido a quatro fatores relacionados à vida do autor. O primeiro é o fato de Russell Kirk, por causa da grande humildade característica de sua personalidade, ter visto o trabalho como uma mera biografia, não reconhecendo os grandes méritos da análise intelectual desenvolvida no texto. O segundo fator é que a biografia intelectual do pensador, orador e estadista irlandês, publicada originalmente em 1967, foi ofuscada pelo brilho intenso das obras *Enemies of the Permanent Things*, de 1969, *A Era de T. S. Eliot*, de 1971, e *The Roots of American Order*, de 1974. O terceiro acontecimento foi o aparente período de crepúsculo do autor, que entre 1975 e 1987 se dedicou principalmente ao trabalho de professor universitário e de conferencista, em razão de dificuldades financeiras,¹³

---

⁸ Russell Kirk, *The Sword of Imagination*, op. cit., p. 139-52.

⁹ Lançada originalmente, em 1969, pela Arlington House, essa coletânea de ensaios foi reeditada como: Russell Kirk, *Enemies of the Permanent Things: Observations of Abnormity in Literature and Politics*, Peru, Sherwood Sugden & Company, 1984.

¹⁰ Russell Kirk, *The Sword of Imagination*, op. cit., p. 374.

¹¹ O livro impresso originalmente, em 1974, pela Open Court recebeu uma segunda edição, em 1977, pela Pepperdine University Press e uma terceira, em 1991, pela Regnery Gateway, estando disponível atualmente na seguinte edição: Russell Kirk, *The Roots of American Order*, pref. Forrest McDonald, 4.ª, Wilmington, ISI Books, 2003.

¹² Russell Kirk, *The Sword of Imagination*, op. cit., p. 374.

¹³ Alex Catharino. "A Vida e a Imaginação de Russell Kirk", in Russell Kirk, *A Era de T. S. Eliot*, op. cit., p. 64-74.

o que fez que fossem publicadas entre a segunda metade da década de 1970 e a primeira metade da década de 1980 apenas o livro *Decadence and Renewal in the Higher Learning: An Episodic History of American University and College since 1953*[14] [Decadência e Renovação no Ensino Superior: Uma História Episódica da Universidade Norte-Americana desde 1953], a coletânea *Reclaiming a Patrimony: A Collection of Lectures*[15] [Reafirmar um Patrimônio: Uma Coletânea de Conferências] e a obra *The Portable Conservative Reader*[16] [O Guia de Bolso de Textos Conservadores]. Mesmo tendo ocorrido um novo florescimento da produção intelectual, após a aposentadoria como professor universitário, na fase final da vida do autor, entre 1987 e 1994,[17] quando ocorreu a segunda edição do presente livro, em 1988, essa foi parcialmente obscurecida por um quarto fator: trata-se do lançamento da versão definitiva de *The Conservative Mind*, em 1986, e da reimpressão em 1988 da segunda edição, de 1984, dos livros *Enemies of the Permanent Things* e *A Era de T. S. Eliot*, além da terceira edição revista de *The Roots of American Order*, em 1991.

Além dos quatro livros ressaltados por Russell Kirk em sua autobiografia, destacamos aqui a importância do já citado *A Política da Prudência* e de *Redeeming the Time*[18] [Redimir o Tempo], que formam uma espécie de díptico. A leitura conjunta dessas coletâneas

---

[14] Russell Kirk, *Decadence and Renewal in the Higher Learning: An Episodic History of American University and College since 1953*, South Bend, Gateway, 1978.

[15] Idem, *Reclaiming a Patrimony: A Collection of Lectures*, Washington D. C., Heritage Foundation, 1982. Dos dez ensaios que compõem a presente obra, cinco foram reimpressos no livro *Redeeming the Time*.

[16] *The Portable Conservative Reader*, ed., intr. e notas Russell Kirk, New York, Penguin Books, 1982.

[17] Alex Catharino, "A Vida e a Imaginação de Russell Kirk", op. cit., p. 74-81.

[18] A obra foi publicada originalmente na seguinte edição póstuma: Russell Kirk, *Redeeming the Time*, ed. e intr. Jeffrey O. Nelson, Wilmington, ISI Books, 1996.

de ensaios é "a melhor introdução ao conservadorismo político e cultural kirkeano",[19] dado que, ao mesmo tempo, os textos nelas coligidos, por um lado, representam o estágio final das reflexões do autor e, por outro, apresentam de forma mais didática inúmeras questões complexas, devido ao fato de a maioria dos ensaios se originarem de conferências.

Os analistas do pensamento de Russell Kirk são unânimes em reconhecer a importância dos quatro livros destacados na autobiografia e do díptico que acrescentei no parágrafo anterior como parte do rol das grandes obras do eminente conservador norte-americano. O lugar como sétima nota harmônica na sinfonia kirkeana é disputado pelos outros 17 livros de não ficção escritos pelo conservador norte-americano; no entanto, poucos analistas escolheriam a biografia intelectual do estadista irlandês para o posto. Não foi apenas o autor que relegou a um lugar menor. Um exemplo das análises apressadas acerca de *Edmund Burke: Redescobrindo um Gênio* é expressa por meu amigo e interlocutor Bradley J. Birzer, quando no recém-lançado *Russell Kirk: American Conservative* [Russell Kirk: Conservador Norte-Americano] arbitra que:

> Em *The Conservative Mind*, Russell Kirk minimizou ou ignorou totalmente o Edmund Burke mais *whig*, mais jovem, que apoiou os patriotas na Revolução Norte-Americana e que lutou pelos direitos dos hindus na Índia e dos católicos nas Ilhas Britânicas. Na sua biografia posterior de Burke, publicada em 1967, Kirk tratou de cada um desses aspectos da vida de Burke, mas ainda assim retratou Burke do ponto de vista conservador dos últimos anos da vida do irlandês.[20]

A análise do professor Bradley J. Birzer, em grande parte, está fundamentada em uma percepção dominante entre a maioria dos

---

[19] Alex Catharino, *Russell Kirk*, op. cit., p. 24.
[20] Bradley J. Birzer, *Russell Kirk: American Conservative*, Lexington, University Press of Kentucky, 2015, p. 106.

analistas mais recentes, que busca enfatizar mais os aspectos liberais do que o conservadorismo burkeano. Essa tendência pode ser notada nas duas pesquisas mais recentes sobre o estadista e literato irlandês, publicadas, em 2014 e em 2015, nos volumosos livros *The Intellectual Life of Edmund Burke: From the Sublime and Beautiful to American Independence*[21] [A Vida Intelectual de Edmund Burke: Do Sublime e Belo à Independência dos Estados Unidos], de nosso confrade norte-americano David Bromwich, também membro da Edmund Buke Society of America, e *Empire & Revolution: The Political Life of Edmund Burke*[22] [Império e Revolução: A Vida Política de Edmund Burke], do irlandês Richard Bourke. A historiografia mais recente, ao analisar o pensamento burkeano, tende a ecoar a visão apresentada pelo norte-americano Isaac Kramnick, em 1977, na obra *The Rage of Edmund Burke: Portrait of an Ambivalent Conservative*[23] [O Furor de Edmund Burke: Retrato de um Conservador Ambivalente], ou a análise do irlandês Conor Cruise O'Brien (1917-2008) na biografia *The Great Melody: A Thematic Biography of Edmund Burke*[24] [A Grande Melodia: Uma Biografia Temática de Edmund Burke], de 1992. A posição adotada no presente ensaio, mesmo sem ignorar o entendimento historiográfico preponderante em nossos dias, tentará focar principalmente na interpretação oferecida pelo multifacetado prisma kirkeano.

No já citado livro *Russell Kirk: O Peregrino na Terra Desolada*, os títulos de cada um dos capítulos são breves excertos dos

---

[21] David Bromwich, *The Intellectual Life of Edmund Burke: From the Sublime and Beautiful to American Independence*, Cambridge, Belknap Press of Harvard University Press, 2014.

[22] Richard Bourke, *Empire & Revolution: The Political Life of Edmund Burke*, Princeton, Princeton University Press, 2015.

[23] Isaac Kramnick, *The Rage of Edmund Burke: Portrait of an Ambivalent Conservative*, New York, Basic Books, 1977.

[24] Conor Cruise O'Brien, *The Great Melody: A Thematic Biography of Edmund Burke*, Chicago, University of Chicago Press, 1992.

poemas ou das peças de teatro do *corpus* eliotiano. O presente estudo de apresentação da edição brasileira de *Edmund Burke: Redescobrindo um Gênio* será dividido em mais três partes, cada uma delas usando no título passagens da obra *Reflections on the Revolution in France* [Reflexões sobre a Revolução em França], de Edmund Burke. Na primeira seção do ensaio, intitulada "A graça natural da existência",[25] ressaltaremos os méritos da presente biografia intelectual, recorrendo principalmente às percepções de diferentes analistas. Dissertaremos sobre a influência de Edmund Burke no conservadorismo kirkeano e alguns pontos a análise elaborada nele em "O guarda-roupa de uma imaginação moral",[26] segunda divisão do texto. Por fim, em "O grande contrato primitivo da sociedade eterna",[27] a terceira e última fração, analisaremos o ponto nevrálgico das interpretações de Russell Kirk acerca do pensamento burkeano.

O presente ensaio tem como principal objetivo esclarecer algumas características específicas dos fundamentos teóricos da interpretação de Russell Kirk acerca da vida e do pensamento de Edmund Burke, não apenas na presente biografia intelectual, mas também nos demais trabalhos do corpus kirkeano dedicados à temática. Nossa apresentação foi escrita para colaborar, principalmente, com os estudos do público acadêmico. O livro *Edmund Burke: Redescobrindo um Gênio* foi escrito, todavia, em uma linguagem extremamente clara, visando ao público geral, não aos especialistas, de modo que aconselhamos ao leitor comum, despido de alguns dos

---

[25] No original: "The unbought grace of life". Ver Edmund Burke, *Reflections on the Revolution in France*, in *The Works of the Right Honorable Edmund Burke, Volume III*, Boston, Little, Brown and Company, 1865, p. 331.

[26] No original: "The wardrobe of a moral imagination". Ver Edmund Burke, *Reflections on the Revolution in France*, op. cit., p. 333.

[27] No original: "The great primeval contract of eternal society". Ver Edmund Burke, *Reflections on the Revolution in France*, op. cit., p. 359.

excessos da vida acadêmica, que busca apenas os conselhos práticos do conservadorismo burkeano, que adentre direto nas páginas escritas por Kirk, sem necessidade de percorrer toda a longa análise que desenvolvemos neste trabalho introdutório.

I – *"A GRAÇA NATURAL DA EXISTÊNCIA"*: OS MÉRITOS DO LIVRO DE RUSSELL KIRK SOBRE EDMUND BURKE

O interesse de Russell Kirk em escrever uma biografia de Edmund Burke remonta à segunda metade da década de 1950, logo após a publicação de *The Conservative Mind*, na mesma época em que, após ser apresentado a T. S. Eliot (1888-1965) em 1954, cogitou elaborar uma obra chamada *The Age of Eliot*, que mais de uma década e meia depois seria publicada, em 1971, como o já citado *Eliot and His Age*.[28] Além de elogiar o excelente trabalho de Kirk como editor do nascente periódico *Modern Age*, em uma carta ao editor Henry Regnery (1912-1996), datada de 5 de setembro de 1957, Eliot demonstrou grande interesse em dois projetos desenvolvidos na época pelo conservador norte-americano, os quais se tornaram o livro *The American Cause*[29] [A Causa Americana], lançado originalmente no final de 1957, e a presente obra, publicada dez anos depois, em 1967. Na condição de editor da versão britânica do livro *The Conservative Mind*, Eliot tomou contato com o pensamento kirkeano e acreditava que nenhum outro autor estivesse mais qualificado que Kirk para escrever sobre o estadista, orador e ensaísta irlandês. Na supracitada

---

[28] Alex Catharino, *Russell Kirk*, op. cit., p. 80-82.

[29] Publicada originalmente pela Regnery Publishing, a obra foi reeditada pela mesma editora, em 1966, com o acréscimo de um prefácio do escritor e pintor John Dos Passos (1896-1970), sendo reimpressa, em 1975, pela Greenwood Press. A obra se encontra disponível atualmente na seguinte edição: Russell Kirk, *The American Cause*, ed. e intr. Gleaves Whitney, 3.ª ed., Wilmington, ISI Books, 2002.

carta ao editor Regnery, o famoso poeta, dramaturgo, ensaísta e editor cogita a possibilidade de publicar a biografia de Burke escrita por Kirk pela editora Faber & Faber, em uma edição britânica;[30] no entanto, esse projeto nunca se concretizou, por Eliot ter falecido em 4 de janeiro de 1965, mais de dois anos antes do lançamento da primeira edição do livro.

A impressão de T. S. Eliot quanto a Russell Kirk ser a pessoa mais qualificada para escrever um trabalho sobre a vida e a obra do estadista e pensador irlandês estava correta: com efeito, *Edmund Burke: Redescobrindo um Gênio* é uma biografia intelectual que não deve ser subestimada, porque é um texto repleto de virtudes, dentre as quais destacamos a impressionante clareza didática na exposição, a vasta quantidade de fatos históricos apresentados, as apropriadas reflexões analíticas sobre o pensamento burkeano e a característica beleza estilística da prosa kirkeana. Em uma resenha no influente periódico *The Freeman*, da Foundation for Economic Education (FEE), o escritor libertário e pastor evangélico congregacional Edmund A. Opitz (1914-2006) afirma que:

> Nenhum livro sobre Edmund Burke substitui a leitura do próprio homem, mas é útil ter um manual que proporcione uma base, por assim dizer. Precisamos conhecer alguma coisa da vida e da carreira de Burke; sua educação, sua linhagem intelectual e suas principais preocupações. Russell Kirk escreveu uma bela cartilha, que também pode ser lida com proveito por quem quer que deseje avaliar a contribuição de Burke ao conjunto do pensamento ocidental acerca do homem e da sociedade.[31]

---

[30] Os originais da correspondência de Henry Regnery se encontram preservados nos arquivos da Hoover Institution, na Stanford University, na Califórnia, junto com outros documentos do editor norte-americano. Os arquivos do Russell Kirk Center for Cultural Renewal, em Mecosta, Michigan, possuem cópias dessa documentação, além de todas as cartas trocadas entre T. S. Eliot e Russell Kirk.

[31] Edmund A. Opitz, *The Freeman*, vol. 19, n. 11, July 1969, 447-48, cit. p. 447.

Defendemos que, por apresentar "um amplo resumo da vida e das ideias centrais do estadista e escritor irlandês", a biografia escrita pelo conservador norte-americano é "uma das melhores introduções ao pensamento político burkeano".[32] Um parecer semelhante ao nosso fora defendido em uma elogiosa resenha, veiculada em 1967 no periódico *National Review*, escrita pelo ensaísta e professor Jeffrey Hart, um renomado estudioso do pensamento burkeano e da era georgiana. Após ressaltar a "elegância e eloquência" do estilo do autor no presente livro, Hart sustenta que:

> Durante aproximadamente os últimos vinte e cinco anos, produziu-se grande volume de obras especializadas sobre Edmund Burke, mas, embora tenha sido objeto de inúmeras monografias e artigos acadêmicos, não surgiu um único volume sobre ele para o leitor médio inteligente ou para o bom aluno que está começando a se familiarizar com o tema. [...] O livro de Russell Kirk, *Edmund Burke: Redescobrindo um Gênio*, encaixa-se graciosamente na lacuna. Conta-nos uma história excitante e conta-a bem, traçando a carreira de Burke e como suas reflexões políticas eram moldadas pelas cinco grandes questões de seu tempo: a Guerra Americana de Independência, a reforma na Inglaterra, a política imperial na Irlanda e na Índia e a Revolução Francesa. A erudição de Kirk é vasta – na verdade, não conheço um escritor contemporâneo que possua o seu domínio das "conexões" intelectuais, muitas vezes exibidas em alusões passageiras – e, é claro, tem o apoio do conhecimento íntimo de uma ampla gama de modernos estudos sobre Burke.[33]

Escritores não especializados no pensamento burkeano atestam o eminente caráter didático da presente obra, ao mesmo tempo que reconhecem e exaltam a originalidade e a erudição da análise kirkeana. Um dos mais renomados estudiosos norte-americanos na obra de C. S.

---

[32] Alex Catharino, "A Formação e o Desenvolvimento do Pensamento Conservador de Russell Kirk", in Russell Kirk, *A Política da Prudência*, op. cit., p. 15.

[33] Jeffrey Hart, "The Relevance of Burke", *National Review*, vol. 19 (September 19, 1967), 1022-23, cit. p. 1022.

Lewis (1898-1963), o professor M. D. Aeschliman, acredita que "nenhuma pessoa viva conhece mais a respeito de Edmund Burke ou escreve sobre ele com mais autoridade que Russell Kirk".[34] Um eminente discípulo de Eric Voegelin (1901-1985) e analista do pensamento voegeliano, o teórico político Dante Germino (1932-2002), acentuou, em uma resenha de 1989 sobre a segunda edição do livro, que:

> Embora Russell Kirk alegue, de maneira modesta, que o presente volume é "principalmente biográfico" em natureza e, secundariamente, uma análise da "filosofia política" de Edmund Burke, este resenhista aprendeu muita coisa sobre a teoria política burkeana de suas páginas. Talvez o livro de Kirk possa ser mais bem descrito como produto de uma abordagem que integra de modo feliz a teoria com a biografia.[35]

Ao lidar com as interpretações kirkeanas, devemos ter em mente que "na verdade, Russell Kirk não era um filósofo político em sentido estrito", como adverte James McClellan (1937-2005), "mas um historiador intelectual que refletiu de maneira profunda e crítica sobre a origem e a evolução de uma tradição política conservadora anglo-americana".[36] No livro *Edmund Burke for Our Time: Moral Imagination, Meaning, and Politics* [Edmund Burke para a Nossa Época: Imaginação Moral, Significado e Política], William F. Byrne assente que, provavelmente, o autor do presente livro "é o maior responsável, mais que qualquer outra pessoa, por avivar a consciência do valor de Edmund Burke como intelectual apologista do conservadorismo".[37]

---

[34] M. D. Aeschliman, "Sapient Seer", *Reflections: The Wanderer*, vol. 8, n. 3 (Summer, 1989), 12.

[35] Dante Germino, "Pitched upon a Level of Theory", *The University Bookman*, vol. XXIX, n. 1, 1989, 16-17, cit. p. 16.

[36] James McClellan, "Russell Kirk's Anglo-American Conservatism", in Bryan-Paul Frost & Jeffrey Sikkenga (eds.), *History of American Political Thought*, Lanham, Lexington Books, 2003, p. 646-65, cit. p. 646.

[37] William F. Byrne, *Edmund Burke for Our Time: Moral Imagination, Meaning, and Politics*, DeKalb, Northern Illinois University Press, 2011, p. 16.

Até um escritor extremamente crítico à interpretação da vida e do pensamento de Burke elaborada pela análise kirkeana, o historiador Drew Maciag, autor do elucidativo livro *Edmund Burke in America: The Contested Career of the Father of Modern Conservatism* [Edmund Burke nos Estados Unidos: A Contestada Carreira do Pai do Conservadorismo Moderno], admite que "Kirk, acima de tudo, forjou o vínculo entre o ressurgimento conservador pós-guerra e o renascimento burkeano norte-americano".[38] Nas palavras de James McClellan:

> Para compreender plenamente a fonte criativa do pensamento político de Russell Kirk, devemos em última análise examinar o tratamento que conferiu às ideias de Edmund Burke; pois o estadista e pensador irlandês serve de fundamento para sua interpretação da tradição conservadora anglo-saxã. Kirk reconhece livremente o débito que tem para com Burke e não alega originalidade. Isso não quer dizer que Kirk seja apenas um popularizador de Burke. Russell Kirk é um pensador original, para ser preciso, mas sua originalidade não brota da invenção de novos sistemas de governo, e sim de sua engenhosa e exaustiva utilização de materiais históricos, muitos deles obscuros ou esquecidos, e da capacidade de discernir linhas de pensamento comuns espalhadas por uma multidão de escritos diversos que abrangem centenas de anos.[39]

Escritos, respectivamente, por Francis Canavan S.J. (1917-2009), por Edwin J. Feulner e por George A. Panichas (1930-2010), os três primeiros ensaios anexos incluídos nesta edição brasileira,[40] de forma

---

[38] Drew Maciag, *Edmund Burke in America: The Contested Carrier of Father of Modern Conservatism*, Ithaca, Cornell University Press, 2013, p. 179.

[39] James McClellan, "Russell Kirk's Anglo-American Conservatism", op. cit., p. 651.

[40] Os textos foram lançados originalmente em inglês nas seguintes edições: Francis Canavan, S.J. "Kirk and the Burke Renaissance", *The Intercollegiate Review*, vol. 30, n. 1 (Fall 1994), 43-45; Edwin J. Feulner, *The Roots of Modern Conservative Thought from Burke to Kirk*, Washington, D.C., Heritage Foundation, 2008 (*First Principle Series*, n. 19); George A. Panichas, "The

mais ampla que o presente texto, enfatizam essa dupla atuação de Russell Kirk, tanto no renascimento dos estudos burkeanos nos Estados Unidos quanto no modo peculiar como o teórico conservador utilizou o pensamento de Edmund Burke como principal fonte intelectual para o nascente conservadorismo do período posterior à Segunda Guerra Mundial. Na já citada autobiografia *The Sword of Imagination*, o autor reconhece o importante papel que desempenhou no renascimento dos estudos burkeanos ao lado dos pesquisadores Ross J. S. Hoffman (1902-1979), Thomas W. Copeland, (1907-1979), Carl B. Cone (1916-1995) e Peter J. Stanlis (1920-2011).[41]

Em um ensaio escrito na primeira metade da década de 1960, Peter J. Stanlis destaca que "de 1953 a 1963 o interesse em Edmund Burke foi elevado enormemente com a publicação do livro *The Conservative Mind*, de Russell Kirk".[42] Sobre a temática do renascimento dos estudos burkeanos nos Estados Unidos nesse período, Conor Cruise O'Brian lançou o seguinte anátema:

> Então houve outro renascimento de Edmund Burke, também relacionado com a política e a organização dos Estados Unidos, nas décadas de 1950 e de 1960. Alguns acadêmicos norte-americanos, especialmente Peter J. Stanlis e Russell Kirk, lançaram sobre Burke argumentos no contexto da Guerra Fria, da Guerra do Vietnã e da ideia das responsabilidades imperiais dos Estados Unidos. Esse reflorescimento produziu

---

Inspired Wisdom of Edmund Burke", *Modern Age*, vol. 40, n. 2 (Spring 1998): 214-18.

[41] Russell Kirk, *The Sword of Imagination*, op. cit., p. 147.

[42] Peter J. Stanlis, "Edmund Burke in the Twentieth Century", p. 18. Consultamos o manuscrito original do texto, que se encontra preservado no Russell Kirk Center for Cultural Renewal, em Mecosta, Michigan, juntamente com todos os manuscritos, a correspondência e a biblioteca de Peter J. Stanlis, que foram doados, ainda em vida, pelo autor à instituição. O ensaio foi publicado posteriormente no seguinte formato: Peter J. Stanlis, "Edmund Burke in the Twentieth Century", *Bucknell Review*, vol. XII, n. 2 (1964), 65-89. O artigo foi reimpresso no seguinte livro: Peter J. Stanlis (ed.), *Edmund Burke: The Enlightenment and the Modern World*, Detroit, University of Detroit Press, 1967.

algum trabalho detalhado e valioso, mas, no todo, o Burke desse renascimento estava seriamente distorcido pelos propósitos polêmicos e propagandísticos, inflados os aspectos de sua carreira que se ajustavam aos propósitos e esvaziados aqueles que não se adequavam.

O uso da autoridade de Burke para desafiar o comunismo e os defensores ocidentais do empreendimento comunista foi legítimo de modo geral. Não há dúvida de que ele teria visto no comunismo todos os elementos que viu no jacobinismo, bem como algumas coisas novas que teria detestado. E sentiria com respeito aos ocidentais pró-comunistas o mesmo que sentira com respeito aos radicais britânicos pró-jacobinos de seus dias.[43]

"Nada menos que a defesa da civilização cristã" contra o comunismo no contexto da Guerra Fria, segundo a denúncia de Isaac Kramnick, foi a missão que esses analistas "conservadores norte-americanos deram a Edmund Burke no primeiro enrubescer do romance que com ele tiveram".[44] A melhor refutação dessas duas acusações simplistas foi sustentada no arrazoado apresentado por Gerard J. Russello no livro *The Postmodern Imagination of Russell Kirk* [A Imaginação Pós-Moderna de Russell Kirk], ao responder às críticas formuladas ao pensamento kirkeano, tanto por Kramnick quanto por O'Brien, com os seguintes argumentos:

> Segundo esse ponto de vista, Russell Kirk é um dos muitos intelectuais que distorceram a história e a lógica na esperança de promover um programa político particular.
>
> Embora tal acusação tenha algum peso, Kirk não se encaixa facilmente nessa caricatura. [...] Mas, enquanto acreditava que os norte-americanos tinham um papel internacional a exercer na resistência à expansão do comunismo, Kirk, para desgosto de alguns aliados conservadores, não era um defensor da Guerra Fria. Ainda que se opusesse à extensão do comunismo por todo o mundo, Kirk era consistentemente

---

[43] Conor Cruise O'Brien, *The Great Melody*, op. cit., p. xi.
[44] Isaac Kramnick, *The Rage of Edmund Burke*, op. cit., p. 45.

severo para com aqueles que pensavam que a "democracia no estilo norte-americano" pudesse ser exportada para outras nações.⁴⁵

Em lugar de se deixar guiar pelas desaprovações dos críticos, optamos por adentrar as próprias reflexões kirkeanas sobre a temática. Tal jornada nos levou a concluir que, de forma mais explícita que em *The Conservative Mind* ou em qualquer outro livro do autor, a presente biografia intelectual possibilita um entendimento de como Russell Kirk se apropriou do pensamento burkeano para sistematizar o próprio tipo de conservadorismo que advogou, pois conecta as ideias com o testemunho de vida do estadista e homem de letras irlandês, ressaltando o ideal kirkeano da necessidade de integração dos ditames da mente com os do coração. No livro *Russell Kirk: A Critical Biography of a Conservative Mind* [Russell Kirk: Uma Biografia Crítica de uma Mente Conservadora], James E. Person Jr. descreve a presente obra nesses termos:

> Em *Edmund Burke: Redescobrindo um Gênio,* publicado pela primeira vez em 1967, Kirk põe as mãos no estudo de um herói de longa data, o "permanente Burke", cujas obras escritas, acreditava, exerceram papel fundamental nas reflexões dos primeiros líderes dos Estados Unidos e ainda têm muito que dizer aos descontentes do mundo moderno.⁴⁶

Na obra *A Program for Conservatives*⁴⁷ [Um Programa para Conservadores], lançada em 1954 e reeditada em 1989 como *Prospects for Conservatives*⁴⁸ [Perspectivas para Conservadores], ao evidenciar dez problemas teóricos e práticos que precisam ser defrontados pelos

---

⁴⁵ Gerald J. Russello, *The Postmodern Imagination of Russell Kirk*, Columbia, University of Missouri Press, 2007, p. 107.

⁴⁶ James E. Person, Jr., *Russell Kirk: A Critical Biography of a Conservative Mind*, Lanhan, Madison Books, 1999, p. 215.

⁴⁷ A segunda edição revista e ampliada, que será utilizada em todas as citações do livro no presente ensaio, é a seguinte: Russell Kirk, *A Program for Conservatives*, 2.ª ed., Chicago, Regnery Publishing, 1962.

⁴⁸ Idem, *Prospects for Conservatives*, Washington D.C., Regnery Publishing, 1989.

conservadores na cruzada pela renovação da reta apreensão das ordens moral e social, Russell Kirk aponta entre tais desafios a questão da mente e a questão do coração. Por um lado, o "problema da mente"⁴⁹ busca oferecer resposta a como "proteger o intelecto da esterilidade e da uniformidade da sociedade de massa",⁵⁰ enquanto, por outro lado, o "problema do coração"⁵¹ visa apresentar o caminho para "ressuscitar as aspirações do espírito e os ditames da consciência numa época que foi tragada há tanto tempo por horrores".⁵²

Fundado nos princípios morais da civilização ocidental e na sabedoria ancestral oferecida por eminentes guardiães desse patrimônio cultural, o tipo de conservadorismo tradicionalista proposto por Russell Kirk pode ser entendido como uma defesa das "coisas permanentes"⁵³ que busca renovar "a comunicação dos mortos",⁵⁴ como expresso em termos eliotianos. Em última instância, essas metáforas se assemelham à ideia de "democracia dos mortos"⁵⁵ apresentada por G. K. Chesterton (1874-1936) e à noção burkeana de "contrato primitivo da sociedade eterna",⁵⁶ descritos pelo conservador norte-americano como a aliança que une todos os seres humanos

---

⁴⁹ Idem, *A Program for Conservatives*, op. cit., p. 51-78.

⁵⁰ Idem, ibidem, p. 16.

⁵¹ Idem, ibidem, p. 79-100.

⁵² Idem, ibidem, p. 16.

⁵³ T. S. Eliot, *The Idea of a Christian Society*, London, Faber and Faber, 1939, p. 21. Em edição brasileira: A Ideia de uma Sociedade Cristã, trad. Eduardo Wolf, São Paulo, É Realizações, 2016.

⁵⁴ No original: "the communication / Of the dead" (T. S. Eliot, "Little Gidding", I, 52-53). Utilizamos a versão em português desse trecho do verso na tradução de Ivan Junqueira (1934-2014), publicada na seguinte edição brasileira: T. S. Eliot, *T. S. Eliot: Obra Completa – Volume I: Poesia*, trad., intr. e notas Ivan Junqueira, São Paulo, Arx, 2004, p. 375.

⁵⁵ G. K. Chesterton,*Ortodoxia*, apres., notas e anexo Ives Gandra da Silva Martins Filho; trad. Cláudia Albuquerque Tavares, São Paulo, Editora LTr, 2001, p. 69.

⁵⁶ Edmund Burke, *Reflections on the Revolution in France*, op. cit., p. 359.

em um pacto imortal "feito entre Deus e a humanidade, e entre as gerações que desapareceram da Terra, a geração que ora vive e as gerações ainda por chegar".[57] "Neste entendimento dos fundamentos morais do conservadorismo tradicionalista", como ressaltado no livro *Russell Kirk and the Age of Ideology* [Russell Kirk e a Era da Ideologia] por W. Wesley McDonald (1946-2014), "Kirk livremente admitiu seu débito para com Edmund Burke e para com todos os pensadores presentes em *The Conservative Mind* como constituindo uma verdadeira tradição conservadora".[58] Diferentemente das modernas ideologias, como, por exemplo, o comunismo, que tem nos escritos de Karl Marx (1818-1883) a principal fonte inspiradora, o conservadorismo kirkeano rejeita reduzir tal doutrina às contribuições de algum fundador ou de determinado livro, como adverte o próprio Kirk:

> Um conservador não pode compor um "Manifesto Conservador" para competir com o *Manifesto Comunista*; pois o verdadeiro conservador não acredita que a sociedade possa ser propriamente governada por nenhum credo inflexível de doutrina abstrata. O conservador não é um fanático. Sabe que os problemas da humanidade são tortuosamente intricados e que alguns desses problemas nunca serão resolvidos de modo algum. Se é honesto, não pode pregar à multidão que ela tem de clamar pelo manifesto e que dela será o paraíso terrestre. Sabe que não somos feitos para a utopia. Abjura a ideologia, embora esteja firmemente ligado ao princípio – a distinção feita por Burke em 1787. Sabe que cada nação e cada comunidade devem aplicar os princípios conservadores de modos variados, temperados pela prudência. O conservador não tem um projeto que permita ao engenheiro social governar de modo uniforme todos os homens em todos os tempos.[59]

---

[57] Russell Kirk, "A Arte Normativa e os Vícios Modernos", trad. Gustavo Santos e notas Alex Catharino, COMMUNIO: *Revista Internacional de Teologia e Cultura*, vol. XXVII, n. 4, (outubro-dezembro 2008), 993-1017, cit. p. 1006.

[58] W. Wesley McDonald, *Russell Kirk and the Age of Ideology*, Columbia, University of Missouri Press, 2004, p. 10.

[59] Russell Kirk, *Beyond the Dreams of Avarice: Essays of Social Critic*, 2ª ed., Peru, Sherwood Sugden & Company, 1991, p. 55-56.

O conservadorismo tradicionalista kirkeano, desse modo, não é uma ideologia abstrata que tenta criar "um novo mundo possível", mas uma proposta que ao mesmo tempo busca conservar os princípios fundamentais e promover reformas prudenciais, orientadas pela sabedoria acumulada na experiência histórica, tal como apreendida pelos autores que denominamos eminentes guardiães de nosso patrimônio civilizacional. Se por um lado Russell Kirk rejeita as ideologias progressistas, expressas tanto pelo igualitarismo rousseauniano quanto pelo utilitarismo benthamita, por outro lado o pensador conservador norte-americano tampouco se enquadra no tradicionalismo reacionário e antiliberal proposto por Joseph De Maistre (1753-1821), Louis De Bonald (1754-1840), Félicité de Lamennais (1782-1854), Friedrich Julius Stahl (1802-1861), Juan Donoso Cortés (1809-1853), Adam Müller (1779-1829), Jaime Balmes (1810-1848), Louis Veuillot (1813-1883), Karl von Vogelsang (1816-1890), Camilo Castelo Branco (1825-1890), Félix Sardá y Salvany (1844-1916), Juan Vázquez de Mella (1861-1928), Charles Maurras (1868-1952), António Sardinha (1887-1925), Jackson de Figueiredo (1891-1928), Julius Evola (1898-1974), Plínio Salgado (1895-1975) e Carl Schmitt (1888-1985), entre outros. Essa questão foi devidamente ressaltada por Gregory Wolfe com as seguintes palavras:

> *The Conservative Mind* é uma história do conservadorismo que fica longe do ultramontanismo. Esta foi uma declaração clara da sensibilidade política de Kirk, mas que muitos ignoraram. Kirk demonstrou sua preferência pelo bom senso, pela prudência e pela subsidiariedade em oposição a meros apelos à autoridade, seja ela autoridade eclesiástica ou aristocrática. Para Kirk, a verdadeira autoridade veio tanto das reservas do *common law*, a sabedoria acumulada dos grandes pensadores e santos, quanto das "instituições mediadoras" da família, da Igreja e das associações locais, que são a base da sociedade civil.[60]

---

[60] Gregory Wolfe, *A Beleza Salvará o Mundo: Recuperando o Humano em uma Era Ideológica*, pref. Rodrigo Gurgel, trad. Marcelo Gonzaga de Oliveira, Campinas, Vide Editorial, 2015, p. 315-16.

No livro *Os Construtores do Império: Ideais e Lutas do Partido Conservador Brasileiro* de 1968, primeiro trabalho a citar Russell Kirk no ambiente lusófono, o historiador mineiro João Camilo de Oliveira Torres (1916-1973) define o conservadorismo a partir dos seis cânones apresentados em *The Conservative Mind*.[61] O autor contrapõe o espírito conservador "em seu sentido autêntico", tal como apresentado pelo pensamento kirkeano e "representado pelo Partido Conservador, no Império do Brasil, e, tradicionalmente, pelo Partido Conservador britânico", às posturas imobilista, reacionária e progressista.[62] A partir desta exposição camiliana, associada ao pensamento de Edmund Burke e ao conservadorismo kirkeano, concluímos que o fundamento último dessas filosofias políticas se encontra na relação com a dinâmica histórica. Os imobilistas adotam uma atitude estática, tentando impedir qualquer tipo de mudança – são prisioneiros do presente. Os reacionários estão dispostos a sacrificar o presente e o futuro em nome da restauração de uma visão idílica do passado. Os progressistas ou revolucionários buscam romper com o passado e com o presente na tentativa de criar o utópico "outro mundo possível". Os verdadeiros conservadores devem reconhecer a imperfectibilidade de seus projetos ao entender que a realidade política e cultural é marcada por uma contínua tensão entre permanências e mudanças.

O tipo de conservadorismo defendido por Edmund Burke e por Russell Kirk pode ser mais bem entendido pela caracterização do protagonista do romance *Il Gattopardo* [O Leopardo], de Giuseppe Tomasi di Lampedusa (1896-1957), lançado, postumamente, em 1958 e adaptado para o cinema, em 1963, por Luchino Visconti

---

[61] João Camilo de Oliveira Torres, *Os Construtores do Império: Ideais e Lutas do Partido Conservador Brasileiro*, São Paulo, Companhia Editora Nacional, 1968, p. 1. Uma reedição da obra, com prefácio de Antonio Paim e posfácio de Alex Catharino, será lançada ainda no ano de 2016 pela Livraria Resistência Cultural Editora.

[62] Idem, ibidem, p. 3.

(1906-1976). A personagem fictícia Don Fabrizio Corbera, o príncipe de Salina, interpretado na película cinematográfica pelo ator Burt Lancaster (1913-1994), é o modelo do conservador que tenta proteger os elementos fundamentais da ordem tradicional, ao mesmo tempo que reconhece que, "se queremos que tudo continue como está, é preciso que tudo mude".[63] Na condição de verdadeiro guardião do patrimônio civilizacional, Don Fabrizio é um defensor da monarquia e um opositor da revolução, pois deseja preservar "a ordem, a continuidade, a decência, o direito, a honra", vendo na figura do Rei aquele "que é o único a defender a Igreja, que é o único a impedir a desagregação da propriedade".[64]

Em uma passagem de nosso livro, ressaltamos que "o recente avanço do conservadorismo" no Brasil, o qual adota feições anglo-saxãs como defendido por Russell Kirk, "não representa a contaminação do pensamento brasileiro por um corpo estranho".[65] A tradição conservadora em nosso país durante o período do Império foi influenciada pelo conservadorismo anglo-saxão, como podemos constatar sobretudo nos escritos de José da Silva Lisboa (1756-1835), o Visconde de Cairu, de José Bonifácio de Andrada e Silva (1763-1838), de José Joaquim Carneiro de Campos (1768-1836), o 1.º Visconde de Caravelas, de Francisco Gê Acayaba de Montezuma (1794-1870), o Visconde de Jequitinhonha, José Martiniano Pereira de Alencar (1794-1860), de Bernardo Pereira de Vasconcelos (1795-1850), de Manuel Alves Branco (1797-1855), o 2.º Visconde de Caravelas, de Evaristo da Veiga (1799-1837), de Paulino José Soares de Sousa (1807-1866), o Visconde de Uruguai, de Justiniano José da Rocha (1812-1862), de José Antônio Pimenta Bueno (1803-1878), o Marquês de São Vicente, de Eusébio de Queirós (1812-1868), de José Tomás Nabuco de

---

[63] Tomasi di Lampedusa, *O Gattopardo*, trad. Marina Colasanti, Rio de Janeiro, BestBolso, 2007, p. 69.

[64] Idem, ibidem, p. 51.

[65] Alex Catharino, *Russell Kirk*, op. cit., p. 122.

Araújo Filho (1813-1878), de Brás Florentino Henriques de Souza (1825-1870), de José de Alencar (1829-1877), e, até mesmo, de Aureliano Tavares Bastos (1839-1877), de Joaquim Nabuco (1849-1910) e de Rui Barbosa (1849-1923), entre outros. No livro *A Democracia Coroada: Teoria Política do Império do Brasil*, lançado originalmente em 1957, ao tratar do sistema legislativo imperial brasileiro, João Camilo de Oliveira Torres resume com propriedade a constante tensão entre os conservadores e os liberais:

> É um sistema que reconhece a verdade principal da política: os homens estão permanentemente ameaçados de dois perigos: o espírito de aventura, que deseja reformar por amor à reforma, e o espírito conservador, que deseja a estabilidade e a fixidez. Lógicos, pois, são o sistema bicameral e o caráter natural da divisão das correntes políticas em dois grandes partidos, "liberal" e "conservador". O primeiro procurando ampliar as liberdades, o segundo desejando conservar instituições úteis ameaçadas pela afoiteza do primeiro. Os conservadores lutam pelas conquistas da geração anterior. Mas, como a história nem sempre é dialética, o conservador muitas vezes tem razão: podemos continuar a viagem, mas sem queimar os navios que nos trouxeram até a praia, manter os degraus da escada já utilizados e não destruí-los. O conservador é o homem que defende o degrau ultrapassado; o liberal quer subir sem olhar para trás. Um liberal extremista destrói os degraus já utilizados; um ultraconservador não sobe. Em resumo: o conservador segura a escada para o liberal subir.[66]

Os conservadores brasileiros durante o período imperial, de acordo com a ressalva de João Camilo de Oliveira Torres, eram "igualmente liberais", pois "aceitavam os princípios gerais e os grandes dogmas da fé liberal",[67] entre os quais se destacam a preservação da liberdade individual no plano moral, a manutenção do Estado de Direito e a

---

[66] João Camilo de Oliveira Torres, *A Democracia Coroada: Teoria Política do Império do Brasil*, 2ª ed., Petrópolis, Vozes, 1964, p. 101.

[67] Idem, *Os Construtores do Império*, op. cit., p. 190.

defesa do constitucionalismo no campo jurídico, o compromisso com a representação democrática e com o pluralismo partidário na esfera política e a expansão do livre mercado e a defesa da propriedade privada nas atividades econômicas. Nesse sentido, as infrutíferas tentativas de construir uma proposta conservadora nativa, sem os influxos liberais do conservadorismo anglo-saxão e orientada pela postura ultramontana francesa ou ibérica, tornam-se necessariamente um projeto ideológico reacionário e autoritário, desconectado da experiência histórica concreta de nossa verdadeira tradição política. Tanto na prática vivenciada pelo Partido Conservador durante o Segundo Reinado quanto nas reflexões teóricas de seus principais representantes nos séculos XIX e XX, a mentalidade conservadora brasileira se diferencia do progressismo da tradição cientificista e, ao mesmo tempo, da postura reacionária de algumas vertentes tradicionalistas, sendo um tipo de conservadorismo liberal semelhante ao advogado pelo pensamento burkeano. Amparado nas reflexões do filósofo britânico Anthony Quinton (1925-2010), o crítico literário, ensaísta, diplomata e sociólogo carioca José Guilherme Merquior (1941-1991) define tal corrente política nos seguintes termos:

> O conservadorismo liberal era um produto muito inglês, e como tal muito diverso do conservadorismo compacto, reacionário do continente. Na primeira metade do século XIX, a maioria dos conservadores ainda resistia ao governo representativo, responsável, e à liberdade religiosa, enquanto os conservadores britânicos estavam tentando preservar o acordo antiabsolutista de 1688. O conservadorismo britânico, como observa um destacado intérprete moderno, Anthony Quinton, abrange pelo menos três doutrinas. A primeira é o *tradicionalismo*, a crença de que a sabedoria política é de alguma forma de natureza histórica e coletiva, residindo em instituições que passaram pelo teste do tempo. A segunda é o organicismo, a ideia de que a sociedade é um todo, e não apenas uma soma de suas partes ou de seus membros, e como tal possui um valor definitivamente muito superior ao indivíduo. A terceira é o *ceticismo político*, no sentido de uma desconfiança do

pensamento e da teoria quando aplicados à vida pública, especialmente com amplos propósitos inovadores.[68]

Tal como definido por José Guilherme Merquior, o moderno conservadorismo liberal é indissociável de sua matriz anglo-saxã, oriunda do pensamento burkeano. A leitura dos livros *A Democracia Coroada* e *Os Construtores do Império*, de João Camilo de Oliveira Torres, permite compreender que a experiência política concreta brasileira durante o período imperial é caudatária do liberalismo conservador britânico. A prática política e a fundamentação teórica tanto dos conservadores "saquaremas" quanto dos liberais "luzias" foram profundamente influenciadas pelos trabalhos de Benjamin Constant (1767-1830) e de François Guizot (1787-1874), que, por sua vez, eram dois leitores atentos dos escritos de Edmund Burke. No livro *The Intelligent Woman's Guide to Conservatism* [O Guia do Conservadorismo para a Mulher Inteligente], Russell Kirk afirma:

> O conservadorismo moderno tomou forma perto do início da Revolução Francesa, quando homens de visão de longo alcance na Grã-Bretanha e na América do Norte perceberam que, se a humanidade tem de conservar os elementos da civilização que torna a vida digna de ser vivida, algum corpo coerente de ideias deve resistir ao impulso destrutivo e nivelador dos revolucionários fanáticos. Na Grã-Bretanha, o fundador do verdadeiro conservadorismo foi Edmund Burke, cujas *Reflexões sobre a Revolução em França* mudaram o rumo da opinião britânica e influenciaram de maneira incalculável os líderes da sociedade no continente e na América. Nos recém-instituídos Estados Unidos, os pais da República, conservadores por educação e experiência prática, estavam determinados a moldar constituições que devessem guiar a posteridade por caminhos estáveis de justiça e de liberdade.[69]

---

[68] José Guilherme Merquior, *O Liberalismo Antigo e Moderno*, apres. Roberto Campos, trad. Henrique de Araújo Mesquita, 3.ª ed., São Paulo, É Realizações, 2014, p. 141.

[69] Russell Kirk, *The Intelligent Woman's Guide to Conservatism*, New York, The Devin-Adair Company, 1957, p. 13-14.

Tal como materializado nas experiências conservadoras históricas da política na Grã-Bretanha, nos Estados Unidos, no Brasil, no Chile e na Colômbia ao longo de uma parcela significativa do século XIX, o conservadorismo neoburkeano, advogado por Russell Kirk como solução para as mazelas do século XX, não deve ser entendido, de modo algum, como uma defesa de um tipo de moralismo autoritário ou como uma tentativa de implantar alguma forma de centralismo estatal. "Governos centralizados produzem indivíduos irresponsáveis", nas palavras do filósofo inglês Roger Scruton, pois "o confisco da sociedade civil pelo Estado leva a uma recusa generalizada dos cidadãos a agir por vontade própria".[70] A defesa antifederalista da unidade nacional feita pelos "saquaremas", tal como expressa na atuação política e nos escritos, por exemplo, do Visconde de Uruguai e do Marquês de São Vicente, não pode ser confundida com o moderno centralismo governamental, pois no contexto específico brasileiro os conservadores tentavam proteger a ordem jurídica monárquica, garantidora das liberdades individuais e das instituições que as possibilitam, contra os impulsos revolucionários das oligarquias locais.[71]

As mudanças históricas levaram os conservadores prudentes a entender os riscos da centralização estatal. Sustentado nas advertências de Edmund Burke e de Alexis de Tocqueville (1805-1859) contra o centralismo, Russell Kirk espera "que a geração emergente de conservadores tenha a coragem necessária para impedir o triunfo dos centralizadores".[72] No livro *Virtue and the Promise of Conservatism: The Legacy of Burke & Tocqueville* [Virtude e a Promessa do Conservadorismo: O Legado de Burke e de Tocqueville], nosso amigo Bruce Frohnen afirma que "a ênfase de Kirk na necessidade de respostas

---

[70] Roger Scruton, *Como ser um Conservador*, trad. Bruno Garschagen, Rio de Janeiro, Record, 2015, p. 40.
[71] João Camillo de Oliveira Torres, *Os Construtores do Império*, op. cit., p. 122-56, 166-70, 199-201.
[72] Russell Kirk, *A Política da Prudência*, op. cit., p. 299.

prudentes para as circunstâncias variadas e mutáveis o levou a seguir Burke e Tocqueville ao enfatizar a importância da autonomia local".[73] De modo semelhante ao pensamento kirkeano, Roger Scruton continua sua crítica à centralização afirmando que:

> Em lugar de um governo centralizado, Burke elabora um argumento em prol de uma sociedade configurada de modo ascendente pelas tradições desenvolvidas a partir da necessidade natural de nos relacionarmos. As tradições sociais importantes não são apenas costumes arbitrários que devem sobreviver ou não no mundo moderno. São formas de conhecimento. Contêm resquícios de muitas tentativas e erros conforme as pessoas tentam ajustar a própria conduta à das demais. Para usar a linguagem da teoria dos jogos, elas são soluções descobertas para os problemas de coordenação que surgem ao longo do tempo. Existem porque dão informação necessária sem a qual a sociedade não pode ser capaz de se reproduzir. Caso as destruamos de modo negligente, eliminaremos as garantias oferecidas de uma geração à geração posterior.
>
> Ao debater tradição, não estamos discutindo normas arbitrárias e convenções, mas *respostas* que foram descobertas a partir de *questões* perenes. Essas respostas estão implícitas, compartilhadas e incorporadas nas práticas sociais e nas expectativas inarticuladas. Aqueles que as adotam não são necessariamente capazes de explicá-las e ainda menos de justificá-las. Por essa razão, Burke as descreve como "predisposições" e as defende sob o argumento de que, apesar de o capital de razão em cada indivíduo ser pequeno, há um acúmulo de razão na sociedade que questionamos e rejeitamos por nossa conta e risco.[74]

Como ressaltamos em outro trabalho,[75] o conceito de tradição defendido por alguns conservadores, como Russell Kirk e Roger Scruton,

---

[73] Bruce Frohnen, *Virtue and the Promise of Conservatism: The Legacy of Burke & Tocqueville*, Lawrence: University Press of Kansas, 1993, p. 169.

[74] Roger Scruton, *Como ser um Conservador*, op. cit., p. 40.

[75] Alex Catharino, "A Escola Austríaca entre a Tradição e a Inovação", *MISES: Revista Interdisciplinar de Filosofia, Direito e Economia*, vol. I, n. 2 (julho-dezembro de 2013), 305-23, esp. 308-315.

não é incompatível com a noção liberal de "ordem espontânea" do economista austríaco F. A. Hayek (1899-1992), entendida como "uma ordem resultante da evolução", um tipo não criado de forma deliberada, mas "autogeradora ou endógena".[76] Os principais fundamentos teóricos deste conceito hayekiano se encontram no iluminismo escocês da filosofia de David Hume (1711-1776) e das reflexões morais e econômicas de Adam Smith (1723-1790), bem como no conservadorismo ilustrado burkeano.[77] A influência do pensamento iluminista smithiano nos escritos de Edmund Burke foi ressaltada com propriedade pela historiadora norte-americana Gertrude Himmelfarb.[78] Em um artigo de 1981 no periódico *Modern Age*,[79] republicado postumamente, em 1996, como décimo nono capítulo da coletânea *Redeeming the Time*,[80] Russell Kirk apresenta Edmund Burke, Samuel Johnson (1709-1784) e Adam Smith como os três pilares da ordem. De acordo com o que ressaltamos acima, o conservadorismo burkeano, bem

---

[76] F. A. Hayek, *Direito, Legislação e Liberdade: Uma Nova Formulação dos Princípios Liberais de Justiça e Economia Política – Volume I: Normas e Ordem*, apres. Henry Maksoud; trad. Anna Maria Copovilla, José Ítalo Stelle, Manuel Paulo Ferreira e Maria Luiza X. de A. Borges, São Paulo, Visão, 1985, p. 38.

[77] Além das inúmeras citações aos três autores em *Norms and Order* [Normas e Ordem], primeiro volume da trilogia *Law, Legislation and Liberty* [Direito, Legislação e Liberdade], lançado originalmente em 1973, os mesmos pensadores são mencionados diversas vezes em diferentes trabalhos do economista austríaco, principalmente em suas análises sobre as relações entre as noções de liberdade, razão e tradição no quarto capítulo do livro *The Constitution of Liberty* [Os Fundamentos da Liberdade], de 1960. Ver F. A. Hayek, *Os Fundamentos da Liberdade*, intr. Henry Maksoud; trad. Anna Maria Capovilla e José Ítalo Stelle, Brasília/São Paulo, Editora Universidade de Brasília/Visão, 1983, p. 54-75.

[78] Gertrude Himmelfarb, *Os Caminhos para a Modernidade: Os Iluminismos Britânico, Francês e Americano*, pref. Luiz Felipe Pondé, trad. Gabriel Ferreira da Silva, São Paulo, É Realizações, 2011, p. 97-122.

[79] Russell Kirk, "Three Pillars of Order: Edmund Burke, Samuel Johnson, Adam Smith", *Modern Age*, vol. 25, n. 3 (Summer 1981), 565-69.

[80] Idem, *Redeeming the Time*, op. cit., p. 254-70.

como sua moderna versão kirkeana, não devem ser entendidos como uma mera reação "contrailuminista" ultramontana, dado que as análises de Burke se sustentam em sólidos princípios não ideológicos semelhantes às percepções do iluminismo escocês nas obras de Hume e de Smith. De acordo com Himmelfarb, fundado na tradição, expressa tanto na defesa "da superstição e do preconceito" quanto no "menosprezo pelas abstrações", além das noções de "prudência e de expediente", Burke elaborou "uma filosofia séria e respeitável".[81] No décimo capítulo de *The Roots of American Order*, ao analisar os grandes intelectos do século XVIII que contribuíram de modo decisivo para a emergência da ordem social norte-americana, Kirk se voltou para o pensamento de Montesquieu (1689-1755), de David Hume, de Sir William Blackstone (1723-1780) e de Edmund Burke.[82] Ao argumentar que a poderosa imaginação moral burkeana é o que faz o pensador, orador e estadista irlandês superar a superficial dicotomia entre os rótulos de "liberal" e de "conservador", Himmelfarb ressalta os fundamentos mais profundos das análises de Burke, explicitados na conclusão de sua análise com as seguintes palavras:

> Os filósofos morais haviam posto um sentimento moral no homem como a base das virtudes sociais. Burke levou essa filosofia um passo adiante, fazendo dos "sentimentos, costumes e opiniões morais" dos homens a base da própria sociedade e, em última instância, do próprio governo.[83]

Edmund Burke: Redescobrindo um Gênio oferece acesso aos princípios filosóficos do conservadorismo liberal anglo-saxão por intermédio da biografia intelectual do fundador dessa corrente. De um ponto de vista favorável ao conservadorismo kirkeano, o professor Dante Germino denomina a presente biografia como um "estudo

---

[81] Gertrude Himmelfarb, *Os Caminhos para a Modernidade*, op. cit., p. 118.
[82] Russell Kirk, *The Roots of American Order*, op. cit., p. 347-91.
[83] Gertrude Himmelfarb, *Os Caminhos para a Modernidade*, op. cit., p. 122.

clássico", que aborda a vida de um "venerável pensador que conseguiu para integrar uma carreira política ativa com um profundo nível de especulação sobre o homem, a sociedade e a história".[84] Mesmo assumindo uma perspectiva extremamente crítica, o já citado professor Drew Maciag reconhece o grande talento de Russell Kirk, em razão de o conservador norte-americano "emular o estilo da prosa burkeana" e ampliá-la com o objetivo de "aproximar sua visão de mundo e seu senso de missão apocalíptica" às do estadista, orador e escritor irlandês, empregando "até determinadas técnicas polêmicas de Burke".[85] De nossa parte acrescentamos que, por esses motivos, o presente livro é fundamental para a apreensão do tipo de conservadorismo pleiteado e vivenciado tanto pelo biografado quanto pelo biógrafo. *Edmund Burke: Redescobrindo um Gênio* pode ser visto como um protótipo daquela que consideramos a obra-prima no vasto conjunto kirkeano, a já mencionada *A Era de T. S. Eliot*, na qual o autor "ao tomar como fio condutor a vida e o pensamento de T. S. Eliot", além de apresentar "o contexto histórico do período em que viveu o poeta", condensa e estrutura de forma exemplar várias ideias próprias "sobre natureza humana, cultura, história, sociedade, educação e política".[86]

O impacto da presente biografia intelectual não foi imenso; contudo, a obra foi responsável pela popularização de algumas ideias do estadista e pensador irlandês para o público mais amplo atingido por Russell Kirk e colaborou de modo significativo para a continuidade dos estudos sobre o pensamento burkeano, despertando o interesse na temática em alguns pesquisadores mais recentes. No livro *The Metaphisics of Edmund Burke* [A Metafísica de Edmund Burke], o professor de filosofia Joseph L. Pappin III, atual presidente

---

[84] Dante Germino, "Pitched upon a Level of Theory", op. cit., p. 16.

[85] Drew Maciag, *Edmund Burke in America*, op. cit., p. 181.

[86] Alex Catharino, "A Vida e a Imaginação de Russell Kirk", op. cit., p. 24.

da Edmund Burke Society of America, confessa que o seu interesse em pesquisar o pensamento burkeano foi despertado pela leitura de *Edmund Burke: Redescobrindo um Gênio*, na mesma época em que investigava de modo sistemático o pensamento de Santo Tomás de Aquino (1225-1774).[87] Sobre os méritos da obra aqui analisada, deixamos a palavra final para o professor Dante Germino, autor de um importante ensaio na perspectiva voegeliniana sobre o pensamento burkeano,[88] quando asseverou que:

> A renascença dos estudos de Edmund Burke ao longo das duas últimas décadas produziu inúmeros estudos capazes de iluminar ainda mais a extraordinária contribuição burkeana para a teoria política. Por intermédio de *Edmund Burke: Redescobrindo um Gênio* e do capítulo sobre o estadista e pensador irlandês no seu *The Conservative Mind*, contudo, Russell Kirk continua a ser o autor com o qual devemos todos começar e para com o qual todos, nos estudos de Burke, possuem uma dívida. Como o próprio Burke, Kirk escreve com vida sobre a perda do ponto essencial da modernidade e suas trágicas consequências.[89]

II – "O GUARDA-ROUPA DE UMA IMAGINAÇÃO MORAL": O LUGAR DE EDMUND BURKE NO CONSERVADORISMO KIRKEANO

O livro *The Conservative Mind* foi o principal marco na consolidação do contemporâneo movimento intelectual conservador nos Estados Unidos, pelo fato de a obra "sistematizar os princípios

---

[87] Joseph Pappin III, *The Metaphysics of Edmund Burke*, pref. Francis Canavan, S.J., New York, Fordham University Press, 1992, p. ix.

[88] Dante Germino, "Burke and the Reaction Against the French Revolution", in: *Machiavelli to Marx: Modern Western Political Thought*, Chicago, University of Chicago Press, 1972, p. 214-32.

[89] Idem, "Pitched upon a Level of Theory", op. cit., p. 17.

fundamentais, apresentar a genealogia e recuperar a dignidade dessa corrente política junto à opinião pública norte-americana".[90] O sucesso desse trabalho, entretanto, deve-se em grande parte aos estudos sobre Edmund Burke desenvolvidos anteriormente, pois, como ressaltado pelo historiador George H. Nash no livro *The Conservative Intellectual Movement in America: Since 1945* [O Movimento Intelectual Conservador na América: Desde 1945], "a base para a receptividade de Burke, portanto, foi bem preparada por volta de 1953, quando surgiu o livro *The Conservative Mind*, de Kirk, e catalisou subitamente a emergência do movimento intelectual conservador".[91] Nas palavras de Peter J. Stanlis, "com o livro *The Conservative Mind*, Russell iniciou o firme estabelecimento de Burke como a nascente da moderna política conservadora".[92] Sobre a temática, em sua autobiografia o próprio Kirk reconhece a importância da apropriação do pensamento burkeano na análise que desenvolve sobre o conservadorismo na seguinte passagem:

> Todos os movimentos políticos profundos tiraram sua força de algum corpo de crenças anterior [...]. A fonte de sabedoria de Russell Kirk era Edmund Burke, e, por volta de 1952, um bom número de outras pessoas pensantes redescobriram Burke.[93]

O resgate de Edmund Burke pelo conservadorismo norte-americano após a Segunda Guerra Mundial foi uma estratégia "para se opor à irreligião e ao relativismo do liberais", tal como destacado por Harvey C. Mansfield, bem como um instrumento "para fornecer aos conservadores uma teoria que admite a vantagem política

---

[90] Alex Catharino, *Russell Kirk*, op. cit., p. 147.
[91] George H. Nash, *The Conservative Intellectual Movement in America: Since 1945*, 2.ª ed. rev., Wilmington, ISI Books, 1996, p. 61.
[92] Peter J. Stanlis, "Russell Kirk: Memoir of a Friendship", in James E. Person Jr. (ed.), *The Unbought Grace of Life: Essays in Honor of Russell Kirk*, Peru, Sherwood Sugden & Company, 1994, p. 31-50, cit. p. 37.
[93] Russell Kirk, *The Sword of Imagination*, op. cit., p. 147.

ou necessidade de religião e a influência das circunstâncias sobre a moralidade", sendo esta última, todavia, ratificada pela "lei natural, a vontade de Deus, como autoridade para o homem".[94] No caso específico da interpretação kirkeana dos escritos do estadista irlandês, Ivone Moreira ressalta que:

> Russell Kirk, em *The Conservative Mind*, considera que Burke, um homem prático, alicerça a vida política em princípios religiosos. Acredita que um Deus justo governa o mundo com a sua providência, cujos caminhos, embora por vezes imperscrutáveis, atuam certamente sobre a história, de tal modo que o lugar que o homem ocupa na vida lhe foi destinado e corresponde a um plano de Deus. Qualquer governante que pense em reformar deve, antes de mais, descortinar quais os desígnios da providência e depois atuar em conformidade, segundo os ditames da justiça natural.
>
> Segundo a leitura que Kirk faz de Burke, o homem político não pode esperar a inspiração divina para agir, nem tem por que fazê-lo, porque a Providência ensinou a humanidade ao longo de milhares de anos de experiência e de meditação, dando-lhe uma sabedoria coletiva: a tradição temperada pela experiência. Burke ter-se-ia aproximado de uma teoria de um intelecto humano coletivo e foi nisto, claramente, precursor dos românticos.
>
> Trata-se de uma interpretação muito interessante, que encontra amplo fundamento nos textos de Burke. [...]
>
> Ainda segundo Russell Kirk, Burke está longe de rejeitar princípios gerais e máximas apesar de condenar as abstrações. A ordem do mundo é uma ordem moral, e as leis que o regem derivam das leis morais eternas. [...] Para Burke, os princípios são a reta razão expressa na sua forma permanente, e as abstrações são a sua corrupção. A conveniência é a sábia aplicação do saber geral às circunstâncias particulares, o oportunismo é a sua degradação. A conveniência dá

---

[94] Harvey Mansfield Jr., "Edmund Burke", in Leo Strauss & Joseph Cropsey (ed.), *História da Filosofia Política*, trad. Heloísa Gonçalves Barbosa, Rio de Janeiro, Forense Universitária, 2013, p. 613-34, cit. p. 615.

execução aos princípios, mas nunca os suplanta, porque estes são a expressão do conhecimento dos desígnios da providência.[95]

Ao abordar o fenômeno intelectual das raízes burkeanas do moderno conservadorismo, a análise de Isaac Kramnick vincula erroneamente ao contexto da Guerra Fria as interpretações conservadoras elaboradas por Russell Kirk, pelos já citados Ross J. S. Hoffman, Francis Canavan, S.J. e Peter J. Stanlis, bem como os estudos de Louis I. Bredvold (1888-1977) e C. P. Ives (1903-1982).[96] Acusação semelhante a Stanlis e Kirk também foi feita, anos depois, por Conor Cruise O'Brian.[97] Um exame mais recente e mais bem fundamentado elaborado por Drew Maciag não comete os mesmos erros popularizados por Kramnick e por O'Brian. No lugar de interpretar como caudatários do ambiente ideológico da Guerra Fria os estudos desenvolvidos por Russell Kirk, por Ross J. S. Hoffman e por Peter J. Stanlis ou por Moorhouse I. X. Millar, S.J. (1886-1956), e por Paul Levack (1909-2001), o autor classifica os trabalhos desses autores como parte de uma corrente burkeana voltada para a noção católica de Lei Natural.[98] De nossa parte acreditamos que, atualmente, o melhor exemplo dessa abordagem jusnaturalista seria o já citado livro *The Metaphysics of Edmund Burke*, de nosso confrade Joseph L. Pappin III. "As frequentes referências de Burke à lei natural, anteriormente ignoradas ou dispensadas como retórica", segundo Mansfield, "foram reunidas em um sistema que poderia ser descrito como um tomismo conservador modernizado".[99] Concordamos em grande parte com tais interpretações de Maciag e de

---

[95] Ivone Moreira, *A Filosofia Política de Edmund Burke*. Moinho Velho, Aster, 2012, p. 13-14.

[96] Isaac Kramnick, *The Rage of Edmund Burke*, op. cit., p. 39-51.

[97] Conor Cruise O'Brien, *The Great Melody*, op. cit., p. xi.

[98] Drew Maciag, *Edmund Burke in America*, op. cit., p. 172-99.

[99] Harvey Mansfield, Jr., "Edmund Burke", op. cit., p. 615.

Mansfield no que diz respeito aos demais autores. No caso específico dos escritos de Kirk sobre a vida e a obra de Burke, contudo, a questão é mais complexa, o que exige uma reflexão mais profunda acerca da influência do estadista e escritor irlandês no pensamento do ilustre autor conservador norte-americano.

Um dos primeiros intérpretes do pensamento social kirkeano destacou que a grande importância do pensador "não foi apenas reenfatizar a tradição burkeana que constitui o impacto positivo de *The Conservative Mind*". De acordo com essa análise do cientista político Donald Atwell Zoll (1927-2011), o tipo de conservadorismo histórico advogado por Russell Kirk se aparta da "direita política norte-americana", de modo distinto do que se vê no mesmo período nos escritos, por exemplo, do poeta e teórico político Peter Viereck (1916-2006). A perspectiva exposta em *The Conservative Mind* oferece uma "maior autoconsciência política" para o surgimento de um "movimento intelectual, agudamente divorciado das estruturas convencionais do Partido Republicano" ou distanciado da mera defesa do livre mercado, tal como fora antes advogada pelos chamados "*dollar conservatives*", para usar a denominação apregoada pelo filósofo e crítico literário Eliseo Vivas (1901-1993) ao classificar os seguidores da filosofia objetivista da escritora Ayn Rand (1905-1982) ou de outras vertentes libertárias. Nessa interpretação, o principal mérito do conservadorismo "neoburkeano" de Kirk foi possibilitar o desenvolvimento de uma integração entre correntes filosóficas díspares como a "neoortodoxia religiosa, o agrarianismo literário, o realismo moral e o anti-igualitarismo", todas reunidas na noção de "usos consagrados" ressaltada pela apropriação kirkeana do pensamento de Burke.[100]

As investigações kirkeanas sobre Edmund Burke não se reduzem exclusivamente ao escopo da supracitada corrente da Lei Natural,

---

[100] Donald Atwell Zoll, "The Social Thought of Russell Kirk", *Political Science Reviewer*, vol. 2, n. 1 (Fall 1972), 112-36, cit, p. 116-17.

tais quais costumam ser interpretadas pela maioria dos analistas, mas são animadas, também, por outras duas perspectivas distintas. A primeira é oriunda do chamado Novo Humanismo do crítico literário Irving Babbitt (1865-1933), nas interpretações da "imaginação idílica" de Jean-Jacques Rousseau (1712-1778) e da "imaginação moral" burkeana. A segunda é mais voltada para a história das ideias e possui raízes no estudo sobre o estadista virginiano John Randolph (1773-1833) de Roanoke desenvolvido por Russell Kirk. Na presente seção de nosso ensaio, apresentaremos de modo biográfico a descoberta do pensamento burkeano e a transformação deste em objeto de estudo por Kirk, além de interpretar o modo como as perspectivas do Novo Humanismo, da história das ideias e da Lei Natural foram reunidas na síntese kirkeana de Burke.

Vale lembrar aqui um aspecto importante do pensamento kirkeano, ressaltado no livro *Russell Kirk: O Peregrino na Terra Desolada*, quando afirmamos que, de certo modo, esse "é caudatário das experiências vivenciadas pelo autor na jornada que trilhou na terra desolada empunhando a espada da imaginação contra as tolices do tempo".[101] Tal relação biográfica com o pensamento burkeano foi expressa em diversos trabalhos. No ensaio "Why Edmund Burke Is Studied"[102] [Por que Edmund Burke é Estudado?], publicado originalmente em 1986 na *Modern Age* e incluído em 1997 por Jeffrey O. Nelson como epílogo na terceira edição de *Edmund Burke: Redescobrindo um Gênio*, Russell Kirk relata a primeira experiência que teve com os escritos do estadista, orador e ensaísta irlandês no seguinte parágrafo:

> Encontrei, pela primeira vez, o nome de Edmund Burke quando, ainda menino, folheava antigos livros escolares de minha mãe, Marjorie

---

[101] Alex Catharino, *Russell Kirk*, op. cit., p. 27.
[102] Russell Kirk, "Why Edmund Burke Is Studied", *Modern Age*, vol. 30, n. 3-4 (Summer-Fall 1986), 237-44.

Rachel Pierce Kirk (1895-1943). Entre eles, estava uma edição do discurso de Burke *Speech on Moving Resolutions for Conciliation with the Colonies* [Discurso sobre as Deliberações Propostas para a Conciliação com as Colônias] [...]. O *Speech on Moving Resolutions for Conciliation with the Colonies* quase já havia desaparecido do ensino secundário norte-americano na época em que nele ingressei, e não conheço, hoje, nenhuma escola pública que prescreva o estudo dos discursos de Burke. Minha mãe e seus colegas de classe, todavia, não pareceram ter ficado consternados com esse manual. Aqui e ali, na sua cópia, minha mãe escrevera, nas entrelinhas, com capricho, definições de palavras ou expressões, e no verso da folha de guarda do livro há uma anotação, possivelmente referindo-se às observações do professor sobre a obra de Burke, *Philosophical Enquiry into the Origins of Our Ideas of the Sublime and Beautiful* [Uma Investigação Filosófica Sobre a Origem de Nossas Ideias do Sublime e do Belo]: "Ainda que viajemos o mundo todo para encontrar o belo, devemos trazê-lo conosco ou nunca o encontraremos" [...].[103]

O pensamento burkeano foi defrontado pela primeira vez de modo mais sistemático por Russell Kirk a partir do ingresso, no outono de 1936, no Michigan State College of Agriculture and Applied Science, a atual Michigan State University, pelo qual obteve o B.A. em História em 1940. Na autobiografia *The Sword of Imagination*, o autor relata que durante o período da graduação o professor que mais o influenciou foi John Abbot Clark (1903-1965), que ministrava os populares cursos de Crítica Literária e de História da Crítica.[104]

Dotado de grande erudição, o professor John Abbot Clarke havia lido quase tudo sobre diferentes assuntos, principalmente temas literários, além de deter uma excelente biblioteca com obras de referência fundamentais para o estudo dos clássicos e ser na época um

---

[103] Na presente edição de *Edmund Burke: Redescobrindo um Gênio*, aconselhamos consultar as páginas 361-62 para ter acesso ao parágrafo completo com o relato de Russell Kirk do qual foram retirados os trechos citados.

[104] Russell Kirk, *The Sword of Imagination*, op. cit., p. 37.

dos poucos membros no corpo docente da instituição que possuía uma produção acadêmica escrita, pois publicara alguns artigos nos periódicos *Commonweal* e *The South Atlantic Quarterly*. Fora das salas de aula, o professor incentivou Russell Kirk a trilhar o caminho da vida acadêmica, encorajando-o a participar dos grupos de debate, escrever artigos para periódicos e seguir os estudos em um programa de mestrado. Nos cursos que ministrava, Clark orientou o jovem a estudar de modo sistemático os ensaios sobre estética, retórica, oratória e crítica literária escritos por Platão (427-347 a.C.), Aristóteles (384-322 a.C.), Marco Túlio Cícero (106-43 a.C.), Marco Fábio Quintiliano (35-95), Aulo Gélio (125-180), Caio Cássio Longino (213-273), Samuel Johnson, Edmund Burke, Samuel Taylor Coleridge (1772-1834), Matthew Arnold (1822-1888), Paul Elmer More (1864-1937) e, principalmente, Irving Babbitt, entre outros autores, que, em maior ou menor grau, se tornariam referência para o pensamento kirkeano.[105]

A dedicatória do livro *Edmund Burke: Resdescobrindo um Gênio* à memória de John Aboot Clark foi uma justa homenagem prestada ao grande mestre. Em um ensaio publicado em 1986, Russell Kirk narra o modo como o influente professor o guiou nos estudos da obra de Irving Babbitt e, consequentemente, de Edmund Burke:

> No Michigan State College, tornei-me aluno e amigo de John Abbot Clark, um amável e consciencioso discípulo de Irving Babbitt. Como calouro ou aluno de segundo ano universitário, li todos os livros de Babbitt. O professor Babbitt, na ocasião, morrera havia três ou quatro anos, mas parecia ao rapaz da Michigan State um dos sábios da antiguidade, juntamente com Longino e Quintiliano, pois o estudamos no curso de John Clark sobre História da Crítica.
>
> Quando li Babbitt, uma consciência falou a outra consciência. Senti uma forte empatia de mente e de caráter. [...]

---

[105] Alex Catharino, "A Vida e a Imaginação de Russell Kirk", op. cit., p. 27.

As convicções que Irving Babbitt expressou de maneira tão lógica e com tanta veemência eram convicções acalentadas na minha família por gerações. [...] Ele influenciou-me com mais vigor que qualquer outro escritor do século XX. Foi por intermédio de Babbitt que vim a conhecer Edmund Burke, e tanto Babbitt quanto Burke inspiram o meu livro *The Conservative Mind*.[106]

O clássico *The Conservative Mind*, em todas as sete edições lançadas entre 1953 e 1986, tem o segundo capítulo dedicado ao pensamento burkeano,[107] enquanto o décimo segundo capítulo, o penúltimo do livro, aborda na segunda e na terceira seções o conservadorismo de Irving Babbitt[108] e de Paul Elmer More.[109] Ressaltamos que o conservadorismo kirkeano sintetiza as contribuições de diferentes literatos, filósofos, historiadores, teóricos políticos e estadistas, mas, entre o vasto influxo recebido por Russell Kirk, os autores mais influentes foram, sem dúvida, Edmund Burke e T. S. Eliot.[110] Se por um lado a leitura inicial do pensamento burkeano foi guiada pelo prisma babbittiano, por outro lado "a dívida com Babbitt", como ressaltado por Kirk, "continuava a ser o laço mais próximo" da crítica eliotiana "com os escritores do próprio século".[111] Devemos lembrar que, em 1909, o jovem Tom Eliot foi aluno de Babbitt na turma de "Crítica literária francesa com especial referência ao século XX" do curso ministrado na University of Harvard, o que, junto com os escritos desse professor, marcou por toda a vida a produção intelectual do poeta, dramaturgo e ensaísta, como apresentado de modo exemplar em

---

[106] Russell Kirk. "The Enduring Influence of Irving Babbitt", in George A. Panichas & Claes G. Ryn (ed.), *Irving Babbitt in Our Time*. Washington, D.C.: Catholic University of America Press, p. 17-26, cit., p. 20.

[107] Idem, *The Conservative Mind: From Burke to Eliot*, op. cit., p. 12-70.

[108] Idem, ibidem, p. 419-32.

[109] Idem, ibidem, p. 432-43.

[110] Alex Catharino, *Russell Kirk*, op. cit., p. 62.

[111] Russell Kirk, *A Era de T. S. Eliot*, op. cit., p. 163.

A Era de T. S Eliot.[112] O próprio Eliot, em 1941, escreveu o seguinte sobre o ex-professor:

> Não creio que qualquer aluno que estivesse profundamente impressionado por Babbitt jamais pudesse falar dele com a suave ternura que sentimos por algo que cresceu ou foi cultivado. Se alguém, algum dia, já teve esse tipo de relacionamento com Babbitt, ele permanece como uma influência ativa; suas ideias ficarão para sempre como um padrão e um teste para as próprias ideias da pessoa. Não consigo pensar em alguém *reagindo a* Babbitt. Mesmo nas convicções que possa ter, nas visões que possa defender, que possam parecer contradizer as convicções mais importantes do próprio Babbitt, essa pessoa tem de estar ciente de que ele mesmo foi, em grande parte, quem lhes deu causa. A grandeza da dívida que alguns de nós temos para com Babbitt deve ficar mais óbvia para a posteridade do que para nossos contemporâneos.[113]

O nosso amigo Bradley J. Birzer, professor titular da cátedra Russell Amos Kirk de História dos Estados Unidos no Hillsdale College, explicita com grande mestria, na mais recente biografia intelectual do conservador norte-americano, a profunda influência do Novo Humanismo de Irving Babbitt no conservadorismo kirkeano.[114] O humanismo babbitiano foi fundamental para a constituição da percepção de Russell Kirk acerca da obra de Edmund Burke e da de T. S. Eliot, mas, como demonstrou de modo incisivo o professor Birzer, não deve ser limitada a esses aspectos, dado que é parte fundamental da própria cosmovisão kirkeana. A principal análise de Kirk sobre Babbitt aparece na longa introdução de 68 páginas, "Babbitt and the Ethical Purpose of Literary Studies" [Babbitt e o Propósito Ético dos Estudos Literários], escrita para a nova edição de 1986 da

---

[112] Idem, ibidem, p. 162-66.
[113] T. S. Eliot, *To Criticize the Critic*, New York, Farrar, Straus & Giroux, 1965, p. 15. Citado em: Russell Kirk, *A Era de T. S. Eliot*, op. cit., p. 163-64.
[114] Bradley J. Birzer, *Russell Kirk*, op. cit., p. 30-38.

obra *Literature and the American College*[115] [Literatura e o Ensino Superior Norte-Americano], lançada originalmente em 1908. Nesse primeiro livro de Irving Babbitt, apresenta-se a diferença entre o verdadeiro humanismo e as denominadas posturas humanitaristas, tanto do prisma utilitarista de Francis Bacon (1561-1626), que na percepção de Russell Kirk é mais bem representado por Jeremy Bentham (1748-1832), quanto na versão romântica do sentimentalismo de Jean-Jacques Rousseau, questão que seria ampliada em todos os demais trabalhos do corpus babbittiano. Em *A Era de T. S. Eliot*, Kirk discorre sobre o humanismo de Babbitt com as seguintes palavras:

> Para expressar de maneira breve o tópico, o humanismo é a crença de que o homem é uma categoria de ser distinta, governada por leis peculiares à própria natureza. Há uma lei para o homem e uma lei para as coisas. O homem mantém uma posição superior às feras, que sucumbem porque ele reconhece a lei de sua natureza e obedece a ela. As artes disciplinares da *humanitas* ensinam o homem a pôr limites à vontade e ao apetite. Tais limites são dados pela razão – não pela racionalidade privada do Iluminismo, mas por uma razão maior que brota do respeito à sabedoria dos antepassados e do esforço por perceber a essência do bem e do mal. O sentimental, que sujeita o homem ao domínio do impulso e da paixão; o materialista pragmático, que trata o homem como a um primata instruído; o entusiasta sensato, que reduz a personalidade humana a uma mediocridade coletiva – esses são os inimigos da natureza humana, e contra eles Babbitt dirigiu o referido livro e os seguintes.

> Contra o humanista, Babbitt pôs os humanitários. O humanista luta para desenvolver, por um ato da vontade, a natureza mais elevada que há no homem; o humanitarista, ao contrário, acredita no "trabalho exterior e em um interior *laissez faire*", ganho material e libertação de restrições morais. O que o humanista deseja é um trabalho na alma

---

[115] Irving Babbitt, *Literature and the American College: Essays in Defense of the Humanities*, intr. Russell Kirk. Washington, D.C., National Humanities Institute, 1986.

do homem; mas o que o humanitarista busca é a satisfação dos apetites. Francis Bacon representou para Babbitt o aspecto utilitário do humanitarismo, o desejo de poder sobre o homem e a natureza física; Rousseau significou o lado sentimental do humanitarismo, o impulso pérfido para romper com o que Burke havia chamado de "o contrato da sociedade eterna" e para substituir a obrigação moral pelo culto de um egoísmo temerário.[116]

Dos sete livros publicados por Irving Babbitt, *Democracy and Leadership* [Democracia e Liderança] foi considerado por Russell Kirk "o mais importante".[117] Lançada originalmente em 1924, a obra apresenta uma crítica incisiva à "imaginação idílica" de Jean-Jacques Rousseau, no segundo capítulo,[118] e aborda, no terceiro capítulo,[119] a "imaginação moral" de Edmund Burke. Ao recomendar cronologicamente uma restrita lista de "dez livros conservadores", Kirk escolheu este trabalho como o sétimo, enfatizando o corajoso esforço por "restaurar a compreensão do verdadeiro significado de *justiça*" de Babbitt, que, em sua época, relembrou "os perigos da expansão e da centralização materialista", além de ter defendido "o propósito ético das letras humanas".[120] Dentre as várias percepções contundentes de Babbitt acerca de Burke que, provavelmente, foram primordiais na constituição de Kirk em relação aos dois autores, a título de ilustração destacamos a seguinte:

> A verdade é que Burke não é em sentido algum um coletivista, e ainda menos, se possível, um determinista. Se fosse um deles, não teria conseguido aquela percepção profunda da verdadeira liberdade, com a qual sobrepuja qualquer outro pensador político, antigo ou moderno. Para

---

[116] Russell Kirk, *A Era de T. S. Eliot*, op. cit., p. 164-65.

[117] Idem, *The Conservative Mind: From Burke to Eliot*, op. cit., p. 422.

[118] Irving Babbitt, *Democracia e Liderança*, pref. Russell Kirk, trad. Joubert de Oliveira Brízida, Rio de Janeiro, Topbooks, 2003, p. 91-117.

[119] Idem, ibidem, p. 119-38.

[120] Russell Kirk, *A Política da Prudência*, op. cit., p. 138.

quem acredita na liberdade pessoal dentro da interpretação de Burke, a ênfase final não é necessariamente no Estado, mas sim no indivíduo. Seu individualismo, no entanto, não é naturalístico como o de Rousseau; é, isto sim, humanista e religioso. Só atingindo padrões pelos quais o indivíduo ultrapassa o seu eu ordinário, e atinge o humanismo ou a religião, é que Burke sugere que ele pode apoiar-se firmemente nas regras. Burke é anti-individualista por não aceitar que o indivíduo possa lidar apenas com seu estoque de capacidades. Ele faria com que tal indivíduo respeitasse a tendência geral, a experiência acumulada do passado que se incorporou aos hábitos e costumes, descartada como preconceito pelo racionalista superficial. Se o indivíduo condena a tendência geral e confia apenas e indevidamente em seu eu particular, não terá modelo; e a primeira necessidade de um homem é buscar um modelo correto e imitá-lo. Fazendo isso, ele pode, por seu turno, tornar-se modelo. O princípio da deferência e do serviço àquilo que é superior tem sua culminância e justificativa na fidelidade a Deus, o verdadeiro soberano e exemplar supremo. A concepção de Burke do Estado pode ser descrita como uma adaptação livre e flexível de elementos genuinamente platônicos e cristãos.[121]

O não entendimento desses aspectos do pensamento de Edmund Burke, tais quais ressaltados por Irving Babbitt, é uma das causas predominantes de incompreensão do conservadorismo tradicionalista proposto por Russell Kirk. Esse ângulo babbittiano é um dos possíveis caminhos para responder ao principal ataque elaborado ao tradicionalismo kirkeano e seus fundamentos burkeanos, como expresso pelo escritor conservador fusionista Frank S. Meyer (1909-1972) com as seguintes palavras:

> O padrão social que emerge das insinuações e sugestões de seus escritos (pois nunca nos diz exatamente o que pretende e, por certo, nunca nos dá ideia alguma do que isso significaria nas circunstâncias modernas) é moldada por palavras tais como "autoridade", "ordem", "comunidade", "dever", "obediência". "Liberdade" é

---

[121] Irving Babbitt, *Democracia e Liderança*, op. cit., p. 123.

uma palavra rara; o "indivíduo", anátema. As qualidades dessa sociedade proposta são uma mistura de Inglaterra do século XVIII e Europa medieval – ou, talvez, mais apropriadamente, são as da *República* de Platão com o rei-filósofo substituído pelo fidalgo e pelo cura.[122]

Acreditamos que tal crítica, produzida por um dos mais ilustres autores do movimento conservador norte-americano,[123] assim como os ataques consumados por progressistas de esquerda[124] e por libertários individualistas,[125] repousa no apego de Russell Kirk "às tradições religiosas, às instituições comunitárias ancestrais e à sabedoria dos mortos", tais quais expressas pelo pensamento burkeano, que, nesse sentido, "servem como limitadores de posições individualistas mais radicais acerca da noção cardeal de liberdade".[126] Historicamente, o abismo entre as diferentes percepções modernas de liberdade explicitou-se na querela travada entre Edmund Burke e Thomas Paine (1737-1809), tema discutido com propriedade no recente livro *The Great Debate: Edmund Burke, Thomas Paine, and the Birth of Right*

---

[122] Frank S. Meyer, *In Defense of Freedom and Related Essays*, pref. William C. Dennis, Indianapolis, Liberty Fund, 1996, p. 11.

[123] Uma análise mais detalhada dos argumentos individualistas de Frank S. Meyer contra as raízes burkeanas do tradicionalismo de Russell Kirk são apresentadas de modo resumido nos seguintes trabalhos: Alex Catharino, *Russell Kirk*, op. cit., p. 47-49; Bradley J. Birzer, *Russell Kirk*, op. cit., p. 326-33. Para uma visão geral das ideias de Frank S. Meyer, ver Kevin J. Smant, *Principles and Heresies: Frank S. Meyer and the Shaping of the American Conservative Movement*, Wilmington, ISI Books, 2002. A principal crítica libertária ao fusionismo se encontra em: Murray N. Rothbard, "Frank S. Meyer: The Fusionist as Libertarian Manqué", *Modern Age*, vol. 25, n. 4 (Fall 1981), 352-63. Para uma crítica do ponto de vista conservador, ver Russell Kirk, *A Política da Prudência*, op. cit., p. 227-40.

[124] M. Morton Auerbach, *The Conservative Illusion*, New York, Columbia University Press, 1959, p. 133-54.

[125] Murray N. Rothbard, *The Betrayal of the American Right*, intr. Thomas E. Woods, Jr., Auburn, Ludwig von Mises Institute, 2007, p. 164-66.

[126] Alex Catharino, *Russell Kirk*, op. cit., p. 48.

and Left[127] [O Grande Debate: Edmund Burke, Thomas Paine e o Nascimento da Direita e da Esquerda], de Yuval Levin. Antes mesmo da publicação desta obra de Levin, defendemos, fundados exclusivamente em uma perspectiva kirkeana, que "o cenário político-intelectual dos últimos três séculos poderia ser descrito como um conflito entre três posturas distintas", o posicionamento reacionário, advogado por Henry St. John (1678-1751), 1.º Visconde Bolingbroke, "a ideia liberal ou progressista, defendida por Thomas Paine", e "a mentalidade conservadora, tal como apresentada pelo pensamento burkeano".[128]

O posicionamento adotado por Edmund Burke, e seguido por Russell Kirk, "continuará a ser estimado", de acordo com as palavras de Irving Babbitt, "enquanto existir neste mundo alguém com uma percepção da natureza da verdadeira liberdade".[129] Em última instância, a percepção da liberdade adotada tanto por Burke quanto por Kirk é sustentada por um imperativo de moralidade, que deve embasar a ação política. No segundo capítulo do já citado *Russell Kirk and the Age of Ideology*, o nosso finado amigo W. Wesley McDonald explicitou com brilhantismo e propriedade a maneira pela qual essa base moral burkeana do conservadorismo kirkeano se estruturou a partir das principais noções éticas defendidas pelo novo humanismo de Irving Babbitt e de Paul Elmer More.[130]

No tripé formado pelas reflexões de Edmund Burke, pelas de Irving Babbitt e pelas de T. S. Eliot, encontra-se o alicerce mais profundo que fundamenta o aspecto considerado por nós o mais inovador e

---

[127] Yuval Levin, *The Great Debate: Edmund Burke, Thomas Paine, and the Birth of Right and Left*, New York, Basic Books, 2014.

[128] Alex Catharino, "A Formação e o Desenvolvimento do Pensamento Conservador de Russell Kirk", op. cit., p. 36-37. Aprofundamos um pouco essa análise em: Alex Catharino, "A Escola Austríaca entre a Tradição e a Inovação", op. cit., p. 306-08.

[129] Irving Babbitt, *Democracia e Liderança*, op. cit., p. 123.

[130] W. Wesley McDonald, *Russell Kirk and the Age of Ideology*, op. cit., p. 42-54.

importante do conservadorismo kirkeano, o conceito de "imaginação moral".[131] O termo "imaginação moral" é uma metáfora apresentada em *Reflections on the Revolution in France* para descrever o modo como os revolucionários franceses estavam destruindo o espírito religioso e o senso de cavalheirismo.[132] O próprio Russell Kirk definiu a "imaginação moral" como "o poder de percepção ética que atravessa as barreiras da experiência individual e de eventos momentâneos", ao aspirar à "apreensão da ordem correta da alma e da ordem correta da comunidade política" e, simultaneamente, informar "sobre a dignidade da natureza humana".[133] A imaginação moral, nesse sentido, contrapõe-se às formas degeneradas de imaginário, a anárquica e utópica "imaginação idílica" rousseauniana, tal como como exposta no pensamento babbittiano,[134] e a niilista "imaginação diabólica", tal como entendida por Kirk, a partir de uma controversa obra de Eliot.[135] De certo modo, o conceito kirkeano de imaginação moral é o principal fator que afasta o conservadorismo de Kirk de uma mera apropriação fundada na Lei Natural do pensamento burkeano, tal como percebida por Drew Maciag. Todavia, não discutiremos neste momento a compreensão kirkeana da Lei Natural nos escritos de Burke, que será um dos objetos tratados na próxima seção do presente ensaio.

Além desse fundamento babbittiano nos exames de Russell Kirk acerca do pensamento burkeano, devemos nos voltar para um segundo aspecto primordial do conservadorismo kirkeano, expresso nas análises feitas sobre história das ideias, tal como apresentada

---

[131] Alex Catharino, "A Vida e a Imaginação de Russell Kirk", op. cit., p. 81-100. Idem, *Russell Kirk*, op. cit., p. 85-93.

[132] Edmund Burke, *Reflections on the Revolution in France*, op. cit., p. 333.

[133] Russell Kirk, "A Imaginação Moral", trad., trad. Gustavo Santos e notas Alex Catharino, COMMUNIO: *Revista Internacional de Teologia e Cultura*, vol. XXVIII, n. 1 (edição 101/janeiro-março 2009), 103-19, cit., p. 104.

[134] Irving Babbitt, *Democracia e Liderança*, op. cit., p. 91-117.

[135] T. S. Eliot, *After Strange Gods: A Primer of Modern Heresy*, London, Faber and Faber, 1934, p. 42.

ao longo do clássico *The Conservative Mind*, em várias partes do livro *The Roots of American Order* e, principalmente, nas biografias intelectuais de John Randolf de Roanoke, de Edmund Burke e de T. S. Eliot, bem como na obra sobre o senador republicano Robert A. Taft (1889-1953), escrita em coautoria com James McClellan.[136] De acordo com a exata percepção de Gerald J. Russello, "Kirk foi treinado como historiador. A abordagem histórica permanece evidente em todos os seus trabalhos".[137] Defendemos que "o pensamento político e social" kirkeano "é inseparável das reflexões culturais sobre literatura, estética, educação e história".[138] No caso específico das interpretações históricas, como ressaltado por nosso amigo James E. Person Jr., os supracitados trabalhos de Kirk, no que diz respeito ao "método historiográfico, remonta a Christopher Dawson (1889-1970)".[139] Como explicitamos, "ainda que não omita os aspectos políticos e econômicos enfatizados tanto pela historiografia tradicional quanto pelos autores marxistas", a análise dawsoniana não busca o seu fio condutor "em eventos particulares ou em determinadas estruturas materiais, mas no grande panorama imaterial da cultura".[140] Os escritos de Dawson influenciaram dois aspectos específicos do pensamento histórico kirkeano, de acordo com Gerald J. Russello: o primeiro é "a integração das pesquisas antropológicas no entendimento

---

[136] A primeira edição dessa biografia foi publicada em 1967 pela Fleet, e apareceu recentemente com uma introdução de Jeffrey O. Nelson na seguinte reimpressão: Russell Kirk & James McClellan, *The Political Principles of Robert A. Taft*, intr. Jeffrey O. Nelson, New Brunswick, Transaction Publishers, 2010.

[137] Gerald J. Russello, *The Postmodern Imagination of Russell Kirk*, op. cit., p. 74.

[138] Alex Catharino, "A Vida e a Imaginação de Russell Kirk", op. cit., p. 103.

[139] James E. Person, Jr., *Russell Kirk*, op. cit., p. 58.

[140] Alex Catharino, "Em Busca da Cristandade Perdida", in *A Divisão da Cristandade: Da Reforma Protestante à Era do Iluminismo*, apres. Ricardo da Costa, pref. James Hitchcock, introd. David Knowles, O.S.B., posf. Alex Catharino, trad. Márcia Xavier de Brito, São Paulo, É Realizações, 2014, p. 296-345, cit., p. 299.

dos hábitos e práticas de povos com maior reflexão histórica formal", e o segundo é o "argumento de que a cultura se origina no culto religioso".[141] A concepção de tradição histórica utilizada por Christopher Dawson é a mesma advogada por Edmund Burke, por T. S. Eliot e por Russell Kirk, ao relacionar "o transcendente com o imanente" e, simultaneamente, conectar em uma verdadeira comunidade de almas "as diferentes gerações".[142] Em última instância, tal perspectiva historiográfica é mais importante nas análises kirkeanas do pensamento burkeano no presente livro do que a noção de Lei Natural.

O tipo de abordagem histórica utilizada por Russell Kirk no tratamento do pensamento burkeano apareceu originalmente em *John Randolph of Roanoke: A Study in Conservative Thought*[143] [John Randolph de Roanoke: Um Estudo do Pensamento Conservador], o primeiro livro do autor, que foi publicado em 1951 e recebeu mais três edições com o título *John Randolph of Roanoke: A Study in American Politics*[144] [John Randolph de Roanoke: Um Estudo de Política Americana]. A origem do livro é a dissertação de mestrado em História, escrita em apenas oito meses e defendida, em 1941, na Duke

---

[141] Gerald J. Russello, *The Postmodern Imagination of Russell Kirk*, op. cit., p. 83-84.

[142] Alex Catharino, "Teologia e História na Reconstrução da Unidade Cristã", in *A Divisão da Cristandade: Da Reforma Protestante à Era do Iluminismo*, apres. Manuel Rolph Cabeceiras, pref. Bradley J. Birzer, introd. Dermot Quinn, posf. Alex Catharino, trad. Márcia Xavier de Brito, São Paulo, É Realizações, 2014, p. 411-26, cit., p. 415.

[143] Russell Kirk, *John Randolph of Roanoke: A Study in Conservative Thought*, Chicago, University of Chicago Press, 1951.

[144] A segunda edição foi publicada, em 1964, pela Henry Regnery Company, com uma seleção de cartas e de discursos do estadista virginiano feita por Russell Kirk, a qual passaria a constar nas outras duas edições posteriores. Em 1978 a Liberty Press publicou a terceira edição da obra. Postumamente foi publicada a seguinte edição: Russell Kirk, *John Randolph of Roanoke: A Study in American Politics – With Selected Speechs and Letters*, 4.ª ed., Indianapolis, Liberty Fund, 1997.

University, sob a orientação dos professores Charles S. Sydnor (1898-1954), de História, e Jay B. Hubbell (1885-1979), de Literatura, pesquisadores nacionalmente reconhecidos pelos trabalhos acadêmicos. A temática da pesquisa, o pensamento político de John Randolph de Roanoke, foi escolhida pelo próprio Kirk, sem interferência dos orientadores. O autor tomou conhecimento da obra desse estadista virginiano por intermédio de um manual escolar, quando ainda era estudante secundário na Plymouth High School e desenvolvia por conta própria uma pesquisa sobre o pensamento de Thomas Jefferson (1743-1826), o que possibilitou ao jovem uma compreensão ampla do contexto histórico em que John Randolph viveu. A biblioteca da Duke University, em Durhan, na Carolina do Norte, possuía no acervo algumas cartas e outros documentos sobre Randolph, consultados pelo mestrando, que também pesquisou arquivos em Richmond, na Virgínia, e em Charleston, na Carolina do Sul.[145] Ao relembrar esse período no ensaio "Reflections of a Gothic Mind" [Reflexões de uma Mente Gótica], uma breve autobiografia publicada, em 1963, na coletânea *Confessions of a Bohemian Tory: Episodes and Reflections of a Vagrant Career* [Confissões de um *Tory* Boêmio: Episódios e Reflexões de uma Carreira Errante], Kirk apresenta o seguinte relato:

> Escrevi uma dissertação sobre a política de John Randolph de Roanoke, o homem mais interessante da história norte-americana e o mais negligenciado. Anos depois, foi publicada como um livreto, mais elogiado do que deveria.
>
> O gênio excêntrico do orador-plantador ajudou a formar minha mente e meu estilo; e mais ou menos na mesma época comecei a perceber um grande pensador e estadista, que permaneceu, daí em diante, meu guia em muitas coisas: Edmund Burke. A chama das *Reflexões sobre a Revolução em França* causou em mim o que causara em Randolph e em muitos outros – mesmo no meu antigo ídolo Edward Gibbon

---

[145] Russell Kirk, *The Sword of Imagination*, op. cit., p. 50-53; Alex Catharino, "A Vida e a Imaginação de Russell Kirk", op. cit., p. 28-30.

(1737-1794): converteu o preconceito em princípio e confundiu o amor ao passado em uma apreensão da sabedoria de nossos ancestrais. Mas, mesmo quando começava a conhecer o gênio de Burke, irromperam as fontes de uma grande profundeza: a conflagração do nacionalismo fanático e do apetite voraz, que pelos dois anos precedentes tinham consumido o remanescente da ordem tradicional da Europa, agora tocava os Estados Unidos. No dia do ataque japonês a Pearl Harbor, estava com vinte e dois anos um mestre em História e espectador de uma perspectiva ainda mais terrível do que a que Burke havia contemplado.[146]

Ao longo da biografia sobre o estadista virginiano, depois do próprio John Randolph, aparecem em segundo lugar os nomes de Edmund Burke, Thomas Jefferson e John C. Calhoun (1782-1850), cada um dos três mencionados exatamente vinte e quatro vezes pelo biógrafo. Vale ressaltar que as duas principais influências no pensamento randolphiano foram, inicialmente, Jefferson e, posteriormente, Burke, ao passo que o terceiro autor, o eminente estadista da Carolina do Sul, foi profundamente influenciado por Randolph e junto com o estadista virginiano é o objeto de análise do quinto capítulo, "Southern Conservatism: Randolph and Calhoun"[147] [Conservadorismo sulista: Randolph e Calhoun], do livro *The Conservative Mind*. Na biografia do estadista virginiano, Kirk explicita as relações entre o pensamento de Burke e o de Randolph do seguinte modo:

> Chamar Randolph de "o Burke Norte-Americano" não é um grande exagero. O temperamento de John Randolph era mais parecido com o de William Pitt [1708-1778], o Velho, com "sua natureza intratável, incurável, o gênio tingido de loucura". No entanto, a teoria de soberania indivisível de Edmund Burke, o desprezo pela harmonia abstrata no governo, a impaciência com questões de "direito" legal e a defesa da "conveniência temperada pelo uso consagrado e pela tradição",

---
[146] Russell Kirk, *Confessions of a Bohemian Tory: Episodes and Reflections of a Vagrant Career*, New York, Fleet Publishing Corporation, 1963, p. 19.
[147] Idem, *The Conservative Mind: From Burke to Eliot*, op. cit., p. 150-84.

acompanhados da reverência à experiência da humanidade – todos esses eram princípios de Randolph. O estadista virginiano não partilhava a admiração de Burke pelo sistema partidário e não possuía a veneração burkeana pelo Estado; vemos mais do espírito do "mal necessário" jeffersoniano em Randolph. Entretanto, Randolph concordou com que é dever de uma aristocracia, como expôs Burke, "esclarecer e proteger o mais fraco, o menos instruído e o menos favorecido com os bens da fortuna", e a liderança cautelosa, a dedicação à prudência também foram as de Randolph. A influência das obras de Burke sobre o virginiano ficou mais forte conforme crescia sua experiência de política prática.[148]

A biografia escrita por Russell Kirk sobre John Randolph apresenta determinadas características de estilo e de método historiográfico que posteriormente seriam utilizados em *The Conservative Mind*, em *Edmund Burke: Redescobrindo um Gênio* e, principalmente, em *A Era de T. S. Eliot*. Em outro trabalho, arrazoamos "que existem diversos elementos autobiográficos a permear os inúmeros escritos de Kirk",[149] e tais componentes perpassam de modo subliminar parte da narrativa e fazem "com que o autor, ao discutir as ideias e o caráter de outros pensadores, desvele traços da própria personalidade e do modo como atuou em batalhas específicas contra as tolices do tempo".[150] No caso específico do livro sobre o estadista e orador virginiano, Bradley J. Birzer reafirma nossa tese ao ressaltar que "quase tudo o que ele escreveu sobre Randolph poderia ter sido escrito sobre o próprio Kirk". Mesmo defendendo que se por um lado o biógrafo

---

[148] Idem, *John Randolph of Roanoke: A Study in Conservative Thought*, p. 18-19 (Russell Kirk, *John Randolph of Roanoke: A Study in American Politics – With Selected Speechs and Letters*, p. 43-44). Em todas as demais citações dessa obra, utilizaremos como principal referência as páginas da primeira edição, de 1951, apresentando entre parênteses as páginas da mesma passagem na quarta edição, de 1997.

[149] Alex Catharino, *Russell Kirk*, op. cit., p. 27.

[150] Idem, ibidem, p. 129.

"mitologizou" o biografado enquanto homem, por outro penetrou o âmago do pensamento dele ao "aceitar muitas das ideias de Randolph como realidades concretas".[151] O livro apresenta, assim, o paradigma que se tornaria um dos traços constitutivos do pensamento kirkeano, ao contrapor o otimismo idealista do liberalismo lockiano apregoado por Thomas Jefferson ao pessimismo realista burkeano advogado pela mentalidade conservadora randolphiana.

Os trabalhos sobre história das ideias escritos por Russell Kirk, como destacado anteriormente, possuem diversos elementos da historiografia dawsoniana. Em duas conferências ministradas na Indiana University, no final da década de 1980, ao tratar dos chamados historiadores filosóficos, entre os quais na perspectiva kirkeana se incluem Christopher Dawson e Eric Voegelin, e ao abordar a temática da consciência histórica, o conservador norte-americano destacou, na primeira apresentação, que, "se o historiador deseja suplantar o romancista como guardião da cultura, necessita aprender a escrever de modo mais nobre e mais filosófico do que o feito em nossos dias".[152] Nesse particular, a questão do estilo literário kirkeano é fundamental, pois, como ressaltou em 1967, na *Modern Age*, o editor e ensaísta C. P. Ives: "Russell Kirk atualiza a fraseologia e a cadência" burkeanas "ao

---

[151] Bradley J. Birzer, *Russell Kirk*, op. cit., p. 52.

[152] Russell Kirk, "The Return of the Philosophical Historians – Lecture I: Lukacs and the Historical Consciouness", p. 9. O texto dessa conferência permanece inédito. Consultamos a versão original datilografada pelo autor, a qual se encontra preservada nos arquivos do Russell Kirk Center for Cultural Renewal, em Mecosta, Michigan, nos EUA. A segunda conferência de Russell Kirk também nunca foi publicada e encontra-se arquivada no mesmo local, tendo como título "The Return of the Philosophical Historians – Lecture II: Voegelin on History as Consciouness of Reality". No primeiro texto, Russell Kirk, ao tratar do pensamento de seu amigo John Lukacs, faz várias menções a Christopher Dawson. Em comum acordo com Annette Y. Kirk, viúva do autor e presidente da instituição, pretendemos elaborar uma edição desses dois escritos, acompanhados de outro texto sobre a relevância da imaginação moral para os historiadores.

mesmo tempo que permanece fiel ao tema, mas os opositores de Edmund Burke devem preferir um intérprete menos comprometido".[153] Ao analisar em 1993, no periódico *Crises*, a importância do que denominou "fenômeno Burke-Kirk" na estruturação do movimento conservador norte-americano no século XX, o filósofo político norte-americano Gerhart Niemeyer (1907-1997) defende que:

> *The Conservative Mind* não é uma obra de especulação intelectual; ao contrário, descreve com cuidado as personalidades conservadoras nas próprias épocas, dado que constituem o nosso passado. O conhecimento histórico de Kirk é surpreendente. Ao mesmo tempo, seu conhecimento é simpático e, para comunicá-lo, utiliza a arte de contar histórias com observações sábias que ajudam a orientar, avaliações perspicazes de caráter e comentários do senso comum sobre os julgamentos morais.[154]

Ao tratar do pensamento burkeano ou da vida e da obra de T. S. Eliot, o conservadorismo kirkeano embrenha-se na essência das reflexões desses importantes autores, utilizando a própria imaginação moral como instrumento para se automodelar e para esclarecer os aspectos fundamentais da obra desses pensadores que deverão ser preservados e utilizados como modelos críveis por nossa geração. Em um dos ensaios do livro *The Common Mind: Politics, Society and Christian Humanism from Thomas More to Russell Kirk* [A Mentalidade Comum: Política, Sociedade e Humanismo Cristão de Thomas More a Russell Kirk], Andre Gushurst-Moore afirma com propriedade que:

> O automodelar-se que vemos em especial em Edmund Burke e em T. S. Eliot, também o vemos em Russell Kirk. Todos três utilizam a persona retórica; todos representam um papel público; todos

---

[153] C. P. Ives, "The Perennial Burke", *Modern Age*, vol. 11, n. 4 (Fall 1967), 411-14, cit., p. 414.
[154] Gerhart Niemeyer, "The Burke-Kirk Phenomenon", *Crisis: A Journal of Lay Catholic Opinion*, vol. 11 (October 1993), 26.

possuem um conceito de si mesmos que, para os contemporâneos que mal os compreendem, pode parecer falso. No entanto, nada pode estar mais longe da verdade, se compreendermos esse automodelar-se em termos de jogo. Para o humanista cristão, diferentemente do pós-moderno, o jogar não é transgressor ou subversivo. As regras do jogo, o roteiro de uma peça ou o papel que assumimos são dados a ser reconhecidos por uma autoridade externa. O jogo ou o teatro, portanto, coloca o agente em um processo recreativo, o produto da tensão que ocorre entre os limites das regras e a liberdade de quem lida com elas. É nesse exercício das partes e dos papéis que o humanista cristão se empenha consigo e com os outros em levar, em outra expressão de Kirk, a ordem à alma e à comunidade.[155]

A principal acusação que pode fazer-se a Russell Kirk, em verdade, é um dos grandes méritos de sua abordagem historiográfica, pois, mesmo "mitologizando" alguns traços factuais da personalidade dos autores biografados, o biógrafo procedeu conscientemente desse modo com o intento de oferecer uma perspectiva filosófica mais ampla, expressa com maior precisão acerca do conteúdo das ideias e com beleza estilística que recupera o caráter literário das narrativas históricas. Ao relembrar a impressão que teve na primeira leitura do livro *John Randolph of Roanoke: A Study in Conservative Thought*, na época em que a obra foi originalmente lançada, Peter J. Stanlis afirma que estava claro para ele o fato de "Kirk ter ido mais longe no entendimento do pensamento político de Burke do que qualquer outro dos muitos famosos especialistas na temática que havia lido".[156] Na próxima seção, em linhas gerais, apresentaremos o modo como os escritos de Edmund Burke foram interpretados e apropriados, em uma perspectiva inovadora que une um exame fundado na noção de

---

[155] Andre Gushurst-Moore, "Russell Kirk and the Adventures in Normality", in *The Common Mind: Politics, Society and Christian Humanism from Thomas More to Russell Kirk*, Tacoma, Angelico Press, 2013, p. 217-30, cit., p. 218-19.

[156] Peter J. Stanlis, "Russell Kirk: Memoir of a Friendship", op. cit., p. 32.

Lei Natural com a análise babbittiana e com o peculiar modo supracitado de estudar a história das ideias, criando o que denominamos síntese kirkeana. À guisa de conclusão do presente segmento de nosso ensaio, ressaltamos a seguinte percepção do já citado M. D. Aeschliman, ao resenhar o livro *Edmund Burke: Redescobrindo um Gênio*:

> Também deveríamos notar que as mesmas qualidades de piedade, intelecto e convicção que o Dr. Russell Kirk descreve na vida de Edmund Burke ajudaram a tornar a própria vida e obra do Dr. Kirk um modelo inspirador e salutar em nossa época e lugar. Profundidade chama profundidade, com a voz e a mensagem de uma civilização devota preparada para o combate, por dentro e por fora, dividida por tolices e por maldades, mas ainda viva.[157]

III – *"O GRANDE CONTRATO PRIMITIVO DA SOCIEDADE ETERNA"*: AS ANÁLISES DE RUSSELL KIRK DO PENSAMENTO BURKEANO

As análises do pensamento burkeano ocupam a maior fração entre os multifacetados temas abordados no vasto conjunto legado por Russell Kirk de 23 livros ou coletâneas de ensaios, 814 artigos acadêmicos, cerca de três mil textos de opinião para jornais, 68 prefácios ou introduções para obras de outros autores e 255 resenhas de livros, além de três romances e 22 contos de ficção sobrenatural, publicados em diferentes periódicos literários e reunidos em seis livros,[158]

---

[157] M. D. Aeschliman, "Sapient Seer", op. cit., p. 12.

[158] O historiador Charles C. Brown, arquivista e bibliotecário do Russell Kirk Center for Cultural Renewal, elaborou uma compilação parcial das referências bibliográficas da vasta produção intelectual de Russell Kirk e dos estudos sobre o pensamento kirkeano, cujo resultado se encontra disponível na seguinte edição: Charles C. Brown, *Russell Kirk: A Bibliography*, 2.ª ed. rev., Wilmington, ISI Books, 2011.

bem como um vasto acervo de correspondências e inúmeros textos inéditos de conferências. Em quase todas as obras de não ficção do conservador norte-americano, encontram-se citações ou menções a Edmund Burke. Os dois estudos kirkeanos mais conhecidos sobre o pensamento do estadista, orador e ensaísta irlandês se encontram nos livros *The Conservative Mind* e *Edmund Burke: Redescobrindo um Gênio*. Os aspectos fulcrais da presente biografia intelectual já foram tratados na primeira seção deste ensaio. Cabe neste terceiro segmento de nossa apresentação explicitar algumas características da interpretação sobre Burke elaborada por Kirk no *The Conservative Mind* e, principalmente, em alguns dos ensaios acadêmicos sobre a temática.

Na segunda parte deste texto, destacamos que os estudos sobre Edmund Burke realizados por Russell Kirk não se limitam exclusivamente à perspectiva da Lei Natural, mas congregam a interpretação de Irving Babbitt e um entendimento inovador da história das ideias, o qual se manifestou de forma pioneira na biografia intelectual de John Randolph de Roanoke, escrita originalmente como dissertação de mestrado, defendida em 1941 na Duke University. Os orientadores da pesquisa, os professores Charles S. Sydnor e Jay B. Hubbell, esperavam que o jovem mestrando continuasse os estudos na mesma instituição. No entanto, o ingresso dos Estados Unidos na Segunda Guerra Mundial, em decorrência do ataque japonês a Pearl Harbor no dia 7 de dezembro de 1941, frustrou o plano de Kirk de cursar o doutorado na Duke University. Sua carreira formal foi interrompida devido ao conflito militar, acarretando que, no período entre 1942 e 1946, servisse no exército sob a patente de sargento em instalações militares nos estados de Utah e da Flórida. Durante a vida na caserna, por ter sido designado para cumprir apenas serviços burocráticos, Kirk usou o tempo livre para ampliar as leituras de obras de literatura, além de ter buscado conforto nos escritos de filósofos da escola estoica, fundada por Zenão de Cítio (333-263 a.C.) e seguida, dentre outros, por Lúcio Aneu Sêneca (4 a.C.-65 A.D.), Epicteto (55-135 e Marco Aurélio (121-180).[159] Diferentemente das análises de Peter J. Stanlis e de Joseph L. Pappin III, que buscam a fundamentação nos escritos de Santo Tomás de Aquino, sustentamos que a percepção kirkeana dos elementos de Lei Natural nos escritos de Burke é caudatária, em grande parte, das leituras sobre o estoicismo associadas aos estudos da teologia cristã de Santo Agostinho (354-430) e de Richard Hooker (1554-1600).

Uma parcela do conhecimento acumulado com as leituras feitas durante a vida militar propiciou a escrita de textos acadêmicos sobre temas de história, crítica literária e educação, publicados em diferentes periódicos. Com uma produção escrita superior à da maioria do corpo docente do Michigan State College, após dar baixa em 1946, Russell Kirk foi contratado pela referida instituição de ensino superior como professor de História da Civilização.[160] O retorno sistemático aos estudos, no entanto, deu-se quando ingressou como aluno de doutorado, em 1948, na University of St. Andrews, na Escócia, pela qual recebeu em 1952 o atualmente extinto título de *Literatum Doctorem*, o grau mais elevado concedido pela instituição. A pesquisa para o doutoramento teria, em princípio, como objeto de estudo o pensamento político de Edmund Burke, sendo oficialmente orientada pelo historiador John William Williams (1885-1957).[161] Na prática, a tese foi escrita sem nenhum tipo de orientação do professor Williams, um erudito professor da University of St. Andrews que se considerava o "último dos *whigs*", havia "lido de tudo e escrito nada", e morava em uma bela mansão, utilizada no passado como residência do arquidiácono da catedral, com uma vasta biblioteca repleta de "antigos livros", cujos volumes tinham marcações feitas pelo proprietário.[162]

---

[159] Russell Kirk, *The Sword of Imagination*, op. cit., p. 55-75; Alex Catharino, "A Vida e a Imaginação de Russell Kirk", op. cit., p. 30-33.

[160] Russell Kirk, *The Sword of Imagination*, op. cit., p. 75-84.

[161] Alex Catharino, "A Vida e a Imaginação de Russell Kirk", op. cit., p. 34-35.

[162] Russell Kirk, *The Sword of Imagination*, op. cit., p. 87.

Nas respectivas passagens da autobiografia *The Sword of Imagination*, encontramos o seguinte relato de Kirk dos inúmeros encontros que teve com o orientador:

> Em dias da semana, de tempos em tempos, Kirk sentava-se sozinho com o professor William naquele belo cômodo ou, talvez, se encontrava com ele no Royal and Ancient Club unidos por um *whisky* e soda e ainda mais *whisky* e soda. Os dois falariam de tudo menos da tese de doutoramento de Kirk; o professor sabia que Kirk estava escrevendo sobre Burke, a quem o professor aprovava, e isso bastava. Kirk levava ao venerável mentor – tão alto, tão erudito, tão afável – rascunho de capítulo por rascunho de capítulo da tese; estes eram colocados em cima do piano da sala de estar: a primeira página de cada capítulo logo seria profanada pelas marcas redondas deixadas pelos copos de *whisky*, e a pilha datilografada crescia mês a mês.[163]

> [...]

> Numa ocasião depois do interregno de um ano, Jack Williams vislumbrou o acúmulo do aprendizado de seu único orientando de pesquisa e observou, ao oferecer-lhe outro *whisky*: "Russell, detesto coisas datilografadas. Sei pelas suas conversas que você domina o assunto. Por que você simplesmente não leva todos esses papéis de volta para seu aposento? Quando seu livro estiver publicado, eu o lerei com o maior prazer".

> Isso viria a acontecer. Quando *The Conservative Mind* surgiu impresso, o professor Williams ficou muito satisfeito, fazendo apenas a crítica de que achava que o livro, de certo modo, enfatizava por demais a crença cristã de Burke (como alguns outros *whigs*, Jack Williams nutria uma suspeita invencível de eclesiásticos).[164]

A tese de doutorado expandiu-se para além dos limites do pensamento burkeano e tornou-se uma volumosa obra sobre a tradição conservadora britânica e norte-americana, desde o século XVIII até a

---

[163] Idem, ibidem, p. 87.
[164] Idem, ibidem, p. 88.

primeira metade do século XX. O erudito e inovador estudo une os campos da História das Ideias Políticas e da Crítica Literária como meio para abordar a mentalidade conservadora expressa nos escritos de Edmund Burke e de outros teóricos políticos, literatos e estadistas, dentre os quais se destacam os nomes de John Adams (1735-1826), John Quincy Adams (1767-1848), Sir Walter Scott (1771-1832), James Fenimore Cooper (1789-1851), Nathaniel Hawthorne (1804-1864), Orestes Brownson (1803-1876), Benjamin Disraeli (1804-1881), John Henry Newman (1801-1890) e George Santayana (1863-1952), além dos já citados Samuel Taylor Coleridge, John Randolph de Roanoke, John C. Calhoun, Alexis de Tocqueville, Irving Babbitt e Paul Elmer More.[165]

O trabalho foi aprovado no início de julho de 1952 por uma banca examinadora, da qual, além de John William Williams, foram membros o filósofo Sir Thomas Malcolm Knox (1900-1980), também da University of St. Andrews, e o historiador e jurista William Lawrece Burn (1904-1966), da Durham University.[166] Composta por dois grossos volumes, o primeiro com 448 páginas e o segundo com 481 páginas, a tese possuía o título pessimista de *The Conservatives' Rout: An Account of Conservative Ideas from Burke to Santayana*[167] [A Diáspora dos Conservadores: Uma Análise das Ideias Conservadoras de Burke a Santayana].

O manuscrito da tese foi avaliado pelo editor Alfred A. Knopf (1892-1984), que desejava publicar a obra por sua prestigiosa casa editorial de Nova York, mas somente se Russell Kirk reduzisse o texto à metade do original. O autor recusou-se a fazer alterações no

---

[165] Alex Catharino, "A Formação e o Desenvolvimento do Pensamento Conservador de Russell Kirk", op. cit., p. 13.

[166] Idem, "A Vida e a Imaginação de Russell Kirk", op. cit., p. 35.

[167] Os arquivos em formato PDF dos dois volumes podem ser acessados no seguinte endereço: https://research-repository.st-andrews.ac.uk/handle/10023/4544.

conteúdo do trabalho e enviou-o ao já citado editor Henry Regnery, de Chicago, que aceitou imprimir o livro, desde que o título pessimista fosse modificado. A proposta foi aceita pelo escritor, e, em 1953, foi lançado *The Conservative Mind: From Burke to Santayana*. Tanto o editor quanto o autor não tinham noção da grande recepção que a obra teria por diversos intelectuais e pelo grande público, nem do papel que o livro desempenharia no nascente movimento conservador norte-americano.[168]

A mais famosa análise kirkeana da disposição conservadora de Edmund Burke se encontra em *The Conservative Mind*. O pensamento burkeano perpassa todo livro de Russell Kirk, como um baixo contínuo num concerto de Johann Sebastian Bach (1685-1750), a sustentar de modo ininterrupto a tonalidade da obra e ao criar uma harmonia que, como nas peças musicais barrocas, reforça a variedade melódica e rítmica apresentada em um rico texto, que pode ser lido como uma coletânea de ensaios acerca de diferentes teóricos políticos, estadistas e literatos dotados, em maior ou menor grau, de mentalidade conservadora. A principal expressão dessa "grande melodia" burkeana, todavia, manifesta-se de forma mais eloquente no segundo capítulo da obra, intitulado "Burke and the Politics of Prescription"[169] [Burke e a política dos usos consagrados], no qual a temática é apresentada de modo análogo aos solos bachianos nas sonatas e partitas para violino ou nas tocatas para órgão do compositor germânico. A interpretação kirkeana nessa parte do livro pode ser comparada às chamadas fugas de Bach, em especial quando o autor discute as grandes contribuições de Burke a partir de cinco temas principais: aí o mote prevalecente é sobreposto e repetido sucessivamente em um estilo contrapontístico, polifônico e imitativo.

---

[168] Henry Regnery, "The Making of *The Conservative Mind*", in Russell Kirk, *The Conservative Mind: From Burke to Eliot*, op. cit., p. i-xii.

[169] Russell Kirk, *The Conservative Mind: From Burke to Eliot*, op. cit., p. 12-70.

Após relatar de forma despretensiosa a carreira de Burke[170] e sintetizar as características marcantes do tipo de sistema radical com o qual o conservador irlandês se digladiou,[171] Kirk enfatiza o elemento religioso do pensamento burkeano ao tratar das noções de providência e de veneração,[172] para dar seguimento à discussão abordando os conceitos de predisposição e de usos consagrados,[173] de direitos dos homens,[174] de igualdade e de aristocracia,[175] e de ordem.[176] De modo geral, o capítulo se mantém fiel à interpretação babbittiana do pensamento de Burke como uma oposição ao radicalismo expresso por Rousseau e seus epígonos, além de ser um exercício modelar do imaginativo método pelo qual Kirk versa sobre a história das ideias. O terceiro aspecto da síntese kirkeana, a questão da Lei Natural no pensamento de Burke, contudo, também se manifesta neste capítulo do livro, especificamente na seguinte passagem, na qual o autor cita literalmente um trecho das *Reflexões sobre a Revolução em França* e resume a essência do conservadorismo burkeano:

> A verdadeira harmonia com a Lei Natural é obtida por meio da adaptação da sociedade ao modelo que a natureza eterna, física e espiritual nos propõe – não ao demandar alteração radical nas alegações fantásticas de primitivismo social. Somos parte de uma ordem natural eterna que detém todas as coisas em seus lugares. "Nosso sistema político é posto em justa correspondência e simetria com a ordem do mundo e com o modo de existência decretado a um corpo permanente composto de partes transitórias; em que, pela disposição de uma sabedoria estupenda, moldando a grande incorporação misteriosa da raça humana,

---

[170] Idem, ibidem, p. 12-23.
[171] Idem, ibidem, p. 23-28.
[172] Idem, ibidem, p. 28-37.
[173] Idem, ibidem, p. 37-47.
[174] Idem, ibidem, p. 47-58.
[175] Idem, ibidem, p. 58-64.
[176] Idem, ibidem, p. 64-70.

o todo, simultaneamente, nunca é velho, de meia-idade ou jovem, mas, numa condição de constância imutável, move-se pelo conteúdo variado da decadência perpétua, da queda, da renovação e do progresso. Assim, ao preservar o método da natureza na condução do Estado, naquilo que melhoramos, nunca somos totalmente novos." A reforma política e a justiça imparcial conduzida com base nesses princípios incorporam a humildade e a prudência que os homens devem cultivar caso devam conformar-se a uma ordem moral transcendente. Essas definições de natureza e de direito, essas visões de permanência e de mudança alçam Burke a um plano de reflexão muito acima dos simples postulados da especulação reformista francesa e dá às suas ideias uma dignidade contínua superior às vicissitudes da política.[177]

No livro *Virtue and the Promisse of Conservatism*, Bruce Frohnen afirma que, "tanto para Edmund Burke e Alexis de Tocqueville como para Russell Kirk, a Lei Natural não dita uma visão idealizada, específica, segundo a qual o homem e a sociedade devam ser moldados".[178] Em uma posição contrária à interpretação kirkeana, encontramos Isaac Kramnick defendendo o seguinte:

> Outra vantagem da Lei Natural burkeana, devemos notar, é que, por se relacionar ao passado cristão e humanista, este é reunido às inclinações aristocráticas. Existe, assim, o potencial para um renascimento historicamente preciso de Edmund Burke. Ao lermos Russell Kirk, Peter J. Stanlis e Francis Canavan, S.J., sentimos essa nostalgia aristocrática por uma época em que os homens de letras cristãos e humanistas, homens de erudição e de estirpe, dominavam a vida pública, sem sofrer embaraços da multidão grosseira e das demandas incessantes pelas quais líderes demagogos e totalitários se consomem.[179]

Os críticos modernos da reapropriação do pensamento burkeano feita por Russell Kirk enfatizam uma posição mais liberal de Edmund

---

[177] Idem, ibidem, p. 46.
[178] Bruce Frohnen, *Virtue and the Promisse of Conservatism*, op. cit., p. 168.
[179] Isaac Kramnick, *The Rage of Edmund Burke*, op. cit., p. 45.

Burke, esquecendo que a defesa elaborada pelo estadista, orador e ensaísta irlandês de algumas causas aparentemente mais progressistas sempre se contrapôs à mentalidade igualitarista e às noções abstratas de direitos naturais, sendo orientada por princípios oriundos da religião e da evolução histórica concreta das instituições sociais. A interpretação kirkeana em *The Conservative Mind* e em outros trabalhos posteriores, como a presente biografia, mantém a mesma linha de coerência apresentada originalmente pelo autor em sua dissertação de mestrado, quando afirmou que:

> Igualmente, Edmund Burke e John Randolph negaram a validade dos direitos do homem como erigidos em absolutos abstratos por Thomas Paine e seus companheiros. Afirmaram os direitos naturais de um tipo muito diferente – direitos naturais na tradição cristã, a visão moral da política que podemos remontar a Richard Hooker e a Santo Tomás de Aquino e aos estoicos. Burke define os *verdadeiros* direitos do homem sobre o predicado clássico da justiça, "a cada um o que é seu". Homens têm direito aos benefícios da sociedade civil – à justiça, aos frutos da sua indústria, à herança, ao bem-estar de sua prole, à "instrução na vida e à consolação na morte". Não pode existir nenhum direito à igualdade, todavia, à custa de outros, nenhum direito aos poderes políticos independentemente da habilidade e da integridade ou para derrubar as tradições da sociedade.[180]

As alegadas "inclinações aristocráticas" do conservadorismo kirkeano não devem ser entendidas como preconceitos defendidos por nostálgicos "homens de erudição e de estirpe",[181] mas como advertências contra a uniformizante mentalidade igualitarista que a partir de abstrações tentam guiar artificialmente o processo pelo qual "o homem e a sociedade" devem "ser moldados".[182] Enquanto as ricas pinturas de Sir Joshua Reynolds (1723-1792), com fortes

---

[180] Russell Kirk, *John Randolph of Roanoke*, op. cit., p. 33 (p. 62-63).
[181] Isaac Kramnick, *The Rage of Edmund Burke*, op. cit., p. 45.
[182] Bruce Frohnen, *Virtue and the Promisse of Conservatism*, op. cit., p. 168.

pinceladas e cores vibrantes, expressam os valores morais clássicos ao retratar a beleza virtuosa das mulheres, a inocência sublime das crianças e a nobreza viril dos homens, idealizando com realismo as imperfeições humanas, de modo análogo os escritos de Edmund Burke pelo uso retórico de algumas hipérboles busca unir a razão aos sentimentos na defesa dos costumes e das instituições ancestrais tanto contra os abusos do despótico poder centralizador quanto em oposição às "alegações fantásticas de primitivismo social"[183] dos progressistas e igualitaristas. Tendo como principais fundamentos o pensamento burkeano e os escritos de T. S. Eliot, o tipo de conservadorismo defendido por Russell Kirk se opõe à "tirania da padronização sem padrões"[184] do massificante igualitarismo moderno na tentativa de preservar "uma visão de humanidade cheia de cores e de mistérios, composta por uma série de tradições e de costumes guiados pela Lei Natural".[185] A questão foi sintetizada com propriedade por Bruce Frohnen nesta passagem:

> Russell Kirk nos diz que a nossa sociedade tem como culpar o cético, o racionalista e o centralizador por seu atual empobrecimento. Aqueles que questionam ou repudiam as crenças tradicionais foram bem-sucedidos em destruí-las. Aqueles que construíram noções idealizadas da perfectibilidade do homem pavimentaram o caminho da inveja, do desapontamento constante e da degradação final nas meras ocupações materiais. Aqueles que resolvem todos os nossos problemas por encontrar uma utopia idealizada alcançaram em grande parte a degradação do homem e por destruir os diversos e localmente exercidos fundamentos da virtude.[186]

A noção de virtude proposta por Russell Kirk, contudo, não deve ser entendida na mesma categoria que a concepção pedagógica

---

[183] Russell Kirk, *The Conservative Mind: From Burke to Eliot*, op. cit., p. 46.
[184] Idem, "A Arte Normativa e os Vícios Modernos", op. cit., p. 1005.
[185] Alex Catharino, *Russell Kirk*, op. cit., p. 35.
[186] Bruce Frohnen, *Virtue and the Promise of Conservatism*, op. cit., p. 197.

clássica de Platão e de Aristóteles, adotada, também, pela tradição cristã, tal como expressa no entendimento de autores tomistas. Na conferência "Can Virtue Be Taught?" [Pode a Virtude Ser Ensinada?], ministrada em 29 de abril de 1982 e compilada no livro *Redeeming the Time*, o autor, fundado tanto na crítica elaborada pelo comediógrafo Aristófanes (447-385 a.C.) a Sócrates (469-399 a.C.) e aos sofistas na peça Νεφέλαι [Nephélai / As Nuvens] quanto nos fundamentos estoicos defendidos por Cícero e por Sêneca, advoga que "a virtude é natural, não um desenvolvimento artificial".[187] Ecoando ao mesmo tempo a negação de Edmund Burke aos experimentos pedagógicos iluministas franceses e rousseaunianos, em *Reflexões sobre a Revolução em França*,[188] e a crítica de T. S. Eliot à visão cultural elitista do sociólogo Karl Mannheim (1893-1947), no segundo capítulo de *Notes Towards a Definition of Culture*[189] [Notas para a Definição de Cultura], o pensador conservador norte-americano rejeita a noção segundo a qual a "grandeza da alma e o bom caráter" podem ser "formados por tutores contratados" que criarão uma "elite presunçosa de homens jovens formados efeminadamente".[190] Nesta perspectiva, apreenderemos mais a virtude "por intermédio de um tipo de processo ilativo do que por um programa formal de estudos".[191]

O conceito de "sentido ilativo" é, em última instância, o fundamento epistemológico da noção kirkeana de "imaginação moral" e, ao mesmo tempo, é o fator que, associado às ideias de Edmund Burke, de Irving Babbitt e de T. S. Eliot, fazem Russell Kirk adotar uma compreensão peculiar tanto da virtude quanto da Lei Natural,

---

[187] Russell Kirk, *Redeeming the Time*, op. cit., p. 56.

[188] Edmund Burke, *Reflections on the Revolution in France*, op. cit., esp. p. 344-52.

[189] T. S. Eliot, *Notas para a Definição de Cultura*, trad. Eduardo Wolf, São Paulo, É Realizações, 2011, p. 39-54.

[190] Russell Kirk, *Redeeming the Time*, op. cit., p. 56.

[191] Idem, ibidem, p. 66.

que não são vistas primordialmente como abstrações deduzidas da razão, mas como princípios apreendidos pela experiência histórica. A concepção de sentido ilativo foi definida pelo cardeal John Henry Newman como "a faculdade raciocinante, enquanto exercida por mentes dotadas, educadas ou diversamente preparadas", cuja função se apresenta "no início, no meio e no termo de toda discussão verbal e de toda indagação, e em cada passo do processo".[192] Esse conceito newmaniano é apresentado em *The Conservative Mind* como um "produto combinado da intuição, do instinto, da imaginação e da longa e complexa experiência".[193]

No já citado livro *Edmund Burke in America*, o convincente exame de Drew Maciag enfatiza o papel de Russell Kirk no renascimento dos estudos sobre o pensamento burkeano, ao mesmo tempo que classifica a interpretação kirkeana como parte de uma corrente de estudos que analisa Edmund Burke à luz da noção católica de Lei Natural.[194] De acordo com o exposto na segunda seção do presente ensaio, tal visão é parcialmente correta, pois, como demonstrado, a Lei Natural é apenas um dos sustentáculos no tripé do que denominamos síntese kirkeana, já que esta também é caudatária da análise babbittiana e do peculiar modo com que o pensador conservador norte-americano estudou a história das ideias.

A noção de Lei Natural é mencionada no livro *The Conservative Mind* apenas duas vezes. A primeira referência aparece na passagem do segundo capítulo que citamos mais acima,[195] e a outra menção se encontra no quarto capítulo, "Romantics and Utilitarians" [Românticos e utilitaristas], quando ao criticar o utilitarismo de Jeremy Bentham e analisar o conservadorismo de Sir Walter Scott ressalta o

---

[192] John Henry Newman, *Ensaio a Favor de uma Gramática do Assentimento*, trad. e apr. Artur Morão. Lisboa, Assírio & Alvim, 2005, p. 355.

[193] Russell Kirk, *The Conservative Mind: From Burke to Eliot*, op. cit., p. 285.

[194] Drew Maciag, *Edmund Burke in America*, op. cit., p. 178-89.

[195] Russell Kirk, *The Conservative Mind: From Burke to Eliot*, op. cit, p. 46.

modo como o literato se reapropriou das doutrinas da Lei Natural, tais quais entendidas por Edmund Burke, em uma percepção mais histórica.[196] Mesmo não desempenhando papel tão proeminente, a maioria dos intérpretes, ao enfatizar o lugar da Lei Natural na análise que Kirk faz de Burke, tende a negligenciar as outras duas bases da interpretação kirkeana, colocando-a no mesmo patamar da excelente mas de menor abrangência análise tomista de Peter J. Stanlis, tal como a apresentada, principalmente, na obra *Edmund Burke and the Natural Law*[197] [Edmund Burke e a Lei Natural], que também foi seguida por Joseph L. Pappin III no já citado *The Metaphisics of Edmund Burke*.

A ênfase de Drew Maciag no elemento da Lei Natural entendida em termos aristotélico-tomistas também aparece nos estudos de nossos amigos James E. Person Jr.,[198] Gerald J. Russello[199] e Bradley J. Birzer.[200] Tendemos a concordar mais com a análise babbittiana de W. Wesley McDonald, quando, ao abordar a noção kirkeana de "imaginação moral", destaca o modo como esta, fundada nas ideias de Edmund Burke, de Irving Babbitt e de T. S. Eliot, se torna um limitador para as compreensões mais racionalistas da Lei Natural.[201] Em um trabalho anterior, salientamos que o entendimento de Russell Kirk quanto à Lei Natural não é idêntico ao de Santo Tomás de Aquino ou das tradições tomista e neotomista, nem pode ser equiparado à ideia moderna de Direito Natural, tal como propagada no ângulo do liberalismo clássico por Thomas Hobbes (1588-1679) e por John Locke (1632-1704)

---

[196] Idem, ibidem, p. 118.

[197] Peter J. Stanlis, *Edmund Burke and the Natural Law*, pref. Russell Kirk, Shreveport, Huntington House, 1986.

[198] James E. Person Jr., *Russell Kirk*, op. cit., p. 96-108.

[199] Gerald J. Russello, *The Postmodern Imagination of Russell Kirk*, op. cit., p. 106-108, 116-17.

[200] Bradley J. Birzer, *Russell Kirk*, op. cit., p. 104-10, 254-56.

[201] W. Wesley McDonald, *Russell Kirk and the Age of Ideology*, op. cit., p. 55-85.

ou em uma versão mais progressista por Jean-Jacques Rousseau e por Thomas Paine.[202] Ao ecoar a concepção histórica burkeana, a Lei Natural no conservadorismo kirkeano pode ser vista como uma "percepção direta e concreta do padrão de vida e da experiência ética".[203] Desse modo, a exacerbação do papel da razão humana presente nas diferentes correntes jusnaturalistas é rejeitada pelo fato de tais concepções, ao enfatizarem as leis racionais da cognição sobre as verdades eternas, serem portadoras de um caráter legalista e intelectualista acerca do entendimento da moralidade, que tende a divergir do processo ilativo newmaniano adotado por Kirk, de acordo com o qual a maioria dos princípios morais deriva da experiência histórica concreta, que se encontra indissociada do aspecto intuitivo da imaginação moral.[204] Sobre a questão, afirma Bruce Frohnen:

> Talvez a maior diferença entre Russell Kirk e Aristóteles esteja na ênfase kirkeana no papel não de uma razão humana individual, mas de uma verdade não racional em transmitir conhecimento normativo. Seu programa educacional é baseado em uma oposição tanto ao mero logicalismo quanto ao ensino direto de valores. Como Edmund Burke e Alexis de Tocqueville enfatizaram o papel dos costumes em formar de maneira indolor, mas verdadeiramente, o caráter reto, Kirk enfatiza o papel das histórias [ou "fantasias"] ao ensinar verdades mais profundas que as dos pretensos doutrinadores.[205]

Não se deve entender o conservadorismo kirkeano como um sistema metafísico fechado; contudo, faz-se necessário também rejeitar a ideia de que o pensamento de Russell Kirk é um corpo formado por reflexões dispersas, pois encontramos impressionante coerência interior ao longo de sua evolução, o que é negligenciado pela maioria de seus intérpretes ou críticos. Tal coesão interna se manifesta desde os

---

[202] Alex Catharino, "A Vida e a Imaginação de Russell Kirk", op. cit., p. 96.
[203] W. Wesley McDonald, *Russell Kirk and the Age of Ideology*, p. 80.
[204] Alex Catharino, "A Vida e a Imaginação de Russell Kirk", op. cit., p. 96.
[205] Bruce Frohnen, *Virtue and the Promise of Conservatism*, op. cit., p. 197.

primeiros trabalhos publicados até os últimos escritos, principalmente no modo como o conservador norte-americano interpretou tanto o pensamento burkeano quanto a noção de Lei Natural, bem como a relação entre esses dois tópicos. Apesar de não serem estáticos, os temas centrais do conservadorismo kirkeano são do princípio ao fim os mesmos, evoluindo apenas no sentido de ampliar o foco de análise, agregar as reflexões de novos autores, corrigir alguns pequenos erros e tornar as explicações mais didáticas.

A percepção histórica e o aspecto intuitivo ressaltados pelo entendimento kirkeano da Lei Natural não devem ser compreendidos como visões relativistas capazes de justificar alguma forma de multiculturalismo. Ao estabelecer em *The Conservative Mind* os seis cânones que definem o conservadorismo, apontou como o primeiro deles "a crença de que um intento divino rege a sociedade, bem como a consciência, a forjar cadeias eternas de direitos e de deveres que unem poderosos e desconhecidos, vivos e mortos", como formulado tanto no texto original da tese de doutorado,[206] em 1952, quanto na primeira edição do livro,[207] em 1953. Na sétima edição da obra, de 1986, esse cânone foi reexpresso como a "crença em uma ordem transcendente, ou em um corpo de leis naturais, que rege a sociedade, bem como a consciência".[208] No ensaio "Ten Conservative Principles" [Dez Princípios Conservadores], apresentado originalmente, em 20 de março de 1986, como uma conferência na Heritage Foundation e publicado, em 1993, como segundo capítulo do livro *A Política da Prudência*, o primeiro princípio ressalta que "o conservador acredita que há uma ordem moral duradoura".[209] Mesmo sendo apresentados

---

[206] Russell Kirk, *The Conservatives' Rout: An Account of Conservative Ideas from Burke to Santayana*. A Thesis Submitted for the Degree of DLitt, St. Andrews, University of St. Andrews, 1952, 2 v. vol. 2, p. 10.

[207] Idem, *The Conservative Mind: From Burke to Santayana*, op. cit., p. 7.

[208] Idem, *The Conservative Mind: From Burke to Eliot*, op. cit., p. 8.

[209] Idem, *A Política da Prudência*, op. cit., p. 105.

de três diferentes modos, esse primeiro cânone ou primeiro princípio está diretamente relacionado às questões da "ordem interna da alma" e da "ordem externa da comunidade política", tidas por Russell Kirk como a "preocupação primária dos conservadores", dado que estas são reflexos da Lei Natural que informam que "a natureza humana é uma constante, e as verdades morais são permanentes".[210] No último trabalho que dedicou à temática, "The Case For and Against Natural Law" [O Caso a Favor e Contra a Lei Natural], texto da palestra ministrada em 15 de julho de 1993 na Heritage Foundation e publicado postumamente, em 1996, como décimo quinto capítulo do livro *Redeeming the Time*,[211] o autor reconhece a relevância da Lei Natural como um dos principais fundamentos da ética e da legislação, mas reafirma a importância da experiência histórica concreta ao advertir que esta "não pode suplantar as instituições judiciais".[212]

Os leitores que, de algum modo, foram influenciados pela tradição aristotélico-tomista poderão ficar perplexos com o fato de Russell Kirk aparentemente submeter a aplicação da Lei Natural às instituições jurídicas concretas, pois isto representaria que o autor, de certo modo, confere importância maior à evolução histórica do que à metafísica. Nesse particular, o conservadorismo kirkeano se mostraria, em grande parte, como versão contemporânea do liberalismo conservador anglo-saxão de Edmund Burke, sendo de natureza totalmente distinta do tradicionalismo defendido por autores franceses, espanhóis e alemães, o que não deixa de ser, em parte, uma verdade inegável. Devemos aqui ressaltar que o estadista, orador e ensaísta irlandês, assim como o conservador norte-americano, não são reacionários, muito menos historicistas, nos moldes de Georg Wilhelm Friedrich Hegel (1770-1831), por entenderem o chamado "processo histórico"

---

[210] Idem, ibidem, p. 105.
[211] Idem, *Redeeming the Time*, op. cit., p. 196-212.
[212] Idem, ibidem, p. 205.

como fruto de uma mera causalidade acidental, de modo semelhante às análises elaboradas, principalmente, por Montesquieu, por David Hume e por Alexis de Tocqueville.

No livro *Natural Right and History* [Direito Natural e História], de 1953, ao analisar o conservadorismo de Edmund Burke, mesmo reconhecendo que este está "em perfeito acordo com o pensamento clássico", Leo Strauss (1899-1973) acusa o estadista e pensador irlandês de estar "a um passo de substituir a distinção entre bem e mal pela distinção entre progressista e retrógrado", por ser um defensor das distinções entre o que está ou o que não está "em harmonia com o processo histórico", em razão de ter substituído a noção clássica de "busca da sociedade civil tal como ela deveria ser" pela adequação da política à "teoria da Constituição britânica".[213] O filósofo político teuto-americano concluiu a análise do pensamento burkeano na obra com a seguinte afirmação:

> Burke discordou dos clássicos no que diz respeito à gênese da boa ordem social porque não concordava com eles quanto ao caráter da boa ordem social. Como vimos, a boa ordem social ou política não deve, para Burke, ser "formada segundo um plano regular ou com uma unidade de projeto", porque tais procedimentos "sistemáticos", tal "presença de sabedoria das invenções humanas", seriam incompatíveis com o grau mais elevado possível de "liberdade pessoal"; o Estado deve buscar a "mais diversificada variedade de fins" e deve, minimamente, "sacrificar um desses fins em vista de outro, ou do todo". Deve se preocupar com a "individualidade" ou ter a mais alta consideração pelo "sentimento e interesses individuais". Por isso a gênese da boa ordem social não deve ser um processo orientado pela reflexão, senão que deve estar tão próxima quanto possível de um processo natural, imperceptível: o natural é o individual; o universal é uma criação do entendimento. Naturalidade e livre florescimento da individualidade são a mesma coisa, de modo que o livre desenvolvimento dos indivíduos

---

[213] Leo Strauss, *Direito Natural e História*, trad. Bruno Costa Simões, São Paulo, Editora WMF Martins Fontes, 2014, p. 386.

nas suas individualidades, longe de levar ao caos, acarreta a melhor ordem, uma ordem que não só é compatível com "uma irregularidade presente na massa inteira", mas ainda a pressupõe. Há beleza na irregularidade: "o método e a exatidão, o espírito de proporção são mais prejudiciais do que proveitosos à causa da beleza". A querela entre os antigos e os modernos diz respeito, afinal, e talvez desde o início, ao estatuto da "individualidade". O próprio Burke ainda estava muito imbuído do espírito da "boa antiguidade" para permitir que o interesse pela individualidade sobrepujasse o interesse pela virtude.[214]

A passagem acima consegue destacar alguns pontos importantes do pensamento burkeano; no entanto, como na maioria das interpretações elaboradas pelo filósofo político teuto-americano, a preocupação exclusivamente filosófica de entender a coerência interna das ideias tende a negligenciar o contexto histórico no qual as doutrinas foram elaboradas. No oitavo capítulo da presente biografia intelectual, encontra-se um breve trecho em que Russell Kirk defende Edmund Burke de uma errônea acusação de Leo Strauss.[215] Vale lembrar que, apesar das relações conflituosas entre Kirk e alguns straussianos, como, por exemplo Harry V. Jaffa (1918-12015), o próprio Strauss respeitava profundamente o trabalho intelectual do conservador norte-americano.[216] Em uma carta de Strauss para Kirk, datada de 25 de outubro de 1956, o filósofo afirma que, após ler algumas obras do autor, verificou que em muitos pontos os dois estavam em comum acordo, mas não completamente, reconhecendo que as divergências deveriam dever-se à imensa erudição kirkeana, que abrangia campos desconhecidos por ele.[217]

---

[214] Idem, ibidem, p. 390-91.

[215] Na presente edição de *Edmund Burke: Redescobrindo um Gênio*, ver p. 323 ss.

[216] O relacionamento intelectual entre Leo Strauss e Russell Kirk, bem como os pontos de discordância entre os dois pensadores, é abordado em: Bradley J. Birzer, *Russell Kirk*, op. cit., p. 186-92.

[217] Juntamente com outros documentos do filósofo teuto-americano, os originais da correspondência de Leo Strauss se encontram preservados nos

A vasta cultura associada à impressionante capacidade de integrar diferentes fundamentos teóricos faz de Russell Kirk o melhor intérprete contemporâneo do pensamento de Edmund Burke. No entanto, as mais agudas reflexões kirkeanas acerca do estadista, orador e ensaísta irlandês não se encontram em seus livros, mas nos variados artigos sobre a temática dispersos em diferentes periódicos acadêmicos. No período em que Kirk preparava a tese de doutorado, foram escritas suas cinco principais reflexões acerca do pensamento burkeano. Todos estes trabalhos foram publicados no período entre o verão de 1950 e o primeiro semestre de 1953, antes do lançamento do livro *The Conservative Mind*. Alguns pontos analisados nesses cinco ensaios foram incluídos no primeiro e no segundo capítulos da tese de doutorado que se tornaria o famoso livro do autor, além de serem reafirmados em algumas passagens da presente biografia intelectual. Os cinco textos apresentam diversas reflexões importantes de modo singular, o que exige alguns comentários sobre esse material.

O primeiro dos cinco artigos foi lançado na *Queen's Quarterly*, no verão de 1950, com o título "How Dead is Edmund Burke?"[218] [Quão Morto está Edmund Burke?]. Na autobiografia *The Sword of Imagination*, Russell Kirk afirma que "esse foi o primeiro de uma efusão de ensaios e livros sobre Edmund Burke como fonte de renovação da ordem", acrescentando que "uma contrarrevolução intelectual havia começado".[219] O texto defende que o estadista, orador e ensaísta irlandês "não está completamente morto", pois, por ocupar a posição de fundador do moderno pensamento conservador, "a maioria do genuíno conservadorismo que sobrevive entre nós", em particular

---

arquivos da Regenstein Library, na University of Chicago, em Illinois. Os arquivos do Russell Kirk Center for Cultural Renewal, em Mecosta, Michigan, possuem cópia dessa carta de Leo Strauss para Russell Kirk.

[218] Russell Kirk, "How Dead Is Edmund Burke?", *Queen's Quarterly*, vol. 57, n. 2 (Summer 1950), 160-71.

[219] Idem, *The Sword of Imagination*, op. cit., p. 148.

no mundo de língua inglesa, não passa de mera "sombra da criação de Burke".[220] Após destacar a importância da herança burkeana na mentalidade e na atuação de diferentes figuras associadas ao conservadorismo na Grã-Bretanha e nos Estados Unidos, o autor apresenta uma primeira versão dos seis cânones do pensamento conservador, em cinco tópicos, tendo fundido os dois últimos em único ponto, mas em todos eles apresentando citações de passagens da obra *Reflexões sobre a Revolução em França*.[221] Depois de contrapor o conservadorismo burkeano ao pensamento de Jean-Jacques Rousseau, visto como fonte das modernas posturas igualitaristas, revolucionárias e progressistas, Kirk conclui o artigo com a seguinte exortação:

> Se, de fato, uma ordem conservadora está a retornar, devemos conhecer o pensamento de Edmund Burke para que possamos reconstruir a sociedade. Se isto não acontecer, ainda assim o devemos conhecer para esquadrinhar das cinzas os fragmentos chamuscados da civilização que pudermos resgatar.[222]

Dentre os cinco textos, destacamos a importância de "Burke and Natural Rights"[223] [Burke e os Direitos Naturais], que apareceu na edição de outubro de 1951 da *The Review of Politics*. O ensaio também recebeu atenção especial de Drew Maciag ao tratar da interpretação que Russell Kirk faz da Lei Natural no pensamento burkeano.[224] Nesse segundo dos cinco artigos, a Lei Natural é vista do prisma estoico-ciceroniano como um "intento divino", servindo como contraponto às visões naturalistas lockianas e rousseaunianas dos Direitos Naturais. O autor destaca que, "do começo ao fim de

---

[220] Idem, "How Dead Is Edmund Burke?", op. cit., p. 162.

[221] Idem, ibidem, p. 166-68.

[222] Idem, ibidem, p. 171.

[223] Idem, "Burke and the Natural Rights", *The Review of Politics*, vol. 13, n. 3 (October 1951), 441-56.

[224] Drew Maciag, *Edmund Burke in America*, op. cit., p. 187-89.

sua carreira, Edmund Burke detestou a idílica fantasia de uma sociedade livre, feliz, sem leis nem propriedade privada em um estado de natureza, como popularizada por Jean-Jacques Rousseau".[225] De acordo com a interpretação kirkeana, Burke entendia como "verdadeiros direitos naturais do homem" não as abstrações teóricas propostas pelos revolucionários franceses, mas princípios concretos como "a igualdade jurídica, a segurança do trabalho e da propriedade, as amenidades das instituições civilizadas e os benefícios da sociedade ordenada".[226] O sistema burkeano de direitos naturais, nessa perspectiva, é visto como "semelhante ao dos jurisconsultos romanos".[227] A análise de Kirk é concluída com a afirmação que "esta teoria da Lei Natural e dos Direitos Naturais fez de Burke o fundador do conservadorismo filosófico".[228]

Juntamente com o artigo "Burke and Natural Rights", os ensaios "Burke and the Principle of Order"[229] [Burke e o Princípio da Ordem], publicado na primavera de 1952 em *The Sewanee Review*, e "Burke and the Philosophy of Prescription"[230] [Burke e a Filosofia dos Usos Consagrados], lançado na edição de junho de 1953 do *Journal of the History of Ideas*, apontam de modo distinto o núcleo central das reflexões de Russell Kirk apresentadas no já citado "Burke and the Politics of Prescription",[231] segundo capítulo do livro *The Conservative Mind*. Acerca desses trabalhos, Peter J. Stanlis observou o seguinte:

---

[225] Russell Kirk, "Burke and the Natural Rights", op. cit., p. 443.

[226] Idem, ibidem, p. 448.

[227] Idem, ibidem, p. 455.

[228] Idem, ibidem, p. 456.

[229] Idem, "Burke and the Principles of Order", *The Sewanee Review*, vol. 60, n. 2 (April-June 1952), 187-201.

[230] Idem, "Burke and the Philosophy of Prescription", *Journal of the History of Ideas*, vol. 14, n. 2 (June 1953), 365-80.

[231] Idem, *The Conservative Mind: From Burke to Eliot*, op. cit., p. 12-70.

Três artigos de Russell Kirk, "Burke and Natural Rights" (1951), "Burke and the Principle of Order" (1952) e "Burke and the Philosophy of Prescription" (1953), exploram alguns dos aspectos mais relevantes dos princípios políticos de Edmund Burke. O livro *The Conservative Mind* de Kirk identificou Burke como a nascente de toda a tradição do moderno pensamento conservador.[232]

Antes de discutirmos alguns pontos relevantes e inovadores apresentados nos artigos "Burke and the Principle of Order" e "Burke and the Philosophy of Prescription", acreditamos ser necessário tratar do ensaio "The Anglican Mind of Edmund Burke"[233] [A Mentalidade Anglicana de Edmund Burke], lançado na edição de outubro a dezembro de 1952 de *The Church Quarterly Review*, sendo o quarto dos cinco trabalhos de Russell Kirk sobre Edmund Burke aqui ressaltados. O texto em questão nunca foi objeto de estudo por parte de nenhum analista ou crítico do pensamento kirkeano, não sendo mencionado por Peter J. Stanlis, James E. Person Jr., W. Wesley McDonald, Gerald J. Russello, Bradley J. Birzer ou Drew Maciag. Nesse importante ensaio, o autor, após constatar que "grandes ideias, como grandes estados, florescem de caules antigos", ressalta que "as raízes das convicções de Burke se estendem por intermédio dos acadêmicos e teólogos do século XVII até Richard Hooker, aos escolásticos, aos Padres da Igreja, a Cícero, a Aristóteles, a Platão, e à Sagrada Escritura", concluindo que a atitude burkeana quanto à política e aos princípios fundamentais oriundos dessa atuação prática "não derivaram simplesmente do 'instinto', mas sobretudo da tradição sólida do pensamento cristão e da filosofia clássica".[234] Apesar das acusações feitas pelos contemporâneos, segundo as quais o polêmico estadista, orador

---

[232] Peter J. Stanlis, "Edmund Burke in the Twentieth Century", op. cit., p. 21-22.

[233] Russell Kirk, "The Anglican Mind of Burke", *The Church Quarterly Review*, vol. 153, n. 4 (October-December 1952), 470-87.

[234] Idem, ibidem, p. 470.

e ensaísta irlandês era um jesuíta disfarçado, Kirk assevera que "Burke representou a grande tradição das crenças religiosas anglicanas" na condição de "ter sido o mais eminente expoente da sabedoria inglesa da política dos usos consagrados".[235] Nessa perspectiva, a "ortodoxia cristã", cujo intento divino é revelado por intermédio da história, "é o núcleo central da filosofia de Burke".[236] Sustentado por inúmeras passagens de diferentes escritos de Burke, o autor demonstra que as noções de ordem moral e de ordem social defendidos pelo pensamento burkeano, bem como outros temais vitais, encontram seus fundamentos tanto nas concretas tradições cristãs do anglicanismo quanto no ceticismo em relação às teorias abstratas e à ideia de perfectibilidade humana, consistindo no cerne da noção de Lei Natural como uma continuidade espiritual que sustenta as instituições sociais, o que leva Kirk a concluir que, "se alguma vez o vigor da Igreja Anglicana e da sociedade inglesa encontrou expressão em um indivíduo específico, este homem foi Edmund Burke".[237]

O terceiro e o quinto artigos dessa série de cinco ensaios apresentam de modo mais detalhado o núcleo central dos temas analisados no segundo capítulo de *The Conservative Mind*. Russell Kirk defende em "Burke and the Principle of Order" que "o comunismo, o fascismo e todas as demais ideologias aparentadas em seu estilo foram manifestações de uma rebelião comum contra a ordem moral prevalecente",[238] o que exige o despertar das tradições espirituais e políticas conservadoras contra as inovações revolucionárias. "A ideia fundamental do conservadorismo liberal de Edmund Burke" é a noção de "ordem na sociedade", vista pelo autor como um arranjo erradicável e benéfico "fundado sobre o princípio de um desígnio

---

[235] Idem, ibidem, p. 471.
[236] Idem, ibidem, p. 475.
[237] Idem, ibidem, p. 489.
[238] Idem, "Burke and the Principles of Order", op. cit., p. 187.

providencial, que estabelece as diferenças entre os homens", e que se opõe "ao corrosivo racionalismo dos *philosophes* franceses, ao sentimentalismo coletivista de Jean-Jacques Rousseau e ao utilitarismo arbitrário de Jeremy Bentham".[239] Em nossos dias, o pensamento de Karl Marx, visto como "uma caricatura do benthamismo", é o principal destruidor dos "princípios de ordem, de usos consagrados e de diversidade"[240] como defendidos pelos conservadores. Entendido como uma "refutação antecipada do utilitarismo, do positivismo e do pragmatismo", o princípio burkeano da ordem é a afirmação de uma "visão reverencial da sociedade que pode ser traçada por intermédio de Aristóteles, de Cícero, de Sêneca, dos juristas romanos, dos escolásticos, de Richard Hooker e de pensadores menores".[241] Nesse contexto, a ordem não é definida apenas no plano externo da sociedade como meio de prevenir a anarquia moral e física, sendo vista também nos aspectos transcendente ou sobrenatural, manifestos pela ordem divina, e moral, expresso na ordem interna da alma dos indivíduos.[242] Por fim, ressalta que uma parcela dos analistas sociais, mais cedo ou mais tarde, "prestarão mais atenção às ideias de Edmund Burke sobre a ordem"[243] e já não às visões ideológicas rousseaunianas, benthamitas ou marxistas.

Apesar de possuir um título semelhante ao segundo capítulo de *The Conservative Mind*, o artigo "Burke and the Philosophy of Prescription" apresenta um escopo mais abrangente ao tocar aspectos não analisados em "Burke and the Politics of Prescription" e ampliar alguns pontos discutidos neste texto. Após afirmar que o conservadorismo "enquanto sistema de ideias é mais jovem que o igualitarismo e que o racionalismo", Russell Kirk defende que o grande mérito de

---

[239] Idem, ibidem, p. 191.
[240] Idem, ibidem, p. 192.
[241] Idem, ibidem, p. 196-97.
[242] Idem, ibidem, p. 198-200.
[243] Idem, ibidem, p. 201.

Edmund Burke foi "erigir uma defesa consciente e imaginativa do modo tradicional da sociedade" nas noções de "usos consagrados" e de "predisposição", entendidas como a "sabedoria suprarracional da espécie".[244] Na perspectiva kirkeana, os princípios religiosos expressos por Burke se manifestam de forma mais incisiva na proclamação da Lei Natural, tida como "a criação de uma mente divina, da qual as leis humanas são apenas manifestações",[245] sendo a história uma "revelação gradual de um desígnio divino".[246] A noção de "preconcepção" ou "predisposição" [*prejudice*], muitas vezes traduzida ao português pelo pejorativo termo "preconceito", é definida como uma forma "quase intuitiva de conhecimento que permite ao homem conhecer os problemas da vida sem uma lógica de corte", ao passo que a ideia "usos consagrados" [*prescription*] é entendida como "o direito costumeiro que cresce fora das convenções implícitas e une muitas gerações sucessivas", sendo os meios que possibilitam à "humanidade viver em conjunto com certo grau de cordialidade e de liberdade".[247] Os dois conceitos "são objetos de mudanças" por intermédio das quais a Providência e a Razão possibilitam as inovações necessárias para a preservação da espécie e para a manutenção da sociedade; contudo, Kirk conclui que, de acordo com o jusnaturalismo burkeano, a "predisposição" e os "usos consagrados" encontram suas "verdadeiras origens na natureza que Deus outorgou ao homem".[248]

Os cinco ensaios apresentam a essência da interpretação kirkeana acerca do pensamento de Edmund Burke, em particular de seus fundamentos jusnaturalistas. Essas primeiras reflexões não foram superadas pelas diversas análises posteriores elaboradas pelo autor sobre a temática. No período entre 1955 e 1968, Russell Kirk escreveu

---

[244] Idem, "Burke and the Philosophy of Prescription", op. cit., p. 365.
[245] Idem, ibidem, p. 372.
[246] Idem, ibidem, p. 375.
[247] Idem, ibidem, p. 377.
[248] Idem, ibidem, p. 380.

Edmund Burke: Redescobrindo um Gênio, duas introduções diferentes para distintas edições da obra *Reflexões sobre a Revolução em França*[249] e o prefácio do já citado *Edmund Burke and the Natural Law*, de Peter J. Stanlis, bem como treze trabalhos acadêmicos ou artigos de opinião tratando do pensamento burkeano,[250] além de algumas resenhas de livros dedicados ao pensador e estadista irlandês. O objetivo principal dos textos publicados nessa época era a difusão do conservadorismo burkeano a um público mais amplo; mesmo assim, encontramos alguns pontos originais nesses trabalhos.

Apesar das numerosas citações e menções a Edmund Burke em quase todos os escritos publicados entre 1969 e 1980, Russell Kirk produziu um único ensaio sobre o pensamento burkeano nesse período, a quarta e última seção do já citado décimo capítulo do livro *The Roots of American Order*,[251] além de ter escrito os textos de duas palestras e o prefácio dos livros *Marx and Burke: A Revisionist View*[252] [Marx e Burke: Uma Análise Revisionista], de Ruth A. Bevan, e *Edmund Burke and His World*[253] [Edmund Burke e seu Mundo], de Alice P. Miller. Em fevereiro de 1975, Kirk ministrou no Olivet College, em Michigan, a conferência "The Political Philosophy of Burke" [A Filosofia Política de Burke], como parte de uma série de palestras ministradas na instituição pelo conservador norte-americano sobre o

---

[249] Edmund Burke, *Reflections on the Revolution in France*, Chicago, Gateway, 1955; Idem, *Reflections on the Revolution in France*, New Rochelle, Arlington House, 1965.

[250] A relação de todos os ensaios acadêmicos e artigos de opinião sobre o pensamento burkeano escritos por Russell Kirk é apresentada na "Seleção Bibliográfica de Estudos Recentes sobre Edmund Burke" elaborada por nós e incluída no final da presente biografia intelectual.

[251] Russell Kirk, *The Roots of American Order*, op. cit., p. 374-90.

[252] Ruth A. Bevan, *Marx and Burke: A Revisionist View*, pref. Russell Kirk, La Salle, Open Court, 1973.

[253] Alice P. Miller, *Edmund Burke and His World*, Old Greenwich, Devin-Adair, 1979.

pensador e estadista irlandês, nas quais, além da relevância do pensamento burkeano, se enfatiza a percepção de Burke sobre a natureza da política, os partidos, a representação e a anatomia das revoluções nos Estados Unidos e na França,[254] seguindo as mesmas linhas gerais sobre os temas, como discutidos em *The Conservative Mind* e na presente biografia intelectual. No ano de 1977, entre as duas apresentações do autor na Troy University, no Alabama, uma abordou a temática "Bentham, Burke, and the Law"[255] [Bentham, Burke, e a Lei], sendo este o trabalho mais importante produzido por Kirk acerca do pensamento burkeano durante a década de 1970, retomando alguns pontos apresentados em alguns dos cinco artigos publicados entre 1950 e 1953 e antecipando parte significativa das discussões que, em 1993, apareceriam de maneira aprofundada na já citada palestra "The Case For and Against Natural Law", publicada no livro *Redeeming the Time*.[256]

Nas décadas de 1980 e 1990, além de ter elaborado algumas resenhas de livros sobre Edmund Burke e ministrado algumas conferências sobre a temática, Russell Kirk publicou em periódicos acadêmicos cinco trabalhos dedicados ao pensamento burkeano e escreveu prefácios para os livros *Burke Street*[257] [Rua Burke], de George Scott-Moncrieff (1910-1974), *Edmund Burke: The Enlightenment and Revolution*[258] [Edmund Burke: O Iluminismo e a Revolução], de Peter J. Stanlis, *Edmund Burke: Appraisals and*

---

[254] O texto original datilografado em três páginas, acompanhado do programa das outras palestras, encontra-se preservado nos arquivos do Russell Kirk Center for Cultural Renewal, em Mecosta, Michigan.

[255] Russell Kirk, "Bentham, Burke, and the Law", in *Great Issues – vol. 9: 1977*, Troy, Troy State University Press, 1977, p. 153-68.

[256] Idem, *Redeeming the Time*, op. cit., p. 196-212.

[257] George Scott-Moncrieff, *Burke Street*, pref. Russell Kirk, New Brunswick, Transaction, 1989.

[258] Peter J. Stanlis, *Edmund Burke: The Enlightenment and Revolution*, pref. Russell Kirk, New Brunswick, Transaction Press, 1991.

Applications[259] [Edmund Burke: Abordagens e Aplicações], de Daniel Ritchie, e *Antiquity as the Source of Modernity: Freedom and Balance in the Thought of Montesquieu and Burke*[260] [Antiguidade como Fonte da Modernidade: Liberdade e Equilíbrio no Pensamento de Montesquieu e de Burke], de Thomas Chaimowicz (1924-2002). O conjunto desses escritos, elaborados nos últimos anos de vida do autor, marca uma espécie de renascimento do interesse pelo pensador, orador e estadista irlandês nas reflexões kirkeanas, que se voltaram nesse período para novas abordagens dos temas burkeanos, mas sem abandonar a fundamentação no tripé interpretativo utilizado nos primeiros trabalhos, calcados na análise de Irving Babbitt, no original método para o estudo da História das Ideias e na noção de Lei Natural.

O ensaio que inicia essa nova fase dos estudos kirkeanos é o já mencionado artigo "Three Pillars of Order: Edmund Burke, Samuel Johnson, Adam Smith" [Três Pilares da Ordem: Edmund Burke, Samuel Johnson, Adam Smith], de 1981, publicado na *Modern Age* e reimpresso em *Redeeming the Time*.[261] Em 1982 foi publicado na *Modern Age* o breve e despretensioso "The Living Edmund Burke"[262] [O Vivente Edmund Burke], junto com uma série de artigos de outros autores que tratavam da vida e da obra do pensador e estadista irlandês. Os dois textos não apresentam grande originalidade, mas, além de reforçar alguns pontos importantes, oferecem algumas perspectivas instigantes sobre a temática.

---

[259] Daniel Ritchie (ed.), *Edmund Burke: Appraisals and Applications*, pref. Russell Kirk, New Brunswick: Transaction Publishers, 1990

[260] Thomas Chaimowicz, *Antiquity as the Source of Modernity: Freedom and Balance in the Thought of Montesquieu and Burke*, pref. Russell Kirk, New Brunswick, Transaction, 2008.

[261] Russell Kirk, "Three Pillars of Order: Edmund Burke, Samuel Johnson, Adam Smith", op. cit., p. 565-69; Idem, *Redeeming the Time*, op. cit., p. 254-70.

[262] Idem, "The Living Edmund Burke", *Modern Age*, vol. 26, n.s 3-4 (Summer--Fall 1982), 323-24.

Encontramos o registro de duas palestras sobre Edmund Burke feitas por Russell Kirk ao longo da década de 1980. A primeira é "Burke, Hume, Blackstone, and the Constitution of the United States"[263] [Burke, Hume, Blackstone e a Constituição dos Estados Unidos], apresentada no ano de 1987 como parte de programação de uma conferência organizada pela Young America's Foundation (YAF) para celebrar o bicentenário da Constituição dos Estados Unidos, na qual são retomados e discutidos com mais profundidade alguns pontos apresentados anteriormente na segunda, na terceira e na quarta seção do décimo capítulo do livro *The Roots of American Order*.[264] A segunda é "Edmund Burke Against the Armed Doctrine"[265] [Edmund Burke contra a Doutrina Armada], ministrada em março de 1989 na University of Dallas, no Texas, onde, nas celebrações do bicentenário da Revolução Francesa, o autor discutiu o problema das ideologias, apontando o papel dos jacobinos como primeiros ideólogos fanáticos, demostrando que as advertências burkeanas sobre a prática dos revolucionários franceses no século XVIII ainda podem ser aplicadas em nossos dias contra os ideólogos marxistas e outros tipos de progressistas.

O trabalho mais original do período, sem dúvida, é o excelente "Edmund Burke and the Constitution" [Edmund Burke e a Constituição], lançado originalmente em 1986[266] e reimpresso em 1990 como sexto capítulo do livro *The Conservative Constitution*[267]

---

[263] Idem, "Burke, Hume, Blackstone, and the Constitution of the United States", in *The John M. Olin Lectures on the Bicentennial of the U. S. Constitution*, Washington, D.C., Young America's Foundation, 1987, p. 11-16.

[264] Idem, *The Roots of American Order*, op. cit., p. 358-90.

[265] Nos arquivos do Russell Kirk Center for Cultural Renewal, em Mecosta, Michigan, encontra-se preservado o texto original, datilografado em seis páginas, dessa palestra.

[266] Russell Kirk, "Edmund Burke and the Constitution", *Intercollegiate Review*, vol. 21, n. 2 (Winter 1985-1986), 3-11.

[267] Idem, *The Conservative Constitution*, Washington, D.C., Regnery Gateway, 1990, p. 80-98

[A Constituição Conservadora], no qual, à luz dos princípios políticos advogados por Edmund Burke, ressalta o modo como o documento constitucional dos Estados Unidos é uma obra conservadora, em especial por não romper com as instituições e os costumes estabelecidos da sociedade, por reconhecer e incorporar um conjunto de experiências históricas mais antigas que as colônias norte-americanas e por rejeitar as utópicas teorias abstratas sobre o governo. Publicado originalmente, em 1986, na *Modern Age*, o já citado ensaio "Why Edmund Burke Is Studied", por iniciativa de Jeffrey O. Nelson, foi incluído como epílogo da terceira edição norte-americana, lançada em 1997, de *Edmund Burke: Redescobrindo um Gênio*, estando disponível em português na presente edição brasileira. O último artigo acadêmico sobre o pensamento burkeano escrito por Russell Kirk foi "Edmund Burke and the Future of American Politics"[268] [Edmund Burke e o Futuro da Política Norte-Americana], lançado em 1987 na *Modern Age*, uma exortação à geração emergente de conservadores, na qual, utilizando o pensamento burkeano, diagnostica os problemas de nossa época, aponta os princípios que devem nortear a prática política e ressalta que existe uma alternativa à degradação, alternativa essa que deve ser encontrada no conservadorismo e no engajamento na vida pública por mulheres e por homens imbuídos dos princípios necessários à restauração da ordem, da liberdade e da justiça.

Em nosso livro *Russell Kirk: O Peregrino na Terra Desolada*, defendemos que "Russell Kirk assumiu para o pensamento conservador norte-americano a mesma importância de Edmund Burke para a formação do conservadorismo britânico".[269] No livro *O Espírito das Revoluções: Da Revolução Gloriosa à Revolução Liberal*, lançado originalmente em 1996, o cientista social e diplomata carioca José Osvaldo de Meira Penna, ao ressaltar a influência de Edmund

---

[268] Idem, "Edmund Burke and the Future of American Politics", *Modern Age*, vol. 31, n. 2 (Spring 1987), 107-14.

[269] Alex Catharino, *Russell Kirk*, op. cit., p. 42.

Burke no conservadorismo kirkeano, destaca que o conservador norte-americano é "um dos que, com maior ardor, sustenta a necessidade de uma postura pragmática na apreciação histórica e na análise objetiva dos acontecimentos contemporâneos", em razão de Russell Kirk ter adotado a postura burkeana segundo a qual é necessário "ver as coisas" e "ver os homens", ou seja, a realidade concreta, "antes de tomar uma posição", o que é um conselho "imprescindível aos estadistas prudentes e sábios que desejem formular grandes projetos políticos".[270] Nosso amigo Bradley Birzer aponta que "Kirk empregou a linguagem e as ideias de Burke efetivamente, fazendo-as palatáveis e relevantes para o mundo moderno".[271] Na supracitada palestra ministrada em 1989 na University of Dallas, o próprio Kirk ressalta a importância de conhecer em nossa época o pensamento de Burke, com as seguintes palavras:

> Os "filósofos parisienses" de dois séculos atrás continuam vivos em nossos dias nos autoproclamados intelectuais, com o interminável discurso de "compaixão" e a defesa, entre outras coisas, dos inalienáveis direitos de expandir o império dos vícios não naturais. De tempos em tempos, travamos as mesmas batalhas, repetidas vezes, sob bandeiras de padrões diversos. Para resistir à imaginação idílica e à imaginação diabólica, necessitamos conhecer a imaginação moral de Edmund Burke.[272]

O leitor tem nas mãos a melhor introdução à vida e ao pensamento de Edmund Burke, escrita pelo maior especialista contemporâneo na temática. No entanto, para um aprofundamento, além das análises feitas nessa apresentação, os últimos trabalhos de Russell Kirk enumerados nos parágrafos anteriores mereceriam um tratamento mais

---

[270] J. O. de Meira Penna, *O Espírito das Revoluções: Da Revolução Gloriosa à Revolução Liberal*, pref. Antonio Paim, 2.ª ed., Campinas, VIDE Editorial, 2016, p. 339.
[271] Bradley J. Birzer, *Russell Kirk*, op. cit., p. 149.
[272] Russell Kirk, "Edmund Burke Against the Armed Doctrine", op. cit., p. v.

detalhado de nossa parte, por representarem, em muitos aspectos, as reflexões kirkeanas mais maduras acerca do pensamento burkeano e por ampliarem de modo significativo as interpretações de juventude apresentadas tanto nos cincos artigos lançados entre 1950 e 1953, discutidos aqui, quanto no livro *The Conservative Mind* e na presente biografia intelectual. No entanto, acreditamos que essa tarefa vá além da proposta de nosso longo estudo de apresentação, devendo ser objeto de um trabalho mais específico. Esperamos que a publicação da cuidadosa edição brasileira de *Edmund Burke: Redescobrindo um Gênio* estimule pesquisadores do ambiente lusófono a desbravar os ricos e desafiadores oceanos dos escritos do estadista, orador e estadista irlandês e, também, do pensamento do eminente conservador norte-americano. As análises e a retórica de Burke e de Kirk podem ser um antídoto para as mazelas ideológicas preponderantes em nosso universo acadêmico.

Alex Catharino

Nasceu em 4 de julho de 1974 no então estado da Guanabara, atual cidade do Rio de Janeiro. É vice-presidente executivo do Centro Interdisciplinar de Ética e Economia Personalista (CIEEP), gerente editorial do periódico *COMMUNIO: Revista Internacional de Teologia e Cultura*, e pesquisador do Russell Kirk Center for Cultural Renewal, em Mecosta, Michigan, nos Estados Unidos, além de ser membro associado de diversas e prestigiosas instituições, dentre as quais se destacam a Edmund Burke Society of America, a T. S. Eliot Society e a Philadelphia Society. Cursou a Faculdade de História na Universidade Federal do Rio de Janeiro (UFRJ) e fez estudos nas áreas de História, Literatura, Filosofia, Teologia, Economia e Ciência Política em diferentes instituições no Brasil, EUA, Portugal, Itália, Argentina, Colômbia e Uruguai. Foi pesquisador da Atlas Economic Research Foundation e gerente editorial do periódico *MISES: Revista Interdisciplinar de Filosofia, Direito e Economia*. É autor do livro *Russell Kirk: O Peregrino na Terra Desolada* (É Realizações, 2015), do capítulo "Origens e Desenvolvimento do Liberalismo Clássico" na obra *Ensaios sobre Liberdade e Prosperidade* (UNA Editora, 2001), dos verbetes "Eric Voegelin (1901-1985)", "Liberalismo Clássico" e "Russell Kirk (1918-1994)" para o *Dicionário de*

Filosofia Política (Editora UNISINOS, 2010), e de artigos em diferentes periódicos acadêmicos, além de ter escrito os posfácios "Teologia e História na Reconstrução da Unidade Cristã" e "Em Busca da Cristandade Perdida" para os livros *A Formação da Cristandade* (É Realizações, 2014) e *A Divisão da Cristandade* (É Realizações, 2014), de Christopher Dawson, o posfácio "João Camilo de Oliveira Torres e o renascimento do conservadorismo no Brasil" para a reedição do livro *Os Construtores do Império: Ideais e Lutas do Partido Conservador Brasileiro* (Resistência Cultural, 2016), de João Camilo de Oliveira Torres, e os estudos introdutórios "A Vida e a Imaginação de Russell Kirk" e "A Formação e o Desenvolvimento do Pensamento Conservador de Russell Kirk" para os livros *A Era de T. S. Eliot: A Imaginação Moral do Século XX* (É Realizações, 2011) e *A Política da Prudência* (É Realizações, 2013), de Russell Kirk.

Retrato de Edmund Burke. 1770. Óleo sobre tela. James Northcote (1746-1831).
Royal Albert Memorial Museum, Exeter, Devon, Reino Unido.

Prefácio

ROGER SCRUTON

Político, propagandista, filósofo, homem de letras – Edmund Burke (1729-1797) foi uma das figuras extraordinárias do século XVIII, e o primeiro estadista a reconhecer que não há resposta coerente ao Iluminismo além do conservadorismo social e político. Não é provável que hoje um homem como este chegasse a ter um cargo político. O processo democrático prefere o superficial, o semialfabetizado e o aceitável ao culto e sábio. Os leitores da biografia do Dr. Russell Kirk (1918-1994) descobrirão quão diferentes eram as coisas quando Burke ingressou na Câmara dos Comuns. O colono norte-americano, o camponês indiano, o aristocrata francês – todos encontraram um defensor no Parlamento que era um filósofo tão bom, tão eloquente e tão profundo como poderíamos encontrar em qualquer sótão parisiense ou em qualquer sala comunal de Oxford. Burke conseguia comandar a tribuna da Câmara dos Comuns; ele também podia dominar a opinião das classes letradas. Seus escritos mudaram o curso da política e lançaram as bases para uma filosofia política que perdura até nossos dias, e que, nos Estados Unidos, tem a Kirk como seu mais forte representante moderno.

É com especial satisfação que vejo a biografia escrita por Russell Kirk ser relançada no bicentenário da morte de Edmund Burke. Inteligência, astúcia, habilidade, estratagemas, políticas – tudo isso temos em abundância; mas sabedoria – a consciência serena e prudente da complexidade dos assuntos humanos que encontramos tanto em

Burke como em seu biógrafo – é rara entre nós. Sob a balbúrdia da política, não ouvimos as vozes ancestrais ou não nos empenhamos para tal, não ouvimos os rumores enviados dos tempos mais remotos que nos contam nossas imperfeições. E, enquanto não os ouvirmos, nosso futuro estará em perigo.

A vida que Russell Kirk descreve nestas páginas foi uma vida de ação, mas uma ação que tanto brotou do pensamento quanto pôs em risco o pensamento. Talvez nenhum político tenha especulado tão profundamente acerca da natureza e dos limites da psique humana quanto Edmund Burke. Tais especulações, a cada ponto, são postas em prática, de modo que alertam para o desejo enlouquecido de derrubar as leis e as instituições sobre as quais nossa civilização se erigiu. O Dr. Kirk assumiu as vestes de Burke e escreveu, de maneira apaixonada e inteligente, sobre as "coisas permanentes", mostrando a seus compatriotas que poderiam afastar-se da visão dos Pais Fundadores por seu próprio risco. Foi a consciência dos Estados Unidos modernos, assim como Burke foi a consciência da Grã-Bretanha iluminista. Ambos compreenderam que a política é possível unicamente se algumas coisas permanecem incontestadas, e apenas se o desejo de melhorar o mundo repousar, de tempos em tempos, na percepção de que o futuro não pode ser conhecido.

Kirk não era um político, mas obteve o respeito de políticos e lutou para elevar tanto a linguagem quanto a reflexão do conservadorismo norte-americano ao nível de seu grande predecessor britânico. Aprendeu com Burke que o estilo não é um suplemento decorativo ao pensar, mas pertence à sua essência. Porque encontrou palavras e imagens com que comunicou sua visão à juventude norte-americana, verdadeiros políticos conservadores continuam a emergir nos Estados Unidos e a direcionar o futuro do país no caminho traçado pelos contemporâneos do filósofo e estadista irlandês.

A biografia de Edmund Burke escrita por Russell Kirk conta a história de um estadista notável, de uma sociedade excepcional e de um período extraordinário da história humana. Os leitores ingleses sentir-se-ão gratos pela empatia do autor por nossas excentricidades, ao passo que os leitores norte-americanos aprenderão muito a respeito do Império Britânico e seu significado. O livro oferece um roteiro claro e sucinto de um dos grandes pensadores conservadores dos tempos modernos. Kirk vê seu objeto como ele era, e em termos das esperanças e de temores que partilha. Burke estava empenhado, afirma, em uma contínua busca de justiça, e valorizava a ordem, a tradição e o instinto conservador em grande parte porque este evitava as enormes injustiças que se seguem quando os homens tomam para si a tarefa de governar seu próprio destino.

As lições, para nós, são muitas, e gentilmente sugeridas. Como Burke, Kirk não é um moralista violento ou dramático, mas um observador tranquilo, irônico e compassivo, que escreve com facilidade encantadora e com espontaneidade. Não há obra a respeito de Burke mais sublime que este livro, escrito por seu mais original discípulo norte-americano.

Roger Scruton

Nasceu no dia 27 de fevereiro de 1944 em Buslingthorpe, Lincolnshire, no Reino Unido. É filósofo, escritor e comentarista cultural. Cursou a graduação e o mestrado em Filosofia no Jesus College da University of Cambridge, tendo recebido em 1972 o título de Ph.D. pela mesma instituição com a defesa da tese em Filosofia, base do livro *Art and Imagination* (Methuen, 1974). Reconhecido como especialista em Estética, dedica-se com especial atenção à música e à arquitetura. Foi professor do Departamento de Filosofia no Birkbeck College, em Londres, de 1971 a 1990, editor-chefe do periódico trimestral *The Salisbury Review*, de 1982 e 2001, professor visitante de Filosofia da Boston University, nos EUA, de 1992 a 1995, professor e pesquisador do Institute for the Psychological Sciences, de 2005 a 2008, e professor visitante, em 2006, do James Madison Program da Princeton Univeristy, nos EUA. No debate cultural e político contemporâneo, é considerado um dos expoentes do pensamento conservador e um grande polemista. Atualmente, é um dos editores do periódico *The New Atlantis* e professor visitante de Filosofia da University of Oxford, na Inglaterra, e da University of St Andrews, na Escócia, além de ser *fellow* da Royal Society of Literature, da Britsh Academy e do Ethics and Public Policy Center. É autor de inúmeros artigos acadêmicos e de diversos livros. Entre os vários escritos do autor, foram lançados em língua portuguesa as seguintes obras: *Espinosa* (Loyola, 2001), *Uma Breve História da Filosofia Moderna: De Descartes a Wittgenstein* (José Olympio, 2008), *Coração Devotado à Morte: O Sexo e o Sagrado em Tristão e Isolda, de Wagner* (É Realizações, 2010), *Kant* (L&PM, 2011), *Bebo, Logo Existo: Guia de um Filósofo para o Vinho* (Octavo, 2011), *Beleza* (É Realizações, 2013), *Pensadores da Nova Esquerda* (É Realizações, 2014), *O Que é Conservadorismo* (É Realizações, 2015), *As Vantagens do Pessimismo: E o Perigo da Falsa Esperança* (É Realizações, 2015), *Como ser um Conservador* (Record, 2015), *O Rosto de Deus* (É Realizações, 2015) e Filosofia Verde (É Realizações, 2015).

Nota Preliminar

Durante os últimos trinta anos, descobrimos infinitamente mais coisas acerca de Edmund Burke do que sabiam os biógrafos e críticos do século XIX. Este breve estudo crítico, aproveitando-se da oportunidade da vinda a público de um grande número de escritos de Burke, da publicação de sua correspondência em versão acadêmica e do aparecimento de vários relatos especializados importantes sobre esta personagem, é uma tentativa de reavaliar Burke.

Os leitores que desejarem aprofundar o conhecimento a respeito deste grande estadista e homem de letras farão bem em voltar à minuciosa e imparcial biografia política de Carl B. Cone, *Burke and the Nature of Politics* (dois volumes: 1957 e 1964), porque a biografia é cinco vezes maior que o presente ensaio. Ainda vale a pena ler sobre os primeiros anos em *Memoir of the Life and Character of Edmund Burke* (1825), de Sir James Prior, mas a maioria das outras biografias foi superada pela descoberta de novas informações, são superficiais ou se esgotaram há muito e dificilmente se encontram.

Recomendo vivamente os estudos acadêmicos sobre um ou outro aspecto do pensamento ou da carreira de Edmund Burke feitos pelos seguintes autores: Ross J. S. Hoffman, Thomas W. Copeland, Peter J. Stanlis, Francis Canavan, S.J., James T. Boulton, Donald Cross Bryant, Gaetano Vincitorio, Thomas H. D. Mahoney, H. V. F. Somerset, Charles W. Parkin, Jeffrey Hart, Harvey C. Mansfield Jr., R. R. Fennessey, Lucy S. Sutherland, John A. Woods, além de outros escritores dos últimos anos. As referências a esses escritos serão feitas nas notas dos capítulos ou na bibliografia ao fim do livro.

Uma pequena parte desta breve biografia foi publicada em *The Kenyon Review*, *The Sewanee Review* e *Queen's Quarterly*.

Russell Kirk
Piety Hill
Mecosta, Michigan
1988

Agradecimentos pela Revisão da Terceira Edição

Andrew Shaugnessy, Claudia Pasquantonio, Glenn Pierce, Ellen Fielding e Brooke Daley ajudaram na preparação desta edição revisada e atualizada. O prefácio de Roger Scruton, o epílogo de Russell Kirk e a cronologia por nós elaborada foram acrescentados pelo editor. Bruce Frohnen e Mark C. Henrie gentilmente sugeriram incluir na bibliografia alguns estudos recentes sobre Edmund Burke. A dedicatória do presente livro continua à memória do professor John Abbot Clark.

Jeffrey O. Nelson
Intercollegiate Studies Institute
Wilmington, Delaware
1997

Nota à Edição Brasileira

A presente edição em português do livro *Edmund Burke: Redescobrindo um Gênio*, de Russell Kirk (1818-1994), foi traduzida por Márcia Xavier de Brito a partir da terceira edição revista, organizada por Jeffrey O. Nelson e publicada em 1997 pelo Intercollegiate Studies Institute (ISI). De modo semelhante às edições brasileiras de *A Era de T. S. Eliot: A Imaginação Moral no Século XX* (É Realizações, 2011) e *A Política da Prudência* (É Realizações, 2013), foram necessárias algumas notas para definir termos e conceitos, para referendar com bibliografia determinadas citações, e para esclarecer o contexto histórico-cultural, notas que a tradutora cuidadosamente tomou a liberdade de introduzir indentificando-as devidamente com a sinalização (N. T.).

No intuito de manter o caráter didático da obra, em comum acordo com Annette Y. Kirk e com Jeffrey O. Nelson, ampliei a cronologia elaborada originalmente por Jeffrey O. Nelson, incluindo, além de mais alguns dados sobre a biografia de Edmund Burke (1729-1797), fatos históricos marcantes na Grã-Bretanha, nos Estados Unidos e na França durante o período em que o biografado viveu.

Além do prefácio de Roger Scruton, publicado originalmente na terceira edição norte-americana desta obra, a presente tradução inclui o meu ensaio introdutório na apresentação e cinco estudos anexos ao final do livro. Os textos inéditos de Jeffrey O. Nelson e de Christian Edward Cyril Lynch foram escritos exclusivamente para este volume, ao passo que os outros três ensaios foram publicados anteriormente em inglês nas seguintes edições:

CANAVAN, S.J., Francis. "Kirk and the Burke Renaissance", *The Intercollegiate Review*, vol. 30, n. 1 (Fall 1994), 43-45.
FEULNER, Edwin J. *The Roots of Modern Conservative Thought from Burke to Kirk*. Washington, D.C., Heritage Foundation, 2008 (*First Principle Series*, n. 19).
PANICHAS, George A. "The Inspired Wisdom of Edmund Burke", *Modern Age*, vol. 40, n. 2 (Spring 1998), 214-18.

    Os direitos autorais dos três textos foram obtidos por intermédio de Annette Y. Kirk e de Jeffrey O. Nelson para o Russell Kirk Center for Cultural Renewal e gentilmente cedidos à É Realizações Editora. Agradecemos aos editores R. V. Young, da *Modern Age*, e Jed Donahue, da *The Intercollegiate Review*, pela cessão dos direitos autorais dos ensaios dos finados Francis Canavan, S.J. (1917-2009), e George A. Panichas (1984-2007). Deve expressar-se nossa gratidão também ao autor e a Lee Edwards, distinto confrade da Philadelphia Society e especialista em conservadorismo da The Heritage Foundation, pela autorização para republicar o ensaio de Edwin J. Feulner.

    Por fim, uma nova seleção bibliográfica foi acrescentada ao final do presente livro com o objetivo de oferecer a pesquisadores uma atualização do crescente número de estudos recentes sobre Edmund Burke. Agradecemos o apoio inestimável que tivemos ao longo da elaboração da presente edição de Annette Y. Kirk, presidente do Russell Kirk Center for Cultural Renewal, de Jeffrey O. Nelson, vice-presidente do Intercollegiate Studies Institute (ISI), e de Ian Crowe, diretor da Edmund Burke Society of America e editor executivo do periódico *Studies in Burke and His Time*.

Alex Catharino
Russell Kirk Center for Cultural Renewal
Mecosta, Michigan
2016

Cronologia da Vida e da Época de Edmund Burke

JEFFREY O. NELSON & ALEX CATHARINO

1729
Edmund Burke, filho de Richard Burke (1700-1761) e de Mary (Nagle) Burke (1702-1770), nasce no dia 12 de janeiro em Dublin, na Irlanda.

1737-1741
Por razões de saúde, Edmund Burke mora com os avós maternos, Edmund Nagle e Catherine Fitzgerald Nagle, em Ballyduff, perto de Castletown Roche, no condado de Cork.

1741-1743
Edmund Burke é educado na escola *quaker* Ballitore, dirigida por Abraham Shackleton (1697-1771), tendo ingressado na instituição em 26 de maio de 1941.

1742
Robert Walpole (1676-1745), 1.º Conde de Orford, o primeiro a ocupar o cargo de primeiro-ministro da Grã-Bretanha, o qual se mantinha na função desde 4 de abril de 1721, ainda no reinado de George I (1660-1727), e ficou no posto até 11 de fevereiro, foi substituído, em 16 de fevereiro, pelo também *whig* Spencer Compton (1673-1743), 1.º Conde de Wilmington, cujo gabinete durou até sua morte, em 2 de julho de 1743.

1743
Início em 27 de agosto de 1743 do gabinete *whig* de Henry Pelham (1694-1754), que ocupa o cargo de primeiro-ministro até sua morte, em 6 de março de 1754.

1744-1748

Edmund Burke estuda no Trinity College, em Dublin, tendo ingressado na instituição em 14 de abril de 1744 e obtido em 1748 o título de *Bachelor of Arts*.

1747

Edmund Burke começa a escrever a obra *Philosophical Enquiry into the Origins of Our Ideas of the Sublime and Beautiful* [Uma Investigação Filosófica sobre a Origem de Nossas Ideias do Sublime e do Belo].

1748

Edmund Burke colabora entre 28 de janeiro e 21 de abril como editor e escritor do periódico *The Reformer*.

1750

Edmund Burke chega a Londres na primavera para estudar Direito na *Honorable Society of the Middle Temple*, a fim de se tornar um *barristers*, um tipo de advogado ao qual era reservada a defesa nas Reais Cortes Superiores de Justiça e vetado o contato com os clientes.

1751

Com a morte, em 31 de março, de Frederick Louis (1707-1751), filho do rei George II (1683-1760) e Príncipe de Gales, seu filho com a princesa Augusta de Saxe-Gotha (1719-1772), o futuro rei George III (1738-1820), assume o título de Príncipe de Gales e se torna o herdeiro presumido do trono da Grã-Bretanha.

1752

Edmund Burke é apresentado ao seu futuro editor Robert Dodsley (1704-1764).

1754

Início em 16 de março do primeiro gabinete *whig* de Thomas Pelham-Holles (1683-1768), 1.º Duque de Newcastle, que ocupou o cargo de primeiro-ministro até 16 de novembro de 1756.

1755
Início da Guerra dos Sete Anos, envolvendo a Grã-Bretanha, a Prússia e Portugal, bem como seus aliados e suas colônias, contra a França, a Espanha, a Áustria, a Rússia e a Suécia, além dos aliados e das colônias desses países.

1756
Edmund Burke publica anonimamente, em 18 de maio, o livro *A Vindication of Natural Society* [Uma Vindicação da Sociedade Natural].
Início em 16 de novembro do gabinete *whig* de William Cavendish (1720-1764), 4.º Duque de Devonshire, que ocupou o cargo de primeiro-ministro até 25 de junho de 1757.

1757
Edmund Burke casa-se em 12 de março com Jane Mary Nugent (1737-1812).
Publica os livros *An Account of the European Settlements in America* [Um Relato das Colônias Europeias na América], em 1.º de abril, e *Philosophical Enquiry into the Origins of Our Ideas of the Sublime and Beautiful* [Uma Investigação Filosófica sobre a Origem de Nossas Ideias do Sublime e do Belo], em 21 de abril.
Inicia a escrita das obras *An Essay Towards an Abridgement of the English History* [Um Ensaio para Resumo da História Inglesa], que não foi lançada até 1811, e *An Essay Towards an History of the Laws of England* [Um Ensaio para Resumo da História das Leis da Inglaterra], um trabalho incompleto cujo único fragmento foi publicado em 1811 como anexo do livro sobre história inglesa.
Em 2 de julho, instala-se o segundo gabinete *whig* do 1.º Duque de Newcastle, que ocupa o cargo de primeiro-ministro até 26 de maio de 1762.

1758
Nasce em 9 de fevereiro Richard Burke (1758-1794), filho único de Edmund Burke com Jane Mary (Nugent) Burke.

1759
Publicado o primeiro volume da *The Annual Register*, da qual Edmund Burke permaneceu como editor até a edição de 1765-1766.

1760

O rei George II, que reinava desde 22 de junho de 1727, morre em 25 de outubro, e seu neto, o rei George III, inicia o reinado, sendo corado em 21 de setembro de 1761 e reinando até 29 de janeiro de 1820.

1761

Edmund Burke assume o cargo de secretário particular de William Gerard Hamilton (1729-1796) e passa os invernos de 1761-1762 e de 1762-1763 em Dublin, acompanhando o patrão.

Inicia a escrita do trabalho sobre as *Irish Penal Laws*, no qual trabalhou até 1765, deixando o texto incompleto. A obra foi publicada apenas em 1839 como *Fragments of a Tract Relative to the Laws Against Popery in Ireland* [Fragmentos de um Panfleto Relativo às Leis contra o Papado na Irlanda].

1762

Início em 26 de maio do gabinete *tory* de John Stewart (1713-1792), 3.º conde de Bute, que ocupa o cargo de primeiro-ministro até 8 de abril de 1763.

1763

Os tratados de Paris e de Hubertusburg, assinados, respectivamente, em 10 de fevereiro e em 15 de fevereiro, marcam o final da Guerra dos Sete Anos.

Em 16 de abril, instala-se o gabinete *whig* de Lorde George Grenville (1712-1770), que ocupa o cargo de primeiro-ministro até 13 de julho de 1765.

1764

Em fevereiro, o Dr. Samuel Johnson, junto com Sir Joshua Reynolds (1723-1792) e Edmund Burke, funda *The Club*, um grupo literário de debates que se reunia semanalmente, congregando, além dos três fundadores, importantes personalidades da época, dentre as quais se destacam David Garrick (1717-1779), Oliver Goldsmith (1730-1774), Adam Smith (1723-1790), Edward Gibbon (1737-1794), James Boswell (1740-1795) e Charles James Fox (1749-1806).

Em 5 de abril, o Parlamento aprova o *American Revenue Act* [Lei de Receita Americana], também conhecida como *Sugar Act* [Lei do Açúcar], por criar impostos adicionais sobre o açúcar nas colônias britânicas da América do Norte, visando proteger a produção inglesa nas colônias das Antilhas.

1765

Promulgada em 22 de março o *Stamp Act* [Lei do Selo], que determina que todos os documentos em circulação nas colônias britânicas da América do Norte deveriam receber selos provenientes da metrópole e pagar tributos.

O *Quartering Acts 1765* [Lei de Aquartelamento de 1765] é promulgado em 15 de maio, obrigando os colonos norte-americanos a prover abrigo e alimentação aos soldados britânicos.

Início em 13 de julho do primeiro gabinete *whig* de Charles Watson--Wentworth (1730-1782), 2.º Marquês de Rockingham, que ocupa o cargo de primeiro-ministro até 23 de julho de 1766.

Edmund Burke se torna no começo de julho o secretário de Lorde Rockingham, antes de esse tornar-se primeiro-ministro, e em 23 de dezembro é eleito para a Câmara dos Comuns pelo "município de bolso" de Wendover.

Com a morte, em 20 de dezembro, de Luís Fernando (1729-1765), filho do rei Luís XV (1710-1774) e Delfim da França, seu filho com a princesa Maria Leszczyńska (1703-1768), o futuro rei Luís XVI (1754-1793), assume o título de Delfim da França e se torna o herdeiro presumido do trono francês.

1766

Em janeiro, Edmund Burke ingressa na Câmara dos Comuns e faz seu primeiro discurso em 16 de janeiro, sobre uma petição de Manchester em repúdio ao *Stamp Act* [Lei do Selo] de Lorde Grenville.

Revogação do *Stamp Act* [Lei do Selo], em 18 de março, e aprovação, no mesmo dia, do *Declaratory Act* [Ato Declaratório], determinando o direito do Parlamento de impor suas leis às colônias britânicas na América do Norte e aos seus habitantes.

Início em 30 de julho do gabinete *whig* de William Pitt (1708-1778), o Velho, 1.º Conde de Chatham, que ocupa o cargo de primeiro-ministro até 14 de outubro de 1768.

1767

Entre 15 de junho e 2 de julho, são promulgados pelo parlamento os chamados *Townshend Acts* [Leis Townshend], compostos por diversas leis como o *Revenue Act of 1767* [Lei de Receita de 1767], o *Indemnity Act* [Lei de Indenização] e o *Commissioners of Customs Act* [Lei dos Comissários Aduaneiros], que, entre outras medidas, criava tribunais alfandegários nas colônias britânicas da América do Norte e estabelecia novos tributos sobre o chá, o vidro, o papel e outros produtos de consumo.

1768

Em 14 de outubro, instala-se o gabinete *whig* de Augustus Henry FitzRoy (1735-1811), 3.º Duke de Grafton, que ocupa o cargo de primeiro-ministro até 28 de janeiro de 1770.

Edmund Burke compra *Gregories*, uma propriedade de 600 acres em Beaconsfield.

1769

Lançado, em 8 de fevereiro, *Observations on Present State of Nation* [Observações sobre a Presente Situação da Nação], de Edmund Burke.

1770

Início em 28 de janeiro do gabinete *whig* de Frederick North (1732-1792), 2.º Conde de Guilford, que ocupa o cargo de primeiro-ministro até 22 de março de 1782.

Em 5 de março, os *Townshend Acts* [Leis Townshend] são revogados pelo Parlamento, sendo mantido apenas a tributação sobre o chá. No mesmo dia, ocorre na colônia de Massachusetts o chamado *Boston Massacre* [Massacre de Boston] ou *Incident on King Street* [Incidente na King Street], quando soldados do exército britânico disparam contra civis, matando cinco homens e ferindo seis.

Edmund Burke publica *Thoughts on the Cause of the Present Discontents* [Reflexões sobre a Causa dos Atuais Descontentes] em 28 de abril.

Por intermédio de eleição dos colonos no final do ano, Edmund Burke é mantido entre 1771 e 1774 como agente para Nova York.

1772

Edmund Burke opõe-se à petição do clero contra a subscrição, com o *Speech on the Acts of Uniformity* [Discurso sobre os Atos de Uniformidade], de 6 de fevereiro.

1773

Entre janeiro e fevereiro, Edmund Burke viaja a Paris, na França.

Em 7 de março, faz no parlamento o *Speech on a Bill for the Relief of Protestant Dissenters* [Discurso sobre uma Proposição para Atenuar os Dissidentes Protestantes].

Promulgada em 10 de maio, o *Tea Act* [Lei do Chá] aumenta a tributação sobre a comercialização do produto nas colônias norte-americanas e estabelece o monopólio da Companhia das Índias Orientais.

Em retaliação ao *Tea Act* [Lei do Chá], no dia 16 de dezembro, um grupo de colonos de Massachusetts, fantasiados de índios mohawks, invadem três navios da Companhia das Índias Ocidentais aportados em Boston e destroem todo o carregamento de chá lançando-o ao mar, no incidente conhecido como *Boston Tea Party* [Festa do Chá de Boston].

1774

Edmund Burke pronuncia o *Speech on American Taxation* [Discurso sobre a Tributação Americana] em 19 de abril.

Em resposta ao Boston Tea Party, o primeiro-ministro Lorde North propõe os chamados *Intolerable Acts* [Leis Intoleráveis], compostos pelas respectivas leis aprovadas pelo Parlamento: o *Boston Port Act* [Lei do Porto de Boston] de 31 de março, o *Massachusetts Government Act* [Lei do Governo de Massachusetts] de 20 de maio, o *Administration of Justice Act* [Lei de Administração da Justiça] de 20 de maio, e o *Quartering Acts 1774* [Lei de Aquartelamento de 1774] de 2 de junho.

Em 10 de maio, morre o rei Luís XV, que reinava na França desde 1.º de setembro de 1715, tendo sido coroado em 25 de outubro de 1722. Nesse mesmo dia, assume o trono seu neto, o rei Luís XVI, sendo coroado em 11 de junho.

Promulgado em 22 de junho, o *Quebec Act* [Ato de Quebec], que proibia aos colonos norte-americanos o acesso aos territórios canadenses.

Com o objetivo de buscar uma solução para a crise, entre 5 de setembro e 26 de outubro, se reúne na cidade da Filadélfia, na Pensilvânia, o Primeiro Congresso Continental, congregando cinquenta e seis delegados representantes de doze das trezes colônias britânicas que formaram originalmente os Estados Unidos, excluindo apenas a Geórgia, que nesse primeiro momento preferiu não participar da reunião.

Edmund Burke é eleito em 3 de novembro para a Câmara dos Comuns por Bristol.

1775

Speech on Moving Resolutions for Conciliation with the Colonies [Discurso sobre as Deliberações Propostas para a Conciliação com as Colônias] pronunciado por Edmund Burke em 22 de março.

As batalhas de Lexington e Concord, em Massachusetts, iniciadas no dia 19 de abril, marcam o início da Guerra de Independência entre os milicianos norte-americanos e o exército britânico, que se estenderia até 3 de setembro de 1783.

Iniciada em 10 de maio de 1775 e concluída 20 de dezembro de 1776, reúne-se na cidade da Filadélfia, na Pensilvânia, a primeira sessão do Segundo Congresso Continental, congregando cinquenta e seis delegados que representavam as trezes colônias que formaram originalmente os Estados Unidos.

1776

Em 2 de julho, os delegados do Segundo Congresso Continental votam pela independência da Grã-Bretanha e, em 4 de julho, assinam a Declaração de Independência dos Estados Unidos.

O exército continental, comandado pelo general George Washington (1732-1799), é derrotado em 27 de agosto na batalha de Long Island pelas tropas do exército britânico e pelos mercenários hessianos comandados pelo general William Howe (1729-1814), 5.º Visconde Howe, marcando o início da série de derrotas dos norte-americanos que assegurou o controle de parte significativa de Nova York pela Grã-Bretanha.

As vitórias das tropas comandadas por George Washington na batalha de Harlem Heights contra os soldados britânicos do major Alexander Leslie (1731-1794) e na batalha de Trenton, em 26 de dezembro, contra as forças hussianas do coronel Johann Rall (1726-1776) são marcos decisivos para o controle norte-americano de parte de Nova York e de toda Nova Jersey.

1777

Address to the King [Discurso ao Rei] enviado como anexo a uma carta, de 6 de janeiro, escrita por Edmund Burke para o 2.º Marquês de Rockingham, na qual apresenta uma solução para o problema da Independência dos Estados Unidos.

Letter to the Sheriffs of Bristol [Carta aos Delegados Eleitorais de Bristol] é escrita em 3 de abril e publicada em 5 de maio.

A rendição do general John Burgoyne (1722-1792) na batalha de Saratoga, em 17 de outubro, para as tropas norte-americanas do general Horatio Gates (1727-1806) marca o fim da ameaça canadense na Guerra de Independência e possibilita a entrada de forças francesas em apoio ao exército continental.

1778
Graças aos esforços diplomáticos de Benjamin Franklin (1706-1790) junto à corte de Luís XVI, em 6 de fevereiro são assinados o Tratado de Aliança e o Tratado de Amizade e de Comércio, que garantem o reconhecimento da independência dos Estados Unidos pela França e o apoio militar desta potência ao exército continental na guerra contra a Grã-Bretanha.
Edmund Burke publica em 12 de maio *Two Letters on Irish Trade* [Duas Cartas sobre o Comércio Irlandês].

1779
Entre 7 de janeiro e 11 de fevereiro, Edmund Burke participa como assistente da defesa no processo de corte marcial do almirante Augustus Keppel (1725-1786), 1.º Visconde Keppel, que é inocentado de falsas acusações.
Graças ao Tratado de Aranjuez, assinado em 2 de abril pela Espanha e pela França, os dois países se unem contra a Grã-Bretanha em apoio aos Estados Unidos, fazendo que as forças militares entrem oficialmente no conflito em junho do mesmo ano.
É publicada no começo do verão a obra *The Policy of Making Conquests for the Mahomentans* [A Política de Conquista para os Maometanos], de Edmund Burke e William Burke.

1780
Edmund Burke faz o *Speech on Economical Reform* [Discurso sobre a Reforma Econômica] no Parlamento, em 11 de fevereiro.
No dia 2 de junho, em Londres, acontecem os chamados Gordon Riots, quando uma turba de fanáticos protestantes, liderada pelo Lorde George Gordon (1751-1793), com motins e saques faz protestos anticatólicos contra o *Papist Act* [Lei Papista] ou o *Catholic Relief Act* [Lei de Ajuda Católica] de 1778, que pretendiam diminuir a discriminação de que eram vítimas os católicos.
Edmund Burke perde o assento no Parlamento por Bristol em 9 de setembro, mas é eleito para a Câmara dos Comuns pelo "município de bolso" de Malton.

1781

Contra a invasão e a intervenção britânica na possessão territorial holandesa de St. Eustatius, no Caribe, Edmund Burke faz suas considerações na Câmara dos Comuns em 3 e em 14 de maio, em 30 de novembro e em 4 de dezembro.

As forças militares lideradas pelo general Charles Cornwallis (1738-1805), 1.º Marquês de Cornwallis, rendem-se em Yorktown, no dia 19 de outubro, às tropas norte-americanas comandadas por George Washington, marcando o fim da campanha britânica contra o exército continental e o fim dos combates na Guerra de Independência.

1782

Em 5 de fevereiro, é publicado para um comitê selecionado da Câmara dos Comuns o primeiro relatório de Edmund Burke a tratar dos problemas da Companhia das Índias Ocidentais que envolviam a administração de Warren Hastings (1732-1818) em Bengala.

O governo britânico autoriza, em 5 de março, o início das negociações diplomáticas de paz com os Estados Unidos.

Início em 27 de março do segundo gabinete *whig* do 2.º Marquês de Rockingham, que ocupa o cargo de primeiro-ministro até a morte, em 1.º de julho do mesmo ano.

Edmund Burke torna-se o Tesoureiro das Forças Armadas.

Em 4 de julho, é instalado o gabinete *whig* de William Petty (1737-1805), 2.º Conde de Shelburne, que ocupa o cargo de primeiro-ministro até 2 de abril de 1783.

1783

Início em 31 de março do chamado Ministério de Coalizão entre Charles James Fox e Lorde North, com a ascensão do *whig* William Henry Cavendish-Bentinck (1738-1809), 3.º Duque de Portland, que ocupa o cargo de primeiro-ministro até 17 de dezembro do mesmo ano, quando a coalizão Fox-North é desfeita por causa de uma manobra política do rei George III.

Em 25 de junho, é publicado para o comitê selecionado da Câmara dos Comuns o nono relatório de Edmund Burke sobre a administração de Warren Hastings em Bengala, apontando os erros no sistema de comércio adotado pelos britânicos na região.

Assinado em 3 setembro, o Tratado de Paris encerra as hostilidades entre a Grã-Bretanha e os Estados Unidos, fazendo que as últimas tropas britânicas nos Estados Unidos desocupem Nova York em novembro do mesmo ano.

O décimo primeiro relatório de Edmund Burke sobre a administração de Warren Hastings em Bengala é publicado para o comitê selecionado da Câmara dos Comuns em 18 de novembro, e nele se descrevem os usos inapropriados de recursos pela Companhia das Índias Ocidentais.

Edmund Burke, em 1.º de dezembro, dirige-se à Câmara dos Comuns com o *Speech on Fox's East India Bill* [Discurso sobre o Projeto de Lei de Fox para a Índia Ocidental].

Em 19 de dezembro, é instalado o gabinete *tory* de William Pitt (1759-1806), o Jovem, que ocupa o cargo de primeiro-ministro da Grã-Bretanha até 1.º de janeiro de 1801, assumindo entre essa data e 14 de março de 1801 a função de primeiro-ministro do Reino Unido, à qual retorna de 10 de maio de 1804 até sua morte em 26 de janeiro de 1806.

1784

Edmund Burke publica em 14 junho *A Representation to His Majesty* [Uma Representação a Sua Majestade], um protesto contra as interferências do rei George III na política britânica, por ter sido o principal responsável pela queda do gabinete de coalizão Fox-North e por ter favorecido a eleição do gabinete de Pitt, o Jovem.

1785

Edmund Burke debate na Câmara dos Comuns, nos dias 21 e 22 de fevereiro e em 19 de maio, a proposta comercial de Pitt, o Jovem, para a Irlanda.

Em 28 de fevereiro, apresenta na Câmara dos Comuns o *Speech on the Nabob of Arcot's Debts* [Discurso sobre os Débitos do *Nawab* de Arcot].

Edmund Burke notifica à Câmara dos Comuns em 20 de junho que apresentará uma moção contra Warren Hastings.

1786

Entre os dias 4 de abril e 5 de maio, Edmund Burke publica as peças de acusação contra Warren Hastings.

1787

Nos dias 29 de janeiro e 2, 5 e 21 de fevereiro, Edmund Burke intervém nos debates parlamentares sobre o tratado de comércio com a França.

A primeira Assembleia dos Notáveis se reúne a partir de 22 de fevereiro em Versalhes, inicialmente sob a presidência de Charles Alexandre de Calonne (1734-1802) e posteriormente de Étienne Charles de Loménie de Brienne (1727-1794), para discutir reformas tributárias e comerciais; mas é dissolvida a mando do rei Luís XVI em 25 de maio.

Em 3 de abril de 1787, por unanimidade, a Câmara dos Comuns concorda com nove das vinte e duas acusações apresentadas por Edmund Burke contra Warren Hastings e, no dia 10 de maio, vota que o acusado deverá enfrentar um julgamento na Câmara dos Lordes.

Entre os dias 14 e 28 de maio, Edmund Burke apresenta as peças em que solicita à Câmara dos Lordes o *impeachment* de Warren Hastings.

1788

O processo de *impeachment* contra Warren Hastings é iniciado na Câmara dos Lordes com os quatro famosos discursos de Edmund Burke, pronunciados nos dias 15, 16, 18 e 19 de fevereiro.

Nos dias 9 de maio e 2 de junho, Edmund Burke debate na Câmara dos Comuns sobre a necessidade de abolir o comércio de escravos.

A segunda Assembleia dos Notáveis, presidida por Jacques Necker (1732-1804) e visando às mesmas reformas da primeira, reúne-se a partir de 5 de outubro em Versalhes, sendo dissolvida em 12 de dezembro sem chegar a nenhuma resolução.

Edmund Burke intervém nos dias 8, 10, 18, 19 e 22 de dezembro em apoio à proposta de entregar a regência ao então Príncipe de Gales, o futuro George IV (1762-1830), por causa dos problemas de saúde mental do rei George III.

1789

Em 6, 13, 19, 26 e 27 de janeiro e em 2, 5, 6, 7, 9, 10 e 11 de fevereiro, Edmund Burke intervém novamente de modo efetivo nos debates sobre a proposta de entregar a regência da Grã-Bretanha ao Príncipe de Gales.

Discursa em 21 de abril e em 7 de maio na Câmara dos Lordes sobre as correntes acusações no processo de *impeachment* contra Warren Hastings.

No palácio de Versalhes, em 5 de maio, os Estados Gerais Franceses, convocados pelo rei Luís XVI na tentativa de solucionar os problemas não resolvidos pelas duas Assembleias de Notáveis, reúnem-se pela primeira vez desde 1614, quando se reuniu ainda no início do reinado de Luís XIII (1601-1643).

Edmund Burke faz dois discursos na Câmara dos Comuns, respectivamente, em 12 e em 21 de maio, contra o comércio de escravos.

Graças a uma proposição do abade Emmanuel Joseph Sieyès (1748-1836), a câmara do Terceiro Estado, com o apoio de alguns párocos do Primeiro Estado, constitui-se em 17 de junho em Assembleia Nacional, e em 9 de julho se proclama Assembleia Nacional Constituinte.

Na tarde de 14 de julho, uma multidão entre seiscentos e dez mil insurgentes liderada por Pierre-Augustin Hulin (1758-1841), um antigo sargento da Guarda Suíça e futuro general do exército de Napoleão Bonaparte (1769-1821), toma a Bastilha, liberta os únicos sete presos no local, massacra o governador da prisão, Bernard-René Jourdan (1740-1789), Marquês de Launay, cortando-lhe a cabeça, e mata a maioria dos cento e quatorze guardas do presídio, marcando o início da Revolução Francesa.

O rei Luís XVI é destituído da maioria de seus poderes no dia 17 de julho, ao se submeter à Assembleia Nacional, dominada por deputados do Terceiro Estado e do baixo clero, marcando na história da Revolução Francesa o início da chamada época da Assembleia Constituinte, que durará até 30 de setembro de 1791.

Em 26 de agosto, a Assembleia Nacional Constituinte adota a Declaração dos Direitos do Homem e do Cidadão, composta por um preâmbulo e dezessete artigos.

Um grupo de manifestantes, em 6 de outubro, invade o palácio de Versalhes e força o rei Luís XVI a aceitar transferir-se para Paris. No mesmo dia, a Assembleia Nacional Constituinte declara-se "inseparável do rei", prepara o translado da família real para Paris, fazendo esta viver a partir de 19 de outubro no Arcebispado e após 9 de novembro, definitivamente, no palácio das Tulherias. Finalmente, é decretado, em 10 de outubro, que o monarca já não será chamado "rei da França", mas "rei dos Franceses".

A proposição de Charles-Maurice de Talleyrand-Périgord (1754-1838), bispo de Autun, de que os bens da Igreja Católica sejam nacionalizados, com o objetivo de pagar dívidas públicas, é aprovada pela Assembleia Nacional, em 2 de novembro, por 568 votos contra 346. Em 19 de dezembro, fica decidido que os bens eclesiásticos nacionalizados servirão como garantia para os bônus do Tesouro.

Em 4 de novembro, o Dr. Richard Price (1723-1791) pronuncia na Old Jewry Meeting-House, da congregação presbiteriana em Londres, um sermão em defesa da Revolução Francesa, publicado como *A Discourse on the Love of Our Country* [Um Discurso sobre o Amor ao Nosso País], em resposta ao qual Edmund Burke escreve a obra *Reflections on the Revolution in France* [Reflexões sobre a Revolução em França].

1790

Edmund Burke fala mais uma vez contra o comércio de escravos, em 25 de janeiro, na Câmara dos Comuns.

Pela primeira vez, em 9 de fevereiro, Edmund Burke trata da Revolução Francesa em uma passagem do *Speech on the Army Estimates* [Discurso sobre as Estimativas do Exército].

Em 12 de julho, a Assembleia Nacional aprova a Constituição Civil do Clero, que subordina a Igreja francesa ao governo.

A bandeira branca com a flor-de-lis em amarelo, usada como símbolo nacional francês desde 1365, é substituída pela Assembleia Nacional, em 21 de setembro, por uma primeira versão da bandeira tricolor vermelha, branca e azul.

A clássica obra *Reflections on the Revolution in France* [Reflexões sobre a Revolução em França], de Edmund Burke, é publicada em 1.º de novembro. Em poucos meses o livro é traduzido e publicado em francês, alemão e italiano, mas foi proibido na Espanha, pois a Inquisição não desejava que se falasse da Revolução Francesa no país, mesmo que fosse para combatê-la.

Em 29 de novembro é publicada anonimamente a primeira edição de *A Vindication of the Rights of Men* [Uma Vindicação dos Direitos do Homem], uma crítica às *Reflections on the Revolution in France* [Reflexões sobre a Revolução em França], de Edmund Burke. A segunda edição, publicada em 18 de dezembro do mesmo ano, revela Mary Wollestonecraft (1759-1797) como autora da obra.

É pronunciado em 23 de dezembro o *Speech on Continuation of the Impeachment* [Discurso sobre a Continuidade do *Impeachment*], no qual Edmund Burke recomenda que o processo contra Warren Hastings não seja interrompido pelo novo parlamento.

1791

Edmund Burke completa, em 19 de janeiro, a *Letter to a Member of the National Assembly* [Carta a um Membro da Assembleia Nacional], envia o documento no dia 28 do mesmo mês e publica-o como um panfleto em 27 de abril.

Em 14 de fevereiro, no *Speech on Limitation of the Impeachment* [Discurso sobre os Limites do *Impeachment*], concorda com que o processo contra Warren Hastings deve limitar-se ao exame das acusações específicas apresentadas.

O papa Pio VI (1717-1799) condena a Constituição Civil do Clero e a Declaração dos Direitos do Homem e do Cidadão por intermédio do breve *Quod Aliquantum*, datado de 10 de março.

Thomas Paine (1737-1809) publica em 16 de março a primeira parte da obra *Rights of Man* [Direitos do Homem], uma resposta ao ataque de Edmund Burke à Revolução Francesa feito no livro *Reflections on the Revolution in France* [Reflexões sobre a Revolução em França].

A mais bem fundamentada crítica às *Reflections on the Revolution in France* [Reflexões sobre a Revolução em França], a obra *Vindiciæ Gallicæ: A Defence of the French Revolution and its English Admirers against the Accusations of the Right Hon. Edmund Burke* [*Vindiciæ Gallicæ*: Uma Defesa da Revolução Francesa e de Seus Admiradores Ingleses contra as Acusações do Hon. Edmund Burke], é publicada em abril por James Mackintosh (1765-1832).

No dia 18 de abril, a família real é impedida pela multidão de deixar o palácio das Tulherias para ir ao castelo de Saint-Cloud, onde pretendia passar a Páscoa. O incidente prova a toda a Europa que a Luís XVI e sua família são prisioneiros dos revolucionários parisienses. A situação se agrava quando, no dia 21 de junho, o rei e a rainha fogem disfarçados de criados, conseguindo chegar até Varennes, onde são detidos por uma barricada, feitos prisioneiros e, finalmente, enviados de volta para Paris, chegando à cidade em 25 de junho.

Durante o exasperado debate na Câmara dos Comuns, em 6 de maio, sobre a *Quebec Bill* [Lei de Quebec], os *whigs* do grupo de Charles James Fox zombam de Edmund Burke quando nas discussões o parlamentar irlandês aborda a questão da Revolução Francesa, criando uma ruptura entre os dois líderes que causa uma divisão no partido *whig*.

Edmund Burke publica *Appeal from the New to the Old Whigs* [Uma Súplica dos Novos aos Antigos *Whigs*] em 3 de agosto.

Por influência do então Conde de Artois, irmão de Luís XVI e futuro rei Carlos X (1757-1836), em 27 de agosto é assinada por Leopoldo II (1747-1792), da Áustria, e por Frederico Guilherme II (1744-1797), da Prússia, a Declaração de Pillnitz, na qual se defende a restituição dos poderes do monarca francês e se conclamam as potências europeias a agir contra os revolucionários antes que as ideias francesas se expandissem por todos os reinos.

Os debates constitucionais se encerram em 3 de setembro, e o rei Luís XVI aceita a Constituição em 13 de setembro e presta juramento ao documento em 14 de setembro. No dia 25 de setembro, é promulgado um novo código civil. Após esses dois acontecimentos, a Assembleia Nacional se reúne pela última vez em 30 de setembro, sendo dissolvida, para em 1.º de outubro a Assembleia Legislativa Nacional se reunir pela primeira vez, dando início na Revolução Francesa à chamada fase da Assembleia Legislativa, que durará até 20 de setembro de 1792.

A Society of United Irishmen [Sociedade dos Irlandeses Unidos] é formada em 14 de outubro.

No começo do mês de dezembro, Edmund Burke escreve e publica *Thoughts on French Affairs* [Considerações sobre as Questões Francesas].

1792

Visando difundir na Grã-Bretanha os ideais radicais da Revolução Francesa, funda-se no dia 25 de janeiro a London Corresponding Society [Sociedade dos Correspondentes de Londres], sob a liderança do sapateiro Thomas Hardy (1752-1832).

A segunda parte da obra *Rights of Man* [Direitos do Homem], de Thomas Paine, é publicada em 17 de fevereiro.

Edmund Burke escreve, em 18 de fevereiro, a primeira *Letter to Sir Hercules Langrishe* [Carta a Sir Hercule Langrishe].

Em 25 de março, o governo francês envia um ultimato ao imperador Francisco I (1768-1835) em que exige que todos os franceses emigrados, em especial os nobres, sejam repatriados. Como o monarca austríaco não responde à exigência, a França declara guerra à Áustria em 20 de abril.

Uma turba de insurgentes liderados por Sulpice Huguenin (1750-1803) invade e saqueia o palácio das Tulherias, em 10 de agosto, massacrando a guarda suíça e os dragões franceses que guardavam o local, tomando a família real como prisioneira e transferindo-a para as dependências da Assembleia Executiva Nacional, onde é decretado pela minoria presente que se convocará uma nova constituinte e que todos os poderes restantes de Luís XVI estão suspensos, ficando este confinado.

A última sessão da Assembleia Executiva Nacional ocorre em 20 de setembro, quando o órgão se dissolve para dar lugar à Convenção, cujos membros eleitos se reunirão pela primeira vez no dia seguinte, quando se iniciará na Revolução Francesa a chamada fase da Convenção Girondina, que durará até 2 de junho de 1793.

Na primeira sessão da Convenção, em 21 de setembro, é aprovada a proposição de Jean-Marie Collot d'Herbois (1749-1796) e do abade Henri Grégoire (1750-1831) pela qual se declara que "a realeza está abolida na França". A mesma sessão aprova a proposta de que a nova constituição será ratificada por sufrágio universal masculino, tal como apresentada por Georges-Jacques Danton (1759-1794) e Georges Couthon (1755-1794).

Por proposição de Jacques-Nicolas Billaud-Varenne (1756-1819), a segunda sessão da Convenção, em 22 de setembro, decide que todos os atos públicos a partir desse dia serão datados com o "ano um da República Francesa".

Após receber de Jean-Baptiste Mailhe (1750-1834) um relatório preliminar em 7 de novembro, a Convenção inicia, em 13 de novembro, os debates sobre o julgamento de Luís XVI, agora referido como Luís Capeto, determinando, em 6 de dezembro, que o monarca deverá ser levado ao tribunal.

O juiz John Reeves (1752-1829) funda, em 20 de novembro, a Association for Preserving Liberty and Property against Republicans and Levellers [Associação para Preservar a Liberdade e a Propriedade contra Republicanos e Niveladores], com o objetivo de conter a atuação da London Corresponding Society.

Em 11 de dezembro, Luís XVI comparece pela primeira vez ao tribunal da Convenção, tendo início o julgamento que durará até 7 de janeiro do ano seguinte, quando se declara o encerramento dos debates sobre o processo contra o monarca.

1793

Os escrutínios na Convenção acerca do julgamento de Luís XVI começam no dia 15 de janeiro, sendo decretado por 707 votos a zero que o monarca é culpado de conspiração contra a liberdade pública. Em 17 de janeiro, por 387 votos a 334, decide-se como sentença a pena de morte. Na manhã do dia 21 de janeiro, o rei Luís XVI é guilhotinado.

Em 1.º de fevereiro, a Convenção declara guerra a George III, rei da Grã-Bretanha, e a Guilherme V de Nassau (1748-1806), Príncipe de Orange e Estatuder dos Países Baixos.

Edmund Burke escreve durante a primavera a obra *Observations on the Conduct of the Minority* [Observações sobre a Conduta da Minoria], na qual declara a urgência de o 3.º Duque de Portland afastar-se de Charles James Fox.

Os revolucionários franceses criam, em 6 de abril, o Comitê de Salvação Pública, que se torna o principal órgão executivo da república.

É aprovada uma lei britânica, em 9 de abril, que emancipa os católicos irlandeses.

Em 2 de junho, sob o comando do líder jacobino François Hanriot (1761-1794), a Guarda Nacional e os *sans-culottes* sitiam a Convenção e exigem a prisão dos principais deputados girondinos, marcando o início na Revolução Francesa do chamado período da Convenção Jacobina ou fase do Terror, que durará até 28 de julho de 1794.

Aceitando o pedido feito, em 30 de agosto, pelos jacobinos, a Convenção coloca na ordem do dia, em 5 de setembro, o Terror, cujas demandas são cumpridas com o decreto de 29 de setembro que estabelece o tabelamento de preços e salários. Finalmente, em 9 de outubro, é legitimado o estado de exceção quando a Convenção determina que o "governo será revolucionário até a paz".

A rainha Maria Antonieta (1755-1793), viúva de Luís XVI, é julgada pelo Tribunal Revolucionário em 14 de outubro, sendo declarada culpada e penalizada com morte na guilhotina em 16 de outubro.

Edmund Burke inicia em outubro a escrita de *Remarks on the Policy of the Allies with Respect to France* [Observações sobre a Política dos Aliados a Respeito da França].

1794

A oposição *whig* ao gabinete *tory* de William Pitt, o Jovem, divide-se em dois grupos quando, em 17 de janeiro, o 3.º Duque de Portland decide, seguindo os conselhos de Edmund Burke, declarar apoio público ao primeiro-ministro na guerra contra a França.

Richard Burke (1733-1794), irmão de Edmund Burke, morre em fevereiro.

No dia 30 de março, o líder girondino Georges-Jacques Danton é preso, acusado de corrupção. É o início do chamado Grande Terror com a criação pelos revolucionários franceses, em 1.º de abril, da Secretaria de Polícia do Comitê de Salvação Pública e com a aprovação do decreto de 4 de abril pelo qual todo acusado que insultar a justiça nacional será posto fora dos debates, sem direito de defender-se nos julgamentos. O julgamento de Danton transcorre entre os dias 3 e 5 de abril, quando é condenado à morte na guilhotina, o que acontece no mesmo dia.

Em 20 de abril, é publicado o relatório de Edmund Burke sobre o uso das evidências e os procedimentos no julgamento de Warren Hastings. Finalmente, em 28 de maio, Burke inicia o discurso de nove dias, que durará até 16 de junho, no qual contesta os argumentos da defesa de Hastings no processo de *impeachment*.

Por unanimidade, o jacobino Maximilien de Robespierre (1758-1794) é eleito presidente da Convenção, em 4 de junho. No mesmo dia, o abade Henri Grégoire apresenta à Assembleia os meios necessários para fazer desaparecer na França os regionalismos e os dialetos, transformando o francês em única língua de toda a nação. Tal política linguística uniformizante seria adotada por todos os regimes que se sucederam até os nossos dias.

Edmund Burke se aposenta do Parlamento em 21 de junho.

O chamado período do Terror chega ao fim em 27 de julho, com a queda de Maximilien de Robespierre, que é detido nesse dia e morre no dia seguinte com um tiro de pistola; alega-se suicídio, mas não há certeza de se esta é a verdade ou se houve um atentado. No dia seguinte, é iniciada no processo da Revolução Francesa a chamada fase da Convenção Termidoriana, que durará até 27 de outubro de 1795.

Richard Burke, filho de Edmund Burke, morre em 2 de agosto.

Em 30 de agosto, o primeiro-ministro William Pitt, o Jovem, e o rei George III socorrem Edmund Burke, garantindo-lhe uma pensão de duas mil e quinhentas libras por ano durante a sua vida e a de sua mulher.

1795

Tendo aceito o cargo de *Lord Lieutenant* da Irlanda, William Wentworth-Fitzwilliam (1748-1833), 4.º Conde Fitzwilliam, chega a Balbriggan no dia 4 de janeiro para assumir a função, permanecendo no posto até 13 de março, quando é destituído e substituído por John Pratt (1759-1840), 1.º Marquês Camden, que ocupará a posição até 14 de junho de 1798.

Edmund Burke defende a emancipação católica na *Letter to William Smith* [Carta a William Smith], de 29 de janeiro.

Aprovação pela Convenção em 10 de abril do decreto que ordena o desarmamento dos "terroristas" em toda a República, o que provocará o chamado "Terror Branco", no qual se assassinarão durante meses inúmeros jacobinos.

No dia 23 de abril, Warren Hastings é absolvido pela Câmara dos Lordes.

Em 26 de maio, Edmund Burke escreve a segunda *Letter to Sir Hercules Langrishe* [Carta a Sir Hercule Langrishe].

Filho dos finados monarcas Luís XVI e Maria Antonieta, o jovem pretendente Luís XVII (1785-1795), Delfim da França, que se encontrava desde 1792 encarcerado na Prisão do Templo, é declarado morto, em 8 de junho, pela Convenção, sendo a veracidade da morte posta em dúvida por muitas pessoas. Ao receber a notícia em Verona, onde residia, o Conde de Provença, na condição de irmão de Luís XVI e herdeiro dinástico de Luís XVII, proclama-se rei com o título de Luís XVIII (1755-1824), assumindo, de fato, o trono pela primeira vez entre 11 de abril de 1814 e 20 de março de 1815, e, após o chamado Governo dos Cem Dias de Napoleão Bonaparte, pela segunda vez de 8 de julho de 1815 a 16 de setembro de 1824, quando morre e é sucedido pelo irmão, o rei Carlos X.

É implantada pela Convenção em 15 de agosto uma reforma monetária, na qual o *écu* [escudo] é substituído por uma nova unidade monetária decimal, o *franc* [franco], que será utilizada como moeda corrente pelos franceses até 1 de janeiro de 2002, quando é definitivamente substituído pelo euro.

Após a separação da Convenção em 26 de outubro, o Diretório é eleito em 31 de outubro e começa a funcionar em 3 de novembro, dando início ao chamado período do Primeiro Diretório, que vigorará até 4 de setembro de 1797, quando um golpe faz que seja iniciada a época do Segundo Diretório, que se encerrará em 18 de junho de 1799 com outro golpe, dando lugar ao Terceiro Diretório. Este será derrubado por Napoleão Bonaparte com o golpe do 18 Brumário, em 9 de novembro de 1799.

Em novembro, Edmund Burke termina parte da obra publicada como *Thoughts and Details on Scarcity* [Considerações e Detalhes sobre a Escassez].

Em resposta ao panfleto *Remarks on the Apparent Circumstances of the War* [Observações sobre as Aparentes Circunstâncias da Guerra], de William Eden (1745-1814), 1.º Barão de Auckland, lançado no final de outubro, Edmund Burke começa a escrever a quarta e última das *Letters on a Regicide Peace* [Cartas sobre a Paz Regicida], que, apesar de ter sido a primeira a ser escrita, só foi publicada postumamente junto com a terceira, enquanto as duas primeiras foram lançadas enquanto o autor ainda vivia.

1796
Edmund Burke publica *Letter to a Noble Lord* [Carta a um Nobre Senhor], em 24 de fevereiro.
As duas primeiras das quatro *Letters on a Regicide Peace* [Cartas sobre a Paz Regicida] de Edmund Burke são publicadas, em 20 de outubro, como *Two Letters on a Regicide Peace* [Duas Cartas sobre a Paz Regicida].

1797
Ao longo do primeiro semestre, mesmo com a saúde cada vez mais debilitada, Edmund Burke trabalha na escrita da terceira das quatro *Letters on a Regicide Peace* [Cartas sobre a Paz Regicida], mas não finaliza o texto, que é postumamente editado e publicado junto com a quarta carta pelos editores Walker King (1751-1827) e French Laurence (1757-1809).
Edmund Burke morre no dia 9 de julho, em Beaconsfield.

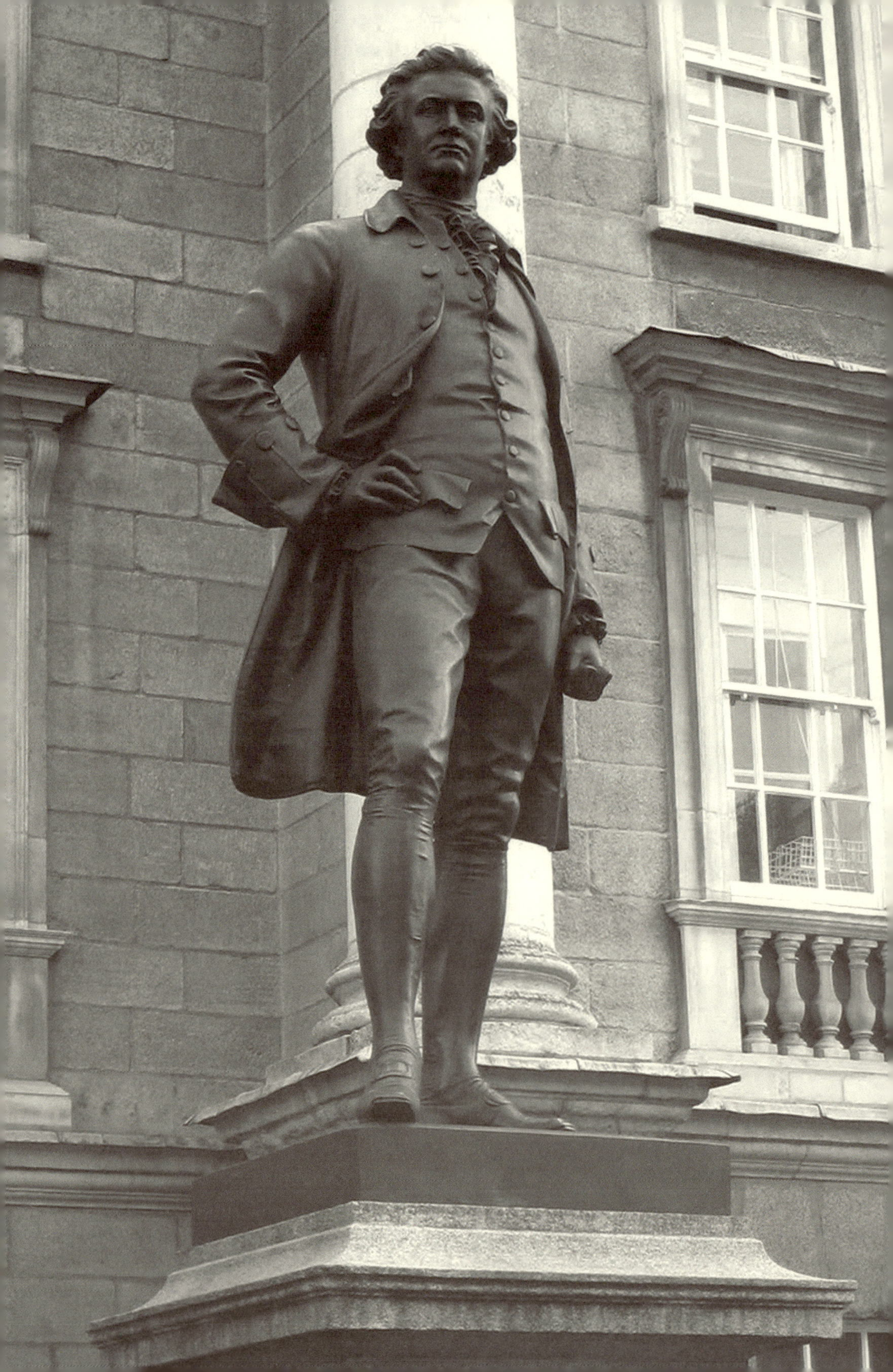

EDMUND BURKE –
REDESCOBRINDO UM GÊNIO

Capítulo 1 | Edmund Burke está Morto?

No College Green, na entrada do Trinity College, quase no coração de Dublin, continuam de pé as belas estátuas de Edmund Burke (1729-1797) e de Oliver Goldsmith (1730-1774) esculpidas, em 1868, por John Henry Foley (1818-1874).[1] Muito embora tenham sido contemporâneos, formados por Trinity e, de certo modo, bem irlandeses, ambos passaram a vida essencialmente em Londres. "A perspectiva mais nobre que um escocês sempre vislumbra é a estrada que o leva a Londres", disse Samuel Johnson (1709-1784), amigo desses dois irlandeses. Isso era igualmente verdade, no século XVIII, com relação aos irlandeses.

Em uma casa – demolida intencionalmente há alguns anos – no Arran Quay, a poucos minutos a pé do Trinity College, Edmund Burke nasceu no dia 12 de janeiro de 1729. Deve ter sido batizado na igreja medieval de St. Michan, nos arredores. Dublin, então, rumava para o auge da prosperidade e da fama, embora na infância de Burke os grandes prédios georgianos, como o Four Courts e a Custom House, ainda não tivessem sido construídos às margens do Rio Liffey. A encantadora Dublin georgiana, erigida em grande parte durante a vida de Burke, permaneceu praticamente intacta até há pouco, mas agora

---

[1] Uma fotografia da estátua de Edmund Burke esculpida por John Henry Foley que se encontra no College Green, em Dublin, na Irlanda, foi reproduzida na página 128 da presente edição. (N. T.)

se transformou em um enorme pardieiro ou está sendo demolida por autoridades públicas filistinas e por "renovadores" sem estética. Muito do que o conservador reformista amou foi perdido para sempre.

Apesar de ser filho de um advogado de sucesso, relacionado com as famílias mais distintas do condado da Irlanda, ninguém teria esperado, em 1729, que aquele menino alcançasse tamanha distinção. Era o período da aristocracia, que o estadista e filósofo Henry St. John (1678-1751), 1.º Visconde de Bolingbroke, esperava fosse dominado por homens de "virtude aristocrática", influenciados pelas disciplinas humanas. Relativamente obscuros, os Burkes eram provincianos, não ricos. Esse menino, descobriu-se, era uma criatura de talento; no entanto, como ele escreveu ao fim de seu percurso:

> A cada fase do curso de minha vida (pois a cada etapa tive contratempos e sofri oposição), e a cada obstáculo que encontrei, fui obrigado a exibir meu passaporte, repetidas vezes, para provar meu único título à honra de ser útil a meu país, em uma demonstração de que não era de todo alheio às leis e a todo o sistema de interesses, tanto no estrangeiro quanto na pátria. Do contrário, nenhuma posição, nenhuma tolerância, nem mesmo para mim.[2]

Como muitos casais irlandeses daquele tempo, os pais de Edmund Burke tiveram um "casamento misto": o pai, Richard Burke (1700-1761), era membro da Igreja da Irlanda, ou seja, um anglicano, e a mãe, Mary (Nagle) Burke (1702-1770), era católica. Juntamente com os dois irmãos, Garrett Burke (1725-1765) e Richard Burke (1733-1794), Edmund foi criado como anglicano, ao passo que a irmã, Juliana Burke (1728-1790), foi criada na "antiga profissão da fé cristã" e permaneceu, por toda a vida, uma fervorosa católica. Um dos principais empreendimentos de Edmund Burke no Parlamento, meio século depois, foi emendar as Leis Penais da Irlanda que oprimiam os católicos. A carreira

---

[2] Edmund Burke, *Letter to a Noble Lord*, W. Murison (ed.), Cambridge, Cambridge University Press, 1920, p. 138.

precoce de Burke foi, de certo modo, dificultada pela suspeita de Thomas Pelham-Holles (1693-1768), 1.º Duque de Newcastle, membro do partido *whig*, bem como de outros, de que o jovem brilhante era, no íntimo, um papista ou mesmo um jesuíta disfarçado – e caricaturistas políticos, anos depois, às vezes o retratavam em um hábito jesuíta.

Não obstante esses entraves, Edmund Burke tornar-se-ia o filósofo político britânico mais interessante e um dos maiores retóricos modernos, o principal líder do partido *whig* e o adversário mais terrível da Revolução Francesa e da "doutrina armada", em geral. Na expressão de Harold J. Laski (1893-1950): "Burke perdurou como o manual definitivo de sabedoria política sem o qual os estadistas estariam como marinheiros em um mar desconhecido".[3]

Burke tornou-se um homem público. Pouco mencionada nos muitos tomos de sua correspondência, sua vida privada é assaz obscura, pois trabalhou incessantemente na prática política sem concessões a gracejos epistolares; além disso, desde muito jovem observou que não era conveniente contar ao mundo a respeito de si mesmo mais do que este deveria saber. O biógrafo, portanto, compõe da melhor maneira possível os fragmentos de vida que distinguem Burke, o homem, de Burke, o líder do partido, e de Burke, o filósofo. Afinal, o que importa é o Burke público. Esta breve biografia é principalmente o relato de um "homem novo" que pelo poder do intelecto e por notável diligência alcançou as maiores honrarias de sua época, influenciando a vida pública por muito tempo. A vida privada de Burke – à parte os planos frustrados de seus parentes – foi exemplar, mas desinteressante. A vida pública de Burke é aquela que nos apresenta o processo pelo qual um escritor irlandês e um partidário político, mediado pela experiência do mundo e pela vida da razão, se fez um dos homens mais sábios que jamais houve para meditar acerca da ordem social civil.

---

[3] Harold J. Laski, *Political Thought in England from Locke to Bentham*, New York, Henry Holt and Co., 1920, p. 223. (N. T.)

Como um político prático, Burke não foi visivelmente exitoso. Durante grande parte da carreira, permaneceu na oposição – grandiosamente, mas fora do governo. Na hora da morte, em 1797 – "um momento terrível na história da Inglaterra e da Europa",[4] como escreveu John Morley (1838-1923) – contemplou o triunfo das denúncias da revolução na França, mas somente o triunfo de uma batalha incerta. O passar de simplesmente meio século traria o *Manifesto Comunista* de Karl Marx (1818-1883) e Friedrich Engels (1820-1895). E do dia de sua morte em diante os historiadores registram o esvanecimento, em boa parte do mundo, daquela ordem governada pelo que Burke descrevia como o espírito da religião e o espírito de cavalheirismo.

Burke, todavia, foi mais que um líder partidário e um homem de seu tempo. Como defensor daquilo que T. S. Eliot (1888-1965) chamava de "coisas permanentes",[5] Burke não desapontou, nem é arcaico. Fala ao nosso tempo.

Não obstante, na primeira metade do século XX, Burke era pouco mais que uma figura lembrada, respeitada, para não dizer quase ignorada. John Morley predissera, em 1888: "É provável que se refiram a ele com mais frequência e seriedade nos próximos vinte anos do que fizeram menção a ele nos últimos oitenta anos".[6] Isso não veio a acontecer – não naquela ocasião. Vinte e cinco anos depois, Paul Elmer More (1864-1937) afirmou que Morley havia incorrido em erro;[7] e foi somente em 1949 que se tornou perceptível o renascimento do interesse em Burke.

---

[4] John Viscount Morley O. M., *Burke*, London, MacMillan & Co., 1879 (English Men of Letters Series), cap. IX, p. 206. (N. T.)

[5] T. S. Eliot, *The Idea of a Christian Society*, London, Faber and Faber, 1939, p. 21. (N. T.)

[6] John Viscount Morley O. M., op. cit., cap. X, p. 216. (N. T.)

[7] Paul Elmer More, *Aristocracy and Justice*, Boston/New York, Houghton Mifflin Co., 1915 (Shelburne Essays, vol. IX.), p. 3.

Naquele ano, um estudioso de formação alemã observou a este escritor que, entre os homens letrados nos Estados Unidos, havia curiosa ignorância a respeito de Burke – que, com tal capacidade estilística, com os variados aspectos de seu caráter e com tamanha amplitude de intelecto, deveria supostamente atrair a atenção daqueles círculos que se orgulhavam do conhecimento que possuíam do pensamento moderno. Meu amigo alemão atribuiu essa condição a uma vaga impressão popular de que Burke "estivera errado a respeito da França" e de que, de alguma maneira, não era exatamente leitura para um liberal.[8] Precisamente naquela ocasião, "liberal" era a palavra para os "conjuradores" dos bosques do mundo acadêmico.

No entanto, por volta de 1950, o Sr. Lionel Trilling (1905-1975) expressou dúvidas sobre a eficácia dos conceitos liberais, e o Sr. Arthur M. Schlesinger Jr. (1917-2007) confessou: "Constatamos que Edmund Burke hoje é mais convincente do que Thomas Paine (1737-1809), Alexander Hamilton (1757-1804) ou John Adams (1735-1826), do que Thomas Jefferson (1743-1826) e John C. Calhoun (1782-1850), ou do que Henry Clay (1777-1852) e Daniel Webster (1782-1852)". Desde então, Burke foi redescoberto, e um bom número de trabalhos acadêmicos, alguns deles muito especializados, tratou de Burke. Com

---

[8] O termo *"liberal"*, tal como utilizado no vocabulário político norte-americano, não deve ser confundido com a tradição liberal clássica. Na acepção norte-americana, "liberal" é uma espécie de esquerdista moderado, que tenta sintetizar em suas crenças e na prática política elementos do liberalismo clássico com algumas ideias progressistas de esquerda, como o *New Deal*. A crítica kirkeana ao moderno liberalismo norte-americano aparece de forma mais sistemática nos ensaios: "The American Scholar and the American Intellectual", "The Reform of American Conservatism and Liberalism", "The Dissolution of Liberalism" e "The Age of Discussion", publicados na seguinte obra: Russell Kirk, *Beyond the Dreams of Avarice: Essays of a Social Critic*, ed. revista, Peru, Sherwood Sugden & Company, 1991, p. 3-50. Ver também: Russell Kirk, "Liberal Forebodings", in *Enemies of the Permanent Things: Observations of Abnormity in Literature and Politics*, Peru, Sherwood Sugden & Company, 1984, p. 172-96. (N. T.)

maior frequência é mencionado e citado de maneira popular e por políticos mais do que o fora em todo o período transcorrido desde 1832. Até nos contaram a respeito de um excêntrico no Bowery[9] que distribuía cartões com a inscrição "Burke salva".

A geração futura, à qual Burke na conclusão da acusação de Warren Hastings (1732-1818) faz sua súplica, encontrou-o mais uma vez. Predisposição, interesse e senso moral informaram boa parte do público norte-americano de que Burke deveria ser lido; novamente, seu nome era conhecido por toda a Europa e até na África. Jovens que frequentam livrarias, agora, procuram Burke; e mesmo os professores ingleses e norte-americanos admitem que o buscam mais como interesse que como antiguidade.

Paradoxalmente, a ressurreição de Burke é um produto dos descontentes modernos. Inseguros com os dogmas do liberalismo – que George Santayana (1863-1952) admitiu somente durante uma fase transitória –, desiludido com o gigante Ideologia,[10] o público sério de hoje está disposto a dar ouvidos a Burke. Agora, as ideias de Burke interessam praticamente a todos, até aos homens que discordam amargamente de suas conclusões. Se os conservadores soubessem o que defendem, Burke seria sua pedra de toque; e, se os radicais quisessem testar a têmpera da oposição, deveriam voltar-se para Burke. Fazendo-o, alguns conservadores descobrirão que seus antigos fundamentos eram incertos; ao passo que alguns radicais poderão reconhecer que a posição de alguns tradicionalistas é defensável, ou que Burke também era um liberal – caso o liberalismo possa ser associado, em qualquer grau, à liberdade ordenada.

---

[9] Nome de uma vizinhança e de uma rua na ilha de Manhattan, na parte sul da cidade, perto de Little Italy, Chinatown, e a leste do Greenwich Village. (N. T.)

[10] Kirk, em breve referência ao estilo de John Bunyan (1628-1688) na famosa obra *The Pilgrim's Progress* [O Peregrino], também opta por antropomorfizar a abstração. (N. T.)

Em um clube de Nova York, em 1913, Paul Elmer More mencionou, por acaso, o nome de Burke, e um de seus acompanhantes perguntou: "Burke? Ele está morto, não está?" Em espírito, Burke está novamente provocando as pessoas. Há alguns que desejariam que Burke ficasse eternamente lacrado em sua tumba. Alguns anos atrás, um acadêmico britânico professou pesar porque nos Estados Unidos, hoje, "Burke está sendo utilizado para propósitos políticos". Esse cavalheiro preferiria manter Burke como uma espécie de cadáver, do qual teses de doutorado pudessem ser extirpadas. (O próprio Burke, devemos observar, teria achado graça e ficaria aborrecido com a noção de que um mestre da política morto nunca pudesse influenciar os vivos: como estadista e retórico, pretendia que seus discursos fossem para *uso* imediato – e para uso da geração emergente e da posteridade, se pudessem ser considerados proveitosos. O teórico de gabinete, o metafísico abstrato, o erudito "doca seca", Burke sinceramente os detestava.)

Burke esperava ser desenterrado – embora, talvez, não esperasse voltar dos mortos do modo como aconteceu na última metade do século XX. Temendo que jacobinos triunfantes desonrassem seu cadáver como tinham feito com o de Oliver Cromwell (1599-1658) na Restauração – com a cabeça e os membros empalados expostos no Temple Bar –, deixou instruções para que seu corpo fosse enterrado em segredo, em algum lugar dentro ou no adro da igreja de Beaconsfield, e, até hoje, não há quem saiba o exato local onde repousam os restos mortais de Burke.

No entanto, Burke tem sido invocado com todas as honras, pois é um daqueles gigantes (na expressão de um escolástico medieval) que nos apoiam sobre os ombros, um daqueles mortos que andam. Burke resiste como parte de uma grande continuidade e da verdadeira essência. Oferece uma alternativa às doutrinas lúgubres da ideologia na era das massas.

Durante o período que se inicia nos últimos anos da vida de Burke e chega até nossos tempos difíceis, o caleidoscópio da história sofreu uma reviravolta catastrófica. Dez anos antes de a obra *Reflections on the Revolution in France* [Reflexões sobre a Revolução em França] ser publicada, as tropas norte-americanas em Yorktown saudaram Charles Cornwallis (1738-1805), 1.º Marquês de Cornwallis, ao som de "The World Turned Upside Down" [O Mundo de Ponta-cabeça];[11] e essa peça misturada, de vez em quando, com "La Carmagnole",[12] desde então, é entoada em altos brados. Os severos vaticínios de Burke, que pareciam à maioria dos liberais do século XIX desatinos de um velho gênio demente, aconteceram: os deuses dos cabeçalhos dos cadernos de cópia[13] retornaram, trazendo terror e morticínio.

---

[11] Diz a lenda que na rendição de Yorktown, na verdade, a balada teria sido executada pela banda dos soldados ingleses. Kirk deveria desconhecer o costume das batalhas da época (o que também é discutível para muitos historiadores militares) de o exército vencedor, por "espírito de bravura e cortesia", permitir à tropa derrotada executar um rufo de tambor ou uma balada típica de seu país. Muitos historiadores atualmente também contestam a informação de que essa ou qualquer das variantes de uma balada com o nome de "World Turned Upside Down" tenha sido executada na ocasião. Atribuem o aparecimento desse relato a um livro do século XIX, chamado *Anedoctes of the American Revolution...*, escrito pelo major Alexander Garden (1757-1829). Nesse livro, publicado em 1828, estaria um relato das "recordações" do major veterano William Jackson (1759-1828), quarenta e sete anos após uma batalha em que ele não poderia ter estado presente (na ocasião, Jackson estava na Europa). Essa é a primeira e única menção ao fato. Em quase um século de catalogação musical antes de tal relato, os estudiosos da música não identificaram nenhuma balada inglesa popular do século XVIII com tal nome, e as três melodias identificadas como possíveis melodias originais da referida balada só passaram a ser chamadas de "World Turned Upside Down" no século XIX e no XX. Além disso, a informação da execução da balada na rendição inglesa só entrou para a historiografia americana no ano de 1881; todavia, por volta de 1940, cerca de trinta historiadores já reproduziam tal informação em livros-texto, fato que encorajou romancistas e poetas a continuar a repetir o relato. Realmente não há registro de que o fato tenha acontecido na rendição inglesa. (N. T.)

[12] Canção francesa do final do século XIX que exaltava os feitos dos *sans-cullotes* na Revolução Francesa. Costumava ser cantada durante a batalha e após vitórias políticas ou militares. (N. T.)

[13] Referência ao poema de Rudyard Kipling (1865-1936), publicado em 1919, que previu a decadência do império inglês pela perda das antigas virtudes e

Nações transformaram-se em meros agregados de indivíduos, sob o comando de oligarcas sórdidos; a propriedade, redistribuída pelo poder político arbitrário, reduziu as grandes propriedades a pó; o surgimento de um furor nivelador – o comunismo –, feroz o bastante para atemorizar os jacobinos. As guerras são muito mais desastrosas que as do século XVIII, de modo que muitas vezes a civilização parece estar à beira da dissolução: onde está a orientação divina que Burke identificava na história? Talvez pudesse ser compreendida como punição pela desobediência: "Tudo fez o Senhor para seu fim, até o ímpio para o dia da desgraça" (Provérbios 16, 4).

Nossa época experimenta a desintegração da noção de progresso social irresistível – desaparecido em um turbilhão de refugo atômico. "Não é questão de acreditar que o comunismo está certo", costumava dizer um conhecido meu, "é simplesmente seguir a opinião da maioria". No entanto, após essa máxima quase hegeliana, esse meu amigo estranhamente hesitava, como se alguma dúvida se lhe tivesse infiltrado na mente – talvez a reflexão de "que o rio mais lento serpenteia"[14] –, agora para as grandes profundezas. Se o "progresso" dos iluministas levou a um precipício sobre um mar de silêncio – titubeios como os desse meu amigo se tornaram mais frequentes –, talvez tenha chegado o tempo de conservar, e não de cobiçar. Burke se punha contra a autoconfiança presunçosa do homem moderno. Se algum dia tivermos de aprender com o passado, agora é chegado o momento em que deveremos descer,

---

por uma espécie de complacência generalizada em que ninguém pagava pelos próprios pecados. Os "cabeçalhos dos cadernos de cópia" do título do poema fazem referência a um tipo muito comum de caderno que havia na Inglaterra do século XIX, no qual as crianças copiavam várias vezes provérbios ou máximas edificantes que vinham escritas no alto das páginas. (N. T.)

[14] Verso do poema *"The Garden of Proserpine"*, de Algernon Charles Swinburne (1837-1909). No original, o verso completo seria: *"That even the weariest river / winds somewhere safe to sea"*. Algernon Charles Swinburne, "O Jardim de Prosérpina", in *Poemas*, trad. Maria de Lourdes Guimarães, Lisboa, Relógio D'Água, 2006, p. 126-29. (N. T.)

como um Ulisses, para interrogar os espectros; de outro modo seremos contados entre eles. Burke pode ser nosso Tirésias.

Burke foi, em essência, um homem moderno, e interessavam-lhe as perplexidades que hoje nos assaltam. "O dom da profecia", disse um resenhista ao *Times Literary Supplement* há algum tempo, "Burke possuía-o em abundância".

Mesmo assim, ninguém se refere a uma Era de Burke. Na Literatura, chamamos o período de Burke de a Era de Samuel Johnson; na Filosofia e na Ciência Política, poderíamos chamar esse mesmo período de a Era de Jean-Jacques Rousseau (1712-1778).

A Era de Rousseau: a época da abstração, do sentimento, da emancipação, da expansão, da igualdade, do povo absoluto, dos beijos conferidos ao universo, da divindade impotente. O sistema de Burke: usos consagrados, experiência, dever, antigos vínculos, gradação social, o império da lei, o amor gerado pela associação; o Autor de nosso ser onipotente. Rousseau e Burke figuram como antípodas, apesar da teoria curiosa de alguns autores de que os dois "são farinha do mesmo saco" libertário. Muito embora Rousseau não possa receber crédito, como Burke, por estabelecer quase sozinho um corpo de crenças políticas, ainda assim o movimento de que foi o representante mais influente merece a lealdade de vários devotos para cada um dos seguidores de Burke, talvez: a visão romântica de Jean-Jacques surge potente, em certas ocasiões, por detrás de uma variedade de máscaras – na face corada de Thomas Paine; no rosto severo de Karl Marx; na fisionomia pedante de John Dewey (1859-1952). De fato, os discípulos do próprio Burke, na geração após sua morte, eram também herdeiros de Rousseau – Samuel Taylor Coleridge (1772-1834), Robert Southey (1774-1843), William Wordsworth (1770-1850). Reconheçamos que conhecer o pensamento de Rousseau é tão importante quanto apreender o de Burke para quem quiser compreender os descontentes atuais. Admitamos isso e perguntemos que outro pensador, no curso da vida de Burke, se igualou a ele em importância.

Antevendo a pilhagem do mundo pelas forças do "Caos e [d]a Noite Antiga",[15] Burke empenhou-se em salvar o melhor da ordem tradicional dentro das barricadas da instituição e da filosofia. Foi o primeiro conservador de nosso "período de desordem".[16]

Trabalhou para salvaguardar as coisas permanentes que converteram o selvagem no cortês homem social. Na política moderna, a tarefa de *preservação* começa com Burke. Um crítico inteligente pode, com honestidade, crer que Burke estava errado; mas é injusto negar-lhe o dom de uma percepção admirável.

Na cidadela da tradição e dos usos consagrados, Burke mantém vigília. Vivo ou morto? Isso depende do espírito da época. Para um partidário, a sentinela do portão deve ser o Gigante Desespero;[17] para outro, Barba-roxa aguardando o trunfo.[18] A jovem verdade esconde-se sob a pele enrrugada do mito; e o toque da trombeta ainda pode fazer ruir nossa Jericó moderna. O aviso de perigo no Faubourg St. Antoine, em 1789, foi esse toque. Devemos ouvir outro.

Burke, o reformador, era também Burke, o conservador. Neste período de revolução total, pensadores voltam-se, quase por instinto, para

---

[15] No original: "*Caos and Old Night*". A passagem é uma alusão às personagens que representam as forças ou deuses míticos opostos à luz e à ordem da criação no poema épico *Paradise Lost* [Paraíso Perdido], de John Milton (1608-1974). Ver: John Milton, *Paraíso Perdido*, Canto I. (N. T.)

[16] No original, em inglês, a expressão de Arnold J. Toynbee (1889-1975), na obra *A Study of History* [Um Estudo de História], é "Time of Troubles", que pode ser traduzida para o português de diferentes formas. No entanto, optamos por "período de desordem" por acreditar que tal terminologia é a mais apropriada para explicitar o contraste entre os acontecimentos históricos desta época e o conceito de ordem apresentado por Eric Voegelin (1901-1985) e adotado por Russell Kirk. (N. T.)

[17] Personagem de John Bunyan (1628-1688) em *The Pilgrim's Progress* [O Peregrino] que surpreendeu Cristão e seu amigo dormindo nas terras de seu Castelo da Dúvida, e acabou trancando-os no calabouço. (N. T.)

[18] Referência ao vil e tirânico Barbarossa da peça do Dr. John Brown (1715-1766), um dos amigos de Samuel Johnson. Ver: John Brown, *Barbarossa: A Tragedy*, London, John Bell, British Library, Strand, 1795. (N. T.)

um homem de inteligência e de pragmatismo político que era, ao mesmo tempo, um sagaz aprimorador e um opositor obstinado da revolução.

***

A Irlanda, na época de Burke, tinha uma população maior do que hoje em dia; a despeito da pobreza extrema e abundante que Burke lamentava e se empenhava em aliviar (já desde os dias de universidade, quando propôs um imposto especial sobre as rendas dos proprietários que residiam em locais afastados de suas terras), essa não era a Irlanda das "Grandes Fomes".[19] Até a metade da carreira de Burke, a revolução não estava no ar da Irlanda.[20] Dublin era

---

[19] A Irlanda apresentou dois grandes períodos de escassez de alimentos, de doenças e de declínio populacional [seja por alta mortandade, seja por emigração]. O primeiro ocorreu nos anos de 1740-1741, e também é conhecido como "Fome Irlandesa", causada, em parte, por infestação nas lavouras de batatas (principal fonte de alimentação da população) e agravada pelo intenso frio daquele inverno; o segundo episódio, muito mais conhecido, é chamado de "Grande Fome" de 1845-1852: foi causada por uma praga em grande escala nas lavouras de batatas e gerou larga emigração, além de cerca de um milhão de mortos. (N. T.)

[20] A partir de meados de 1760, no entanto, já começa a surgir no parlamento irlandês o Patriot Party [Partido Patriota], que defendia reformas [entre elas a independência da Irlanda] e contava com grande apelo popular. Com o advento da Independência dos Estados Unidos na década seguinte, os irlandeses se viram sem as tropas inglesas em seu território e com uma boa oportunidade de sair do jugo britânico. Nesse período houve a formação de milícias locais de protestantes, os chamados Irish Volunteers, e que vieram a ser uma importante força política ao unir-se ao Patriot Party, sob a liderança de Henry Grattan (1746-1820). Este, ao ameaçar usar os Volunteers contra os ingleses, conseguiu rescindir uma série de embargos aos produtos irlandeses e chegou a conquistar a independência legislativa da Irlanda em 1782. Em 1789, com a crise da regência e o advento da Revolução Francesa, as ideias de emancipação católica começaram a ganhar força, o que fez crescer o movimento radical irlandês. Isso provocou violentas medidas repressivas por parte da Inglaterra, que temia uma revolta nos moldes franceses. Em 1791, funda-se a Society of United Irishmen (com protestantes e católicos), inspirada nos ideais franceses, e protagonista de posteriores rebeliões, como a rebelião irlandesa de 1798. (N. T.)

uma autêntica capital, o lar do deão Jonathan Swift (1667-1745)[21] e de outros homens famosos cuja influência conseguia ir muito além da terra natal; o Trinity College, a universidade de Dublin fundada pela rainha Elizabeth I (1533-1603), mantinha padrões tão rigorosos quanto Oxford ou Cambridge. Burke e Goldsmith eram apenas dois dos muitos homens talentosos que cresceram em Dublin na primeira metade do século XVIII. Era um período das esperanças em arrebol, e não do crepúsculo celta.[22]

Não obstante, Burke aprendeu cedo a amar a antiga Irlanda rural. Como era uma criança enfermiça e dada à leitura, foi enviado, por razões de saúde, para viver durante cinco anos com os avós maternos, Edmund Nagle e Catherine Fitzgerald Nagle. Estes eram católicos e tinham uma propriedade em Ballyduff, próximo de Castletown Roche, no condado de Cork, onde o caso de amor com a Irlanda de antanho lhe invadiu a alma. Edmund Spenser (1552-1599) escrevera a primeira parte de sua obra *Faerie Queene* [A Rainha das Fadas] nas proximidades, no Kilcolman Castle, já em ruínas na época de Burke. Toda a região era chamada de "terra dos Nagles". O jovem Edmund foi para a escola no Monanimy Castle, uma pequena fortaleza caindo aos pedaços pertencente à família Nagle. Aí, o professor O'Halloran era um exemplar da antiga casta dos "filômatas",[23] mestre-escola de classe inferior, familiar aos leitores modernos graças à criação de William Butler Yeats (1865-1939) de Red Hanrahan, "com seu tinteiro-miniatura que pendia do pescoço por uma corrente, o volumoso Virgílio (70-19 a.C.), e o compêndio

---

[21] Jonathan Swift fora nomeado deão da Catedral de São Patrício, em Dublin, no ano de 1710. (N. T.)

[22] Referência à obra *Celtic Twilight* (1893), do poeta, dramaturgo e místico irlandês W. B. Yeats, e que tratava de temas da mitologia celta de maneira romântica e fantasiosa. A obra foi um dos marcos do movimento literário conhecido como Renascimento Literário Irlandês (ou Renascimento Celta). (N. T.)

[23] Do grego *philomathēs*, aquele que tem amor ao conhecimento. (N. T.)

das primeiras lições na aba do casaco".[24] A reverência à literatura clássica e medieval que Burke sentiu por toda a vida começou ali, em meio aos escombros. Os romances medievais encetaram uma obsessão no menino, como uma paixão.

Por meditar profundamente a respeito de assuntos de Estado, importantes e práticos, desde muito jovem, não é de admirar que Burke, tendo crescido em tal localidade, fosse leal por toda a vida aos aspectos imemoriais, à vida dos costumes, dos hábitos e da fé, das tradições da *Deserted Village* [Aldeia Abandonada] de Oliver Goldsmith.[25] Ao conhecer Castletown Roche, em Blackwater, mesmo hoje em dia, compreendemos num piscar de olhos a denúncia final de Burke dos "sofistas, calculistas e economistas"[26] que, como clamava, exterminaram a glória da Europa.

---

[24] A personagem é figura central de uma série de histórias de Yeats e é um amálgama da tradição dos bardos e do folclore celta. É descrito como um jovem alto, forte e de cabelos ruivos. A identidade irlandesa da personagem é reforçada pela profissão de mestre-escola, que na tradição é tido como poeta nacionalista, e pelos cabelos ruivos, que para os irlandeses é sinal de posse de poderes mágicos. A passagem citada por Kirk aparece em William Butler Yeats, "Stories of Red Hanrahan", in *Mythologies*, London, 1958, p. 215. (N. T.)

[25] Poema publicado em 1770.

[26] O trecho encontra-se na obra *Reflections on the Revolution in France* [Reflexões da Revolução na França], na parte sobre a rainha Maria Antonieta. Ver *The Works of the Right Honorable Edmund Burke*, volume IV, Boston, Little, Brown and Company, 1866, p. 331. Nas versões em português, o trecho se encontra, com pequenas variações de tradução, em: "Edmund Burke, Reflexões sobre a Revolução da França", in *Extractos das Grandes Obras Políticas e Econômicas do Grande Edmund Burke*, trad. José da Silva Lisboa (Visconde de Cairu), Lisboa, 1822, p. 20; Idem, *Reflexões sobre a Revolução em França*, trad. Renato de Assumpção Faria, Denis Fontes de Souza Pinto e Carmem Lídia Richter Ribeiro Moura, Brasília, Editora da Universidade de Brasília, 1982, p. 100; Idem, *Reflexões sobre a Revolução na França*, trad. Eduardo Francisco Alves, Rio de Janeiro, Topbooks/Liberty Fund, 2012, p. 244; Idem, *Reflexões sobre a Revolução na França*, trad., apres. e notas José Miguel Nanni Soares, São Paulo, Edipro, 2014, p. 95. Kirk utiliza essa frase ao explicar o quinto cânone dos princípios conservadores na sua obra *The Conservative Mind*, p. 8-9. (N. T.)

Após um breve retorno a Dublin – onde a casa de seu pai, vez ou outra, inundada pelo Rio Liffey, se mostrara insalubre para o menino –, Burke foi enviado à escola *quaker* de Ballitore, no condado de Kildare, dirigida por um mestre admirável, Abraham Shackleton (1697-1771), cujo filho, Richard Shackleton (1726-1792), nutriu uma amizade duradoura com Burke. (Uma coincidência interessante é que outro talentoso conservador, Benjamin Disraeli [1804-1881], também estudou com os *quakers* na infância.) A simpatia de Burke pelos membros da "Sociedade de Amigos"[27] perdurou ao longo dos anos e, provavelmente, influenciou sua atividade política posterior em prol dos Dissidentes.[28]

Nos dois anos que passou nessa escola, Burke recebeu uma boa formação em Humanidades, vindo a adquirir uma admiração por Virgílio que sutilmente perpassa toda a sua visão de ordem social. É assaz

---

[27] Religious Society of Friends (Sociedade Religiosa de Amigos) é o nome pelo qual os *quakers* são conhecidos como coletividade. (N. T.)

[28] O grupo dos Dissidentes ingleses (Dissenters) tem origem na teologia puritana do século XVII e tem por uma das principais características a retirada da mística da fé cristã, considerando somente os princípios da perspectiva racional. Para eles, ir contra os ditames da razão era desrespeitar a vontade de Deus. Essa extrema confiança na razão os afastou das controvérsias religiosas do protestantismo inglês, e fez que se aproximassem de assuntos mais seculares, como comércio e política. Possuíam forte crença no progresso humano e não temiam a mudança social; eram radicais. Nutriam o "espírito newtoniano de pesquisa científica", o que fez surgir entre eles um grupo de influentes cientistas, teólogos e estudiosos, mais conhecidos como Rational Dissenters (Dissidentes Racionais). A desigualdade com que eram tratados pelas leis inglesas começou a ser percebida pelo grupo a partir de 1760, o que lhes aumentou o desejo de participação política para defender, no Parlamento, a tolerância religiosa, a igualdade política e a liberdade civil. Apesar da simpatia inicial, Burke deixa de apoiá-los após a Revolução Francesa, e tenta impedir a aprovação de algumas leis propostas pelo grupo no Parlamento. Vale lembrar que a obra de Burke *Reflexões sobre a Revolução em França* é uma resposta a Richard Price (1723-1791), famoso pastor e um dos líderes dos Dissidentes Racionais, o qual, em 1789, fez um sermão em defesa dos revolucionários franceses. (N. T.)

simbólico do anárquico "mundo antagonista", com o qual Burke lutava, que, em 1798, um ano após sua morte, Ballitore se tenha tornado o campo de batalha da insurreição irlandesa. A povoação foi saqueada e incendiada, com atrocidades cometidas pelos dois lados.

Um incidente da vida privada do menino no período em que residia em Ballitore, registrado pela filha de Richard Shackleton, conta-nos que surgiu muito cedo a aversão de Burke ao poder arbitrário, bem como o seu princípio de que uma mesma justiça resguarda o duque e o camponês:

> Um homem pobre fora obrigado a derrubar seu casebre porque o inspetor de estradas dissera que a construção estava muito perto da via pública. Burke, que viu o relutante proprietário realizar essa tarefa deplorável, observou com grande indignação que, se tivesse autoridade, jamais tal tirania sobre os indefesos seria cometida impunemente; e incitava os companheiros de escola a juntar-se a ele para reconstruir o casebre.[29]

Aos quinze anos, em 1744, Edmund Burke estava matriculado no Trinity College, em Dublin. Nesta instituição ganhou uma bolsa de estudos para o curso de Estudos Clássicos, fundou uma sociedade de debates que ainda existe[30] e encontrou tempo para publicar uma revista, a *Reformer* [Reformador]. Sabemos de seus anos na universidade principalmente por meio das cartas ao jovem Shackleton.[31] Sua educação seguiu a disciplina humanística descrita por Sir Thomas Elyot (c.1490-1546) na obra *The Boke Named the Governour*, de

---

[29] Mary Leadbeater (ed.), *The Leadbeaters Papers*, 2 vols., London, 1862. vol. I, p. 49-51.

[30] O Burke's Club, fundado em 1747, e o Historical Club, de 1753, fundiram-se em 1770 no que até hoje é conhecido como a associação de debates acadêmicos para alunos de graduação mais antiga do mundo, o College Historical Society. (N. T.)

[31] Um relato mais completo desses anos pode ser encontrado em Arthur P. I. Samuels, *The Early Life, Correspondence and Writings of the Rt. Hon. Edmund Burke, LL.D.*, Cambridge, 1923.

1531, elaborada para ensinar jovens rapazes a educar-se a si mesmos e à comunidade, em grande parte pelo estudo aprofundado das Humanidades. Isso foi reforçado no interesse precoce pela Teologia. Seus autores ingleses favoritos eram William Shakespeare (1564-1616), Edmund Spenser, John Milton (1608-1674), Edmund Waller (1606-1687) e Edward Young (1681-1765); e, entre os antigos, recomendava-se a Virgílio, a Cícero (106-43 a.C.), a Salústio (85-35 a.C.), a Homero, a Juvenal (55-130), a Luciano (125-180), a Xenofonte (430-355 a.C.) e a Epíteto (55-135). Dizem, no entanto, que Burke, como Samuel Johnson, leu de tudo e, enquanto esteve no Trinity College, esquadrinhou todas as disciplinas, confessando uma série de sucessivas paixões acadêmicas: o *furor mathematicus*, o *furor logicus*, o *furor historicus* e o *furor poeticus*.

Confiante e jovial, o jovem Burke, contudo, expressou, já em 1746, seu prognóstico de que a sociedade ilustrada e complacente do século XVIII não duraria muito neste mundo; aqueles eram tempos decadentes, e todo o viço era ilusório. Assim escreveu a Shackleton:

> Creia-me, caro Dick, estamos apenas a poucos passos das Trevas, um empurrão fará que ingressemos nelas – viveremos, caso tenhamos uma vida longa para ver cumprida a profecia de *The Dunciad*[32] e a era da ignorância voltar a nos rondar mais uma vez [...]. Não há quem possa livrar o mundo da desgraça da obscuridade? Não há um. – Recomendar-te-ei, portanto, que leias mais os escritos daqueles que nos precederam que os de nossos contemporâneos [...].[33]

---

[32] Publicado em três diferentes versões, o poema satírico *The Dunciad*, de Alexander Pope (1688-1744), faz uma crítica mordaz à inanidade e estupidez da sociedade de sua época. Em uma de suas versões, prevê o "Apocalipse do *Nonsense*" (III, 339-40) e a Segunda Vinda da Estupidez (III, 355-6). O título da obra foi inspirado na *Ilíada* de Homero, cuja tradução para o inglês fora feita pelo próprio Pope, e, em português, poderia ser traduzido como "A Burríada", dado que *dunce* significa asno, burro, estúpido. (N. T.)

[33] O trecho citado da carta a Richard Shackleton encontra-se em *The Correspondence of Edmund Burke*, Thomas W. Copeland (ed.), Chicago, 1958, vol. I, p.74.

E citou em latim a quarta Écloga de Virgílio:

De novo nasce a grande ordem dos séculos.
Outra vez torna a virgem; de Saturno
o feliz reino outra vez também torna.[34]

Quarenta e três anos depois isso veio a acontecer; e, no fraseado de Thomas Carlyle (1795-1881): "de repente, a Terra abriu-se em duas partes, e, em meio aos vapores do Tártaro e em um clarão de brilho ofuscante, surge o sans-cullotismo, de múltiplas cabeças, hálito fumegante, e pergunta: 'Que vós pensais de *mim*?'"[35] Até Burke, o universitário, já possuía aqueles curiosos poderes de vaticínio que consternavam os adversários após 1789.

Aos dezenove anos, enquanto estudava no Trinity College, Burke escreveu o primeiro esboço de sua obra *Philosophical Enquiry into the Origins of Our Ideas of the Sublime and Beautiful* [Uma Investigação Filosófica sobre a Origem de Nossas Ideias do Sublime e do Belo][36] – que não foi publicada senão em 1757 –, uma contribuição altamente importante para a teoria estética que hoje é mais valorizada do que no século XVIII.[37] A maioria dos jovens com ambições literárias voltava-se para a poesia lírica, mas Burke, apesar da aversão à abstração e da paixão pelos poetas, começou com a análise teórica.

---

[34] Virgílio, *Nova Traducção das Éclogas; com Notas e huma Noticia da Vida do Poeta, por A.T.M*, Porto, Typ. Viuva Alvarez Ribeiro & Filhos, 1825, IV, v. 8-10, p. 53. (N. T.)

[35] Thomas Carlyle, *The French Revolution, a History*, Vol. I: 'The Bastile', Leipzig, Bernhard Tauchnitz, 1851, p. 271. (N. T.)

[36] Em português: Edmund Burke, *Uma Investigação Filosófica sobre a Origem de Nossas Ideias do Sublime e do Belo*, trad. Enid Abreu Dobránszky, Campinas, Unicamp/Papirus, 1993. (N. T.)

[37] Ver a admirável edição [em inglês], com introduções e notas de J. T. Boulton: Edmund Burke, *Philosophical Enquiry into the Origins of Our Ideas of the Sublime and Beautiful*, J. T. Boulton (ed.), London, Routledge and Kegan Paul, 1958.

Após obter o título de *Bachelor of Arts*[38] em 1748, Burke continuou a viver no Trinity College por alguns meses; talvez tenha pensado em se tornar membro do corpo docente da universidade. Seja como for, decidiu-se pela vida de homem de letras e dos negócios públicos. A índole de muitos professores parece ter-lhe causado aversão,[39] e alguns anos depois escreveu no *The Annual Register*: "Aquele que vive no *college*, após ter a mente suficientemente abarrotada de conhecimento, é como um homem que, tendo construído, aparelhado e provido de víveres um navio, o encerrasse em uma doca seca".[40]

Mesmo antes de terminar os estudos de pós-graduação, o redemoinho de Londres o arrastava. Em dezembro de 1747, escreveu a Shackleton, referindo-se ao amigo comum William Dennis:

> Não crês que ele tivesse dinheiro para custear suas despesas e que tenha sido o melhor caminho seguir para Londres? Disseram-me que ao homem que escreve não há de faltar o pão e, possivelmente, muito bom. Outro dia ouvi falar de um cavalheiro que pôde manter-se no estudo das leis por escrever panfletos em favor do ministério.

Apesar de Edmund Burke estar muitas vezes em desacordo com seu pai, Richard Burke, os dois concordavam em uma questão: que o jovem deveria estabelecer-se em Londres. Desejando que seu filho se tornasse um *barrister*,[41] o pai enviou Edmund ao Middle Temple[42] na

---

[38] Grau acadêmico de graduação no campo de letras e no de belas-artes nos países anglo-saxões. (N. T.)

[39] Ver "Several Scattered Hints Concerning Philosophy and Learning", in H. V. F. Somerset (ed.), *A Note-Book of Edmund Burke*, Cambridge, 1957, p. 82-83.

[40] Ver *The Annual Register*, 1760, p. 206. (N. T.)

[41] Tipo superior dos dois tipos de advogados do sistema inglês, ao qual era reservada a defesa nas Reais Cortes Superiores de Justiça e vetado o contato com os clientes. (N. T.)

[42] A Honorable Society of the Middle Temple é uma das quatro associações profissionais de *barristers* com sede em Londres, as chamadas Inns of Court, que foram até 1852 as responsáveis pela educação legal e pelo treinamento deste tipo de advogados. (N. T.)

primavera de 1750. Daquele momento em diante, Londres e os condados do interior da Inglaterra tornaram-se o centro da vida de Burke.

Não obstante os extraordinários feitos literários durante o primeiro período em que residiu em Londres, os nove anos seguintes continuam a ser um período obscuro na vida de Burke. (De 1750 até 1758, restaram somente nove cartas.) Constatou que as Inns of Court deixavam a desejar, pois transmitiam simplesmente "noções restritas e contractas", com pouca referência à doutrina do Direito.[43] Ainda que tivesse lido muito Direito, e a ideia de justiça dominasse plenamente seu pensamento, aos poucos se afastou do Middle Temple para seguir a profissão das letras.

Em meados do século XVIII, Londres já se havia tornado o que William Cobbett (1763-1835) chamou, com repugnância, de "O Cancro". Para isso eram drenadas as energias da Grã-Bretanha. Apesar das óbvias diferenças superficiais na real ou potencial ilegalidade, no cosmopolitismo, na riqueza e na pobreza que andam lado a lado, na destruição das pessoas do campo despejadas às centenas de milhares nos seus bairros pobres, na frieza e abundante variedade, Londres era muito parecida com as grandes capitais do século XX. "Quando um homem está cansado de Londres, está cansado da vida", disse Samuel Johnson, "pois Londres é tudo o que a vida pode proporcionar"; todavia, o próprio Johnson escrevera, em 1738, a respeito da grande cidade para onde partira ao sair de Lichfield:

> Aqui, conspiram malícia, desastre e roubalheira,
> E ora a fúria da turba ora a da fogueira;
> Rufiões irascíveis, ciladas cá preparam,
> E então juristas cruéis por presas rondeiam;
> Aqui, desabam casas com ribombo de trovões;
> E uma mulher ateia vos mata, com pregações.[44]

---

[43] Ver o competente estudo de Peter J. Stanlis (1920-2011) sobre as opiniões jurídicas de Burke: *Edmund Burke and the Natural Law*, Ann Harbour, 1958.

[44] No original: *Here malice, rapine and accident conspire / And now a rabble rages, now a fire; / Their ambush here relentless ruffians lay, / And here the*

Aí, Burke, apesar de todo o amor pela Irlanda rural, estabeleceu residência – assim como Goldsmith e como Johnson – até aposentar-se da Câmara dos Comuns. A casa no Soho, onde viveu nos últimos anos, ainda está de pé.[45]

O amigo mais próximo durante esses primeiros anos em Londres foi um parente distante, William Burke (1729-1798), um homem de algum talento, mas de pouca sorte em suas empreitadas e que, depois, não se mostrou muito escrupuloso nos negócios, e a quem Edmund sustentou por toda a vida, não obstante os constrangimentos a que era submetido, vez ou outra, por causa desse aventureiro. Por essa época, Burke conheceu um médico de Bath, o Dr. Christopher Nugent (1698-1775), e sua filha Jane Mary Nugent (1734-1812) – que, como Burke, era filha de "casamento misto". Tanto Edmund quanto William Burke escreveram breves relatos sobre a natureza e a personalidade da jovem senhorita.

"É formosa", disse Edmund,

> todavia, sua beleza não brota das feições, nem da compleição, nem das formas. Estas, ela as tem em grande proporção; mas quem quer que a veja nunca as perceberá, nem delas fará objeto de louvor. É toda a doçura, toda a benevolência, toda a inocência e toda a sensibilidade capazes de emanar de uma fronte o que molda sua beleza.[46]

Em 12 de março de 1757, casaram-se; e Jane mostrou ser uma mulher tranquila e amorosa. Após o casamento, o nome de Burke não foi associado ao de nenhuma outra mulher, algo raro na elegante Londres.

---

fell attorneys prowls for prey, / Here falling houses thunder on your head / And here a female Atheist talks you dead. Samuel Johnson, 'London' (1738), v. 13-16. (N. T.)

[45] Atualmente, a região do Soho onde fica a casa de Burke (Gerrard Street, 37) e de outras figuras notáveis do século XVII e do XVIII foi englobada pela Chinatown londrina. (N. T.)

[46] "The Character of _____ [Mrs. Edmund Burke]", in H. V. F. Somerset, *A Note-Book of Edmund Burke*, op. cit., p. 52-54.

De que Burke viveu durante esses anos obscuros? Da remessa de valores – às vezes feitas de má vontade – pelo pai e, talvez, do ofício de escritor-fantasma para políticos *whigs* (entre estes, pelo que se supõe, John Perceval [1711-1770], o 2.º Conde de Egmont e Lorde George Grenville [1712-1770]). A perspectiva do casamento, todavia, exigiu que buscasse um meio de vida, comparativamente, mais estável. Voltou-se para a pena e, se o destino ou a Providência não tivesse intervindo, Burke poderia ter igualado ou superado a Samuel Johnson como homem de letras. Em 1756, publicou seu primeiro livro, e ao longo dos três anos seguintes foi fundamentalmente um escritor de temas variados.

***

A despeito da forte influência de Edmund Burke no curso dos assuntos internacionais e britânicos durante sua carreira política, é como homem de ideias e de letras que hoje ele vive entre nós. Dizem-nos que nada está mais morto que defuntas discussões políticas. Muito embora Burke tenha sido o principal arquiteto do sistema político partidário moderno, não é como líder partidário que acreditamos que seja interessante, passadas duas centenas de anos. Ao final, arruinando a crítica de Goldsmith a respeito dele, Burke deu à humanidade o que deveria ter dado ao partido.[47]

---

[47] Referência aos versos de um epitáfio espirituoso para Burke feito por Goldsmith em "Retaliation: A Poem": "*Here lies our good Edmund, whose genius was such, / we scarcely can praise it, or blame it, too much / Who, born for the universe, narrow'd his mind,/ And to the party gave up what was meant for mankind*" [Aqui jaz o nosso bom Edmund, gênio tão ilustrado / que mal podemos elogiá-lo ou culpá-lo, demasiado / Nascido para o universo, estreitou a mentalidade, / E ao partido deu o destinado à humanidade.] In *The Poetical Works of Goldsmith, Collins and T. Wharton: with Lives, Critical Dissertations and Explanatory Notes by Rev. George Gilfillan*, Edinburgh, James Nichol, 1854, v. 29-32, p. 38. (N. T.)

Pode aprender-se mais de Edmund Burke e de Samuel Johnson que de quaisquer outros escritores da era moderna. Este livro se preocupará, em parte, com os conflitos partidários e as questões candentes do século XVIII; contudo, Burke as transcende. Desconfiado como era, do princípio ao fim, da doutrina abstrata e do dogma teórico, Burke ganhou imortalidade não pelo que fez, mas por aquilo de que se apercebeu.

Capítulo 2 | Das letras à política

A obra *A Vindication of Natural Society* [Uma Vindicação da Sociedade Natural], que nos primeiros dias conferiu renome a Edmund Burke, foi uma resposta ao finado Visconde Bolingbroke; contudo, antecipou a esmagadora investida que lançaria contra Jean-Jacques Rousseau nos últimos anos de vida. O homem não é plenamente homem – assim discorre o argumento perpétuo de Burke – até que seja totalmente civilizado; adquire sua natureza suprema quando se faz membro de uma cultura, de uma ordem social civil. No selvagem, a verdadeira natureza de homem encontra-se somente em estado de latência.

Assim, *A Vindication of Natural Society* é um exitosíssimo exercício de ironia. Parodiando magistralmente o estilo célebre de Bolingbroke, Burke pôs-se a demonstrar que, se a religião "natural" é preferível ao conhecimento religioso que adquirimos pela Revelação, pela reta razão e por milhares de anos de experiência em comunidade religiosa, então a sociedade "natural" deve ser preferível aos benefícios da sociedade justa, livre e ordenada que obtemos por intermédio de complexas instituições econômicas e políticas.

Certa vez, Samuel Johnson deu como exemplo de frase irônica: "Bolingbroke é um homem santo". Bolingbroke, engenhoso e liberalizante, afirmara que o homem não necessita dos dogmas, doutrinas e instituições da Igreja cristã, mas emendar-se segundo uma religião "natural" instituída com base nos instintos e no juízo privado. Para atacar essa falácia de vez, Burke arremedou a teoria de Bolingbroke, expondo as consequências de tais noções quando aplicadas ao corpo político. Qualquer homem educado, argumentou, pode perceber o absurdo de uma sociedade "natural", conveniente tão somente para selvagens, como substituta da intricada ordem social da Europa, que preserva os homens da anarquia. Por analogia, uma religião "natural" só poderia reduzir o homem à anarquia do espírito e dos costumes. Em questões espirituais, assim como em questões temporais, necessitamos da justa autoridade, da sabedoria dos ancestrais e das insitutições que foram elaboradas com difculdade, ao longo dos séculos, por homens que, às apalpadelas, buscavam meios para conhecer a Deus e para conviver entre si e com seus semelhantes.

Diversas vezes, ao longo de sua carreira política, os opositores de Burke empenharam-se, de maneira inescrupulosa, em utilizar tal livro dos primórdios de sua carreira para atacá-lo, afirmando que havia insultado seriamente a Igreja e o Estado – embora quem quer que conhecesse Burke soubesse muitíssimo bem que essa obra-prima de ironia era criação de um homem imbuído dos ensinamentos e da tradição cristãos e do mais temível defensor de usos políticos consagrados. Na segunda edição da obra, de fato, Burke achou por bem declarar que era um escrito irônico, e em várias ocasiões repetiu essa afirmação, que deveria ter parecido óbvia a qualquer pessoa, menos ao iletrado. Assim, a tentativa de alguns "anarquistas filosóficos" do século XX de representar Burke como um defensor de um modo de existência social anárquica, "natural", é assaz absurda.[1]

---

[1] Um exemplo da defesa dessa postura é a visão de Murray N. Rothbard (1926-1995) sobre Edmund Burke, seguida até hoje por muitos libertários. Sobre o assunto, ver Murray N. Rothbard, "A Note on Burke's Vindication of Natural Society", *Journal of the History of Ideas*, 19, 1, January, 1958, p. 114-18. (N. T.)

A qualidade mais interessante da obra *A Vindication of Natural Society*, escreve Sir Herbert J. C. Grieson (1886-1960),

> [...] é a informação casual que obtemos sobre o temperamento de Burke, sobre sua imaginação profunda, compassiva, que, conjugada com um intelecto especulativo, sempre em busca de iluminar fatos por princípios, dá o tom de seus discursos e panfletos, pois é esse temperamento o que transmite vivacidade e cor aos detalhes áridos do conhecimento histórico e estatístico, e é esse temperamento o que imediatamente direciona, mantém sob controle e prescreve limites àquele intelecto especulativo e prescrutador. Nas frases em que Burke retrata a sina daqueles que arcam com o ônus da sociedade política, dos pobres coitados que trabalham nas minas de chumbo, estanho, ferro, cobre e carvão, e que raramente veem a luz do sol [...], vislumbramos uma das características mais radicais da mente de Burke [...]. O governo sábio deve aliviar o fado dos homens, nunca torná-lo maior do que o tolerável para a grande maioria.[2]

Onze meses depois, Edmund Burke publicou *Philosophical Enquiry into the Origins of Our Ideas of the Sublime and Beautiful* [Uma Investigação Filosófica sobre a Origem de Nossas Ideias do Sublime e do Belo]. Originalmente escrita no Trinity College, a obra foi sinceramente admirada por grande parte dos críticos. Gotthold Ephraim Lessing (1729-1781) e muitos outros escritores foram influenciados de maneira definitiva; e, ainda que Samuel Taylor Coleridge e a maioria dos românticos estivessem descontentes com a teoria de Burke, mesmo assim ela se infiltrou nas obras desses autores. Juntamente com Sir Joshua Reynolds (1723-1792), Burke veio a ser um dos dois principais teóricos britânicos da Estética do período – ainda que nunca mais tenha voltado ao assunto.

Ao enfatizar o poder do terrível e do obscuro, Edmund Burke rompe com o classicismo do século XVIII. Recorrendo a espíritos contemporâneos que lhe eram afins, Burke (nisso como David Hume

---

[2] H. J. C. Grierson, "Edmund Burke", in *The Cambridge History of English Literature*, Cambridge, 1932, vol. XI, p. 3-4.

[1771-1776]) divergiu dos sistemas *a priori* dos *philosophes* franceses; devemos observar os fenômenos e a influência que exercem na mente e no coração, e não deduzir belas conclusões a partir de proposições abstratas. O mundo, via Burke, ainda era um lugar de maravilhamento e obscuridade, não uma construção racional. "Ao menos", observa o crítico mais parcimonioso desta obra, "Burke logrou revolver as águas da crítica que tenderam a estagnar."[3] Burke também descortinou, com considerável originalidade, a natureza emocional das palavras, ao defender-lhes as qualidades evocativas, como diante do argumento racionalista de que as palavras devem ser meros símbolos precisos de coisas objetivas. Com o tempo, em parte por uma espécie de osmose intelectual, suas teorias chegaram longe, como vemos na crítica de Immanuel Kant (1724-1804), nas pinturas de Henry Fuseli (1741-1825) e nos romances de Thomas Hardy (1840-1928).

Na análise do sublime e do belo, como em tantas outras coisas, Edmund Burke revoltou-se contra o que Louis I. Bredvold (1888-1977) chamou de "o admirável mundo novo do Iluminismo" – ou seja, o racionalismo do Iluminismo, com suas hipóteses *a priori*.[4] Em parte por causa de seu lado irlandês, Burke sabia que nas artes, assim como na política, negligenciamos as paixões somente por nossa conta e risco. Na expressão de Blaise Pascal (1623-1662): "O coração tem razões que a própria razão desconhece".[5]

---

[3] Edmund Burke, *Philosophical Enquiry into the Origins of Our Ideas of the Sublime and Beautiful*, J. T. Boulton (ed.), London, 1958, p. lxxvi.

[4] Para analisar as dissensões do clima de opinião dominante no século XVIII, ver a obra Louis I. Bredvold, *The Brave New World of Enlightment*, Ann Harbor, University of Michigan Press, 1961; e também Alfred Cobban, *Edmund Burke and the Revolt against the Eighteenth Century: A Study of the Political and Social Thinking of Burke, Wordsworth, Coleridge and Southey*, London, AMS Press, 1929.

[5] No original: "*Le coeur a ses raisons, que la raison ne connait point*". In Blaise Pascal, *Pensées, Fragments et Lettres de Blaise Pascal: Publiés pour la Première Fois Conformément aux Manuscrits, Originaux en Grande Partie Inédits*, vol.2, Paris, Andrieux, 1814, p. 472. (N. T.)

Como homem de letras, Edmund Burke agora desfrutava de alguma celebridade – uma reputação que, posteriormente, se tornaria grande e duradouro renome literário. Já na sua época, Johnson disse que Burke era "o primeiro, em toda parte";[6] James Mackintosh (1765-1832), outrora seu adversário, comparou-o a William Shakespeare, e declarou que "suas obras continham o mais vasto suprimento de sabedoria política e moral passível de encontrar-se em qualquer outra obra que fosse".[7] Samuel Taylor Coleridge concluiu que: "Nos escritos do Sr. Burke, de fato, podem encontrar-se os germes de quase todas as verdades políticas".[8] William Wordsworth definiu-o como "de longe, o maior homem de sua época";[9] William Hazlitt (1778-1830), crítico severo, embora divergisse muito de Burke, mesmo assim observou que, "se há autores de prosa mais grandiosos que Burke, ou estão fora do curso de meus estudos ou além de meu raio de compreensão".[10]

Thomas de Quincey (1785-1859) chegou a exclamar: "Salve Edmund Burke, autor supremo deste século, o homem de maior e mais refinado intelecto".[11] Thomas Babington Macaulay (1800-1859) considerava Burke "o maior dos homens desde Milton".[12] Matthew

---

[6] James Boswell, *The Life of Samuel Johnson LL.D. Including a Journal of a Tour to the Hebrides*, vol. I, Boston, Carter Hendee and Co, 1832, in Hebrides, *AEtat* 64 (Thursday, 30 September, 1773), p. 415. (N. T.)

[7] James Mackintosh, *Memoirs of the Life of Sir James Mackintosh*, vol 1, London, Edward Moxton, 1836, p. 91. (N. T.)

[8] S. T. Coleridge, *Biographia Literaria*, vol. I, London, Oxford University Press, 1907, cap. X, l. 13-4, p. 146. (N. T.)

[9] Dame Elizabeth Wordsworth, *William Wordsworth*, London, Percival and Co., 1891, cap. VIII, p. 159. (N. T.)

[10] William Hazlitt, "On Reading Old Books", in Arthur Beatty (ed.), *Twenty-Two Essays of William Hazlitt*, Boston/New York/Chicago, D.C. Heath, 1918, p. 32-33. (N. T.)

[11] Daniel E. Ritchie (ed.), *Edmund Burke: Apparaisals & Applications*, Nova Jersey, Transaction Publishers, 1990, p. 17. (N. T.)

[12] A passagem encontra-se em uma nota datada de 6 de fevereiro de 1854. In G. O. Trevelyan, *The Life and Letters of Lord Macaulay*, London, Longmans, Green and Co., 1881, p. 613. (N. T.)

Arnold (1822-1888) acreditava que Burke era o mestre mais excelso da prosa inglesa;[13] William E. H. Lecky (1838-1903) disse a respeito dos escritos políticos do estadista irlandês: "Haverá tempo em que já não serão lidos. Nunca haverá tempo em que os homens não fiquem mais sábios por lê-los".[14] Nas palavras de Leslie Stephen (1832-1904): "Considerado simplesmente como um mestre da prosa inglesa, Burke não foi, a meu ver, superado em nenhum período de nossa literatura".[15] Mas Lorde Acton (1834-1902) é o mais categórico de todos:

> Sistemas de raciocínio científico foram erigidos por autores famosos sobre fragmentos que caíram de sua mesa. Grandes fortunas literárias amealhadas por homens que comerciaram uma centésima parte dele. Henry Brougham (1778-1868) e Robert Lowe (1811-1892) viveram pela vitalidade de suas ideias. James Mackintosh e Thomas Babington Macaulay são apenas Edmund Burke podado e despido de tudo o que nos leva às alturas.[16]

Os dois primeiros livros de Edmund Burke não justificam todo esse entusiasmo, muito embora, sem dúvida, fosse um homem de grande talento e, provavelmente, um gênio. Se Burke permanece nesse patamar elevado com os críticos, mesmo tendo se tornado primordialmente um político e apenas de maneira incidental um escritor, o que não seria dito dele hoje em dia caso tivesse passado todos os anos a elaborar obras de história, crítica, humanidades e filosofia?

---

[13] Para ver o trecho do ensaio "The Function of Criticism at the Present Time", em que Arnold apresenta sua opinião a respeito de Burke, ver Daniel E. Ritchie (ed.), *Edmund Burke: Apparaisals & Applications*, op. cit., p. 27-28. (N. T.)

[14] W. H. E. Lecky, *A History of England in the Eighteenth Century*, vol. III, London, Longmans, 1882, p. 197. (N. T.)

[15] Leslie Stephen, *History of English Thought in Eighteenth Century*, vol. 2, New York, Cambridge University Press, 2012, cap. X, p. 219 (N. T.)

[16] Trecho da carta de 27 de dezembro de 1880 de Lord Acton para Mary Gladstone (1847-1927). In *Letters of Lord Acton to Mary Gladstone*, Herbert Paul (ed.), New York/London, Macmillan/George Allen, 1905, p. 155. (N. T.)

Somente nos dias de Sir Walter Scott (1771-1832), entretanto, surgiu um público capaz de tornar um homem muito rico somente por escrever livros. Poderia o jovem Burke viver dos ensaios e de um jornalismo sério sem afundar na Grub Street?[17]

Poucos homens o fazem agora, e menos ainda o faziam naquele tempo. Fora extremamente difícil para Samuel Johnson ganhar os meios para a subsistência com cartas – e Johnson poderia ter sucumbido, não fosse pela pensão que, depois, ganharia da Coroa, como sinal de gratidão por seus panfletos *tory*. Johnson e Burke se conheceram em 1758. Burke já tinha conquistado a amizade de Robert Dodsley (1704-1764), o grande livreiro, dos irmãos Thomas Wharton (1728-1790) e de Joseph Wharton (1722-1800), do Dr. William Markham (1719-1807), da Sra. Elizabeth Montagu (1718-1800), de Bennet Langton (1737-1801), de Lorde George Lyttelton (1709-1773), da Sra. Elizabeth Vesey (1715-1791), da Sra. Elizabeth Carter (1717-1806), do famoso ator David Garrick (1717-1779), de Oliver Goldsmith e de outros líderes da república das letras inglesas. Muito em breve o crítico magistral diria de Burke: "Posso conviver muito bem com Burke; amo seu conhecimento, a prolixidade, e a profusão de seu palavreado",[18] e, em outra ocasião, Johnson declarou: "Sim, senhor, se um homem tivesse de ficar durante um tempo, por acaso, com Burke, debaixo de um abrigo para resguardar-se de um chuvisco, diria: 'temos aqui um

---

[17] A Grub Street era uma rua da cidade de Londres (hoje desaparecida) que desde o século XVIII se tornou sinônimo de um tipo de literatura que só visava ao retorno financeiro. Um pouco antes da época de Edmund Burke, Alexander Pope já imortalizara a rua e seus escritores mercenários no poema satírico *The Dunciad* e Henry Fielding (1707-1754) travara uma verdadeira "guerra de papel", de inúmeros artigos e ensaios em várias publicações londrinas, contra o que chamava "escritores-picaretas" que tinham estabelecimentos nessa rua. (N. T.)

[18] James Boswell, *The Life of Samuel Johnson LL.D*, op. cit., AEtat 63 (Friday, 10 April, 1772), p. 485. (N. T.)

homem extraordinário'".¹⁹ (Quando o Club, nome do círculo de Samuel Johnson, foi formado em 1764, Edmund Burke tornou-se membro e continuou a brilhar mais que os outros com sua fala rápida, divertida e brilhante, apesar do sotaque irlandês, mais até que Johnson, David Garrick, Arthur Murphy (1727-1805), Sir Joshua Reynolds, Topham Beauclerk (1739-1780) e outros homens notáveis daquela sociedade loquaz).²⁰

Do modo mais insigne, Edmund Burke era o que Samuel Johnson considerava um candidato do Club. Generoso, bem-humorado, veemente, ia além de Johnson na amplitude do conhecimento, de modo que parecia ter estudado tudo. Seus anos de aparente inatividade, quando jantava em Middle Temple (embora desprezasse a profissão jurídica) ou vagava pelos campos ingleses, não foram vãos. Conhecia o mundo, conhecia História, conhecia as Humanidades, conhecia Filosofia, Teologia e Artes (exceto música, dizem). O que também lhe seria útil em um lugar mais grandioso: as instituições políticas inglesas. Nesse momento era um homem que poderia, aparentemente, fazer qualquer coisa – mas, naquele instante, fazer o quê? Tinha uma mulher para sustentar – e, a partir de 9 fevereiro de 1758, um filho,

---

[19] Idem, ibidem, vol. II, *AEtat* 75 (Saturday, 15 May, 1784). (N. T.)

[20] O grupo literário de debates The Club foi criado em fevereiro de 1764 pelo Dr. Samuel Johnson, junto com Sir Joshua Reynolds e Edmund Burke. Além dos três fundadores, os primeiros membros do grupo foram o Dr. Christopher Nugent, Topham Beauclerk, Bennet Langton, Oliver Goldsmith, Anthony Chamier (1725-1780) e Sir John Hawkins (1719-1789). O grupo se reunia semanalmente, todas as segundas-feiras, às sete horas da noite, no restaurante Turk's Head Inn, na Gerrard-street, no Soho. A sociedade literária gradativamente congregou novos membros, dentre os quais destacamos os nomes de Samuel Dyer (1725-1772), de Robert Chambers (1737-1803), de Thomas Percy (1729-1811), de George Colman (1732-1794), de Charles Burney (1757-1817), do já citado David Garrick, de Adam Smith (1723-1790), de Sir William Jones (1746-1794), de George Steevens (1736-1800), de Charles James Fox (1749-1806), de James Boswell (1740-1795), de Thomas Barnard (1726-1806), de Edward Gibbon (1737-1794), de George Fordyce (1736-1802) e de Joseph Warton (1722-1800). (N. T.)

Richard Burke (1758-1794). Como Johnson, confiava nos livreiros – que, naqueles dias, também eram editores.

Em 1757, esteve envolvido na elaboração de um livro em grande parte escrito por seu colega William Burke, *An Account of the European Settlements in America* [Um Relato das Colônias Europeias na América], prenunciando seu posterior envolvimentos nos assuntos norte-americanos. (Nesse mesmo ano, de fato, pensou seriamente em emigrar para a América; caso seu plano não tivesse falhado, a história dos dois continentes poderia ter sido curiosamente diferente.) No ano seguinte, escreveu para Robert Dodsley uma história da Inglaterra até o final do reinado de João Sem-Terra (1166-1216);[21] parte dela foi publicada, mas o restante do pretendido resumo de toda a história inglesa nunca foi posto no papel. "A História começa com Burke", escreveria Lord Acton na era vitoriana. Muito embora Burke nunca tenha encontrado tempo para um estudo histórico completo na proporção de um David Hume ou de um Tobias Smollett (1727-1771), essas primeiras obras, e o artigo histórico anual com que colaborou por três décadas para a revista *The Annual Register*, sugerem uma capacidade de visão histórica que ultrapassa a de Thomas Babington Macaulay ou a de Henry Brook Adams (1838-1918).

Essa busca de significado na história perpassa todos os discursos e escritos mais importantes de Edmund Burke. Podemos conjecturar sobre o futuro apenas pela apreensão do passado, defendia Burke; e, quanto ao presente, anteviu – ainda que não em tantas palavras – o aforismo de George Santayana de que aqueles que ignoram o passado estão condenados a repeti-lo. A história é um registro da ação da Providência, acreditava – ainda que os caminhos de Deus muitas vezes sejam misteriosos para nós. Como Burke observou a William Robertson (1721-1793) – um historiador mais produtivo, mas menos

---

[21] Edmund Burke, *An Essay Towards an Abridgment of the English History. In Three Books* [1757]. (N. T.)

talentoso –, a incapacidade dos homens públicos de ler a história faz que a história consista, em grande parte, em juízos históricos sobre atos do parlamento.

Entrementes, Burke fizera um contrato com Dodsley para compilar e editar uma nova publicação – que continua a existir até hoje –, *The Annual Register*,[22] voltada para os principais acontecimentos e textos políticos, questões literárias e filosóficas e para as ocorrências surpreendentes do ano, incluídos ensaios e poemas. O primeiro número apareceu em junho de 1758. É possível que o próprio Burke tenha realizado por seis anos essa tarefa descomunal; por um quartel de século depois, deu certa supervisão geral e escreveu o artigo histórico anual (que perdurou como autoridade para acontecimentos na última metade do século XVIII). Como disse muito depois, nesse trabalho exigente "julguei ser necessário analisar todos os interesses comerciais, financeiros, constitucionais e externos da Grã-Bretanha e de seu Império"[23] – e também muito mais. Durante seu primeiro ano no Parlamento, Burke quase não pôde suportar esse fardo literário e editorial, e, assim, depois confiou boa ou grande parte do volume a outros.

Outros escritores, alguns deles homens ilustres, pilharam a *The Annual Register* desde a estreia: Oliver Goldsmith, como historiador, muito deveu aos artigos históricos de Edmund Burke; e muitos

---

[22] A *The Annual Register* já passou por diversas reformulações desde Burke, mas nunca deixou de publicar-se. No formato atual, oferece um relato da história do ano, além de cobrir amplo espectro de progressos nos campos da ciência e das humanidades. Os artigos são escritos por acadêmicos ou jornalistas especializados nos assuntos, de várias partes do mundo. Em 2008 ganhou o prêmio da Specialized Information Publishers Association (SIPA) de melhor publicação de referência. Atualmente é publicada pela empresa norte-americana ProQuest, e todo o acervo, desde o primeiro número em 1758, encontra-se digitalizado e disponível *online* para assinantes. (N. T.)

[23] Edmund Burke, *A Letter to a Noble Lord* (1796), in *The Works of The Right Honorable Edmund Burke*, Boston, Little, Brown and Co., 1866, vol. V, p. 191. (N. T.)

historiadores norte-americanos dos primeiros anos da República, sem hesitação, plagiaram a revista. Harvey Wish (1909-1968) assinala que historiadores norte-americanos famosos como David Ramsay (1749-1815), John Marshall (1755-1835) e o reverendo William Gordon (1728-1807) utilizaram-se (em parte) não só das interpretações de Burke acerca das questões coloniais, mas com maior frequência de seus próprios parágrafos. "Poucos ingleses tiveram um conhecimento tão profundo das questões coloniais quanto Burke", escreve Wish. "Os artigos na *The Annual Register* eram copiosos, severamente observadores e de calorosa compaixão. Não é de admirar que os autores pós-revolucionários, por certo, se lançassem, impetuosos, sobre eles."[24] Este é apenas um dos modos sutis como a influência de Burke, por fim, se espalhou muito além da Inglaterra.

A compilação desse volume anual ajudou imensamente na preparação de Edmund Burke para a vida pública, mas não pagava as dívidas. Ao contrário dos escoceses que trabalhavam literariamente no sótão de Samuel Johnson, os Burkes não eram frugais (tanto o amigo William Burke quanto o irmão, Richard Burke, viveram grande parte desse período na casa de Edmund – como o fizeram por grande parte de suas vidas).[25] Muito embora a *The Annual Register* fosse um sucesso comercial excepcional, nos primeiros anos Burke recebeu apenas poucas centenas de libras por ano, e nos primeiros dez anos a média talvez tenha sido de trezentas libras por ano a título de salário. (Por ocasião da morte do pai, Richard Burke, em 1761, Edmund herdou poucas centenas de libras, que não bastariam, em Londres, para os generosos Burkes.) Fez-se necessário para Edmund tentar combinar a profissão literária com algum outra forma de obter um meio de vida razoável.

---

[24] Harvey Wish, *The American Historian: A Social-Intellectual History of the Writing of the American Past*, New York, Oxford University Press, 1960, p. 40.

[25] Para uma análise hostil das finanças e empreendimentos especulativos dos Burkes, consultar Dixon Wecter, *Edmund Burke and his Kinsmen: A Study of the Stateman's Financial Integrity and Private Relationships*, Boulder, 1939.

A participação na política pode ser conjugada – ainda que de modo um tanto desagradável – com o empreendimento literário. Em setembro de 1759, Burke esforçou-se em vão, por meio de amigos influentes, a persuadir William Pitt (1708-1778), o Velho, a indicá-lo para cônsul britânico em Madri (pouco antes, William Burke fora nomeado secretário e escrivão público em Guadalupe, tomada dos franceses, e partira para seu posto nas Índias Ocidentais; o irmão Richard Burke tornara-se um tipo superior de encarregado da carga em uma viagem mercantil das Índias Ocidentais).

No entanto, anteriormente naquele mesmo ano, Edmund Burke fora apresentado por James Caulfeild (1728-1799), 1.º Conde de Charlemont, o melhor dos nobres irlandeses, a William Gerard Hamilton (1729-1796), nessa altura um político em ascensão de grandes posses e interesses literários, comumente chamado de "Hamilton-um--discurso" por causa de seu discurso inicial bem-sucedido (ainda que único) na Câmara dos Comuns, quatro anos antes. Hamilton precisava de assistência literária e política; Burke possuía tanto charme como sabedoria; assim, por um arranjo de certo modo amorfo – não fica claro se Burke recebeu salários ou apenas somas ocasionais de dinheiro –, Hamilton e Burke concordaram em combinar esforços tanto para os prazeres da conversação séria como para a promoção política. Burke passaria os invernos como conselheiro de Hamilton e os verões trabalharia nos próprios livros. Como, anteriormente, Samuel Johnson e Philip Dormer Stanhope (1694-1773), 4.º Conde de Chesterfield, Burke, da mesma maneira, conseguiu um patrono, e, assim como Johnson e Lorde Chesterfield se separaram com acrimônia, assim também, por fim, o fizeram Burke e Hamilton.

Na primavera de 1761, Hamilton visitou Dublin como Secretário-Geral da Irlanda sob as ordens de George Montagu-Dunk (1716-1771), 2.º Conde de Halifax, o *Lord-Lieutanant* da Irlanda, e Burke, intimamente familiarizado com os assuntos irlandeses e conhecedor profundo dea história irlandesa, acompanhou-o como secretário particular. Precisavam permanecer em Dublin apenas durante as sessões do Parlamento Irlandês. Neste local, Burke começou a escrever o tratado contra as "leis papistas" que oprimiam os católicos irlandeses. Um acadêmico perceptivo, Walter D. Love (1924-1967), argumenta de modo convincente que foi o desejo ardente de Burke de melhorar a condição dos irlandeses, combinado com as necessidades financeiras, o que na verdade o convenceu a desistir de sua carreira literária em prol das lutas desordenadas das políticas facccionárias e dos parlamentos.[26]

Embora constituíssem a grande maioria da população, os católicos irlandeses foram totalmente privados de direitos civis desde o triunfo final dos hanoverianos; e, ainda que as leis penais já não fossem aplicadas com pleno vigor, em teoria – e, às vezes, na prática – os católicos não desfrutavam de igual proteção das leis ou não tinham a posse garantida da propriedade e, é claro, não podiam exercer um cargo público. A essa causa de descontentamento, somava-se a pobreza da Irlanda rural, superpovoada e mal cultivada – a Irlanda da obra *Castle Rackrent* [O Castelo Rackrent], de Maria Edgeworth (1768-1849).

Desse sofrimento surgiram, pouco antes de Burke acompanhar Hamilton a Dublin, os Whiteboys – cavaleiros noturnos em túnica branca que violentamente se opunham ao cercamento dos campos comunais pelos grandes proprietários e intimidavam os coletores de impostos, incendiando pilhas de feno e casas – o início da rebelião irlandesa que não terminaria senão na segunda década do século XX e que ainda não se extinguiu de todo. Pelo menos um dos parentes Nagle de Burke foi acusado de participação nesse movimento. Os Whiteboys cometiam atos normalmente imputados a terroristas noturnos, e Burke não lhes perdoava a violência. No entanto, protestava de modo veemente, até onde estivesse em seu poder, contra as ferozes

---

[26] Ver Walter D. Love, "Burke's Transition from a Literary to a Political Career", in *The Burke Newsletter* nº 22, Winter 1964-65.

punições dispensada aos Whiteboys capturados ou suspeitos (um padre proscrito e outros foram cruelmente condenados à morte). Uma espécie de Titus Oates (1649-1705)[27] do século XVIII, um informante de veracidade mais que duvidosa, surgiu para testemunhar que os Whiteboys eram cúmplices de uma conspiração francesa e papista contra a coroa – acusação que Burke desacreditou totalmente, declarando aos amigos que a pobreza e o desespero haviam provocado tais distúrbios.

Antes de cruzar a Irlanda com Hamilton, Burke escreveu sobre tais problemas ao advogado e amigo John Ridge, em Dublin:

> Pelo amor de Deus, deixe-me um pouco mais ciente desse assunto e da história dos novos niveladores. Vejo que tendes apenas um modo de aliviar a pobreza na Irlanda. Suplicam pão e dais-lhes "não uma pedra", mas o patíbulo.[28]

Ainda que William Gerard Hamilton, assim como seu secretário, desejasse a reforma irlandesa e fosse bastante amistoso com os católicos, não poderiam vencer os interesses protestantes no Parlamento irlandês. Contudo, o Secretário-Geral tinha à disposição o direito de nomear os funcionários públicos e obteve das autoridades irlandesas uma pensão de trezentas libras para Edmund Burke – na época, o método comum de recompensar os serviços políticos em vez de pagar salário.

Em 1764, Hamilton saiu com a vinda de Hugh Percy (c.1714-1786), 1.º Duque de Northumberland (que sucedera Halifax como *Lord Lieutenant* da Irlanda), e, assim, demitido do secretariado, Burke retornou a Londres, para nunca mais exercer influência direta na Irlanda – mas para lutar durante todos os anos no Parlamento por justiça para os irlandeses, em geral, e para os irlandeses católicos, em particular.

---

[27] Referência ao perjuro Titus Oates, inventor do "complô papista", uma suposta conspiração católica para matar o rei Charles II (1630-1685) e que levou à execução de cerca de vinte e dois homens. (N. T.)

[28] *Correspondence of Edmund Burke*, I, op. cit., p. 169.

Como assinala Walter Love, Burke normalmente argumentava das circunstâncias para o princípio: ou seja, via as coisas e os homens e, depois, buscava os princípios gerais aplicáveis aos descontentes em geral. Pode ser, como sugere Love, que as observações de Burke na Irlanda o tenham ajudado a seguir a filosofia política que expressou com tamanho vigor após deixar a Câmara dos Comuns.

> O mau governo deve ter motivado a pensar sobre o que o governo tem de ser, lançando o pensamento político de Burke, inevitavelmente, a um plano de teoria política em vez de fazê-lo permanecer no plano inferior em que o pensamento se refere a coisas concretas apenas com pequenos problemas.[29]

Por detestar o exercício arbitrário do poder político, Edmund Burke foi induzido às quatro grandes contendas de sua vida – a tentativa de conciliação com as colônias norte-americanas, a participação nos debates dos Rockingham *whigs*[30] contra o poder doméstico de George III (1738-1820), a acusação contra Warren Hastings e a apaixonada resistência ao jacobinismo, a "doutrina armada". Na América, na Inglaterra, na Índia e na França, a negação da justiça fez Burke despertar para a grandeza, pois seus anos no castelo de Dublin lhe mostraram que a ordem e a liberdade devem ser mantidas em um equilíbrio ou tensão tolerável para que tudo possa ser conjuntamente assegurado. Os assuntos irlandeses se tornaram o microcosmo de sua política.[31]

---

[29] Love, op. cit., p. 387-88.

[30] Nome dado à facção de *whigs* liderada por Charles Watson-Wentworth (1730-1782), 2.º Marquês de Rockingham quando foi o líder da oposição na Câmara dos Lordes durante o governo de Frederick North (1732-1792), 2.º Conde de Guilford, entre 1770 e 1782, e durante os dois mandatos de Rockingham como primeiro-ministro, em 1765-1766 e 1782. Edmund Burke foi um dos líderes deste grupo na Câmara dos Comuns. (N. T.)

[31] Para um tratamento completo desse assunto amplo, ver Thomas H. D. Mahoney, *Edmund Burke and Ireland*, Cambridge, Mass., Harvard University Press, 1960.

De volta a Londres, Edmund Burke distanciou-se de William Gerard Hamilton, para enorme descontentamento do político. Por ter assegurado a pensão irlandesa para Burke, Hamilton esperava poder contar, indefinidamente, com os serviços do amigo-secretário; quando tal argumento foi apresentado a Burke, este, colérico, renunciou à pensão – embora, por lei, pudesse tê-la mantido, mesmo depois de apartar-se do patrono. Antes disso, Hamilton sugerira a Burke que abandonasse a editoria da revista *The Annual Register* – com uma compensação monetária por essa renda sacrificada – de modo que pudesse passar mais tempo naquilo que eram os interesses de Hamilton. Burke, todavia, continuava a ver-se como autor e não consentiria em abandonar esse laço forte com a república das letras. Sentia-se afortunado por ter escapado das preocupações de Estado.

Assim, após deixar o aflito Hamilton, Burke escreveu ao amigo Charles O'Hara (1746-1822) (proprietário de grandes extensões de terra em Sligo) que dava graças à "Providência todo dia e toda hora por encontrar-me livre de pensamentos e de personagens dessa espécie" – ou seja, de todo o envolvimento parcial contínuo na política faccionária, das necessidades e compromissos do cargo, apesar das atrações da função governamental com suas oportunidades para realizar algo em benefício do público.

> No entanto, o caminho é certo; não há contradições que apaziguar; não há interseção de pontos de honra ou interesse por ajustar; tudo é claro e desimpedido; e o desgaste da mente, que é salva por manter-se à distância das políticas desonestas, é uma compensação absolutamente inestimável.[32]

Samuel Johnson aceitou o posto de conselheiro de William Gerard Hamilton que Edmund Burke deixara vacante. Se o grande erudito e lexicógrafo não podia viver sem tais ligações, como poderia

---

[32] Carta de Burke a O'Hara de 23 de dezembro de 1766. In *Correspondence of Edmund Burke*, I, op. cit., p. 285.

fazê-lo Burke? E, apesar da aversão de Burke às "políticas desonestas", já sentira algo do chamado ao dever público que havia operado em Cícero, um dos modelos de Burke. Cícero também, sem dúvida, teria sido mais feliz vivendo retirado em uma de suas *villas*, escrevendo manuais de Filosofia; mas o período não permitiria isso a um homem de consciência com alguma experiência nos interesses públicos. Assim, Burke foi novamente arrastado, quase imediatamente, para a política faccionária – a qual não abandonou até os *whigs* serem dilacerados pela Revolução Francesa.

De modo quase necessário, Edmund Burke foi atraído para uma das facções *whigs*, pois os *tories* praticamente tinham deixado de existir, naquela época, como um partido coerente, e nada tinham a oferecer a um homem em ascensão que buscava tanto uma oportunidade de trabalhar para o bem comum quanto a oportunidade de uma nomeação. Seu amigo William Burke já estava intimamente associado a Ralph Verney (1714-1791), 2.º Conde de Verney, um membro do grupo *whig* liderado pelo Marquês de Rockingham. Estes eram reformadores moderados cujos princípios, ainda que pudessem ser vagamente determinados, eram similares às ideias políticas de Burke. Será que ele deveria juntar-se a Rockingham e ingressar no Parlamento?

As alternativas eram poucas e nada promissoras. Enquanto estava associado a Hamilton, Burke em vão solicitara o posto de agente político de Londres para a colônia de Nova York; depois, em 1764, buscou ser nomeado – e novamente se decepcionou – agente para Granada e outras ilhas das Índias Ocidentais tomadas da França. (William Burke estava de novo em Londres, sua nomeação terminara com a devolução de Guadalupe à França.) Os Burkes poderiam ter-se juntado a outra facção de *whigs*, mas os políticos ao redor de John Russell (1710-1771), 4.º Duque de Bedford, eram uma turma corrupta, e os outros círculos pareciam amorfos, sem princípios ou excêntricos. Talvez pudesse juntar-se ao grupo de Rockingham, e ainda assim, depois, em circunstâncias mais felizes, retornar à profissão das letras.

Desde a deposição de James II (1633-1701) do trono em 1688, os magnatas *whigs* quase monopolizaram a política inglesa. O complô de Bolingbroke para desbaratá-los em 1714, na morte da rainha Anne (1665-1714), falhara. O recurso jacobita às armas em 1705, em 1715 e em 1745 foi varrido do mapa. Os dois primeiros reis da casa de Hanover, George I (1660-1727) e George II (1683-1760), interessados nos seus territórios alemães, sobretudo, e incapazes de falar coerentemente inglês, deram pouco aborrecimento aos duques, marqueses, condes e outros políticos *whigs*. Muito embora a hierarquia dos nobres continuasse a ser, na grande maioria, *tory*, era de um torismo abrandado que, mesmo em 1745, não salvaria o Pretendente de Culloden.[33]

Os *whigs* governaram, em parte, pela corrupção do Parlamento e do eleitorado. No entanto, também eram – muitos deles – amantes da liberdade e dos direitos privados, discípulos de John Locke (1632-1704). Possuíam coragem, considerável energia (apesar da predileção pela vida do campo) e bom gosto. Como disse Leslie Stephen, eram insuperáveis ao suspeitar dos clérigos – ou seja, da doutrina e disciplina da High Church – e muitas vezes estavam aliados aos interesses comerciais. Será que alguma coisa poderia abalar tal supremacia? Possivelmente, George III, embora utilizasse, de tempos em tempos, este ou aquele grupo restrito de *whigs*, desgostava imensamente deles. Mais terrível que a oposição do rei, talvez fosse a dos principais homens de letras e eruditos de meados do século XVIII, como o Visconde

---

[33] Referência ao príncipe Charles Edward Stuart (1720-1788), herdeiro católico da casa dos Stuarts ao trono da Inglaterra, Escócia e Irlanda e líder da facção jacobita que perdeu a batalha para as tropas fiéis aos Hanovers no pântano de Culloden, na Escócia, em 16 de abril de 1746. O jovem príncipe Stuart era neto do rei James II e filho do príncipe James Francis Edward Stuart (1688-1766), sendo denominado Charles III pelos jacobitas e chamado "*the young Pretender*" [o jovem Pretendente] pelos adversários, ao passo que o pai fora conhecido como James III e "*the old Pretender*" [o velho Pretendente]. (N. T.)

Bolingbroke, Jonathan Swift, Alexander Pope, Samuel Johnson. John Locke já estava morto havia algum tempo. Onde poderia encontrar-se um homem de ideias que expressasse sua causa com clareza e graça?

Era uma época para a imaginação moral na política, caso os senhores da Inglaterra tivessem de continuar a governar. Descontentes sempre poderiam ser detectados na América e na Irlanda. A turba dos *tories* começava a rezingar. Demagogos como John Wilkes (1725-1797) estavam crescendo. Na Índia, conquistava-se um império num acesso de distração. George III, ao empregar a velha arma *whig* da corrupção, parecia determinado a vindicar Bolingbroke. Samuel Johnson chamou os *whigs* de "incompreensíveis". Entretanto, entre eles estavam homens de espírito público e grande determinação que sabiam que na política havia algo além de posses e complacência. Ainda que vitoriosos na Guerra dos Sete Anos, a Grã-Bretanha ingressava em novas provações e descontentamentos. Quaisquer que fossem os erros, a nobreza e as boas famílias *whigs* – diferentemente da antiga ordem no continente –, não eram decadentes e ainda sabiam como competir com jacobitas e jacobinos.[34]

A atrativa figura do segundo Marquês de Rockingham, um cavalheiro quase da idade de Edmund Burke, era o centro de um grupo de políticos *whigs* em oposição, ao mesmo tempo, aos "amigos do rei" que apoiavam George III e aos inescrupulosos *whigs* de Bedford. Na ampla mansão de Wentworth Woodhouse, em Yorkshire (hoje uma escola para treinamento de professores de educação física), este herdeiro do grande conde de Stratfford passou uma existência sossegada, assim como tantos líderes políticos até a Primeira Guerra Mundial – entretido pela política e fascinados pelo turfe –, com imensos recursos para dispender nos excessivamente custosos processos eleitorais do século XVIII. (Mesmo nos últimos anos, o finado William Thomas

---

[34] Para comentários sobre os *whigs* na época de Burke, ver Lord David Cecil, *The Young Melbourne*. London, 1939, p. 20; e Sir Philip Magnus, *Edmund Burke: A Prophet of the Eighteenth Century*, London, 1939, p. 23-24.

George Wentworth-Fitzwilliam [1904-1979], 10.º Conde Fitzwilliam, proprietário de Wentworth Woodhouse e sucessor distante do Lorde Rockingham da época de Burke, desfrutava de uma renda de mil libras por dia.) William Burke conseguiu um encontro de Rockingham com Edmund Burke, e um gostou do outro. Burke tornou-se um membro do clube dos *whigs* que se encontrava frequentemente na taberna Wildman – entre os membros, nada menos que quatro duques e nove condes, e outros homens importantes da política, como Charles Townsend (1725-1767), Sir William Meredith (1725-1790), Sir William Baker (1705-1770) e o próprio Rockingham.

Centrado nesse clube, o interesse de Rockingham constituía-se no "legítimo" e, muitas vezes, maior bloco de resistência *whig*. William Pitt, o Velho, que logo seria feito 1.º Conde de Chatham, também comandava boa parte do apoio *whig*, principalmente entre os comerciantes e os banqueiros da City; seu "gênio com um quê de loucura" não era, contudo, da ordem sobre a qual um partido deveria ser construído. Lorde George Grenville, nessa época primeiro-ministro, comandava sua própria facção *whig*. Houve e ainda haveria outros conciliábulos por modificar, incorporar, altercar e reorganizar.

A vinculação a determinado líder e o desejo de um cargo público distinguiam, mais claramente que qualquer outra coisa, um grupo do outro. O verdadeiro partido, todavia, começou a tomar forma entre os *whigs* que seguiram o príncipe William Augustus de Hanover (1721-1765), Duque de Cumberland, e o marquês de Rockingham. Bertram Newman (1886-19??) descreve de maneira sucinta os conceitos e a aspirações gerais desses *whigs* de Rockingham:

> Orgulhavam-se de ser os verdadeiros e únicos depositários das tradições sagradas de 1688, e, na altivez idêntica à de Chatham e de seus seguidores rumorosos na City de Londres e na influência corrupta dos Bedfords, recusavam-se a estudar a ideia de perturbar o equilíbrio das instituições inglesas enfraquecendo incidentalmente a própria influência por qualquer medida real de reforma parlamentária.

Um item primordial no programa, e que ganhou especial proeminência quando Burke se tornou seu filósofo, era manter a coroa no lugar por intermédio de um partido organizado e de um sistema de gabinete no sentido moderno.[35]

Durante o ano que se seguiu ao retorno da Irlanda, Edmund Burke adquiriu uma reputação considerável entre os Rockinghams. Era um homem de reflexão, perceberam-no, e necessitavam disso. Poderia dar ordem e coerência às ideias. Ademais, Burke fascinava: era uma boa companhia; ninguém se comparava a ele ao falar, seu raciocínio era extremamente rápido, despachava melhor que qualquer um deles e era confiável.

A esperança mantinha os Rockinghams, que acreditavam assumiriam em breve o governo e aí se manteriam por um tempo. Ao triunfar da França dois anos antes, a Inglaterra poderia agora dedicar-se a melhorias internas e à expansão colonial, e os Rockinghams proporcionariam a liderança. A primeira expectativa foi satisfeita, mas a segunda frustrada; e ao unir-se a eles, no decorrer das coisas, Burke condenou-se a uma carreira parlamentar – desafortunadamente; no entanto, precisava do salário do cargo – passado, quase completamente, na oposição. Apesar das ofertas tentadoras, vez por outra, das demais facções, permaneceria o tempo todo leal às amizades políticas adquiridas em 1765.

De modo um tanto inopinado, o ministério de Grenville foi demitido em julho de 1765. Os Grenvilles, os Bedfords, os amigos do rei e os *tories* que compunham o governo desocuparam os cargos. Não Pitt, errático e arrogante, mas Lorde Rockingham foi convidado para formar o novo governo – recomendado ao rei relutante pelo Duque de Cumberland. Ao aceitar o governo, Rockingham pediu a Burke que se tornasse seu secretário particular. Na ocasião, assim como agora, às vezes o secretário particular do primeiro-lorde do Tesouro era

---

[35] Bertram Newman, *Edmund Burke*, London, G. Bell & Sons, 1927, p. 37.

um homem de distinção. Dessa maneira, pela primeira vez Edmund Burke se viu no centro do poder; e William Burke também assumiu um posto, como subsecretário de Estado.

Edmund Burke não era apenas o braço direito de Rockingham, mas os dois braços, como John Hobart (1723-1793), 2.º Conde de Buckinghamshire, escreveu a Grenville: "um metafísico, um homem de erudição e de imaginação" saído de uma mansarda (desse modo o descreveu Buckinghamshire) para o topo da administração. O próprio Burke escreveu a Charles O'Hara:

> Tenho um emprego de tipo bastante humilde; mas que pode ser transformado em algum tipo de compensação ou, ao menos, de vantagem. Secretário particular de Lorde Rockingham, que tem reputação de homem de honra e de integridade, e com quem, como dizem, não é difícil viver.[36]

O secretariado privativo, entretanto – isso é típico da maioria dos anos de Edmund Burke na política –, não pagava salário algum, e Rockingham não proveu a Burke nenhuma sinecura comumente relacionada ao cargo. (Da relação de muito tempo com Rockingham, na verdade, Burke obteve grandes empréstimos, perdoados por ocasião da morte de Rockingham, e ofertas menos frequentes de menor monta; mas era um serviço incerto e não muito lucrativo.) Por certo, duzentas e cinquenta libras, e possivelmente algo mais, eram pagas a Burke com autorização de Rockingham pelo *Secret Service Fund*[37] – na ocasião, o meio de oferecer alguma compensação a membros não

---

[36] *Correspondence of Burke*, I, op. cit., p. 211.

[37] Diferentemente da lista civil de fundos públicos, cujos detalhes eram abertos, os "fundos do serviço secreto" eram fundos sem maiores especificações acrescidos ao montante fixo de capital concedido pelo Parlamento e não sujeitos ao imposto de 15% cobrado das pensões constantes da lista civil. Boa parte desses fundos servia para espionagem e propaganda política no estrangeiro, mas outra boa parte, denominada "contas privadas", servia para conceder pensões a autores pobres como, por exemplo, Edmund Burke e Samuel Johnson, pagas diretamente pelo primeiro-lorde do Tesouro. (N. T.)

assalariados do ministério. Isso era, no entanto, uma ninharia para o enorme trabalho de Burke para o governo de Rockingham. Ele era, com efeito, o gerente do partido e o principal membro do partido encarregado de controlar os correligionários para comparecer às sessões do parlamento, bem como o homem de ideias do governo.

Tal pessoa deve ter uma cadeira na Câmara dos Comuns. Lorde Verney, o rico cavalheiro irlandês próximo a William Burke, tinha sob total influência o município de Wendover. William Burke declinou da cadeira em favor de Edmund, e, no dia 23 de dezembro de 1765, os eleitores de Wendover escolheram o talentoso irlandês para representá-los. "Ontem fui eleito por Wendover", escreveu Burke a O'Hara, "fiquei bêbado e nesse dia tive um severo resfriado".[38]

A animação dessa noite em Wendover, com brindes a Burke, a John Wilkes (cuja demagogia, na verdade, Burke desprezava) e à liberdade foi sucedida de apreensões. Dois anos depois, Burke escreveu a O'Hara sobre os primeiros dias como membro do Parlamento:

> Todos me congratularam ao chegar à Câmara dos Comuns, como se estivesse no caminho certo para uma sorte grande e rápida, e, quando comecei a ser ouvido com alguma atenção, todos os meus amigos ficaram esperançosos. Em verdade, todavia, nunca fui tanto eu mesmo. De modo algum ingressei no Parlamento como em um lugar de promoção, mas sim de refúgio; fui compelido a isso. E tenho sido um membro, e também isso com alguma aclamação, ou, pouco pior, tais foram as tentativas de arruinar-me quando pela primeira vez comecei a intrometer-me no Negócio. Considero, no entanto, minha situação do lado da fortuna como muito precária. Estimei-me, no novo dever que me coube, como um homem dedicado; e, ao pensar desse modo, nada que não esperei e para o qual não estava bem-preparado me aconteceu.[39]

Os primeiros discursos parlamentares de Burke foram maravilhosamente bem-sucedidos – o que muito importava, naquela época.

---

[38] *Correspondence of Edmund Burke*, I, op. cit., p. 223.
[39] Carta de Burke a O'Hara de 11 de dezembro de 1767, in ibidem, p. 340.

Samuel Johnson comentou: "Ele fez dois discursos na Casa para revogar o *Stamp Act* [Lei do Selo] que foram publicamente elogiados pelo Sr. Pitt e que encheram de assombro a cidade. Burke é, por natureza, um grande homem, e esperamos que em breve alcance a grandeza civil". E esse elogio veio do homem que declarara que "o Diabo foi o primeiro *whig*".[40]

Entretanto, o "refúgio" de Edmund Burke no lugar – ainda que não na capela de St. Stephen[41] – teria breve duração; e, igualmente, não tinha nutrido grandes expectativas de fortuna ali. Mesmo assim, fica claro, todavia, que acreditava que a política prática não era nada melhor que uma alternativa infeliz a uma vida dedicada à Filosofia e à Literatura. Foi somente ao estar envolvido calorosamente nas querelas sobre os assuntos norte-americanos, indianos e na reforma doméstica que ele descobriu, com Cícero, que a carreira de estadista poderia proporcionar ocasiões e temas para a imaginação moral e para o talento literário.

Grenville aprovou o *Stamp Act* antes de deixar o governo, e, assim, os Rockinghams estavam, ao mesmo tempo, imersos na corrente de acontecimentos que levariam, dentro de uma década, às batalhas de Lexington e Concord[42] e à Declaração de Independência. No âmbito deste breve livro sobre Edmund Burke, poderemos analisar, sem aprofundamentos, somente as principais causas e temas que Burke encontrou durante sua vida pública; do contrário, vagaríamos desnorteados na floresta de pedra de controvérsias sem viço, e, como disse John Henry Newman (1801-1890), se quisermos conhecer algo, devemos nos resignar a ser ignorantes de muito.

---

[40] James Boswell, *Life of Johnson*, pref. R. W. Chapman, intr. C. B. Tinker, London, Oxford University Press, 1953, p. 973. (N. T.)

[41] O prédio da antiga capela de St. Stephen era o local onde funcionava a Câmara dos Comuns na época de Burke e foi destruído pelo fogo em 1834. (N. T.)

[42] Essas batalhas foram os primeiros confrontos da Guerra de Independência Norte-Americana em 1775. (N. T.)

A principal ocupação de Burke na primeira década de Parlamento era a crise nas colônias norte-americanas. No empenho de conciliação, Burke e seu partido falharam; mas do debate surgiu muito da sabedoria política de Burke. O capítulo seguinte, consequentemente, versará sobre Burke na América, com exclusão de preocupações menores de Burke entre 1766 e 1777.

O filósofo em ação: essa era a descrição de Edmund Burke do estadista perfeito. Tinha, então, trinta e seis anos e estava preparado para a ação política com fundamento filosófico, como jamais estivera um homem. Pelos próximos vinte e nove anos, lutaria no meio da imprensa política, emaranhado em todas as brigas do momento, e depois, ao sair do Parlamento, empunharia novamente sua pena – para exercer, por fim, o último poder prático dado a pouquíssimos autores e homens de intelecto.

Capítulo 3 | Conciliação e Prudência

No último terço do século XVIII, a Grã-Bretanha estava perdendo um império na América do Norte e aumentando outro na Índia. Edmund Burke, ainda que nunca tivesse visitado a América ou a Índia, teve o interesse absorto em ambas durante as três décadas no Parlamento. A Irlanda também era um problema imperial e o fez dispender muita energia nos assuntos de sua terra natal. Ao mesmo tempo, lutava em casa com a ambição do rei George III, reunia um partido, defendia reformas governamentais e construía um corpo de princípios que visava preservar a Constituição britânica e adaptá-la a uma nova era. (O verdadeiro estadista, disse, une a disposição de preservar à capacidade de reformar.) Por fim, foi compelido a tornar-se filósofo, de modo que a civilização cristã e europeia pudesse resistir à doutrina armada.

Para efeito de clareza, esses principais campos de atividade serão tratados separadamente (em grande parte) nos capítulos seguintes, ainda que, cronologicamente, se sobreponham ou concidam de algum modo. Em linhas gerais, no entanto, a sequência de interesses foi a seguinte: primeiro, a Revolução Americana; segundo, a luta com o rei, incluindo a reforma econômica; terceiro, os assuntos da Índia; e, por fim, a Revolução Francesa. A questão irlandesa corre em paralelo a todas essas querelas, tornando-se mais grave com o passar dos anos.

A primeira questão muito grande com que Edmund Burke deparou – na verdade, no exato dia em que ganhou sua cadeira na Câmara dos Comuns – foi o furacão que se formava nas colônias norte-americanas. Essa tarefa – ainda que, em termos de sucesso prático, tenha sido o empreendimento menos duradouro de Burke – permaneceu, até bem pouco tempo, como o aspecto de Burke mais bem conhecido pelos norte-americanos.

Persistiu nos Estados Unidos a impressão popular e errônea de que, de algum modo, Burke era "a favor" da causa revolucionária norte-americana. Na verdade, Burke nunca favoreceu revolução alguma – com exceção da Revolução Gloriosa de 1688, que ele disse não ter sido uma revolução feita, mas evitada, e, portanto, absolutamente, não fora uma revolução. É bem verdade que se solidarizou com alguma das reclamações dos oponentes mais moderados sobre as políticas coloniais rigorosas de George III. No entanto, revolução e separação do império acreditava que fossem grandes males, e, esperavam-no os *whigs* de Rockingham, por concessões oportunas e compromissos isso poderia ser evitado.

Não podemos aqui rememorar em detalhes as causas e a marcha do movimento norte-americano de independência. Talvez a ruptura não pudesse ter sido de modo algum evitada. Depois da paz de 1763, as colônias norte-americanas já não precisavam da proteção britânica contra a França. Ao crescerem rapidamente em número e em prosperidade, separados do rei e do Parlamento pelo Atlântico, mais de dois milhões de norte-americanos de ascendência europeia, naturalmente, rumaram para o autogoverno. Então, igualmente, o velho sistema mercantilista, expresso pelos *Navigation Acts* [Leis de Navegação], foi por água abaixo; logo a base teórica viria a ruir com Adam Smith (1723-1790). Isso já não mais coincidia com o interesse das treze colônias. Entretanto, a ruptura poderia ter sido adiada, ou alguma ligação livre com o Império Britânico poderia ter permanecido quase indefinidamente se George III e a maioria do Parlamento não insistissem em assegurar direitos de suserania absoluta que não podiam levar a cabo.

A disputa imediata versava sobre se e como as colônias norte-americanas deveriam pagar sua parte na defesa militar do Império. Durante a Guerra dos Sete Anos, entre 1755 e 1763, as várias assembleias coloniais votaram dotações voluntárias para auxiliar as operações contra a França, mas, por vezes, essas dotações eram tardias e, ocasionalmente, mesquinhas. A tentativa de levantar fundos regularmente para esse propósito, por tributação das colônias tanto "externa" quanto "interna", foi o erro fundamental do rei e da maioria dos ministros. Embora a reivindicação real não fosse irrazoável ou injusta, era inoportuna, terminada a ameaça francesa, e entrou em conflito com o orgulho inflado dos colonos, que exigiam todos os "direitos de ingleses" – ou, de fato, algo mais que os direitos que possuíam os súditos do rei na Grã-Bretanha e na Irlanda.

Não obstante as declarações dos patriotas norte-americanos – e, ocasionalmente, de Burke –, George III não era um tirano nem um tolo. Ao contrário, era um rei muito teimoso de talentos limitados. Acreditava ser um patriota: o manual *tory* de Bolingbroke, *The Patriot King* [O Rei Patriota], tinha lugar de destaque no seu pensamento. Muitas vezes, via-se como o defensor do bem comum ou do povo inglês contra a oligarquia *whig*, que a seus olhos, como aos de Bolingbroke, usurpara a autoridade real consagrada pelo uso. Quando, por fim, faleceu (anos depois de Burke), ainda que estivesse louco desde havia anos, foi imensamente pranteado pelo povo. (Diferentemente dos franceses, que permaneceram em um silêncio soturno quando Luís XIV [1638-1715] foi levado ao túmulo, vaiaram a procissão funeral de Luís XV [1710-1774] e não esperaram a morte natural do monarca bem-intencionado Luís XVI [1754-1793].) Ainda que tenha perdido um império por imprudência, George III era um soberano de bom caráter e de bom coração, o primeiro verdadeiro inglês da Casa de Hanover, mas obcecado pelas ideias de prerrogativas reais absolutas, e – sem escrúpulos nos expedientes – contendia de modo empedernido com todas as tendências da época, na pátria ou n'além mar.

Edmund Burke bateu-se com o rei e com a maioria dos ministros por trinta anos; fez oposição a George III com especial mordacidade durante a disputa a respeito da política norte-americana, ao acreditar que, se o rei tivesse sucesso em diminuir as liberdades norte-americanas, imediatamente tornaria as políticas inglesas tão arbitrárias como as de James II. Entretanto, sempre foi leal à instituição da Coroa, e quando os radicais começaram a falar de "reis cassados" aos moldes da França, Burke (mudando de frente, mas não de fundamento) voltou-se contra tais inimigos da antiga constituição com um vigor que excedeu até o demonstrado diante das aspirações de George III.

"A reverência pela Igreja e pela Coroa, pela história e pela tradição, a preferência pela sociedade orgânica em lugar de uma filosofia atomística de direitos naturais dos revolucionários do século XVIII tornaram-nos inimigos dos *whigs* foxistas",[1] escreveu Carl B. Cone (1916-1995) a respeito de Burke e seus amigos:

> Se Burke e os *whigs* de Rockingham lutaram contra as tentativas de George III de incorporar o rei patriota ao longo dos primeiros trinta anos de reinado, aqueles entre os seguidores que, posteriormente, se tornaram *tories* apoiaram a Coroa pelos últimos trinta anos, quando George já não era capaz de exercer a liderança partidária que demonstrara na juventude.[2]

Em 1766, contudo, isso não poderia ser previsto. Com Lorde Rockingham, Edmund Burke ingressara no ministério do rei – apenas

---

[1] Partidários de Charles James Fox (1749-1806), arqui-inimigo de William Pitt (1759-1806), o Jovem, e forte opositor das políticas de George III, a quem considerava um verdadeiro tirano. Ficou conhecido pelas posições abolicionistas e por apoiar os revolucionários norte-americanos, bem como à Revolução Francesa. (N. T.)

[2] Carl B. Cone, *Burke and the Nature of Politics: The Age of the American Revolution*, Lexington, Kentucky University Press, 1957, vol. I, p. 69.

porque George III começara a detestar Grenville mais do que detestava a Rockingham; Burke era o filósofo particular do primeiro-lorde do Tesouro e junto com ele tinha de achar meios de conciliar os súditos britânicos enraivecidos da América do Norte. Deveriam ser muito cuidadosos; sabiam que não eram amados pelo rei George (que por vezes agia como se Rockingham não existisse), ao passo que o mais irrascível entre os colonos era, ao menos, tão teimoso quanto o rei. Que acordo poderia ser feito para reconciliar a liberdade e a ordem?

Já de Boston, em Massachusetts, a Savannah, na Geórgia, proferia-se o lema *"No taxation without representation"* [Nenhuma tributação sem representação]. Os líderes coloniais não eram totalmente ingênuos. Não gostavam, absolutamente, de nenhuma tributação direta; se pudessem remediar, não gostariam, de modo algum, de ser cobrados. Entretanto, quanto à representação no Parlamento, igualmente não a desejavam. Ainda que fossem representados em proporção ao número, mesmo assim seriam derrotados de modo irremediável por um número de votos maior em Westminster em qualquer disputa de interesses. Na melhor das hipóteses, teriam sido – se assim representados – nada mais que algo irritante para o poder inglês, assim como o eram os membros irlandeses após o *Act of Union 1800* [Ato de União de 1800] com a Irlanda. Ademais, uma representação colonial simbólica no Parlamento não teria reconhecido plenamente a população ou as aspirações da América – ao menos no Parlamento sem reformas do século XVIII. A Câmara dos Comuns, então, teria dado mais peso aos "municípios podres" e "de bolso"[3] da Cornualha que a toda a Escócia. Por fim, as cidades de Boston, de Nova York ou de

---

[3] A denominação "município podre" indica uma circunscrição eleitoral de pouca população e a que o sistema eleitoral outorga importância igual aos de maior densidade populacional. Os chamados "municípios 'de bolso'" são aqueles que possuíam "caciques" que nomeavam os representantes que desejassem. No caso dos "municípios podres da Cornualha", a pequena região inglesa de 3.500 km² elegia sozinha a mesma quantidade de representantes de toda a Escócia, cerca de 42 parlamentares. (N. T.)

Filadélfia estavam muito distantes de Londres para uma participação efetiva na "mãe de todos os Parlamentos". Os políticos "patriotas" coloniais realmente não desejavam tributação nem representação; buscavam efetiva autonomia.[4]

O *Stamp Act* de Grenville, extremamente impopular como tributação direta e como meio pretendido para sustentar o estabelecimento permanente, civil e militar, da Coroa na América do Norte, atiçou os colonos a pensar em insurreição. Assim, a primeira necessidade do governo de Rockingham era remover a causa do descontentamento, ao mesmo tempo que asseverava a supremacia real e parlamentar na América do Norte e mostrava ao rei de que não estavam debilmente consentindo com uma insolência colonial. (Alguns membros importantes do ministério de Rockingham foram escolhidos por insistência do rei George, e eles também tinham de ser pacificados.) Na determinação de ab-rogar o odioso *Stamp Act*, os Rockinghams contavam com o apoio poderoso de William Pitt, o Velho, e sua facção – o qual, indo além de Rockingham, de Burke e do gabinente, declarou que qualquer forma de tributação das colônias era inconstitucional. Imediatamente os discursos de Pitt e de Burke triunfaram: o *Stamp Act* foi repelido. O Parlamento e o Conselho Privado, contudo, em parte para apaziguar o rei, também aprovaram o *Declaratory Act* [Ato Declaratório], que afirmava o direito da Coroa no Parlamento de legislar para as colônias (embora omitisse qualquer referência direta à tributação). Isso trouxe razoável satisfação, por motivos diferentes, tanto ao rei quanto a Pitt. No entanto, continuou a ser um espinho na carne dos líderes coloniais

---

[4] Para um relato completo dessas controvérsias, ver John C. Miller, *Origins of the American Revolution*, Boston, Little, Brown & Co., 1943; e H. Trevor Colbourn, *The Lamp of Experience: Whig History and the Intellectual Origins of the American Revolution*, Chapel Hill, UNC Press, 1965. Os principais discursos na controvérsia, dos dois lados do Atlântico, foram convenientemente coligidos por Max Beloff em *The Debate on the American Revolution, 1761-1783*, Max Beloff (ed.), London, Nicholas Kaye, 1949.

mais radicais, que defendiam que, conquanto devessem fidelidade à Coroa, não estavam constitucionalmente sujeitos ao Parlamento, visto não estarem representados em Westminster.

Prudente ou não, o *Declaratory Act* foi uma expressão sincera das convicções de Burke. A soberania deveria encontrar-se em algum lugar. O Império Britânico era governado pela Coroa no Parlamento, não somente pela autoridade real. As colônias não poderiam ser, ao mesmo tempo, beneficiárias do sistema imperial, incumbido de proteção da Coroa, e, em teoria, independentes do Parlamento. Na prática, Burke teria isentado as colônias da tributação, caso a Grã-Bretanha se satisfizesse, como alternativa, com os benefícios comerciais dos negócios com a América do Norte. No entanto, pela lógica e pela teoria constitucional, reconhecia o direito da Coroa de governar a América do Norte – e, se necessário, de tributar, da mesma maneira que aos ingleses, aos escoceses e aos irlandeses.

Também não desejava que os norte-americanos obtivessem cadeiras na Câmara dos Comuns. Esse projeto era impraticável. Além do mais, como escrevera na *The Annual Register* de 1765, dar distritos eleitorais às colônias que admitiram a instituição da escravidão não estaria em consonância com a natureza do Parlamento:

> [...] o senso comum e, mais ainda, a autopreservação parecem impedir que aqueles que se permitem ter direitos ilimitados sobre a liberdade e a vida de outrem possam partilhar qualquer fração da elaboração das leis para aqueles que há muito já renunciaram a tais distinções cruéis e injustas.[5]

Deveria ter acrescido que, dificilmente gostando mais do puritanismo da Nova Inglaterra, teria ficado consternado de ver a

---

[5] O melhor resumo das questões norte-americanas de Burke pode ser visto em Ross J. S. Hoffman, *Edmund Burke, New York Agent, with his Letters to the New York Assembly and Intimate Correspondence with Charles O'Hara, 1761-1766*, Filadélfia, 1956.

"dissidência do dissenso" como um bloco discursando no plenário de St. Stephen.[6]

A ab-rogação do *Stamp Act* e a adoção do *Declaratory Act* foram quase os únicos feitos importantes do primeiro ministério de Rockingham, que durou apenas poucos meses. Pitt, com seu apelo popular, parecia mais útil ao rei do que Rockingham, e, ademais, apesar da opinião de que qualquer tributação das colônias era inconstitucional, Pitt estava mais convencido que Rockingham de que as assembleias coloniais deveriam ser compelidas a reconhecer a autoridade real e parlamentar. Não obstante, Rockingham, Burke e seus companheiros tiveram sucesso ao modificar o *Revenue Act* de Grenville. A lei proposta removia as preferências sobre o melaço importado pela América do Norte – em especial, pela Nova Inglaterra – das Índias Ocidentais, cujo comércio com a medida de 1764 de Grenville se tornou, praticamente, monopólio dos plantadores das Índias Ocidentais britânicas. Contra a oposição de Pitt, foram designados portos livres nas Índias Ocidentais, de modo que as destilarias de rum da Nova Inglaterra pudessem comprar melado de origem espanhola e francesa em termos razoáveis. O melado britânico e o estrangeiro deveriam ser tributados na mesma proporção. Outros deveres antipáticos às assembleias coloniais foram minorados ou abandonados. Juntamente com a ab-rogação do *Stamp Act*, tais medidas fizeram de Burke um dos políticos ingleses mais populares na América.

---

[6] Ainda que Burke tenha feito oposição consistente ao comércio de escravos e à escravidão, foi precipitadamente criticado por alguns autores por não ter aprovado a emancipação dos escravos durante a Revolução Americana. (Ver, por exemplo, Martin Kallich, "Some British Opinions of the American Revolution", *Burke Newsletter*, n° 12, Summer, 1962.) Nesse momento, o argumento de Burke era como uma denúncia do emprego de índios selvagens como auxiliares contra os colonos: a ordem social seria destruída, e seria sancionada a guerra "total", sem nenhuma provisão para o bem-estar dos homens livres. Além disso, essa era uma tática de dois gumes, e os escravos negros poderiam escolher ajudar os rebeldes em vez de ajudar aos "emancipadores" de sinceridade questionável.

As políticas de Rockingham, todavia, não foram extraordinariamente populares no Parlamento ou com o povo inglês, a não ser em distritos eleitorais mercantis, como Bristol. Os Rockinghams serviram aos interesses do rei, e, agora, poderiam ser impunemente dispensados para dar lugar ao "grande plebeu", Pitt, o Velho – que, em julho de 1766, fora elevado à nobreza. Lorde Rockingham deixou o posto, e toda a sua facção reformista foi para o deserto político, vindo a desfrutar do poder novamente por um único e breve intervalo, anos depois.

William Pitt, o Velho, e Augustus Henry FitzRoy (1735-1811), 3.º Duque de Grafton (que sucedeu Rockingham no Tesouro) não tinham cargo para Burke. Embora Lorde Rockingham tivesse autorizado Edmund Burke, William Dowdeswell (1721-1775) e outros seguidores a assumir postos no novo governo, o talentoso irlandês não era apreciado pelo novo ministério, nem eles lhe agradavam. Visitou a Irlanda; ao voltar, os Rockinghams faziam oposição aberta a Pitt e a Grafton, e até o final da Revolução Americana os *whigs* permaneceram divididos acerca da política para a América. Burke já havia se tornado o que seria – a não ser por dois breves intervalos – até o fim de seus anos no Parlamento: um líder da oposição.

Foi um período de muito trabalho árduo para Burke, agora, quando a Revolução se aproximava, quando os Rockinghams lideravam uma oposição não muito eficaz na condução da própria guerra, tornando-se impopulares; quando começava seu profundo envolvimento nos assuntos indianos; quando a Irlanda o via com fúria; quando lhe foi pedido que defendesse suas ações perante os eleitores de Bristol; quando deu aos Rockinghams *whigs* os postulados, ao fundar o primeiro – ainda que rudimentar – partido político moderno. Ademais, passou por dificuldades financeiras durante a maior parte desse período. Mesmo assim, essa foi a época em que produziu três obras (duas são discursos que logo seriam publicados como panfletos), que John Morley disse figurar entre as melhores:

o *Speech on American Taxation* [Discurso sobre a Tributação Americana], o *Speech on Moving Resolutions for Conciliation with the Colonies* [Discurso sobre as Deliberações Propostas para a Conciliação com as Colônias] e a *Letter to the Sheriffs of Bristol* [Carta aos Delegados Eleitores de Bristol]. Nas palavras de Morley: "Não é exagero dizer que compõem o manual mais perfeito de nossa literatura, ou de qualquer literatura, que trata as questões públicas, seja para o conhecimento, seja para a prática".[7]

No começo desse longo período de oposição, as perspectivas de Edmund Burke pareciam boas. Na época em que os Rockinghams começaram a perder poder, Lorde Verney e William Burke embarcaram numa forte especulação com as ações da East India Company [Companhia Britânica das Índias Orientais]. (Depois, Edmund declararia, com verdade, que nunca tivera ações da East India.) Em parte por pressão política, os proprietários da empresa foram compelidos a aumentar os dividendos de seis para dez por cento. William Burke (que praticamente mantinha uma economia conjunta e vivia com Edmund, e parecia decidido a ajudar a pagar a casa de campo) tinha um início – em papel – de razoável fortuna. Bastante animado, na primavera de 1768 Edmund Burke comprou a bela propriedade de Gregories, perto de Beaconsfield: uma encantadora casa centenária, uma fazenda de seiscentos acres – além disso, com uma biblioteca admirável e uma coleção de pinturas e de esculturas muito elogiada. O preço foi alto, mas assim também eram as expectativas de Burke. Um pouso no campo era tido como essencial, naquela época, para qualquer membro do Parlamento; e, se quisesse concorrer às eleições como um membro do interior da Inglaterra, teria de possuir, para qualificar-se, uma propriedade que rendesse um ganho de trezentas libras por ano.

---

[7] John Morley, *Edmund Burke* (English Men of Letters Series), London, Macmillan and Co., 1888, p. 116.

Essa aquisição foi um tremendo erro de cálculo. Em maio de 1769, as ações da East India caíram de maneira catastrófica (ainda que apenas temporariamente). Os Burkes estavam quase na ruína; Lorde Verney foi atingido em cheio. Quase perderam Gregories. Por conseguinte, todos os dias Burke se via sobrecarregado de imensas dívidas, que a viúva não conseguiria quitar até que se passassem alguns anos após Burke ser enterrado em Beaconsfield, apesar da pensão de Burke, e, por fim, da venda de Gregories pela Sra. Burke. Pior, as manipulações políticas de William para aumentar ou manter fixo o preço das ações da East India tinham implicado Edmund, arruinando sua reputação.[8]

Uma consequência incidental desse episódio, quatro anos depois, foi a perda da cadeira parlamentar de Burke em Wendover. Lorde Verney, por precisar de dinheiro, sentiu ser necessário vender sua influência no distrito eleitoral a quem fizesse a melhor oferta (uma prática comum nos dias de municípios "podres e de bolso"), e Burke não estava em condições de fazer propostas. Para salvar a posição do amigo na Câmara dos Comuns, Lorde Rockingham imaginou que Burke deveria ser escolhido pelos eleitores de Malton, uma localidade em grande parte de Rockingham. No entanto, tão logo isso aconteceu, Burke foi convidado para concorrer na eleição como um dos dois membros do Parlamento pelo distrito eleitoral da comercial Bristol, na ocasião a segunda cidade da Inglaterra onde as reformas das tarifas e outras medidas de Rockingham eram populares. Após renunciar a Malton em 1774, Burke tornou-se membro do

---

[8] Para as perplexidades financeiras de Burke e outros danos à sua reputação, ver o ensaio de Thomas W. Copeland, "The Little Dogs and All", in *Our Eminent Friend Edmund Burke: Six Essays*, New Haven, 1949. Para a questão com as ações da East India Co., ver Lucy S. Sutherland e John A. Woods, *The East India Speculations of William Burke* (Atas da Leeds Philosophical and Literary Society; Literary and Historical Section, vol. XI, Part VII, January), 1966, p.183-216. Sutherland e Woods demonstram que Edmund Burke não foi o cabeça na especulação.

Parlamento por Bristol. No seu discurso aos eleitores daquele porto, informou que votaria no Parlamento do modo como achasse mais sábio, não necessariamente de acordo com os desejos que tivessem no momento em que determinadas medidas estivessem em questão. Seis anos depois, aprendeu que Bristol não toleraria tamanha independência em um representante.[9]

Enquanto ocorriam tais coisas na vida de Burke, os *whigs* de Rockingham desentendiam-se com a administração de Lorde Chatham, que adotou o *Revenue Act of 1767* [Lei de Receita de 1767] de Charles Townshend (1725-1767), enfurecendo novamente os colonos. Ao mesmo tempo, Pitt, o Velho (agora Lorde Chatham), Grafton e seus correligionários decretaram o *New York Restraining Act* [Lei de Restrição de Nova York], ao punir Nova York por desobediência ao Parlamento, proibindo o governador de Nova York de aprovar qualquer lei da assembleia até que Nova York consentisse com o *Mutiny Act* [Leis de Motim] ou com o *Quartering Act 1765* [Lei de Aquartelamento de 1765]. O imposto de Townshend sobre vidro, papel, chumbo para tinta e chá destinava-se a financiar a administração colonial do reino, independentemente de dotações das assembleias coloniais. Assim, o breve trabalho de conciliação de Rockingham e Burke foi desfeito; era o prenúncio do Boston Tea Party [Festa do Chá de Boston].

Não recontaremos aqui a exaustiva história da marcha da revolução, por mudanças de ministério e política que, com constância, fizeram inflamar os ânimos em ambos os lados do Atlântico. O rei, os amigos do rei e os *whigs* de Bedford carregam a maior parte dessa culpa. Por quase três anos, os Rockinghams ficaram desanimados e comparativamente quietos, mas no início de 1769 Burke falou repetidas vezes contra as medidas de aumento da severidade

---

[9] Ver G. E. Ware, *Edmund Burke's Connection with Bristol: From 1774 till 1780*, Bristol, 1894.

e da legalidade duvidosa por parte do governo, em particular sobre a moção do Duque de Bedford (adotada em 8 de fevereiro de 1769) de transportar para julgamento na Inglaterra os súditos acusados de traição. Os argumentos contra os impostos de Townshend, ainda que apresentados um tanto tardiamente, começaram a ganhar força na Câmara dos Comuns.

A popularidade de Burke na América do Norte logo chegou ao ápice. Era amigo dos colonos, por certo, mas não era amigo da revolução: assim, disse em 1770, a respeito da reforma parlamentar doméstica: "Na verdade, o que todos os homens sábios pretendem é evitar que as coisas cheguem ao pior. Aqueles que esperam reformas perfeitas, esses desgraçadamente enganam ou são enganados".[10] Nas colônias, muitos daqueles cujos pontos de vista se aproximavam dos seus logo eram denunciados como "*tories*". (Na realidade, o verdadeiro *tory* é uma ave rara na América. Muito da chamada facção "*tory*" durante a Revolução – igual em número, segundo John Adams, aos Patriotas – era composta de colonos que partilhavam as convicções dos *whigs* de Rockingham.)

Ainda assim, no modo de pensar de muitos zelotas norte--americanos ("Nenhuma tributação sem representação"), Burke era um herói radical, aliado de John Wilkes. Em privado, os Rockinghams detestavam e tinham pavor de Wilkes, um líder da plebe, blasfemador e trapaceiro; publicamente, assumiam uma postura de neutralidade e, às vezes, de simpatia. Burke teve alguma participação na defesa parlamentar de Wilkes e nas negociações privadas para persuadi-lo a retornar ao exílio francês, para que não causasse mais contrangimento aos Rockinghams. Os aristocráticos *whigs* de Rockingham não queriam demagogos ou fanáticos com a ralé dando-lhes cobertura para intimidar o Parlamento, os funcionários da Coroa e os magistrados, e

---

[10] Carta de Edmund Burke para Richard Shackleton de 15 de agosto de 1770, in *Correspondence of the High Honourable Edmund Burke, Between the year of 1744, and the Period of His Decease, in 1791*, vol I, p. 231. (N. T.)

a instigação da turba por Wilkes foi uma amostra daquilo que aconteceria em Londres em 1780, nos Gordon Riots.[11]

A administração de Grafton caiu em janeiro de 1770 (Chatham saíra antes), e eis que assume a chefia do governo Lorde North, totalmente obediente ao rei George III. Os Rockinghams unidos a Grenville e seus seguidores concentraram a oposição na ruinosa política norte-americana. Os ataques de Burke a Lorde North, ainda que por vezes intemperados, corroboraram a alta estima dos norte-americanos pelo parlamentar de Wendover, ao passo que North passou, desde então, a ser uma espécie de bicho-papão para a maioria dos historiadores norte-americanos. De fato, Lorde North era um político tolerante, amável e competente, que nada tinha de déspota e em privado sempre manteve o tom cordial com Burke, cujos talentos admirava.[12] (Burke chegou a pedir o *impeachment* de Lorde North, e Fox pediu sua cabeça. O primeiro-ministro placidamente dormitava durante tais expressões veementes de protesto.) Em 5 de março, ocorreu o "massacre" de Boston. Certamente, o acusador de North deve ser vinculado à causa norte-americana! Tais considerações talvez tenham tido um papel na escolha, pela Assembleia de Nova York, de Burke como seu agente em Londres, em 1771 – um posto que tentara, sem sorte, uma década antes.

Atualmente, tal indicação seria criticada – se expusermos o problema de maneira branda – como conflito de interesses, mas na ocasião era comum aos membros da Câmara dos Comuns tornar-se, com o conhecimento de todos, agentes pagos – quase lobistas – das colônias ou de outros grupos com interesses sérios na corte ou no Parlamento.

---

[11] Os Gordon Riots foram protestos anticatólicos liderados por Lorde George Gordon (1751-1793) contra o *Papists Act* [Lei Papista] e o *Catholic Relief Act* [Lei de Ajuda Católica] de 1778, que pretendiam diminuir a discriminação dos católicos. Com motins e saques, esse episódio foi considerado o mais destrutivo do século XVIII na Inglaterra. (N. T.)

[12] Para Lorde North, ver, por exemplo, Herbert Butterfield, *George III, Lord North, and the People: 1779-1780*, London, 1949.

Esse posto, para o qual Burke foi recompensado com a grata quantia de quinhentas libras por ano, não exigiu que alterasse seus pontos de vista anteriores ou sequer que fosse mais ativo na oposição ao ministério de North; serviu, entretanto, para informá-lo mais detalhadamente dos assuntos da América. Charles O'Hara o parabenizou:

> É um sinal da aprovação do povo e, portanto, mais bem-vindo do que qualquer favorecimento de um único homem. Deixa-te livre para tuas próprias atividades, tanto na política quanto na lavoura.[13]

No início, o agenciamento de Edmund Burke dispendeu pouca energia e nem sequer o envolveu em disputas mais inflamadas com o governo. Como Ross J. S. Hoffman (1902-1979) observa:

> Os deveres de Burke como agente certamente não eram grandes e não devem ter tomado mais que uma fração de minuto de seu tempo. Nenhuma dificuldade séria surgiu entre a província e o governo imperial em Londres, nem nenhuma questão americana chegou ao Parlamento de 1771 a 1774 para suscitar a questão da compatibilidade de suas atividades como agente colonial e seus deveres como membro do Parlamento.[14]

Nova York não era a turbulenta Massachusetts (colônia que tinha o Dr. Benjamin Franklin [1706-1790], na ocasião, como agente). Durante grande parte desse período, Burke estava preocupado com os assuntos da East Indian Company.

Entretanto, no dia 16 de dezembro de 1773, falsos índios lançaram ao mar, no porto de Boston, todo o carregamento de chá de um navio. Pouco tempo depois de ter assumido o cargo, North repelira a maior parte dos tributos de Townshend, mas retivera os pesados impostos sobre o chá. Homens da fibra de Samuel Adams (1722-1803) não pagariam por isso, nem permitiriam que isso fosse pago.

---

[13] Carta de O'Hara para Burke de 11 de julho de 1771, in Hoffman, *Burke, New York Agent*, p. 493.

[14] Hoffman, op. cit., p. 121

Lorde North retaliou com o *Boston Port Act* [Lei do Porto de Boston], aprovado em 30 de março de 1774 por uma grande maioria em ambas as casas do Parlamento. Boston seria economicamente sufocada. Apenas Edmund Burke e William Dowdeswell protestaram com veemência. "Proscrever uma cidade, ainda que em rebelião, nunca será uma medida reparadora para grandes distúrbios", disse Burke aos ministros. "Por acaso considerais se tendes tropas e navios suficientes para fazer cumprir uma proscrição universal ao comércio com todo o continente europeu? Caso não os tenhais, a tentativa é pueril, e a operação infrutífera".[15]

Em 19 de abril de 1774, Burke proferiu um ataque generalizado às políticas de North – o aclamado discurso sobre a tributação norte-americana. Algumas de suas atividades anteriores nos negócios norte-americanos foram inconsistentes, preparadas para adequar-se a aliados ocasionais, como Grenville, ou parcialmente injustas para com o gabinete.

Contudo, tornou-se um filósofo em ação, e, ao apelar para a prudência, em oposição às afirmações abstratas de direito imprescritíveis, deixou claro o princípio duradouro de que para o estadista a prudência é uma virtude primária.

O encargo sobre o chá, disse Burke, deve ser repelido para preservar relações toleráveis com a América, por causa da East Indian Company (capturada, irremediavelmente, entre Cila e Caribdis, no porto de Boston) e, sobretudo, por amor ao sistema imperial britânico, com todos os benefícios. A América não deveria ser tributada para aumentar a receita da Grã-Bretanha, pois as *Navigation Laws* [Leis de Navegação] davam bastantes vantagens à Grã-Bretanha na promoção do comércio; igualmente inoportuno, a Índia Britânica seria arruinada pela asfixia do mercado de chá. Deveriam recorrer

---

[15] Citado em Thomas Smart Hughes, *The History of England, from de Accession of George III, 1760, to Accession of Queen Victoria, 1837*, London, George Bell, 1846, vol. II, cap. XV, p. 110. (N. T.)

à tributação das colônias apenas em emergências, caso a colônia se recusasse a contribuir com dinheiro para a defesa comum; as "legislaturas inferiores" dentro do Império Britânico deveriam, com habitualidade, gerenciar os interesses dos povos que representavam, muito embora, por direito, como expresso no *Declaratory Act*, o Parlamento da Grã-Bretanha – ou, mais propriamente, o rei no Parlamento, uma espécie de trindade legislativa – guardava o poder soberano para governar todo o Império.

A essência da causa de Burke está neste parágrafo:

> Mais uma vez, retrocedei aos vossos antigos princípios – de buscar e assegurar a paz – e deixai a América, caso tenha matéria tributável, tributar-se. Não entrarei em distinções de direitos, nem tentarei delimitar os marcos, não entrarei em tais distinções metafísicas; detesto seu mero som. Deixai os americanos como outrora, e tais distinções, nascidas de nosso desafortunado contexto, morrerão com este. Eles e nós, seus ancestrais e os nossos foram felizes sob esse sistema. Deixai a lembrança de todas as ações em desacordo com esse bom e velho costume, em ambos os lados, ser extinta para sempre. Contentai-vos com obrigar-vos com a América pelo comércio: sempre o fizéreis. Seja este o vosso raciocínio. Não os onereis com impostos; não estáveis acostumados a fazê-lo desde o princípio. Seja esta a vossa razão para não tributar. Estes são argumentos de Estados e reinos. Deixai o restante às escolas; pois somente lá poderão ser discutidos com segurança. Todavia, se, de maneira intemperante, imprudente e fatal, vós sofismardes e envenenardes a fonte mesma daqueles que governais, ao incitardes deduções sutis e consequências odiosas aos que governais da natureza ilimitada e ilimitável da soberania suprema, ensinareis por tais métodos a pôr esta própria soberania em questão. Ao se atiçar o varrão, por certo se voltará contra os caçadores. Se a soberania e a liberdade deles não puderem ser reconciliadas, o que levarão? Lançarão a soberania em vossa face. Ninguém será persuadido à escravidão.[16]

---

[16] Edmund Burke, *Speech of Edmund Burke Esq. on American Taxation, April, 19th 1774*, 3.ª ed., London, J. Dodsley, 1775, p. 89.

Costume e uso, por fim, são solo firme para a justiça e para a aceitação voluntária da indispensável autoridade; quando se instigam pretensões de direito abstrato sobre premissas metafísicas e há empenho em governar a comunidade por noções de perfeição, finda-se por opor interesse a interesse. Acostumados a um alto grau de liberdade, os norte-americanos deveriam ser indultados nas suas práticas antigas, e todo o império prosperaria pelo evitar prudente de doutrinas extremas.

Embora esse discurso tenha sido intenso, alterou poucos votos. Sir Joshua Reynolds certa vez perguntou por que Edmund Burke se preocupou tanto com tal fala, "sabendo que nem um único voto seria conquistado por ela". Burke respondeu que um membro do Parlamento adquire reputação e influência por bons discursos, e, mesmo que a decisão da maioria pudesse ir contra a visão do orador, ainda assim argumentos fortes e eloquentes poderiam mudar a lei, ao impressionar a maioria com a força de pontos de vista opostos. Então, concluiu:

> A Câmara dos Comuns é um corpo confuso; excetuo a minoria que creio ser pura [sorri], mas digo a Câmara como um todo. É uma massa que de modo algum é imaculada, mas não de todo corrupta, embora haja aí uma grande parcela de corrupção. Existem muitos membros que, em geral, seguem o ministro, que não vai muito longe. Há muitos cavalheiros do interior honestos e bem-intencionados que estão no Parlamento somente para manter a influência de suas famílias. Sobre a maioria destes, um bom discurso terá ascendência.[17]

No entanto, não foi este o caso. Anteriormente, em maio, o Parlamento aprovara duas leis severas, tornando a constituição de Massachusetts muito mais dócil à autoridade real e alterando as cortes coloniais. O espírito rijo da Bay Colony não se submeteria a isso.

---

[17] Diálogo citado em James Prior, *Memoir of the Life and Character of Edmund Burke: With Especimens of his Poetry and Letters and an Estimate of his Genius and Talents Compared with Those of his Great Contemporaries*, London, H. and E. Sheffield, 1839, p. 186-87. (N. T.)

Nova York também se preparava para resistir ao imposto sobre o chá. Quase ao mesmo tempo que Burke discursava sobre a tributação na América, a ação começava. O governador em exercício de Nova York, Cadwallader Colden (1688-1776), tinha oitenta e sete anos e não era capaz de resistir de modo eficaz aos "mohawks", que, entrando a bordo do navio *London*, promoveram a "festa do chá de Nova York". Para evitar que os radicais assumissem o controle do protesto contra o *Boston Port Act*, os proprietários e comerciantes conservadores que eram os constituintes e correspondentes de Burke – os Delanceys, os Crugers e outros – uniam-se, nesse momento, a um comitê para defender os direitos de todas as colônias. Burke ainda era um grande nome entre os radicais norte-americanos, e, para eles, esses sensatos cavalheiros nova-iorquinos citavam os conselhos prudenciais, desencorajando a ação arrebatada.

Entretanto, o gabinete não retornaria à velha política de salutar negligência. No dia 13 de junho, a Câmara dos Comuns aprovou o *Quebec Act* [Ato de Quebec], destinado a usar em parte o Canadá como um contrapeso às colônias de língua inglesa. Os protestos de Burke em prol dos Rockinghams e de Nova York foram inúteis, é claro, como o foram as súplicas para medidas mais conciliatórias. Nova York e a Pensilvânia, antes menos restritivas que a Nova Inglaterra e a Virgínia, agora estavam alarmadas. O Primeiro Congresso Continental começava a se formar; os delegados patriotas reuniram-se na Filadélfia em setembro para planejar a resistência colonial, se possível, sem rebelião. Era o princípio do fim da autoridade britânica nas treze colônias.

No início de fevereiro de 1775, Lorde North esforçava-se por uma declaração de que Massachusetts estava rebelada. O Parlamento assim deliberou. Depois, nesse mesmo mês, outros passos foram dados para vencer a resistência na América. Em março, North ampliou as restrições a mais quatro colônias.

No final de fevereiro, North induzira o Parlamento a fazer determinadas propostas conciliatórias aos norte-americanos, principalmente um plano para cessar a tributação (embora não abandonassem o *direito* de tributar), caso as assembleias coloniais prometessem fazer doações a pedido da coroa – a quantia de cada doação e sua utilização seriam determinadas pelo governo inglês. Esse plano era impraticável, cria Burke, e os colonos não confiariam na palavra de North. No dia 22 de março, portanto, Burke fez o seu discurso mais famoso, *Speech on Moving Resolutions for Conciliation with the Colonies*: essa era a alternativa da oposição.

A grandiosa argumentação foi duplamente vã: não havia possibilidade de o Parlamento ser conquistado por Burke e pelos Rockinghams neste momento, e, no dia 19 de abril, Paul Revere (1734-1818) cavalgara; os tiros, ouvidos ao redor do mundo, disparados em Lexington e Bunker Hill, estavam em perspectiva. A revolução começara um mês antes de a "Conciliação" ser publicada como panfleto, e bem antes que a palavra do discurso de Burke chegasse à América.

Como uma peça de sensatez política, contudo, o discurso sobre a conciliação perdurou até nossos dias, e hoje não soa irreal. Lorde Chatham e Horace Walpole (1717-1797), 4.º Conde de Orford, que não eram amigos de Edmund Burke, elogiaram acaloradamente o discurso. A Câmara dos Comuns rejeitou a primeira resolução por 270 a 78; a posteridade, no entanto, votaria com Burke.

"Um grande império e mentes mesquinhas adoecem juntos." As seis resoluções conciliatórias de Edmund Burke correspondiam a uma admissão formal de que às colônias faltava representação no Parlamento; de que tributação sem representação produzira grave descontentamento; de que a distância das colônias da Inglaterra e outras circunstâncias haviam tornado a representação impraticável no Parlamento; de que as assembleias coloniais eram competentes para cobrar impostos; de que as assembleias haviam feito doações voluntárias para a Coroa para a defesa comum; de que tais doações voluntárias das assembleias coloniais haviam sido mais agradáveis aos súditos colonos e que haviam atendido melhor ao interesse imperial do que a tributação pelo Parlamento. A súplica era à generosidade inglesa e à prosperidade imperial. O discurso pouco acrescentou aos argumentos anteriores de Burke sobre o assunto, mas tem-se nele a combinação de exposição racional, de imaginação moral e de intensidade passional que desde então tem sido o principal modelo educativo da eloquência inglesa.

Talvez, como comenta Carl B. Cone, as propostas de Edmund Burke não tivessem agradado aos patriotas norte-americanos ainda que o Parlamento as tivesse abraçado e ainda que tivessem oportunidade de discuti-las nas colônias. Não tocavam os *Navigation Acts*, que, em geral, Burke defendera; e o mercantilismo daquele sistema para regular o comércio estava atado aos descontentes norte-americanos, apesar de as queixas coloniais não enfatizarem esse ponto. No entanto, se Burke e os Rockinghams não tivessem saído do gabinete anos antes, o programa de Burke, adotado mais cedo, possivelmente poderia ter sido a base de um acordo, de uma acomodação gradual e de uma reforma.

Burke afirmou desconhecer o método de esboçar uma acusação formal contra todo um povo. As medidas do gabinete não só eram direcionadas contra os "patriotas" extremados, mas calculadas para arruinar todos os norte-americanos.

> O método de inquisição e de perseguição está saindo de moda no Velho Mundo, e não devo confiar tanto na sua eficácia no Novo Mundo. A educação dos americanos está, igualmente, no mesmo fundamento inalterável de sua religião. Não podeis persuadi-los a queimar seus livros de curiosa ciência, a banir seus advogados dos tribunais de justiça, ou a arrefecer os luminares de suas assembleias por vos recusardes a escolher as pessoas mais letradas em seus próprios privilégios. Seria somenos impraticável pensar na aniquilação total das assembleias populares em que se encontram tais advogados. O exército, pelo qual, ao invés, devemos governar, ser-nos-ia muito mais custoso, nem tão efetivo e, talvez, em derradeiro, inteiramente difícil de manter obediente.[18]

---

[18] Edmund Burke, "Speech on Conciliation with the Colonies", in *The Works and Correspondence of the High Honourable Edmund Burke in Eight Volumes*, London, Francis & John Rivington, 1852, vol 3, p. 262. (N. T.)

Ao negar aos norte-americanos as liberdades consagradas pelo uso, continuou Burke, a Coroa punha em perigo os direitos garantidos aos ingleses. "Assim como devemos perder algumas liberdades individuais para desfrutar das vantagens civis, assim também devemos sacrificar algumas liberdades civis pelas vantagens que serão auferidas da comunhão e da associação de um grande império." Não obstante, qualquer inglês preferiria arriscar a vida a se submeter a um governo arbitrário.

> Em todo empreendimento árduo, consideramos o que temos a perder, bem como o que temos a ganhar; e, quanto mais e melhores limites à liberdade tiverem todas as pessoas, menos se arriscarão na tentativa de torná-la maior. Estas são as *cordas do homem*. O homem age por motivos adequados conforme o seu próprio interesse, e não por especulações metafísicas. Aristóteles, o grande mestre do raciocínio, admoesta-nos, com grande gravidade e propriedade, quanto a essa espécie de precisão geométrica ilusória nos argumentos morais, a mais falaciosa de toda a sofística.[19]

A Grã-Bretanha, ao abandonar a insistência no pleno exercício da soberania abstrata, deveria decidir-se, desta vez, pelo possível. Tal era a essência dessas três horas de esplêndida retórica.

Não obstante o início da guerra, mesmo neste momento isso não poderia ser detido? Burke ainda esperava que algo pudesse ser feito, suplicando vigorosamente ao povo inglês que pedisse paz ao Parlamento. No entanto, encontrou Lorde Rockingham e seguidores desencorajados e acovardados. Desesperado, instou Rockingham a usar de sua forte influência na Irlanda para persuadir o Parlamento irlandês a recusar-se a contribuir com tropas e suprimentos para a campanha norte-americana. A Irlanda poderia mediar o conflito. Disso tampouco nada aconteceu.

---

[19] Edmund Burke, "Speech on Conciliation with America", in *The Works of the High Honorable Edmund Burke*, Boston, Little, Brown, and Company, 1881, vol. 2, p. 169. (N. T.)

Enquanto a luta na América tinha seus altos e baixos, ao longo dos anos seguintes Edmund Burke combateu o rei, a grande maioria do Parlamento e a opinião pública dominante. Depois de dois anos de luta, ainda exigia uma paz negociada. No dia 3 de abril de 1777, publicou a *Letter to the Sheriffs of Bristol*, denunciando a suspensão parcial dos mandados de *habeas corpus* pelo gabinete e denunciando publicamente uma guerra realizada e conduzida sem atenção à prudência, que para o estadista sábio precede ao direito e ao poder. Concluía com uma passagem sobre a liberdade civil que contém o núcleo de sua compreensão sobre o equilíbrio que deve ser mantido entre liberdade e ordem. (Essa verdade, diz Hans Barth [1904-1965], é o que torna Burke o mais importante dos filósofos políticos.)[20]

> A liberdade civil, senhores, não é, como muitos se esforçam por vos fazer crer, coisa que permaneça oculta na ciência abstrusa. É bênção e benefício, não especulação abstrata; e todo o raciocínio justo que possa ser-lhe aplicado é de textura tão rude quanto adequada às capacidades comuns daqueles que dela desfrutarão e dos que a defenderão. Longe de se assemelhar às proposições da geometria e da metafísica que não admitem termo médio, mas devem ser verdadeiras ou falsas em toda a extensão, a liberdade social e civil, como todas as demais coisas da vida comum, são variegadamente mescladas e modificadas, desfrutadas em diferentes gradações e talhadas em uma infinita diversidade de formas segundo o temperamento e a circunstância de cada comunidade. O extremo da liberdade (que é sua perfeição abstrata, mas verdadeiro defeito) nada alcança nem deve alcançar lugar algum porque os extremos, como todos sabemos, em todos os pontos em que se relacionam, seja com os deveres, seja com as satisfações da vida, são tão destrutivos da virtude quanto do prazer. A liberdade, igualmente, deve ser limitada para ser fruída. O grau de coibição, em todo caso, é impossível determiná-lo de modo preciso. Deve ser, no entanto,

---

[20] Hans Barth, *The Idea of Order: Contributions to a Philosophy of Politics*, Dordrecht, Reidel, 1960, cap. II.

propósito constante de todo conselho público judicioso descobrir, por experimentos prudentes e empreendimento legais, racionais, a menor, não a maior, restrição que a comunidade pode suportar, pois a liberdade é um bem por aperfeiçoar e não um mal por subtrair.[21]

Ainda que veemente, ao longo daqueles anos, na defesa da conciliação e da paz, ainda assim Edmund Burke não simpatizara com o recurso dos colonos a um suposto direito natural, como incorporado em 1776 na Declaração de Independência. A liberdade civil, como sugere a passagem anterior, é produto de uma experiência social, de acordos e de compromissos, não de uma "natureza" original e inalterável. Os norte-americanos detinham "os direitos garantidos aos ingleses", mas não possuíam direito "natural" algum de desafiar a autoridade constitucional quando isso lhes servisse a propósitos temporários. Ross J. S. Hoffman expôs muito bem este ponto:

> A conciliação das colônias era para Burke um meio e não um fim – um meio de preservar o Império Britânico na América do Norte. A tranquilidade e a prosperidade do império configurava o objeto de sua política, não a reivindicação de uma justiça natural. A América não era a Índia: Burke nunca imaginou que os funcionários ingleses na América fossem responsáveis por uma tirania monstruosa e por crimes contra a lei moral: a América não fora afligida por um Warren Hastings. Como Burke vislumbrara a crise anglo-americana, essa foi uma disputa suscitada pela ignorância, pela imprudência, pela inconsistência e pela estúpida fragilidade do Executivo e do Parlamento que afastaram a lealdade natural dos súditos reais do outro lado do Atlântico.[22]

Como Edmund Burke predissera, o espírito norte-americano de liberdade não seria esmagado. Aos *whigs* de Rockingham foi negada a oportunidade de realizar a conciliação quando o acordo

---

[21] Edmund Burke, "Letter to the Sheriffs of Bristol", in *The Works of the Right Honourable Edmund Burke*, London, F. and C. Rivington, 1803, vol. III, p. 185-86. (N. T.)

[22] Ross J. S. Hoffman, op. cit., p. 181.

ainda poderia ser feito; foram ignorados na tentativa de pacificar enquanto grassava a Revolução. Em 1782, todavia, após as tropas de Charles Cornwallis se renderem em Yorktown, o gabinete de Lorde North finalmente caiu. Muito embora o rei desgostasse dos Rockinghams, foi compelido a deixar o marquês beijar-lhe a mão e permitir um segundo gabinete de Lorde Rockingham para tratar com o Congresso Continental. Em uma vitória bastante melancólica, Rockingham, Burke e seus amigos recuperaram o governo que haviam abandonado dezesseis anos antes. Entrementes, ruíra um Império e emergira uma nação.

Capítulo 4 | Reformar o Partido e o Governo

James Boswell (1740-1795) disse a um amigo que acreditava que Edmund Burke desfrutava de uma felicidade ininterrupta, se é que alguém poderia fazê-lo: "Possui muito saber, muita vivacidade, e tem consciência de tamanha fama".[1] Isso, contudo, foi escrito em 1775, quando Burke se esforçava desesperadamente para pôr fim à disputa na América, quando estava perto de ter um colapso por excesso de trabalho e de emoção e quando também estava no auge da contenda com os desígnios de George III na política doméstica.

"Devemos encontrar felicidade no trabalho, ou não a encontraremos de modo algum." Assim escreveu um admirador de Burke do século XX, Irving Babbitt (1865-1933). No sentido de estar perpetuamente ocupado com assuntos de alta – e, muitas vezes, duradoura – importância, Burke era um homem feliz. Apesar dos grandes e repetidos desapontamentos que teve na política, a confiança na Providência e certa alegria provocante de irlandês o sustinham. Admirado até pelos inimigos, tornara-se uma potência no Parlamento, um orador de primeira categoria, e era conhecido em todos os lugares. Os amigos eram os mais eruditos e os mais animados de sua época, as obras beneficentes eram muitas, e abrangiam, em especial, o jovem pintor

---

[1] James Boswell, *Letters of James Boswell to the Rev. W. J. Temple with an Introduction of Thomas Seccombe*, London, Sidgwig & Jackson, 1908, cap. IX, p. 173. (N. T.)

James Barry (1741-1806) e, posteriormente, o poeta George Crabbe (1754-1832). Com toda a falta de dinheiro, viveu de maneira perfeitamente jovial, o que justifica a observação de Walter Bagehot (1826-1877), no século seguinte, de que o "conservadorismo é um deleite".[2]

Como, de fato, conseguiu realizar ao mesmo tempo as gigantescas tarefas que lhe couberam como líder intelectual dos Rockingham *whigs*, é algo de difícil compreensão. Ao mesmo tempo, esteve profundamente envolvido nos assuntos norte-americanos, e ainda assumiu, em casa, grandes responsabilidades como defensor dos Rockinghams contra George III e como o filósofo da reforma conservadora. Seu principal feito duradouro na política doméstica britânica – ainda que transcenda a Inglaterra e a sua época – foi o trabalho em prol de um partido responsável, a definição das características e deveres de um representante popular e a "Reforma Econômica" do governo britânico – que ocupou muito de seu tempo de 1770 a 1782.

"Os objetivos políticos mais cruciais da carreira de Edmund Burke", segundo Peter J. Stanlis, foram oito:

(1) Manter a estrutura tradicional do Estado britânico, centrado na divisão e no equilíbrio dos poderes.

(2) Definir os limites constitucionais da prerrogativa e da influência reais.

(3) Ampliar a autoridade legislativa da Câmara dos Comuns e manter a independência de seus membros.

(4) Defender a organização e uso dos partidos políticos como parte legítima e publicamente aceita do processo político.

(5) Ampliar os direitos civis e os privilégios econômicos da Constituição britânica para todos os súditos britânicos tanto quanto forem

---

[2] Walter Bagehot, "Intellectual Conservatism", in *The Collected Works of Walter Bagehot*, Norman St. John Stevas (ed.), London, The Economist, 1986, vol. 6. (N. T.)

necessários para cumprir as grandes finalidades da sociedade – a justiça distributiva e a comutativa, a boa ordem e a liberdade.

(6) Demonstrar os princípios da soberania e da liberdade civil para o Império Britânico ao estabelecer uma regra equitativa entre a metrópole e todas as colônias.

(7) Defender a ordem civil histórica da Europa como uma comunidade cristã contra o materialismo cientificista e a sensibilidade romântica dos filósofos do Iluminismo, que desejavam estabelecer uma nova ordem social com base em teorias metafísicas abstratas a respeito do homem e da sociedade.

(8) Conjugar em todos os problemas práticos um exame completo das circunstâncias históricas, de "prudência" ou de conveniência, por um lado, com normas éticas e legais, por outro.[3]

O presente capítulo está preocupado, primeiramente, com os quatro primeiros compromissos. Para compreender o curso de ação de Edmund Burke, é necessário voltar o olhar para sua relação com os Rockinghams.

Quando o gabinete de Lorde Rockingham foi dissolvido, em 1766, Edmund Burke, no início, pareceu esperar obter uma posição no governo de Lorde Grafton e foi autorizado por Rockingham a fazê-lo; alguma continuidade deveria ser preservada entre os governos de Rockingham e de Grafton-Pitt. Após negligenciar Burke de início por causa da hostilidade de William Pitt, o Velho, o gabinete o abordou por intermédio do general Thomas Conway (1735-1800). Todavia, nessa ocasião, os Rockinghams haviam rompido com o Conde de Chatham e com o Duque de Grafton, motivo pelo qual Burke respondeu a Conway que não serviria sob o comando de Grafton, já que pertencia "não à administração, mas àqueles que estavam fora": ou seja, aderira rigorosamente ao seu próprio conceito, então quase

---

[3] Peter Stanlis, "Edmund Burke in the Twentieth Century", in *The Relevance of Edmund Burke*, Peter Stanlis (ed.), New York, P. J. Kenedy, 1964, p. 24-25.

formulado de modo completo, da integridade do partido político. Desse princípio afastou-se apenas uma vez, e, então, só parcialmente, quando em 1783 fez uma breve coalizão com Frederick North, o 2.º Conde de Guilford, e com Charles James Fox (1749-1806).

A tentação de agir de modo diferente deve ter sido considerável, e ninguém o teria culpado por isso, se, naqueles dias, ele tivesse preferido um cargo público à lealdade partidária. Ross J. S. Hoffman especula sobre que futuro poderia ter tido Burke, caso tivesse chegado a um acordo com Conway em 1766:

> Suponhamos que tivesse sido eleito para o posto e aí se tivesse mantido após Rockingham ter-se voltado contra Chatham. Isso provavelmente teria garantido um assento no *Board of Trade* [Conselho de Comércio] ou no *Admiralty Board* [Conselho do Almirantado]. Seus grandes talentos teriam sido recrutados por Conway e, depois, possivelmente, por North. Com tantos dons intelectuais, poderia ter sido alçado ao *Treasury Board* [Conselho do Tesouro] ou ao *Pay Office* [Departamento de Contas], ou ao *Exchequer* [Departamento de Tributação e Receitas], ou, ao menos, poderia ter recebido um título de nobreza irlandês. Poderia ter-se saído tão bem quanto Gilbert Elliot (1751-1814), 1.º Conde de Minto, ou Charles Jenkinson (1729-1808), 1.º Conde de Liverpool, pois as carreiras a serviço do rei estavam abertas aos homens de talento. Com um salário alto e seguro por uma posição de quase sinecura, poderia ter encontrado tempo livre para tornar-se o Edward Gibbon (1737-1794) da história inglesa; teria se igualado a ele.

E a opinião pública o teria apoiado em tal escolha:

> A maior parte dos homens pensava que o caminho de uma colocação é correto, e o caminho do partido errado. A opinião comum tinha o partido como uma facção egoísta, e à oposição aos ministros do rei (caso fosse continuada e sistemática) como contaminada pela deslealdade, enquanto a virtude política consistia em servir à Majestade do modo por ela indicado.[4]

---

[4] Ross J. S. Hoffman, "Edmund Burke as a Practical Politician", in Peter Stanlis, *Relevance of Burke*, p. 115-6

No entanto, Edmund Burke escolheu tomar o partido da oposição coerente por quase toda a vida, e de tal escolha toda a teoria e prática dos modernos partidos políticos são devedores. Em vez de escrever História, moldou a história. Sem dúvida, a decisão de Burke foi influenciada, em parte, pelo líder da oposição a quem ele mesmo havia se aliado – Lorde Rockingham. Hoje em dia os historiadores sabem mais sobre Rockingham do que outrora. "O marquês era um homem de personalidade forte e grande experiência de mundo", escreve Hoffmann:

> Conhecia as cortes e os reis da Europa, jantara com cardeais romanos, encantou princesas italianas; falava três línguas e gerenciara, com sagacidade, uma grande fortuna, comandou milícias na guerra, dominou a política em Yorkshire e foi instruído para altas responsabilidades públicas pelos líderes do partido *whig*. Era seu chefe porque assim o desejaram...[5]

A existência de Rockingham tornou possível a Burke perceber – ainda que em grandes dificuldades – o conceito de partido responsável.

Em *Thoughts on the Cause of the Present Discontents* [Reflexões sobre a Causa dos Atuais Descontentes], de 1770, surge a principal argumentação de Edmund Burke acerca das funções do partido. Esse foi o manifesto dos *whigs* de Rockingham, mas era algo mais. Em essência, foi a primeira exposição clara daquilo que hoje as "democracias ocidentais" tomam como o papel do partido, organizado para o interesse nacional.

Antes, as facções *whigs* agiam sem princípios bem definidos, governados principalmente pelas personalidades e interessadas, sobretudo, em tomar o gabinete. Burke indicava que os Rockinghams, ao menos, por constituírem o núcleo legítimo dos *whigs*, deveriam aspirar a algo melhor. George III, argumentou, estava derrubando a Constituição pela "corrupção" (recompensas monetárias aos amigos

---

[5] Ibidem, p. 111.

do rei da lista civil) e ao recorrer a um "gabinete duplicado" – ou seja, ignorava, na prática, o gabinete formal e governava, na verdade, por meio de conselheiros privados e funcionários. A Constituição deveria ser preservada por um partido fundado em princípios, e preparado para passar muitos anos, se necessário, fora do governo. Tal partido deveria buscar, por sua franqueza e sua coragem, ganhar o apoio da opinião popular.

Se George III pretendia, de verdade, subverter alguma coisa na Constituição e se realmente confiava em uma espécie de gabinete secreto, isso ainda é discutido de modo caloroso entre os historiadores. A escola de Sir Lewis Namier (1888-1960) vê Edmund Burke como um mero oportunista, por atacar falsamente ao rei para proveito dos Rockinghams, mas este ponto de vista agora está sendo superado, entre os principais estudiosos de Burke, por um juízo bem mais favorável.[6] Seja como for, a importância permanente da obra de Edmund Burke para um partido responsável não depende das contendas partidárias daquela época. O efeito do argumento e da ação de Burke foi estabelecer a responsabilidade partidária, e nenhum soberano britânico desde George III arriscou-se a fazer valer plenamente todos os seus poderes, ainda que de modo teórico estivessem latentes na Coroa. Em geral, o mesmo entendimento da função e do dever dos partidos políticos difundiu-se pelos Estados Unidos, pela *Commonwealth* britânica e por outros Estados modernos.

"A mudança que Burke promoveu foi da arte de governar para o governo do partido", escreveu Harvey C. Mansfield Jr.:

---

[6] Para uma amostra dos pontos de vista dos discípulos de Sir Lewis Namier, ver o artigo sobre Edmund Burke de John Brooke (1920-?) em Sir Lewis Namier & John Brooke, *The History of Parliament: The House of Commons, 1754-1790*, vol. II, London, 1965. Para uma avaliação mais ponderada, ver Herbert Butterfield, *George III, Lord North, and the People: 1779-1780*, London, 1949. Ver também seu *George III and the Historians*.

A arte de governar é a capacidade de fazer o que é bom nas circunstâncias, a capacidade para a qual os homens, como indivíduos, apresentam talentos variados. Já que nisso possuem talentos diferentes, são desiguais; e a arte de governar é, essencialmente, uma capacidade ímpar. Como tal, deve ser definida pelo melhor exemplo, não por uma amostragem mediana, pois não podemos saber o que um estadista pode fazer a menos que saibamos o limite da capacidade humana, ou seja, o que um grande homem pode fazer. O estudo da arte de governar é, portanto, em grande parte, o estudo dos grandes homens, e confiar na arte de governar é acreditar no desempenho e no exemplo de grandes homens. A substituição da arte de governar pelo partido é uma tentativa de evitar que se dependa de grandes homens.

Burke escrevia a respeito de Chatham quando disse que agir em um corpo tende a reduzir o valor de um indivíduo distinto, mas poderia ter escrito acerca de si mesmo. Foi um grande estadista que buscou não somente diminuir a confiança da Grã-Bretanha na sua capacidade única, mas reduzir a confiança na capacidade de qualquer grande estadista. Promoveu tal mudança ao introduzir os partidos na Constituição pública, ao tornar o governo do partido o instrumento respeitável dos honestos homens de princípios. Ao definir o "partido" como um corpo de homens unidos por alguns princípios determinados, colocou os partidos à disposição da associação dos homens bons em oposição aos homens maus. No entanto, um princípio em que os homens bons possam concordar para se associarem publicamente deve ser um princípio honesto, um princípio que não abale as sensibilidades e que sacrifique um pouco do discernimento claro de um "indivíduo que não possui valor expressivo" à busca de associação com bons homens. Não que o estadista não possua princípios ou esteja acima dos princípios. Ao contrário, seu princípio perde o requinte ao ser traduzido para o discurso público e, daí, para o programa do partido.[7]

Entretanto, será que alguém consegue imaginar a Grã-Bretanha moderna ou os Estados Unidos governados por estadistas

---

[7] Harvey C. Mansfield Jr., *Statesmanship and the Party Government: A Study of Burke and Bolingbroke*, Chicago, Chicago University Press, 1965, p. 17.

humanitários, sem o aparato de um partido? Burke sabia que os partidos políticos tinham seus vícios. "Não me admira que o comportamento de muitos partidos tenha deixado pessoas de virtude relutante e escrupulosa um tanto irritadas com toda sorte de relações na política", escreveu em *Thoughts on the Cause of the Present Discontents*:

> Admito que as pessoas com frequência contraiam, em tais confederações, um espírito estreito, intolerante e proscritor; que estejam prontas a naufragar a ideia de um bem geral nesse interesse circunscrito e parcial. Todavia, onde o dever torna uma situação crítica em necessária, é nosso dever mantê-la livre dos maus servidores e não fugir da própria situação [...].
>
> As comunidades são compostas por famílias, igualmente o são as comunidades independentes dos partidos; e, como podemos muito bem afirmar, nossa estima natural e nossos laços de sangue tendem, de maneira inevitável, a tornar os homens maus cidadãos, assim como os vínculos de nosso partido enfraquecem aqueles elos pelos quais nos obrigamos ao nosso país.[8]

Na época de Burke ou na nossa época, os partidos são instrumentos políticos imperfeitos, necessariamente menos imaginativos do que os estadistas individuais de gênio ou de talento extraordinário, e menos diligentes na ação. No entanto, podemos inferir que a ordem social civil sofrera – como parece indicar Mansfield – com a ascensão do partido responsável? O estadista mais determinado da Inglaterra do período de Burke foi William Pitt, o Velho, que ajudou a trazer a vitória na Guerra dos Sete Anos; mas a conduta de Pitt também na crise norte-americana foi excêntrica, arbitrária e notavelmente mal-sucedida. Se o partido é um pacote de acordos, ao menos um partido bem organizado e bem conduzido sabe como acordar os grandes

---

[8] Edmund Burke, "Thoughts on the Cause of the Present Discontents", in *The Works of the Right Honourable Edmund Burke*, Boston, Wells and Lilly, 1826, vol. I, p. 424.

interesses possíveis. A alternativa ao acordo é, no melhor dos casos, a inatividade e, no pior, a guerra civil ou externa.

Em *Thoughts on the Cause of the Present Discontents* e nas três décadas passadas com os *whigs* de Rockingham, Burke trabalhou para desenvolver um partido responsável porque os crescentes interesses populares de seu tempo simplesmente já não se submeteriam à ascendência de facções da corte ou das virtudes aristocráticas. O partido responsável era a alternativa ao governo arbitrário, ou à ascendência do demagogo e do fanático. Porque a França não desenvolveu partidos coerentes, regidos pela prudência, para representar os principais interesses no reino, os franceses voltaram-se para o Dr. Joseph-Ignace Guillotin (1738-1814).

"Com efeito", conclui Mansfield a respeito de Burke, "degradou a arte de governar ao conservadorismo". Os aristocráticos "homens hábeis" de Bolingbroke, embora sobrevivessem porque eram indispensáveis, hoje devem esconder seu brilho atrás de um partido "responsável".

Sendo assim, Edmund Burke verdadeiramente abominava o líder carismático, ao chamar Oliver Cromwell de "o grande homem mau". Embora ele mesmo fosse um "homem novo", Burke afirmou que o caminho para o poder não deveria ser aplainado por homens hábeis (ou, na expressão de Burke, por homens de "verdadeira virtude"). A presunção e a impetuosidade dos talentos empreendedores deveriam ser aferidos por uma "virtude presuntiva", pela influência de homens guiados pelo hábito, pelo costume e por um senso de dever há muito instilado, como os cavalheiros do interior – posteriormente, os fidalgos "boi gordo" liderados por Benjamin Disraeli. (Durante a Revolução Francesa, Burke definiu o jacobinismo como a revolta dos talentos empreendedores de uma nação contra a propriedade.) A continuidade das leis e instituições de uma nação, o verdadeiro consenso de muitas gerações, não deve ser posto em risco por inovações precipitadas de um reformador talentoso, pois, ainda que o indivíduo seja tolo, a espécie é sábia.

Edmund Burke confiava nos usos consagrados, na tradição, na moral, no hábito, no costume – ou, como seu herdeiro intelectual, T. S. Eliot expressou, na ideia de uma sociedade cristã, no produto da experiência da espécie com Deus e com o homem em comunidade. (Nos primeiros princípios, Burke dissentiu profundamente do Visconde de Bolingbroke, o cético, a quem Jeffrey Hart chama de principal discípulo inglês de Nicolau Maquiavel [1469-1527].)[9]

Harvey Mansfield sugere que de algum modo Edmund Burke abriu caminho para a política do racionalismo e para a sociedade de massa. Segundo sua observação, no entanto, todos devemos obedecer à grande lei da mudança e é perverso fazer oposição à intenção manifesta da Providência; logo, Burke (assim como, posteriormente, Alexis de Tocqueville [1805-1859]), de fato deve ter aberto uma brecha na antiga ordem. Entretanto, qual seria a alternativa? Negueis um fato, e tal fato será vosso mestre. O liberalismo do século XIX, em grande parte uma criação de Jeremy Bentham (1748-1832), "o grande subversivo", o antagonista mais poderoso de Edmund Burke, irrompeu qual dilúvio sobre as vias imemoriais que Burke defendera. "Burke", escreve Mansfield,

> Foi capaz de inspirar somente uma parte do sistema partidário com regras de prudência. Sua influência atual é como a do fundador de um partido, não do sistema partidário. Assim, sua doutrina partidária é, no momento, utilizada para tolerar os "jacobinos" racionalistas que pretendia extirpar.

Não há dúvida. É inútil, todavia, opor uma simples teoria a um movimento social imensamente poderoso, apoiado por grandes interesses. Ninguém entendeu melhor que Edmund Burke a futilidade – ou melhor, o poder funesto – da teoria apartada da realidade social. Sem partidos políticos para assegurar a aprovação pública, a

---
[9] Jeffrey Peter Hart, *Viscount Bolingbroke, Tory Humanist*, London, Routledge & K. Paul, 1965, p. 93-94.

monarquia inglesa – mesmo que George III ou o regente recrutassem, em defesa da Coroa, um estadista sagaz como o Visconde de Bolingbroke – teria recaído no radicalismo jacobino como muitas monarquias da Europa.

O domínio aristocrático dos homens "de habilidade e de virtude" de Bolingbroke foi desfeito por determinadas forças materiais e sociais. Portanto, em menor extensão, a estrutura burkeana de partidos responsáveis (baseada em um eleitorado limitado) teve de ceder lugar a novos elementos na sociedade. O partido responsável tornou possível o acordo entre o passado e a inovação na sociedade.

Um dos impulsos inovadores era a força militar. O desenvolvimento de armas de fogo eficientes e baratas que, por fim, arruinaram a bravura jacobita em Culloden e que, dentro de pouco, dariam à turba parisiense o poder de derrubar a monarquia ou qualquer outro regime. (Fechando o círculo, hoje o desenvolvimento adicional de armas permite aos governos do século XX desfrutar do monopólio de instrumentos de guerra complexos e caros em modernos países "desenvolvidos", densamente povoados, para esmagar em pouco tempo qualquer tipo de levante popular – como na Hungria, em 1956;[10] e a autoridade do rei Demos diminui proporcionalmente em nossa época.)

Outro desses impulsos foi a Revolução Industrial, ao transferir riqueza e prestígio – e, com isso, poder – para classes muito diferentes daquelas influenciadas pela retórica de Bolingbroke e de Burke. Um

---

[10] Em 1956, durante o período de dominação soviética, a pressão contra o governo da República Popular da Hungria chegara ao auge. Em outubro desse mesmo ano, uma manifestação estudantil pacífica em Budapeste exigia o fim da dominação soviética, entre outras medidas. O governo dispersou a mobilização com força policial e deteve algumas pessoas. Ao resistirem à detenção ou ao tentarem libertar os presos, alguns estudantes foram mortos. Tal fato serviu de estopim para motins por toda a capital, e as tropas soviéticas, consequentemente, invadiram a praça do Parlamento abrindo fogo contra os participantes da rebelião. (N. T.)

terceiro impulso foi a difusão da alfabetização e de livros e jornais baratos, beneficiando a "vigorosa retórica vulgar" de Thomas Paine e sucessores.[11] Uma quarta causa revolucionária foi a desintegração da comunidade fixa que acompanhou a Revolução Industrial e o aumento súbito da população. Poderíamos enumerar uma meia dúzia de outros golpes diante dos quais a velha ordem de governadores da comunidade não poderia permanecer sem ceder terreno.

Tivesse Burke sido mais rigoroso nos princípios, o governo por estadistas aos moldes antigos ainda teria se rendido ao impulso liberal: "Até mesmo os mórmons contam com mais adeptos do que Bentham", escreveu Disraeli no século seguinte. No entanto, quando os benthamitas ganharam o apoio das novas classes e, depois, das novas massas, porque o interesse material dessas classes e multidões parecia coincidir com o dogma benthamita, necessariamente o homem hábil e virtuoso foi eclipsado e surgiram novas formas políticas.

Muito embora o Visconde de Bolingbroke e Edmund Burke discordassem sobre o papel do partido e, em parte, sobre o fundamento da ordem na sociedade civil, não estavam de todo em polos opostos. Tinham em comum os seguintes princípios (que, até certo ponto, Burke deve ter recebido de Bolingbroke): a preocupação com o futuro que o ministro sábio traz em primeiro plano em seu pensar, a necessidade de reconciliar grupos opostos – mas, pela adaptação gradual; o teste de um suposto consenso pela constância ao longo dos anos, em oposição às "oscilações transitórias dos sentimentos".[12] Quanto ao papel do partido responsável no governo moderno, contudo, a longo prazo Burke e seus amigos derrotaram o discípulo de Bolingbroke, o rei George III.

Duas décadas após a publicação de *Thoughts on the Cause of the Present Discontents*, George Washington (1732-1799) ainda via

---

[11] Para uma comparação perspicaz da retórica de Burke com a retórica de Paine, ver James T. Boulton, *The Language of Politics in the Age of Wilkes and Burke*, London, Routledge & Kegan Paul, 1963.

[12] Ver Hart, op. cit., p. 149-150.

o partido como uma facção funesta e nutria a esperança vã de que os recém-criados Estados Unidos pudessem escapar de tal divisão. Os interesses e as opiniões norte-americanos, todavia, caíram, naturalmente, nas estruturas embrionárias de partidos dos federalistas e dos republicanos, pois, se o partido não existe em uma sociedade quase democrática, o povo deve submeter-se ao governo de um autocrata ou de um aristocrata – o que as repúblicas modernas não toleram. A noção partidária de Edmund Burke dedicada ao interesse nacional, por sorte, suplantou a ideia dos partidos interessados primordialmente nas vantagens do governo – partidos predadores do tipo que afligem as "nações emergentes" da África e da Ásia do século XX, e que não toleram nenhum outro partido.

Os indivíduos devem se submeter, na maioria dos casos, às decisões do próprio partido, concluiu Burke – embora tais decisões devam estar fundamentadas em princípios gerais.

> Os homens, ao pensar livremente, em circunstâncias particulares, raciocinarão diferentemente. No entanto, como grande parte das medidas que surgem no decorrer dos negócios públicos se relaciona com ou depende de alguns *grandes princípios gerais de condução do governo*, o homem deve ser especialmente infeliz na escolha de sua companhia política, caso não concorde com eles ao menos nove em dez vezes. Caso não concorde com esses princípios gerais sobre os quais o partido está fundado e que, necessariamente, evocam um acordo quanto à aplicação, ele deveria, desde o início, ter escolhido outro, mais conformado às suas opiniões [...] Como os homens seguem adiante absolutamente sem conexão alguma, a mim me é deveras incompreensível.[13]

Esse partido responsável em que Edmund Burke confiava era aristocrático na liderança e fundamentado em um direito de voto

---

[13] Para comentários sobre tais passagens das *Reflexões sobre a Causa dos Atuais Descontentes*, ver a edição mais acadêmica de E. J. Payne, *Edmund Burke: Select Works*, vol. I, Oxford, 1904. A edição de Jeffrey Hart (Chicago, 1964) traz uma boa introdução.

severamente restrito. Burke certa vez declarara que a verdadeira nação inglesa, em sua época, consistia em umas quatrocentas mil pessoas – algumas com terras ou qualificadas pela educação ou profissão para escolher membros competentes para o Parlamento e exercer as funções de governo local. Opunha-se à reforma eleitoral indiscriminada, a menos que houvesse por isso uma demanda pública explícita, e não distinguia tal demanda em seus dias. Entretanto, não desejou o domínio total do partido pelos interesses dos aristocratas. Como declarou – com verdadeira coragem para um homem aliado aos magnatas *whigs* – em *Thoughts on the Cause of the Present Discontents*:

> Não sou amigo da aristocracia, ao menos no sentido em que essa palavra costuma ser compreendida. Caso não fosse um mau hábito trazer à baila hipóteses sobre a suposta ruína da Constituição, estaria livre para declarar que, se ela deve perecer, preferiria decididamente vê-la resolvida em qualquer outra forma a vê-la perdida naquele domínio austero e insolente.

Onze anos depois, no discurso de 15 de junho de 1781 sobre o projeto de lei para a revogação do *Royal Marriages Act 1772* [Lei dos Casamentos Reais de 1772], aprofundou-se ainda mais no assunto:

> Sou acusado, disseram-me no estrangeiro, de ser um homem de princípios aristocráticos. Se por aristocracia querem significar os lordes, não tenho nenhuma admiração por eles, nem nenhuma antipatia comum por eles; por eles tenho, pela ordem, um respeito sério e decente. Acredito que são uma necessidade absoluta na Constituição, mas penso que são bons somente quando mantidos dentro dos limites apropriados. Creio, sempre que há disputa entre as Câmaras, que a parte que tomo não é equívoca. Caso por aristocracia, o que na verdade se aproxima do meu ponto de vista, indiquem uma aderência ao rico e poderoso contra o pobre e o fraco, isso seria, de fato, um quinhão bastante extraordinário. Incorri no ódio dos senhores desta Casa por não guardar a devida estima pelos homens de vastas propriedades. Quando, na verdade, está em questão o menor dos direitos das pessoas mais pobres do reino, oponho-me tenazmente a qualquer ato de orgulho e

poder encorajado pelo mais nobre dos que lá estão; e, se se chegar ao último extremo e a uma contenda de sangue – Deus nos livre! Deus nos livre! –, meu partido está tomado; abraçarei minha sina ao lado dos pobres, dos pequenos e dos fracos. Entretanto, se essas pessoas vierem a transformar sua liberdade em um manto de malícia e buscarem a prerrogativa da isenção, não do poder, mas das regras de moralidade e da disciplina virtuosa, então unirei esforços para fazê-los sentir a força que uns poucos, unidos em boa causa, possuem sobre a multidão de devassos e ferozes.[14]

Partidos capitaneados por um John Wilkes ou por um Lorde George Gordon, se triunfantes, seriam a ruína da comunidade; tal é o destino das facções que excluem qualquer elemento da "virtude presuntiva" de uma nação. Nos *whigs* de Rockingham, Edmund Burke esforçou-se por construir um partido-modelo, encabeçado por homens de virtude, apesar de recorrerem com regularidade à opinião pública. Os Rockinghams se tornaram, na verdade, um corpo mais apenso a um princípio sólido, menos sujeito à corrupção e menos ávido por governar que qualquer facção que a Grã-Bretanha conhecera anteriormente. Tanto o Partido Conservador como o Partido Liberal da segunda metade do século XIX encontraram no conceito de responsabilidade partidária de Burke, bem como no exemplo dos Rockinghams, um modelo de governo representativo bem-sucedido; e os partidos norte-americanos sentiram, igualmente, a influência de Burke.

Ainda, os *whigs* de Rockingham não poderiam ter levado a melhor sobre George III no seu papel de "rei patriota" senão pela derrota na guerra norte-americana. Ao agir segundo seu desejo, o rei travou, em casa, uma batalha com os Rockinghams e outras facções *whigs* que teria ganhado se não fosse a rendição em Yorktown. "Há algo grandioso em sua coragem", escreveu William Makepeace Thackeray

---

[14] Edmund Burke, "Speech on a Bill for the Repeal of the Marriage Act", in *The Works of the Right Honorable Edmund Burke*, Boston, Little, Brown & Co., 1884, vol. VII.

(1811-1863) acerca de George III. "Subornava, irritava, dissimulava, de vez em quando, de maneira abominável, usava de uma perseverança pérfida que quase podemos admirar ao repensar seu caráter. Tal coragem nunca será superada."[15]

A derrota norte-americana desfez toda a obstinação e a gestão inteligente do rei George III e de seus ministros (a reforma econômica de Burke, em 1782, diminuiu enormemente o poder do rei de dominar o Parlamento pela lista civil). Em março de 1782, o rei foi obrigado a demitir Lorde North e a aceitar ministros que não lhe eram favoráveis – uma inovação que se tornou um precedente contínuo. Lorde Rockingham, a quem George III tentara ignorar quando o marquês fora primeiro-ministro dezesseis anos antes, tornou-se novamente o primeiro-lorde do Tesouro.[16] A fidelidade dos Rockinghams aos princípios fora justificada, e ficou demonstrado que um partido pode suportar a exclusão do poder por muitos anos e, ainda assim, perseverar para o dia da reparação. O ideal de partido de Burke tornara-se algo palpável.

***

Em meio à luta dos defensores da supremacia da Câmara dos Comuns e dos guardiões da prerrogativa real – durante o período em que o interesse de Edmund Burke nos assuntos norte-americanos

---

[15] William Makepeace Thackeray, *The Four Georges*. In: *The Works of William Makepeace Thackeray in Thirty Volumes*, Cambridge, Mass., The University Press for the Jenson Society, 1905, p. 92-93.

[16] No início do século XVII, o Tesouro do reino era confiado a uma comissão de lordes. O primeiro-lorde do Tesouro era visto como o chefe natural de todos os ministros do reino e, a partir de 1715, começou a ser chamado depreciativamente de primeiro-ministro. Caso fosse um membro da Câmara dos Comuns, também fazia as vezes de ministro da Fazenda (Chancellor of the Exchequer); se fosse um lorde, tinha de se valer de um segundo-lorde do Tesouro como chanceler, pois a função de ministro da Fazenda era vedada aos nobres. Desde 1827, as funções desse cargo foram incorporadas às atribuições do primeiro-ministro. (N. T.)

minguou, ao considerar perdidas as colônias, e em que voltou suas energias para a construção de um partido de altos princípios –, o "filósofo em ação" dos *whigs* se indispôs com o eleitorado popular de Bristol. Depois desse fato, teve de se sentar, até a renúncia da Câmara dos Comuns, na cadeira de um "município de bolso". No entanto, no caso da cadeira de Bristol, assim como em outras ocasiões, o insucesso prático de Burke produziu um manual de sabedoria política.

Quando em 1774 os comerciantes e os donos de navios de Bristol escolheram Edmund Burke como um de seus membros no Parlamento, advertiram-no, honestamente, de que deveria ser o representante deles, e não um mero delegado. Naquele ano, os entusiastas de John Wilkes falaram muito em delegação em vez de representação: um "patriota" no Parlamento, declararam, estava lá para fazer o que lhe fosse dito. Burke não tomaria parte daquele erro (embora seu colega de Bristol, Henry Cruger [1739-1827], tivesse prometido de modo indolente ser obediente em todas as coisas à vontade de Bristol). Os desejos do eleitorado deveriam ser ponderados pelo seu representante, disse Burke; e então acrescentou:

> Mas a própria opinião imparcial, o julgamento maduro, a consciência esclarecida, ele não vo-los deve sacrificar à vós ou a nenhum grupo de homens vivos. Tais coisas não decorrem de vosso prazer – não, nem da lei nem da Constituição. É algo que lhe é confiado pela Providência, cujo abuso o torna profundamente responsável. Vosso representante vos deve não somente a sua industriosidade, mas o seu julgamento; e vos trai em vez de vos servir se sacrifica isso à vossa opinião.[17]

Em um eleitorado relativamente democrático, essa era uma postura ética superior, e Bristol já não estava convencido a tolerá-la. "De fato, vós escolhestes um membro", disse-lhes Edmund Burke:

---

[17] Edmund Burke, *Speech to the Electors of Bristol (November 3rd, 1774)*, in *The Works of the Right Honorable Edmund Burke*, Boston, Little, Brown &Co., 1881, vol. II, p. 95.

Contudo, depois que vós o escolhestes, ele já não é um membro de Bristol, mas um membro do *Parlamento*. Se o eleitorado local tem um interesse ou tem uma opinião precipitada evidentemente oposta ao verdadeiro bem do restante da comunidade, o membro de tal local deve ser tão distante quanto qualquer outro de qualquer tentativa de dar-lhe efeito.[18]

Não obstante, Bristol continuou a pensar em termos de delegação, ignorando a admoestação de Edmund Burke de que o Parlamento não é um congresso de embaixadores, mas a assembleia deliberativa de uma nação, interessada no bem geral da nação e não afetada pelas parcialidades locais. As ideias preconcebidas de Bristol eram muito fortes. No outono de 1777, Burke ficou ciente de que tinha se tornado impopular entre muitos homens de Bristol, assim como os Rockinghams por todo o país. A fratura com Bristol aumentou quando Burke – por sua afeição à Irlanda e por sua preocupação com a harmonia imperial – apoiou medidas para que a Irlanda comerciasse livremente com a Inglaterra: isso pareceu ir de encontro às vantagens comerciais imediatas de Bristol. Embora tenha explicado sua posição aos eleitores, não fez concessões.

Quando, em 1780, irromperam os Gordon Riots em Londres, os fanáticos protestantes, apoiados pela ralé, foram especialmente violentos com Edmund Burke – pois ele havia apoiado a lei de Sir George Savile (1726-1784), 8.º Baronete da Inglaterra, para a modificação das leis penais contra os católicos irlandeses. Aqui também a cordialidade de Burke com católicos e com a Irlanda se opôs à natureza de muitas pessoas de Bristol. Ademais, foi repreendido por alguns dos eleitores por ter aprovado medidas para aliviar os devedores e por não ter visitado Bristol ao longo de quatro anos. Após suprimir os Gordon Riots, o rei George III emitiu ordens de eleição, acreditando ser o momento propício para o interesse real. Desse modo, Burke acreditou ser necessário ir a Bristol em setembro para buscar a reeleição.

---

[18] Idem, ibidem, p. 96.

O discurso no Bristol Guildhall, em 6 de setembro de 1780, em defesa de sua conduta no Parlamento parece, para este escritor que vos fala, o mais comovente e mais persuasivo que Burke jamais proferiu. Os eleitores de Bristol, contudo, movidos por um autointeresse não muito esclarecido, pensaram diferentemente.

Edmund Burke defendeu sem titubear cada um de seus pontos. Era um membro do Parlamento por Bristol, não um simples agente de interesses comerciais locais, e servia a Bristol ao servir à nação. "Senhores, não devemos ser impacientes com aqueles que servem o povo", disse. Um legítimo membro do Parlamento deve ser estimado.

> Se degradarmos e depravarmos suas mentes pelo servilismo, será absurdo esperar que eles, que nos adulam e desprezam, sejam sempre assertores corajosos e incorruptíveis de nossa liberdade contra o mais sedutor e mais formidável de todos os poderes. Não! A natureza humana não é assim; nem devemos melhorar as faculdades ou aperfeiçoar a moral dos homens públicos por possuirmos as receitas mais infalíveis do mundo para gerar impostores e hipócritas [...]. Onde o membro do povo é restrito nas ideias e intimidado no proceder, o serviço à coroa será o único berçário de estadistas.[19]

Ao advogar justiça para a Irlanda, continuou, agiu no interesse da Grã-Bretanha, como agira ao buscar a conciliação com os norte-americanos. Ao apoiar o projeto de lei de William Lygon (1747-1816), 1.º Conde de Beauchamp, para prestar socorro aos devedores, lamentara que o projeto de lei não tivesse ido adiante e que não tivesse conseguido passar.

Quanto aos católicos, a Lei Savile assegurara a lealdade à nação em um tempo de pavorosa crise, e modificara "más leis [...] o pior tipo de tirania". Longe de prometer emendar seus pontos de vista, disse:

---

[19] Edmund Burke, "Speech Before the Election of 1780", in *The Speeches of the Right Hon. Edmund Burke with Memoir and Historical Introductions*, Dublin, James Duffy, 1854, p. 135

> Nunca tive em minha vida menos arrependimento por uma ação [...]. Esse modo de proscrever os cidadãos por denominações e descrições gerais, dignificadas com o nome de razões de Estado e de segurança para constituições e comunidades, não é, no fundo, nada melhor que a invenção miserável de uma ambição nada generosa que de bom grado asseguraria a missão sagrada do poder, sem nenhuma das virtudes ou das capacidades necessárias que lhe conferem título: uma receita de política, feita do detestável componente de malícia, covardia e mandriíce [...]. Crimes são ações de indivíduos, e não de denominações.[20]

A audiência do Guildhall dificilmente foi amigável neste momento, mas Burke não se intimidou ao chamar de "oportunistas" os políticos que viviam na opulência baseados na subserviência ao rei. Se Bristol não indultava sua consciência, Bristol não o teria:

> Quando descobrimos que mesmo as opiniões da maior das multidões são o padrão da retidão, devo acreditar-me obrigado a tornar essas opiniões as mestras de minha consciência. No entanto, se puder pôr em dúvida que a própria onipotência é competente para alterar a constituição essencial do certo e do errado, estou certo de que tais coisas, como elas ou eu, não detêm absolutamente tal poder. Nenhum homem levou mais adiante do que eu a política de tornar o governo agradável ao povo. No entanto, o maior alcance dessa complacência política está confinado aos limites da justiça. Não só consulto o interesse do povo, mas alegremente gratificaria o seu humor. Todos somos uma espécie de criança que deve ser acalmada e orientada. Creio não ser austero ou formal por natureza; suportaria qualquer bobice para diverti-los, e até tomaria parte nela. Nunca, entretanto, encarnaria o papel do tirano para que se divertissem. Se misturarem malícia nos passatempos, nunca consentirei em dar-lhes nenhuma criatura viva, senciente, e nem sequer uma morta, para que a atormentem.[21]

Por ser teimoso, disse-se a Burke que nunca seria eleito para o Parlamento, e isso seria desagradável:

---

[20] Idem, ibidem, p. 165.
[21] Idem, ibidem, p. 166.

Desejo, todavia, ser um membro do Parlamento, ter parte em fazer o bem e resistir ao mal. Seria, portanto, absurdo renunciar aos meus objetivos para ganhar um assento. Engano-me redondamente caso não prefira passar o resto de minha vida escondido nos recessos da mais profunda das obscuridades, nutrindo a mente com as visões e imaginações de tais coisas, a ser posto no mais esplêndido trono do universo, atormentado pela recusa da prática dos que podem tornar a maior das circunstâncias diferente da maior das maldições. Senhores, já fui mais popular.[22]

Por certo, Burke já o fora. No dia 9 de setembro, ficou claro para ele que Bristol não desejava um membro tão independente como ele para representá-lo; queriam um agente astuto. Ao recusar-se a concorrer às eleições, voltou a Londres, e Rockingham conseguiu para ele o "município de bolso" de Malton. Ao final, o habilidoso filósofo político, retórico e arquiteto do partido representou um obscuro distrito seguro.

Bristol rejeitara o homem de talento ardoroso, que pensava primeiro na justiça e na nação e, em segundo lugar, nos eleitores e nos apetites locais. No entanto, as palavras de Burke em Bristol não foram de todo esquecidas na Grã-Bretanha ou na América, e os membros do Parlamento inglês ou do Congresso que ainda tomam poucas resoluções por interesses especiais, por lobistas e pela paixão popular do momento – aqueles que conferem eficácia ao governo representativo – podem ser animados, mesmo hoje, pela intrepidez de Burke.

***

A rejeição por Bristol, contudo, foi um mero incidente na longa luta de dezesseis anos dos Rockinghams para restringir a ambição do rei e para realizar uma reforma moderada no governo. Neste momento, retomamos o fio desse labirinto político.

Em 1782, George III achou necessário aceitar Lorde Rockingham como primeiro-ministro, embora o rei obrigasse Rockingham a ter

---

[22] Idem, ibidem, p. 166-67.

William Petty (1737-1805), 2.º Conde de Shelburne, e futuro 1.º Marquês de Lansdowne, como secretário para as Colônias e Assuntos Irlandeses. Após dezesseis improdutivos anos, Burke viu triunfar seus princípios (ainda que fosse uma vitória melancólica, o resultado da derrota militar na América); e obteve, mais uma vez, um lugar no governo.

Ao ingressar no gabinete para um segundo e breve mandato, Edmund Burke foi nomeado tesoureiro das Forças Armadas – não era o mais alto dos postos, mas era altamente lucrativo. Era costume permitir ao tesoureiro emprestar com juros, em proveito próprio, as quantias que o gabinete tivesse temporariamente à disposição. Tal privilégio dera aos tesoureiros anteriores uma renda anual de cerca de vinte e três mil libras. Richard Rigby (1722-1788), um membro da turma de Bedford, acumulou meio milhão de libras de seu período no cargo. Com uma fidelidade aos próprios princípios surpreendente para o século XVIII, Burke de imediato reduziu os benefícios do próprio posto – apesar de precisar de dinheiro – ao abolir o privilégio de emprestar quantias e ao estipular o próprio salário em meras quatro mil libras. "Diante disso", comenta Bertram Newman, "examinar desfavoravelmente os esforços que Burke fez de tempos em tempos para obter cargos para si e para suas relações é, por certo, o requinte do pedantismo."[23]

Os Rockinghams tiveram de fazer as pazes com os aliados norte-americanos e europeus. Igualmente, encontraram novas oportunidades de introduzir reformas de governo que havia muito defendiam como vozes no deserto. O principal feito prático foi a "reforma econômica" exigida por Burke havia um bom tempo.

Em 1780, Edmund Burke propusera pela primeira vez um projeto de lei para reformar a lista civil da Coroa visando abolir os cargos obsoletos ou inúteis, diminuir o poder político do rei exercido pela

---

[23] Newman, op. cit., p. 127-28.

dotação de pensões ou pelos fundos do serviço secreto e assegurar o controle do Parlamento sobre o que, na ocasião, chamou de serviço civil. O conhecimento profundo dos detalhes impressionou até a maioria hostil da Câmara dos Comuns. Teria postergado indefinidamente a reforma, disse Burke, se fosse para obrar alguma injustiça com um único agente de alfândega, mas escreveu um projeto de lei que respeitaria todas as pretensões legítimas. No *Speech on Economical Reformation* [Discurso sobre a Reforma Econômica] fez distinção entre a reforma comedida e a reforma impetuosa: a reforma genuína, para evitar novos abusos, deve ser feita gradualmente, com o reformador "ouvindo a liderança a cada polegada do percurso", como Burke o expressou depois. "Se não puder reformar com equidade, absolutamente não reformarei", declarou em 1780.

Não obstante, um governo com um déficit anual de quatorze milhões de libras requeria atenção imediata do reformador. Não era nem muito cedo nem muito tarde para começar. Como disse no impressionante "Discurso sobre a Reforma Econômica":

> Reformas antecipadas são arranjos amigáveis com o amigo no poder; reformas tardias são termos impostos ao inimigo conquistado. Reformas antecipadas são feitas com sangue-frio, reformas tardias são feitas em estado de irritação. Nesse estado de coisas, as pessoas não veem no governo nada respeitável. Veem o abuso e não verão nada mais. Recaem no temperamento do populacho furioso insultado pela desordem de uma casa de má reputação. Escolhem o caminho mais curto: minoram o transtorno, derrubam a casa.[24]

Edmund Burke estava disposto a eliminar as sinecuras pelas quais o rei recompensava os membros obedientes do Parlamento. Pretendia

---

[24] Edmund Burke, "Speech on Presenting to the House of Commons, a Plan for the Better Security of the Independence of Parliament, and the Economical Reformation of the Civil and other Establishments" (1780), in *The Works of the Right Honourable Edmund Burke*, London, F. and C. Rivington, 1803, vol. III, p. 247. (N. T.)

diminuir, ao mesmo tempo, a extravagância e satisfazer a demanda popular de economia ao pagar as pesadas dívidas em atraso da lista civil. Tencionava trabalhar por uma melhora duradoura do governo. Não confundia, no entanto, redução com mesquinhez.[25]

Com certa concordância relutante, mesmo os amigos do rei e os *tories* ouviam respeitosamente a serena descrição de Edmund Burke sobre o mau uso da lista civil. Edward Gibbon, com assento na Câmara dos Comuns com uma sinecura para garantir seu voto para Lorde North, confessou que estremeceu ao mesmo tempo que admirou a Burke, com o "prazer com que aquele Sr. Burke, orador difusivo e hábil, foi ouvido por todos os partidos da casa, mesmo por aqueles cuja existência ele proscrevera".[26] Por tudo isso, o Parlamento rejeitou duas vezes a reforma de Burke.

Por volta de 1782, contudo, a opinião pública exigiu com tanta insistência a redução e o aperfeiçoamento da lista civil, que uma versão modificada do projeto de lei de Burke se tornou lei no dia 11 de julho. Uma das características mais valiosas foi o ordenamento e a classificação dos pagamentos da lista civil. O Parlamento foi assim instituído

---

[25] A opinião de Burke parece não ter mudado. Em *A Letter to a Noble Lord* [Uma Carta a um Nobre Senhor], no ano de 1796, disse: "A simples parcimônia não é economia. Esta, em teoria, é separável daquela e, de fato, pode ser ou não uma *parte* da economia, conforme as circunstâncias. A despesa, e grandes despesas, pode ser uma parte essencial da verdadeira economia. Se a parcimônia tiver de ser considerada como uma das espécies daquela virtude, existirá, todavia, outra e mais excelsa economia. A economia é uma virtude distributiva e não consiste em guardar, mas em selecionar. A parcimônia não requer providência, sagacidade, comparação ou juízo. O simples instinto, e não da mais nobre espécie, pode produzir esse tipo de economia à perfeição. A outra economia possui horizontes mais amplos. Requer um juízo discriminador e uma mente firme, sagaz". Ver Edmund Burke, "A Letter to a Noble Lord", in *The Works of the Right Honourable Edmund Burke with a Portrait and Life of the Author*, London, Thomas McLean, vol. VII, p. 402-403. (N. T.)

[26] Edward Gibbon, *Memoirs of the Life and Writings of Edward Gibbons, Esq.*, London, Whittaker, Treacher and Arnot, 1830, vol I, p. 225. (N. T.)

como o supervisor e regulador da "patronagem" e do funcionalismo público civil. O poder de corrupção do rei foi imensamente reduzido, embora ele mantivesse – e em seguida o tenha exercido em plenitude – o poder de criar novos nobres, assegurando, assim, o controle na Câmara dos Lordes. O moderno funcionalismo público britânico, o mais eficiente do mundo, possui raízes na reforma de Burke.

Como observa Ross J. S. Hoffman, Burke era um conservador reformista e não um reformador conservador. "Desejava reformar para conservar."[27] Quando não fosse possível discernir alguma necessidade premente, melhor seria suportar os abusos existentes que encorajar, por ajustes imprudentes, novos males menos fáceis de tolerar. A inovação, argumentava Burke, não é sinônimo de reforma. Assim, opôs-se tenazmente à maioria das propostas para a reforma do Parlamento, mesmo reconhecendo que existiam absurdos e anomalias na representação parlamentar. No "Discurso sobre a Reforma Econômica", observara que a preservação do antigo simplesmente por sua antiguidade pode produzir absurdos:

> É queimar óleos preciosos na tumba; é oferecer comida e bebida aos mortos – não é tanto é honra aos falecidos quanto é desgraça para os sobreviventes [...]. Fazem-me recordar o Old Sarum,[28] onde os representantes, maiores em número que o eleitorado, só serviam para nos inteirar de que outrora esse fora um local de comércio e ressoava a "ativa algazarra dos homens",[29] muito embora hoje só possamos

---

[27] Ross J. S. Hoffman e Paul Levack, *Burke's Politics: Selected Writings and Speeches of Edmund Burke on Reform, Revolution and War*, New York, Knopf, 1949, p. 213.

[28] Antigo distrito eleitoral inglês criado no século XII, mas que desde o século XVII não possuía eleitores residentes. Nesse caso, o voto pertencia ao proprietário das terras, que nomeava inquilinos votantes. Durante o século XVIII foi, por muitos anos, propriedade e "município de bolso" da família Pitt. (N. T.)

[29] Verso 118 do poema *L'Allegro* (1633), de John Milton. No original: *"the busy hum of men"*. (N. T.)

ver traços das ruas pela cor do milho e a única produção sejam os membros no Parlamento.[30]

Ainda assim, a reforma radical – mesmo a do "município podre" de Old Sarum – poderia destruir o edifício estranho da Constituição inglesa, incongruente em partes da arquitetura, mas mantendo-a íntegra durante muito tempo – desde que arquitetos ambiciosos não tentassem torná-la harmoniosa ao adulterar e derrubar o telhado. Portanto, Edmund Burke se opôs às exigências de Fox, em 1780, de parlamentos anuais e de uma centena de novos distritos eleitorais nos condados para destruir a influência real sobre o Parlamento. Eleições frequentes, respondeu Burke, produziriam confusão parlamentar (à custa da) ruína dos membros independentes.

Dois anos depois, recusou-se a apoiar o projeto de lei do jovem Pitt para a redistribuição dos assentos na Câmara dos Comuns, para a revisão dos distritos eleitorais e para a admissão de mais eleitores ao rol. A Câmara dos Comuns crescera ao longo da história inglesa. A tentativa de torná-la simétrica, de convertê-la em uma representação matemática de pessoas *per capita*, só traria descrédito e perda de prestígio à Câmara. Existe uma presunção legítima, disse, em favor das coisas há muito instituídas:

> É uma presunção em favor de qualquer plano de governo instituído contra qualquer projeto nunca tentado, em uma nação que há muito vive e que assim se desenvolveu. É uma suposição melhor até que a da *escolha* de uma nação – muito melhor que qualquer arranjo temporário e súbito de uma eleição atual. Porque uma nação não é uma ideia apenas de extensão local e de aglomeração momentânea individual, mas uma ideia de continuidade que se protrai no tempo,

---

[30] Edmund Burke, "Speech on Presenting to the House of Commons, a Plan for the Better Security of the Independence of Parliament, and the Economical Reformation of the Civil and other Establishments" (1780), in *The Works of the Right Honourable Edmund Burke*, London, F. and C. Rivington, 1803, vol. III, p. 278-79. (N. T.)

bem como em número e no espaço. E essa é a escolha não de um dia ou de um grupo de pessoas, não é uma escolha tumultuária e leviana; é uma eleição deliberada de eras e de gerações; é uma constituição feita daquilo que é dez mil vezes melhor que a escolha; é feita de circunstâncias peculiares, oportunidades, temperamentos, disposições e hábitos morais, civis e sociais das pessoas, que só se revelam em um longo espaço de tempo. É uma veste que se acomoda ao corpo. Não é a prescrição de um governo formado por predisposições cegas e sem sentido. O homem é o mais insensato e o mais sábio dos seres. O indivíduo é tolo; a multidão, no momento, é tola quando age sem ponderar; mas a espécie é sábia e, quando se lhe dá tempo, como espécie quase sempre age corretamente.[31]

A oportunidade de Burke de reformar era efetivamente curta, e ele até se envolveu, com confessada relutância, com a alteração administrativa. No entanto, sabia que "a mudança é o meio da preservação", e agiu em conformidade com isso, tanto quanto pôde. "Olho com reverência filial a Constituição de meu país", concluiu no discurso de 7 de maio de 1782, contra a reforma de representação proposta por Pitt, o Jovem:

> nunca a retalharei e a colocarei no caldeirão de nenhum mágico para cozê-la, com o escorralho dos compostos, em juventude e vigor. Ao contrário, afastar-me-ei de tais velhacos; protegerei sua idade venerável e, com artes lenientes, oferecer-lhe-ei o alento de um pai.[32]

Essas "artes lenientes" eram medidas de aperfeiçoamento consoantes com a prudência, a contituidade social e os usos consagrados. Francis Canavan, S. J. (1917-2009), resume a obra de Edmund Burke como um renovador da ordem social civil:

---

[31] Edmund Burke, "Speech on a Motion Made in the House of Commons in May 7th, 1782 for a Committee to Inquire into the state of Representation of the Commons in Parliament", in *The Works of the Right Honorable Edmund Burke*, revised edition, Boston, Little, Brown and Co, 1866, vol. VII, p. 94-95. (N. T.)

[32] Idem, ibidem, p. 104. (N. T.)

É claro que ele não era um arquiconservador ou um reacionário. Ao contrário, era a figura clássica do reformador moderado: intensamente cônscio da natureza complexa e problemática da realidade social, descrente das exigências abstratas e idealistas de que a justiça deve ser feita ainda que caiam os céus, desejando, ainda, remediar violações concretas com medidas práticas, sempre preocupado em conservar, bem como em melhorar, e, portanto, cauteloso e pragmático, mesmo quando era mais resoluto em defender a reforma. Se tal homem pode ser um reformador eficaz, essa é uma pergunta de interesse mais que acadêmico para uma geração que vive no mundo revolucionário de hoje. Nada mais direi a respeito Burke além de que até radicais podem aprender de sua sabedoria, posto que isso sirva apenas para torná-los radicais mais inteligentes.[33]

***

Em 1782, como em 1766, Edmund Burke possivelmente esperava passar um período considerável no governo, durante o qual Câmara dos Comuns, com Rockingham como primeiro-ministro, poderia realizar melhoras sensatas nas questões irlandesas, no Império da Índia, no relacionamento entre a Coroa e o Parlamento, na restauração de relações amistosas com a América e com a França e em muitos outros campos – assim como fizeram na administração do governo. Seguro no partido e no cargo, finalmente desfrutou a perspectiva de algum tempo livre.

Então, de modo repentino, em meio às dificuldades de paz com a América e a problemas mais graves na Irlanda, o Marquês de Rockingham faleceu no cargo, em 1.º de julho de 1782. O rei prontamente escolheu Lorde Shelburne como sucessor de Rockingham. Confuso e temporariamente sem líder, os Rockinghams abandonaram o gabinete – embora Burke, que detestava Shelburne, quisesse que se mantivessem no poder desafiando o rei.

---

[33] Francis Canavan, S. J., "Burke as a Reformer", in *The Relevance of Edmund Burke*, op. cit., p. 105-06.

Demitindo-se do cargo de tesoureiro das Forças Armadas e sem salário, mais uma vez Burke teve dias difíceis. William Henry Cavendish-Bentinck (1738-1809), 3.º Duque de Portland, aos poucos guiou os desmotivados Rockinghams, e começaram as negociações – inicialmente com a oposição de Burke – por reconquistar o poder por uma coalizão. Enquanto isso tomava forma, Lorde North e os *whigs* de Portland (anteriormente, os Rockinghams), com Charles James Fox como o principal motor entre eles, tornou causa comum a oposição a Shelburne e ao rei. Burke logo aquiesceu, de modo relutante – e, por fim, abraçou a coalizão como uma necessidade que permitiria a seu partido restringir o rei e retomar as medidas *whigs*.

Não obstante, desde o início, na primavera de 1783, a coalizão Fox-North esteve sujeita ao escárnio e aos insultos públicos. Muito disso era injustificado, pois, como observa Carl B. Cone, a verdadeira barreira entre North e os Rockinghams foi removida pelo triunfo dos norte-americanos.

> A coalizão de North e do partido de Portland foi uma das três alternativas disponíveis em 1783 e a mais harmoniosa. As diferenças entre North e o partido de Portland na reforma parlamentar, sobre a constituição e a prerrogativa, bem como sobre as relações pessoais, eram muito menos pronunciadas que as diferenças entre qualquer deles e o partido de Shelburne.[34]

No entanto, a coalizão foi mal-sucedida desde o início. Edmund Burke manteve o posto de tesoureiro das Forças Armadas e, nesse momento, era mais importante do que fora no ministério de Rockingham. De fato, com Charles James Fox e Lorde North, ele era um membro de um triunvirato com Lorde Portland como primeiro-ministro nominal (a falta de uma grande fortuna e de grandes contatos familiares negou a Burke, tanto agora como anteriormente, qualquer posto importante

---

[34] Carl B. Cone, *Burke and the Nature of Politics (vol.II): The Age of the French Revolution*, Lexington, University of Kentucky Press, 1964, p. 90.

no gabinete. Além disso, seus companheiros *whigs* pareciam acreditar que era muito impulsivo para bem servi-los em uma posição administrativa, embora seus talentos passionais fossem valiosos na Câmara). O interesse de Shelburne, os chathamitas e os grupos parlamentares menores atacavam, com constância, a coalizão como artificial e inescrupulosamente ávida por posição. O público britânico recordava-se muito bem de que no auge da crise norte-americana Burke exigira o *impeachment* de North, ao passo que Fox bradara que North deveria ser condenado à morte por alta traição; o rei detestava seus ministros.

Depois de dezoito meses de existência, a coalizão foi derrubada por problemas na Índia. Lorde North, Charles James Fox e Edmund Burke tinham se esforçado por manter a independência do Parlamento diante da prerrogativa real. Embora George III só comandasse o apoio de uma minoria na Câmara dos Comuns, ele ganhara novamente, e o jovem William Pitt tornou-se primeiro-ministro em dezembro de 1784.

O partido *tory* ressurgira das cinzas. Edmund Burke – que não apreciara muito em seu cargo ministerial além do salário – estava novamente na oposição. Aí permaneceria até que os *whigs* se separassem em dois grupos, contanto que mantivesse uma cadeira na Câmara dos Comuns.

Capítulo 5 | Índia e Justiça

Por uns dezesseis anos, Edmund Burke dedicou-se sobretudo às questões da Índia e a processar Warren Hastings – o período em que, em suas próprias palavras, "Trabalhei com o maior afinco e obtive o menor sucesso".[1] Ao final, Hastings permaneceu livre – e foi recompensado com uma pensão um tanto maior que a concedida a Burke naquela mesma época.

Não obstante o sistema britânico ter adquirido posteriormente uma fama melhor, a eloquência de Edmund Burke contribuiu muito para configurar a administração imperial inglesa que perdurou – ainda que bastante diminuída – até tempos recentes.[2] Ainda mais importante, Burke expressou princípios de justiça, universais em sua aplicação, que nada perderam com o passar dos anos.

Ainda que Burke nunca tenha visitado a Índia (no estrangeiro, não foi além da França), adquiriu por estudos, correspondências e conversas um conhecimento prodigioso do subcontinente, do qual só vemos o núcleo nos volumes de obras sobre as questões da Índia. Até 1780, Burke não se dirigia sistematicamente ao assunto, mas depois disso fez da Índia seu interesse principal até a Revolução Francesa estar bem avançada.

---

[1] Edmund Burke, "Letter to a Noble Lord" (1796), in *The Works of the Right Honorable Edmund Burke*, vol. V, Boston, Little, Brown and Co., 1866, p. 192.
[2] O período da Índia britânica durou de 1858 a 1947. (N. T.)

A Índia Britânica, da infância de Edmund Burke até o *India Act* [Lei da Índia] de William Pitt, o Jovem, em 1784, não foi governada diretamente pela Coroa britânica, mas pela Companhia das Índias Orientais, informalmente conhecida como "John Company". Na maioria dos territórios sob o seu controle, essa corporação mercantil manteve a pretensão de que agia como representante da potência decadente do império mongol. As vitórias de Robert Clive (1725-1774) durante a Guerra dos Sete Anos haviam eliminado a ameaça dos franceses na Índia. Desse triunfo em diante, a disputa foi entre a Companhia das Índias Orientais, os príncipes indianos e os povos. Por que princípios de lei e de equidade a Companhia deveria governar seus domínios? Qual era a distância da sujeição da Companhia à Coroa e ao Parlamento? Milhares de milhas? Tais questões começaram a surgir durante os anos de Burke na Câmara dos Comuns.

Até 1780, Burke e os Rockinghams em geral eram simpáticos à Companhia das Índias Orientais. Em 1766, os Rockinghams começaram a defender a Companhia contra a interferência do ministério, que introduzira uma lei dúbia que pretendia, primeiramente, extrair receita da Companhia. Ao considerar isso como uma invasão de direitos estabelecidos, os Rockinghams lutaram ferozmente – ainda que tenham sido mal-sucedidos – contra a medida. Em 1772, Burke contrapôs um inquérito parlamentar a respeito dos negócios anteriores da Companhia, acreditando que a proposta fosse malignamente punitiva.

Por reconhecer Edmund Burke como amigo, naquele mesmo ano a Companhia o convidou para presidir um dos comitês de supervisores que visitariam a Índia e colocariam em ordem os confusos negócios da empresa. Receberia um salário anual principesco de dez mil libras. Os Rockinghams, contudo, precisavam dele no país, e Burke recusou o convite, apesar de não receber uma renda adequada.

Em 1773, quando foi adotado o *Regulating Act* [Lei Regulatória] de Lorde North para a Índia, a atenção minuciosa de Edmund Burke para as questões da Índia covenceram-no de que o governador-geral de Bengala, Warren Hastings, devia ser investigado por suspeição. Relatos de corrupção e de abuso arbitrário de poder pelos funcionários da Companhia das Índias Orientais não poderiam ser descartados, e Burke acreditava que Hastings, violentamente atacado tamanha a sua eminência, poderia estar no âmago dessa infâmia. Essa posição provavelmente se consolidou na mente de Burke, nos anos subsequentes, pela correspondência com Philip Francis (1740-1818) (o renomado autor das mordazes *Letters of Junius* [Cartas de Junius], muitas vezes atribuídas erroneamente a Burke), a quem Burke conhecera um pouco antes de Francis ir para a Índia como um dos quatro membros do conselho de Bengala, nomeado pelo *Regulating Act* de North. Destemido, capaz e de uma ambição implacável, Francis desejava substituir Hastings como superior da Índia; frustrado nos seus intentos, bateu-se em duelo com Hastings, foi ferido e retornou à Inglaterra (no final de 1780) para vir a se tornar um dos amigos mais próximos de Burke e o primeiro motor do *impeachment* de Hastings.[3]

A informação sobre outra região da Índia chegou a Burke por um de seus parentes, o já citado William Burke, que foi para Madras em 1777, empregado pelos amigos de George Pigot (1719-1777), o 1.º Barão Pigot, para conseguir a liberdade deste lorde (este fora aprisionado ilegalmente por Muhammad Ali Khan Walla Jah [1717-1795], o Nawab de Arcot,[4] em conspiração com os inimigos no Conselho de Madras). Muito embora Lorde Pigot tivesse morrido no confinamento antes que William Burke chegasse a Madras, enquanto esteve na Índia, o aventureiro e especulativo William conseguiu ser indicado como o agente em Londres de Thuljaji Bhonsle (1738-1787), o Rajá de Tanjore, que fora tratado injustamente pelo

---

[3] Ver Sophia Weitzman, *Warren Hastings e Philip Francis*, Manchester, Manchester University Press, 1929.

[4] Nawab era o título dado ao soberano do principado de Arcot, estado da Índia que existiu até 1825. Também era conhecido pelo título de Nawab de Carnatic. (N. T.)

Nawab de Arcot. Ao retornar à Inglaterra em 1778, William reiterou a crença de Edmund de que Hastings estava envolvido na tirania imperante de maneira notória e na extorsão do subcontinente, e em especial no caso Pigot.

Entretanto, mesmo sem a instigação de Philip Francis ou de William Burke, não há dúvida de que Edmund Burke teria considerado a conduta dos agentes da Companhia das Índias Orientais como escandalosa. Da mesma maneira como lutou contra o abuso do poderio britânico na América do Norte e na Irlanda, agora tomava a causa da justiça na Índia. Hoje, nenhum historiador respeitável nega que a Companhia das Índias Orientais, conforme crescia em território e em poder, se tornara incapaz de bem governar um império conquistado quase que num ataque de desatenção: muitos dos funcionários, decididos a fazer imensas fortunas em poucos anos, ignoravam as leis dos principados indianos e dos povos, as leis da Inglaterra e os princípios da justiça natural.

Warren Hasting era um homem melhor e mais hábil que seus subordinados, mas foi com justiça que a indignação de Burke se concentrou em Hastings como o superior nominal de todas as possessões da Companhia das Índias Orientais. Hastings salvara a Índia britânica da destruição pelos inimigos e, em comparação com muitos outros, fora modesto (ainda que arbitrário) ao extorquir uma fortuna das pessoas que governava. No entanto, se ele não foi pessoalmente ganancioso, ainda assim havia recorrido a medidas de levantamento de fundos e à repressão de todos os oponentes de tal modo que nenhum sistema legal poderia justificar. Provavelmente, Hastings não poderia ser punido (em primeiro lugar porque a Câmara dos Comuns já fora polvilhada de "nababos" das Índias Orientais e de amigos seus que haviam comprado assentos parlamentares com parte do saque); contudo, Hastings, como símbolo de um poder sem lei, poderia ter sido desacreditado e repreendido, e assim a reforma da autoridade britânica na Índia poderia ter progredido.

Entretanto, antecipamos as coisas. Burke teve oportunidade de pressionar por tal reforma quando, em 1781, foi indicado para um "comitê seleto" da Câmara dos Comuns para investigar supostas injustiças em Bengala, a guerra com o sultão Hyder Ali Khan (1721-1782), do reino de Mysore, e outras dificuldades na Índia. Ao mesmo tempo, a Câmara indicou um "comitê secreto", chefiado por Henry Dundas (1742-1811), para investigar matérias semelhantes. Embora Burke ainda não fosse inveteradamente hostil a Hastings, opôs-se com severidade às guerras contra os maratas e os rohillas em que Hastings, como o principal representante da Companhia das Índias Orientais, envolvera o poder britânico.

Os relatórios desses comitês – dois deles escritos por Burke – fizeram a Câmara dos Comuns exigir que os príncipes indianos assegurassem à Grã-Bretanha que não lhe travariam guerra e que a Companhia chamaria Hastings de volta para a Inglaterra (o que os diretores da Companhia rejeitaram). Burke e os amigos, seguindo adiante, desta vez estavam certos de que Companhia das Índias devia voltar a ter somente funções comerciais; apenas essa medida poderia restaurar a ordem e a justiça na Índia. E Hastings deveria ser punido.

Em 25 de abril de 1782 – enquanto estava a serviço de Lorde Rockingham –, Edmund Burke escreveu a seu parente William que Henry Dundas, membro eminente da oposição e líder do comitê secreto sobre a Índia, estava fazendo excelente progresso na investigação da conduta de Hastings, em particular na contenda entre o Nawab de Arcot e o rajá de Tanjore:

> Seus discursos, bem como as resoluções relativas a Tanjour e as opressões e usurpações de Nabob, foram tais como se vosso coração honesto os tivesse ditado. Ele ainda não trouxe tudo a público, mas o fará na próxima segunda, assim como libertará o desafortunado príncipe e o país vexado pela usurpação perversa do Sr. Hastings.[5]

---

[5] Thomas W. Copeland (ed.), *The Correspondence of Edmund Burke*, Chicago, University of Chicago Press, 1958, vol. IV, June 1778-July 1782, p. 147.

Charles James Fox e Edmund Burke estavam juntos nesse plano. Ao chegar ao poder pela coalizão de 1783, Fox introduziu seus projetos de lei – em que Burke teve grande participação – para nomear comissários do governo para assumir as competências políticas da Companhia das Índias. Ainda que relutante em interferir nos estatutos de uma empresa privada, Burke alegou o enorme abuso de autoridade e de oportunidades da Companhia, e naquele momento era imperativo que o Parlamento interviesse: "direitos patentes dos homens" e o complexo de liberdades, privilégios e imunidades que os homens (entre os quais os indianos) adquiriram pelo crescimento da sociedade possuem precedência sobre os alvarás de uma empresa.

Os projetos de lei de Fox não foram aprovados, em parte porque Fox era suspeito de querer usurpar a prerrogativa da Coroa para a indicação de cargos aos postos para a Índia. Essa derrota foi a causa da queda imediata da coalizão.

O discurso de Burke em 1.º de dezembro de 1783 sobre o projeto de lei de Fox para a Índia Oriental, não obstante, desafia a passagem do tempo e contém a essência da disputa que perdurou dezesseis anos contra a Companhia das Índias e contra Hastings. Os ingleses exploravam os povos indianos para a ruína da Índia e desgraça da justiça britânica, estrondeou Burke: a retribuição providencial, talvez em forma de expulsão da Índia, deveria ser esperada, a menos que isso fosse prontamente emendado – e a punição dispensada aos malfeitores. O regime inglês era pior que a tirania dos tártaros, pois os tártaros se estabeleceram na Índia, de modo que a ferocidade foi diminuída pelo autointeresse, ao passo que os agentes da Companhia, que pretendiam tão somente o pronto saque, reduziam reinos inteiros à pobreza abjeta e permanente:

> A invasão tártara foi perniciosa, mas é a nossa proteção o que destroi a Índia. A sua foi inimizade, mas a nossa é amizade. Lá, nossa conquista, após vinte anos, é tão rude quanto no primeiro dia. Os nativos raramente sabem o que é ver a cabeça grisalha de um inglês. Os jovens

(quase meninos) lá governam sem sociedade e sem ter simpatia pelos nativos. Seus hábitos sociais com o povo nada diferem dos que teriam se ainda morassem na Inglaterra, nem, de fato, travam nenhuma espécie de relações, a não ser as necessárias para fazer súbita fortuna, com uma vista para um povoado remoto. Animados por toda a avareza da época e por toda a impetuosidade de juventude, movem-se uns após os outros, onda após onda, e nada existe aos olhos dos nativos senão a perspectiva infindável, incorrigível, de novos voos de aves de rapina e de sua passagem com apetite continuamente renovado por um alimento ininterruptamente desperdiçado. Cada rúpia de lucro obtida por um inglês está para sempre perdida para a Índia. Conosco não existem superstições retributivas, pela quais compensa uma fundação de caridade através das eras; o pobre padece a rapina e a injustiça de um dia. Conosco não há orgulho que erija monumentos imponentes que reparem os malfeitos que esse orgulho produziu e que adornem um país com os próprios despojos. A Inglaterra não erigiu nenhuma igreja, nenhum hospital, nenhum palácio, nenhuma escola; a Inglaterra não construiu pontes, não fez grandes estradas, não influenciou na navegação, não cavou nenhum reservatório. Qualquer outro conquistador de qualquer outra condição deixou para trás algum monumento, seja de Estado ou de beneficência. Fôssemos nós expulsos da Índia neste dia, nada de melhor restará para contar daquilo de que nós nos apoderamos durante o inglório período de nossa dominação senão o orangotango ou o tigre.[6]

Ao retornar à Inglaterra, os autores dessa devastação usam a pilhagem para garantir influência e poder político – de modo que prossegue Burke:

> Na Índia operam todos os vícios pelos quais súbita fortuna é adquirida; na Inglaterra, muitas vezes, são exibidos pelas mesmas pessoas que repartem riquezas hereditárias. Chegados à Inglaterra, os destruidores da nobreza e das boas famílias de todo um reino encontrarão, nesta nação, a melhor companhia num palco de elegância e de hospitalidade.

---

[6] Edmund Burke, "Speech on Mr. Fox's East India Bill". *The Writtings and Speeches of Edmund Burke*, New York, Cosimo Classics, 2008, vol. II, p. 462-63. (N. T.)

Aqui o produtor e o lavrador darão graças pela mão justa e pontual que, na Índia, rasgou o pano do tear ou tirou a diminuta porção de arroz do camponês de Bengala ou arrancou dele o próprio ópio com que esquece as opressões e os opressores. Casam-se com vossas famílias, ingressam no vosso Senado, trazem sossego a vossas propriedades com empréstimos, aumentam-lhes o valor pela demanda, estimam e protegem as relações baseadas no vosso patrocínio, e não há praticamente casa no reino que não demonstre alguma preocupação e interesse e que faça toda a reforma de nosso governo oriental parecer importuna e desagradável, e, como um todo, uma tentativa deveras desencorajadora. Nesse esforço, vós feris aqueles capazes de retribuir bondade ou resistir à ofensa. Se fordes bem-sucedidos, salvarão aqueles que nada mais poderão lhes oferecer além de um agradecimento.[7]

Quando os projetos de lei para a Companhia das Índias foram rejeitados na Câmara dos Lordes e a coalizão perdeu o poder, Edmund Burke, Charles James Fox, Richard Brinsley Sheridan (1751-1816) e outros defensores da reforma na Índia tiveram de continuar na oposição com uma remota perspectiva de sucesso. No entanto, uma reforma *tory* estava em andamento. William Pitt, o Jovem, era agora o primeiro-ministro. Ele e Henry Dundas elaboraram e fizeram aprovar o *Indian Act* de Pitt que incorporava algumas disposições do projeto de Fox e de Burke, ainda que disfarçadas. Pitt e Dundas acharam prudente deixar pessoalmente intocado o formidável Hastings – muito embora Hastings detestasse o *Indian Act*. E Burke não podia tolerar a imunidade de Hastings.

A Câmara dos Comuns eleita em 1784 era muito menos favorável a Edmund Burke do que aquelas em que antes se assentara, mas ele pretendia persuadir os membros de que existia uma presunção legítima da culpa de Warren Hastings – cujo ônus da prova era de Burke. No dia 30 de julho de 1784, diante de uma Câmara hostil, pôs a mão sobre os dezessete volumes de relatórios de seu comitê seleto e

---

[7] Ibidem, p. 463-64. (N. T.)

disse aos gentis-homens da nação, que naquela época compunham a grande maioria da casa:

> Juro por este livro que os erros cometidos para com a humanidade do mundo oriental deverão ser vingados naqueles que os infligiram. Descobrirão, quando a medida de suas iniquidades for plena, que a Providência não dorme. A ira dos Céus, cedo ou tarde, recairá sobre a nação que sofre com a impunidade de seus governantes para oprimir os fracos e inocentes. Quase já perdemos um império, talvez, como punição pelas crueldades permitidas noutro. E os homens podem ser ingênuos para qualificar os fatos como lhes agradar, mas há somente um padrão que o Juiz de toda a Terra lhes aplicará. Não seria assim se os interesses da Companhia das Índias Orientais não o fizesse necessário, senão que coincidissem com os anteriores interesses da humanidade por considerável justiça, com aqueles direitos que são soberanos sobre todos os outros.[8]

Fica claro nesse momento que Burke tinha ido muito além dos políticos que defendiam uma sindicância nos negócios da Companhia e na conduta de Hastings meramente por partidarismo ou por vantagem privada. Estava decidido a punir os opressores e peculatários da Índia. O argumento geral contra sua demanda de justiça era o de que as leis da Grã-Bretanha não se aplicavam à Índia e de que a necessidade de levantar fundos para lá manter a segurança britânica, diante da ausência de ordem num império mongol fracionado e umbroso, deveria desculpar muitas das coisas que não seriam toleradas na Inglaterra. Até William Burke, de volta a Madras (ainda buscando a sorte, mas só conseguindo criar uma péssima reputação), escreveu ao jovem Richard, filho de Edmund: "Os ingleses aqui são um povo respeitável, humano e amigável, mas, por minh'alma, não sinto o que seu pai sente por esses primatas

---

[8] Edmund Burke, "Inquiry into the Conduct of Mr. Hastings", in *The Speeches of the Right Honourable Edmund Burke in the House of Commons and in Westminster Hall*, London, Longman, Hurst, Rees, Orme and Brown, 1816, vol. III, p. 86. (N. T.)

negros". Seria necessário afastar os ingleses de alta influência para levar aos que nunca conheceram – àqueles nativos tratantes de Madras – certa equidade entre si? "Diga a seu pai que o direito abstrato no Oriente dificilmente existe. Tudo é usurpação e força".[9]

Para Edmund Burke, no entanto, os primeiros princípios da moral não eram simples questões relativas de geografia. Reconhecia a imensa diversidade de instituições sociais e de costumes, mas sabia que, embora existam muitas moradas na casa do Pai, nem todas estão no mesmo andar. Por terem apreendido os postulados das justiças distributiva e comutativa, os senhores ingleses da Índia falseariam com o dever caso excusassem as próprias transgressões ao apontar para os modos violentos e fraudulentos dos povos entre os quais se estabeleciam.

William Burke, sem dúvida, tinha em mente o discurso dramático que Edmund proferira em 1785 sobre os débitos do Nawab de Arcot. Hastings utilizara o pródigo Nawab como ferramenta para extorquir dinheiro a fim de encher os bolsos dos empregados da Companhia das Índias Orientais – e, como outras exigências dos príncipes nativos ou de seus súditos, para pagar campanhas militares. Para encontrar as rúpias, o Nawab invadiu Tanjore e planejou conquistar o reino de Mysore, mais poderoso. Isso despertou a ira do temível Hyder Ali Khan, sultão de Mysore, que retaliou ao devastar o Carnático, local onde o Nawab de Arcot obtinha receita garantida. Assim, a Companhia das Índias Orientais e as forças britânicas entravam ainda mais nas aventuras militares indianas.

Além disso, ao menos treze membros do Parlamento estavam entre os felizes credores do Nawab de Arcot, enriquecidos pelo lucro de usura extorquido dos infelizes súditos da região do Carnático. Estes

---

[9] Correspondência de William Burke ao jovem Richard Burke, 30 de dezembro de 1785, Chatham Papers, G.D. 8/118, Public Record Office, Londres. Para um relato divertido do excêntrico comportamento de William Burke em Madras nessa época, ver Alfred Spencer (ed.), *Memoirs of William Hickey*, London, Hurst & Blackett, 1948.

e outros apoiaram Hastings em suas políticas. De fato, Pitt e Dundas foram induzidos a abrandar a posição com relação a Hastings, de modo que pudessem assegurar o apoio parlamentar de Paul Benfield (1742-1810), um dos homens mais notórios a lucrar com os saques da Índia e que controlava um bloco de distritos eleitorais do Parlamento. A corrupção na Índia, portanto, converteu-se em corrupção na Inglaterra, repetia Burke. Esse insigne discurso é o feito mais bem-sucedido jamais realizado para transmutar as questões aborrecidas das finanças em um fenômeno incandescente de imaginação moral.

Nesse ínterim, o outro protagonista deste drama trágico, Warren Hastings, renunciara ao cargo de governador-geral e preparava-se para voltar à Inglaterra, onde esperava passar uma aposentadoria digna e rica na propriedade dos antepassados (restaurada a alto custo). Hastings supôs que a sua chegada a Londres seria triunfal. Em vez disso, Burke preparara o *impeachment* de Hastings. Ao aportar na Inglaterra em junho de 1785, Hastings viu-se objeto de um inquérito parlamentar severo – e logo foi feito prisioneiro diante do tribunal.

Desde o início, Edmund Burke sabia que poderia não ter sucesso em assegurar a condenação do governador-geral. Propôs o *impeachment* somente como um meio de instigar o Parlamento e o público contra a opressão na Índia. "Sabemos que o que trazemos diante de uma corte corrupta é uma causa prejulgada", escreveu a Philip Francis no dia 10 de dezembro de 1785.

> Nesta situação, tudo o que temos de fazer é criar uma causa judicial forte em prova e em importância e daí fazer inferências justificáveis pela lógica, pela política e pela justiça criminal [...]. De minha parte, meu negócio não é considerar o que aprisionará o Sr. Hastings (algo que sabemos impraticável), mas o que me isentará e justificará perante poucas pessoas e aqueles tempos distantes que possam vir a se ocupar desses assuntos e dos atores que neles tomaram parte.[10]

---

[10] Holden Furber (ed.), *The Correspondence of Edmund Burke*, vol. V (July 1782-June 1789), Chicago, University of Chicago Press, 1958, p. 241-43.

No século XX, vários historiadores censuraram Edmund Burke, e não Warren Hastings – asseverando que Burke agiu por motivos tendenciosos ou privados. O estudo mais pormenorizado sobre Burke na questão da Índia, no entanto, foi feito por Carl B. Cone, que absolve Burke de tais acusações:

> Burke possuía uma imaginação rica e uma preocupação humanitária calorosa por todos os que sofriam ou pareciam sofrer opressão. Uma vez inflamado, sua natureza não lhe permitia parar. A diferença entre ele e todos os outros que estavam envolvidos na questão da Índia e Hastings foi medida por sua paixão mais profunda e por sua capacidade maior de desejar intensamente o bem-estar da humanidade.[11]

Não é possível entrar aqui na complexidade prodigiosa das acusações contra Warren Hastings. Entre as principais, estavam alegações de que duplicara o imposto que incidia sobre Chait Singh (†1810), o Rajá de Benares, levando esse príncipe a uma rebelião. Ao vencer o rajá, Hastings o depôs e extorquiu tributos enormes do sucessor. A seguir, Hastings foi acusado de confiscar o tesouro das enviuvadas Begums de Oudh,[12] depois de tratar as princesas cativas com indignidade e de atormentar-lhes os servos. (O dramaturgo Richard Brinsley Sheridan falou sobre essa acusação, com efeitos teatrais, em 7 de fevereiro de 1787.) Além disso, Hastings foi acusado de uma série de violações de tratados, de malversação de fundos, de roubos e de atos de corrupção.

O melhor biógrafo de Warren Hastings, Keith Feiling (1884-1977), embora defenda o governador-geral de quase todas as acusações e mantenha o desdém por Edmund Burke nesse empreendimento, admite que a política de Hastings em Oudh, ao menos, foi algo

---

[11] Carl B. Cone, *Burke and the Nature of Politics: The Age of the American Revolution*, Lexington, University of Kentucky Press, 1957, p. 114-15.

[12] Begum é um título aristocrático feminino na Ásia do sul e central. No caso em questão, o texto refere-se à mãe e avó do Nawab de Oudh, Asaf-ud-Daula (1748-1797). (N. T.)

próximo a um "crime político".¹³ Nas obras coligidas de Burke, volume após volume, vemos descrições dos atos despóticos de Hastings, ainda uma leitura fascinante; mas uma récita trivial das políticas na Índia e da guerra no século XVIII aqui seria tediosa, ainda que tivéssemos espaço para isso.

A defesa de Hastings, de modo geral, era possuir um "poder arbitrário" para fazer o que achasse melhor, sem limites impostos pela Companhia ou pela Coroa, de modo que agiu sempre pelo melhor interesse da Grã-Bretanha e da Companhia. As supostas "espoliações" foram multas que incidiram sobre rebeldes ou instigadores de rebelião para provisionar a defesa da Índia britânica. Não deveria ser recompensado como arquiteto da vitória em vez de ser punido?

Em um triunfo parlamentar assombroso, Burke e seus companheiros levaram a melhor na Câmara dos Comuns – apesar do apoio que o rei e a Companhia das Índias Orientais deram a Hastings – para a votação do *impeachment*. Em 3 de abril de 1787, por unanimidade, a Câmara concordou com nove das vinte e duas acusações apresentadas contra Hastings. Os escolhidos para compor os artigos do *impeachment* para a Câmara dos Lordes foram Edmund Burke, Charles James Fox, Lorde Sheridan, William Windham (1750-1810) e Sir Gilbert Elliot. Oito anos se passariam antes que os lordes dessem o veredicto.

A causa de Edmund Burke contra Warren Hastings fundamentava-se no entendimento de uma lei moral natural. O governador-geral passara por cima, com força brutal, das leis nativas dos indianos; não se considerara vinculado, em Bengala, às leis inglesas ou aos costumes ingleses. No cargo, Hastings não era, de fato, obrigado a observar nenhum sistema de lei positiva, e, desse modo, seria difícil prendê-lo por violar o que nunca recebera instrução para respeitar. O argumento principal de Burke, todavia, era que Hastings desafiara os primeiros

---

¹³ Keith Feiling, *Warren Hastings*, London, Macmillan, 1954, p. 369.

princípios da justiça, universalmente verdadeiros, que nenhum governador deve ignorar e ainda não sentir culpa.

Hastings deixara claro que tinha um "poder arbitrário" na Índia. Em carta a Pitt, em fins de 1784, argumentara que seu poder não poderia ser "demasiado despótico" para manter o interesse britânico no subcontinente. Na fala de 16 de fevereiro de 1788, no quarto dia do julgamento na Câmara dos Lordes, Burke respondeu que nenhum homem, retamente, pode exercer poder arbitrário.

Todo o poder é de Deus, e a Companhia das Índias Orientais, o rei, a Câmara dos Lordes e a Câmara dos Comuns não têm poder arbitrário para outorgar – não existe autoridade ilimitada, "porque o poder arbitrário é uma coisa que nenhum homem pode suportar e nenhum homem pode conferir. Não há quem se governe a si mesmo segundo a própria vontade, nem, muito menos, nenhuma pessoa pode ser governada pelo arbítrio de outrem".[14] Não é a vontade privada, mas a lei, o que mantém a ordem interna da alma e a ordem externa da sociedade.

Ao lidar com os assuntos europeus, Burke geralmente se referiu à "lei das nações", os usos legais da Europa, derivados do cristianismo, dos remanescentes da lei civil romana, da lei consuetudinária germânica. Essas fontes, é claro, não formavam a justiça na Índia. No entanto, Burke considerou a "lei das nações" como derivada da lei natural – ou seja, dos princípios de justiça que percebemos como naturais à condição humana e que foram ordenados por Deus aos homens.[15] Como observa Peter Stanlis:

> Certamente acreditou que a Lei Natural se aplicava igualmente na Índia e na Inglaterra. Admitiu que Hastings trouxera desgraça à honra da Inglaterra ao violar as leis das nações na Ásia e afirmou que Chait

---

[14] Edmund Burke, "Speech in the Impeachment of Warren Hastings, Esq.", in *The Works of Edmund Burke, with a Memoir*, vol. III, New York, Harpers & Brothers, 1859, p. 327. (N. T.)

[15] Ver verbete de Russell Kirk "Lei Natural" em *The Dictionary of Historical Terms*, Joseph Dunner (ed.), New York, 1967.

Singh, ao recusar-se a pagar o tributo a Hastings, estava fundado em todos os princípios da lei das nações, da natureza e da moralidade.[16]

Assim, Burke, ao pedir aos lordes que declarassem Hastings culpado de altos crimes e delitos, expôs as doutrinas ciceronianas e cristãs da lei natural. "Todos nascemos em sujeição", continuou:

> Todos nascemos, nobres e plebeus, governadores e governados, sujeitos a uma lei grande, imutável, preexistente, anterior a todos os artifícios e anterior a todas as invenções, superior a todas as ideias e a todas as sensações, antecedente à nossa própria existência e pela qual somos entrelaçados e unidos no quadro eterno do universo, do qual não podemos nos mover.[17]

Que os ingleses na Índia do século XVIII tenham governado injustamente durante a Guerra dos Sete Anos para proveito de aventureiros vorazes é negado por poucos hoje em dia. Edmund Burke, todavia, enfraqueceu essa "cruzada" ao concentrar seu ataque em Warren Hastings. O governador-geral não era de modo algum inocente, mas funcionários menos qualificados fizeram coisas piores, e os negócios em Madras foram mais lamentáveis que os de Bengala, sobre os quais Hastings tinha autoridade direta. De algumas acusações Hastings era completamente – ou praticamente – inocente; outras não podiam ser provadas no tribunal, e as restantes os defensores de Hastings alegavam ser "necessidades de estado" – pois necessidades de estado proverbialmente não conhecem a lei –, embora o próprio Hastings, ao menos durante o julgamento, tenha desdenhado desse argumento. A responsabilidade administrativa de Hastings era sobre todos os assuntos da Índia (ainda que seu poder verdadeiro fosse algo bem menor), mas sua arrogância fez do governador-geral, para Burke, quase uma fonte diabólica de toda a aflição da Índia.

---

[16] Peter Stanlis, *Edmund Burke and the Natural Law*, op. cit., p. 88-89.

[17] Edmund Burke, *Selected Writings and Speeches*, Peter Stanlis (ed.), New Brunswick/London, Transaction Publishers, 2009, p. 478. (N. T.)

O julgamento arrastou-se por mais de sete anos – de 1788 a 1795 – perante os lordes, ainda que o resultado fosse previamente determinado. (A Câmara dos Lordes examinava este caso somente por um número limitado de dias a cada ano, o qual variou de trinta e cinco dias em 1788 a três dias em 1794.) Como principal administrador do processo na Câmara dos Comuns, Edmund Burke foi consumido por esse esforço – que coincidiu, por um instante, com a batalha contra a Revolução Francesa. Burke muitas vezes se deixou levar pelas invectivas imoderadas e lutou contra querelas sem esperança, mas o fato é que perseverou até o fim. Mesmo aqueles que o aplaudiram nessa feroz controvérsia desanimaram e o persuadiram a desistir.

Ele não se rendeu. Estava convencido de que as ofensas de Hastings constituíam um ataque a todo o tecido social da Índia e tinham servido para dissolver os laços morais e consuetudinários que unem os homens para o bem comum. Ao romper com os antigos costumes, com os usos consagrados, com os hábitos e com a autoridade na Índia, Hastings – ou homens do mesmo caráter arrogante de Hastings – se tornariam os autores temerários da revolução e da anarquia como reação à tirania. Os erros e as injustiças ingleses na América do Norte e na Irlanda foram pequenos, se colocados diante do desgoverno da Índia. Francis Canavan, S. J., expõe bem essa ideia:

> A denúncia de Warren Hastings por Burke foi feita com base no mesmo princípio de sua acusação formal da Revoluçao Francesa. Acusou Hastings de ter a opinião de que os povos da Índia não tinham direitos perante o governo. No entanto, os termos em que essa acusação foi feita são significativos. Burke disse [no julgamento de Hastings no dia 28 de maio de 1794]: "O povo, assevera [Hastings], não tem liberdade, não tem leis, não tem herança, não tem propriedade fixa, não tem herança para os descendentes, não tem subordinações na sociedade, não tem senso de honra ou de desonra [...]". Burke recorreu aos princípios da lei natural no ataque à administração de Hastings na Índia. Contudo, não exprimiu os direitos dos que acusava Hastings de privar os povos indianos como direitos naturais desprotegidos. Ao contrário, os

direitos e as liberdades dos povos indianos são referidos aqui como dependentes de uma sociedade estruturada por classe e por propriedade, ordenada pela lei e mantida por sentimentos de honra e de desonra.[18]

Os atos de Hastings equivaliam a uma espécie de traição aos "direitos patentes dos homens" (algo muito diferente dos abstratos direitos do homem de Thomas Paine). Cada sociedade desenvolve tais direitos pela experiência histórica, e a forma de tais direitos variará de um para outro povo, mas a fonte é o desígnio da Providência. Por esses direitos o homem se torna verdadeiramente humano; o opressor, que priva os homens desses direitos, desumaniza-os. Hastings escarnecera o que Burke depois veio a chamar de "o contrato da sociedade eterna", que une Deus e os homens e vincula os mortos, os vivos e os que ainda estão por nascer. O dano econômico que o governo britânico fez à Índia ao desestimular a manufatura por causa da exportação de matérias-primas não foi nada comparado ao dano causado pela dissolução imprudente dos laços de comunidade. A Companhia das Índias Orientais, embora tivesse um propósito mercantil, ainda possuía as responsabilidades morais e sociais mais importantes nos seus territórios. Como disse Burke no debate do projeto de lei de Fox sobre as Índias Orientais, não é tarefa fácil para os britânicos governar bem a Índia:

> Todas essas circunstâncias não são em absoluto, confesso, muito favoráveis à ideia de nossa tentativa de governar a Índia. No entanto, eis-nos aqui; para lá somos levados pelo Soberano Árbitro e devemos fazer o melhor que pudermos nessa situação. A situação do homem é a de preceptor de seu dever.[19]

---

[18] Francis Canavan, *The Political Reason of Edmund Burke*, Durham, Duke University Press, 1960, p. 92. Ver também Gaetano L. Vincitorio, *Edmund Burke's International Politics*, Fordham University, tese de doutorado de 1950 (não publicada), em especial o capítulo V, "British Imperialism in India".

[19] Edmund Burke, "Speech on Fox's East India Bill", in *The Speeches of the Right Hon. Edmund Burke, with Memoir and Historical Introductions*, James Burke, Esq. (ed.), Dublin, James Duffy, 1854, p. 250. (N. T.)

Edmund Burke sabia que toda sociedade, se buscarmos fundo o bastante nas origens, se funda na revolução ou na conquista. Colocamos um "véu sagrado" sobre o início da soberania. Ele não esperava que Warren Hastings, um conquistador, se comportasse na Índia como um funcionário da Coroa se comportaria na Inglaterra. No entanto, existem limites até para a autoridade do fundador de um império, e Hastings os subvertera, em vez de estabelecer aquele equilíbrio de ordem e de liberdade em que pode ser reconhecida a justiça. "A lei e o poder arbitrário estão em inimizade eterna."[20]

Em um primeiro momento, a invectiva ardente de Edmund Burke durante o julgamento e as impressionantes proezas retóricas de Charles James Fox e de Lorde Sheridan atraíram hordas de espectadores ávidos – de todos os tipos da Inglaterra – a Westminster Hall, e os assentos foram vendidos por até cinquenta guinéus.[21] Entretanto, todos foram ficando cansados depois de sete anos. O próprio Burke achava o julgamento uma provação pavorosa e, talvez, sofresse mais que Hastings, mas evitou por três anos aposentar-se da Câmara dos Comuns (o que desejava desesperadamente fazer, ridicularizado e satirizado como estava em 1792), de modo que pudesse levar essa denúncia da injustiça ao fim derradeiro. Em 28 de maio de 1794, começou a resumir para os lordes seu trabalho de dezesseis anos – em um discurso que durou nove dias e foi um clamor prolongado de paixão e de desespero.

A geração vindoura, irrompeu, poderia ver a culpa de Warren Hastings e a verdade fundamental de que "o mérito não pode extinguir o crime".[22] Sua apelação final foi à justiça natural colocada

---

[20] Edmund Burke, "Speech in the Impeachment of Warren Hastings, Esq.", in *The Works of the Right Honourable Edmund Burke*, vol. VII, London, Bell & Daldy, 1870, p. 101. (N. T.)

[21] Em valores atuais, essa quantia equivaleria a aproximadamente £76 ou US$ 110. (N. T.)

[22] Edmund Burke, "Speech in the impeachment of Warren Hastings, Esq.", in *The Works Edmund Burke*, vol. VIII, Boston, Charles C. Little & James Brown, 1839, p. 549. (N. T.)

nas mentes e nos corações dos homens pela benevolência divina. Em 16 de junho, o último dia desse esforço agonizante – aposentou-se do Parlamento no dia 20 de junho de 1794 –, disse aos lordes que a própria existência deles e a sobrevivência da Grã-Bretanha estavam unidas com a justiça na Índia:

> Meus senhores, aprouve à Providência que fôssemos colocados neste estado, que pareçamos a todo momento estar à beira de algumas grandes mutações. Há uma coisa, e uma coisa somente, que desafia toda mutação; existiu antes do mundo e sobreviverá à própria estrutura do mundo. Com isso quero indicar a justiça, aquela justiça que, ao emanar da divindade, tem um lugar no peito de cada um de nós, que nos foi dada como guia com relação a nós mesmos e que continuará a ser, após este globo ser reduzido a cinzas, nossa defensora ou nossa delatora diante do grandioso Juiz, quando este vier nos chamar após o gozo de uma vida bem vivida [...].
>
> Meus senhores, se deveis cair, pois então que caiais! Mas, se resistirdes, e creio que resistireis, juntamente com a fortuna dessa antiga monarquia – juntamente com as antigas leis e a liberdade deste reino grande e ilustre – deveis permanecer como incontestável tanto na honra como no poder; deveis permanecer não como um substituto da virtude, mas como ornamento da virtude, como a segurança da virtude. Possais permanecer resistindo por mais tempo, e mais tempo resistireis ao terror dos tiranos; possais permanecer como refúgio das nações aflitas; possais permanecer como templo sagrado para a residência perpétua de uma justiça inviolável.[23]

No dia 23 de abril de 1795, a Câmara dos Lordes chegou a um veredicto. No governo *tory*, William Pitt, o Jovem, e Henry Dundas acreditavam que Warren Hastings era culpado em ao menos um ou dois dos dezesseis artigos da acusação. Alexander Wedderburn (1773-1805), Lorde Loughborough e futuro 1.º Conde de Rosslyn, que na época era o *Lord Chancellor*, votou "culpado" na maior parte das

---

[23] Idem, ibidem, p. 572 e 573-74. (N. T.)

acusações, mas os nobres pensaram diferente: por grande maioria, absolveram Hastings de todas as acusações.

O volume de documentos a respeito do *impeachment* e do julgamento de Hastings é tão esmagador – para não mencionar o labirinto infindável de papéis da Companhia das Índias Orientais e outras provas nunca muito bem esquadrinhadas –, que ainda foi feita uma análise imparcial e satisfatória das acusações de Burke contra Hastings. A abordagem que mais se aproximou dessa tarefa gigantesca, e talvez impossível, foi feita porém por Carl B. Cone no segundo volume da biografia de Burke. Suas conclusões merecem aqui um comentário.

Um julgamento ponderado do Dr. Cone é que Burke agiu por princípio ao processar Hastings e não, salvo incidentalmente, por vantagens partidárias ou motivos pessoais.

> Ele se opôs ao governo arbitrário por princípio; legalizá-lo na Índia era repudiar as lições da história inglesa [...]. Burke detestava qualquer forma de tirania. O povo da Índia, assim como o povo da Inglaterra, merecia proteção do poder arbitrário. Burke sabia que seus argumentos tinham poucos atrativos. No entanto, demonstraram que seu ataque a Hastings [...] foi dirigido contra a excessiva concentração de poder que, se malversado, significava abuso da confiança sob a qual a Grã-Bretanha mantinha sua autoridade imperial.[24]

Philip Francis e William Burke, embora provessem o amigo de informações sobre Warren Hastings, eram somente colaboradores da acusação apaixonada de Edmund Burke contra o senhor da Índia. A avaliação de Burke acerca do caráter de Hastings era consideravelmente acurada, conclui o Dr. Cone, e a prova dos malfeitos de Hastings era suficiente para uma acusação formal. Burke sabia muito bem que essa causa só lhe traria dor e problemas, que o arrastaria

---

[24] Carl B. Cone, *Burke and the Nature of Politics: The Age of the French Revolution*, op. cit., p. 190-91. (N. T.)

por um assunto sórdido, mesquinho, aflitivo que o exporia a insultos, monopolizaria o seu tempo, exigiria um trabalho árduo e não prometia nenhuma recompensa pessoal, mesmo que atingisse seus propósitos.[25]

Nem Edmund Burke foi transformado pelo preconceito ou pelo partidarismo desde a visão inicial de que a Companhia das Índias Orientais devesse ser livre da interferência governamental até a opinião posterior de que o governo deveria regulamentar a Companhia de modo estrito e retirar dela toda a autoridade política. Melhor, foi a maior familiaridade com os assuntos da Índia o que levou Burke à conclusão de que os "direitos patentes dos homens" eram superiores aos estatutos da Companhia das Índias Orientais. E praticamente concluiu que uma corporação mercantil era incompetente para realizar a função política de administrar a justiça.

Burke estava fundamentado ao propor o *impeachment* de Hastings, argumenta o Dr. Cone. Ainda que os *whigs* de Portland fossem minoria na Câmara dos Comuns, e apesar de o poder de Hastings e de seus amigos ser muito formidável, o governador-geral recebeu o *impeachment* de maneira corajosa e legítima:

> Burke acreditava ser seu dever expor a natureza da administração britânica na Índia na esperança de que os homens pudessem aprender a agir sob a coação da moralidade, bem como da lei positiva.[26]

Na realidade, a defesa de Warren Hastings baseou-se nas "necessidades de Estado", ainda que o próprio Hastings assim não se defendesse. Edmund Burke declarou que o magistrado e o soldado não deveriam ser isentos por alegações de necessidade transitória de não cumprir a lei das nações ou os cânones da justiça natural.

O *impeachment* de Hastings proposto por Burke foi uma de suas grandes causas. Faz jus à sua memória. Tomou uma parte considerável de sua vida

---

[25] Idem, ibidem, p. 105. (N. T.)
[26] Idem, ibidem, p. 207. (N. T.)

e foi um grande acontecimento histórico. Se seus esforços terminassem em insucesso, ele não ficaria envergonhado, nem teria razão para ficar.[27]

Ainda assim, prossegue o Dr. Cone, exatamente como os Comuns estavam corretos em pedir o *impeachment* de Hastings, da mesma maneira os Lordes estavam corretos em absolvê-lo. Em um exercício interessante, Cone pede ao leitor que se coloque no lugar de um dos nobres juízes em Westminster Hall em 1795. Com perfeita objetividade, "se alguém ler os onze volumes das minuciosas provas e decidir somente pelas provas, essa pessoa deve votar como o fez a maioria, pela absolvição de Warren Hastings".[28]

Ainda que Hastings tenha violado a lei natural e os "direitos patentes dos homens" na Índia, não transgrediu o regulamento e as leis consuetudinárias inglesas o bastante para ser mandado para a prisão.

> Um nobre compreensivo poderia solidarizar-se com Burke na impossibilidade da tarefa que elegera para si. Embora todos os homens, informados pelas consciências, admitam a existência do direito, creem ser difícil não minorar a incondicionalidade do conceito por recursos à utilidade e conveniência [...]. Não denigre Burke ou sua filosofia, nem diminui sua sinceridade, dizer que não tinha outra escolha senão fundar o processo de Hastings na doutrina da Lei Natural [...]. A doutrina da razão de Estado não possui algo que lhe seja superior, como puro argumento secular. Burke teve de apelar para uma autoridade maior, e só poderia ser a autoridade espiritual, sobrenatural, da lei divina.[29]

O Dr. Cone questiona se a denúncia de Hastings e de seus métodos feita por Burke colaborou para melhorar a política colonial e imperial britânica durante os séculos XIX e XX. Na verdade, este tópico necessita de um estudo mais diligente do que recebeu até agora. No entanto, poderíamos desconfiar de que o Dr. Cone subestima a

---

[27] Idem, ibidem, p. 256. (N. T.)

[28] Idem, ibidem, p. 254. (N. T.)

[29] Idem, ibidem, p. 255-56. (N. T.)

influência sutil de Burke na mentalidade do inglês culto. Não é necessário usar os muitos volumes de Burke sobre os assuntos da Índia como uma espécie de reforço argumentativo ou tomar os sentimentos de Burke como guias formais para vice-reis e secretários de Estado na Índia. Ao contrário, bastaria ensinar a eloquência de Burke em todas as escolas primárias e públicas, imprimir nos meninos que viriam a se tornar funcionários públicos nas colônias e membros do Parlamento uma parcela do senso de dever de Burke e da dedicação à ordem social civil – com referência especial à Índia e ao Império.

Um perceptivo biógrafo anterior, Bertram Newman,[30] observa que, com relação à Índia, Burke construiu algo melhor do que podia crer: por causa de sua espetacular advertência, ajudou a que posteriormente se fizesse justiça à Índia.

> Foi o primeiro parlamentar a dedicar todos os esforços à causa da Índia; o primeiro a proclamar e a inspirar que outros proclamassem que a Inglaterra tinha um dever para com os povos que lhe eram sujeitos no Oriente. Foi o primeiro a expressar em palavras que mesmo a apatia e a hostilidade nada poderiam fazer senão ouvir, o que tem sido o mais alto dos motivos que desde então animaram uma longa linhagem de governantes.[31]

Edmund Burke acreditava que o processo de Warren Hastings tinha sido a melhor obra de sua vida. No último ano de vida, escreveu ao Dr. French Laurence (1757-1809) que ele deveria preparar um relato formal e uma defesa do processo, já que o próprio Burke estava velho demais para aquela tarefa.

Não deixe que esse ato cruel, audaz e ímpar de corrupção pública, de culpa e de vilania chegue à posteridade, talvez tão negligente quanto a presente raça, sem a devida crítica, que será mais propriamente encontrada nos próprios atos e monumentos. Deixe meus esforços para salvar a nação dessa infâmia e dessa culpa ser o meu monumento; o único que jamais terei. Deixe tudo o que fiz, disse ou escrevi ser esquecido, exceto

---

[30] Ver Bertram Newman, *Edmund Burke*, London, G. Bells & Sons, 1927. (N. T.)

[31] Idem, ibidem, p. 228-29. (N. T.)

isto. Lutei com grandes e com pequenos neste assunto durante a maior parte de minha vida ativa e desejo, após a morte, deixar a minha oposição ao julgamento daqueles que consideram o domínio do glorioso império um dom da dispensação incompreensível da Providência divina em nossas mãos como nada além de uma oportunidade para satisfazer os mais baixos propósitos, as mais baixas paixões – e essas parcas recompensas, na maior parte subornos estúpidos e indiretos, indicam muito maior tolice que corrupção desses infelizes, infames e abjetos [...]. Antes de tudo, decifre a crueldade dessa pretensa absolvição, mas, na realidade, a condenação bárbara e desumana de tribos e nações inteiras, de todas as classes que elas contêm. Se algum dia a Europa recuperar sua civilização, este trabalho será útil. Lembre-se! Lembre-se! Lembre-se![32]

Em 1780, Edmund Burke pensara que nada poderia ser mais importante que os melancólicos assuntos da Índia – nem mesmo a situação da Irlanda. O caldeirão irlandês, contudo, borbulhou mais ameaçadoramente durante os anos que passou processando Warren Hastings, e, enquanto estava no meio do julgamento de Hastings, os *sansculotte* levantaram-se em Paris, confrontando Burke com assuntos de uma urgência maior que a justiça na Índia. A revolução, o quarto cavaleiro do Apocalipse, chegara demolindo o mundo complacente do século XVIII, com a cabeça de um rei no arção da sela.

---

[32] *The Epistolary Correspondence of the Right Hon. Edmund Burke and Dr. French Laurence*, London, C. & J. Rivington, 1827, p. 53-56.

Capítulo 6 | À Beira do Abismo

"O abismo do Inferno parece escancarar-se diante de mim",[1] escreveria Edmund Burke em novembro de 1793 a William Wentworth-Fitzwilliam (1748-1833), 4.º Conde Fitzwilliam. Referia-se à revolução política e moral que então estava sendo perpetrada pelos triunfantes jacobinos; mas o jacobinismo era somente um agente da destruição da antiga ordem das coisas. Quarenta e sete anos antes, o jovem Edmund Burke no Trinity College profetizara para o amigo Richard Shackleton: "Estamos apenas a poucos passos das Trevas, um empurrão fará com que ingressemos nelas".[2] A visão de Burke cumpriu-se: a revolução estava abrindo caminho para o retorno de Saturno.

A vida de Edmund Burke foi um longo esforço por evitar ou coibir a revolução – nas colônias norte-americanas, na ordem doméstica da Grã-Bretanha, na atormentada Índia, na sua Irlanda natal, na França e em todo o continente europeu. Enquanto Burke se sentava, aparentemente seguro, com Samuel Johnson, Joshua Reynolds, Oliver Goldsmith e o restante do Club, a antiga ordem esvaía-se. Burke ouviu

---

[1] Carta de Burke para Fitzwilliam (29 de novembro de 1793), Wentworth Woodhouse Papers, Book I, Sheffield Central Library, p. 945.

[2] Carta de Burke para Shackelton (5 de outubro de 1746), in Arthur P. I. Samuels e A. W. Samuels (eds.), *The Early Life Correspondence and Writings of the Rt. Hon. Edmund Burke*, Cambridge, Cambridge University Press, p. 104.

os ecos terríveis de "*The World Turned Upside Down*" [O Mundo de Ponta-cabeça] em Yorktown e, logo, de "La Carmagnole" em Paris.[3]

Poucos além de Burke ousaram predizer que o mundo confortável do século XVIII terminaria pelo retorno dos "*Gods of the Copybook Headings*" [Deuses dos Cabeçalhos dos Cadernos de Cópia].[4] Orgulhosa da própria racionalidade e de seu progresso, a época tomou como certas sua própria perfeição virtual e sua própria imortalidade virtual. Ao escrever, no final do Diretório, a ficção *Prédiction de Cazotte, Faite en 1788* [A Profecia de Cazzotte, Feita em 1788], baseada nas próprias lembranças, o crítico e dramaturgo Jean-François de La Harpe (1739-1803) descreve o clima de opinião que prevaleceu entre as pessoas da posição social de Burke, tanto na França como na Grã-Bretanha, um pouco antes dos acontecimentos catastróficos de 1789.

La Harpe imagina um jantar na casa de um membro da Academia Francesa, a companhia mais elegante "de cada profissão: cortesãos, advogados, homens de letras e acadêmicos". A conversa é desinibida e otimista:

> Um dos convidados narra, explodindo de rir, o que um cabeleireiro lhe disse enquanto empoava seu cabelo:
>
> — Veja, senhor, embora eu seja um miserável sem valor, não tenho religião como qualquer outra pessoa.
>
> Concluíram que a Revolução Francesa logo estaria consumada, que a superstição e o fanatismo deveriam dar lugar totalmente à filosofia, e calcularam, assim, as probabilidades da época e as da sociedade futura que verá o reino da razão. Os mais antigos lamentam não ser capazes de vangloriar-se de que o verão; os jovens regozijam-se pela perspectiva razoável de vê-lo e, especialmente, congratulam a Academia por ter pavimentado o caminho para a grande obra e por ter sido a sede, o centro, a inspiradora da liberdade de pensamento.

---

[3] Ver notas 9 e 10 no capítulo 1 deste livro. (N. T.)

[4] Ver nota 11 no capítulo 1 deste livro. (N. T.)

No entanto, um dos convidados, Jacques Cazotte, uma espécie de místico, discorda desse consenso auspicioso. Prediz aos ouvidos escandalizados de seu anfitrião e dos convidados que dentro de aproximadamente seis anos todos os presentes pereceriam pela violência, em agonia e terror. Esperam que Cazotte esteja de brincadeira:

– Mas então seremos derrotados pelos turcos ou pelos tártaros?

– De modo algum, sereis governados, como já vos disse, apenas pela filosofia e pela razão. Os que vos tratarão dessa maneira serão todos filósofos, e todos terão nos lábios, a cada momento, as frases que vós proferistes nesta hora, repetirão vossas máximas, citarão, como vós mesmos, as *stanzas* de Denis Diderot (1713-1784) e de *La Pucelle* de Voltaire (1694-1778).[5]

Se isso é um gracejo, o gosto é questionável – embora neste círculo encantador toda liberdade de expressão seja tolerada.

– Bem, esses são milagres – exclama La Harpe –, e deixastes-me à margem disso?

– Não serás um milagre, pois serás, então, um cristão.

– Ah! – interpõe Champfort – respiro tranquilo novamente; se morrermos quando La Harpe se tornar cristão, então somos imortais.

Cazotte, não obstante, continua a profetizar. Mulheres – princesas de sangue e maiores que aquelas – não serão poupadas: irão para o patíbulo com as mãos amarradas às costas. Madame de Garmont, apesar do rogo frívolo a Cazotte, não poderá ter um confessor, pois:

– O último dos condenados que terá um, como ato de bondade, será...
– ele se deteve por um momento.

---

[5] Poema satírico de Voltaire sobre Joana d'Arc (1412-1431), a donzela de Orleans (*La Pucelle d'Orléans*), iniciado em 1730 e publicado, após mais de trinta anos de trabalho do autor, apenas em 1762. (N. T.)

– Diga-me agora quem será o afortunado mortal que desfrutará de semelhante prerrogativa?

– Será a última que lhe restará e será o rei de França.[6]

Como o profeta de *Prédiction de Cazotte*, Edmund Burke tinha poderes de vaticínio. O fato de os *sanscullotes* nunca se levantarem na Inglaterra foi, em parte, obra de Edmund Burke, o reformador, e de Burke, o adversário inspirado da "doutrina armada". O quarto cavaleiro do Apocalipse[7] nunca entrou desvairado a cavalo em Westminster – apesar de, no dia em que faleceu, Edmund Burke ter temido que tudo estivesse perdido. No entanto, muito do mundo civilizado, entre 1775 e 1815, suportou uma agonia revolucionária até Napoleão Bonaparte (1769-1821) dizer a respeito de si mesmo: "Lancei o feroz espectro da inovação que transpôs todo o universo". (De fato, o mundo sofreu as consequências da alteração radical depois que Bonaparte disse isso.)

Edmund Burke anteviu a Revolução Americana e foi incapaz de evitar sua chegada. Vaticinou que a Irlanda seguiria o rumo da América do Norte, caso não fossem feitas reformas imediatamente – e assim fez a Irlanda. Profetizou que a Revolução Francesa despedaçaria a Europa, pedaço a pedaço, até ser subjugada pela força e por um mestre – e isso também veio a acontecer. O otimismo presunçoso do Iluminismo não o infectou. Nesse capítulo, preocupamo-nos com o pavor de Burke de uma sublevação anárquica, temerosamente

---

[6] Este e os trechos a seguir constam da seguinte obra: Jean-François de La Harpe, *The Prophecy of Cazotte: A Costume Drama of the French Revolution*, tal como parafraseou Hippolyte Taine (1828-1893) no capítulo final de *The Ancient Regime*, New York, H. Holt & Co., 1881. Ver também C. A. Sainte-Beuve (1804-1869), *Causeries du Lundi*, vol. V.

[7] O presidente Herbert Hoover (1874-1964) identificava o "quarto cavaleiro" apocalíptico como a personificação da revolução. Ver Herbert Hoover e Marie Therese Nichols, "The Myth of the Fourth Horseman", *The Saturday Review*, 30 de setembro de 1958, p. 17 ss.

sustentada pela violência que começou em 1789. A revolução do racionalismo humanitário, esperada com tanta ansiedade por La Harpe e seus amigos poucos meses antes, não ocorreu: um tipo muito diferente de revolução os levou para a beira das trevas.

Na Irlanda natal de Edmund Burke, a revolução aproximou-se durante os últimos meses de sua vida e continuou, esporadicamente, por mais de um século e um quartel. Apesar de toda a história intrincada da participação de Burke nos assuntos da Irlanda não poder ser narrada aqui, é possível traçar o curso que Burke seguiu na esperança de impedir a rebelião e a secessão definitiva do Império Britânico. A participação nos assuntos irlandeses perpassou toda a vida política de Burke, mas coincidiu, em especial, com o processo de Warren Hastings e com seus artifícios para eliminar o ardil da Revolução Francesa. Ao final, após aposentar-se da Câmara dos Comuns, Burke passou ainda mais tempo nas questões irlandesas do que passara com a revolução europeia. Os trabalhos irlandeses de Burke sugerem sua alternativa geral à destruição voluntária e à "doutrina armada".

Edmund Burke viu o conjunto da nação com "a imaginação de um poeta e demorou-se nela com o olhar de um amante", diz Augustine Birrell (1850-1933).

> Mas o amor é a origem do medo, e ninguém sabe melhor como é tênue a camada de lava entre o suntuoso tecido da sociedade, os calores vulcânicos e as chamas destruidoras da anarquia. Estremecia pela reputação justa de todas as coisas existentes, e para seu horror viu que os homens, em vez de cobrirem a superfície delgada com concreto, cavavam por abstrações e faziam as perguntas fundamentais sobre a origem da sociedade e sobre o porquê de um homem nascer rico e o outro pobre [...]. Burke, ao ver a humanidade apinhar-se como abelhas dentro e fora das colmeias de seus afazeres, está sempre a se perguntar: Como esses homens se salvarão da anarquia?[8]

---

[8] Augustine Birrel, *Obiter Dicta*, Second Series, London, E. Stock, 1894, p. 172-74.

Assim, Edmund Burke voltou-se contra todas as revoluções, que têm o hábito de devorar seus filhos. À Revolução Americana, via-a como uma calamidade medonha, produzida pela loucura e pela vaidade nos dois lados do Atlântico. Após a paz, em 1782, contudo, esperou que os Estados Unidos prosperassem; afinal, não fora verdadeiramente uma revolução, fora também uma guerra de independência. Embora temesse a ascensão da democracia nos estados do Sul, admirava bastante os federalistas, em particular George Washington. Como a "Revolução Gloriosa", a sublevação norte-americana poderia não ser tanto uma revolução feita, mas uma revolução evitada. Se os norte-americanos buscassem instituir por meios políticos uma igualdade de condições artificial, teriam causado um tremendo dano a si mesmos.

"Sabeis que é essa mesma fúria por igualdade a que soprou as chamas da presente guerra amaldiçoada na América", escrevera a John Bourke (1742-1795) em 1777.[9] Entretanto, o respeito norte-americano pela lei (como declarou durante o esforço de conciliação, os norte-americanos eram extremamente versados nos *Commentaries on the Laws of England* [Comentários sobre as Leis da Inglaterra], de Sir William Blackstone [1723-1780]), e pela Constituição ainda poderia dar-lhes uma liberdade ordenada.

Edmund Burke antecipou a Alexis de Tocqueville – a quem seus escritos muito influenciaram – ao desejar que o "novo Estado de uma nova espécie em uma nova parte do globo" pudesse reconciliar inovação e permanência. Como destaca Ross J. S. Hoffman:

> Burke estimava cada valor básico – liberdade com ordem, moralidade, justiça, liberdade social do poder arbitrário –, e Tocqueville esperava que a nova sociedade democrática, à qual apesar de seus receios dava boas-vindas, de alguma maneira os manteria ou reviveria.[10]

---

[9] Carta de Edmund Burke a John Bourke (novembro de 1777), in George H. Guttridge (ed.), *The Correspondence of Edmund Burke*, vol. III, julho 1774-junho 1778, p. 403.

[10] Ross J. S. Hoffman, "Tocquevile and Burke", *The Burke Newsletter*, II, n. 4, Spring-Summer, 1961, p. 46.

Como a democracia era suspeita para os federalistas, igualmente o era para Edmund Burke aquele método de governo estranho. Sempre se opôs ao governo arbitrário – a vontade do monarca não controlada, ou a vontade da turba não contida. Nos primeiros anos de Burke como parlamentar, os Rockinghams aprenderam que aliados desleais eram os entusiastas "patriotas" favoráveis a John Wilkes. (Foram os partidários radicais de Wilkes da Sociedade pela Declaração de Direitos os que fulminaram de modo feroz as doutrinas dos *Thoughts on the Cause of the Present Discontents*, de Burke.) Por mais que pudesse ser temporariamente útil para os Rockinghams a causa do vil Wilkes, Burke tinha os partidários demagogos e licenciosos por inimigos atuais ou potenciais. Como escreveu Burke a Richard Shackleton, os democratas niveladores por trás de Wilkes eram:

> a subdivisão podre de uma facção que está entre nós e que nos causou infinitos danos por violência, por temeridade e muitas vezes pela maldade de suas medidas. Com isso falo das pessoas da declaração de direitos, mas que pensaram que nos fariam, espero, um serviço ao declarar guerra aberta a toda a nossa relação.[11]

Existiam, todavia, sujeitos ainda mais grosseiros que os manifestantes de John Wilkes nas eleições de Middlesex. A ralé de Londres do século XVIII era, em potencial, tão implacável quanto a turba sanguinária que seguia as carroças dos condenados de Paris para ver as mulheres desnudar os pescoços "brancos como pele de galinha" (como contou um porteiro maldosamente, bem depois do Terror, a François-René de Chateaubriand [1768-1848]). Como um punhado de fanáticos podiam levantar a população dos bairros pobres e destruir toda a ordem, foi isso justamente o que Burke experimentou em

---

[11] Carta de Burke a Shackelton de 5 de setembro de 1770, in Lucy D. Shuterland (ed.), *The Correspondence of Edmund Burke*, vol. XI (jul. 1768-jun. 1774), p. 150.

1780: os Gordon Riots[12] ilustraram o princípio de que o selvagem está dentro de muitos homens.

Em 1778, os *Catholic Relief Acts*, patrocinados nominalmente por Sir George Savile e Lorde Richard Cavendish (1752-1781), mas, na verdade, retratados por Edmund Burke, muito modificaram, tanto na Inglaterra quanto na Irlanda, as leis penais contra os católicos. No entanto, diante da mera sugestão de auxílio semelhante para os escoceses católicos, os zelotas da Kirk[13] levantaram-se numa ira turbulenta, atacando capelas católicas e comungantes nas cidades da Escócia. Os católicos escoceses, aterrorizados, logo enviaram uma petição pedindo proteção e socorro a Burke; Burke apresentou a petição à Câmara dos Comuns no dia 18 de março de 1779. Os membros da Câmara dos Comuns não tomaram nenhuma providência a respeito da petição naquela sessão, mas a interposição do pleito foi o suficiente para causar um acesso de fúria no excêntrico (e quase lunático) Lorde George Gordon – na ocasião, o mais entusiástico dos protestantes "não papistas" e que, posteriormente, viria a professar o judaísmo. Gordon recorreu à massa ignorante de Londres, que nunca esquecera o "lembrai, lembrai o 5 de novembro, de Guy Fawkes (1570-1606), e da conspiração da pólvora". No dia 2 de junho de 1780, Gordon irrompeu em Westminster com a petição da Associação Protestante da Inglaterra, solicitando ao Parlamento que repelisse o *Catholic Relief Act*. Sessenta mil rufiões dos populosos bairros pobres de Londres davam-lhe cobertura. Em *Barnaby Rudge*,[14] Charles Dickens (1812-1870) descreve a maneira como essa multidão devota se esforçava por convencer os lordes e os membros da Câmara dos

---

[12] Ver nota 11 do capítulo 3. (N. T.)

[13] A Igreja nacional protestante presbiteriana da Escócia é conhecida como The Kirk, e não deve ser confundida com a Igreja anglicana. (N. T.)

[14] Este romance de Dickens, publicado originalmente em 1841, centra-se em um misterioso assassinato que tem como pano de fundo os Gordon Riots de 1780 (N. T.)

Comuns a fazer a suposta vontade do povo. Isso foi no dia em que o repelente aprendiz Simon Tappertit, chegando a casa após os incidentes em Westminster, surpreendeu a família de seu mestre:

> – Isto – acrescentou pondo as mãos no bolso do colete e tirando um dente grande, cuja visão fez Miggs e Sra. Varden gritar –, isto foi de um bispo. Tenha cuidado, G. Varden!

O arcebispo de York, de fato, fora espancado pela multidão ao tentar entrar no Westminster Hall, e o bispo de Lincoln fugira pelo telhado. Dickens traça um retrato fiel da conduta dos seguidores leais a Lorde George Gordon nos portões da mãe dos Parlamentos.

> De um lado a outro dessa vasta multidão, sem dúvida matizada aqui e ali por zelotas honestos, mas composta em sua maioria da própria escória e refugo de Londres, cujo crescimento foi promovido por leis criminais ruins, regulamentos prisionais deficientes e a pior polícia imaginável, como a dos membros de ambas as Câmaras do Parlamento, os quais ainda não tinham tomado a precaução de já estarem em seus postos, foram compelidos a lutar e a abrir caminho. As carruagens foram paradas e quebradas. As rodas arrancadas. Condutores, lacaios e seus senhores puxados dos assentos e lançados à lama. Lordes, comuns e reverendos bispos, com pouca distinção de pessoa ou de partido, foram chutados, apertados e empurrados; passaram de mão em mão por vários estágios de maus tratos e, por fim, enviados aos companheiros senadores com as roupas pendendo em tiras, com as perucas arrancadas, cobertos do pó que fora batido e agitado dos cabelos. Um lorde ficou tanto tempo nas mãos do populacho, que seus pares, em conjunto, decidiram arrancá-lo e resgatá-lo e, ao fazê-lo, quando ele felizmente reapareceu do meio deles coberto de sujeira e ferimentos, quase não foi reconhecido pelos que lhe eram mais íntimos. O barulho e o alvoroço aumentavam a cada momento. O ar estava repleto de execrações, vaias e gritos. A multidão encolerizava-se e rugia como o monstro demente que era, incessantemente, e cada novo ultraje servia para inchar a fúria.[15]

---

[15] Charles Dickens, *Barnaby Rudge: A Tale of the Riots of 'Eighty*, London, Chapman and Hall, 1890, p. 313. (N. T.)

Assim começaram os Gordon Riots, que prosseguiram por dias, com a multidão invadindo e incendiando as cadeias, destruindo as capelas católicas, saqueando e pondo fogo nas casas de William Murray (1705-1793), 1.º Conde de Mansfield, e de inúmeros outros, assaltando o Banco da Inglaterra e ameaçando de morte todos os amigos por tolerarem os papistas. Morreram umas 450 pessoas – principalmente nas ruas – lutando com os militares. Edmund Burke, em perigo, porque era altamente suspeito de ser o verdadeiro responsável pelos *Relief Acts*, agiu com grande coragem nas ruas e no Parlamento. A turba gritava que ele era um jesuíta disfarçado, e uma vez ele desembainhou a espada para defender-se. Quando as tropas debelaram a insurreição, Burke escreveu ao *Lord Chancellor* para pedir o perdão da maioria dos arruaceiros capturados.[16]

Isso aconteceu nove anos antes de a multidão parisiense tomar a Bastilha. Se Edmund Burke precisasse de qualquer outro motivo para duvidar da suposta virtude de um "povo" abstrato, postulada pelos *philosophes*, os Gordon Riots teriam dado essa prova. No meio da fumaça de uma Londres semidestruída, sabia que a tirania anônima e sem rosto da turba revolucionária era uma coisa pior que o mais insensível despotismo.

* * *

Por conhecer melhor a Irlanda que qualquer outro membro da Câmara dos Comuns, Edmund Burke compreendeu que algo pior que os Gordon Riots poderia acontecer na "outra ilha de John Bull",[17] se não fossem implementadas logo reformas políticas e econômicas.

---

[16] Burke pediu que executassem somente seis, em dias separados e em locais representativos. Embora o governo não tenha sido tão clemente, não executou mais de vinte e seis arruaceiros criminosos.

[17] John Bull é a personificação nacional da Grã-Bretanha em geral, e em particular da Inglaterra, e foi o mote da peça de George Bernard Shaw (1856-1950) a que Russell Kirk se refere. Lançada em 1904, *John Bull's Other Island* [A Outra Ilha de John Bull] trata da terra natal do autor, a Irlanda. (N. T.)

Essa preocupação com os católicos irlandeses e com o comércio da Irlanda custou-lhe a cadeira de Bristol no Parlamento, mas, intrépido, após 1780 trabalhou com afinco ainda maior que antes em nome do bem-estar irlandês e, por alguns anos, obteve sucesso.

Edmund Burke era um anglicano sincero. Certa vez observou que, tendo lido todos os tratados das eras precedentes sobre as alegações do catolicismo e do protestantismo, acabou mais aturdido do que começara, e então se contentou com a Igreja da Inglaterra como instituída por lei. Suas convicções religiosas eram muito parecidas com as do judicioso Richard Hooker (1554-1600), e frases dos *Laws of Ecclesiastical Polity* [Leis de Política Eclesiástica] eram citadas e parafraseadas, de quando em vez, nos discursos, nos livros e nas conversas de Burke.

Entretanto, os católicos oprimidos – mais de dois terços de toda a população da Irlanda – não poderiam ter um amigo mais caloroso. Se os "não papistas" soubessem quão católicos eram os antecedentes de Burke, teriam se exasperado ainda mais contra ele. Não somente a mãe e a irmã eram católicas, mas seu pai, Richard Burke, era o advogado de James Cotter Jr. (1689-1720), o líder católico irlandês que foi enforcado por estupro (um linchamento judicial) em 1720.[18] O velho Richard Burke tinha sido católico, mas abjurou e sujeitou-se à Igreja da Irlanda em 1722, talvez para livrar a família do jugo das *Irish Penal Laws* [Leis Penais Irlandesas]. Do lado feminino, a família Nagle (a família materna) não só era católica como jacobita: Sir Richard Nagle (1636-1699) era ministro da Guerra na Irlanda

---

[18] James Cotter Jr., líder católico das revoltas irlandesas com tendências jacobitas, foi acusado de ter estuprado uma certa Elizabeth Squibbs, uma *quacker*, que durante todo o julgamento negou o ocorrido. Apesar das negativas da suposta vítima, as autoridades produziram "testemunhos" (falsos) para provar a acusação. Sua execução foi considerada um assassinato judicial e foi o acontecimento político irlandês mais importante da primeira metade do século XVIII. Ver Basil O'Connel, "Richard Burke e James Cotter Jr.", in *The Burke Newsletter*, VI, n. I (Fall, 1964), p. 360. (N. T.)

durante o reinado de James II e seguiu o rei no exílio. Garrett Nagle de Ballygriffin (1674-1746) foi acusado, em 1731, de ser o principal agente do Pretendente exilado.[19] Portanto, Edmund Burke tinha razões de família, bem como de prudência, para se opor à *Protestant Ascendancy* [Supremacia Protestante][20] na Irlanda.

O país seria salvaguardado da rebelião, defendia Edmund Burke, por três medidas capitais: ajuda e emancipação dos católicos, liberação do comércio irlandês e redução da *Protestant Ascendancy*. Teriam dado à Irlanda efetiva autonomia política (livre até da superioridade legislativa do Parlamento inglês, o que é mais que o que tinha admitido para a América do Norte) sob o domínio da Coroa; teria permitido que os católicos se assentassem no parlamento irlandês e tivessem cargos civis e militares; teria ampliado o direito de voto para os mais responsáveis entre eles e obtido o livre comércio para as manufaturas irlandesas.

Somente assim as principais injustiças irlandesas seriam remediadas; meias medidas não seriam suficientes. A reforma, ainda que tivesse de ser realizada gradualmente em alguns dos detalhes, deveria começar imediatamente, antes que a lealdade diminuísse e os temperamentos se inflamassem.

Seu aliado mais próximo na Irlanda era Henry Grattan, líder da oposição no parlamento irlandês – tal como Edmund Burke, um anglicano, mas também inclinado a derrubar a camarilha da *Protestant*

---

[19] Garrett Nagle de Ballygriffin, cunhado de James Cotter Jr., foi mencionado em um documento do governo irlandês como principal agente em Cambrai do pretendente ao trono. Ver Basil O'Connel, "Richard Burke e James Cotter Jr.", *The Burke Newsletter*, VI, n. I (Fall, 1964), p. 362. (N. T.)

[20] A Supremacia Protestante foi a dominação política, econômica e social, no período entre os séculos XVII e o início do XX, por meio da qual a minoria dos proprietários de terras protestantes da Igreja da Irlanda e da Igreja da Inglaterra (ambas religiões de Estado) dominou o reino da Irlanda excluindo todos os outros grupos, em particular a maioria católica, mas também outras denominações protestantes e os judeus, da possibilidade de ocupar cargos na administração pública ou na vida política. (N. T.)

Ascendancy. Foi o trabalho desses dois, principalmente, o que provocou muitas das melhoras nas questões irlandesas entre 1780 e 1795, ainda que, ao final, fossem incapazes de conduzir o governo britânico e a minoria protestante dominante na Irlanda a conservá-la como uma parceira satisfeita dentro da estrutura imperial.

As concessões fragmentárias ressentidas feitas pela Coroa britânica e pelo Parlamento aos irlandeses foram resultado de um pavor persistente – alarme dado pela primeira vez pela ameaça dos norte-americanos e, depois, pela ameaça francesa. Se os irlandeses se juntassem a esses inimigos, a Grã-Bretanha ficaria numa situação miserável. Burke e outros, pretendendo preservar o Império – mas um Império com justiça –, foram capazes de tirar algumas vantagens dessa inquietação de Londres por melhorar o destino da Irlanda.

Do levante dos Irish Volunteers [Voluntários Irlandeses] em 1778 veio a primeira grande pressão. Eles eram uma milícia não autorizada pelo governo, criada para proteger a Irlanda da ameaça das incursões navais norte-americanas ou francesas – ou mesmo desembarques forçados – durante a Revolução Americana. Os Volunteers eram, de modo geral, protestantes no início, embora posteriormente fossem admitidos católicos entre eles. Por volta do verão de 1779, havia uns trinta mil deles, comandados por Lorde Charlemont.[21] Podiam defender a Irlanda dos inimigos estrangeiros – ou, como temia Edmund Burke, poderiam ser usados para resistir à autoridade britânica. A existência dessas tropas ajudou a induzir o ministério de North a adotar o *Catholic Relief Act 1788* e a abrir os mercados coloniais aos mercadores irlandeses dois anos depois. Os dissidentes irlandeses foram poupados do *Test Act* [Lei de Teste] em 1780, de modo que os membros da Igreja da Irlanda já não poderiam monopolizar totalmente os cargos públicos e os direitos de voto: somente os católicos

---

[21] Ver Maurice James Craig, *The Volunteer Earl: Being the Life and Times of James Caulfield, First Earl of Charlemont*, London, The Cresset Press, 1948.

ainda estavam excluídos. Em 1782, o ministério de Rockingham tornou o parlamento irlandês independente do Parlamento britânico – ainda que, em grande parte, fosse uma autonomia nominal irlandesa, já que a Coroa por intermédio do mecanismo do Dublin Castle[22] e da *Protestant Ascendancy* ainda controlava o parlamento irlandês, que se reunia num esplêndido edifício clássico (atualmente o banco da Irlanda) perto do College Green. Burke foi bastante atuante em todas essas reformas; mas sabia que muitas outras eram necessárias.

Apesar de ter sido abrandada a severidade das leis penais, e dado que o código que restou nem sempre foi estritamente aplicado, os católicos irlandeses continuaram a sofrer grandes exclusões. Eram proibidos de entrar na carreira jurídica, de ensinar medicina, de estudar na universidade, de obter cargos civis ou militares, de atuar em grandes júris ou de votar. Não tinham nenhuma representação, real ou virtual, no Parlamento irlandês, e consituíam, ao menos, dois terços da população.

Edmund Burke sempre negou – por conhecimento íntimo – que os católicos irlandeses fossem desleais à Coroa ou ao Parlamento, que conspirassem com potências estrangeiras, que quisessem fazer do Papa o senhor da Irlanda ou que fossem desproporcionalmente numerosos em distúrbios civis. Não era a religião o que tornava rebeldes aos católicos, mas a falta de batatas.

Não obstante, com o advento da Revolução Francesa parecia muito possível que a maioria católica pudesse ficar tentada a oscilar nas lealdades. A ameaça original não veio deles (pois os católicos ainda eram dominados por um grupo pequeno de cavalheiros do interior católicos e pela classe ascendente de comerciantes importantes, nunca se inclinando para o jacobinismo), mas da Society of United Irishmen [Sociedade dos Irlandeses Unidos], fundada em 1791, que tinha por

---

[22] O Dublin Castle foi, até 1922, a sede administrativa do governo da Grã-Bretanha na Irlanda. (N. T.)

líder Wolfe Tone (1763-1798). Estes eram presbiterianos radicais, homens de Ulster principalmente, nacionalistas fervorosos que lutariam, se necessário fosse (na verdade, lutariam por predileção, caso houvesse alguma possibilidade de sucesso), para emular a América do Norte e obter a independência total, e para emular a França revolucionária ao instituir uma democracia nacionalista.

Os United Irishmen convidaram os católicos a unir forças com eles. Fosse efetuada essa união, a Grã-Bretanha teria um inimigo mortal em seu encalço, enquanto se esforçava ao máximo na luta com a França jacobina.

Burke não estivera em solo irlandês desde 1786. De fato, nunca mais encontrara tempo livre para visitar Dublin ou a "terra dos Nagles". O que Burke poderia fazer pelo Império e pela Irlanda, nessa hora, era escrever e agir no Parlamento – e enviar o filho.

Richard Burke, o filho único de Edmund, não herdou o gênio do pai; poucos são os filhos de grandes homens que o herdam. Antipatizado por alguns que o conheceram, ainda assim tinha seus próprios talentos em alta conta. Por intermédio dele, o grande pai – que amava o filho de todo o coração – esperava iniciar uma linhagem nobre, ao ganhar um título na aposentadoria da Câmara dos Comuns. No entanto, de alguma maneira esse belo rapaz não conseguira nenhuma posição na vida. Com certa apreensão, mas grato por qualquer oportunidade que surgisse para Richard crescer em influência, Edmund Burke concordou quando o padre Thomas Hussey (1746-1803), o mais inteligente dos líderes católicos irlandeses, convidou Richard a tornar-se representante do Comitê Católico Irlandês, um braço político da maioria irlandesa oprimida. No final de dezembro de 1791, Richard chegou a Dublin para assumir suas tarefas, que envolviam comparecer assiduamente às sessões do Parlamento irlandês.

Ao mesmo tempo, Edmund Burke completara seu panfleto em forma de carta para Sir Hercules Langrishe (1729-1811), 1.º Baronete de Langrishe, sobre os católicos irlandeses. Pretendia ser um manual para Richard, bem como um comentário ao projeto de lei pretendido por Langrishe para ajudar ainda mais aos católicos e como programa de ação do parlamento. Essa *Letter to Sir Hercules Langrishe [...] on the Subject of the Roman Catholics of Ireland and the Propriety of Admitting Them to the Elective Franchise* [Carta a Sir Hercule Langrishe [...] sobre o Assunto dos Católicos Romanos na Irlanda e a Justeza de Admiti-los nos Privilégios Eleitorais] é a principal análise de Burke do problema da Irlanda.

O ponto principal de Edmund Burke era que a *Commonwealth* não ousasse excluir da participação ativa de seus assuntos e privilégios uma grande massa da população. "Uma oligarquia plebeia é um monstro", e, uma vez que o governo irlandês não é de todo aristocrático, tende à oligarquia dos plebeus protestantes que governam a maioria dos irlandeses contra sua vontade. "Os protestantes da Irlanda não bastam *exclusivamente* como povo para formar uma democracia; e são *muito numerosos* para responder aos fins e propósitos de uma *aristocracia*."[23]

Edmund Burke detestava a *Protestant Ascendancy* não porque esta era protestante, não porque ela mantinha o poder nas mãos de comparativamente poucos, mas, ao contrário, porque não se preparara de modo algum para representar a esmagadora maioria dos irlandeses – mais que isso, reprimia-os impiedosamente. A *Protestant Ascendancy* estava destruindo a lealdade dos irlandeses à Grã-Bretanha. O parlamento não reformado e o limite do direito de votos da Inglaterra e da Escócia não eram injustos porque a grande maioria do povo britânico era representada virtualmente, mas por não representar "verdadeiramente" um parlamento (ou seja, por qualquer sistema de representação regular fundamentado numa fórmula matemática), dado que não estava preocupado com o bem

---

[23] Edmund Burke, "A Letter to Sir Hercule Langrishe, M.P.", in *The Works of Edmund Burke*, vol. III, London, George Bell and Sons, 1903, p. 301. (N. T.)

geral. Não existia um abismo fixo entre os administradores do poder e o povo inglês, mas na Irlanda o Parlamento irlandês, dominado pela *Protestant Ascendancy*, representava somente um terço da nação e, ainda assim, pretendia ameaçar a maioria irlandesa como se os católicos, de algum modo, estivessem fora do Estado.

> Devemos ficar admirados se, pelo emprego de tanta violência na conquista e de tanta política na regulamentação, continuamos sem cessar, por quase cem anos, a reduzi-los a uma ralé sem serenidade, sem medida, sem previdência? [...] Se a desordem que dizeis é real e considerável, deveis suscitar neles um interesse aristocrático – isto é, um interesse de propriedade e de educação – para reforçar, por todos os meios prudentes, a autoridade e influência dos homens dessa espécie.[24]

Burke admitiria aos católicos uma parte na Constituição, principalmente por deixá-los votar sob as mesmas condições desfrutadas pelos protestantes ou, ao menos, por permitir-lhes alguma representação genuína:

> Nossa Constituição não é feita para grandes exclusões, gerais ou proscritoras; cedo ou tarde ela as destruirá ou estas a destruirão. Na nossa Constituição, sempre houve diferença entre *direito de voto* e *cargo público* e entre a capacidade para um e para outro. Direitos de votos supostamente pertencem ao *súdito*, como *súdito* e não como membro de uma parte administrativa do Estado. O governo os considera como três coisas diferentes, pois, embora o Parlamento tivesse excluído pelo *Test Act* os dissidentes protestantes (e durante um tempo esses *Test Acts* não foram letra morta como agora o são na Inglaterra) de todos os empregos civis ou militares, *nunca tocaram o direito de votar para membros do Parlamento ou de obter assentos em ambas as casas*; um ponto que exponho não em aprovação ou condenação disso na proporção da exclusão dos empregos, mas para provar que a distinção se tornou admissível na legislatura, assim como, na verdade, está fundada na natureza.[25]

---

[24] Idem, ibidem, p. 64. (N. T.)
[25] Edmund Burke, "A Letter to Sir Hercule Langrishe, M.P.", in *The Works of Edmund Burke*, ibidem, p. 305. (N. T.) Ver a análise desta carta feita por

Os dissidentes irlandeses – os United Irishmen –, disse Burke, oferecem aos católicos total igualdade. Não deveria uma lei do governo satisfazer aos católicos antes que tal aliança incongruente se consume? Os católicos e os canadenses de língua francesa permaneceram leais à Coroa quando as colônias de língua inglesa se levantaram em revolta. Não deveria o ministro, ao lidar com generosidade com os católicos irlandeses, persuadir estes súditos a semelhante fidelidade?

No final de fevereiro, o ministério de William Pitt, o Jovem, e o Parlamento – juntamente com o Parlamento irlandês, cuja decisão resolveu nominalmente a questão – fizeram concessões menores. A proposta de lei de Langrishe para a ajuda aos católicos foi adotada – embora os Burkes considerassem que "não só não é ajuda, senão que [...] é perniciosa e insolente". Permitiu aos católicos praticar a advocacia, a casar com protestantes, a abrir escolas sem o consentimento do grupo da Igreja da Irlanda e a enviar os filhos ao exterior para estudar. Esses pequenos favores, oferecidos com relutância, não diminuíram a agitação católica; e, porque Richard Burke não foi bem-sucedido em obter mais do que deveria, o Comitê Católico o liberou dos deveres em Dublin – concedendo-lhe um farto pecúlio como recompensa –, embora o mantivessem como agente em Londres.

Em 1793, o governo fez concessões maiores, dado que a pressão de Edmund e de Richard estava funcionando, e, no ano do Terror, os católicos não foram autorizados a usar armas com os subversivos United Irishmen. O novo ato permitia aos católicos votar nos mesmos termos dos protestantes, embora ainda não pudessem ter assentos no Parlamento ou ter algum cargo público realmente importante. (Agora,

---

Thomas H. D. Mahoney, *Edmund Burke and Ireland*, Cambridge, Harvard University Press, 1960, cap. VI. Este e outros artigos importantes de Burke sobre a Irlanda estão coligidos em um volume de Matthew Arnold, *Edmund Burke and Irish Affairs*, London, 1881. Para o assunto em geral, ver também William O'Brien, *Edmund Burke as an Irishman*, 2.ª ed., Dublin, 1926.

era-lhes permitido ser magistrados, mas para atuar em grandes júris e para obter instruções militares e graus acadêmicos.)

Não obstante, por essa ajuda de 1793, a pequena nobreza católica e as classes médias altas não ganharam quase nada: os pobres e ignorantes foram emancipados, reclamou Edmund Burke com mordacidade, mas os líderes católicos não podiam ingressar no parlamento ou ocupar cargos públicos importantes – embora ninguém precisasse mais urgentemente da aristocracia católica do que os católicos irlandeses. Burke, contudo, não desejava ter um eleitorado composto apenas de ricos: um ano antes, fora contrariado por uma proposta no Comitê Católico de emancipar todos os católicos que tivessem propriedade que produzisse uma renda de cem libras ao ano, mas nenhuma mais pobre. Isso, disse ele, era novamente a oligarquia.

Assim, a *Protestant Ascendancy* ainda detinha o poder, exacerbando o temperamento católico, não obstante a extensão do direito de voto. Se o Parlamento e o Dublin Castle fossem monopolizados pelas poucas famílias arrogantes e sem imaginação da *Protestant Ascendancy*, sabia-o Burke, alguns dos irlandeses flertariam com a revolução.

Edmund Burke, Henry Grattan e seus aliados ganharam muito terreno em poucos anos – ainda que não o bastante para aplacar os católicos, para não falar dos United Irishmen niveladores. Somente a abertura do Parlamento e dos principais cargos públicos do governo aos católicos poderia ter assegurado a fidelidade da maioria da população irlandesa; mas não era para ser.

A derrota final do plano de Edmund Burke para a conciliação da Irlanda foi o insucesso de seu amigo, o 4.º Conde Fitzwilliam – sucessor de Lorde Rockingham – em obter a reforma da Coroa em que ambos tinham depositado tantas esperanças. No início de janeiro de 1795, Fitzwilliam chegou a Dublin como *Lord-Lieutenant*, mandado pelo ministério da coalizão do Duque de Portland e de William Pitt, o Jovem. Esforçou-se corajosamente por obter uma rápida "emancipação" católica – ou seja, um ato que permitisse aos católicos candidatar-se ao Parlamento irlandês e ocupar cargos estatais de confiança. Fitzwilliam, no entanto, afastou poderosas famílias da *Protestant Ascendancy*; seu projeto também chocou o rei, cujo coração teimoso estava resolvido a não dar nada mais aos católicos, para que não se violasse o juramento que ele fizera na sua coroação de apoiar as autoridades anglicanas estabelecidas; e Pitt, tendo em vista outros planos, não apoiou Fitzwilliam. Antes do fim de dois meses, Fitzwilliam foi chamado de volta a Londres. Como comentam Ross J. S. Hoffman e A. Paul Levack (1909-2001):

> A *Protestant Ascendancy* foi mantida, e o flerte católico com os United Irishmen aumentou. Foram lançadas correntes que fluíram, por um lado, para o levante revolucionário de 1798 e, por outro, para a extinção do reino irlandês pela união orgânica com a Grã-Bretanha em 1800.[26]

Enquanto isso, Wolfe Tone, admirador de Georges-Jacques Danton (1759-1794) e de Thomas Paine, e que nutria ódio mortal pelos Burkes, sucedeu Richard Burke como agente para o Comitê Católico. Era um homem de violência e, em religião, muito mais distante dos dirigentes católicos do que o eram Edmund e Richard. Ao entrar em negociações com os franceses, começou a planejar uma revolução e, depois de certas vicissitudes (incluindo uma temporada nos Estados Unidos, que não apreciou, referindo-se a George Washington como um "aristocrata próspero"), trilhou seu caminho para a perdição. Em 1798, como ajudante de campo de uma força francesa que tentava invadir a Irlanda, foi capturado numa batalha naval, sentenciado à morte, e cortou a própria garganta. Por vindouros 125 anos, começara a revolução irlandesa, com o fanático Tone como o mártir maior.

Edmund Burke nunca soube da ascensão de Wolfe Tone, pois morrera dezesseis meses antes, tendo feito o melhor pela Irlanda e pelo Império.

---

[26] Ross J. S. Hoffman and Paul Levack, *Burke's Politics: Selected Writings and Speeches of Edmund Burke*, New York, Alfred A. Knopf, 1949, p. 510.

"Dotado de uma mente que instintivamente amava e apreciava a plenitude da verdade", escreveu Thomas H. D. Mahoney (1913-1997) sobre Edmund Burke:

> Sofreu de modo intenso a injustiça e a inconveniência do tratamento conferido aos católicos irlandeses. Condenou de maneira implacável sua proscrição como uma invenção desventurada de um desejo de poder por aqueles que se puseram a lucrar por manter fracos aos católicos. Para corrigir esses abusos, confiou em grande medida em uma política de conveniência, que de modo algum era oportunismo. Para ele, a conveniência era o bem para a comunidade, coletiva e individualmente. Perceber o expediente exigia uma busca diligente de todo o processo de organização social. Aí poderiam ser encontrados princípios da liberdade, tanto civil quanto religiosa, por meio dos quais o bem da comunidade pudesse ser alcançado. [...] Prestara atenção, e, se o diagrama que desenhou para a solução dos problemas irlandeses, em particular os dos católicos, fosse seguido, parece patente que a longa e sombria história da Irlanda no século XIX e muito do que aconteceu no século XX não precisaria ter ocorrido.[27]

No final de outubro de 1786, na última visita à Irlanda, de algum modo Burke encontrou tempo para regressar por um dia a Ballitore, onde aprendera tanto com Abraham Shackleton. Agora, o neto de seu preceptor era mestre na escola. O estadista sentiu saudades das árvores que foram cortadas desde o seu tempo e recordou-se bem daqueles que ainda permaneciam por lá. Procurou todos os antigos amigos, no seu modo genial, aberto, e ficou bastante surpreso. A Irlanda nunca mais veria seu filho novamente, nem ele à Irlanda.

Por volta de 1798, os rebeldes de Wicklow liderados por Wolfe Tone lutavam com as tropas em Ballitore; tudo destruído. Em Kildare, como na França, o abismo fora aberto. Edmund Burke, no entanto, jazia no seu túmulo secreto em Beaconsfield, exaurida toda a paixão.

---

[27] Thomas H. D. Mahoney, *Edmund Burke and Ireland*, op. cit., p. 316-23.

Capítulo 7 | A Revolução do Dogma Teorético

O grande momento de Edmund Burke ocorreu-lhe tarde na vida. Quando a turba de Paris invadiu a Bastilha em 14 de julho, matou as tropas de mercenários e espalhou suas pedras, Burke estava com sessenta anos: um líder partidário que estivera fora do cargo durante a maior parte da carreira, um orador célebre pela defesa da causa dos desafortunados – mas também, em 1789, um homem cuja reputação estava em decadência. Seu zelo imoderado na "crise da regência" na época do primeiro acesso de loucura de George III danificou sua justa fama;[1] e então o rei se recuperou para fazer de Burke motivo de chacota. Era impopular com muitos também por causa do processo de Warren Hastings e pela solicitude para com os católicos irlandeses.

---

[1] Henry Crabb Robinson (1775-1867), em 1811, releu os discursos de Burke durante o debate da regência: "A extravagância e a intemperança não são inferiores ao esplendor [...]. Em um dos arroubos veementes, após representar o rei como arremessado do trono por Deus, afirmou que atribuir-lhe um sistema governante era cobrir seu leito de púrpura, colocar-lhe um caniço na mão, coroá-lo de espinhos e clamar: Salve, rei dos britânicos! O aparente escárnio de tal alusão, como noutras ocasiões, fez crescer uma hostilidade ao orador totalmente incompatível com o efeito desejado que a eloquência propiciaria, mas, abstraída tal impressão, a imagem é muito feliz. Charles Lamb (1775-1834), no entanto, disse ser um gosto vil, um tanto ao estilo do Sr. Fuller [Rev. Thomas Fuller (1608-1661)]". Em *Henry Crabb Robinson on Books and Their Writers*, Edith J. Morley (ed.), London, J. M. Dent & Sons, 1938, vol. I, p. 20.

Já pensara em aposentar-se do Parlamento. No seu partido, Charles James Fox, mais flexível, ultrapassara-o em poder – e, muitos diziam, em eloquência. Depois da morte do Marquês de Rockingham, a influência de Edmund Burke entre os grandes *whigs* tinha diminuído. Até consigo mesmo, parecia lutar com o curso das estrelas: Warren Hastings, sabia, seria libertado; os *tories* estavam muito entrincheirados no governo; seus próprios negócios iam mal. Lutou pela emancipação católica, não deveria, portanto, pedir a emancipação dos *Chiltern Hundreds*, buscando sua própria libertação das "políticas tortuosas"?

Então, de repente, perguntou o sancullotismo: "O que achais de mim?" A pronta resposta de Edmund Burke foi o presente mais perene para a geração vindoura e para os que ainda estão por nascer.

> Burke deu provas surpreendentes do caráter e do gênio nos infelizes dias do término da vida – não quando era líder da Câmara dos Comuns, mas quando era um homem velho e ferido em Beaconsfield.

Assim escreveu Woodrow Wilson (1856-1924):

> Muitas vezes descobrimos mais o que foi um homem pelos registros dos dias de amargura e de dor do que pelo que é dito dele nas temporadas de alegria e de esperança, pois, se aí triunfam as qualidades nobres e estas se apresentam ainda firmes e puras, se sua coragem não se abate, se ainda se mostra capaz de esquecer-se de si mesmo, se ainda se inflama de paixão pelo serviço de causas e de políticas que estão além de seus horizontes, a idade provecta é ainda mais grandiosa que os anos vigorosos da virilidade. Esse é o teste que Burke suportou – o teste de fogo.[2]

Edmund Burke nunca temeu atacar os poderosos, defender os fracos ou opor-se aos interesses instituídos movido pela grande força de sua imaginação. Sua principal medida construtiva foi a reforma econômica, que emendou de modo eficaz a estrutura da Lista Civil, a despeito de tudo o que os funcionários públicos e a influência real

---

[2] Woodrow Wilson, "Edmund Burke and the French Revolution", *The Century Magazine*, vol. LXII (N.S., XL), September, 1901, p. 784.

pudessem fazer para obstá-lo. Foi o defensor mais franco dos católicos oprimidos – e, muitas vezes, dos dissidentes. Insistira, quando pela primeira vez crescera em influência na Câmara dos Comuns, em que os norte-americanos possuíam tanto os direitos dos ingleses como os usos consagrados que adquiriram ao longo da experiência colonial. Opôs-se firmemente a todas as políticas calculadas para reduzir as liberdades privadas, para centralizar a autoridade na Coroa ou para diminuir as prerrogativas do Parlamento. Suas simpatias generosas pelos direitos patentes dos homens civilizados iam muito além da Inglaterra e da Irlanda, chegavam a Quebec e a Madras. Mesmo o próprio partido – para não dizer a Coroa – nunca o recompensou de maneira apropriada por sua coragem, brilhantismo, erudição e energia. Parecia, portanto, a muitos líderes da opinião liberal na França revolucionária (país que Burke visitara três vezes, retornando a Londres consternado com a ascensão do ateísmo entre os franceses) que Burke, mais que qualquer outro líder político, estava adaptado de modo admirável para encabeçar na Grã-Bretanha um movimento radical de reforma com base nos princípios franceses.

Os franceses radicais, todavia, calcularam mal o seu homem. Em um e em outro momento, Honoré Gabriel Riqueti (1749-1791), Conde de Mirabeau, Thomas Paine, Anacharsis Cloots (1755-1794) e um jovem cavalheiro chamado Charles-Jean-François Dupont (1767-1796)[3] visitaram Edmund Burke em Beaconsfield e desfrutaram de sua amabilidade. O último escreveu-lhe, em 1789, na expectativa de que ele aprovasse a vasta alteração nas instituições francesas.[4] En-

---

[3] Muitas vezes o jovem Charles-Jean-François Dupont é confundido com o tradutor francês das *Reflections on the Revolution in France*, Gaétan-Pierre-Marie Dupont (1762-1817). Essa confusão duradoura foi estabelecida por H. V. F. Somerset, "A Burke Discovery", *English*, vol. VIII, n°. 46, Spring 1951. (N. T.)

[4] Paine certamente escreveu uma carta a Burke durante esse período e talvez outras; também deve ter falado com Burke no outono de 1789. Ver Thomas W. Copeland, *Our Eminent Friend Edmund Burke*, New Haven, Yale University Press, 1949. Ver cap. V, "Burke, Paine and Jefferson".

ganaram-se totalmente quanto à natureza de Burke. Ele não era um homem do Iluminismo, mas um cristão muito versado em Aristóteles (384-322 a.C.), em Cícero, nos Padres da Igreja, nos escolásticos (incluindo Santo Tomás de Aquino [1225-1274]) e nos grandes teólogos ingleses. A presunção da Era da Razão despertava a indignação e o desprezo de Burke. Dotado da visão do profeta, vislumbrou, de modo maravilhoso, todo o curso dos acontecimentos que acompanhariam a tentativa francesa de reconstruir a sociedade segundo um modelo abstrato. A revolução, depois de correr feroz por uma série de estágios de violência histérica, terminaria em despotismo, mas nessa ocasião teria levado à ruína a maior parte do que é nobre e tradicional na sociedade. Burke determinara que a Grã-Bretanha não partilharia a tolice da França e que a totalidade do mundo civilizado deveria ser despertada para a ameaça dessas abstrações de especuladores impraticáveis, que exporiam a humanidade à crueldade do bruto que se esconde por trás de nossa natureza humana decaída, em vez de conjurar o Bom Selvagem da ficção romântica.

Como escreveu Lorde Eustace Percy (1887-1958), 1.º Barão Percy de Newcastle, Burke foi o principal formulador da compreensão cristã moderna de verdadeira liberdade civil: e ainda foi

> até há bem pouco tempo, persistentemente, quase mal entendido. Seus panfletos partidários foram tomados como história confiável, ao passo que sua filosofia antirrevolucionária foi repudiada como uma extravagância de faculdades vetustas e decadentes. Isso é quase o exato oposto da verdade. Burke era um partidário *whig*, nada mais confiável como uma testemunha do fato contemporâneo do que qualquer outro político do partido. Mas, assim como os outros políticos de seu tipo raramente ficam abalados ao assumir a diplomacia pela guerra, ficou melindrado pela filosofia, primeiro na Revolução Americana e depois na Francesa.[5]

---

[5] Lord Percy of Newcastle, *The Heresy of Democracy: A Study in the History of Government*, London, Eyre & Spottiswoode, 1954, p. 188.

Com muita leitura de História e com muita prática na conduta dos assuntos políticos, Edmund Burke sabia que os homens não são naturalmente bons, senão que são seres que mesclam o bem e o mal, mantidos em obediência à lei moral principalmente pela força do costume e do hábito, o que os revolucionários rejeitariam como um lixo deveras antiquado. Ele sabia que todas as vantagens da sociedade são produto de uma intricada experiência humana por muitos séculos, não algo a ser consertado da noite para o dia por alguns filósofos de cafés. Sabia que a religião é o maior bem do homem, que instituir ordem é a principal necessidade da civilização, que os bens hereditários são o sustentáculo da liberdade e da justiça, e que o corpo de crenças que muitas vezes chamamos de "preconceitos" são o senso moral da humanidade. Opôs-se tenazmente aos revolucionários como um homem que se encontra, de repente, acossado por ladrões.

Edmund Burke defendera as reivindicações de alguns colonos norte-americanos porque eram "direitos patentes dos ingleses" d'além-mar, que progrediram por um processo histórico. Atacou a falácia dos "direitos do homen" exposta pelos teóricos franceses, porque reconheceu nessa noção abstrata de direitos um desejo insensato de emancipar-se de todos os deveres. Diferente da "Revolução Gloriosa" de 1688, a Revolução Francesa pretendia extirpar o crescimento delicado que é a sociedade humana; se não fosse impedida, essa paixão revolucionária terminaria por submeter todos os homens à anarquia e, então, a um senhor cruel. Na busca de pretensos direitos abstratos, os homens perderiam todos os direitos consagrados pelo uso.

A reação de Edmund Burke foi, então, espantosa para os devotos do culto ao progresso. Em meados do século XIX, o historiador Henry Thomas Buckle (1821-1862) argumentou que Burke devia ter ficado louco em 1789. Os homens do século XX, contudo, tiveram muito mais experiência de revoluções intentadas com base em hipóteses *a priori* não provadas; hoje, muito poucos repetem a teoria de Buckle. A loucura ao contrário era dos *philosophes* e das pessoas elegantes para as quais Cazotte pronunciou suas profecias sanguinárias: eram aquilo que Edmund Burke chamou de "loucura metafísica", uma demência racionalista fundamentada numa incompreensão fantástica da natureza humana.[6] No dizer de Woodrow Wilson, "Burke estava certo e foi ele mesmo quando buscou manter a infecção da França fora da Inglaterra".[7]

No Parlamento, as grandiosas denúncias da Revolução, de início, tiveram pouco efeito. Seu amigo íntimo e igualmente líder dos *whigs* Charles James Fox olhou com respeito a sublevação francesa como um esplêndido triunfo do progresso e da liberdade; ao passo que William Pitt, o Jovem, ainda que mais cauteloso, viu o colapso da autoridade da monarquia francesa mais como uma oportunidade de vantagem na antiga rivalidade do que como uma ameaça à sociedade inglesa instituída. Ao compreender que deveria apelar ao bom senso do público britânico para além da St. Stephen Chapel, Edmund Burke pôs-se a trabalhar num panfleto extraordinário, que se tornou a obra de filosofia política inglesa mais brilhante e que, por aliar eloquência e sabedoria, não tem equivalente na literatura política de nenhuma língua: *Reflections on the Revolution in France* [Reflexões sobre a Revolução em França], publicada em 1.º de novembro de 1790. Começou como uma carta ao jovem amigo Charles Dupont, que visitara Burke em Gregories em 1785 e que começara a correspondência com ele nos primeiros estágios da Revolução, pedindo a opinião de Burke quanto a se a França seria bem-sucedida (sabendo distinguir entre liberdade e licenciosidade) em criar uma ordem melhor.

Sem dúvida, Dupont esperava uma resposta favorável. No entanto, Burke suspeitava de certas tendências da Revolução desde o princípio, e dentro de poucos meses percebeu que a revolução, na verdade, estava

---

[6] Para uma crítica da política racionalista que emergiu na Revolução Francesa e que exerceu considerável influência desde então, ver Michael Oakeshott, *Rationalism in Politics: And Other Essays*, London, Methuen, 1962.

[7] Wilson, op. cit., p. 792.

subvertendo a verdadeira "liberdade social", que é mantida por leis sábias e por instituições bem-construídas. Estavam buscando o que nunca poderá ser encontrado, a liberdade perfeita – que deve significar que os laços da comunidade social são dissolvidos e os homens deixados como pequenos átomos humanos, em guerra uns com os outros. Por volta de novembro de 1789, Burke estava completamente alarmado – em especial pelo sermão do ministro unitarista radical Dr. Richard Price (1723-1791), um amigo de Lorde Shelburne. Price falara de "reis descartados". Assim, a suposta carta a Dupont na verdade começou como uma denúncia dos erros de Price e, então, desenvolveu-se em defesa da tradição, dos usos consagrados e da ordem estabelecida da sociedade civilizada contra os inovadores radicais.

Este livro não pode ser mais bem analisado com competência aqui do que se poderiam condensar os escritos de Platão (427-347 a.C.), digamos, em poucos parágrafos: as *Reflexões sobre a Revolução em França* devem ser lidas por quem quer que deseje compreender as grandes controvérsias da política moderna.[8] Neste capítulo, é possível sugerir somente quais são os principais argumentos de Edmund Burke e sua eloquência irresistível.

O efeito imediato das *Reflexões sobre a Revolução em França* foi poderoso. A popularidade de Edmund Burke estivera muito em baixa, especialmente depois da competição partidária a respeito do estado da Coroa durante a loucura temporária de George III.

---

[8] Existem muitas edições das *Reflexões*. A edição em língua inglesa que possui as melhores notas é o segundo volume de E. J. Payne, *Burke: Select Works*, Oxford, Clarendon Press, 1898. [No Brasil, encontramos as seguintes edições com diferentes traduções: Edmund Burke, *Reflexões sobre a Revolução em França*, trad. Renato de Assumpção Faria, Denis Fontes de Souza Pinto e Carmem Lídia Richter Ribeiro Moura, Brasília, Editora da Universidade de Brasília, 1982; Idem, *Reflexões sobre a Revolução na França*, trad. Eduardo Francisco Alves, Rio de Janeiro, Topbooks/Liberty Fund, 2012; Idem, *Reflexões sobre a Revolução na França*, trad., apres. e notas José Miguel Nanni Soares, São Paulo, Edipro, 2014. (N. T.)].

Charles James Fox, Burke e outros *whigs* de Portland prejudicaram-se ao dar apoio à reivindicação do Príncipe de Gales, o futuro rei George IV (1762-1830), à regência por direito. O que Burke nunca esperou era que esse tratado subitamente o lançasse no auge da opinião da grande maioria do público literato. O próprio rei (de juízo recuperado) disse que as *Reflexões sobre a Revolução em França* eram "um bom livro, um livro muito bom; e todo cavalheiro deveria lê-lo". Quase todo cavalheiro o leu.

A maioria dos *tories*, alguns dos *whigs* de Portland e grande número de pessoas que normalmente pouco participavam da política inglesa começaram a perceber o perigo terrível da revolução e mudaram o curso de ação que, a longo prazo, subjugaria Napoleão Bonaparte. Os *whigs* de Charles James Fox, ao contrário, depreciaram Edmund Burke chamando-o de apóstata, e, na época do Duque de Bedford, foram demasiado irrefletidos ao acusar Burke de egoísta – o que, após a aposentadoria de Burke da Câmara dos Comuns, provocou a resposta esmagadora de Burke, *A Letter to a Noble Lord* [Uma Carta a um Nobre Senhor]. Apareceu uma enxurrada de panfletos em resposta ao livro de Burke. Em inglês, as duas réplicas foram de James Mackintosh e de Thomas Paine.[9] Com o progredir da Revolução, Mackintosh confessou que Burke estava completamente certo, tornando-se um dos seus discípulos mais qualificados, e, ainda que Paine nunca tenha repudiado seu próprio radicalismo, a fuga tensa da guilhotina em Paris foi um tipo de refutação das primeiras grandes esperanças de liberdade, igualdade e fraternidade.

Burke, disse Paine, lastimou a plumagem, mas esqueceu-se do pássaro morto:

---

[9] Essa guerra de panfletos pode ser pesquisada consultando duas antologias úteis: Alfred Cobban (ed.), *The Debate on the French Revolution, 1789-1799*, London, N. Kaye, 1950; e Ray B. Browne (ed.), *The Burke-Payne Controversy: Texts and Criticism*, New York, Harcourt, 1963. O último volume contém os comentários dos escritores do século XX.

Quando vemos um homem lamentar dramaticamente numa publicação que se quer acreditada que "A idade do cavalheirismo se foi!" e que a "A glória da Europa está extinta para sempre!", que "a graça natural da existência (se é que alguém sabe o que é), a defesa desinteressada da nação, o berço dos sentimentos viris e de empreendimentos heroicos se foram!" e tudo isso porque esse disparate de quixotesca idade do cavalheirismo se foi, que opinião podemos formar de seu julgamento ou que estima podemos ter de seus feitos? Na rapsódia de sua imaginação, descobriu um mundo de moinhos de vento, e sua aflição é que não existem Quixotes para atacá-los. No entanto, se a idade da aristocracia, como a do cavalheirismo, deve terminar (e originalmente têm certa conexão), o Sr. Burke, o pregoeiro da ordem, deve continuar sua paródia até o fim e terminar com a exclamação: a profissão de Otelo acabou-se![10]

Essa passagem é da obra *Rights of Man* [Direitos do Homem]. Na mente dos progressistas e dos conservadores, contudo, de Woodrow Wilson a Harold Laski e de Samuel Taylor Coleridge a Paul Elmer More, Edmund Burke derrotou Thomas Paine nesse debate e certamente ganhou a imensa maioria dos compatriotas, de modo que a Grã-Bretanha voltou todas as energias para a derrota da violência revolucionária. A liderança inspirada pela honra, o amor das coisas instituídas que cresce da veneração da sabedoria de nossos ancestrais, aquela sagacidade que reconcilia a mudança necessária com o melhor da antiga ordem – coisas que Burke sabia serem superiores aos pretensos Direitos do Homem que Paine exaltava; e a sociedade britânica e a norte-americana foram influenciadas de modo incalculável por Burke desde que as *Reflexões sobre a Revolução em França* foram publicadas.[11]

---

[10] Thomas Paine, *The Rights of Man: Being an Answer to Mr. Burke's Attack of the French Revolution*, London, J. S. Jordan, 1791, p. 24.

[11] Para dois estudos breves da influência de Burke sobre os políticos norte-americanos, ver James P. McClellan, "Judge Story's Debt to Burke", in *The Burke Newsletter*, vol. VII, n. 3 (Spring, 1966), p. 583-865; e Russell Kirk, "John Randolph of Roanoke on the Genius of Edmund Burke", in *The Burke Newsletter*, vol. IV, n. 1 (Fall, 1962), p. 167-169. Para algumas observações

À primeira vista, as *Reflexões sobre a Revolução em França* podem parecer um livro mal-ajambrado; mas na verdade não é nada disso. Edmund Burke "enreda-se nos assuntos como uma serpente",[12] combinando a história com princípio, imagens esplêndidas e aforismos práticos profundos. Por toda a vida, detestou abstrações – ou seja, as noções especulativas sem fundamento seguro na história ou no conhecimento do mundo. O que Burke faz neste livro, então, é estabelecer um sistema de "princípios" – pelos quais exprimia verdades gerais obtidas da sabedoria de nossos ancestrais, da experiência prática e do conhecimento do coração humano. Nunca cedeu à "pura" filosofia porque não admitia que o estadista tenha direito algum de olhar para o homem em abstrato, em vez de para determinado homem e para determinadas circunstâncias.

A primeira parte do livro é uma comparação das convicções políticas dos ingleses com a dos revolucionários franceses. Burke aniquila o Dr. Price e começa a mostrar que a Revolução Gloriosa de 1688 não foi uma ruptura radical com as tradições inglesas, mas, ao contrário, uma preservação das instituições consagradas pelo uso. Então, passa a expor os sofismas e falácias dos reformadores franceses e a analisar os direitos dos homens, verdadeiros e falsos.

Edmund Burke defende a Igreja contra os zelotas da razão e a antiga Consitutição da França contra os defensores fanáticos que defendiam que se virasse a sociedade do avesso. Defende a honra e a graça natural da existência. Então, na última parte do tratado, critica a Assembleia Nacional, que por soberba foi entregue às tolices e ao crime e que terminaria por arruinar a justiça pondo fim à sua própria existência.

---

gerais sobre o significado de Burke para os norte-americanos, ver a resenha de Russell Kirk sobre a segunda edição de Clinton Rossiter, "Conservatism in America", in *The Burke Newsletter*, vol. IV, n. 2 (Winter, 1962-63), p. 190-93.

[12] Descrição das habilidades de Burke feita por Oliver Goldsmith. Ver John Forster, *The Life and Times of Oliver Goldsmith, and a Biographical Sketch of the Author*, London/New York/Melbourne, Ward, Lock, 1890, p. 436.

Escrito no auge da exaltação, as *Reflexões sobre a Revolução em França* ardem com toda a ira e com toda a angústia de um profeta que viu as tradições da cristandade e o tecido da sociedade civil dissolver-se diante de seus olhos. No entanto, suas palavras são impregnadas de acuidade de observação, a marca do estadista prático. Este livro é magnificamente polêmico e um dos tratados políticos mais influentes da história do mundo.

Poucos livros tiveram, de fato, influência tão imediata e tão duradoura – como observou Sir Walter Scott. "Por volta de 1792, quando estava começando a vida, a admiração do sistema endeusado da Revolução Francesa era tão abundante, que somente uns poucos jacobitas e assemelhados se aventuraram a insinuar a preferência pela terra em que viveram" – escreveu Scott em 1831 –

> Ou fingiam duvidar de que os novos princípios deveriam ser infundidos em nossa Constituição extenuada. Surgiu Burke, e toda a algaravia a respeito de legislação superior da França dissolveu-se como um castelo encantado quando o cavaleiro designado toca a trombeta diante dele.[13]

Ainda que tivessem sido vendidas mais cópias da resposta de Thomas Paine que das *Reflexões sobre a Revolução em França*, Edmund Burke captou, cedo ou tarde, a mentalidade dos escritores ingleses e escoceses da geração que surgia, de modo que sua influência indireta é incalculável. Os romances de Sir Walter Scott são permeados pelas convicções de Burke, ao passo que William Wordsworth, Samuel Taylor Coleridge, Robert Southey e outros poetas se tornaram discípulos de Burke.

Hoje em dia, o debate político está bastante aborrecido – arruinado pela hipocrisia, pelo *slogan*, pelo lugar-comum árido. Com as fontes de grande profundidade fragmentadas, a retórica política do

---

[13] Walter Scott para Henry Francis Scott, o jovem, de Harden, 10 de janeiro de 1831. In John Lockhart, *Memoirs of the Life of Sir Walter Scott*, Bart, Edimburgo, 1853, vol. X, p. 32.

século XX está debilitada e – ao menos nos Estados Unidos e na Grã-Bretanha – dificilmente se encontra algo parecido nos jornais diários.

Não era assim nos dias de Edmund Burke. Na última metade do século XVIII, a retórica da política possuía verdadeiro poder e sutileza. Como na época de Cícero, a escrita e a fala políticas formavam, então, a mais extensa província do reino das Humanidades. O próprio demagogo, como John Wilkes, era esplêndido como orador e como panfletário; hoje é incapaz de expressar-se.

E Burke perdura, ainda que outros polemistas políticos da época estejam quase esquecidos. Paine ainda conta com seguidores: com um arcaísmo interessante, o ateu provinciano continua a passar brochuras de *The Age of Reason* [A Era da Razão]. Há muito tempo o radicalismo já ultrapassou Paine, e o século XX não se volta para ele em busca de sabedoria política – apenas para exemplos brilhantes daquilo que James T. Boulton (1924-2013) chama com precisão de "estilo vulgar" da retórica política.[14] A enorme popularidade imediata da tréplica de Paine, sugere Boulton, foi produzida pela simplicidade do argumento de Paine e pelo método retórico calculado para fazer Paine parecer um simples homem do povo, cheio de alusões simples. Entretanto, essa mesma simplicidade agora torna os panfletos de Paine superficiais. Como o explica Boulton,

> Ainda que os motivos de Paine fossem astuciosos em 1791, *Direitos do Homem* não dão ao leitor o mesmo grau de prazer permanente que este experimenta ao ler as *Reflexões*; Paine não pode ordenar a complexa sutileza de estilo e de sensitividade aos recursos da linguagem como o faz Burke.[15]

Diferentemente de Thomas Paine, Edmund Burke não esperava alcançar diretamente a massa dos ingleses. Na melhor das hipóteses,

---

[14] James T. Boulton, *The Language of Politics in the Age of Wilkes and Burke*, London, Routledge & Kegan Paul, 1963, cap. VIII.

[15] Ibidem, p. 149.

escreveu para o que chamava de verdadeira nação – ou seja, uns quatrocentos mil cidadãos, qualificados pela educação, pela profissão ou pela substância para tomar alguma parte nos assuntos públicos. E ele esperava ser lido somente por uma fração desse corpo seleto: apelou para a aristocracia cultural, como o fizera Samuel Johnson.

Como escreveu um contemporâneo, Edmund Burke raciocinava mediante metáforas. Ao evocar imagens, Burke buscava persuadir pelo apelo à imaginação moral – não por colocar suas próprias abstrações em contraste com as abstrações dos *philosophes*. Como observou Boulton, a parte mais significativa e persuasiva das *Reflexões sobre a Revolução em França* é a apóstrofe retórica a Maria Antonieta (1755-1793) – não o "centro filosófico" do livro, a refutação de Burke do conceito revolucionário do contrato social.

Ao abominar o "metafísico abstrato", o racionalista impiedoso, Edmund Burke não intentava um tratado sistemático de teoria política segundo o modelo de William Godwin (1756-1836). Uma sabedoria política resistente, tanto prática como teórica, perpassa os discursos e os tratados de Burke; mas o método de Burke está em um mundo muito distante dos Enciclopedistas.

Por tudo isso, Edmund Burke derrotou os doutrinários franceses, pelo recurso à própria razão. O argumento central sobre a natureza dos direitos do homem é ilustração suficiente. Os revolucionários franceses falavam incessantemente de "direitos do homem" abstratos e nebulosos, universais e imprescritíveis. Burke replica que a liberdade civil prática é bem diferente desses conceitos amorfos:

> Longe estou de negar totalmente, na teoria, e de sonegar no coração, na prática (se fosse facultado o poder de dar ou de negar), os *verdadeiros* direitos do homem. Ao negar essas falsas pretensões de direito, não pretendo ofender os que são reais, porque então, como tais, os pretensos direitos se destruiriam completamente. Se a sociedade civil é feita para o proveito do homem, todas as vantagens para a qual é feita tornam-se direito dela. É uma instituição de beneficência; e a própria lei só é

beneficência ao agir segundo uma regra. Os homens têm o direito de viver por essa regra; têm o direito de fazer justiça aos irmãos, estejam seus confrades na função política ou nas ocupações ordinárias. Têm direito aos frutos de sua indústria e aos meios de tornar essa indústria frutuosa. Têm direito às aquisições dos pais, a nutrir e aprimorar seus rebentos; à instrução na vida e à consolação na morte. O que quer que cada homem possa fazer separadamente, sem afetar os outros, tem o direito de fazê-lo a si mesmo e tem direito a uma porção justa de toda a sociedade, com tudo o que as combinações de habilidades e de força podem realizar a seu favor. Nessa associação, todos os homens têm direitos iguais; mas não a coisas iguais. Aquele que não tem senão cinco *shillings* na associação tem direito a ela tanto quanto o que possui quinhentas libras o tem em proporção maior. Entretanto, não é um direito a um dividendo igual no produto do capital social; e, no que concerne à parcela de poder, autoridade e direção que cada indivíduo deve ter no gerenciamento da situação, nego que esteja entre os direitos diretos originais do homem na sociedade civil, pois tenho em conta o homem social, e nenhum outro. É algo a ser estabelecido por convenção.

Caso a sociedade civil seja fruto da convenção, essa convenção deve ser a sua lei. A convenção deve limitar e modificar todas as espécies de constituição que sob ela são formadas. Cada tipo de poder legislativo, judiciário e executivo é sua criatura [...].

O governo não é formado em virtude de direitos naturais que podem existir e existirão em total independência e com muito maior clareza e em grau muito maior de perfeição abstrata: mas a perfeição abstrata é seu defeito prático. Por terem direito a tudo, querem todas as coisas. O governo é uma invenção da sabedoria humana para prover *necessidades* humanas. Os homens têm o direito de prover essas necessidades por tal sabedoria. Entre essas necessidades, deve ser considerado o desejo, na sociedade civil, de suficiente comedimento das paixões. A sociedade requer não só que as paixões dos indivíduos sejam submetidas, senão que mesmo na massa e no corpo, bem como nos indivíduos, as inclinações dos homens sejam, com frequência, frustradas, a vontade controlada e as paixões levadas à sujeição. Isso só pode ser feito *por um poder exterior a eles mesmos*, e não, no exercício de sua função, sujeito àquela vontade e àquelas paixões cujo dever é refreado e dominado. Nesse sentido, as restrições aos homens, bem como as liberdades, devem ser consideradas entre os seus direitos.[16]

Somente em um Estado governado pela constituição, pela convenção e pelos usos consagrados, os direitos – ou as aspirações – dos homens podem ser realizados. Os discípulos de Jean-Jacques Rousseau destroem a estrutura que torna possível os direitos patentes dos homens e assim reduzem os homens à anarquia ou à escravidão – incluindo a servidão às paixões, pois "o homem de mente intemperada nunca pode ser livre; suas paixões forjam seus grilhões".[17]

Nobres *whigs* vacilantes aprenderam com Edmund Burke que deveriam fazer oposição à Revolução ou veriam toda a ordem extirpada e toda propriedade em risco de ser confiscada; ao clérigo anglicano – dois terços dos quais, pela estimativa de Burke, sorriram de modo hesitante aos eventos da França – foi ensinado que religião e costumes não sobreviveriam ao jacobinismo. Nobres e sacerdotes tinham lido Virgílio e Cícero e, muitas vezes, o bastante; e neles as metáforas e as imagens de Edmund Burke funcionaram poderosamente, bem como seu raciocínio prático. Quando agiram, assim o fez a nação, apesar de tudo o que diziam Thomas Paine e James Mackintosh e Mary Wollestonecraft (1759-1797) ou que outros contrapanfletários pudessem dizer.

---

[16] O referido trecho das *Reflexões* é uma nova tradução. Nas edições brasileiras da obra, podemos encontrar o trecho em Edmund Burke, *Reflexões sobre a Revolução em França*, trad. Renato de Assumpção Faria, Denis Fontes de Souza Pinto e Carmem Lídia Richter Ribeiro Moura, Brasília, Editora da Universidade de Brasília, 1982, p. 88-89; Idem, *Reflexões sobre a Revolução na França*, trad. Eduardo Francisco Alves, Rio de Janeiro, Topbooks/Liberty Fund, 2012, p. 220-21; Idem, *Reflexões sobre a Revolução na França*, trad., apres. e notas José Miguel Nanni Soares, São Paulo, Edipro, 2014, p. 79-80. (N. T.)

[17] Ver Russell Kirk, "Edmund Burke and Natural Rights", in *The Review of Politics*, vol. 13, n.º 4 (October, 1951), p. 441-56; ver também Russell Kirk, "Burke and the Philosophy of Prescription", in *Journal of the History of Ideas*, vol. XIV, n.º 3 (June, 1953), p. 365-89.

O líder partidário do século XX não pode endereçar-se de modo tão coerente a uma aristocracia culta como o fez Burke. O político contemporâneo pensa que deve mobilizar as massas; contudo, não emprega com sucesso a vigorosa retórica vulgar, como a de Paine. Até os tratados políticos de nossa época aspiram, no máximo, ao método de Mackintosh (na expressão de James Boulton) de ser "sóbrio, honesto, direto no falar, porém temperado", calculado para influenciar as classes médias. Os clichês do jornalismo diário, sem a ajuda do juízo perspicaz, são a soma e a substância de grande parte da oratória política nesta hora – mesmo entre aqueles políticos de certa reputação pelo aprendizado.

No início do século XIX, segundo o discípulo norte-americano mais ardente de Edmund Burke, John Randolph de Roanoke (1773-1833), podiam-se citar para os parlamentares somente William Shakespeare e a Bíblia, caso se quisessem obter sinais de reconhecimento. Isso foi quase há um século e meio: Shakespeare e a versão autorizada da Bíblia podem nem sempre ser evocativos no Senado e na Câmara dos Deputados hoje, nem na Câmara dos Comuns.

As *Reflexões* de Burke foram além do alcance da pequena audiência que ele esperara, mas para alcançar um grande público, mesmo no final do século XVIII, era necessário resumir o livro, com judiciosos cortes. Boulton chama atenção, por exemplo, para a má interpretação popular da frase de Burke "multidão suína",[18] em que se refere à sina do aprendizado quando uma revolução pode varrer para longe os guardiões naturais da cultura e que "foi usada por Burke para deno-

---

[18] Nas edições brasileiras da obra, podemos encontrar o trecho em Edmund Burke, *Reflexões sobre a Revolução em França*, trad. Renato de Assumpção Faria, Denis Fontes de Souza Pinto e Carmem Lídia Richter Ribeiro Moura, Brasília, Editora da Universidade de Brasília, 1982, p. 102 (onde se traduz a expressão como "ignóbil multidão"); Idem, *Reflexões sobre a Revolução na França*, trad. Eduardo Francisco Alves, Rio de Janeiro, Topbooks/Liberty Fund, 2012, p. 248; Idem, *Reflexões sobre a Revolução na França*, trad., apres. e notas José Miguel Nanni Soares, São Paulo, Edipro, 2014, p. 98. (N. T.)

tar as classes irracionais e incultas, os elementos irresponsáveis da sociedade cuja falta de envolvimento ao sustentar a herança cultural os levaria a destruí-la".[19] Esta passagem, bem mal interpretada ou mal compreendida e ferozmente atacada, foi omitida por quem condensou o texto de Burke, "S. J.", em 1793, pois "se mostraria repugnante e ininteligível para os leitores mais pobres".[20]

Na época do um homem-um voto, qualquer expressão surpreendente, ainda que verdadeira, é mais propensa ao ataque partidário e ao ressentimento ou aturdimento popular. Assim, o orador político ou panfletário no século XX tende a confinar-se a banalidades que poucos contestarão e a evitar palavras que tendem à "obscuridade" de que Paine acusava Burke. Por tal brandura, na maioria das vezes, as eleições são vencidas; mas a linguagem da política sofre – e muitas vezes o bem-estar público sofre também, já que um vocabulário tímido e empobrecido significa uma ação política tímida e empobrecida.

O vocabulário da política de Edmund Burke, todavia, redundou numa ação que está longe de ser empobrecida ou tímida; mesmo atualmente, as palavras de Burke são gritos de combate. Hoje, a pertinência das *Reflexões sobre a Revolução em França* é maior tanto para conservadores como para progressistas (o próprio Burke era as duas coisas) do que foi há meio século. As revoluções de nossos tempos dissiparam o otimismo superficial dos primeiros anos do século XIX. Ao quebrar as antigas sanções à integridade, escreveu Burke, os revolucionários devem descer ao terror e à força, as únicas influências que bastam para governar uma sociedade que esqueceu a prudência e a caridade.

O espírito da religião e o espírito do cavalheiro, declarou Burke, deram à Europa tudo o que há de generoso e admirável na cultura moderna. O sistema especulativo que detesta a piedade, os costumes, a moralidade tradicional e todos os antigos usos rapidamente deve

---

[19] James T. Boulton, *The Language of Politics*, op. cit.
[20] Idem, op. cit., p. 260-61.

repudiar até a pretensa afeição por igualdade desse sistema inovador que dá às massas aquele apelo inicial.

> Toda a roupagem decente da vida está para ser rudemente arrancada. Todas as ideias ajuntadas, oferecidas no guarda-roupa de uma imaginação moral que o coração possui e o entendimento ratifica como necessária para esconder os defeitos de nossa natureza árida e corrompida e para erguê-la à dignidade de nossa estima, estão para ser rebentadas como uma moda ridícula, absurda e antiquada.
>
> Nesse esquema de coisas, um rei não é senão um homem, uma rainha senão uma mulher, uma mulher senão um animal – e não um animal da mais alta ordem [...]. No plano dessa filosofia bárbara, que é o fruto de corações gélidos e entendimentos turvos, tão destituída de sabedoria sólida quanto é carente de todo gosto e de toda elegância, as leis devem ser sustentadas somente pelos próprios terrores e pelo interesse que em suas próprias especulações privadas cada indivíduo pode encontrar nelas, podendo até dispensá-las de seus próprios interesses privados. Nos bosques da *sua* academia, no limite de cada vista, não vedes senão o patíbulo.[21]

Os melioristas do século XIX tomaram o parágrafo precedente como mera fantasia destemperada, uma vez que a Revolução Francesa tinha acabado; mas, na verdade, Edmund Burke estava descrevendo o caráter necessário de todas as ideologias ou doutrinas armadas. Para nosso pesar, existimos (à exceção aqueles de nós que estão temporariamente seguros em ilhas virtuais de refúgio no aluvião moderno) no "mundo antagonista" do século XX de loucura, discórdia, vício, confusão e vão pesar que Burke contrastou com a justa ordem civil da

---

[21] O referido trecho das *Reflexões* é uma nova tradução. Nas edições brasileiras da obra, podemos encontrar o trecho em Edmund Burke, *Reflexões sobre a Revolução em França*, trad. Renato de Assumpção Faria, Denis Fontes de Souza Pinto e Carmem Lídia Richter Ribeiro Moura, Brasília, Editora da Universidade de Brasília, 1982, p. 101; Idem, *Reflexões sobre a Revolução na França*, trad. Eduardo Francisco Alves, Rio de Janeiro, Topbooks/Liberty Fund, 2012, p. 245-46; Idem, *Reflexões sobre a Revolução na França*, trad., apres. e notas José Miguel Nanni Soares, São Paulo, Edipro, 2014, p. 96. (N. T.)

sociedade fundada em uma liderança conscienciosa e nas instituições consagradas pelo uso.

Um ano depois de as *Reflexões sobre a Revolução em França* terem sido publicadas, a influência do livro ainda não estava completa entre os antigos amigos de Edmund Burke da conexão Rockingham-Fitzwilliam, ainda que por volta de 1793 o poder da mente de Burke, combinado com a reação ao Terror em Paris, voltassem a massa dos ingleses pensantes a desferir um contragolpe no jacobinismo. Mesmo o 4.º Conde Fitzwilliam, forjado nos moldes do Marquês de Rockingham (com algumas imperfeições), ainda esperava, no final de 1791, que o choque com o radicalismo continental pudesse ser evitado. Hesitou em alistar-se numa cruzada contra o regime revolucionário. (Como Rockingham antes dele, Fitzwilliam fora ampliando uma grande assistência financeira a Burke; quando Fitzwilliam pareceu divergir parcialmente das convicções de Burke em determinado ponto, fez que o estadista embaraçado, de saúde debilitada e privado de muitos amigos mesmo assim dissesse resolutamente ao conde que não aceitaria mais tais auxílios – e ofereceu a renúncia da posição de parlamentar por Malton).

Por volta de 1793, contudo, os panfletos de Thomas Paine e de Joseph Priestley (1733-1804), os sermões do Dr. Richard Price, as intrigas da Sociedade Constitucional e da Sociedade da Revolução, até a mesma eloquência de Charles James Fox, tudo foi dispersado como palha ao vento da ira furiosa de Edmund Burke. "Cheguei a um momento de minha vida", escreveu ao Lorde Fitzwilliam,

> em que não é permitido desperdiçar a existência. Recaí em um estado no mundo que não sofrerei por participar de pequenos escárnios ou por enfraquecer a parte que sou obrigado a tomar, por considerações colaterais menores. Não posso prosseguir como se as coisas continuassem no castigado círculo de acontecimentos tal como o conheci por meio século.[22]

---

[22] Carta de Burke para Fitzwilliam (29 de novembro de 1793), Wentworth Woodhouse Papers, Book I, p. 945, Sheffield Central Library.

Salvar os homens dos pequenos e tolos catecismos dos direitos sem deveres; salvá-los das paixões desgovernadas despertadas por encher o homem de aspirações que não podem ser satisfeitas pela natureza; salvá-los da fraude e da hipocrisia – esse era o esforço de Edmund Burke no ataque aos *philosophes* e aos jacobinos. Na verdade, foi Burke, e não Napoleão Bonaparte, quem depôs o espírito decaído da inovação que estava transpondo o mundo. A doutrina abstrata e o dogma teórico fizeram revoluções; Burke evocou a sabedoria da espécie para refrear o coração áspero do "metafísico puro". A natureza humana é uma constante, e os metafísicos do Iluminismo não podem fazer novo homem e nova sociedade: só podem arruinar as construções de milhares de anos de esforço humano doloroso.

"Nós", escreveu dos ingleses,

> não somos os convertidos de Rousseau; não somos discípulos de Voltaire; Helvétius não fez progresso algum em nosso meio [...]. Sabemos que *nós* não fizemos descobertas, e julgamos que não existem descobertas por fazer na moral, nem nos grandes princípios de governo, nem nas ideias de liberdade, que foram compreendidos muito antes de nascermos e que assim serão muito depois de a sepultura empilhar terra sobre nossa presunção e de a tumba silenciosa impor sua própria lei sobre a loquacidade insolente.[23]

Como Louis Bredvold comenta sobre essa passagem:

> A política, então, segundo Burke, deve ser ajustada não à simples razão humana, mas à natureza humana de que a razão não é senão uma parte e, acrescenta, de modo algum a maior das partes. Burke não

---

[23] O referido trecho das *Reflexões* é uma nova tradução. Nas edições brasileiras da obra, podemos encontrar o trecho em Edmund Burke, *Reflexões sobre a Revolução em França*, trad. Renato de Assumpção Faria, Denis Fontes de Souza Pinto e Carmem Lídia Richter Ribeiro Moura, Brasília, Editora da Universidade de Brasília, 1982, p. 107; Idem, *Reflexões sobre a Revolução na França*, trad. Eduardo Francisco Alves, Rio de Janeiro, Topbooks/Liberty Fund, 2012, p. 257-58; Idem, *Reflexões sobre a Revolução na França*, trad., apres. e notas José Miguel Nanni Soares, São Paulo, Edipro, 2014, p. 105. (N. T.)

poderia ter concebido uma nação, um povo ou uma comunidade como algo que se assemelhasse a uma coleção de máquinas numa fábrica, tudo belamente ajustado e sincronizado por um sistema de correias e de mecanismos de transmissão regulados pelo engenho humano; nem teria acreditado que a felicidade humada pudesse ser encontrada em algum estado anárquico da sociedade. Para formar uma sociedade boa e humana, acreditava Burke, são necessárias muitas coisas, além de boas leis. Enfatizou a importância da religião, das tradições da vida, da rica herança dos costumes, de um padrão complexo de relacionamento de todos os tipos que não só desenvolvesse a personalidade dos indivíduos – para usar uma expressão de nossos dias – senão que também lhes ensinasse a verdade sobre a própria natureza pela autodisciplina.[24]

No fundo, a diferença de Edmund Burke para os revolucionários – como todas as grandes diferenças de opinião – era teológica. A de Burke era a compreensão cristã da natureza humana, que os homens do Iluminismo rejeitaram violentamente. Devemos deixar muito a cargo da Providência; atrever-se a aperfeiçoar o homem e a sociedade por um puro esquema "racional" é um ato monstruoso de *hubris*. Com seu amigo Samuel Johnson, Burke persistiu na resignação – e na esperança cristãs.

Para os revolucionários, o cristianismo era uma superstição – e um inimigo. Os dogmas e as doutrinas do cristianismo devem ser rejeitados. Em pouco tempo os dogmas teológicos deveriam ser suplantados pelos dogmas seculares. A caridade cristã foi suplantada pela "fraternidade" – que, com efeito, levou à postura: "sê meu irmão ou terei de te matar". Os símbolos cristãos de transcendência foram adaptados para a nova ordem, mas de forma degradada: a perfeição por intermédio da graça na morte, os teóricos franceses a substituíram pela satisfação de todos os apetites e pela promessa de perfeição neste mundo. E, quando a perfeição não era prontamente atingida, obscurantistas e reacionários cruéis deveriam ser caçados,

---

[24] Louis Bredvold, *The Brave New World of the Enlightenment*, op. cit., p. 134.

pois o progresso certamente triunfaria se não fosse a obstrução humana ignorante ou maliciosa.

Assim surgiu a "doutrina armada", uma religião invertida, que emprega o poder político central e a força das armas para aplicar a conformidade ao credo "racional". Por meio da destruição das antigas instituições e crenças, deve abrir-se o caminho para a utopia. Desde os dias de Edmund Burke, o rótulo "ideologia" foi fixado para aquilo que chamamos de "doutrina armada" – fanatismo político, promessa de redenção geral e felicidade idílica geral a ser alcançada por uma alteração social radical.

No entanto, a utopia nunca será encontrada aqui embaixo, e Burke sabia disso; a política é a arte do possível, não da perfectibilidade. Nunca seremos como deuses. A melhora é obra de lenta exploração e persuasão, sem nunca descartar os antigos interesses de uma só vez. A simples inovação total não é reforma. Uma vez que os hábitos morais imemoriais sejam violados pelo utópico imprudente, uma vez que os antigos freios aos apetites sejam descartados, a pecaminosidade inescapável da natureza humana afirmar-se-á: e aqueles que aspiraram a usurpar o trono de Deus descobrirão que inventaram o Inferno na Terra.

Por sete anos Edmund Burke lutou contra a heresia jacobina. Georges-Jacques Danton ordenou que olhassem para o "bronze fervente e espumante, purificando-se no caldeirão" – ou seja, a sociedade no calor extremo da efervescência, com toda a impureza reduzida a cinzas. Entretanto, Danton foi consumido pelo próprio caldeirão revolucionário. Burke sabia que a sociedade justa é uma corporação espiritual, formada pela aliança com o autor de nosso ser.

> Cada contrato de cada Estado particular é apenas uma cláusula do grande contrato primitivo da sociedade eterna, a vincular as naturezas inferiores às superiores, a ligar o mundo visível ao invisível, de acordo com um pacto fixo sancionado pelo juramento inviolável que mantém todas as naturezas físicas e morais nos respectivos lugares. Essa lei não

está sujeita à vontade daqueles que, por uma obrigação acima deles e que lhes é infinitamente superior, são obrigados a submeter-lhe a vontade. As corporações municipais deste reino não são moralmente livres para, ao bel-prazer e segundo as reflexões de uma melhora contingente, desmembrar por completo e rasgar os liames da comunidade que lhe é subordinada e dissolvê-la em um caos antissocial e incivilizado de princípios elementares desconexos.[25]

Em 1790, parecia que os antigos Estados da Europa estavam se dissolvendo em poeira e pó de uma era atômica; uma geração não se encadearia a outra geração, os homens seriam como moscas no verão, e todas as classes seriam proscritas e caçadas como feras. "Que sombras somos e que sombras perseguimos!", dissera Burke, dez anos antes, ao rejeitar a eleição em Bristol. O que um homem deveria fazer para resistir a essa desintegração, Burke o faria.

Em 1805, William Wordsworth, abjurando o radicalismo de sua juventude, pediu perdão ao finado Edmund Burke por seus erros de juventude. Os versos de *The Prelude* [O Prelúdio] descrevem Burke em 1791:

> Vejo-o – velho, mas vigoroso na idade –
> Altivo como um carvalho de ramos novos qual chifres de cervo
> De sua fronte frondosa, mais para impressionar
> Os irmãos mais jovens do bosque, [...]
>
> Ao advertir, denuncia, lança luzes
> Contra todos os sistemas erigidos sob direitos abstratos,
> Mordaz escárnio; a majestade proclama

---

[25] O referido trecho das *Reflexões* é uma nova tradução. Nas edições brasileiras da obra, podemos encontrar o trecho em Edmund Burke, *Reflexões sobre a Revolução em França*, trad. Renato de Assumpção Faria, Denis Fontes de Souza Pinto e Carmem Lídia Richter Ribeiro Moura, Brasília, Editora da Universidade de Brasília, 1982, p. 116; Idem, *Reflexões sobre a Revolução na França*, trad. Eduardo Francisco Alves, Rio de Janeiro, Topbooks/Liberty Fund, 2012, p. 272-73; Idem, *Reflexões sobre a Revolução na França*, trad., apres. e notas José Miguel Nanni Soares, São Paulo, Edipro, 2014, p. 115. (N. T.)

De institutos e leis, consagrados pelo tempo
Declara o poder vital dos laços sociais
Estimado pelo costume; e com nobre desdém,
Ao explodir teorias arrivistas, insiste
Na fidelidade para a qual nascem os homens [...].²⁶

Também para Samuel Taylor Coleridge, uma vez renunciado o entusiasmo gaulês, fez da imaginação moral de Burke a fonte de sua verdade poética. Como Coleridge escreveu em sua *France: An Ode* [França: Uma Ode], em 1798:

O sensual e o tenebroso rebelam-se em vão
Escravos por própria compulsão!²⁷

Esse é o espírito, e quase o lema, de Edmund Burke, a quem a geração vindoura ouviu, e isso não foi em vão.²⁸

---

²⁶ No original: *I see him – old, but vigorous in age, – / Stand like an oak whose stag-horn branches start / out of its leafy brow, the more to awe / The younger brethen of the grove [...] While he forewarns, denounces, launches forth / Against all systems built on abstract rights, / Keen ridicule; the majesty proclaims / Of Institutes and Laws, Hallowed by time; Declares the vital powers of social ties / Endeared by custom; and with high disdain, / Exploding upstart Theory, insists / Upon the allegiance to which men are born [...].* Em William Wordsworth, *The Prelude*, livro XVII. (N. T.)

²⁷ No original: *The Sensual and the Dark rebel in vain, / Slaves by their own compulsion!* Em Samuel Taylor Coleridge, *France: An Ode*, seção V, v. 85-86. (N. T.)

²⁸ Para a influência de Burke sobre Wordsworth, Coleridge e outros, ver Edward Dowden, *The French Revolution and English Literature*, London, K. Paul, 1897. Ver também Basil Willey, *The Eighteenth Century Background*, London, Chatto & Windus, 1949. Para a associação de Burke com literatos de sua própria geração, ver o seguinte estudo minucioso: Donald Cross Bryant, *Edmund Burke and his Literary Friends*, St. Louis, Washington University Studies (Language and Literature n. 9), 1939.

Capítulo 8 | A Defesa da Civilização

Desde o momento em que pela primeira vez teve uma cadeira no Parlamento, Edmund Burke foi um defensor da paz: a conciliação com as colônias norte-americanas, a generosa concessão na Irlanda, o repúdio do engrandecimento britânico na Índia. Entretanto, a partir de 1790 ele exigiu um conflito extremado contra os revolucionários europeus, superando William Pitt, o Jovem, e o gabinete em implacabilidade.

Não existia alternativa à guerra, bradava. A Grã-Bretanha deve vencer o fanatismo, ou toda a Europa cairá nas mãos dos inimigos da justa ordem civil da sociedade – e a Grã-Bretanha partilhará essa ruína. Uma "doutrina armada" não descansa: com todo o feroz entusiasmo que caracteriza os hereges no primitivo vigor, os revolucionários franceses tendiam a instituir um domínio universal dos dogmas seculares; a conquista e a subversão eram seus instrumentos. Ninguém pode fazer a paz com aqueles cujas ambições são ilimitadas, e para quem a violência é sempre necessária de modo que possam instigar o apoio público e ocultar a falha prática de seu próprio sistema tenebroso.

Aqui, no início, diferiu da maioria dos homens de destaque em seu próprio partido. Sir Gilbert Elliot, William Windham, French Laurence e alguns dos homens jovens o seguiram prontamente da publicação das *Reflexões sobre a Revolução em França* em diante; mas o

Duque de Portland, o 4.º Conde Fitzwilliam e outros magnatas *whigs* de suas relações estavam bastante desconfortáveis com a exigência de Edmund Burke de uma ação militante contra os revolucionários, ao passo que Charles James Fox e seus seguidores discordaram veementemente do antigo colega, acreditando que aquele admirável mundo novo era discernível no outro lado do canal. Seu formidável livro foi mais aplaudido por *tories* e por antigos adversários: Horace Walpole elogiou sinceramente as *Reflexões sobre a Revolução em França*; Edward Gibbon até aquiesceu com as páginas de Burke sobre religião! Os que detestaram as *Reflexões sobre a Revolução em França*, todavia, lançaram uma tempestade ruidosa de contrapanfletos, e, entre os polemistas, num primeiro momento, Burke parecia isolado.

No entanto, Edmund Burke foi implacável com os inimigos literários ou com os escárnios e interrupções dos *whigs* de Fox na Câmara dos Comuns. Em maio de 1791 publicou sua *Letter to a Member of the National Assembly* [Carta a um Membro da Assembleia Nacional], respondendo a uma crítica francesa moderada sobre as *Reflexões sobre a Revolução em França*. Este segundo tratado era praticamente uma declaração de guerra: já que os líderes legítimos da França não recuperariam a autoridade por si sós, argumentou Burke, os fanáticos da revolução teriam de ser derrubados à força do exterior.

Os ideólogos da Revolução, concluiu, viviam da fraude e continuavam a enganar o povo francês com promessas que não podiam cumprir. Além disso, os líderes revolucionários desfrutaram positivamente da violência que iniciaram:

> A vida de aventureiros, jogadores, ciganos, mendigos e ladrões não é desagradável. É necessário comedimento para impedir que os homens caiam nesses hábitos. As correntes inconstantes de medo e de esperança, o voo e a busca, o perigo e a fuga, a alternância de fome e de banquete, do selvagem e do ladrão, depois de um tempo tornam todo curso de ocupação lento, estável, progressivo e monótono, e com a perspectiva somente de uma mediocridade limitada ao fim de um

longo labor, domado em último grau, lânguido e insípido. Aqueles que foram intoxicados com o poder e dele derivaram algum tipo de emolumento, ainda que por apenas um ano, nunca podem deliberadamente abandoná-lo. Podem estar aflitos no meio de todo o poder, mas nunca buscarão nada além de poder para aliviá-los.[1]

Assim, os revolucionários, longe de ficarem moderados, seguiriam adiante para mais proscrição, compulsão, confisco e centralização; se não fossem detidos pela força, realmente pretendiam marchar na Sião secular. O que mais poderíamos esperar dos discípulos de Jean-Jacques Rousseau, "o Sócrates insano da Assembleia Nacional"? "Rousseau é um moralista ou não é nada." O sistema moral de Rousseau os impele a erradicar a resistência da moralidade cristã e a autoridade constitucional.

Como uma religião falsa, a falsa moralidade não pode tolerar a verdade. Somente um espírito genuinamente religioso preserva o estado de direito e enquanto esse espírito sobreviver, nenhum tirano e nenhum bando de oligarcas radicais podem ficar seguros. O bom cidadão tem uma "função sagrada", mas a nova moralidade dos revolucionários abomina a santidade civil.

As palavras de Burke, diz John MacCunn (1846-1929),

> devem parecer extravagantes às mentes seculares, para as quais a política, de modo geral, nada mais é que uma questão de assuntos mais mundanos e está muito longe de ser "sagrada". Entretanto, elas não são menos sugestivas da importância da religião civil como compreendida por um dos maiores de todos os expoentes. Reverentemente religioso em sua própria vida, convencido por seu diagnóstico que a natureza humana é a do "homem religioso" e sempre insistente em que as instituições religiosas são um elemento orgânico no corpo político, era inevitável que Burke retrocedesse de uma cidadania meramente secular como desigual das demandas e dos fardos que o Estado impõe

---

[1] Edmund Burke, "Letter to a Member of the National Assembly", in *The Writings and Speeches of The Right Honourable Edmund Burke – Beaconsfield Edition*, Boston, Little Brown and Co, 1901, vol. 4, p. 10-11. (N. T.)

aos seus membros. Pode parecer-lhes somente uma imaginação devota, mas não podem ter dúvida, caso leiam suas páginas, de que deixar de fora esse aspecto tornaria sua mensagem política totalmente diferente e, a seus olhos, algo empobrecido.[2]

Rousseau e seus pupilos exaltam o egoísmo, na vida privada e na vida pública, como a essência da nova moralidade, assinalou Burke. Abraçando o universo, na verdade negligenciaram as obrigações pessoais e os "pequenos pelotões a que pertencemos na sociedade".

> O grande problema é encontrar um substituto para todos os princípios que até agora foram empregados para regular a vontade e a ação humanas. Encontram disposições na mente de tal força e qualidade, enquanto podem servir aos homens, muito melhores que a antiga moralidade, para o propósito de um Estado como o deles, e devem ir muito além ao apoiar o poder e destruir os inimigos. Escolheram, portanto, um vício egoísta, lisonjeiro, pomposo em lugar do dever evidente. A verdadeira humildade, a base do sistema cristão, é o fundamento inferior mas mais profundo e firme de toda a verdadeira virtude. Entretanto, como isso é muito doloroso na prática e pouco imponente na aparência, descartaram-no completamente. O objeto deles é fundir todo sentimento natural e social em uma vaidade desordenada.[3]

E a vaidade leva ao crime. Voltaire, Claude-Adrien Helvétius (1715-1771) e Jean-Jacques Rousseau trabalharam para extinguir o temor de Deus, que é o início da sabedoria.

O idealismo abstrato dos revolucionários – como sugere Charles W. Parkin no comentário sobre este ponto de Burke – leva a um absolutismo moral intolerante: o fanatismo não tem onde repousar sem um Céu – ou um Inferno. Como Burke passara a carreira na oposição

---

[2] John MacCunn, *The Political Philosophy of Burke*, London, E. Arnold, 1913, p. 130-131.

[3] Edmund Burke, "Letter to a Member of the National Assembly", in *The Writings and Speeches of The Right Honourable Edmund Burke – Beaconsfield Edition*, Boston, Little Brown and Co, 1901, vol. 4, p. 25-26. (N. T.)

ao absolutismo político, agora denunciava o absolutismo moral de Rousseau, "um amante da espécie, mas um odiador do seu próximo". Parkin observa que Burke transcendeu a política do empirismo na sua cruzada contra a Revolução:

> O repúdio das formas de absolutismo moral é o impulso mais profundo no ódio de Burke à Revolução e constitui a base de condenação do movimento na totalidade, independentemente de males menores que se devam remover ou que minorem os bens que possa produzir. O idealismo abstrato a que apela é, em si, a pior ofensa contra a moralidade, ou seja, contra a verdadeira ordem moral. A moralidade é algo a ser percebido e reconhecido pelos seres humanos, não concebido por eles como uma imagem dos seus melhores egos. O idealismo abstrato reduz-se a uma afirmação da vontade, e a vontade não é uma força moral criativa; ao contrário, seu domínio é a violação da ordem moral [...]. As paixões não naturais expulsam as afeições naturais,

continua Parkin,

> mas fabricam uma moralidade artificial. Assim, a nova moralidade francesa, argumenta Burke, está produzindo um declínio na qualidade do sentimento e uma degradação geral do gosto. A paixão do amor sempre, até agora, reconheceu a qualidade e o valor moral, que deu graça e nobreza aos apetites naturais. O novo sistema francês está substituindo isso pelos princípios morais de Rousseau, que infunde uma feroz mistura de pedantismo e de lascívia, de especulações metafísicas combinadas com a sensualidade mais vulgar. Essa é a substituição da delicadeza natural e da continência por uma afetação artificial de virtude, que, ao censurar a expressão dos sentimentos naturais, dá liberdade ao que não é natural. É uma aliança ímpia de puritanismo e de primitivismo. Um endurecimento do coração acompanha o relaxamento da moral.[4]

A lenda de que, certa vez, Edmund Burke não foi bem-sucedido como candidato à cátedra de Filosofia Moral na Universidade de

---

[4] Charles W. Parkin, *The Moral Basis of Burke's Political Thought*, Cambridge, Cambridge University Press, 1956, p. 87-88, 95-96, 107-108.

Glasgow (concorrendo à vaga contra Adam Smith) parece não ter fundamento; mas Burke poderia ter feito fama nessa disciplina, se encontrasse tempo para afastar-se da política. Como observa Ross J. S. Hoffman, Burke obteve seus primeiros princípios da versão autorizada da Bíblia e do *Livro de Oração Comum*. Como Samuel Johnson, ele não podia pertencer àqueles que falsamente argumentam que os homens não têm conhecimento inato das questões morais nem autoridade moral na experiência da raça humana. E sua abominação por Rousseau era muito parecida com a de Johnson.

A humildade cristã, prosseguiu Burke, foi suplantada na França pela "ética da vaidade". Em nome de um amor sentimental pela humanidade, os partidários de Rousseau destroem todas as antigas obrigações dos filhos para com os pais, dos servos para com os mestres, dos cidadãos para com os magistrados. Essa caricatura de amor verdadeiro é um disfarce para o governo pelo terror e para a extirpação de todos os que se opõem à revolução.

"Estadistas como vossos governantes atuais", disse Burke ao crítico francês,

> existem por tudo o que é espúrio, fictício e falso; por tudo o que tira o homem de sua casa e o põe num palco; que o torna uma criatura artificial, com sentimentos falsos, teatrais, prontos para ser vistos à luz de velas e formados para ser contemplados à devida distância. A vaidade também é inclinada a prevalecer em todos nós e em todos os países [...]. Mas é evidente que a presente rebelião foi a filha legítima e piedosamente alimentada por aquela rebelião com uma doação diária.[5]

Com o sistema educacional de Jean-Jacques Rousseau e a falsa política que produz, uma nação pode transigir somente até o perigo iminente. Em nome de sentimentos humanitários, os revolucionários planejam um absolutismo sanguinário. Somente começaram a atacar,

---

[5] Edmund Burke, "Letter to a Member of the National Assembly", in *The Writings and Speeches of the Right Honourable Edmund Burke – Beaconsfield Edition*, op. cit., p. 28. (N. T.)

logo irão adiante. Em defesa da verdadeira afetividade social, a autoridade legítima deve tomar medidas rápidas para esmagar a "ética da vaidade" e a tirania que ela produz; pois nunca amará onde deve amar aquele que odeia onde não deve odiar.

Aos olhos dos colegas mais próximos, Edmund Burke tinha ido longe demais nas *Reflexões sobre a Revolução em França*. Philip Francis, quando o livro foi publicado, enviou-lhe uma carta desdenhosa e cheia de escárnio. Sempre compassivo, Burke fez todos os esforços para manter a amizade de Francis (embora pudesse ter sido melhor para Burke que eles nunca tivessem se conhecido).

> "Sois o único amigo que ousou dar-me um conselho", respondeu a Francis:
>
> Devo ter, então, algo terrível em mim que intimida todos os que me conhecem quanto a dar-me uma única mostra inequívoca de consideração. O que quer que signifique esta carta áspera e ameaçadora, devo buscar-me nela; e quando descobrir, velho como estou, devo esforçar-me por corrigir [...].[6]

Francis o aconselhara a abster-se da controvérsia com o Dr. Richard Price, o Conde de Shelburne e esse círculo. "Devo concordar convosco a respeito da vileza da controvérsia com tais celerados como a Sociedade da Revolução e a Assembleia Nacional", respondeu Burke quanto a este ponto:

> E sei muito bem que eles, bem como os aliados dos delinquentes da Índia, obscurecerão o ar com suas flechas. Entretanto, ainda não creio que tenham a reputação de nomear a quem desejarem,[7] e devo testar este ponto. Caro senhor, não pense senão em controvérsias, "Desafio

---

[6] Edmund Burke, "Letter to Philip Francis (20 de fevereiro de 1790)", in *Correspondence of the Right Honourable Edmund Burke*, vol. 3, London, Francis and John Rivington, 1844, p. 134. (N. T.)

[7] Em inglês, o termo utilizado é *advowson*, que na lei inglesa é o direito de um patrono, normalmente o lorde da região, apresentar ao bispo diocesano um candidato a nomeação para um posto eclesial vacante. (N. T.)

para o campo de Batalha e retorno derrotado". Se ter a última palavra significar derrota, muito acertadamente me derrotarão, mas não pretendo nenhuma controvérsia com o Dr. Price ou com Lorde Shelburne ou nenhum do grupo deles. Quero determinar uma visão completa do perigo dos princípios pérfidos e de seus corações negros, pretendo expor os verdadeiros princípios de nossa constituição na Igreja e no Estado, em bases opostas às deles [...]. Pretendo fazer o melhor possível para expô-los ao ódio, ao ridículo e ao desprezo de todo o mundo, como deverei sempre expor tais caluniadores, hipócritas, semeadores de sedição e aprovadores de assassinatos e todos os seus triunfos. Quando tiver feito isso, terão o campo para eles e pouco me importarei como me vencerão, já que espero que não sejam capazes de arrastar-me pelos calcanhares e trazer minha cabeça em marcha triunfal em suas lanças.[8]

A obra *Letter to a Member of the National Assembly* vai além das *Reflexões sobre a Revolução em França* na condenação à revolução, pondo fim à convivência com homens como Francis. E, quanto a Charles James Fox – de quem (nos seus últimos dias) Edmund Burke disse: "Ele foi feito para ser amado" –, permaneceu no polo oposto ao de Burke. Em 15 de abril de 1791, Fox dissera à Câmara dos Comuns que a nova Constituição francesa era "o edifício da liberdade mais estupendo e glorioso que fora erigido com fundamento na integridade humana em qualquer tempo ou nação". Em 6 de maio, durante um debate sobre o *Quebec Bill* [Lei de Quebec] acerca do governo canadense, os *whigs* de Fox zombaram de Burke quando ele começou a discutir a Revolução na França. Um golfo se abrira entre os *whigs*; Fox, sabendo disso, chorou ao responder a Burke, pois a amizade deles estava no fim. Horace Walpole descreve a ocasião:

> Dizem que o príncipe de Gales escreveu uma carta dissuasiva a Burke, mas ele estava impassível, e na sexta-feira, quanto ao projeto de lei de

---

[8] Carta de Burke para Philip Francis (12 de fevereiro de 1790), in *The Francis Letters: Sir Philip Francis and Other Members of the Family*, Beata Francis e Elisa Keary (eds.), 2 vols., London, n.d., vol. II, p. 380-386.

Quebec, ele irrompeu e soava como um trompete contra a conspiração que denunciava estar acontecendo ali. Um clamor pródigo e uma interrupção originaram-se dos amigos do Sr. Fox, mas ele, ainda que aplaudindo os franceses, caiu em lágrimas e lamentações pela perda da amizade de Burke e esforçou-se por fazer uma expiação, mas em vão; embora Burke também tenha chorado. Em suma, foi a cena mais comovente possível e, sem dúvida, uma cena única, pois ambos os líderes eram sérios e sinceros.[9]

A facção de Fox procedeu a expulsar Edmund Burke do partido, e, de fato, Burke pensou estar quase sem amigos entre os *whigs*, sem nenhum aplauso do clero, dos cavalheiros do interior e dos antigos oponentes. Respondeu ao grupo de Fox em um panfleto vigoroso publicado em agosto de 1791: *An Appeal from the New to the Old Whigs* [Uma Súplica dos Novos aos Antigos *Whigs*]. Fox e todos os seus seguidores, trovejou Burke, estavam subvertendo o governo pela doutrina de que "o povo" pode fazer e desfazer governos ao bel-prazer. Recordou aos leitores a doutrina *whig* de 1688: uma vez que a nação tenha feito uma aliança, tal contrato não pode ser alterado por uma suposta maioria temporária.

> E os votos de uma maioria do povo, seja qual for o ensinamento dos lisonjeadores infames para corromper as mentes, não podem alterar a moral mais do que não podem alterar a essência física das coisas. O povo não deve ser ensinado a pensar nos compromissos com os governantes de modo inconsequente, do contrário ensinam os governantes a considerar os compromissos para com ele de modo inconsequente. Nesse tipo de jogo, no final, o povo certamente é perdedor.[10]

Homens com gosto por poder arbitrário encorajam as massas com tais ilusões. Isso levou Burke a expor sua teoria de contrato

---

[9] Carta de Walpole para a Senhorita Mary Berry (12 de maio de 1791), in *A Selection of Letters of Horace Walpole*, New York, W. S. Lewis (ed.), 1926, p. 443.

[10] Edmund Burke, "An Appeal for the New to the Old Whigs", in *The Works and Correspondence of the Right Honourable Edmund Burke*, vol. 4, London, Francis & John Rivington, 1852, p. 458. (N. T.)

social e de dever. Muitos de nossos deveres não são voluntários; são prescritos pela lei moral; por uma "tática divina", Deus atribuiu a cada homem determinada condição e conferiu-lhe deveres:

> Quando casamos, a escolha é voluntária, mas os deveres não são uma questão de escolha: são ditados pela natureza da situação. Tenebrosos e inescrutáveis são os caminhos pelos quais viemos ao mundo. Os instintos que dão origem a esse misterioso processo da natureza não são de nossa lavra. Entretanto, das causas físicas, desconhecidas e talvez incognoscíveis, surgem os deveres morais que, como somos perfeitamente capazes de compreender, estamos compelidos indispensavelmente a cumprir. Os pais podem não consentir em sua relação moral; mas, consentindo ou não, estão obrigados a uma longa sucessão de deveres onerosos para aqueles com os quais nunca fizeram nenhum tipo de acordo. Os filhos não consentem na relação deles, mas essa relação, sem seu consentimento real, exige deles deveres; ou melhor, sugere que o consentimento deles, porque é o consentimento presumido de toda criatura racional, está em uníssono com a ordem predisposta das coisas.[11]

Da mesma maneira com os homens em comunidade. Quer os indivíduos gostem, quer não, estão sob a obrigação moral de obedecer às leis e de sustentar o Estado. A mera maioria temporária dos homens, expressa por seu cabeça, não tem o direito de destruir toda a Constituição por um capricho. A maioria não tem líder e é dada ao erro, a menos que aceite o papel da aristocracia natural de uma nação:

> A verdadeira aristocracia natural não é um interesse apartado do Estado ou dele separável. É parte integrante essencial de qualquer grande corpo devidamente constituído. É formada por uma classe de presunções legítimas que, tomadas como generalidades, devem ser admitidas como verdades reais. Ser criado em um lugar estimado; não ver nada de baixo e de sórdido na infância; aprender o respeito pelo próprio eu;

---
[11] Idem, ibidem, p. 460-61. (N. T.)

ser habituado a uma inspeção censória aos olhos do público; olhar primeiro a opinião pública, permanecer em um plano elevado de modo a ser capaz de ter uma visão ampla e generalizada das combinações infinitamente diversificadas de homens e de assuntos na grande sociedade; ter tempo livre para ler, refletir e conversar; ser capaz de agradar e de chamar a atenção dos sábios e eruditos onde quer que esteja; habituar-se nos exércitos a comandar e a obedecer; ser ensinado a desprezar o perigo em busca da honra e do dever; ser formado com o maior grau de vigilância, de previdência e de circunspecção em um estado de coisas em que não exista falta impune e os menores erros levem às mais ruinosas consequências; ser levado a guardar e regular a conduta, no sentido de ser tido como um instrutor de seus concidadãos nos mais altos interesses e de agir como reconciliador entre Deus e o homem; empregar-se como um administrador da lei e da justiça e estar, assim, entre os primeiros benfeitores da humanidade; ser professor de alta ciência ou de arte liberal e inventiva; estar entre os ricos comerciantes, os quais, pelo sucesso, se supõe que tenham visões agudas e vigorosas e que possuam as virtudes da diligência, da ordem, da constância, da regularidade, e que tenham cultivado especial consideração pela justiça comutativa: essas são as circunstâncias dos homens que formam o que eu chamaria de aristocracia *natural*, sem a qual não existe nação.[12]

Os revolucionários franceses e os "novos *whigs*" reduziriam a sociedade a uma condição primitiva ao destruir tal aristocracia natural. "A arte é a natureza do homem",[13] mas os discípulos de Rousseau recaíram na noção tola de que, de algum modo, o homem primitivo era mais feliz e melhor porque mais "natural" que o homem civilizado. Dessa maneira, encontra-se a loucura.

O panfleto *An Appeal from the New to the Old Whigs* agradou ao rei George III e a muitos outros, mas o Duque de Portland, o 4.º Conde Fitzwilliam, o Conde de Charlemont e outros líderes *whigs* não se adiantaram a apoiar vigorosamente a Burke. Burke possuía

---

[12] Idem, ibidem, p. 466. (N. T.)
[13] Idem, ibidem, p. 466. (N. T.)

o instinto do povo inglês – mesmo o da turba *tory* – como respaldo; no entanto, não conseguia mover o governo nem a oposição. Como James Mackintosh – o oponente mais hábil de Burke na guerra de panfletos que se seguiu à publicação das *Reflexões sobre a Revolução em França* – comentou em 1804:

> A oposição compreendeu mal o caráter moral da revolução; os ministros equivocaram-se quanto à sua força: e ambos os partidos, por melindres, ressentimento, orgulho, hábito e obstinação, persistiam em agir com base nesses erros após terem sido desiludidos pela experiência. O Sr. Burke, sozinho, evitou ambos os erros fatais. Viu tanto a malignidade quanto a força da revolução. No entanto, onde estava a sabedoria para descobrir a verdade, não estava o poder, e talvez não existisse nenhuma habilidade prática para tornar aquela sabedoria acessível para a salvação da Europa.[14]

Por essa época, Edmund Burke estava quase orientando a própria política externa. Por toda a Europa ele era conhecido como o principal oponente da Revolução – embora quase todos no exterior superestimassem a influência prática de Burke na política inglesa (no plano doméstico, durante esse período, Burke era admirado até por aqueles que detestavam sua postura com relação à Revolução; sua reputação como homem de ideias nunca esteve tão elevada; ainda que não tivesse podido incitar muito os que estavam no poder até que o curso dos acontecimentos reforçasse seus argumentos). A pedido de Charles Alexandre de Calonne (1734-1802), estadista francês exilado, Edmund enviou seu filho, Richard, para Coblenz, no Reno, para consultar os príncipes franceses exilados, e o próprio Burke correspondeu-se com dois futuros reis da França, Luís XVIII (1755-1824) e Carlos X (1757-1836); mas nada poderia ser feito. Na adversidade – como descobriu François-René de Chateaubriand, outro gênio

---

[14] Sir James Mackintosh, *Memoirs of the Life of the Right Honourable Sir James Mackintosh*, Robert James Mackintosh (ed.), 2 vols., London, Edward Moxon, 1836, vol. I, p. 128-129.

conservador –, os Bourbons não eram prudentes e nem sequer muito valorosos. Burke destacou para seu filho o que os príncipes Bourbon deveriam garantir:

> Devem prometer manifestamente e sem ambiguidade que pretendem, quando a monarquia, como base essencial, for restaurada, assegurar com ela uma Constituição livre; e que para esse propósito provocarão, no encontro dos estados livremente escolhidos segundo a antiga ordem legal, votar, pela ordem, a abolição de todas as *Lettres de Cachet* e outros meios de prisão arbitrária. Que todos os impostos sejam para os ditos estados, conjuntamente com o rei. Que a responsabilidade seja estabelecida e a receita pública posta para longe do poder de abuso e de malversação; um sínodo canônico da Igreja galicana para reformar todos os abusos e (como infelizmente o rei perdeu toda a reputação) que garantam, com suas vidas e fortunas, apoiar, juntamente com seu rei, aquelas condições de ordem sábia que só podem ser apoiadas em um governo livre e vigoroso. Sem tal declaração ou algo nesse sentido, não podem esperar convertidos. De minha parte, ainda que não tenha dúvida quanto à preferência pelo antigo rumo ou por quase qualquer outro a essa vil quimera e ao sonho de governo do homem doente, não posso porém ativamente, de bom coração ou de consciência limpa, restabelecer um despotismo monárquico em lugar desse sistema de anarquia.[15]

Está claro que Edmund Burke estava longe de ser um admirador inapto do Antigo Regime; o plano de reforma no modelo da monarquia constitucional inglesa, com governo parlamentar, era admirável, mas os príncipes vingativos de Coblenz não estavam dispostos a encarná-la. Burke trabalhou duro junto ao ministério em Londres para uma ação firme: o governo britânico deveria ir em auxílio dos exilados e dos Estados europeus ameaçados pela França revolucionária, pois o frenesi francês transpôs as fronteiras e a Inglaterra não estava segura.

---

[15] Carta de Edmund Burke para Richard Burke (26 de setembro de 1791), in Fitzwilliam e Bourke, *Correspondence of Edmund Burke*, III, p. 341-351.

Esses argumentos foram expressos de modo vigoroso, em dezembro de 1791, nos *Thoughts on French Affairs* [Considerações sobre as Questões Francesas], que explicavam como a Revolução foi um "dogma doutrinário e teórico", comparável aos movimentos religiosos da Reforma e provocador, de maneira semelhante, de conflito militar. As Alemanhas, a Suíça, a Itália, a Espanha, a Suécia, a Rússia, a Polônia, os Países Baixos e até a Inglaterra estavam em risco de subversão, pois os radicais concentrados em Paris tiravam vantagem de cada descontente para fomentar insurreições. Ele descreveu o caráter da trama revolucionária e as táticas dos revolucionários. Edmund Burke concluiu com uma passagem que muitos acadêmicos, muito curiosamente, interpretaram como uma marca de fraqueza em Burke. O que deve ser feito para evitar que a Europa seja conquistada pelo fanatismo?, pergunta-se Burke. Não tendo poder, não pôde responder de modo adequado: "A solução deve estar onde o poder, a sabedoria e a informação, espero, estejam mais unidos a boas intenções do que possam estar comigo". Fizera o que pudera.

> Se uma grande mudança está para ser feita nos assuntos humanos, as mentes dos homens estarão ajustadas a ela, as opiniões gerais e os sentimentos seguirão esse caminho. Todo o medo, toda a esperança a favorecerão, e, então, aqueles que persistirem em se opor a essa corrente poderosa dos assuntos humanos parecerá, ao contrário, resistir aos próprios decretos da Providência e não aos meros desígnios dos homens. Não serão resolutos e firmes, mas perversos e obstinados.[16]

Leo Strauss (1899-1973) interpreta esta passagem para indicar o que Burke faria à passagem de qualquer movimento "progressista" de vasto poderio:

> Burke chega muito perto de dizer que opor-se a uma corrente absolutamente má, no que tange às questões humanas, é perverso quando

---

[16] Edmund Burke, "Thoughts on French Affairs", in *The Works of Edmund Burke*, vol. IV, Boston, Charles C. Little and James Brown, 1839, p. 56

tal corrente é suficientemente poderosa; ele se esquece da nobreza que insiste em resistir até o fim. Não considera que, de modo imprevisível, uma oposição de resistência desesperada aos inimigos da humanidade "descendo aos infernos com armas em chamas e estandartes brandindo" possa contribuir enormemente para manter viva a lembrança da imensa perda sofrida pela humanidade; possa inspirar e fortalecer o desejo e a esperança da sua retomada; e possa se transformar num farol para aqueles que humildemente levam adiante as obras da humanidade em um aparente e interminável vale de trevas e de destruição [...]. Encontramo-nos certamente no polo oposto ao de Catão, que ousou abraçar uma causa perdida.[17]

Ora, certamente Edmund Burke estava muitíssimo desanimado quando concluiu a obra *Thoughts on French Affairs*, pois lhe parecia empreender uma provocação solitária à Revolução Francesa. Suas frases, contudo, não denotavam que estivesse preparando-se para capitular. Muitas vezes Burke disse que a Providência deve ser retributiva, bem como beneficente. A perda da América do Norte, pensou Burke, poderia ser uma punição divina para a má gestão britânica na Índia; mas ninguém é voluntário para ser instrumento da Providência retributiva contra o seu próprio país. Ademais, Burke ainda achava possível que as mentes dos homens pudessem ser movidas pela Providência a resistir à Revolução; estava esforçando-se para ser um instrumento providencial dessa causa. Strauss mal toma ciência de que Burke pedia, em *Thoughts on French Affairs*, uma investida "com armas em chamas" contra a França revolucionária; Burke *foi* o que resistiu até o fim. Como Marco Pórcio Catão (95-46 a.C.), o Jovem, em Útica,[18] Burke não teria escolhido sobreviver ao triunfo dos inimigos da liberdade.

---

[17] Leo Strauss, *Direito Natural e História*, trad. Bruno Costa Simões. rev. Aníbal Mari e Marcelo Brandão Cipolla, São Paulo, WMF Martins Fontes, 2014, p. 385-86.
[18] Russell Kirk aqui faz referência ao suicídio do estadista romano Catão, o Jovem, ou Catão de Útica, que, devido à forte resignação moral oriunda da

O ministério de Pitt não foi convencido por *Thoughts on French Affairs*: em 31 de janeiro de 1792, o discurso do rei ignorou completamente a França. William Pitt apegou-se tenazmente à não intervenção. A declaração francesa de guerra à Áustria não alterou a política do ministério: ao contrário, a Grã-Bretanha declarou a neutralidade formal. No final da primavera, todavia, o aumento da ferocidade do movimento revolucionário – predito por Burke um ano e meio antes – assustou muitos na Inglaterra; além disso, os aliados pouco fizeram contra a França revolucionária. Portland, Fitzwilliam e outros antigos *whigs* começaram a se mover, lentamente, na direção de Burke.

No dia 11 de maio, no curso do debate sobre a petição dos unitaristas de atenuação da incapacidade (Burke considerava os unitaristas da época como uma seita política subversiva, e não como um verdadeiro organismo religioso), ele atravessou a Câmara dos Comuns para indicar seu total desacordo com Fox, e, em seguida, em ocasiões posteriores, agiu assim para sugerir que os Portland *whigs* deveriam fazer uma coalizão com o governo de Pitt. "Espremeu-se entre Dundas e Pitt."[19]

As profecias de Edmund Burke nas *Reflexões sobre a Revolução em França*, entrementes, estavam se cumprindo. A multidão parisiense invadiu as Tulherias no dia 10 de agosto, assassinou a Guarda Suíça e tomou a família real como prisioneira; o que Burke já esperava. Georges-Jacques Danton, que desejava ferver a França em um caldeirão e que era o melhor exemplo presunçoso da "nova moralidade" de Jean-Jacques Rousseau, nesse momento dominou a Revolução. Daí se seguiu a vitória da França sobre a Prússia em Valmy e os massacres de setembro nas prisões de Paris. Os membros

---

filosofia estoica, preferiu a morte a submeter-se a Júlio César (100-44 a.C.), depois de a facção conservadora senatorial, liderada por ele, ter sido derrotada na Batalha de Tapso pelas forças cesaristas. (N. T.)

[19] N. W. Wraxall, *Posthumous Memoirs of His Own Time*, 3 vols., London, R. Bentley, 1836, vol III, p. 344.

do ministério alarmaram-se com a propaganda política de Thomas Paine e seus associados radicais na Inglaterra. Agora, Burke esboçou um artigo sistemático para ponderação dos ministros: *Heads for Consideration on the Present State Affairs* [Epígrafes para Considerar Acerca do Atual Estado de Coisas].

Neste documento, Edmund Burke foi um analista militar e o arquiteto de uma grande estratégia. Instigou o governo de William Pitt a formar, sem demora, uma aliança ofensiva de todas as monarquias e antigas repúblicas da Europa: não bastava salvar os monarcas, as nações da Europa tinham de ser libertas dos jacobinos, e a monarquia deveria ser restaurada na França. Os monarquistas franceses ainda em armas e os *émigrés* franceses deveriam ser empregados como a vanguarda dos exércitos de libertação, auxiliados pelo poder britânico. A Grã-Bretanha, na verdade, e não a Áustria, deveria assumir o comando geral dessa campanha extraordinária.

Em uma resposta vaga, William Pitt e George Grenville perguntaram se Edmund Burke poderia persuadir os antigos *whigs* a se unirem. Ele tentou, mas ainda assim os *whigs* ilustres vacilaram, não desejando afastar Charles James Fox. No Parlamento, em dezembro, os principais antagonistas eram Burke e Fox – embora os dois ainda estivessem juntos no processo contra Warren Hastings.

Os proprietários de terras da crença dos antigos *whigs* – talvez mais de setenta – na Câmara dos Comuns agora começavam a seguir Edmund Burke, dando algum grau de apoio ao governo. Por volta de janeiro de 1793, alguns dos *whigs* realmente influentes, e de modo mais notável James Harris (1746-1820), 1.º Conde de Malmesbury, passou para as fileiras do governo. Em fevereiro, Burke e outros quarenta e quatro renunciaram ao Whig Club, dominado pelos partidários de Fox.

Charles James Fox e os *whigs* pró-franceses perderam. Em 21 de janeiro de 1793, os revolucionários cortaram a cabeça de Luís XVI, rei da França, e assim cumpriram a profecia de Edmund Burke da ferocidade sem limites. Diante desse assassinato, o rei George III ordenou que o embaixador inglês na França, George Leveson-Gower (1758-1833), 1.º Duque de Sutherland, fizesse as malas. As relações diplomáticas foram cortadas, a França invadiu a Holanda (aliado britânico) e propôs-se a tomar o controle do rio Scheldt. Em 1.º de fevereiro, a Convenção declarou guerra à Inglaterra. Por bem ou por mal, o governo de William Pitt perdera a neutralidade.

Edmund Burke achava por demais absurdo que, após todos esses anos de cabos de guerra no Parlamento e enquanto o abismo do Inferno se abria, por fim a Inglaterra devesse entrar em guerra, tardiamente, em torno da questão da navegação no rio Scheldt. "Uma guerra pelo Scheldt!", exclamou, "uma guerra por um urinol!"; mas ao menos a Grã-Bretanha poderia confrontar corajosamente o fanatismo. William Pitt disse que esperava que a vitória fosse obtida depois de uma ou duas campanhas. Burke respondeu que a guerra seria uma tarefa longa e cansativa.

No verão, o governo estava esmagadoramente forte na Câmara dos Comuns. O Duque de Portland, o 4.º Conde Fitzwilliam e seu grupo ainda se negavam a fazer coalizão com William Pitt, mas achavam difícil criticar Edmund Burke, pois sua definição de "antigo *whig*" era exatamente o que eles mesmos acreditavam ser.

Em junho, os montanhistas proscreveram os girondinos na Convenção. Georges-Jacques Danton estava indo em direção à sua própria destruição; Maximilien de Robespierre (1758-1794), incorruptível e perseguindo uma "virtude" mortal, estava empenhado em extirpar toda a oposição. Em suas *Remarks on the Policy of the Allies with Respect to France* [Observações sobre a Política dos Aliados a Respeito da França], escrita no outono, Edmund Burke inquiria quanto ao fato de a guerra tornar-se uma cruzada para a restauração da ordem por toda a Europa, não meramente uma política militar para aumentar os interesses britânicos (sendo esse último ponto de vista ainda o de William Pitt). Era para ser uma guerra contra os usurpadores do poder, não contra o povo francês, e os proprietários naturais da terra seriam restaurados. Era impossível chegar a um acordo com os jacobinos (e disseram que algumas vozes no ministério sussurraram exatamente essa possibilidade), pois os jacobinos não respeitariam nenhum tratado. Foi uma guerra religiosa – uma guerra projetada pelos jacobinos para destruir toda a religião, católica ou protestante:

> Em tudo o que fazemos, seja na luta ou após, é necessário que constantemente tenhamos diante dos olhos a natureza e o caráter do inimigo com que lutamos. A revolução jacobina é conduzida por homens desqualificados, de mente bárbara, selvagem, cheia de leviandade, de arrogância, de presunção, sem moral, sem probidade, sem prudência. O que têm, então, para suprir os inumeráveis defeitos e torná-los terríveis até para a mais firme das mentes? Uma coisa e tão somente uma coisa – mas essa coisa vale por mil: têm energia. Na França, todas as coisas foram postas em um fermento universal, na decomposição da sociedade, e nenhum homem veio à frente senão pelo espírito de iniciativa e pelo vigor da mente. Se encontrarmos essa energia terrível e portentosa, não coibida por nenhuma consideração de Deus ou do homem, e que está sempre vigilante, sempre no ataque, que não se permite repousar e nada sofre por descansar uma hora sem impunidade; se encontrarmos essa energia com pobres procedimentos comuns, com máximas triviais, velhos ditados reles, sem dúvidas, sem medos e sem suspeitas, com uma hesitação lânguida, incerta, com um espírito oficial, formal, que é desviado de seu propósito a cada obstáculo e que nunca vê uma dificuldade, mas diante dela capitula, ou, na melhor das hipóteses, evade – avançamos para o fundo do abismo e tão somente a Onipotência poderá nos salvar. Devemos enfrentar uma energia viciosa e destemperada com um vigor varonil e racional.[20]

Começou a traçar um plano para restaurar a ordem na França e no restante da Europa após a vitória, enfatizando a necessidade

---

[20] Edmund Burke, "Remarks on the Policy of the Allies with Respect to France", *The Works of Edmund Burke*, vol. IV, Boston, Charles C. Little and James Brown, 1839, p. 109-110.

de uma França forte na sociedade das nações. Não devia ser uma guerra para simplesmente assegurar vantagens e reparações para a Inglaterra. Enquanto escrevia, os aliados estavam fazendo progressos contra as forças jacobinas; seu amigo Gilbert Elliot estava em Toulon, na base naval a partir da qual os britânicos esperavam lançar-se para os centros do poder francês. Os monarquistas franceses estavam lutando bravamente na Bretanha. Se os conselhos estratégicos de Edmund Burke tivessem sido seguidos em detalhe, os jacobinos poderiam ter sido derrotados em 1793 e 1794, e duas décadas de destruição poderiam ter sido evitadas. Entretanto, naquela hora faltavam imaginação e convicção ao governo inglês e aos aliados em geral, e a oportunidade foi perdida.

Os jacobinos só tinham começado a lutar. Edmund Burke fora preciso na análise da necessidade de um tipo diferente de empreendimento militar por parte dos aliados. Mesmo enquanto Burke escrevia, os exércitos da república prepararam uma nova ofensiva; tomaram Toulon dos britânicos em dezembro. Então, os franceses invadiram os estados germânicos, a Holanda e a Espanha, esmagando as forças aliadas.

A situação grave da Grã-Bretanha nesse momento desastroso, combinada com as repetidas abordagens de Burke a Portland e a outros líderes dos antigos *whigs*, persuadiram Portland, Fitzwilliam e seus companheiros, por fim, a entrar em coalizão com Pitt (em maio de 1794), tomando seis dos treze postos no gabinete. Exaurido, o próprio Burke não buscou nenhum cargo. Reivindicava para si o título de verdadeiro *whig*: Fox e seus seguidores foram reduzidos a um resto impotente do partido *whig* no Parlamento. O processo de Hastings estava na última fase, e Burke concorreu ao cargo de governador de Chiltern Hundreds, na ocasião e ainda hoje um passo formal para aposentar-se do Parlamento. Perto do fim de junho de 1794, as três décadas de eminência de Burke na Câmara dos Comuns chegaram ao fim.

Ele, mais que qualquer outro, pôs em movimento forças que destruiriam o jacobinismo, de modo que no futuro as pessoas viriam a referir-se a "Burke e a Revolução Francesa" como se fossem forças equivalentes, ainda que opostas. No entanto, ele tinha um débito de talvez trinta mil libras com um rendimento anual de apenas cinco mil. Em uma época em que muitos políticos de várias facções acumularam fortunas imensas pelos cargos e pelas conexões políticas, Edmund Burke servira ao país e ao partido, não a si mesmo – de modo que, a menos que fosse aliviado de alguma maneira, talvez tivesse de ir para o estrangeiro para fugir dos credores, ou terminar preso por dívida.

William Pitt e o rei George III o socorreram, garantindo-lhe uma pensão de duas mil e quinhentas libras por ano durante a sua vida e a vida de sua mulher, Jane Mary Burke. Por causa disso, conseguiu levantar dinheiro suficiente para satisfazer aos credores, e Gregories não teve de ser vendida. Aos sessenta e cinco anos, Edmund Burke retirou-se para Beaconsfield – mas não para a obscuridade. Até o fim, usaria sua pena contra os jacobinos, insistindo no prosseguimento da guerra com um plano bem diferente do de Pitt. Os três últimos anos de sua vida seriam uma época de profundo pesar e de profunda atividade.

Capítulo 9 | Nunca Ceda ao Inimigo

Em uma casa de campo abarrotada de parentes irlandeses sem dinheiro e doentes, de refugiados franceses e dependentes de todos os tipos, Edmund Burke sustentou até o último dia a causa da justiça na sociedade, lutando contra a usurpação jacobina e esforçando-se ao máximo por melhorar a sina dos irlandeses. "A justiça, por si só, é o maior fundamento político da sociedade civil", dissera, "qualquer desvio dela, em quaisquer circunstâncias, suscita a suspeita de não se tratar absolutamente de política".[1] Por todo o apoio a William Pitt, o Jovem, assim como contra Charles James Fox, pensou que o ministério de Pitt tinha pouco interesse na justiça para a Europa ou para a Irlanda.[2]

---

[1] No Brasil, encontramos as seguintes edições com diferentes traduções: Edmund Burke, *Reflexões sobre a Revolução em França*, trad. Renato de Assumpção Faria, Denis Fontes de Souza Pinto e Carmem Lídia Richter Ribeiro Moura, Brasília, Editora da Universidade de Brasília, 1982, p. 157; Idem, *Reflexões sobre a Revolução na França*, trad. Eduardo Francisco Alves, Rio de Janeiro, Topbooks/Liberty Fund, 2012, p. 352; Idem, *Reflexões sobre a Revolução na França*, trad., apres. e notas José Miguel Nanni Soares, São Paulo, Edipro, 2014, p. 171. (N. T.)

[2] "Burke pensava que Pitt tinha grandes papéis, mas alma pequena – nada da característica percepção mental de seu pai." Joseph Farington (19 de julho de 1797), em *The Farington Diary*, 2 vols., London, Hutchinson and Co., 1923, vol. I, p. 212.

Hoje sobrevivem fragmentos da propriedade Gregories, próxima à plácida e antiga cidade de Beaconsfield.[3] Uma excelente casa que pegou fogo depois que a Sra. Jane Mary Burke a vendeu: uma fatalidade que atingiu muitos dos lugares que Burke conhecera. Em Gregories, Burke dirigia a escola da localidade (com subsídios do governo) para as crianças dos imigrantes franceses; abrigou ou sustentou por doações ou empréstimos uma multidão de fugitivos do terror jacobino, e às vezes quase não tinha um guinéu para si mesmo e tinha de fazer novo empréstimo. Era um poder no mundo, apesar de não ter cargo público ou dinheiro.

Seu irmão Richard Burke estava morto agora, e assim a maioria dos homens a quem amava — Sir Joshua Reynolds, Samuel Johnson, Oliver Goldsmith e David Garrick — estavam para sempre longe; William Burke estava arruinado e à beira da morte. Mal tinha se aposentado da Câmara dos Comuns quando foi atingido por uma perda que o feriu mais duramente que todo o restante: seu filho único, Richard Burke (a quem o 4.º Conde Fitzwilliam dera a cadeira parlamentar de Malton, que fora do pai) morreu prematuramente de tuberculose em 2 de agosto de 1794. Agora, a família de Edmund Burke se extinguiria e a posteridade só o conheceria pelas palavras. A tristeza pela perda do filho Richard foi terrível e inconsolável. Em *A Letter to a Noble Lord* [Uma Carta a um Nobre Senhor] comparou-se a Jó:

> Uma tormenta passou por mim, e sou como um daqueles velhos carvalhos que o último furacão dispersou. Fui despojado de todas as honras. Arrancado pela raiz e com repouso prostrado por terra! Lá, e lá prostrado, mais sinceramente reconheço a justiça divina e, em certo grau, a ela me submeto.[4]

---

[3] Ver C. P. Ives, "The Gregories Today", in *The Burke Newsletter*, vol. IV, n.º 2 (Winter, 1962-63), p. 188-89.

[4] Edmund Burke, "A Letter to a Noble Lord", in *The Works of Edmund Burke*, vol. V, London, George Bell & Sons, 1903, p. 136. (N. T.)

Na conjuntura de então, foi atacado na Câmara dos Lordes pelo Duque de Bedford e pelo Conde de Lauderdale. Esses nobres uniram-se aos *whigs* de Fox e esperavam embaraçar Edmund Burke na sua cruzada contra os jacobinos por censuras ao fato de ele ter aceitado uma pensão da Coroa. Era desleal aos seus antigos princípios, disseram: caiu na corrupção que ele mesmo denunciara, era um homem vendido. Essa acusação era absurda, e, ainda que tivesse algum fundamento, Bedford e Lauderdale não eram os homens para trazer isso à baila. Eram notórios no que o reverendo Thomas Fuller chamou de "cavalheiros degenerados": suas famílias, os Russells e os Maitlands, amealharam riquezas "além dos sonhos da avareza"[5] por subvenções não merecidas da Coroa e por manipulação política; uma longa história de flagrante oportunismo manchava ambas as famílias.

Edmund Burke respondeu com o que Woodrow Wilson considerou a sua melhor obra, *A Letter [...] to a Noble Lord, on the Attacks Made upon Him and His Pension, in the House of Lords* [Uma Carta [...] a um Nobre Senhor sobre os Ataques Feitos a Ele e à Sua Pensão na Câmara dos Lordes], de 1796. Um homem inferior teria achado bastante fácil destruir Bedford, cujos ancestrais – por meios duvidosos ou repreensíveis – extraíram da Coroa propriedades enormes de que agora desfrutava o jovem duque que acusara Burke. As capacidades literárias de Burke não diminuíram com a idade, e a reprimenda ao duque foi formidável. Era errado Burke aceitar, por ter feito o bem, uma minúscula fração do que o ancestral de Bedford aceitara para ocupar o posto de sicofanta? O duque deveria ter-se contentado com dizer: "Sou um homem jovem com pensões muito antigas; ele é um homem velho, com pensões muito novas – só isso".[6]

---

[5] Frase cunhada pelo dramaturgo inglês Edward Moore (1712-1757) na peça *The Gamester* [O Jogador]. A expressão foi utilizada por Kirk como título de um de seus livros. (N. T.)

[6] Edmund Burke, "A Letter to a Noble Lord", in *The Works of Edmund Burke*, vol. V, London, George Bell & Sons, 1903, p. 130. (N. T.)

Entretanto, o ataque de Bedford à reputação de Burke pretendia, com efeito, ajudar os niveladores franceses. Que o duque tome conta da própria segurança! Os revolucionários, esboçando traços de novas constituições para servir a cada desejo, não poupariam a propriedade do duque, nem ao próprio duque, caso devessem dar lugar ao poder arbitrário na Inglaterra. Pois os jacobinos, tomando em vão o nome da humanidade, são impiedosos em seus métodos:

> Estão prontos a declarar que não creem que dois mil anos seja um período muito longo para o bem que buscam. É notável que nunca vejam nenhuma via para o bem projetado, mas sim a via de algum mal. A imaginação deles não se fatiga pela contemplação do sofrimento humano, pelo desperdício feroz de séculos e mais séculos de miséria e desolação. A humanidade deles está no horizonte – e, como o horizonte, sempre paira adiante. Os geômetras e os químicos trazem um dos ossos secos dos diagramas e outro da fuligem das chaminés, disposições que os tornam mais que indiferentes com respeito a tais sentimentos e hábitos que são o apoio do mundo moral. A ambição sobreveio-lhes de repente; por ela estão intoxicados, e ela os deixou sem medo do perigo que pode daí resultar para os outros ou para eles mesmos. Esses filósofos consideram os homens, em seus experimentos, nada mais que ratos em uma bomba de ar ou em um recipiente de gás mefítico.[7]

E tratariam o duque como se ele fosse um rato. Nesse retrato do ideólogo nivelador, que justifica toda atrocidade por um benefício social esperado em um futuro distante, Burke descreveu o fanatismo político que tem atormentado o mundo desde 1789. O conteúdo integral dessa carta flameja de imagens proféticas. Henry Crabb Robinson, em 1858, leu em voz alta essa carta para duas senhoras e, então, disse a si mesmo: "Não posso imaginar eloquência mais perfeita – isto é, na composição. No estilo, combina toda a variedade de encantos".[8] O Duque de Bedford não poderia ter sido encantado.

---

[7] Idem, ibidem, p. 142 (N. T.)

[8] *Henry Crabb Robinson on Books and Their Writers*, op. cit, vol. II, p. 777.

A justiça inglesa, escreveu Burke, assegura os verdadeiros direitos dos ingleses contra as ferozes ambições dos revolucionários, que aboliriam de um só golpe todos os usos consagrados. E o que seria do Duque de Bedford, então?

Os eruditos professores dos direitos dos homens não veem a consagração pelo uso[9] como um título para barrar todas as reivindicações, construído contra toda a posse – senão que olham para o uso consagrado como uma barreira contra o possuidor e o proprietário. Defendem que uma posse imemorial não é mais que uma injustiça longa, contínua e, portanto, agravada.

Assim são as ideias *deles*, assim é a religião *deles* e assim são as leis *deles*. Entretanto, quanto ao nosso país e à nossa raça, dada a estrutura bem compacta de nossa Igreja e de nosso Estado, o santuário, o santo dos santos daquela antiga lei, defendida por reverência, defendida por poder, ao mesmo tempo fortaleza e templo, deve permanecer inviolada na fronte do leão britânico – e a monarquia britânica, não mais limitada do que cercada por ordens de Estado, deve, como um altivo guarda de Windsor, surgir na majestade da proporção e amarrar com a cinta dupla das torres semelhantes e coevas, e essa estrutura horrível deve vigiar e guardar a terra dominada – e os montes e diques do nível do baixo e gordo Bedford nada terão a temer das picaretas de todos os niveladores da França. Se o nosso

---

[9] No direito consuetudinário anglo-saxão, *prescription* se refere a uma espécie de usufruto, em que alguém detém o direito de uso da terra de outrem, de modo contínuo, sem transferência de posse ou propriedade. O instituto jurídico requer que o uso da terra seja aberto, contínuo, exclusivo, por determinado período de tempo prescrito por lei e em consonância com os direitos do proprietário, podendo ser transmitido por herança. Difere dos institutos da prescrição aquisitiva e do usucapião, que terminam por transferir a posse ou propriedade. Diante da ausência de um instituto jurídico idêntico no direito brasileiro, optamos por vezes por utilizar a expressão "uso consagrado" ou "consagração pelo uso", que explica de modo sintético o instituto inglês, a fim de evitar confusões com termos jurídicos ou criar falsos cognatos. Na clássica obra *The Conservative Mind*, Kirk define *prescription* como "o direito consuetudinário que surge da convenção e que une sucessivas gerações" (p. 42). Ver também Michael P. Federici, "The Politics of Prescription: Kirk's Fifth Canon of Conservative Thought", in *The Political Science Reviewer*, v. XXXV, 2006, p. 159-78. (N. T.)

senhor soberano, o rei e seus fiéis súditos, os lordes e os comuns deste reino – o triplo cordel que nenhum homem pode romper; o juramento de lealdade[10] constitucional solene, firmado desta nação; a sólida garantia de cada um existir e dos direitos de cada um; os títulos solidários de propriedade e de dignidade – perdurarem, e se o Duque de Bedford estiver seguro, estaremos todos seguros juntos – contra as altas pragas da inveja e da espoliação da rapacidade; contra a baixa mão de ferro da opressão e do desprezo insolente de desdém. Amém! Assim seja.[11]

Não houve mais críticas à pensão de Edmund Burke. Mesmo com a saúde deteriorada e afastado nos carvalhos de Beaconsfield, Burke estava formidável como sempre – e, para pessoas diferentes do Duque de Bedford, gentil como sempre. Até ele, em Gregories, vieram diplomatas, filósofos, nobres, homens de letras, bispos, infelizes obscuros, crianças exiladas: encontrou tempo (e, quando necessário, dinheiro) para todos eles.

O jovem e então desconhecido François-René de Chateaubriand dirigiu-se para Gregoires, assim como o fizeram muitos imigrantes gratos a Edmund Burke, encontrando o estadista a atuar como mestre-escola das crianças francesas.

> Fui ver o que ele chamava de sua "creche". Fiquei surpreso com a vivacidade da raça estrangeira que estava crescendo sob seu gênio paternal. Olhava para os pequenos exilados com esperança e disse-me:
>
> – Nossos meninos não podem fazer isso – e seus olhos encheram-se de lágrimas. Pensava no filho que partira para um exílio mais longo.[12]

---

[10] Em inglês, *frankpledge*, um instituto do direito anglo-saxão, comum na alta Idade Média, e caracterizado pela partilha de responsabilidade entre pessoas ligadas por parentesco ou por quaisquer outros laços de lealdade, como os de um senhor e de um cavalheiro. Tradicionalmente a promessa era feita em grupos de dez jovens acima de 12 anos de idade. (N. T.)

[11] Edmund Burke, "A Letter to a Noble Lord", in *The Works of Edmund Burke*, vol. V, London, George Bell & Sons, 1903, p. 137-38. (N. T.)

[12] *The Memoirs of François René, Vicomte de Chateaubriand* (*Mémoires d'outre-tombe*), trad. ingl. Alexander Teixeira de Mattos, 6 vols., London, 1902, vol. II, p. 144-45.

A Gregoires foi também, para o último Natal de Edmund Burke, James Mackintosh, autor de *Vindiciæ Gallicæ: A Defence of the French Revolution and Its English Admirers against the Accusations of the Right Hon. Edmund Burke* [*Vindiciæ Gallicæ*: Uma Defesa da Revolução Francesa e de Seus Admiradores Ingleses contra as Acusações do Right Hon. Edmund Burke] – a resposta mais bem fundamentada às *Reflexões sobre a Revolução em França* de Burke –, mas desde então convertido por Burke e pelo curso dos acontecimentos ao ódio dos jacobinos (no início, Burke o recebeu com suspeitas privadas, mas o acolheu como um aliado de capacidade intelectual). Sobre Burke, escreveu Mackintosh:

> Descreveu em termos brilhantes as efusões espantosas de sua mente na conversação: perfeitamente livre dos defeitos da afetação. Ele entrava, com satisfação cordial, nas brincadeiras com as crianças, rolando no tapete com elas e despejando, nas brincadeiras, as imagens mais sublimes, misturadas com os trocadilhos mais desditosos – antevendo a dissolução eminente com a devida solenidade, mas com perfeita compostura –, informando com minúcia e precisão, com maravilhosa exatidão, cada fato relativo à Revolução Francesa.

Vindo do sistemático Mackintosh, esse foi, de fato, um grande elogio. No entanto, ele tinha outros ainda maiores ao falar de Burke:

> Com enlevo, ao declarar que era, na sua estima, sem nenhum paralelo, em qualquer era ou em qualquer país, excetuado talvez lorde Bacon ou Cícero; que suas obras continham uma provisão mais ampla de sabedoria política e moral do que poderia ser encontrada em qualquer outro escritor; e que ele só não foi estimado pelos mais severos e sagazes raciocinadores porque era o mais eloquente dos homens, e a força perpétua e o vigor de seus argumentos se escondiam da observação vulgar pelas glórias ofuscantes que punham em um relicário.[13]

---

[13] *Memoirs of the Life of the Right Honourable Sir James Mackintosh*, op. cit., X, p. 91-92.

Um produto da antiga sabedoria de Edmund Burke, durante esse período, foi a fundação do seminário para católicos irlandeses em Maynooth, em que Burke teve grande papel. Maynooth pretendia elevar o intelecto dos padres irlandeses, de modo a ajudar a salvar a Irlanda do jacobinismo; e Maynooth era muito necessário. Embora Burke tenha falhado na tentativa de colocar o controle total da faculdade na mão do clero católico, sua instituição com a aprovação e participação do governo foi o último sucesso de Burke na guerra sobre as leis penais.

Às portas da morte, Edmund Burke esteve mais forte do que nunca, apesar de a Grã-Bretanha estar em um período extremamente perigoso enquanto ele assistia as crianças francesas e escrevia seus últimos tratados em Gregoires. A guerra contra a revolução correu mal. Em vez de invadir a França à força, William Pitt, o Jovem, manteve um quarto de um milhão de soldados inativos na Inglaterra, enquanto devorava as colônias francesas nas Índias Ocidentais. Mesmo nesse momento, William Pitt e Henry Dundas não estavam totalmente convencidos de que o jacobinismo deveria ser impedido pelo poder, para que não surgisse novamente. Falaram de coexistência. Quando a Prússia abandonou a coalizão armada contra a França, e a Áustria hesitou, Pitt disse ao Conde de Malmesbury que "como ministro inglês e cristão" pretendia terminar "essa guerra sangrenta e assoladora". No gabinete, agora eram os antigos *whigs*, liderados pelo Duque de Portland, por William Whindham, pelo 4.º Conde Fitzwilliam e por Lorde Loughborough, os que estavam totalmente vencidos pelas convicções de Edmund Burke e, portanto, exigiam vitória, a qualquer custo, contra os inimigos da ordem europeia.[14]

Com a queda de Maximilien de Robespierre, será que os homens de olhar endurecido que dominaram o último estágio da Revolução

---

[14] Ver Keith Grahame Feiling, *The Second Tory Party: 1714-1832*. London, Macmilan & co. 1951, Capítulo XIII.

poderiam ser levados a ver a razão? A Grã-Bretanha poderia lhes fazer grandes concessões pela paz. Os partidários de Charles James Fox protestavam por um acordo com o Diretório; Pitt e os ministros *tories* da coalizão concordaram rapidamente nesse sentido.

Nesse momento dúbio, Edmund Burke começou a escrever suas filípicas conclusivas contra os ideólogos da França, as quatro *Letters on a Regicide Peace* [Cartas sobre a Paz Regicida], duas das quais não foram publicadas até a sua morte. Suas predições sobre o curso terrível da Revolução se tinham cumprido quase ao pé da letra: morrera no patíbulo Maria Antonieta – a rainha heroica sobre a qual Burke escrevera, em 1790, que suportava os infortúnios "com serena paciência, do modo apropriado à sua posição e estirpe".[15] A revolução tinha devastado a Europa e devorado muitos de seus próprios filhos, mas o apetite sanguinário dos revolucionários era insaciável. Será que a Grã-Bretanha deveria chegar a um acordo com os assassinos e os salteadores, que também pretendiam submetê-la pela subversão e pela conquista?

A resposta de Edmund Burke foi uma negativa sonora, e os acontecimentos logo o justificariam. Em Paris, o Diretório estava disfarçado de governo constitucional, mas na verdade era uma completa tirania; os diretores nunca quiseram fazer as pazes com Pitt, mas encenaram por um tempo. Assim dissera Burke a Fitzwilliam em um memorando formal interno e secreto, mas que nunca foi terminado, ainda que, por fim, viesse a ser publicado – em 1812 – como a "quarta" *Letter on a Regicide Peace*. (Na verdade, foi o primeiro tratamento de Burke sobre esse assunto.) Extraordinariamente bem humorado

---

[15] Nas diferentes traduções: Edmund Burke, *Reflexões sobre a Revolução em França*, trad. Renato de Assumpção Faria, Denis Fontes de Souza Pinto e Carmem Lídia Richter Ribeiro Moura, Brasília, Editora da Universidade de Brasília, 1982, p. 100; Idem, *Reflexões sobre a Revolução na França*, trad. Eduardo Francisco Alves, Rio de Janeiro, Topbooks / Liberty Fund, 2012, p. 243; Idem, *Reflexões sobre a Revolução na França*, trad., apres. e notas José Miguel Nanni Soares, São Paulo, Edipro, 2014, p. 95. (N. T.)

e sagaz, estava claro que pretendia persuadir e não desancar o governo de Pitt: essa "quarta" *Letter on a Regicide Peace* foi uma resposta ao panfleto *Remarks on the Apparent Circumstances of the War* [Observações sobre as Aparentes Circunstâncias da Guerra], de William Eden (1745-1814), 1.º Barão de Auckland, que defendia as negociações com o Diretório. Tornara-se impossível restaurar a monarquia, a Igreja e a nobreza na França, argumentara Lorde Auckland, alguém deveria acordar o que fosse possível, e o radicalismo francês tinha diminuído tanto, que até se poderia pensar em termos aceitáveis.

Edmund Burke respondeu (no Natal de 1795) que tal política equivaleria a uma rendição, o que destruiria o governo, a Coroa e o país. Burke nunca fora mais convincente. Edward John Payne (1844-1904) considera esse escrito e as sequências como equivalentes às *Reflexões sobre a Revolução em França* e, em alguns aspectos, um trabalho melhor:

> Nas *Reflexões sobre a Revolução em França*, Burke estava manifestamente escrevendo em sentido parcial e preconcebido. Tomou a tarefa de expor, no calor do momento, o credo irracional e o sentimento tradicional do inglês comum de seu tempo. Nas *Letters on a Regicide Peace*, Burke renuncia a essa dissimulação de "John Bull"[16] e escreve como um estadista, como um acadêmico e como um crítico histórico. O leitor encontrará mais de um dos seus primeiros argumentos repudiados. Isso foi o resultado natural de uma experiência mais ampla e prolongada.[17]

A "primeira" e a "segunda" *Letters on a Regicide Peace* (cronologicamente, a segunda e a terceira cartas) foram escritas a pedido dos membros do ministério que eram *whigs* de Portland, quando William Pitt parecia estar à beira de intentar uma ação de paz, e foram publicadas em 20 de outubro de 1796. Na época em que apareceu o

---

[16] Ver nota 17, capítulo 6 deste livro. (N. T.)

[17] E. J. Payne (ed.), *Burke: Select Works: Four Letters on the Proposals for Peace with the Regicide Directory of France*, Oxford, Clarendon Press, 1878, p. xl.

tratado de Burke, Pitt tinha abordado o Diretório – e fora repelido de maneira humilhante: pois a França não desistiria dos Países Baixos Austríacos e a Grã-Bretanha não abandonaria seu princípio de balança de poder na Europa que deveria manter as ambições francesas dentro de limites. A "terceira" das *Letters on a Regicide Peace* foi escrita (ainda que só publicada postumamente, em novembro de 1797) depois do fracasso de Lorde Malmesbury quanto a novas negociações de paz, rejeitadas pelo Diretório em dezembro de 1796.

O tema das *Letters on a Regicide Peace* é a necessidade de dar um fim ao jacobinismo, desde suas raízes até suas ramificações. Na *Letter to William Smith* [Carta a William Smith], de 1795, Burke escrevera:

> O que é o jacobinismo? É uma tentativa (até aqui muito bem sucedida) de erradicar a predisposição da mente dos homens com o propósito de colocar toda a autoridade nas mãos de pessoas capazes de ocasionalmente esclarecer a mente do povo. Para esse propósito, os jacobinos resolveram destruir toda a estrutura e todo o tecido das antigas sociedades do mundo para regenerá-las à sua moda. Para obter um exército para tal propósito, em todos os lugares atraíram os pobres estendendo-lhes como suborno os despojos dos ricos.[18]

Era dever da Grã-Bretanha redimir a Europa dessa heresia – que era escravidão –, sustentava Edmund Burke nas *Letters on a Regicide Peace*. Para tal propósito, deveria promover-se uma guerra justa – longa e custosa (como deixou claro na terceira carta), ainda que a Inglaterra pudesse custear as despesas. Pela lei internacional, a guerra estava justificada: era como se um vizinho tivesse chegado às portas do outro com ameaças e aborrecimentos, que qualquer um tem o direito de remover. As guerras podem ser erradas e violentas, mas também podem ser "o único meio de justiça entre as nações". Tudo depende do propósito. Ele nunca advogaria uma "guerra mercenária" (aqui Burke deixa

---

[18] Edmund Burke, "Letter to William Smith", *The Works of the Right Honourable Edmund Burke*, vol.VI, London, Henry G. Bohn, 1856, p. 52. (N. T.)

implícito que William Pitt estava levando adiante somente um conflito mercenário que, como em seguida se mostrou, faria de Pitt o senhor de toda ilha do mundo – exceto das Ilhas Britânicas).

> O cálculo de lucro em tais guerras (para ganho material) é falso. Para equilibrar a conta de tais guerras, dez mil tonéis de açúcar são comprados a dez mil vezes o preço. O sangue do homem nunca deveria ser derramado senão para redimir o sangue do homem. É bem perdido por nossa família, por nossos amigos, por nosso Deus, por nosso país, por nossa espécie. O resto é vaidade, o resto é crime.[19]

No entanto, a Grã-Bretanha deveria fazer guerra implacável aos jacobinos, pois, na verdade, o sangue do homem, então, teria de ser vertido para redimir o sangue do homem. Os jacobinos estavam inclinados a arruinar a aliança cristã da Europa:

> Praticamente um grande Estado, com a mesma base legislativa geral, com alguma diversidade de costumes provincianos e de instituições locais. As nações da Europa tiveram a mesma religião cristã, em concordância nas partes fundamentais, variando um pouco nas cerimônias e nas doutrinas subordinadas. O todo da política e da economia de cada país na Europa derivou das mesmas fontes.[20]

O jacobinismo era um mal geral, não apenas um mal local, e, portanto, tratava-se de uma guerra civil, não de uma guerra externa.

> É uma verdade terrível, mas é uma verdade que não pode ser escondida: na competência, na destreza, na nitidez de seus pontos de vista, os jacobinos são superiores a nós. Desde o princípio viram a coisa certa. Quaisquer que fossem os primeiros motivos para a guerra entre os políticos, perceberam que pelo espírito e pelos objetivos era uma guerra civil; e como tal a prosseguiram. Era uma guerra entre os partidários das antigas ordens civil, moral e política da Europa contra uma seita de ateus fanáticos e ambiciosos que pretendiam mudá-las todas. Não

---

[19] Edmund Burke, "Letters on a Regicide Peace", in ibidem, p. 204. (N. T.)
[20] Idem, ibidem, p. 214. (N. T.)

era a França a estender um império estrangeiro sobre outras nações: era uma facção pretendendo um império universal e começando com a conquista da França. Os líderes da seita asseguraram o centro da Europa e, com isso seguro, sabiam que, qualquer que fosse o caso de batalhas e de cercos, a *causa* deles era vitoriosa.[21]

A sobrevivência da civilização europeia estava em risco, e a Grã-Bretanha deveria atacar o coração do poder jacobino na França. Se fosse permitido ao jacobinismo permanecer no coração da comunidade europeia, com o tempo o jacobinismo triunfaria em todos os lugares – até na mesma Grã-Bretanha. Ainda que somente um quinto dos verdadeiros políticos públicos da Inglaterra e da Escócia (de quatrocentos mil homens capazes de formar opinião política) tendesse para o credo jacobino, estes poderiam se tornar revolucionários efetivos e assumir o poder, se a Grã-Bretanha fosse fraca a ponto de fazer as pazes com os jacobinos franceses. O jacobinismo não se fiava em números, mas na organização firme e na crença fanática. Como Edmund Burke repetidamente disse ao longo de sua carreira, é suficiente para o triunfo do mal que os bons homens nada façam.

> O jacobinismo é a revolta dos talentos empreendedores de um país contra a propriedade. Quando homens privados formam, eles mesmos, associações com o propósito de destruir as leis preexistentes e as instituições de seu país; quando garantem para si um exército ao dividir entre as pessoas sem propriedade os bens dos proprietários antigos e legítimos; quando um Estado reconhece esses atos; quando não faz confisco por crimes, mas comete crimes para confiscos; quando tem a força principal e todos os recursos na violação da propriedade; quando se baseia principalmente nessa violação, massacrando por meio de julgamentos ou, diversamente, àqueles que lutam de algum modo pelo antigo governo legal e suas posses legais, hereditárias ou adquiridas – chamo isso de jacobinismo pelo sistema governante.[22]

---

[21] Idem, ibidem, p. 233-234. (N. T.)
[22] Idem, ibidem, p. 207. (N. T.)

Com tais fanáticos, acordo e concessão não são nada benéficos. Os jacobinos temporizarão quando parecer vantajoso, mas prosseguirão a investida tão logo os amigos da ordem e da justiça baixem a guarda.

> Para eles a vontade, o desejo, o querer, a liberdade, a labuta, o sangue dos indivíduos é como se nada fossem. A individualidade é deixada fora do projeto de governo. O Estado é tudo em tudo. Tudo se refere à força de produção; depois, tudo é confiado ao uso dele. É militar nos princípios, nas máximas, no espírito e em todos os movimentos. O Estado tem por únicos objetivos o domínio e a conquista: domínio sobre a mente pelo proselitismo e sobre os corpos pelas armas.[23]

Edmund Burke descrevia aqui um padrão de despotismo ideológico bastante familiar a todos nós, quase dois séculos depois, após a experiência dos nazistas, dos comunistas e de outros sectários políticos. Para combater tal doutrina armada, a Grã-Bretanha deveria abandonar as táticas das disputas de poder anteriores. "Não consideramos como devíamos a energia medonha de um Estado em que a propriedade não tem nenhuma relação com o governo" [...], "onde não governa senão a mente de homens desesperados".[24] Por propaganda política e por terror, os mestres de tal Estado total podem evitar qualquer insurreição contra sua opressão total; somente a intervenção de uma nação livre, empregando todos os recursos e com força de espírito semelhante à do oligarca radical, pode funcionar na emancipação de países que já caíram sob o jugo despótico. O Estado jacobino deve ser destruído ou "destruirá a Europa". "Em uma palavra, com essa república nada independente pode coexistir".[25]

A última parte das *Letters on a Regicide Peace* foi publicada somente depois de William Pitt descobrir que o Diretório não faria paz com a Grã-Bretanha, de maneira nenhuma, a não ser em termos

---

[23] Idem, ibidem, p. 255. (N. T.)

[24] Idem, ibidem, p. 256. (N. T.)

[25] Idem, ibidem, p. 257. (N. T.)

que equivaleriam à rendição inglesa. A influência destes panfletos, portanto, dava-se sobre os políticos e escritores da nova geração – George Canning (1770-1827), John Hookhan Frere (1769-1846) e seus amigos, por exemplo – e não sobre o ministério da coalizão a que Edmund Burke se endereçara.

Até então, a guerra prosseguira até a Batalha de Waterloo; e – o que ninguém pensava ser possível, exceto Edmund Burke e o 4.º Conde Fitzwilliam – o prolongado ataque inglês ao radicalismo francês em suas várias formas realizou-se, em 1815, com a derrubada do despotismo na Europa e a restauração parcial da comunidade europeia com sua religião, suas leis e seus direitos privados. Mais do que qualquer outra causa que apoiou, Burke teve êxito na defesa da civilização europeia – ainda que muito depois de sua morte.

No dia 30 de março de 1797, em Bath – onde estava vendo o que as águas poderiam fazer em seu corpo emaciado, atormentado pela tuberculose e talvez pelo câncer –, Edmund Burke escreveu a William Windham que, tal como as coisas estavam se movendo, a nação deveria ser derrotada; as políticas fiscais, diplomáticas e militares do ministério eram tímidas. William Pitt "não pode fazer a paz porque não fará a guerra. Será derrotado em todas as trincheiras. O inimigo está voltando os flancos".[26]

O ano de 1797, de fato, foi um dos revezes mais atordoantes para a Grã-Bretanha. As frotas em Spithead e em Nore amotinaram-se – como Burke aventara que poderiam fazer –, e os amotinados foram derrotados somente como um vislumbre agonizante de uma possível ruína nacional. Napoleão Bonaparte moveu-se rápida e triunfantemente pela Itália, a Áustria retirou-se da guerra; o Banco da Inglaterra suspendeu o pagamento em espécie. Edmund Burke, contudo, ainda acreditava na Providência. Quase à morte, disse aos amigos que continuassem a luta:

---

[26] Carta de Burke para Windham (30 de março de 1797), in *Correspondence of Edmund Burke between the Year 1774-1797*, London, Francis & John Rivington, 1844, vol. 4, p. 432.

> Nunca cedei ao inimigo; é a luta pela vossa existência como nação; e, se deveis morrer, morrei com uma espada na mão; há um princípio de energia proeminente, vivo na mentalidade pública da Inglaterra, que não requer senão uma direção apropriada para permitir-lhe resistir a este ou a qualquer outro adversário feroz. Perseverai até que essa tirania seja ultrapassada.[27]

Nesses anos finais, deu à humanidade o que outrora dera ao partido. Na noite de 9 de julho de 1797, Edmund Burke morreu em Gregories. Trabalhara até o último dia. Charles James Fox, perdoando tudo, desejava que o corpo fosse enterrado na abadia de Westminster, mas Burke escolhera uma antiga igreja em Beaconsfield para seu sepultamento, e em algum lugar da igreja jazem seus ossos.

Madame D'Arblay – ou seja, Fanny Burney (1752-1840) – estava presente no funeral de Edmund Burke, e uma passagem de uma carta ulterior a seu pai, o Dr. Charles Burney (1726-1814), velho amigo de Burke (e que discursou no funeral), pode servir de epitáfio sincero para Edmund Burke. Ela tinha motivos para gostar de Burke: certa vez ele lhe fizera o maior elogio que um estadista ocupado poderia fazer ao sentar-se uma noite e ler seu romance *Evelina*.

> Como compreendo sinceramente tudo o que dizes sobre aquele homem grande de verdade! Que seus inimigos digam que não era perfeito: nada se compara à sua imensa superioridade sobre quase todos os que são meramente isentos de defeitos peculiares. Acredito verdadeiramente: era reto de coração, mesmo quando agia errado [...] e nada afirmava se não se tivesse persuadido de que era verdade: o Sr. Hastings como o mais voraz dos vilões ou o rei como um insano incurável. Era generoso e gentil, tão liberal nos sentimentos quanto era luminoso no intelecto e extraordinário nas habilidades e na eloquência. Conquanto livre de todas as pequenas vaidades, muito além da inveja, e ao brilhar com zelo para exaltar os talentos e os méritos dos outros, tinha, creio, uma consciência de sua própria grandeza que impedia a entrada

---

[27] James Prior, *Memoir of the Life and Character of the Right Hon. Edmund Burke*, London, Baldwin, Cradock and Joy, 1824, p. 447.

daquelas dúvidas pessoais, ocasionais e úteis que mantêm nosso juízo em ordem por pedir contas de nossos motivos e paixões.[28]

O que é muito raro nos homens públicos, Edmund Burke aumentou sua reputação e influência por bom tempo após a morte. George Canning escreveu na época: "Há somente uma notícia, mas esta é notícia para o mundo: Burke está morto".[29] Com outros das duas alas do partido *tory*, Canning tomou Burke como mentor de quase tudo. "As últimas obras e palavras do Sr. Burke ainda são o manual da minha política." Perpetuamente traduziu o ensinamento de Burke em linguagem prática da vida para a Câmara dos Comuns ou para seus eleitores de Liverpool.[30]

Assim o porta-voz dos antigos *whigs* revigorara os *tories*. Entretanto, na generosidade e na coragem do antigo torismo, que John Henry Newman definiu como "lealdade às pessoas", Edmund Burke sempre foi tão *tory* quanto Samuel Johnson. William Butler Yeats, no poema *The Seven Sages* [Os Sete Sábios], toca esse ponto, no discurso dos sete anciãos:

> O quinto. Burke era um *whig*.
> O sexto. Quer soubessem ou não,
> Goldsmith e Burke, Swift e o Bispo de Cloyne,
> Todos odiavam a *whiggeria*; mas o que isso seria?
> O espírito monótono, rancoroso, racionalista
> Que nunca viu as coisas com olhos de santo
> Ou com olhos de ébrio.[31]

---

[28] *Diary and Letters of Madame D'Arblay*, London, Henry Colburn, 1854, vol. VI, p. 98.

[29] Sir Charles Petrie, *George Canning*, London, Eyre & Spottiswoode, 1930, p. 23.

[30] Feiling, op. cit., p. 329.

[31] No original: *The Fifth. Burke was a Whig. / The Sixth. Whether they knew it or not, / Goldsmith and Burke, Swift and the Bishop of Cloyne, / All hated Whiggery; but what is Whiggery? / A levelling, rancorous, rational sort of mind / That never looked out of the eye of a saint / Or out of drunkard's eye*. Ver, W. B. Yeats, "The Seven Sages", in *The Winding Stair and Other Poems*, 1933, v. 10-16.

Apesar de recorrer aos princípios de 1688, Edmund Burke tinha pouco em comum com John Locke e menos ainda com os novos *whigs*. Sua passagem sobre o verdadeiro contrato da sociedade eterna nas *Reflexões sobre a Revolução em França* ilustra quão distante estava, nos primeiros princípios, da política de racionalismo *whig* dos últimos dias. A sociedade é, na verdade, um contrato de associação, disse Burke, mas não como um mero acordo comercial.

> Como os fins de tal associação não podem ser obtidos em muitas gerações, torna-se uma associação não somente entre aqueles que estão vivos, mas entre os que vivem, os que estão mortos e os que ainda estão por nascer.[32]

É uma associação em toda a ciência, em toda a arte. O verdadeiro pacto social é com Deus. Tal linguagem deixaria a maioria dos *whigs*, de John Locke a Thomas Babington Macaulay, muito desconfortáveis.

Deus desejou o Estado, declarou Edmund Burke, para benefício do homem. Os homens não devem correr o risco de comerciar com o pequeno estoque e capital da racionalidade privada, senão que devem venerar o que eles, atualmente, não entendem e permanecer na sabedoria dos ancestrais, na experiência joeirada e filtrada da espécie humana. Uma vez que a vida é curta e a experiência limitada, o indivíduo – mesmo o mais sábio dos homens de sua época – é, comparativamente, tolo; mas, por meio da experiência do homem com Deus e pela experiência do homem com o homem por milhares de anos, a espécie tem a sabedoria expressa em preconcepções, hábitos, costumes que, a longo prazo, são de juízo correto.

---

[32] Nas diferentes traduções: Edmund Burke, *Reflexões sobre a Revolução em França*, trad. Renato de Assumpção Faria, Denis Fontes de Souza Pinto e Carmem Lídia Richter Ribeiro Moura, Brasília, Editora da Universidade de Brasília, 1982, p. 116; Idem, *Reflexões sobre a Revolução na França*, trad. Eduardo Francisco Alves, Rio de Janeiro, Topbooks/Liberty Fund, 2012, p. 272; Idem, *Reflexões sobre a Revolução na França*, trad., apres. e notas José Miguel Nanni Soares, São Paulo, Edipro, 2014, p. 115. (N. T.)

Essa fé está nos antípodas do tipo de whiggerismo que Yeats critica. O "espírito monótono, rancoroso, racionalista", a mente dos "sofistas, economistas e calculadores" que Edmund Burke detestava, nunca citariam de memória, como o fazia Burke, esta passagem de Richard Hooker:

> Eis a razão por que admiramos primeiro as coisas que são mais elevadas e depois as que são mais antigas; porque uma está menos distante da substância infinita, e a outra da duração infinita de Deus.[33]

O partido que Edmund Burke forjara com o Marquês de Rockingham para manter a Constituição arruinou-se sob o impacto da Revolução Francesa. Entretanto, sem tê-lo esperado, após a morte Burke se tornou o fundador intelectual de um partido novo e mais poderoso, o conservador – uma fusão de *tories* e de *whigs* conservadores – que agora continua a existir como o partido político mais antigo e mais coerente no flutuante mundo do século XX.[34]

Ainda que isso possa ser condecoração suficiente para qualquer homem, é apenas um aspecto menor dos feitos de Edmund Burke. Sua influência, com a derrota de Napoleão Bonaparte, espalhou-se muito além da Europa Ocidental, e os arquitetos da reconstrução europeia viveram de suas máximas, do melhor de seus entendimentos. Diretamente ou por algum tipo de osmose intelectual, permeou o pensamento político e a ação norte-americanos. Avivou a filosofia política pela imaginação moral; reforçou a doutrina cristã, estimulou uma compreensão mais elevada da história; enriqueceu a Literatura inglesa com a mestria de sua prosa, que o torna o Cícero de sua língua e de sua nação. E, para a ordem social civil moderna, contribuiu com aqueles princípios de liberdade ordenada, de preservação por reforma e de justiça a reprimir o poder arbitrário, o que transcende as

---

[33] Richard Hooker, *The Ecclesiastical Polity and Other Works of Richard Hooker*, vol. II, London, Holdsworth and Ball, 1830, p. 547 (N. T.)

[34] Para a essência do conservadorismo de Burke, ver apêndice A.

lutas políticas particulares de sua época. Contra a ideologia fanática e a doutrina armada, e contra os grandes flagelos de nossos tempos, a sabedoria de Burke e seu exemplo permanecem como um poderoso bastião.

O filósofo em ação, sabia-o Edmund Burke, pode alterar todo o curso das nações para o bem ou para o mal. Não somos governados por simples fado e fortuna; nenhum destino inexorável governa as nações. "Duvido que a história da humanidade já esteja suficientemente completa, e que algum dia possa estar, para oferecer as bases de uma teoria segura das causas internas que necessariamente afetam a sorte de um Estado".[35] Os caminhos da Providência são misteriosos, mas não precisamos nos curvar diante de teorias de determinismo histórico, que um escritor do século XX, Gabriel Marcel (1889-1973), chama de "fantasma armado, o 'significado' da História".

Pensamentos privados e ações individuais, ressaltou Burke na quarta carta sobre a paz regicida, podem alterar profundamente o grande desvio aparente dos tempos.

> A morte de um homem em uma conjuntura crítica, seu desgosto, seu recolhimento, sua desgraça trouxeram inumeráveis calamidades a toda a nação. Um soldado comum, uma criança, uma menina na porta de uma estalagem mudaram o rosto da sorte e quase da natureza.[36]

O próprio Edmund Burke, na oposição quase solitária de 1790, fez incalculavelmente mais para exorcizar o espírito revolucionário

---

[35] Edmund Burke, "Letters on a Regicide Peace", in E. J. Payne (ed.), *Burke: Select Works: Four Letters on the Proposals for Peace with the Regicide Directory of France*, op. cit., p. 5. (N. T.)

[36] Edmund Burke, "Letters on a Regicide Peace", in E. J. Payne (ed.), *Burke: Select Works: Four Letters on the Proposals for Peace with the Regicide Directory of France*, op. cit., p. 6. [O "soldado comum" de Burke é o lendário Arnold von Winkelried, o suíço que interrompeu as lanças na Batalha de Sempach. Seu filho é o general cartaginês Aníbal (248-183 a. C.), fazendo aos doze anos seu juramento de fazer guerra eterna a Roma; sua filha na estalagem é Joana d'Arc (N. T.).]

da época, que a maioria dos contemporâneos mais esclarecidos tomou de maneira errônea como o irresistível gênio do futuro.

As profecias dos jacobinos e de sua espécie, compreendeu Burke, são de um tipo que trabalha em prol de sua própria realização – se os homens honestos aceitam de maneira crédula as afirmativas dogmáticas dos ideólogos. Entretanto, se se possuem o princípio, a resolução e a imaginação moral, os homens devem unir-se para coibir os inimigos da ordem, da justiça e da liberdade. Edmund Burke dedicou a vida precisamente a um trabalho infindável de refrear a vontade arbitrária e o apetite arbitrário. Porque a corrupção e o fanatismo assaltam nossa era tão dolorosamente quanto na época de Burke, a ressonância de sua voz ainda pode ser ouvida entre o bramido dos ventos da doutrina abstrata.

Retrato de Edmund Burke. 1771. Óleo sobre tela. James Barry (1741-1806).
Trinity College Library, Dublin, Irlanda.

Epílogo | Por que Edmund Burke é estudado?¹

Marco Pórcio Catão (234-149 a.C.), o Velho, disse aos amigos: "Preferiria que os homens perguntassem: 'Por que não há monumentos a Catão?' a que perguntassem: 'Por que há um monumento a Catão?'" Atualmente, não creio que as pessoas amiúde perguntem: "Por que há um monumento a Edmund Burke na cidade de Washington, D.C.?" Não obstante, alguns norte-americanos que ocupam altos cargos curiosamente ignoram os homens e as mulheres cujas estátuas assomam nos pequenos parques delineados por Pierre L'Enfant (1754-1825) na capital norte-americana. Portanto, ao ponderar sobre a estátua de Burke, ofereço-vos algumas reflexões sobre o porquê de Burke ainda ser muito lido e citado hoje em dia.

As estátuas têm seus inimigos; um clã daquele conjunto de maliciosos que denominei em um de meus livros os *inimigos das coisas permanentes*.² Há três décadas, o cavalheiro que, na ocasião, era se-

---

¹* O presente epílogo não figura na primeira edição, de 1967, pela Arlington House, nem na segunda edição, de 1988, pela Sherwood Sugden & Company, tendo sido incluído pelo editor Jeffrey O. Nelson na terceira edição do livro, de 1997, pelo Intercollegiate Studies Institute (ISI), após a morte de Russell Kirk. O texto foi publicado originalmente como Russell Kirk, "Why Edmund Burke Is Studied", *Modern Age*, vol. 30, Numbers 3-4 (Summer-Fall 1986), 237-44. (N. T.)

² A obra lançada originalmente em 1969 foi reeditada como Russell Kirk, *Enemies of the Permanent Things: Observations of Abnormity in Literature and Politics*, Peru, Sherwood Sugden & Company, 1984. (N. T.)

cretário de Interior declarou que Washington estava abarrotada de monumentos de joões-ninguém – em todo caso, de gente esquecida por todos – e que aquelas estátuas tinham de ser eliminadas. Pressionado para dar um exemplo dos joões-ninguém que tinha em mente, o secretário de Interior respondeu: "Bem, a estátua de Benjamin Rush, quem quer que tenha sido". Ora, o Dr. Benjamin Rush (1745-1813), como hoje muitos sabem, foi um dos mais célebres signatários da Declaração da Independência. No entanto, isso não é a coisa mais importante a respeito dele. Rush foi um médico famoso, um homem de letras, um dos dois fundadores da primeira sociedade abolicionista nos Estados Unidos, detentor de vários cargos públicos e um dos principais homens de cultura durante os anos de formação da República. Eis como uma edição da *Enciclopédia Britânica* sintetiza a produtividade literária de Rush:

> Os escritos de Benjamin Rush cobriam uma imensa variedade de assuntos, entre os quais a linguagem, o estudo do latim e do grego, as faculdades morais, a pena capital, a medicina entre os índios norte-americanos, o açúcar de bordo, a negrura dos negros, a causa da vida animal, o tabagismo, a ingestão de bebidas destiladas, bem como muitos outros assuntos estritamente profissionais. Sua última obra foi um tratado detalhado sobre *The Diseases of Man* [As Doenças do Homem] (1812). É mais conhecido pelos cinco volumes de *Medical Inquiries and Observations* [Pesquisas Médicas e Observações], que lançou em intervalos, entre 1789 e 1798 [com duas edições posteriores revistas pelo autor].

Assim era o homem público e erudito cuja efígie o Secretário de Interior teria destinado ao Averno.[3] (A propósito, esse Secretário era dado a elogios frequentes aos "intelectuais".) Mas *nil admirari*![4] No início do

---

[3] Tanto em narrativas da mitologia grega quanto da romana, acreditava-se que a entrada para as regiões infernais ficava nos arredores do Lago Averno, localizado na região da Campanha, na Itália. (N. T.)

[4] A expressão latina *nil admirari* significa literalmente "não me surpreendo com nada". (N. T.)

século XX, os administradores dos parques da cidade de Nova York quase chegaram a lançar ao rio Hudson o busto de bronze de Orestes Brownson (1803-1876), o mais veemente pensador católico norte-americano. O busto tinha sido derrubado do pedestal no Riverside Park, e todos os que estavam em postos de autoridade tinham esquecido completamente o pobre Brownson. (Esse busto foi resgatado em cima da hora pela Fordham University e pode ser visto, atualmente, no *campus* dessa universidade.) Por ignorância ou por malícia, progride em nossa época uma raça de pessoas que nutrem ódio pelo passado, que lançam nos "buracos da memória"[5] de *1984* (a distopia de George Orwell [1903-1950], não o ano) tudo quanto haja de venerável em que podem pôr as mãos. As estátuas, em particular, são anátema para essas pessoas. Se pudessem fazer à sua moda, tais pessoas encomendariam esculturas de sucata para substituir cada uma das representações em pedra ou em bronze de um grande homem. Não faz muito tempo, uma agência do governo federal estava ávida por convencer os *colleges* a enfeitar seus *campi*, às expensas do governo federal, com "esculturas abstratas", produtos do maçarico do soldador. Até onde sei, nenhuma escultura "representacional" foi aprovada nesse programa nacional. Poderíamos pensar novamente na distopia de Orwell, em que um dos prazeres que restaram era o de apagar o que havia de humano. "Se você quer formar uma imagem do futuro", disse O'Brien para Winston, "imagine uma bota pisoteando um rosto humano – para sempre."[6]

"Os homens, em nosso tempo", assim escreveu, antes de 1930, meu velho amigo Max Picard (1888-1965), em seu livro *The Human Face* [A Face Humana],

---

[5] No romance de George Orwell, os "buracos de memória" são aberturas nas paredes dos prédios governamentais, como lixeiras, que recebem, cartas, jornais e qualquer papel usado, interligadas por um sistema de tubos de ar que conduzem o material para imensas fornalhas, onde tudo é incinerado. Ver George Orwell, *1984*, trad. Alexandre Hubner e Heloísa Jahn, São Paulo, Cia. das Letras, 2009, p. 51-52. (N. T.)

[6] Ibid., *1984*, p. 312. (N. T.)

temem contemplar o rosto do homem. Não desejamos, de modo algum, recordar o homem inteiro, não desejamos completude; ao contrário, desejamos ser divididos, estamos satisfeitos em nosso estado de divisão e não desejamos ser incomodados. Por isso não contemplamos a face humana.[7]

Já Edmund Burke, que detestava abstrações políticas, não era, ele mesmo, uma abstração. Era um homem inteiro, indiviso. Por ser indiviso, não era amado pelo fanático por uniformidade igualitária impessoal na sociedade; nem o era pelo entusiasta por mudança perpétua, pela "revolução permanente". Se, em um futuro próximo, esta estátua de Burke ainda estiver de pé, no imortal bronze, na Avenida Massachusetts,[8] e se a original, feita por James Havard Thomas (1854-1921), ainda permanecer em Bristol e, especialmente, se a bela representação de Burke esculpida em 1868 por John Henry Foley (1818-1874) permanecer ao lado da estátua de seu amigo Oliver Goldsmith no College Green em Dublin[9] – permanecerão como símbolos de uma ordem humana que não foi completamente arrasada. No entanto, se estas três estátuas de Edmund Burke um dia já não forem vistas – bem, tal desaparecimento será sinal de que a humanidade foi expulsa daquilo que Burke chamou "o mundo da razão, da ordem, da paz, da virtude". A humanidade terá sido lançada na distopia de George Orwell, no reino "do Caos e da Noite Antiga",[10] que Burke

---

[7] Max Picard, *The Human Face*, trad. Guy Endore, New York, Farrar & Rinehart, p. 3-4

[8] Uma fotografia da réplica da estátua de Edmund Burke esculpida por James Havard Thomas que se encontra na Avenida Massachusetts, em Washington, D.C., nos Estados Unidos, foi reproduzida na página 128 da presente edição. (N. T.)

[9] Uma fotografia da estátua de Edmund Burke esculpida por John Henry Foley que se encontra no College Green, em Dublin, na Irlanda, foi reproduzida na página 402 da presente edição. (N. T.)

[10] No original: "*Caos and Old Night*". A passagem é uma alusão às personagens que representam as forças ou deuses míticos opostos à luz e à ordem

descreve como "o antagonista mundo de loucura, de discórdia, de vício, de confusão, e de inútil arrependimento".[11]

Nenhuma estátua memorial jamais foi encontrada em Beaconsfield, onde Edmund Burke tinha sua casa e fazenda. Em algum lugar dentro ou no adro da igreja de lá, repousam os ossos de Burke, mas o local exato não é conhecido. Se os jacobinos triunfassem na Inglaterra, temia Burke, seu cadáver poderia ser exumado pelos radicais, ter a cabeça e os membros esquartejados e postos em macabra exibição pública, como antes tinham feito com o corpo de políticos; pior que isso fora feito, com vivos e com mortos, na França, nos últimos anos de vida de Burke. Por isso seu corpo foi enterrado secretamente, à noite, em algum lugar da igreja de Beaconsfield. Que tal jacobinismo nunca tenha tomado conta da Grã-Bretanha foi uma façanha, em grande parte, da eloquência de Burke; o "antagonista mundo", portanto, não se substancializou na Inglaterra.

Uma fatalidade, contudo, parece ter afligido os registros visíveis da vida de Edmund Burke, excetuando as estátuas. O local de nascimento de Burke no Arran Quay, em Dublin, ainda estava de pé, desabitado, quando pela primeira vez caminhei ao longo do rio Liffey, e depois foi completamente demolido pelas autoridades municipais de Dublin.[12] A Soho Square, onde Burke tinha residência em Londres, transformou-se em um repugnante inferno na Terra, o equivalente do Times Square

---

da criação no poema épico *Paradise Lost* [Paraíso Perdido], de John Milton (1608-1974). Ver John Milton, *Paraíso Perdido*, canto I. (N. T.)

[11] Utilizamos aqui a versão em português traduzida por José da Silva Lisboa (1756-1835), Visconde de Cairu, disponível na seguinte edição: Edmund Burke, *Reflexões sobre a Revolução da França*, in *Extractos das Grandes Obras Políticas e Econômicas do Grande Edmund Burke*, trad. José da Silva Lisboa (Visconde de Cairu), Lisboa, 1822, p. 28 (N. T.)

[12] Russell Kirk também menciona sua busca da casa de Edmund Burke, na década de 1950, no capítulo 1, "The Idea of Conservatism" [A Ideia de Conservadorismo], do clássico *The Conservative Mind*, citado mais adiante pelo autor. (N. T.)

em Nova York: moças são açoitadas na hora do almoço em restaurantes para a diversão de homens ricos.[13] Quanto ao casarão de Gregories, que abrigava a biblioteca e a coleção de estátuas e pinturas de Burke, pegou fogo poucos anos após a morte de Burke. A alta parede de tijolos do recinto sobrevive, perto da igreja de Beaconsfield e de (li-o em algum lugar) um grande celeiro que fora de Burke – pois ele cultivou 240 hectares em Gregories. Quando visitei Beaconsfield pela última vez, entrei no que havia sido o campo da fazenda para procurar o celeiro. Não o encontrei; em vez disso, deparei com fileiras de casinhas geminadas, bem arrumadas, todas iguais, construídas em declive de tal modo que, vistas da esquerda para a direita, cada casa em miniatura ficava uns trinta centímetros mais alta que a casa à sua direita. Uma sensação curiosa de *dejá vu* afligiu-me. No entanto, poderia eu já ter contemplado tal conjunto recém-construído de casas? Então, veio-me a resposta. Beaconsfield tornou-se, nas últimas décadas, o centro da indústria cinematográfica britânica, e essas fileiras de monótonas habitações podiam ter servido de cenário de filme. A que filme teria assistido desde a Segunda Guerra Mundial que tivesse utilizado manifestações bastante angustiantes dos subúrbios? Lembrei-me da obra *Fahrenheit 451*, a distopia de Ray Bradbury (1920-2012) sobre a incineração de livros.[14] Os livros de Edmund Burke tinham sido queimados neste local,

---

[13] Desde século XIX até os anos 1980, a região do Soho era conhecida como uma região de casas noturnas e de meretrício. Atualmente, transformou-se em um bairro elegante, com restaurantes de luxo e escritórios das principais agências de comunicação, muito embora ainda possua um pequeno número de bares remanescentes do período anterior. (N. T.)

[14] O romance distópico *Fahrenheit 451*, de Ray Bradbury, foi lançado em inglês originalmente no ano de 1953, recebendo em 1966 uma adaptação cinematográfica com roteiro e direção de François Truffaut (1932-1984), trilha sonora de Bernard Herrmann (1911-1975) e fotografia de Nicolas Roeg, e estrelada pela atriz Julie Christie e pelos atores Oskar Werner (1922-1984) e Cyril Cusack (1910-1993). O livro em língua portuguesa está disponível na seguinte edição brasileira: Ray Bradbury, *Fahrenheit 451*. pref. Manuel da Costa Pinto, trad. Cid Knipel, São Paulo, Globo, 2.ª ed., 2012. (N. T.)

e houve vários incineradores de livros entre os mestres socialistas das novas escolas integrais. Ao voltar aos Estados Unidos, contei a Ray Bradbury essa infeliz concitação de demônios passados; ele nunca imaginara que, durante a produção na Inglaterra, seu filme fosse rodado nas ruínas da propriedade de Burke.

Muito mais foi arruinado, visível e invisível pelo avanço das tropas do mundo antagonista desde que Edmund Burke foi secretamente enterrado em 1797. Grande parte da antiga Bucareste, incluindo três grandes monastérios antigos, foram varridos do mapa pelo regime comunista da Romênia – para abrir espaço para as novas colmeias, altas e imponentes, e para um gigantesco *boulevard* ao longo do qual as legiões de Mordor[15] deverão desfilar. Pensamos nos versos de John Betjeman (1906-1994):

> Tenho uma visão de futuro, camarada,
> Em lavouras de soja, prédios operários
> Como lápis argênteos erguem alinhadamente:
> Milhões, em ondas, ouvem a chamada
> Dos microfones comunais, nos refeitórios
> "Certo ou errado, jamais!" Tudo perfeito, eternamente.[16]

O Oriente, desde os dias de Edmund Burke, foi engolido pelo mundo antagonista; e o Ocidente tem sido devastado e atormentado, conquanto ainda não totalmente superado. Até o mesmo quarteirão de Washington, D.C., em que repousa o símile de Burke parece estar prestes a ser perdido pelo mundo da razão, da ordem, da paz e da virtude.

---

[15] No universo criado por J. R. R. Tolkien (1892-1973), em *The Lord of the Rings* [O Senhor dos Anéis], Mordor é a região situada a Sudeste da Terra Média, onde, durante a Segunda Era, Sauron, o Senhor do Escuro, se estabeleceu, construindo a fortaleza de Baraddûr e forjando Um Anel na Montanha da Perdição. (N. T.)

[16] No original: *I have a Vision of The Future, chum, / The workers' flats in fields of soya beans / Tower up like silver pencils, score on score: / And Surging Millions hear the Challenge come / From microphones in communal canteens / 'No Right! No Wrong! All's perfect, evermore'*. (N. T.)

A sociedade norte-americana, contudo, retém consideráveis forças de recuperação; a disposição continuará a emergir. Tal recuperação do corpo político resulta, em parte, das instituições que Edmund Burke elogiou e dos princípios que explicou – muito embora poucos norte-americanos saibam alguma coisa a respeito de Burke, a não ser que de alguma maneira "ele estava do nosso lado" na Revolução.

Por que há um monumento a Burke? Porque ele foi o principal defensor daquele mundo de razão, de ordem, de paz e de virtude de que os Estados Unidos participaram por intermédio da herança da civilização. Constituição, costumes, convenções, usos consagrados dão à sociedade uma continuidade saudável, como sabia Burke, razão por que ele assinalava que a mudança prudente é o meio de nossa preservação. Compreendia que as pretensões de liberdade e de ordem devem ser mantidas em uma tensão tolerável. Tais verdades ele as ensinou como um estadista prático e líder partidário, não como um filósofo de gabinete. Seus discursos e panfletos eram lidos pelos homens de 1776 e pelos homens de 1787 – e estudados com atenção ainda maior pelos homens de 1789. Nenhum outro pensador político de sua própria época foi mais bem conhecido pelos líderes norte-americanos que Burke. Eis um dos motivos por que a Sulgrave Institution, há setenta e quatro anos, presenteou com estátua de Burke a cidade de Washington.

De diversas maneiras – algumas óbvias, outras sutis – a retórica e a política de Edmund Burke foram entremeadas nos modos de pensar e de argumentar norte-americanos, geração após geração. Deixai-me sugerir meu próprio caminho até Burke.

Encontrei pela primeira vez o nome de Edmund Burke quando, ainda menino, folheava antigos livros escolares de minha mãe, Marjorie Rachel Pierce Kirk (1895-1943). Entre eles, estava uma edição do discurso de Burke *Speech on Moving Resolutions for Conciliation with the Colonies* [Discurso sobre as Deliberações Propostas para a Conciliação com as Colônias], publicado pela editora Scott,

Foresman, em 1898, e "editado para uso escolar por Joseph Villiers Denney" (1862-1935), um professor da Ohio State University, com notas completas e com inteligentes "questões sobre as qualidades literárias e retóricas do discurso". Os editores chamavam de "escolas" as instituições de ensino médio e não as universidades. O *Speech on Moving Resolutions for Conciliation with the Colonies* quase já havia desaparecido do ensino secundário norte-americano na época em que nele ingressei, e não conheço, hoje, nenhuma escola pública que prescreva o estudo dos discursos de Burke. Minha mãe e seus colegas de classe, todavia, não pareceram ter ficado consternados com esse manual. Aqui e ali, na sua cópia, minha mãe escrevera, nas entrelinhas, com capricho, definições de palavras ou de expressões, e no verso da folha de guarda do livro há uma anotação, possivelmente referente às observações do professor sobre a obra de Burke, *Philosophical Enquiry into the Origins of Our Ideas of the Sublime and Beautiful* [Uma Investigação Filosófica Sobre a Origem de Nossas Ideias do Sublime e do Belo]:[17] "Ainda que viajemos o mundo todo para encontrar o belo, devemos trazê-lo conosco ou nunca o encontraremos". Em 1898, ou quando minha mãe estava no último ano do ensino médio, era tido por certo que os jovens poderiam compreender Edmund Burke. Não posso ter tanta certeza quanto aos cursos de graduação das grandes universidades de hoje. Como predisse Burke, nas *Reflections on the Revolution in France* [Reflexões sobre a Revolução em França], viria um tempo em que "o ensino será lançado na lama e pisoteado pelos cascos de uma multidão suína"[18] – a propósito, uma expressão tomada do Evangelho segundo São Mateus.

---

[17] Em português: Edmund Burke, *Uma Investigação Filosófica sobre a Origem de Nossas Ideias do Sublime e do Belo*, trad. Enid Abreu Dobránszky, Campinas, Unicamp/Papirus, 1993. (N. T.)

[18] Nas traduções brasileiras, a passagem pode ser encontrada, com ligeiras diferenças, nas seguintes edições: Edmund Burke, *Reflexões sobre a Revolução em França*, trad. Renato de Assumpção Faria, Denis Fontes de Souza Pinto e Carmem Lídia Richter Ribeiro Moura, Brasília, Editora da Universidade de

Os cursos de História Norte-Americana ainda continham referências a Edmund Burke durante a época em que eu cursei o ensino médio, mas eu estava mais interessado em um livro escolar que trazia um breve relato do virginiano John Randolph de Roanoke, que ingressou no Congresso como um radical, mas por volta de 1804 foi persuadido por Burke. Depois, como estudante universitário da Duke University, sob a orientação de Charles S. Sydnor (1898-1954) e de Jay B. Hubbell (1885-1979), escrevi uma dissertação de mestrado a respeito de Randolph – e, por estudá-lo, tornei-me um leitor atento de Edmund Burke. Eis aqui uma amostra de Randolph sobre Burke, em uma carta para Harmanus Bleeker (1779-1849), escrita em 1814:

> Tenho ocupado meu tempo, ultimamente, na leitura e meditação do V volume de Burke [...] tem sido um banquete intelectual das mais ricas viandas. Que homem! Comparado a ele, sinto-me como uma criança, um parvo. Graças a Deus! No entanto, posso compreender e apreciar suas sublimes verdades e sentir-me agraciado pela inspirada sabedoria que nos ensina a nós, pobres, cegos e pecadores mortais.

Desses estudos surgiu o meu primeiro livro, *John Randolph of Roanoke: A Study in Conservative Thought*[19] [John Randolph de Roanoke: Um Estudo sobre o Pensamento Conservador]. Ao perceber

---

Brasília, 1982, p. 102; Idem, *Reflexões sobre a Revolução na França*, trad. Eduardo Francisco Alves, Topbooks / Liberty Fund, Rio de Janeiro, 2012, p. 248; Idem, *Reflexões sobre a Revolução na França*, trad., apres. e notas José Miguel Nanni Soares, São Paulo, Edipro, 2014, p. 98. (N. T.)

[19] Russell Kirk, *John Randolph of Roanoke: A Study in Conservative Thought*, Chicago, University of Chicago Press, 1951. A partir da segunda edição, publicada em 1964 pela Henry Regnery Company, o autor incluiu como anexo ao livro uma seleção de cartas e de discursos de John Randolph e mudou o título da obra para *John Randolph of Roanoke: A Study in American Politics* [John Randolph de Roanoke: Um Estudo de Política Americana]. Em 1978, a Liberty Press publicou a terceira edição da obra. Postumamente, apareceu a seguinte edição revista pelo autor: Russell Kirk, *John Randolph of Roanoke: A Study in American Politics – With Selected Speechs and Letters*, 4.ª ed., Indianapolis, Liberty Fund, 1997. (N. T.)

como a influência de Edmund Burke foi penetrante nos dois lados do Atlântico, fiz disso o tema de meu segundo livro, *The Conservative Mind*[20] [A Mentalidade Conservadora]. Descobri, atualmente, que Joseph Story (1779-1845) entremesclara os ensinamentos de Burke em sua famosa obra *Commentaries on the Constitution of the United States* [Comentários sobre a Constituição dos Estados Unidos]; que John C. Calhoum aprendera muito de Burke; que James Russell Lowell (1819-1891) e outros homens de letras norte-americanos foram tocados pelo estilo de Edmund Burke; como Woodrow Wilson, ao escrever em 1901, se declarou discípulo de Burke.

Perto do final do século XVIII, Edmund Burke tinha lutado contra uma "doutrina armada": o jacobinismo, a primeira ideologia daquela que se tornaria a época das paixões ideológicas. Por volta dos anos 1940, os norte-americanos e seus aliados descobriram-se lutando contra novas ideologias revolucionárias. Que tipo de precedente esse registro proporciona? Para que estadista do passado, para que filósofo em atividade poderíamos nos voltar por orientação em um tempo em que as fontes de grande profundidade estão rachadas? Foi essa busca, em primeiro lugar, o que levou à forte renovação de um interesse sério por Burke que começou há quase cinco décadas.

Durante os anos 1950, muitos estudos de Edmund Burke e de sua época foram publicados nos Estados Unidos e na Grã Bretanha: todo periódico sério comentava o "ressurgimento de Burke". Por

---

[20] O livro foi publicado originalmente, em 1953, pela Regnery Publishing com o título *The Conservative Mind: From Burke to Santayana*. A partir da terceira edição norte-americana, publicada em 1960, a obra passou a ter como subtítulo *From Burke to Eliot*. A edição definitiva em inglês do livro é a seguinte: Russell Kirk, *The Conservative Mind: From Burke to Eliot*, intr. Henry Regnery, Washington D.C., Regnery Publishing, 7.ª ed. rev., 1986. Esta versão, com tradução de Márcia Xavier de Brito, será lançada em língua portuguesa pela É Realizações Editora com o título *A Mentalidade Conservadora: De Edmund Burke a T. S. Eliot*. Recentemente a versão da primeira edição recebeu a seguinte reimpressão: Russell Kirk, *The Conservative Mind*, Miami, BN Publishing, 2008. (N. T.)

volta de 1962, Clinton Rossiter (1917-1970) observou, na segunda edição de seu livro *Conservatism in America* [Conservadorismo nos Estados Unidos] que:

> Um subproduto fascinante da explosão conservadora dos anos do pós-guerra é a reintrodução de Edmund Burke como um pensador sério nos cursos de teoria política de *colleges* por todos os Estados Unidos.[21]

Líderes dos dois principais partidos políticos norte-americanos, o Republicano e o Democrata, começaram a citar Edmund Burke. O senador democrata Eugene McCarthy (1916-2005), em seu primeiro livro, *Frontiers in American Democracy*[22] [Fronteiras na Democracia Norte-Americana], reconheceu a influência dominante de Burke em seus princípios políticos.[23]

---

[21] Clinton Rossiter, *Conservatism in America: The Thankless Persuasion*, New York, Vintage, 2.ª ed., 1962.

[22] Eugene McCarthy, *Frontiers in American Democracy*, Cleveland, World Publishing, 1960.

[23] Não se deve confundir esse político democrata com o senador republicano Joseph R. McCarthy (1908-1957), de Wisconsin, famoso pelas perseguições aos simpatizantes comunistas, promovidas na década de 1950, e que ficaram conhecidas como macartismo, "terror vermelho" ou "caça às bruxas"; tais medidas eram desaprovadas por Russell Kirk. Além de não serem parentes, a postura e os princípios políticos de Joseph R. McCarthy e de Eugene McCarthy foram distintos. Após atuar por alguns anos como professor universitário, o poeta e estadista católico norte-americano Eugene McCarthy foi eleito no estado de Minnesota, pelo Partido Democrata, para a Câmara dos Representantes, de 3 de janeiro de 1949 a 3 de janeiro de 1959, e para o Senado, entre 3 de janeiro de 1959 e 3 de janeiro de 1971. Opondo-se ao envolvimento dos Estados Unidos na Guerra do Vietnã, o Senador Eugene McCarthy candidatou-se, pelo Partido Democrata, nas eleições primárias de 1968, em que recebeu 42% dos votos, abalando a candidatura do então presidente Lyndon B. Jonhson (1908-1973). Diante da forte oposição no próprio partido, Johnson decidiu abandonar o pleito, o que fez que os democratas nomeassem como candidato o então vice-presidente Hubert Humphrey (1911-1978). Por fim, Humphrey acabou derrotado pelo republicano Richard Nixon (1913-1994). McCarthy concorreu novamente nas primárias de 1972, recebendo apenas 3,46% dos votos, e foi preterido pelo Partido Democrata, que nomeou como

A irrupção do radicalismo durante o final da década de 1960 e no início dos anos 1970 até certo ponto impediu a renovação da influência de Edmund Burke nos círculos acadêmicos, mas a atenção a Burke aumentou mais uma vez, ao mesmo tempo que o desastre da guerra na Indochina retrocedeu. Hoje em dia, Burke é elogiado em revistas como a esquerdista *The New Republic*. Até certos colunistas de jornais citam repetidamente Burke – um costume praticamente limitado a este vosso servo há trinta anos.

A estátua de Edmund Burke na Avenida Massachusetts, em suma, significa mais agora do que significava em 1922, o ano em que foi erigida. Na ocasião, fazia-nos recordar as lutas na última terça parte do século XVIII; hoje, desperta-nos para ir de encontro a nossas crenças, políticas e religiosas, ao aproximar-se o fim do século XX da era cristã. Nosso "período de desordem",[24] ensina Arnold J. Toynbee, começou em 1914; a cada ano, o mundo mergulha ainda mais nessas dificuldades cruéis. Será concebível que a geração norte-americana vindoura, cuja escolaridade é tão custosa e, ainda assim, tão pobre, deva aprender algo valoroso da imaginação e do intelecto do homem de gênio cuja imagem de bronze parece inspecionar o fluxo do tráfego na Avenida Massachusetts – um tanto como a estátua do "Príncipe

---

candidato à presidência o senador George McGovern (1922-2012); no entanto, Richard Nixon foi reeleito. Nas eleições presidenciais de 1976, o ex-senador Eugene McCarthy concorreu como candidato independente, ficando em terceiro lugar ao receber 0,91% dos votos populares. Nesta campanha, mesmo sem chances, recebeu o apoio formal de Russell Kirk, que acreditava não existirem diferenças entre as plataformas do republicano Gerald Ford (1913-2006), candidato à reeleição, e do democrata Jimmy Carter, o vitorioso nesse pleito. Eugene McCarthy apoiou a candidatura de Ronald Reagan (1911-2004) nas eleições de 1980 e de 1984. Nas eleições de 1988, McCarthy foi candidato pelo Partido dos Consumidores, ficando em sétimo lugar, com apenas 0,03% dos votos populares. Concorreu pela última vez nas primárias do Partido Democrata de 1992, ficando em oitavo lugar no pleito que escolheu Bill Clinton como candidato do partido. (N. T.)

[24] Ver, no capítulo "Edmund Burke está Morto?", a nota de rodapé 16 na p. 141.

Feliz" da fábula de Oscar Wilde (1854-1900),[25] contemplando para sempre a grande desumanidade da cidade?

Há pouco mais de duzentos anos Edmund Burke encontrou a sorte em uma suspensão processual. Fora das funções públicas, com William Pitt, o Jovem, entrincheirado como primeiro-ministro, Burke parecia a muitos ineficaz; seu partido – o primeiro partido político genuíno do mundo de língua inglesa – sofrera derrota e desprestígio. Seus negócios privados estavam com problemas. Lá estava, diante dele, o *impeachment* de Warren Hastings e o *julgamento de Hastings*, assuntos amargos a que Burke dedicaria a próxima década de vida. Essa não era uma perspectiva animadora, já que sabia de antemão que a Câmara dos Lordes não condenaria Hastings conforme à acusação. "Sabemos que trazemos diante de um tribunal subornado uma causa julgada antecipadamente", escreveu para Philip Francis em 10 de dezembro de 1785.[26]

Cinco anos depois, contudo, Edmund Burke (quase sozinho) começou a mostrar as causas da ruína da Revolução Francesa. Publicou a peça mais brilhante de política escrita em língua inglesa, começou a alterar todo o curso da política exterior, reconquistou o clero para a causa nacional e alcançou, no isolamento político, reputação e influência que excediam as que desfrutara quando ainda era líder do partido. É esse Burke tardio o que atrai o interesse e a admiração dos norte-americanos contemporâneos.

Clinton Rossiter, em 1962, ficou muito alarmado com a ascendência burkeana entre os zelosos. A tarefa dos conservadores para os norte-americanos, afirmava o professor Rossiter: "requer criação e integração, não imitação. Pode demandar o restabelecimento de John Adams, Alexander Hamilton, de John C. Calhoun, de James Madison

---

[25] Oscar Wilde, *Histórias de Fadas*, trad. Barbara Heliodora, Rio de Janeiro, Nova Fronteira, 1992, p. 1-14. (N. T.)

[26] Edmund Burke, vol. II, 1784-1797, in F. P. Lock, Oxford, Clarendon Press, 2006, p. 72. (N. T.)

(1751-1836) e do conservador Abraham Lincoln (1809-1865), mas certamente não pela importação por atacado de Edmund Burke ou de Joseph De Maistre (1753-1821)". E, noutro lugar, declarou que "os federalistas prudentes [...] devem, doravante, servir ao conservadorismo norte-americano como uma espécie de Burke coletivo".

Esse é um raciocínio curioso: merecidamente, os federalistas possuem uma parte importante na reflexão política norte-americana, dois séculos depois da convocação de uma Assembléia Constituinte. Os federalistas, contudo, não podem suplantar Edmund Burke como fonte de sabedoria política, em parte porque os próprios federalistas se inspiraram em Burke, em parte porque o que os federalistas disseram é menos relevante para as angústias do mundo no final do século XX que o conjunto dos escritos de Burke após 1789.

Os federalistas estavam preocupados, necessariamente, em construir uma estrutura de governo prática para determinada época e para dado povo, e não com primeiros princípios da política, aplicáveis, até certo ponto, a qualquer época. Não quero dizer com isso que não existam vantagens em receber as próprias crenças dos ancestrais nacionais. Alguma continuidade real sobrevive entre os Estados Unidos de 1797, digamos, e os Estados Unidos de hoje no temperamento e nas necessidades nacionais. E, se somente produtos nacionais são apropriados para o consumo norte-americano, devemos então preferir o missionário e pregador congregacional Jonathan Edwards (1703-1758) como teólogo, digamos, a Santo Agostinho (354-430), porque Edwards nasceu na Nova Inglaterra e Agostinho na África romana. Ou, sem pretender faltar com o respeito, Mary Baker Eddy (1821-1910), a criadora do movimento Ciência Cristã, deveria tomar o lugar de Jesus de Nazaré, se adotarmos a linha de raciocínio de Clinton Rossiter.

The Federalist Papers [O Federalista], de Alexander Hamilton, James Madison e John Jay (1748-1829), é uma obra de grande prudência política, bem argumentada e ainda merecedora de rigorosa atenção. O sistema federal de governo que os argumentos de tais políticos conceberam fez muito pelo povo norte-americano. Dado que os Estados Unidos rumam para a centralização, as ideias dos federalistas são ainda mais dignas de renovação, por medida de cautela e de contenção.

No entanto, os problemas da sociedade moderna transcendem simples questões de estrutura governamental. Um apelo à pureza original da Constituição dos Estados Unidos não bastará como baluarte contra o poder destrutivo da ideologia. Para Edmund Burke, mais que para George Washington ou Alexander Hamilton, John Jay ou James Madison, ou mesmo John Adams, devemos voltar-nos para uma análise dos primeiros princípios da ordem, da justiça e da liberdade.

Quanto à pertinência para os atuais descontentes, nem sequer *O Federalista* pode despertar a imaginação como *Reflexões sobre a Revolução em França* ou *Letters on a Regicide Peace* [Cartas sobre a Paz Regicida]. Edmund Burke estava absolutamente preocupado com a revolução contínua e inflexível de nossa era de desordem, ao passo que *O Federalista*, em essência, é um debate para simplesmente instituir ajustes governamentais nos Estados Unidos perto do fim do século XVIII. Ainda podemos ler com proveito o discurso de despedida de George Washington, produção (com a assistência de Hamilton) de um homem forte e prudente. É impossível, todavia, para os Estados Unidos de hoje seguir os conselhos em política exterior recomendados pelo presidente Washington no final de seu mandato: as circunstâncias foram irrevogavelmente alteradas. O entendimento de Burke da política de boa vizinhança entre nações civilizadas e seu apelo a uma união contra o fanatismo revolucionário aplicam-se às presentes circunstâncias dos Estados Unidos – ao contrário: Burke é pouco "datado".

Por ser um discípulo dos federalistas, respeito-lhes a razão prática. Também não sou da opinião de que teorias políticas e instituições possam ser abstratamente transferidas, sem modificações, de um país para o outro. Concordo com Daniel Boorstin (1914-2004) em que "a Constituição norte-americana não é para exportação". Por certo seria impossível e de uma série de maneiras seria indesejável estabelecer nos Estados Unidos um facsímile de sociedade inglesa do século XVIII. Heráclito (535-475 a.C.) e a experiência nos ensinaram que nunca cruzamos o mesmo rio duas vezes.

Edmund Burke, contudo, não está *fora* da experiência norte-americana; ao contrário, como nos recorda sua estátua, está na grandiosa tradição e na continuidade – o legado de nossa civilização – de que a vida e o caráter norte-americanos são parte. O próprio Burke, por ter ajudado a formar a sociedade norte-americana, tem sido uma influência para esta terra e para este povo de 1760 até o presente. Para os norte-americanos, buscar sensatez política em Burke não é mais exótico do que buscar a compreensão da natureza humana em William Shakespeare ou discernimentos espirituais em São Paulo (5-67), o Apóstolo. Os fundadores da República norte-americana, afinal, participaram de instituições políticas e jurídicas muito semelhantes às que Burke defendeu; partilhavam o clima de opinião de Burke; liam os mesmos livros que Burke. Ninguém estabelece que William James (1842-1910) e Josiah Royce (1855-1916) são melhores filósofos que Aristóteles ou que Santo Tomás de Aquino baseado no fato de a primeira dupla ter nascido no lado ocidental do Atlântico e a outra no oriental.

Uma parte das instituições e da ordem social que Edmund Burke conheceu já acabou, assim como os Estados Unidos de nossa época é nitidamente diferente da república litorânea de John Adams ou Thomas Jefferson. Porque não podemos restaurar – e ainda que pudéssemos – a Inglaterra georgiana ou os Estados Unidos jeffersonianos, o teste de relevância de um filósofo político aos desafios de nosso tempo não é mera questão de saber se sua sorte foi lançada em uma Inglaterra do passado ou nos Estados Unidos de outrora.

Em muitos aspectos a grande nação norte-americana de hoje é mais parecida com a Grã-Bretanha imperial de 1797 que a isolada

República de 1797. Por Edmund Burke ter-se devotado a questões que transcendiam a nacionalidade e a geração, ele resiste como um importante pensador político que os homens de nossos dias opõem a Karl Marx. Será que alguém afirmaria, com seriedade, que os escritos dos federalistas, filosoficamente considerados, poderiam bastar para resistir ao poder destrutivo da ideologia totalitária e para dirigir os negócios desse gigantesco Estados Unidos do século XX, já não isolados das opiniões e das armas do Velho Mundo?

Edmund Burke, com dons proféticos, percebeu o tipo de coisas que viriam a surgir neste nosso mundo decaído. Sua refutação veemente da ideologia niveladora e das políticas totalitárias, com o passar de dois séculos, nada perderam em força. O que disse a respeito dos jacobinos é ainda mais verdadeiro para os ideólogos marxistas do século XX. "Derrubei o terrível espírito de inovação que estava devastando o mundo": palavras de Napoleão Bonaparte, cuja vinda Burke previu. No entanto, foi Burke, e não Napoleão, quem na verdade exorcizou o espectro feroz do fanatismo revolucionário.

Nenhum outro estadista ou escritor dos últimos dois séculos foi mais presciente que Edmund Burke. Na época de minha mãe, era estudado como um grande retórico e líder partidário, e não como um homem de razão e imaginação. A especialização do sistema educacional do século XX intensificou tal divisão: os historiadores políticos hesitaram quanto a discutir Burke porque era um homem de letras, e os professores de Literatura porque era um filósofo, os professores de Filosofia porque era um estadista, e assim por diante. A própria liberalidade do gênio pode ter causado o esquecimento, mas pode ser que a compreensão adequada de Burke tenha sido reservada para estes nossos anos. Mais uma vez, vemo-nos em uma época de concentração, em que homens e mulheres de inteligência se empenham em restaurar a ordem e a justiça em uma sociedade perplexa. "Testemunho a geração vindoura!", bradou Burke ao final da acusação contra Warren Hastings. De fato, conquistou a nova geração da

Grã-Bretanha, quase no ano de sua morte; e hoje a geração vindoura de norte-americanos é influenciada pela inteligência de Burke (direta ou indiretamente), assim como, há trinta anos, muitos da nova geração dos Estados Unidos foram influenciados (direta ou indiretamente) por Jean-Jacques Rousseau, o adversário de Burke. A imaginação moral de Burke ainda pode derrotar a imaginação idílica de Rousseau perto do final do século XX.

Para que eu dê a entender, em conclusão, a relevância das convicções de Edmund Burke para os problemas presentes, deixai-me citar uma passagem de uma carta escrita por Burke, em 1.º de junho de 1791, para o *chevalier* Claude-François de Rivarol (1762-1848). Burke discute as ilusões dos poetas e dos filósofos:

> Tenho observado que os "filósofos", para insinuar seu conspurcardo ateísmo às mentes jovens, adulam sistematicamente todas as paixões naturais e antinaturais. Destroem, tornam odiosas ou abjetas as virtudes que refreiam os apetites. Das dez virtudes, essas são ao menos nove. Em seu lugar, põem o que chamam humanidade ou benevolência. Por tais artifícios, sua moralidade não apresenta nenhuma ideia de restrição ou, deveras, nenhuma espécie de claro princípio estabelecido. Quando tais discípulos, então, se libertarem e se deixarem guiar pelos sentimentos presentes, já não terão de depender do bem ou do mal. Os homens que hoje livram da justiça os priores criminosos, amanhã assassinarão as pessoas mais inocentes.

Digamos amém a isso. Os "filósofos parisienses" de dois séculos vivem hoje nos autoproclamados "intelectuais", com a incessante conversa sobre "compaixão" e a defesa, entre outras coisas, do direito inalienável de os seres humanos expandirem o império dos vícios antinaturais. De tempos em tempos, nós, seres humanos, lutamos as mesmas batalhas repetidas vezes, sob bandeiras de muitos expedientes. Para resistirmos à imaginação idílica e à imaginação diabólica, precisamos conhecer a imaginação moral de Edmund Burke. E é por isso que temos a Burke como um daqueles mortos que nos dão vigor.

Apêndice A | O Conservadorismo de Edmund Burke

Edmund Burke nunca empregou o termo "conservador" porque na sua época esse não era um termo da política; ainda assim, é a principal fonte da convicção conservadora moderna. Foi na França, após a derrota de Napoleão Bonaparte, que as palavras *conservateur* e *conservatif* foram cunhadas para descrever um conceito de política fundado nas ideias de Burke:[1] por definição, então, o

---

[1] A palavra "conservador", como rótulo político, surgiu na França durante a era napoleônica ou no período subsequente a esse momento histórico, quando alguns escritores políticos franceses cunharam os termos *conservateur* e *conservatif* na busca de uma palavra para descrever o posicionamento político moderado que pretendia conciliar o melhor da velha ordem do Antigo Regime, sem assumir uma postura reacionária, com as mudanças sociais posteriores à Revolução Francesa, nem manifestar atitudes progressistas. O "conservador" é o guardião da herança da civilização ocidental e dos princípios da ordem, da liberdade e da justiça. O termo "conservador" foi utilizado por diferentes estadistas e intelectuais franceses que, em maior ou menor grau, foram influenciados pelo pensamento burkeano, dentre os quais se destacam os nomes de François Guizot (1787-1874), de Louis De Bonald (1754-1840), de Joseph De Maistre (1753-1821), de François-René de Chateaubriand (1768-1848) e de Alexis de Tocqueville (1805-1859). Esse conceito francês foi popularizado na Inglaterra em 1830, quando os editores de *The Quarterly Review* adotaram a palavra "conservador" em vez de *tory* para descrever o partido britânico da ordem. No entanto, o primeiro a utilizar tal designação na Inglaterra foi George Canning (1770-1827), sendo sugerido como nome oficial do partido em 1830 por John Wilson Croker (1780-1857) e, finalmente, adotado

conservadorismo significa a política da prudência e dos usos consagrados tal como apresentados por Edmund Burke, para guardar e preservar as instituições do país. Esses termos passaram para a política inglesa durante a década de 1820 e para a discussão política norte-americana nos anos de 1840.

No modelo de Edmund Burke, o estadista conservador é aquele que combina a disposição para preservar com a habilidade para reformar. A passagem-chave de Burke ao descrever este conceito se encontra na obra *Reflections on the Revolution in France* [Reflexões sobre a Revolução em França], relacionada à denúncia da Assembleia Nacional. Está incluída aqui para lembrar a essência da política conservadora de Burke:

> Raiva e frenesi destruirão em meia hora mais do que a prudência, a deliberação e a presciência podem erigir em cem anos. Os erros e os defeitos das antigas instituições são visíveis e palpáveis. Não é preciso muito talento para apontá-los; e onde se concede poder absoluto, basta uma única palavra para destruir, juntos, vício e instituição. A mesma disposição ociosa, mas inquieta, que ama a indolência e aborrece o sossego dirige esses políticos, quando tornam ao trabalho, para substituir aquilo que destruíram. Converter cada coisa no inverso daquilo que veem é tão fácil quanto destruir. Não surgem dificuldades no que nunca foi tentado. A crítica fica um tanto desconcertada ao descobrir os defeitos do que não existe, e o entusiasmo ávido, a esperança enganadora; possuem todos o vasto campo da imaginação, no qual podem expandir-se com pouca ou nenhuma oposição.
>
> Ao mesmo tempo, preservar e reformar é coisa mui diversa. Quando são mantidas as partes úteis de uma antiga instituição, e o que

---

sob a liderança de Sir Robert Peel (1788-1850) em 1834. Na década de 1840, o termo "conservador" ganhou popularidade nos Estados Unidos, sendo empregado com o beneplácito de John C. Calhoun (1782-1850), de Daniel Webster (1782-1852) e de Orestes Brownson (1803-1876). No período posterior à Segunda Guerra Mundial, o principal responsável pelo retorno do termo "conservador" ao vocabulário político norte-americano foi o próprio Russell Kirk. (N. T.)

é acrescido deve ajustar-se ao que é retido, estão a ser exercidos um espírito vigoroso, de perseverante atenção, dotado de talentos para comparar e combinar, e os recursos de um entendimento pródigo de expedientes, em conflito contínuo com a associação de forças de vícios opostos, com a obstinação que rejeita todo o melhoramento e a leviandade que se fatiga e desgosta com todas as coisas de que está de posse. Poderíeis, porém, objetar – "um processo dessa natureza é lento. Não é apropriado para uma assembleia que se ufana de executar em poucos meses a obra de séculos. Tal modo de reformar, possivelmente, levará muitos anos". Sem dúvida demorará, e assim deve ser. Este é um dos méritos de um método que tem entre seus auxiliares o tempo, que opera de modo lento, quase imperceptível. Se circunspecção e cautela são uma parte da sabedoria quando trabalhamos somente com a matéria inanimada, por certo também se tornam uma parte do dever quando o objeto de nossa demolição e construção não são tijolo ou madeira, mas seres vivos, que pela súbita alteração de seu estado, de sua condição e de seus hábitos de vida se podem fazer miseráveis em multidões. Parece, contudo, que essa era a opinião predominante em Paris, ou seja, de que um coração insensível e uma confiança indubitável são as únicas qualificações para um legislador perfeito. Mui diferentes são minhas ideias desse excelso ofício. O verdadeiro legislador deve ter um coração cheio de sensibilidade. Deve amar e respeitar a sua espécie, e temer de si mesmo. Poder-se-ia permitir à sua têmpera notar o objetivo supremo num relance intuitivo; mas os movimentos nessa direção devem ser deliberados. O arranjo político, como é obra para fins sociais, é para ser forjado somente por meios sociais. Aí, o espírito deve conspirar com outros espíritos. É preciso tempo para produzir essa união de almas que, por si só, pode gerar todo o bem que almejamos. Nossa paciência terá mais êxito que a força. Se me arriscasse a recorrer ao que está tão fora de moda em Paris, digo, a experiência, diríeis que em minha trajetória conheci e, segundo meu juízo, cooperei com grandes homens; e ainda não vi nenhum grande plano que não fosse melhorado por observações dos que, aliás, em entendimento, eram mui inferiores às pessoas que haviam dirigido o negócio. Por um progresso lento e bem amparado, o efeito de cada passo é observado; o bom ou mau êxito do primeiro dá-nos luz ao segundo, e assim, de luz em luz, somos conduzidos com segurança por toda a série. Vemos que as partes do sistema não colidem. Os males latentes nos mais especiosos artifícios são remediados tão logo surjam. Uma vantagem é menos sacrificada a outra. Compensamos, reconciliamos, contrabalançamos. Somos habilitados a unir, em um todo coerente, as várias anomalias e os princípios contraditórios que se acham nos espíritos e nos assuntos dos homens. Daí surge não a excelência na simplicidade, mas uma deveras superior, a excelência na composição. Onde estejam envolvidos os grandes interesses da humanidade por uma longa sucessão de gerações, tal sucessão deve ser admitida, em alguma medida, nos conselhos que tão profundamente hão de afetá-la. Se isso é exigido por justiça, a própria obra requer o auxílio de mais espíritos do que uma época pode oferecer. Por partir desta visão de coisas é que os melhores legisladores sempre se contentaram com a instituição, no governo, de alguns princípios diretores, indubitáveis e firmes; um poder, como alguns dos filósofos chamaram, de natureza plástica; e, uma vez estabelecido o princípio, deixam-no, em seguida, à própria atuação.[2]

---

[2] Optamos, na referida passagem da obra de Edmund Burke, por fazer uma nova tradução do trecho citado por Russell Kirk; mas a passagem pode ser encontrada nas seguintes edições brasileiras, com diferentes traduções: Edmund Burke, *Reflexões sobre a Revolução da França*, in *Extractos das Grandes Obras Políticas e Economicas do Grande Edmund Burke*, trad. José da Silva Lisboa (Visconde de Cairu), Lisboa, 1822, p. 44-45; Idem, *Reflexões sobre a Revolução em França*, trad. Renato de Assumpção Faria, Denis Fontes de Souza Pinto e Carmem Lídia Richter Ribeiro Moura, Brasília, Editora da Universidade de Brasília, 1982, p. 166-67; Idem, *Reflexões sobre a Revolução na França*, trad. Eduardo Francisco Alves, Rio de Janeiro, Topbooks/Liberty Fund, 2012, p. 368-71; Idem, *Reflexões sobre a Revolução na França*, trad., apres. e notas José Miguel Nanni Soares, São Paulo, Edipro, 2014, p. 181-83. (N. T.)

Apêndice B | A Personalidade de Edmund Burke

Dos poucos retratos detalhados sobre a conduta privada e a personalidade de Edmund Burke, os melhores são os diários e cartas de Fanny Burney (1752-1840). Era filha de Esther Sleepe Burney (1725-1762) e do Dr. Charles Burney (1726-1814), historiador da música e amigo íntimo de Burke. Ela e o pai conheciam todos os que valiam a pena ser conhecidos em Londres, movimentando-se na alta sociedade. Tornou-se uma romancista muito admirada aos vinte e seis anos, em 1778, com a publicação de *Evelina*: o livro ganhou aplausos imediatos de Burke, de Samuel Johnson (1709-1784) e de Sir Joshua Reynolds (1723-1792). Casou-se, em 1793, com um exilado francês, Alexandre D'Arblay (1748-1818). No *Diary and Letters* [Diário e Cartas], em sete volumes, estão as mais divertidas memórias da Inglaterra do século XVIII.

Edmund Burke, a quem Fanny Burney venerava, aparece amiúde nessas páginas. Os dois fragmentos a seguir indicam o encanto extraordinário, a cordialidade e a sabedoria que Burke manifestava na vida privada; também mostram o ambiente em que Burke viveu.

O primeiro fragmento do diário é datado de junho de 1782. Registra o primeiro encontro de Fanny Burney com Burke, que era, na ocasião, tesoureiro do Exército, no ministério de Charles Watson-Wentworth (1730-1782), o 2.º Marquês de Rockingham, e uma figura aparentemente triunfante na política. Isso aconteceu na casa de Sir Joshua Reynolds. Mas Fanny Burney foi primeiramente apresentada a Richard Burke (1733-1794), irmão de Edmund, e ao jovem Richard Burke (1758-1794), filho de Edmund. Ela nunca apreciou muito os dois Richards, mas daquele dia até a instauração do processo de Warren Hastings (1732-1818) ela admirou Edmund Burke incondicionalmente. A passagem segue sem cortes.

> A casa de Sir Joshua situa-se, encantadoramente, perto do topo de Richmond Hill.[1] Caminhamos no terraço quase até a hora do jantar, e lá encontramos o Sr. Richard Burke, o irmão do orador. Miss Palmer, detendo-o, disse:
>
> – Jantais conosco?
>
> – Não – respondeu –, jantarei no "Star and Garter".
>
> – Como Vossa Mercê veio? Com a Sra. Burke ou sozinho?
>
> – Sozinho.
>
> – O quê!? A cavalo?
>
> – Sim, certamente! – exclamou, rindo. – *É montar e galopar!* Está na minha hora.
>
> Cumprimentou-nos com um belo floreado e saiu. Acabava de ser nomeado subsecretário do Tesouro. É um homem alto e belo, e parece ser dado a gracejos sarcásticos; mas não o vimos mais.
>
> Após retornarmos à casa, e enquanto Sir Joshua e eu estávamos em um *tête-a-tête*, Lorde Cork[2] e meu pai continuavam a caminhar, a Srta. Palmer tinha, suponho, de dar algumas diretrizes a respeito do jantar, e o "Cavalheiro de Plymton" desejava minha opinião sobre a vista de sua janela, comparando-a com a do Sr. Burke, como contou após meu

---

[1] Chamada de "Wick House", a casa foi construída pelo grande arquiteto eclético do período georgiano Sir William Chambers (1723-1796), sobre ou perto do local de uma estalagem chamada "Bull's Head", em 1775. (N. T.)

[2] Referência a Edmund Boyle (1742-1798), 7.º Conde de Cork e 7.º Conde de Orrery. (N. T.)

comentário. Nesse momento, o bispo de St. Asaph[3] e sua filha, a Srta. Georgiana Shipley,[4] foram anunciados. Sir Joshua, para divertir-se, ao apresentar-me ao bispo disse:

– Srta. Burney, Vossa Excelência Reverendíssima; isto é, *Evelina*.

O bispo é um homem bem-apessoado, e parece sério, tranquilo e sensato. Ouvi muitas coisas a seu respeito, mas no momento se mostrou reservado. A Srta. Georgiana, no entanto, falava por *duas* pessoas. É uma moça muito alta e bastante bela, mas a expressão de seu rosto, para mim, é desagradável. Traz um sorriso quase constante, não de brandura, nem de insipidez, mas de autossuficiência e satisfação interior. Ela é muito talentosa, e sei que sabes bem de sua fama na pintura e nos estudos. Creio que ela tem muito boa vontade e muita vivacidade, mas é tão cheia de si, tão ávida por atrair a atenção e tão feliz por ser o centro das atenções, que fiquei tão cativada por ela quanto por qualquer das outras senhoritas que vejo todos os dias. Já a conhecia da casa da Sra. Pepys,[5] mas nunca havia sido apresentada a ela.

---

[3] Trata-se do reverendo Jonathan Shipley (1714-1788), bispo anglicano da Diocese de Llandaff e da Diocese de St. Asaph, ambas no País de Gales. O clérigo anglicano se casou com a bela Anna Maria Shipley (1716-1804), uma sobrinha de Charles Mordaunt (1658-1735), 3.º Conde de Peterborough e 1.º Conde de Monmouth, para o qual Shipley trabalhou como tutor dos filhos. Antes de se casar com Jonathan Shipley, a jovem Anna Maria Mordaunt ocupou a função de dama de companhia na corte da rainha Caroline (1683-1737), esposa do rei George II (1683-1760). (N. T.)

[4] Georgiana Shipley (1752-1806) era a quarta filha do reverendo Jonathan Shipley e de Anna Maria Mordaunt, e prima de Georgiana Cavendish (1757-1806), Duquesa de Devonshire. A jovem Georgiana Shipley notabilizou-se na sociedade inglesa como uma talentosa pintora discípula de Sir Joshua Reynolds, tendo-se correspondido com inúmeras pessoas famosas, incluindo Benjamin Franklin (1706-1790). Posteriormente, a jovem se casou com o historiador Francis Hare-Naylor (1753-1815), adotando o nome Georgiana Hare-Naylor. Por causa de dívidas, o marido foi preso, e, após ser libertado, o casal passou a receber uma ajuda financeira da Duquesa de Devonshire, mudou-se por um curto período para Karlsruhe, na Alemanha, depois se estabeleceu por longo tempo na Bolonha, na Itália, e, finalmente, em Herstmonceux, em East Sussex, no sul da Inglaterra. (N. T.)

[5] Referência a Jane Elizabeth Leslie (1750-1810), 12.ª Condessa de Rothes, esposa do médico Sir Lucas Pepys (1742-1830), 1.º Baronete Pepys. (N. T.)

A Srta. Palmer[6] logo se juntou a nós, e, em pouco tempo, tivemos mais companhia: três cavalheiros e uma dama; mas não houve nenhuma cerimônia de apresentação. A dama, concluí, era a Sra. Burke, mulher do Sr. Burke, e não estava enganada. Lembrei que um dos jovens cavalheiros era o jovem Sr. Burke Filho, que encontrei na casa de Sir Joshua na cidade, e fui apresentada ao outro, o Sr. Gibbon,[7] mas o terceiro nunca havia visto antes. Disseram-me que não esperavam que *o* Burke viesse, mas concluí que esse terceiro cavalheiro só poderia ser ele: tinha o ar, as maneiras, a aparência que esperava encontrar nele, e havia uma superioridade na conduta evidente, notável; seus olhos, seus movimentos denunciavam que não era um homem comum.

Não consegui chegar à Srta. Palmer para satisfazer as minhas dúvidas, e logo fomos chamados a descer para o jantar. Sir Joshua e o *desconhecido* pararam na escada para falar por um momento. Quando se juntaram a nós, Sir Joshua, tomando o seu lugar à mesa, pediu que me sentasse perto dele, o que de bom grado cumpri.

– E, em seguida – acrescentou –, o Sr. Burke sentará do outro lado.

– Ah, certamente não! – exclamou a Srta. Georgiana, que também se havia arranjado ao lado de Sir Joshua – não consentirei nisso. O Sr. Burke deve sentar-se ao meu lado: não concordo em reparti-lo. Por favor, venha e sente-se aqui, Sr. Burke.

O Sr. Burke – pois era ele mesmo – sorriu e obedeceu.

– Eu só queria – disse Sir Joshua – fazer as pazes com o Sr. Burke, concedendo-lhe tal lugar, uma vez que me repreendeu por não tê-lo apresentado à Srta. Burney. De qualquer maneira, fá-lo-ei agora: Sr. Burke, Srta. Burney.

---

[6] Trata-se de uma das sobrinhas de Sir Joshua Reynolds, a jovem Theophila ["Offy"] Palmer (1757-1848), a segunda das três filhas da irmã do pintor, a escritora Mary [Reynolds] Palmer (1716-1794), e de John Palmer (1708-1770), que também tiveram dois filhos varões. (N. T.)

[7] O famoso historiador Edward Gibbon (1737-1794), que na época tinha lançado somente três dos oito volumes da obra *The History of the Decline and Fall of the Roman Empire* [A História do Declínio e da Queda do Império Romano] e era comissário da Câmara de Comércio. (N. T.)

Levantamo-nos um pouco de nossos assentos, em reverência, e então o Sr. Burke disse:

– Lamento que Sir Joshua tenha deixado totalmente à mercê de minha sagacidade descobri-la; porém vejo que ela não me desiludiu.

– Ah, prezado senhor, então – disse a Srta. Georgiana, parecendo um tanto *consternada* – talvez não me agradeçais o ter-vos chamado para este lugar!

Nada foi dito, e assim todos começamos a jantar – o jovem Burke tornou-se o convidado ao meu lado.

O capitão Phillips[8] conhece o Sr. Burke. Ele já te contou ou não da criatura maravilhosa que o Sr. Burke é? Se não, rogo-te, por favor, abuse de sua amabilidade e peça que o faça em meu nome; se já te contou, por favor pergunte se subscreverá o relato que daqui em diante se seguirá.

É um homem alto, de aparência nobre, ar sobranceiro e discurso gracioso. Sua voz é clara, penetrante, sonora e potente; a linguagem é copiosa, variada e eloquente; os modos são atraentes, e a conversa deliciosa.

O que diz o capitão Phillips? Ele já teve oportunidade de vê-lo em um bom momento ou é sempre assim? Desde que perdemos Garrick,[9] não conheci ninguém mais encantador.

Posso oferecer-te, contudo, muito pouco daquilo que foi dito, pois a conversa não foi *suivie*, o Sr. Burke lançava-se de assunto em assunto com a rapidez de um espetáculo. O encanto do discurso não é menor no assunto ou no estilo; tudo, portanto, o que é dito *dele* perde metade do efeito quando não é dito *por* ele. Aceita, no entanto, estes breves rascunhos como os recordo.

---

[8] Trata-se do capitão Molesworth Phillips (1755-1832), que serviu na Marinha britânica, sob o comando do famoso explorador capitão James Cook (1728-1779), e posteriormente se casou com Susanna Elizabeth Burney (1755-1800), irmã mais nova de Fanny Burney (N. T.)

[9] O já citado David Garrick (1717-1779). (N. T.)

Da janela da sala de jantar, Sir Joshua pediu que olhássemos para uma bela casa branca[10] que pertencia a Lady Diana Beauclerk.[11]

– Estou extremamente satisfeito – disse o Sr. Burke – de vê-la, por fim, bem alojada. Pobre mulher! Há muito carrega a taça do tormento; fico feliz com que agora tenha encontrado tranquilidade. Nunca apreciei tanto a visão da felicidade alheia como quando a vi pela primeira vez após a morte do marido. É realmente animador saber que ela está naquela casa adorável, livre de todas as preocupações, com mil libras por ano a seu dispor – e com o marido morto! Ah, como é agradável, como é delicioso ver sua alegria nessa situação!

– No entanto, se não levarmos em conta as circunstâncias – disse o Sr. Gibbon –, isso pode parecer muito estranho, embora, ao ser devidamente apresentado aos fatos, essa conduta se mostre perfeitamente racional e inevitável.

– Isso é a pura verdade – e, se não forem consideradas as circunstâncias, a conduta de Lady Di poderá parecer altamente condenável.

Então, endereçando-se particularmente a mim, como à pessoa menos provável de estar inteirada do temperamento do Sr. Beauclerk,

---

[10] Posteriormente chamada de "Devonshire Cottage", por ter sido a residência de Georgiana Cavendish, Duquesa de Devonshire. A casa tem vista para os prados de Petersham. (N. T.)

[11] Trata-se de Lady Diana Beauclerk (1734-1808), que em 1768 se casou com Topham Beauclerk (1739-1780), um bisneto ilegítimo do rei Charles II (1630-1685). Era filha de Charles Spencer (1706-1758), 3.º Duque de Marlborough, tendo como nome de solteira Diana Spencer. Entre os anos de 1757 e 1768 foi conhecida como Diana St. John, Viscondessa de Bolingbroke, por causa do casamento com Frederick St. John (1734-1787), 2.º Visconde de Bolingbroke e 3.º Visconde St. John, filho de John St. John, 2.º Visconde St. John (1695-1749), um meio-irmão de Henry St. John (1678-1751), 2.º Visconde de Bolingbroke. Entre os anos de 1762 e 1768, Lady Di ocupou a função de camareira da rainha Charlotte (1744-1818), esposa do rei George III (1738-1820). Por causa das constantes infidelidades conjugais do marido, a Viscondessa de Bolingbroke conseguiu se divorciar do 2.º Visconde de Bolingbroke, apenas um mês após o início do processo judicial, casando-se dois dias depois com Topham Beauclerk. (N. T.)

descreveu-o com expressões fortes e nítidas, retratando a angústia que infligira à mulher, os extraordinários maus tratos e o alívio necessário que a morte de tal homem deve ter trazido.

Relembrou, então, a Sir Joshua o dia em que tinham jantado na residência do Sr. Beauclerk, logo após este ter casado com a esposa divorciada de Lorde Bolingbroke, em companhia de Goldsmith,[12] e contou uma nova história sobre os eternos disparates do pobre Goldsmith.[13]

O segundo fragmento traz a data de quinta-feira 18 de junho de 1792. Durante a década interveniente, a Srta. Fanny Burney ficara irritada com a veemência de Edmund Burke na acusação de Warren Hastings. Ao se encontrarem na sala de estar da Sra. Frances Anne Crewe (1748-1818), em Hampstead, ela e Burke se reconciliaram. A referida "Srta. F___" era Mary Cecilia French (1766-1816),[14] a sobrinha de Burke, que chegara recentemente da Irlanda para ficar nas Georgies pelo resto da vida de Burke – e que permaneceu com a Sra. Jane Mary [Nugent] Burke (1734-1812) até a morte da viúva. Sir Gilbert Elliot (1715-1814), em abril de 1793, descreveu a Srta. French como "a mais perfeita *she-paddy*[15] já capturada". A bela Sra. Crewe era influente entre os *whigs* e amiga de longa data de Burke. A Srta. Burney apresenta aqui a perspicácia de sempre:

> Depois de muitos convites e dos arranjos de praxe, ficou acertado que acompanharia meu pai numa visita de três dias à Sra. Crewe, em Hampstead.
>
> A *villa* em Hampstead é pequena, mas confortável. Fomos recebidos pela Sra. Crewe com muita gentileza. O cômodo estava um tanto

---

[12] O já citado Oliver Goldsmith (1730-1774). (N. T.)

[13] *Diaries and Letters of Madame d'Arblay As Edited By Her Niece Charlotte Barrett*, pref. e notas Austin Dobson, vol. II (June 1781-August 1786), London, Macmillian, 1904, p. 88-92. (N. T.)

[14] Em 1794, Mary Cecilia French casou-se com o capitão, e depois major, Thomas Haviland (†1795), cujo filho Thomas William Aston Haviland-Burke (1795-1852) foi o último representante da família de Edmund Burke. (N. T.)

[15] *Paddy* é um termo coloquial pejorativo para designar os irlandeses. (N. T.)

escuro. Ela trazia um véu preso à touca, a meia altura, e com esse artifício parecia ainda estar no esplendor da beleza. Eu estava completamente maravilhada. Seu viço, perfeitamente natural, é tão intenso quanto o de Augusta Lock[16] no auge de seus dias, e o formato do rosto é tão delicadamente perfeito que meus olhos nunca deixaram de admirá-lo. A meu ver, ela é a mulher mais bela que jamais se viu. Não conheço nenhuma mulher, nem sequer em plena juventude, que lhe possa ser comparável. Ela enfeia tudo ao seu redor.

Tinha o filho[17] consigo. Acabava de chegar à maioridade, e parecia seu irmão mais velho. É um rapaz sério, de aspecto grave; irá para China com Lorde Macartney.[18]

Meu ex-amigo, o jovem Burke, também estava lá. Fiquei feliz por renovar a amizade; embora pudesse ver um pouco de estranheza nele: isso, no entanto, desapareceu por completo antes de o dia terminar.

Logo depois entrou a Sra. Burke, a Srta. F____, a sobrinha, e o Sr. Richard Burke, o irmão estranhamente atrevido, pitoresco e bem-humorado do

---

[16] Trata-se da imigrante suíça Frederica Augusta Schaub (1750-1832), esposa do mecenas William Lock (1732-1810). A beleza de Augusta Lock foi imortalizada em uma pintura feita pelo artista italiano Giovanni Battista Cipriani (1727-1785), na qual a jovem sentada tem no colo o único filho William Lock II (1767-1847) e em pé ao seu lado uma menina. (N. T.)

[17] Referência a John Crewe (1772-1835), 2.º Barão Crewe, filho do político *whig* John Crewe (1742-1829), 1.º Barão Crewe, e de Frances Anne Crewe. (N. T.)

[18] O diplomata, administrador colonial e parlamentar irlandês George Macartney (1737-1806), 1.º Conde Macartney, foi eleito para o Parlamento irlandês (1768-1775), ocupou os cargos de governador colonial de Granada na América Central (1776-1779), de Madras na Índia (1781-1785) e da Colônia do Cabo (1797-1798), atual África do Sul, e teve um assento no Parlamento britânico (1780-1781). Atuou em algumas missões diplomáticas para a Coroa britânica, dentre as quais se destacam a negociação em 1764 com a imperatriz Catarina II (1729-1796), que garantiu uma aliança entre a Grã-Bretanha e a Rússia, e a chamada Embaixada Macartney, uma malsucedida tentativa, em 1793, de estabelecer portos ingleses na China e uma embaixada permanente em Pequim, proposta que foi rechaçada pelo imperador Qianlong (1711-1799). (N. T.)

Sr. Burke, que, disseram, logo chegaria com o Sr. Elliot. A família Burke foi convidada pela Sra. Crewe para reunir-se conosco.

A Sra. Burke estava exatamente como sempre: amável, gentil, razoável e obsequiosa; e encontramo-nos em bons termos como se muitos anos não se tivessem passado.

Finalmente, o Sr. Burke apareceu, acompanhado do Sr. Elliot. Apertou as mãos de meu pai enquanto cumpria suas obrigações para com a Sra. Crewe, e devolveu minha reverência com uma mesura tão distante, que deduzi que já não era tida em boa conta, dada minha evidente solicitude na causa do pobre Sr. Hastings. Era óbvio que aquilo acontecera por pensar da maneira que penso, mas fiquei infinitamente triste de perder as graças de um homem que, em todos os outros quesitos, tanto venero e a quem, de fato, estimo e admiro como ao homem de mais talento que hoje vive neste país.

A Sra. Crewe apresentou-me ao Sr. Eliott: estou certa de que já nos conhecíamos pessoalmente, pois sempre o vira no camarote dos gerentes, donde, como sempre, ele deve me ter visto no camarote do Great Chamberlain.[19] É um rapaz alto, magro, de rosto, trajes e modos comuns, mas sensato, e possivelmente com muito mais virtudes. Foi reservado, contudo, e pouco mais veio à tona.

No momento em que ouvi meu nome, para minha grande alegria, descobri que o Sr. Burke não me reconhecera. Ele tem a visão mais curta que a minha.

– Srta. Burney! – exclamou, vindo em minha direção e muito gentilmente tomando-me a mão –, não vos tinha visto.

E assim disse palavras muito amáveis a respeito do encontro e de minha aparência, muito melhor do que "quando estava na corte", e de como estava contente de ver que eu me adequava muito pouco àquela situação.

– Pareceis – exclamou – bem renovada, reavivada, livre. Quando conversei convosco pela última vez, por ocasião do julgamento, estivestes

---

[19] Provavelmente, a autora refere-se aos teatros de ópera, que na Londres do século XVIII funcionavam como verdadeiro ponto de encontro social. (N. T.)

bem alterada. Nunca poderia imaginar que deixar de frequentar um tribunal pudesse provocar tamanha mudança para melhor!

"Ah!", pensei, "erras por pensar somente em teus próprios sentimentos. Só parecia mudada para pior no julgamento porque lá pareci fria e distante, por desgosto e desavença com teu modo de proceder; e aqui pareço mudada para melhor somente porque te encontrei sem a insensibilidade da desaprovação e com o ardor de minha primeira admiração por ti e por teus talentos!"

A Sra. Crewe ofereceu-lhe o seu lugar, e sentou-se ao meu lado, entabulando uma conversa das mais animadas sobre Lorde Macartney, acerca da expedição à China e sobre os dois jovens chineses que iam acompanhá-la. A respeito destes, descreveu-os minuciosamente, e falou da dimensão da empreitada em termos elevados, talvez fantásticos, mas entremesclando com alusões, anedotas, tantas informações gerais e ideias brilhantes, de modo que logo senti retornar todo o meu entusiasmo inicial e, com ele, a sensação de prazer que tornou o dia delicioso.

Logo após, meu pai uniu-se a nós, e a política se apropriou da conversa. *Ele* falou, então, com um ardor e uma veemência que rapidamente desvanecia sua graça, embora isso redobrasse o vigor do discurso.

— A Revolução Francesa — disse —, que começou por autorizar e legalizar a injustiça, e que, a passos rápidos, adotou todo tipo de despotismo, exceto o de ter um déspota, agora ameaça todo o universo e toda a humanidade com a comoção mais violenta quanto aos princípios e à ordem.

Meu pai aderia cordialmente a tais palavras, e tacitamente concordei com suas doutrinas, ainda que não tivesse os mesmos medos.

Devo repetir um discurso, pois explica a conduta do Sr. Burke e é magnificamente elucidativo. Após ter discorrido sobre os perigos presentes, até para a liberdade e para a propriedade inglesas, causados por uma epidemia de estragos e novidades, exclamou seriamente:

— Isto é o que ME tornou cúmplice e defensor dos reis! Os reis são necessários, e, se quisermos preservar a paz e a prosperidade, devemos preservá-LOS. Devemos, todos, trabalhar com vigor! Sempre, e com bravura!

Esse assunto continuou até o jantar.

Durante o jantar, o Sr. Burke sentou-se perto da Sra. Crewe, e tive a felicidade de ser colocada ao seu lado, enquanto do meu outro lado estava seu agradável filho.

Os serviçais retiraram o jantar e a sobremesa, que estavam deliciosos. Como gostaria, meus queridos Susanna[20] e Freddy, que pudessem encontrar esse homem maravilhoso quando ele está de folga, feliz e com pessoas de quem sinceramente gosta! A política, no entanto, mesmo a do nosso próprio lado, é assunto que com ele deve sempre ser evitado; sua irritabilidade é tão terrível nesse tema que imediatamente confere ao seu rosto a expressão de um homem que está prestes a defender-se de assassinos.

Posso dar-te apenas poucos apontamentos avulsos daquilo que aconteceu, pois os detalhes seriam intermináveis.

Ao mencionar Charles Fox,[21] a Sra. Crewe disse-nos que, ao ser apresentado a certa passagem do livro do Sr. Burke de que tinha calorosamente discordado, na oportunidade dera sua própria justificativa, muito franca: "Bem, Burke está certo – mas Burke está sempre certo, só que ele está certo cedo demais".

– Se Fox tivesse visto algumas coisas naquele livro – respondeu o Sr. Burke –, assim, seria, nesta ocasião, com toda a probabilidade, o primeiro-ministro deste país.

– O quê!? – exclamou a Sra. Crewe. – Com Pitt?[22] Não! Não! Pitt não sairá, e Charles Fox nunca fará coalizão com ele.

– Por que não? – perguntou secamente o Sr. Burke. – Essa não é uma coalizão como outra qualquer?

---

[20] Referência à já citada irmã Susanna Elizabeth Burney. (N. T.)

[21] O já citado Charles James Fox (1749-1806). (N. T.)

[22] Trata-se de William Pitt (1759-1806), o Jovem. (N. T.)

Ninguém tentou responder à pergunta.

– Charles Fox, no entanto – disse depois o Sr. Burke –, não pode, no íntimo, gostar da Revolução Francesa de modo algum. Está enredado. Se fosse por ele e não encontrasse objeção, rechaçá-la-ia; ao menos, tem muito bom gosto para que possa lhe agradar uma revolução desse tipo.

O Sr. Elliot relatou que nos últimos tempos estivera em companhia de alguns dos primeiros e mais renomados homens da nação francesa, agora fugitivos aqui, e perguntara sobre o novo ministério da França. Os homens disseram que não conheciam os componentes nem sequer de nome!

– Imagino – exclamou – que tipo de ministério não é esse! Suponhais que uma nova administração formada por ingleses cujos nomes nunca antes ouvimos falar! Que tipo de estadistas não seriam! Estariam preparados e aptos para governar? *Iniciar* já estando no ponto máximo!

O Sr. Richard Burke narrou, de modo bastante cômico, várias censuras feitas a seu irmão, acusando-o de ser amigo de déspotas e favorecedor da escravidão por ter-se horrorizado com a prisão do rei da França, e por desejar manter nossa monarquia constitucional do mesmo modo em que se mantinha desde havia tanto tempo.

O Sr. Burke pareceu um tanto espantado com as primeiras palavras de seu irmão, mas, ao término, de muito bom-humor, serviu-se de uma taça de vinho, voltou-se para mim e disse:

– Então, que a escravidão seja eterna!

Isso foi muito bem compreendido por todos, e ao redor da mesa ecoou uma sonora gargalhada.

– Isso vos arruinaria completamente, Sr. Burke – disse a Sra. Crewe – se chegasse aos jornais! Diriam que, por fim, o Sr. Burke falara de maneira franca. Desatentamente, a verdade teria vindo à tona, e estaria confirmada vossa verdadeira traição à causa da liberdade. Gostaria de compor o parágrafo!

– E acrescente – disse o Sr. Burke – que o brinde foi à saúde da Srta. Burney, a fim de que peça favores à rainha!

Esses gracejos continuaram, até que o Sr. Elliot, ao mencionar novamente a França e a insurreição dos jacobinos, fez que o Sr. Richard Burke propusesse, bem alto, um novo brinde:

– Venham! – anunciou. – Acrescentemos confusão à confusão!

O Sr. Windham,[23] que fora a Norfolk no verão, era constantemente mencionado, e sempre de maneira elogiosa. O Sr. Burke, ao ouvir o Sr. Elliot dizer algo sobre Windham ser muito magro, exclamou afetuosamente:

– Ele é exatamente como deve ser! Se neste minuto eu fosse Windham, não desejaria ser mais magro, mais gordo, mais alto, mais baixo, nem ter nada mudado ou reformado.

Algum tempo depois, ao falar dos tempos passados, acreditas que eu estava perto o suficiente para ouvir o Sr. Burke dizer à Sra. Crewe: "Gostaria que tivestes conhecido a Sra. Delany! Era um exemplo da dama perfeita, uma verdadeira dama dos tempos antigos! Os modos eram impecáveis, a conduta era a total elegância, a fala era toda docura, o ar e o trato eram de total dignidade. Sempre a vi como o modelo da mulher perfeita de outrora"

Crês que poderia ouvir impassível tal declaração para minha amada e finada amiga?[24]

Mais tarde, ainda para a Sra. Crewe, ele seguiu dizendo que ela tinha sido casada com o Sr. Wycherley,[25] o autor. Nesse momento, aventurei-me a interrompê-lo e dizer que deveria haver algum grande engano. Estava bem familiarizada com a história da Sra. Delaney, pois a ouvira de seus próprios lábios. Parecia que ele a ouvira de uma fonte segura,

---

[23] O já citado William Windham (1750-1810). (N. T.)
[24] Frances Burney foi apresentada a Lady Mary Delaney (1700-1788) em 1783, e com frequência lhe fazia visitas em Londres e em Windsor. Graças a essa amizade, Frances Burney foi aceita para trabalhar na corte da Rainha Charlotte, esposa de George III. (N. T.)
[25] Referência ao dramaturgo William Wycherley (1641-1716), famoso principalmente no período do reinado de Charles II (1630-1685) como autor de comédias no mesmo estilo das peças de Molière (1622-1673). (N. T.)

mas eu não poderia consentir absolutamente naquela versão, dado que sua vida real e os verdadeiros diários escritos por ela estiveram em minhas mãos por certo período e, de algum modo, foram terminados por mim. Isto, no entanto, não mencionei.

Quando deixei a sala de jantar para os cavalheiros, a Srta. F____ agarrou meu braço, sem que antes houvesse trocado uma só palavra comigo e, com um estupendo sotaque irlandês, disse:

– Srta. Burney, não podes imaginar como estou feliz de encontrar essa oportunidade favorável para começar uma amizade íntima com a senhorita! Quis conhecer-te desde quando comecei a fazer uso da razão!

Também fiquei contente com que ninguém a tivesse ouvido! Fez-me andar com ela pelo jardim, até onde tínhamos combinado um passeio. Andava a passos rápidos, apoiando-se em meu braço, colocando o rosto perto do meu, falando às pressas e lançando saliva a cada palavra, tamanha era a sua ansiedade.

– Tenho a honra de conhecer alguns de teus conhecidos na Irlanda – continuou ela –, isto é, se eles não o são da senhorita, o que lamentam muito, são-no de sua irmã, o que é quase a mesma coisa. O Sr. Shirley, primeiro, emprestou-me *Cecilia*;[26] e ficou tão encantado de ouvir meus comentários! A Sra. Shirley é uma das mais belas criaturas; ela é tão alta e tão forte! E todas as filhas são bonitas também; assim é a família toda. Eu nunca vi o capitão Phillips, mas ouso dizer que ele é bonito.

É uma garota irlandesa bem rústica.

Daí a pouco, falou da Srta. Palmer.

– Ah, ela ama a senhorita! – exclamou. – Disse que esteve contigo domingo passado, e que ela nunca foi tão feliz na vida. Disse que a senhorita parecia triste.

Essa Srta. F____ é uma menina bonita e parece de muito bom caráter. Agora, é uma recém-chegada, e não duvido que logo a Sra.

---

[26] O romance *Cecilia* de Fanny Burney foi lançado originalmente em 1782. (N. T.)

Burke, de modos delicados, bem-educada e calma, subjugue essa exuberância de loquacidade.

Soube depois pela Sra. Crewe que minha curiosa e nova conhecida fizera inúmeras perguntas acerca de meu emprego e do cargo que ocupava com a rainha. Descubro que as pessoas se preocupam com saber se ocupo o lugar da Duquesa de Ancaster ou se sou uma camareira real. A verdade inclina-se a estar *entre* as conjecturas.

A festa voltou com dois acréscimos muito peculiares aos convidados – Lorde Loughborough[27] e o Sr. e a Sra. Erskine.[28] Eles possuem *villas* em Hampstead, e os encontramos durante o passeio. O Sr. Erskine, provavelmente, não desejava encontrar-se com o Sr. Burke, que abertamente na Câmara dos Comuns perguntara se Erskine sabia qual era o significado de amizade, quando este pretendera chamá-lo, a ele, Burke, de amigo.

Houve uma desunião evidente na cordialidade do grupo nessa ocasião. Meu pai, o Sr. Richard Burke, seu sobrinho e o Sr. Elliot começaram a falar de generalidades. O Sr. Burke começou a estudar um livro de Boileau e o lia em voz alta, ainda que fosse para si, e o fazia com prazer, de modo que logo parecia ter esquecido todos os intrusos. Lorde Loughborough juntou-se à Sra. Burke, e o Sr. Erskine sentou-se ao lado da Sra. Crewe monopolizando-a por completo; ainda assim, falava alto o bastante para que todos os demais o ouvissem.

Sentei-me ao lado da Sra. Erskine, que parecia muito uma mulher do mundo, já que se pôs a falar comigo com imensa liberdade, presteza e facilidade, como se fôssemos velhas amigas.

O Sr. Erskine enumerava todas as suas ocupações para a Sra. Crewe; entre muitas, mencionou, muito calmamente, ter entrado em juízo contra o Sr. Crewe a respeito de uma questão de propriedade em Cheshire.

---

[27] O já citado Alexander Wedderburn (1773-1805), 1.º Conde de Rosslyn e Lorde Loughborough. (N. T.)

[28] Referência a Thomas Erskine (1750-1823), 1.º Barão Erskine, e sua primeira esposa Frances [Moore] Erskine (1752-1805), Baronesa Erskine. (N. T.)

A Sra. Crewe, alarmada, rapidamente o interrompeu para perguntar o que ele queria dizer com aquilo e o que poderia resguardar o Sr. Crewe.

– Oh! nada! A não ser a perda da propriedade daquele local – respondeu friamente –, mas eu não sei o que exigirão dele; só sei que pagarei trezentas libras por aquilo.

A Sra. Crewe pareceu pensativa; e o Sr. Erskine, então, começou a falar da nova Associação para Reforma, criada pelos amigos do povo, capitaneada pelos Srs. Grey[29] e Sheridan[30] e apoiada pelo Sr. Fox, que contava com a oposição declarada do Sr. Windham, bem como com a do Sr. Burke. Falou muito a respeito do uso que tinham feito de seu nome, embora nunca tivesse feito parte da sociedade. Começou a dar a entender que repudiava tal associação, mas logo acrescentou:

– Não sei se algum dia chegarei a tomar parte, tenho tanto a fazer e tão pouco tempo... No entanto, devemos apoiar o povo.

– Por obséquio – interrompeu-o a Sra. Crewe –, será que Vossa Mercê poderia explicar-me o que compreende por "o povo"? Nunca cheguei a entender.

Ele a olhou surpreso, porém evitou dar qualquer resposta. Logo depois se despediu, com a mulher, que não parecia de modo algum admirá-lo tanto quanto ele se apreciava a si mesmo, a julgar pelas estranhas frases breves que dela escaparam. A eminência do Sr. Erskine parece toda voltada para a vida pública; em privado, a excessiva vaidade o desmerece.

Lorde Loughborough, no mesmo instante, ocupou o assento ao lado da Sra. Crewe; e logo contou a respeito de um discurso que o Sr. Erskine havia pronunciado recentemente em determinada reunião pública, e que começava da seguinte maneira: "Quanto a mim, cavalheiros, creio ter algum direito de expressar livremente minhas opiniões. Querem saber onde estão os fundamentos de meu direito? Desafio qualquer homem a perguntar! Se disserem que é o nascimento – minha genealogia se equipara à dos reis! Se disserem que é minha riqueza, é a única coisa

---

[29] Trata-se de Charles Grey (1764-1845), 2.º Conde Grey. (N. T.)
[30] O já citado Richard Brinsley Sheridan (1751-1816). (N. T.)

para a qual tenho tempo! Se meus talentos – não! Estes, cavalheiros, deixo que os julguem por si sós!"

Por hoje não posso estender-me mais, a não ser para dizer que o Sr. e a Sra. Burke, ao partir, fizeram-me, a mim e a meu pai, o gentilíssimo convite para visitarmos Beaconsfield durante o verão ou o outono. Encantar-me-ia aceitar tal oferta.

Ao cair da tarde, a Sra. Crewe, meu pai e eu ficamos juntos a falar um pouco de política. Muito me agradou ouvi-la dizer que o Sr. Windham era respeitado por todos os partidos, tanto por seus princípios como por suas capacidades. Lemos o doce poema de Rogers sobre a memória[31] e fizemos algumas outras coisas. Depois, retiramo-nos em mui sereno bom-humor.[32]

---

[31] Referência ao poema de Samuel Rogers (1763-1855) *The Pleasures of Memory* [Os Prazeres da Memória], publicado naquele mesmo ano de 1792. (N. T.)

[32] *Diaries and Letters of Madame d'Arblay As Edited By Her Niece Charlotte Barrett*, pref. e notas Austin Dobson, vol. V (July 1791-April 1802), London, Macmillian, 1904, p. 89-98. (N. T.)

Nota Bibliográfica

Embora tenham sido publicadas muitas edições das obras de Edmund Burke (1729-1797), nenhuma delas foi editada de maneira adequada. Isso permanece, talvez, como a principal lacuna na edição acadêmica de grandes autores ingleses. Ainda que não sejam completos, os *Writings and Speeches of Edmund Burke* [Escritos e Discursos de Edmund Burke], da Oxford University Press, em 15 volumes, são, por certo, consideravelmente anotados e contêm a melhor edição de texto, mas foram criticados, com propriedade, por certo viés antiburkeano, em especial no volume dos escritos de Burke sobre a Revolução Francesa. A mais completa edição norte-americana é *The Works of the Right Honourable Edmund Burke*[1] [Os Trabalhos do Right Honourable Edmund Burke], lançada em 12 volumes pela editora Little, Brown and Company (Boston, 1865-1867). A maioria das passagens citadas na presente bibliografia[2] foram retiradas de *The*

---

[1] Os doze volumes dessa edição se encontram disponíveis gratuitamente em formato digital em The Project Gutemberg, podendo ser acessados no seguinte endereço: https://www.gutenberg.org/ebooks/author/842 (N. T.)

[2] Provavelmente por causa do eminente caráter didático deste livro ou devido a obrigações contratuais com a casa editorial, na maioria das citações Russell Kirk não faz referências ao número das páginas ou dos volumes de onde foram tiradas as passagens selecionadas, motivo pelo qual optamos por localizar os referidos trechos em diferentes edições em inglês para traduzirmos, asssinalando sempre onde se encontram tais partes das obras de Edmund Burke. Dentre as diversas versões em inglês que consultamos, vale destacar a reedição da seleção em quatro volumes elaborada por Edward John Payne

Works and Correspondence of the Right Honourable Edmund Burke [Os Trabalhos e a Correspondência do Right Honourable Edmund Burke], publicados em 16 volumes pela editora Francis and John Rivington (Londres, 1826).

As cartas de Edmund Burke estão disponíveis em uma edição acadêmica, em 10 volumes, editada por Thomas W. Copeland (1907-1979) e outros pesquisadores em *The Correspondence of Edmund Burke* [A Correspondência de Edmund Burke], lançada pela Cambridge University Press e pela University of Chicago Press (Cambridge/Chicago, 1958-1978). A coleção, cuidadosamente preparada por Copeland, é reconhecida hoje como a contribuição mais importante para os estudos de Burke no século XX. Existe uma edição anterior das cartas de Burke reunidas por Charles William Wentworth-Fitzwilliam (1786-1857), 5.º Conde Fitzwilliam, e por Sir Richard Bourke (1777-1855), publicadas em quatro volumes como *The Correspondence of Edmund Burke* [A Correspondência de Edmund Burke], pela editora Francis and John Rivington (London, 1844).

Quanto aos manuscritos de Edmund Burke, a maioria deles está disponível agora para a consulta pública no Sheffield Record Office – entre eles, os escritos de Charles Watson-Wentworth (1730-1782), 2.º Marquês de Rockingham, e de William Wentworth-Fitzwilliam (1748-1833), 4.º Conde Fitzwilliam, que antes estavam em Wentworth Woodhouse. A segunda maior coleção é mantida pela Northamptonshire Record Society em Lamport Hall – anteriormente estavam juntamente com os escritos do 4.º Conde Fitzwilliam em

---

(1844-1904), publicada pelo Liberty Fund, com acréscimo de prefácio e nota biográfica de Francis Canavan, S. J. (1917-2009), disponível como Edmund Burke, *Select Works of Edmund Burke*, A New Imprint of the Payne Edition, Foreword and Biographical Note by Francis Canavan, S. J., Indianapolis, Liberty Fund, 1999. 4 v. Os quatro volumes podem ser consultados gratuitamente na página do Liberty Fund e acessados em diferentes formatos digitais no seguinte endereço: http://oll.libertyfund.org/titles/burke-select-works-of--edmund-burke-4-vols. (N. T.)

Milton Hall. Coleções menores estão espalhadas por toda a Grã--Bretanha e pelos Estados Unidos.

O livro *A Bibliography of Edmund Burke* [Uma Bibliografia de Edmund Burke], compilado por William B. Todd (1919-2011), foi publicado pela editora Rupert Hart-Davies (Londres, 1964). Preparada por Clara I. Gandy (1928-) e Peter J. Stanlis (1920-2011), a obra *Edmund Burke: A Bibliography of Secondary Studies to 1982* [Edmund Burke: Uma Bibliografia Secundária até 1982], publicada pela editora Garland (Nova York, 1983), é um trabalho minucioso e contém o valioso ensaio "Burke's Historical Reputation: 1797-1981" [A Reputação Histórica de Burke: 1797-1981] de Peter Stanlis.

A maior parte das biografias mais importantes e dos estudos especializados sobre Edmund Burke foi citada nas notas de rodapé. Determinadas obras não foram citadas, mas ainda possuem algum valor, seja para informação, seja para crítica. Eis algumas delas:

AYLING, Stanley. *Edmund Burke: His Life and Opinions*. New York: St. Martin's, 1988.
BAUMANN, A. A. *Burke: The Founder of Conservatism*. London: Eyre & Spottiswoode, 1929.
BEVAN, Ruth A. *Marx and Burke: A Revisionist View*. Pref. Russell Kirk. La Salle: Open Court, 1973.
BISSET, Robert. *The Life of Edmund Burke*. London: George Cawthorn, 1798.
BLAKEMORE, Stephen. *Burke and the Fall of Language: The French Revolution as a Linguistic Event*. Hanover: University of New England Press, 1988.
BLAKEMORE, Stephen (ed.). *Burke and the French Revolution: Bicentennial Essays*. Athens: University of Georgia Press, 1992.
BURKE, Peter. *The Public and Domestic Life of the Right Hon. Edmund Burke*. London: N. Cooke, 1854.
BURKE, Peter. *The Wisdom and Genius of the Right Hon. Edmund Burke*. London: E. Moxon, 1845.

CAMERON, David. *The Social Thought of Rousseau & Burke: A Comparative Study*. London: Weidenfeld and Nicolson, 1973.

CANAVAN, S. J., Francis. *Edmund Burke: Providence and Prescription*. Durham: Carolina University Press, 1987.

CANAVAN, S. J., Francis. *The Political Economy of Edmund Burke: The Role of Property in His Thought*. New York: Fordham University Press, 1995.

CHAPMAN, Gerald W. *Edmund Burke: The Practical Imagination*. Cambridge: Harvard University Press, 1967.

CROLY, George, A *Memoir of the Political Life of the Right Honourable Edmund Burke*. Edinburgh: Blackwood, 1840. 2 vols.

CROWE, Ian (ed.), *The Enduring Edmund Burke: Bicentennial Essays*. Wilmington: Intercollegiate Studies Institute, 1997.

FENNESSY, R. R. *Burke, Paine, and the Rights of Man: A Difference of Political Opinion*. The Hague: Martinus Nijhoff, 1963.

FREEMAN, Michael. *Edmund Burke and the Critique of Political Radicalism*. Chicago: University of Chicago Press, 1980.

FROHNEN, Bruce. *Virtue and the Promise of Conservatism: The Legacy of Burke and Tocqueville*. Lawrence: University Press of Kansas, 1993.

GRAUBARD, Stephen R. *Burke, Disraeli, and Churchill: The Politics of Perseverance*. Cambridge: Harvard University Press, 1961.

HAMPSHER-MONK, Iain. *The Political Philosophy of Edmund Burke*. New York: Longman, 1987.

HOFFMAN, Ross J. S. *The Marquis: A Study of Lord Rockingham, 1730-1782*. New York: Fordham University, 1973.

KRAMNICK, Isaac. *The Rage of Edmund Burke: Portrait of an Ambivalent Conservative*. New York: Basic Books, 1977.

MACKNIGHT, Thomas. *History of the Life and Times of Edmund Burke*. London: Chapman and Hall, 1856-1860. 3 vols.

MAGNUS, Sir Philip. *Edmund Burke: A Life*. London: John Murray, 1939.

MANSFIELD, JR., Harvey C. *Statesmanship and the Party Government: A Study of Burke and Bolingbroke*. Chicago: Chicago University Press, 1965.

MORLEY, John. *Edmund Burke: A Historical Study*. London: Macmillan and Co., 1867.

MURRAY, Robert H. *Edmund Burke: A Biography*. Oxford: University Oxford Press, 1931.

NOONAN, J. R., John T. *Bribes: The Intellectual History of a Moral Idea*. New York: MacMillan, 1984. [A obra é um excelente tratamento dos aspectos legais do processo de *impeachment* de Warren Hastings.]

O'BRIEN, Conor Cruise. *The Great Melody: A Thematic Biography of Edmund Burke*. Chicago: University of Chicago Press, 1992.

O'GORMAN, Frank. *Edmund Burke: His Political Philosophy*. Bloomington: Indiana University Press, 1973.

PAPPIN III, Joseph. *The Metaphysics of Edmund Burke*. New York: Fordham University Press, 1992.

PARKIN, Charles. *The Moral Basis of Burke's Political Thought: An Essay*. Cambridge: Cambridge University Press, 1956.

REYNOLDS, E. E. *Edmund Burke: Christian Statesman*. London: S. C. M. Press, 1948.

RITCHIE, Daniel (ed.). *Further Reflections on the Revolution in France*. Indianapolis: Liberty Press, 1992.[3]

RITCHIE, Daniel (ed.). *Edmund Burke: Appraisals and Applications*. Pref. Russell Kirk. New Brunswick: Transaction Publishers, 1990.

ROBERTSON, J. B. *Lectures on the Life, Writings, and Times, of Edmund Burke*. London: J. Philp, 1868.

STANLIS, Peter J. *Edmund Burke: The Enlightenment and Revolution*. Pref. Russell Kirk. New Brunswick: Transaction Press, 1991.

STANLIS, Peter J. *Edmund Burke and the Natural Law*. Pref. Russell Kirk. Shreveport: Huntington House, 1986.

VALENTINE, Alan. *Lord North*. Norman: University of Oklahoma Press, 1967. 2 vols.

WELSH, Jennifer M. *Edmund Burke and International Relations: The Commonwealth of Europe and the Crusade against the French Revolution*. Oxford: St. Martin's Press, 1995.

WHELAN, Frederick G. *Edmund Burke and India: Political Morality and Empire*. Pittsburgh: University of Pittsburgh Press, 1996.

---

[3] O livro digital se encontra disponível gratuitamente na página do Liberty Fund, podendo ser acessado em diferentes formatos no seguinte endereço: http://oll.libertyfund.org/titles/burke-further-reflections-on-the-french--revolution. (N. T.)

Existem demasiados ensaios críticos – diferentes de livros – e teses de doutorado não publicadas sobre Edmund Burke para qualquer listagem que possamos fazer aqui.

As referências a Edmund Burke em memórias e diários do período, naturalmente, são abundantes. Neste ponto existem alguns relatos em particular que recomendo – além dos livros citados acima. São eles os numerosos volumes de *The Private Papers of James Boswell* [Os Escritos Pessoais de James Boswell], bem como *The Life of Samuel Johnson*[4] [A Vida de Samuel Johnson], de James Boswell; *The Life of George Crabbe, by His Son* [A Vida de George Crabbe, por Seu Filho], de George Crabbe, Jr. (1785-1857); *The Early Life and Diaries of William Windham* [A Vida Inicial e os Diários de William Windham], editado por R. W. Ketton-Cremer (1906-1969), além de *The Windham Papers* [Os Escritos de Windham]; *The Jenkinson Papers, 1760-1766* [Os Escritos de Jenkinson: 1760-1766]; as memórias de Horace Walpole (1717-1797), em *Memoirs of the Reign of George the Third* [Memórias do Reinado de George III], e ainda *The Letters of Horace Walpole, Earl of Orford*[5] [As Cartas de Horace Walpole, Conde de Orford], é claro; *Memoirs of the Marquis of Rockingham* [Memórias do Marquês de Rockingham]; *The Life and Times of Henry Grattan* [A Vida e a Época de Henry Grattan]; *The Verney Papers* [Os Escritos de Verney]; *Correspondence of William Pitt, the Earl of Chatham* [Correspondência de William Pitt, o Conde de Chatham].

---

[4] A versão original em seis volumes da biografia de Samuel Johnson escrita por James Boswell se encontra disponível gratuitamente em formato digital em The Project Gutemberg, podendo ser acessada no seguinte endereço: https://www.gutenberg.org/ebooks/author/659. (N. T.)

[5] Diversas obras de Horace Walpole, incluindo a edição em quatro volumes de suas cartas, estão disponíveis gratuitamente em formato digital em The Project Gutemberg, podendo ser acessadas no seguinte endereço: https://www.gutenberg.org/ebooks/author/358. (N. T.)

Para a história geral de sua época, o grande trabalho é de William E. H. Lecky (1838-1903), *History of England in the Eighteenth Century*[6] [História da Inglaterra no Século XVIII], além de seu *Leaders of Public Opinion in Ireland* [Líderes da Opinião Pública na Irlanda]. Para o pensamento da época, ver, particularmente, Leslie Stephen (1832-1904), *History of English Thought in the Eighteenth Century* [História do Pensamento Inglês no Século XVIII] e *English Literature and Society in the Eighteenth Century*[7] [Literatura Inglesa e Sociedade no Século XVIII]; ver também Ernst Cassirer (1874-1945), *Die Philosophie der aufklärung*[8] [A Filosofia do Iluminismo].

Os estudos do Antigo Regime e da Revolução na França de Hippolyte Taine (1828-1893), em especial os cinco volumes, publicados entre 1875 e 1893, de *Les Origines de la France Contemporaine*[9] [As Origens da França Contemporânea], e de Alexis de Tocqueville (1805-1859), em *L'Ancien Régime et la Révolution*[10] [O Antigo

---

[6] Está disponível gratuitamente na biblioteca do Liberty Fund em variados formatos digitais a obra completa em oito volumes na seguinte edição: William Edward Hartpole Lecky, *A History of England in the Eighteenth Century*, London, Longmans, Green, and Co., 1878, 8 vols. Para consulta, acessar o endereço: http://oll.libertyfund.org/titles/lecky-a-history-of-england-in-the--eighteenth-century-8-vols. (N. T.)

[7] O livro se encontra disponível gratuitamente em formato digital em The Project Gutemberg, podendo ser acessado no seguinte endereço: https://www.gutenberg.org/ebooks/21123. (N. T.)

[8] A obra foi lançada em língua portuguesa na seguinte edição brasileira: Ernst Cassirer, *A Filosofia do Iluminismo*, trad. Álvaro Cabral, Campinas, Editora da UNICAMP, 1994. (N. T.)

[9] Os segundo, o terceiro e o quarto volumes, que tratam especificamente da Revolução Francesa, foram publicados em inglês na seguinte edição: Hippolyte Taine, *The French Revolution*, trad. John Durand, Indianápolis, Liberty Fund, 2002, 3 vols. Na página do Liberty Fund, a versão eletrônica está disponível gratuitamente em variados formatos digitais no endereço: http://oll.libertyfund.org/titles/taine-the-french-revolution-3--vols. (N. T.)

[10] O livro está atualmente disponível em português na seguinte edição brasileira: Alexis de Tocqueville, *O Antigo Regime e a Revolução*, Pref. Jacob

Regime e a Revolução], de 1856, continuam muito valiosos. Ver também, de Frantz Funck-Brentano (1862-1947), *L'Ancien Régime* [O Antigo Regime] e, de Gouverneur Morris (1752-1816), *Diary of The French Revolution*[11] [Diário da Revolução Francesa], oferecendo este último uma visão norte-americana.

Para um bom relato do remanescente do Império mongol na época de Warren Hastings (1732-1818) e posteriormente, ver Percival Spear (1901-1982), *Twilight of the Mughuls: Studies in Late Mughul Delhi* [Crepúsculo dos Mugals: Estudos sobre a Déli Mugal Tardia].

Os volumes VII, VIII e IX de *The New Cambridge Modern History* [A Nova História Moderna de Cambridge] cobre de maneira competente o período de Edmund Burke. *The Dictionary of National Biography* [Dicionário de Biografias Nacionais] contém relatos de quase todas as personagens históricas mencionadas neste livro.

Por razões muito diferentes, também vale a pena consultar três trabalhos: os volumes IX e XIII da obra *A History of English Law* [Uma História da Lei Inglesa], de Sir William Searle Holdsworth (1871-1944), que tratam do período de Edmund Burke e de Jeremy Bentham (1748-1832); o volume I de *English Political Caricature: A Study of Opinion and Propaganda* [Caricatura Política Inglesa: Um Estudo de Opinião e Propaganda], de M. Dorothy George (1878-1971); e *Edmund Burke: A Life in Caricature* [Edmund Burke: Uma Vida em Caricatura], de Nicholas K. Robinson (1946-).

Do autor do presente livro, ver *The Conservative Mind* [A Mentalidade Conservadora], que contém no segundo capítulo, "Burke

---

Peter Mayer, trad. Rosemary Costhek Abílio, São Paulo, WMF Martins Fontes, 2009. (N. T.)

[11] Na página do Liberty Fund, está disponível em variados formatos digitais a seguinte edição dos diários: Gouverneur Morris, *The Diary and Letters of Gouverneur Morris, Minister of the United States to France; Member of the Constitutional Convention*, ed. Anne Cary Morris, New York, Charles Scribner's Sons, 1888, 2 vols. Para consulta, acessar o endereço: http://oll.libertyfund.org/titles/morris-the-diary-and-letters-of-gouverneur-morris-2-vols. (N. T.)

and the Politics of Prescription"[12] [Burke e a Política dos Usos Consagrados], um exame mais detalhado e coerente da filosofia política de Edmund Burke do que o que pôde ser forjado dentro dos limites da presente obra, cuja pretensão é ser principalmente biográfica.

---

[12] Russell Kirk, "Burke and the Politics of Prescription", in *The Conservative Mind: From Burke to Eliot*, intr. Henry Regnery, Washington, D.C., Regnery Publishing, 7.ª ed. rev., 1986, p. 12-70. (N. T.)

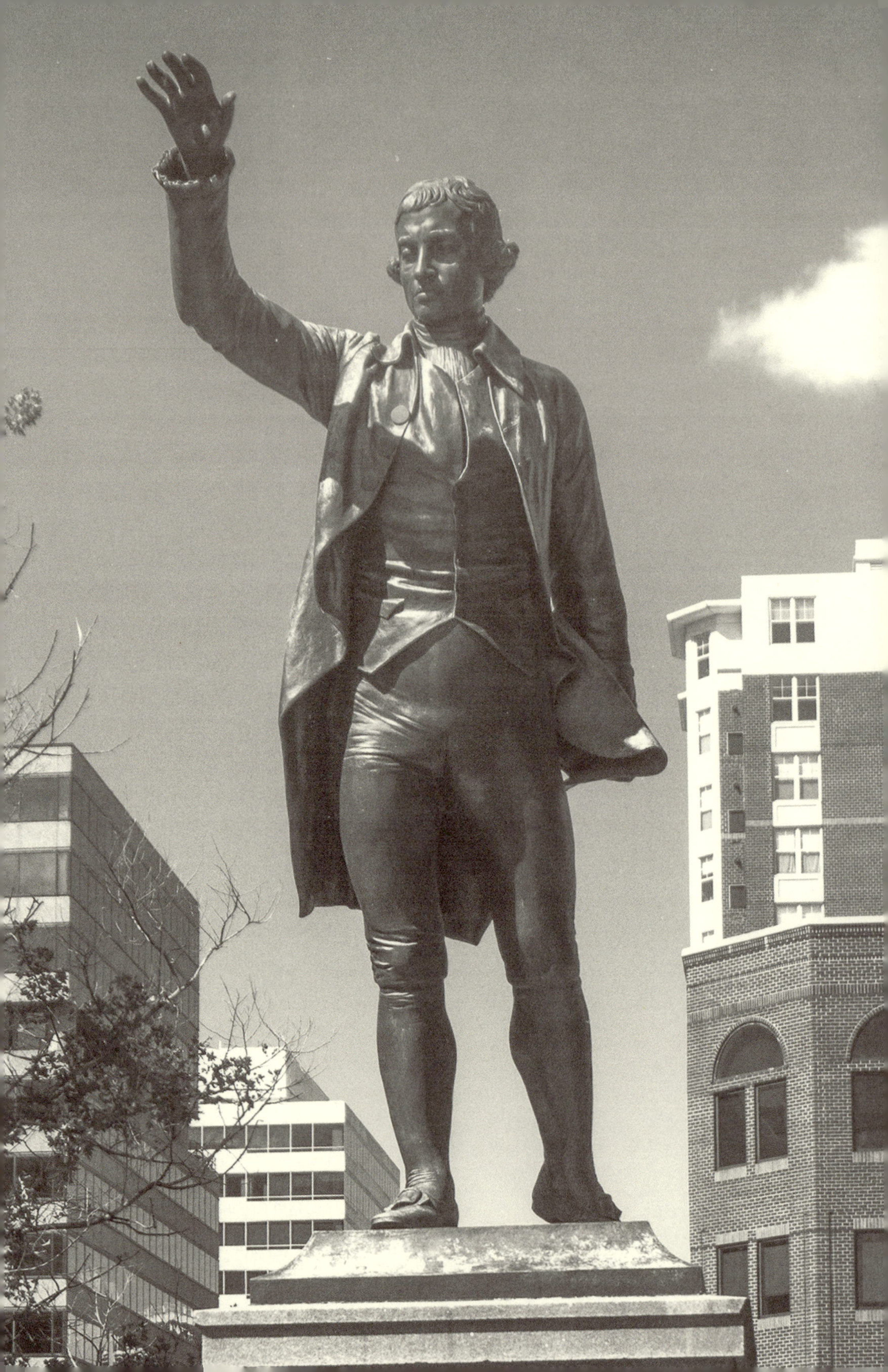

ANEXOS À EDIÇÃO BRASILEIRA

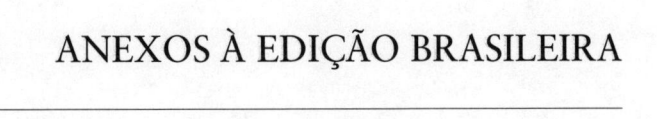

Anexo 1 | Russell Kirk e o Renascimento de Edmund Burke

FRANCIS CANAVAN, S.J.

Edmund Burke (1729-1797) é considerado por muitos como o fundador do conservadorismo moderno, e não menos pelo Dr. Russell Kirk (1918-1994). Desde a publicação do livro de Burke *Reflections on the Revolution in France* [Reflexões sobre a Revolução em França], em 1790, disse Kirk, "os principais conservadores no mundo ocidental são discípulos conscientes ou inconscientes do estadista irlandês".[1]

Russell Kirk, por sua vez, foi um membro precoce da geração de intelectuais que deu vida nova aos estudos sobre Edmund Burke nos anos após a Segunda Guerra Mundial. Para eles, todos os estudiosos de Burke, e em particular os conservadores, fossem estudiosos ou não, têm para com ele uma grande dívida. Os escritos sobre Burke nunca cessaram, é claro, mas muitos no século XIX e no início do século XX, em especial na Inglaterra, foram dificultados pela tradição empiricista e utilitarista que impediu os escritores de ver o alcance e a profundidade do pensamento de Burke. Russell Kirk foi um dos primeiros a romper esse modelo com a obra *The Conservative Mind* [A Mentalidade Conservadora], em 1953.

---

[1] Russell Kirk, "Conservatism: A Succint Description", in *National Review*, vol. 34, n. 17 (September 3, 1982), 1080-84, 1104, cit., p. 1080. [Em língua portuguesa, o ensaio pode ser encontrado na seguinte publicação: Russell Kirk, "Conservadorismo: Uma Descrição Sucinta", trad. Márcia Xavier de Brito, *Dicta & Contradicta*, n. 10 (julho de 2013), 252-63, cit., p. 253 (N. T.).]

Eu mesmo fui apresentado pela primeira vez a Edmund Burke quando estudava na Fordham University, na cidade de Nova York, em meados da década de 1940, e encontrei Ross J. S. Hoffman (1902-1979), A. Paul Levack (1909-2001) e Moorhouse I. X. Millar, S.J. (1886-1956). O livro *The Conservative Mind*, todavia, foi um *best--seller* e teve um impacto maior no público que os escritos desses senhores. O livro de Russell Kirk (e seus inúmeros artigos e livros posteriores)[2] tornaram-no um pioneiro nos estudos burkeanos e na renascença do conservadorismo nos Estados Unidos do pós-guerra.

Foi seguido de perto por vários escritores que enfatizaram o papel da lei natural e da ordem moral no mundo dada por Deus, tal como expresso pelo pensamento de Edmund Burke. Russell Kirk os reconheceu em texto posterior, publicado no livro *The Portable Conservative Reader* [O Guia de Bolso de Textos Conservadores], no qual escreveu: "Estudos recentes de Peter J. Stanlis (1920-2011), de Francis Canavan, S.J. (1917-2009), de Charles W. Parkin e de outros acadêmicos desfizeram as impressões anteriores acerca dos primeiros princípios de Burke".[3] Kirk sabia, e disse, que o pensamento de Burke tinha um fundamento metafísico, e que sua metafísica não era misticismo ou simples retórica como diziam muitos dos escritos anteriores. A ideia de Kirk, no entanto, tendia a enfatizar o outro lado de Burke, aquele que de forma alguma contradiz a chamada "tese da

---

[2] Uma relação completa de todos os ensaios de Russell Kirk sobre Edmund Burke, publicados entre 1950 e 1966, ano anterior à publicação da primeira edição da presente biografia do estadista irlandês, foi listada na nota de rodapé número 74 no seguinte texto: Alex Catharino, "A Vida e a Imaginação de Russell Kirk", in Russell Kirk, *A Era de T. S. Eliot: A Imaginação Moral do Século XX*, apres. Alex Catharino, intr. Benjamin G. Lockerd Jr., trad. Márcia Xavier de Brito, São Paulo, É Realizações, 2011, p. 48-49. (N. T.)

[3] Russell Kirk, "Introduction", in *The Portable Conservative Reader*, ed., intr. e notas Russell Kirk, New York, Penguin Books, 1982, p. xxi. [O mesmo texto pode ser encontrado também em Russell Kirk, "What is Conservatism?", in *Essential Russell Kirk: Selected Essays*, ed., pref. e notas George A. Panichas, Wilmington, ISI Books, 2007, p. 11 (N. T.).]

lei natural", senão que com ela se harmonizava por completo, como prontamente concordaram os supramencionados estudiosos.

Russell Kirk era mais atraído pelo tipo de mentalidade histórica, experimental, tradicional e anti-ideológica de Edmund Burke. O estadista irlandês não rejeitou os princípios; ao contrário, acreditou em uma natureza humana universal, asseverando: "Os princípios da verdadeira política são os da moralidade ampliados",[4] e defendia que as leis humanas "podem alterar o modo de aplicação, mas não têm poder algum sobre a substância da justiça original".[5] Isso, segundo as palavras de Charles Parkin, é a base moral do pensamento político de Burke.[6]

Certamente não é todo o pensamento, nem é isso o que torna Burke a principal fonte do conservadorismo moderno. Conservador e conservadorismo são termos que se tornaram rótulos políticos só depois da época de Edmund Burke. No entanto, quando um partido que se autodenominava conservador surgiu no cenário político britânico, herdou de Burke não uma filosofia pronta, nem, muito menos, uma ideologia que devesse ser adotada sempre e em todos os lugares, mas certa maneira de ver e compreender a vida e as instituições políticas.

Como Edmund Burke, os conservadores geralmente reconhecem uma ordem moral transcendente, à qual os homens devem tentar conformar a ordem política. "As leis da moralidade são as mesmas em todos os lugares",[7] disse Burke, e o que é extorsivo e injusto na Ingla-

---

[4] Edmund Burke. "Letter to [William Markham]", in *The Correspondence of Edmund Burke*, Cambridge/Chicago, Cambridge University Press/University of Chicago Press, 1958-1978, vol. II, p. 282.

[5] Idem, *Fragments of a Tract Relative to the Laws Against Popery in Ireland*, in *The Works of the Right Honorable Edmund Burke, Volume VI*, Boston, Little, Brown and Company, 1866, p. 323.

[6] Charles W. Parkin, *The Moral Basis of Burke's Political Thought*, Cambridge, Cambridge University Press, 1956.

[7] Edmund Burke, *Speeches in the Impeachment of Warren Hastings* [Second Day: Saturday, February 16, 1788], in *The Works of the Right Honorable Edmund Burke, Volume IX*, Boston, Little, Brown and Company, 1866, p. 448.

terra, também o é na Índia. A ordem moral, todavia, deve ser incorporada e ganhar corpo e sangue, por assim dizer, em uma sociedade atual que tenha história e experiências. Uma ordem social moral deve, portanto, assumir formas diferentes, muito embora não radicalmente diferentes, em países diferentes, e ainda mais em culturas tão diversas como as da Inglaterra e da Índia.

O conceito de justiça e a percepção do que ela exige desenvolvem-se ao longo da história. Não brotam de repente de uma só vez em algum período revolucionário nem podem ser deduzidos de conceitos abstratos à maneira da geometria. Ao contrário, são fruto de uma longa e variada experiência histórica. É importante, portanto, que a sociedade entenda seu passado e respeite a sabedoria dos ancestrais. O progresso é, de fato, possível e deve ser perseguido, mas deve crescer e buscar melhorar a tradição da cultura pelo processo gradual de adaptação dos costumes, das leis e das instituições, não num esforço de varrer e fazer desaparecer o passado e de renovar todas as coisas.

Por esse motivo Edmund Burke insistiu no que chamou de *prescription*.[8] Tirou o termo do direito de propriedade, que respeita até um título injusto de propriedade se mantido de boa fé por um número suficiente de décadas. Isso, acreditava, era exigido pelo direito natural para salvaguardar a propriedade, o principal baluarte contra o arrogante poder governamental, e para proteger da instabilidade causada pela ameaça de litígio. Ele também aplicou os usos consagrados à constituição política de um país. Se o povo existe há muito tempo e cresceu em certas condições, tem o direito e o dever de mantê-la.

---

[8] Tanto no livro *The Politics of Prudence* [A Política da Prudência] quanto em *Edmund Burke: A Genius Reconsidered* [Edmund Burke: Redescobrindo um Gênio], optamos por traduzir em português a noção burkeana de "*prescription*", utilizada diversas vezes por Russell Kirk, pelos termos genéricos "uso consagrado" ou "consagração pelo uso". Apresentamos os fundamentos de nossa opção na nota explicativa de número 53 em Russell Kirk, *A Política da Prudência*, apres. Alex Catharino, intr. Mark C. Henrie, trad. Gustavo Santos e Márcia Xavier de Brito, São Paulo, É Realizações, 2013, p. 359-60. (N. T.)

A posição de autoridade do governo não pode ser anulada por argumentos derivados do direito original dos homens ao autogoverno em um hipotético estado de natureza. Igualmente, a religião e a moral de um povo são usos consagrados. As pessoas herdam todas as coisas boas e têm o direito de desfrutar delas. Não têm de repensá-las a cada geração. Muito embora possam realmente modificá-las caso precisem, a necessidade deve ser muito grande e urgente para que seja justificada.

A mudança social e cultural, portanto, deve ser gradual e guiada pela prudência, que Edmund Burke chamou de "a primeira de todas as virtudes, bem como o guia supremo de todas as demais".[9] Um estadista sabe que uma grande sociedade humana é complexa e que soluções simples para tais problemas podem ser erradas e autodestrutivas. Sabendo disso, procede com cautela, baseando-se em bons resultados, caso sejam obtidos, mas disposto a abandonar certas políticas, caso não obtenham êxito.

Pelo mesmo motivo, ele não buscava uma sociedade ideal ou tentava pressionar a sociedade existente para governar em um molde uniforme. "Há tirania no ventre de toda utopia",[10] como disse o cientista político francês Bertrand de Jouvenel (1903-1987). Burke sempre soube disso, mas a Revolução Francesa aprofundou sua convicção quanto a essa verdade.

Uma sociedade desenvolvida, disse, necessariamente se articula em classes, todas iguais aos olhos de Deus, mas não nos papéis e nas funções que desempenham neste mundo. Tal sociedade também desenvolve modos tradicionais de pensar, de agir, e costumes que incluem relações sociais, instituições e leis próprias. Isso

---

[9] Edmund Burke, *Speeches in the Impeachment of Warren Hastings* (Third Day: Monday, February 18, 1788), in *The Works of the Right Honorable Edmund Burke, Volume X*, Boston, Little, Brown and Company, 1867, p. 49.

[10] Bertrand de Jouvenel, *Sovereignty: An Inquiry into the Political Good*, trad. J. F. Huntington, Cambridge, Cambridge University Press, 1957, p. 10.

a distingue das demais sociedades com que partilha uma cultura geral, como as nações da Europa fizeram e ainda fazem. Há, assim, variações entre as sociedades, que geram afeição e lealdade às comunidades que os homens, manifestamente, consideram como próprias, sem negar as obrigações para com a sociedade em geral e para com a cultura mais ampla que partilham com os outros. A ênfase nesse elemento de afeição, de imaginação moral, de lealdade e de amor é, creio, a principal característica da interpretação kirkeana de Burke e do conservadorismo.

Edmund Burke foi um tradicionalista, para o qual os homens vivem, em grande parte, de crenças e de costumes tradicionais. Evitou, contudo, a objeção óbvia ao tradicionalismo, a saber, que, se a tradição é a norma suprema, não há padrão mais elevado pelo qual possamos distinguir uma boa de uma má tradição. Nossa natureza humana comum, criada por Deus, mas reconhecível pela razão e, na Europa, por uma fé cristã comum, ofereceu o padrão mais alto de julgamento.

Burke bem sabia que o homem não é anjo ou demônio. A natureza humana não é perfeita, nem nenhum expediente humano ou nenhumas reformas sociais podem torná-la perfeita. Devemos aceitá-la e trabalhar com ela como tal: "Censura Deus, que alterca com as imperfeições do homem".[11] Nossas expectativas políticas e sociais devem ser, portanto, modestas, a fim de que não destruamos o bom na luta fanática pelo melhor.

Isso não significa que, por isso, Edmund Burke tenha rejeitado a razão na política. Ao contrário, é impossível ler o que ele escreveu sem notar seus constantes apelos à razão como ao guia do estadista. Burke é irracional somente para aqueles que reduzem a razão a uma versão truncada e matematizada que se tornou o modelo supremo do

---

[11] Edmund Burke, *Speech at the Guildhall in Bristol, Previous to the Late Election in that City, Upon Certain Points Relative to his Parliamentary Conduct* [September 6, 1780], in *The Works of the Right Honorable Edmund Burke, Volume II*, Boston, Little, Brown and Company, 1865, p. 370.

pensamento humano com a ascensão triunfante da ciência física no século XVII. Antes, era antirracionalista e opunha-se vigorosamente a importar para a conduta humana e para a política o método que funcionava muito bem na Matemática e na Física. Uma sólida tradição moral e política, segundo Burke, era o produto vagaroso e paciente da razão ao lidar com a complexidade em desenvolvimento dos negócios humanos. Como disse a respeito da Ciência do Direito, a tradição é "a razão de eras coligida, que combina os princípios da justiça original com a infinita variedade de preocupações humanas".[12]

Tudo isso é muito burkeano e poderíamos dizer igualmente muito kirkeano. Isso é o que constitui o conservadorismo como o entendia e admirava Russell Kirk. Há, como disse, um conservadorismo "comprou-pagou", que descreveu como "mera atração pela pequena propriedade, por medo de que medidas políticas radicais prejudiquem ou destruam o interesse material de quem as possua".[13] Seu vício característico é o egoísmo, como o vício do radicalismo é a inveja. Dr. Kirk não admitia nenhum dos dois. Seu conservadorismo era o de uma sociedade guiada por uma sólida tradição e sustentada pelos atributos morais dos homens e das mulheres de boa vontade. Os Estados Unidos possuíram tal sociedade, cuja tradição Kirk trabalha no livro *The Roots of American Order*[14] [As Raízes da Ordem Norte-Americana], e ele dedicou a vida a conservá-la e revivê-la.

---

[12] Idem, *Reflections on the Revolution in France*, in *The Works of the Right Honorable Edmund Burke, Volume III*, Boston, Little, Brown and Company, 1865, p. 357.

[13] Russell Kirk, "Conservatism: A Succint Description", in op. cit., p. 1083. [Russell Kirk, "Conservadorismo: Uma Descrição Sucinta", in op. cit., p. 259 (N. T.).]

[14] Lançado originalmente em 1974 pela Open Court, o livro recebeu uma segunda edição pela Pepperdine University Press, em 1977, e uma terceira pela Regnery Gateway, em 1991, estando disponível atualmente na seguinte edição: Russell Kirk, *The Roots of American Order*, 4.ª ed., pref. Forrest McDonald, Wilmington, ISI Books, 2003. (N. T.)

Francis Canavan, S.J.

Foi um dos mais proeminentes intelectuais católicos e teóricos políticos do século XX nos Estados Unidos. Nasceu em 27 de outubro de 1917 na cidade de Nova York, ingressou na Companhia de Jesus em 1939 e foi ordenado sacerdote jesuíta em 1950. Cursou a graduação na Fordham University e, em 1957, recebeu o doutorado em Ciência Política pela Duke University. Atuou como professor do St. Peter's College, entre 1957 e 1966, e da Fordham University, entre 1966 e 1988, quando se aposentou. Foi editor associado da revista católica semanal *America*. Faleceu em 9 de fevereiro de 2009. É autor de diversos artigos acadêmicos e de vários livros, dentre os quais destacamos as seguintes obras dedicadas ao pensamento burkeano: *The Political Reason of Edmund Burke* (Duke University Press, 1960), *Edmund Burke: Providence and Prescription* (Carolina Academic Press, 1987), e *The Political Economy of Edmund Burke: The Role of Property in His Thought* (Fordham University, 1994).

Anexo 2 | As Raízes do Conservadorismo
Moderno de Edmund Burke
a Russell Kirk

EDWIN J. FEULNER

Os Estados Unidos são o experimento em democracia mais bem-sucedido e duradouro da história humana. Sobreviveu à invasão estrangeira e a ataques terroristas, a guerras mundiais e a uma guerra civil, a uma grande depressão e a recessões nem tão pequenas assim, a assassinatos presidenciais e a escândalos, a uma cultura adversária e até à comunicação de massa. É a nação mais poderosa, próspera e invejada do mundo.

Qual é a fonte do incrível sucesso dos Estados Unidos? Serão seus recursos naturais? É o povo, que é trabalhador, empreendedor e determinado? É a localização fortuita a meio caminho entre a Europa e a Ásia? É a vontade nacional resiliente?

Por que nós, norte-americanos, desfrutamos de liberdade, de oportunidade e de prosperidade como nenhum outro povo na história?

Em *The Roots of American Order* [As Raízes da Ordem Norte-Americana], o historiador Russell Kirk (1918-1994) oferece uma resposta persuasiva. Os Estados Unidos não são "a terra dos livres e o lar dos bravos", mas o lugar da liberdade ordenada.

As raízes de nossa liberdade são profundas. Foram plantadas, diz Kirk, há quase três mil anos pelos hebreus, que perceberam "uma existência moral significativa sob Deus".[1] Os gregos fortalece-

---

[1] Russell Kirk, *The Roots of American Order*, La Salle, Open Court, 1974, p. 672.

ram as raízes com uma autoconsciência filosófica e política e foram seguidos pelos romanos, que alimentaram as raízes com a lei e com a consciência social.

Tais raízes se entrelaçaram com "a compreensão cristã dos deveres e das esperanças humanos, do homem redimido" e foram, então, unidas pelo costume medieval, pelo saber e pelo valor.[2]

Essas raízes foram enriquecidas, por fim, por dois grandes experimentos em lei e em liberdade que aconteceram em Londres, lar do parlamento britânico, e na Filadélfia, terra natal da Declaração de Independência em 1776 e da Constituição dos Estados Unidos em 1787. A análise de Russell Kirk, portanto, pode ser chamada de um conto de cinco cidades – Jerusalém, Atenas, Roma, Londres e Filadélfia.

Muito mais poderia ser dito sobre as contribuições filosóficas dos judeus, dos gregos e dos romanos para a experiência norte-americana, mas limitar-me-ei a discutir as raízes do pensamento conservador moderno que embasam nossa nação e que por mais de cinquenta anos reforçaram explicitamente a ideia de liberdade ordenada.

Concentrar-me-ei em dois grandes defensores da liberdade e da ordem: Edmund Burke (1729-1797), o eloquente parlamentar britânico do final do século XVIII que apoiou os direitos norte-americanos mesmo quando era um opositor implacável da Revolução Francesa, e o já citado Russell Kirk, o mestre das letras norte-americanas, cuja obra seminal, *The Conservative Mind* [A Mentalidade Conservadora], publicado em 1953, "catalizou um movimento conservador autoconsciente de maneira descarada".[3]

Dois pensadores políticos significativos que proporcionaram uma ponte intelectual no século XIX – Alexis de Tocqueville (1805-1859), o historiador francês e autor da obra clássica *De La Démocratie en*

---

[2] Idem, ibidem, p. 672.

[3] George Nash, *The Conservative Intellectual Movement in America: Since 1945*, 2.ª ed., Wilmington, ISI Books, 1996, p. 67.

Amérique [A Democracia na América],[4] e Lorde Acton (1834-1902), o historiador britânico e apóstolo eminente da liberdade – também merecem ser levados em conta.

I – EDMUND BURKE

Ainda que separados por mais de duzentos anos, Edmund Burke e Russell Kirk partilhavam muitas coisas, entre as quais um profundo respeito pelo costume e pela tradição, uma aversão à ideologia e ao radicalismo e a crença na política e nas políticas da prudência. A biografia *Edmund Burke: A Genius Reconsidered* [Edmund Burke: Redescobrindo um Gênio], escrita por Kirk, é esplêndida, e a utilizarei livremente neste ensaio.

Nascido em Dublin em 1729, Edmund Burke era filho de um advogado não abastado, mas de sucesso. Educado como anglicano, foi matriculado aos quinze anos no Trinity College. Essa era a educação comum da época. Seus autores ingleses favoritos eram William Shakespeare (1564-1616), Edmund Spenser (1552-1599) e John Milton (1608-1674). Entre os clássicos gregos e latinos, honrava Virgílio (70-19 a.C.), Cícero (43-79 a.C.), Homero e Juvenal (†130).

Na primavera de 1750, o jovem Burke mudou-se para Londres para estudar Direito, mas, por fim, acabou ingressando nas letras, publicando vários livros nas décadas seguintes, entre os quais *Philosophical Inquiry into the Origins of the Sublime and Beautiful* [Uma

---

[4] A obra está disponível em língua portuguesa na seguinte edição em um único volume: Alexis de Tocqueville, *A Democracia na América*, pref. Antônio Paim, trad. e notas Neil Ribeiro da Silva, Belo Horizonte, Editora Itatiaia, 1987. Posteriormente, também foi lançada no Brasil uma nova edição em dois volumes, a saber: Alexis de Tocqueville, *A Democracia na América: Leis e Costumes*, pref., biografia e bibliografia François Furet, trad. Eduardo Brandão, São Paulo, Martins Fontes, 1998; Idem, *A Democracia na América: Sentimentos e Opiniões*, trad. Eduardo Brandão, São Paulo, Martins Fontes, 2000. (N. T.)

Investigação Filosófica Sobre a Origem de Nossas Ideias do Sublime e do Belo]⁵ – uma indicação do longo alcance de sua mente. Nessa obra Burke desafiou o racionalismo estrito do Iluminismo. Sabia que não podia negligenciar as paixões nas artes e na política. Alinhou-se com o filósofo francês Blaise Pascal (1623-1662), pois "O coração tem razões que a própria razão desconhece".⁶

Ainda não havia completado os trinta anos, e já Edmund Burke se viu uma celebridade literária. Sir James Mackintosh (1765-1832) comparou Burke a Shakespeare, ao declarar: "Suas obras continham o mais vasto suprimento de sabedoria política e moral passível de encontrar-se em qualquer outra obra que fosse".⁷

Casou-se em 1757 com Jane Mary Nugent (1734-1812), filha de um médico católico, e Burke agora chamava Londres de seu lar.

Burke assumiu a editoria de uma nova publicação – que continua a existir até nossos dias –, *The Annual Register*, cobrindo os principais acontecimentos políticos, ensaios e acontecimentos incomuns do ano. Foi um treinamento excelente para a carreira política de Burke, pois tinha de analisar todos os interesses comerciais, financeiros, constitucionais e externos da Grã-Bretanha e de seu Império.⁸

Embora editar o volume anual trouxesse prestígio para Burke, não pagava as contas. E assim, com mulher, filho e despesas de casa,

---

⁵ Em português, ver Edmund Burke, *Uma Investigação Filosófica sobre a Origem de Nossas Ideias do Sublime e do Belo*, trad. Enid Abreu Dobránszky, Campinas, Unicamp/Papirus, 1993. (N. T.)

⁶ No original: *Le Coeur A Ses raisons, Que la Raison Ne Connait Point*. Ver Blaise Pascal, *Pensées, Fragments et Lettres de Blaise Pascal: Publiés pour la Première Fois Conformément aux Manuscrits, Originaux en Grande Partie Inédits*, Paris, Andrieux, 1814, vol. 2, p. 472. (N. T.)

⁷ James Mackintosh, *Memoirs of the Life of Sir James Mackintosh*, London, Edward Moxton, 1836, vol. 1, p. 91. (N. T.)

⁸ Edmund Burke, "A Letter to a Noble Lord (1796)", in *The Works of The Right Honorable Edmund Burke*, Boston, Little, Brown and Co., 1866, vol. V, p. 191. (N. T.)

foi arrastado para a política, para a facção Rockingham do partido *whig*. Era uma aliança natural, já que os *whigs* eram amantes da liberdade e da propriedade privada.

Em julho de 1765, Charles Watson-Wentworth (1730-1782), 2.º Marquês de Rockingham, tornou-se primeiro-ministro e quase imediatamente nomeou Edmund Burke como seu secretário privado. Em dezembro do mesmo ano, Burke foi eleito para a Câmara dos Comuns e começou uma carreira no parlamento que durou vinte e nove anos. Tornou-se uma personalidade nacional e internacional pela oposição às políticas coloniais na América e na Índia do rei George III (1738-1820) e pela condenação apaixonada da Revolução Francesa. Onde quer que tivesse ocorrido, "a negação da justiça fez Burke despertar para a grandeza".[9]

O *Speech on American Taxation* [Discurso sobre a Tributação Americana] e *A Letter to the Sheriffs of Bristol* [Carta aos Delegados Eleitores de Bristol], de Edmund Burke, foram tentativas eloquentes mas mal-sucedidas de persuadir George III, o parlamento e o público das tolices da política inglesa para com as colônias e o perigo de forçar os norte-americanos a aceitar tal política. Burke convenceu-se de que as colônias estavam perdidas para a Grã-Bretanha e estava entre os primeiros a endossar nossa independência. Ao mesmo tempo permaneceu como um fiel firme e um baluarte da instituição da monarquia britânica, ainda que não de cada monarca individual.

Na *Letter to the Sheriffs of Bristol*, Burke demonstra sua filosofia com relação às obrigações de um representante e de seu eleitorado – uma filosofia, lamentavelmente, pouco praticada no Congresso norte--americano moderno. Burke disse que os desejos dos eleitores, por certo, deveriam pesar no seu membro do parlamento, mas:

> [...] a própria opinião imparcial, o julgamento maduro, a consciência esclarecida, ele não deve sacrificá-los a vós ou a nenhum grupo de

---

[9] Russell Kirk, "Das Letras à Política", in *Edmund Burke: Redescobrindo um Gênio*, cap. 2, p. 169.

homens vivos. Tais coisas não decorrem de vosso prazer – não, nem da lei nem da constituição. É algo que lhe é confiado pela Providência, cujo abuso o torna profundamente responsável. Vosso representante vos deve, não somente a sua industriosidade, mas o seu julgamento; e vos trai em vez de vos servir, se o sacrifica à vossa opinião.[10]

A referência de Edmund Burke à Providência oferece outra pista para o conservadorismo de Burke. Disse: "Os princípios da verdadeira política são os da moralidade ampliados".[11] A política para Burke é um ramo da ética, o que o separa nitidamente de Nicolau Maquiavel (1469-1527) e da ideia moderna de que o poder é supremo na política. Os princípios políticos básicos de Burke estão fundados na lei natural clássica e cristã, derivada de Deus e percebida por bons homens segundo a "reta razão".[12]

Poderíamos ficar tentados a dizer que para Edmund Burke a religião é a única coisa. Ao longo de sua obra mais famosa, *Reflections on the Revolution in France* [Reflexões sobre a Revolução em França], Burke argumenta que a religião repousa no centro da sociedade civilizada, que sem religião não pode existir ordem ou mesmo bem-estar na sociedade, somente o caos. "A religião é a base da sociedade civil", escreveu Burke nas Reflexões, "e a fonte de todo bem e de todo bem-estar".[13]

---

[10] Edmund Burke, *Speech to the Electors of Bristol (November 3rd, 1774)*, in *The Works of the Right Honorable Edmund Burke*, Boston, Little, Brown &Co., 1881, vol. II, p. 95.

[11] Idem, "Letter to [William Markham]", in *The Correspondence of Edmund Burke*, Cambridge/Chicago, Cambridge University Press/University of Chicago Press, 1958-1978, vol. II, p. 282.

[12] Peter J. Stanlis, "Burkean Conservatism", in Bruce Frohnen, Jeremy Beer e Jeffrey O. Nelson (eds.), *American Conservatism: An Encyclopedia*, Wilmington, ISI Books, 2006, p. 107.

[13] Edmund Burke, *Reflections on the Revolution in France*, in *The Works of the Right Honorable Edmund Burke, Volume III*, Boston, Little, Brown and Company, 1867, p. 350.

A história também é central ao pensamento burkeano porque revela os propósitos divinos para o homem na ordem temporal, e Edmund Burke acreditava que a história ensinou aos que ocupavam cargos públicos a virtude cardeal da temperança e os encorajava a conter-se no uso do poder. A história oferecia advertências explícitas dos dias da Roma antiga ao presente contra aqueles que buscam mudança radical pela revolução – um tema que Lorde Acton imortalizaria quase um século depois.

Edmund Burke concordava com outros pensadores políticos em que "a sociedade é, de fato, um contrato", mas, diferentemente de Thomas Hobbes (1588-1679) e de Jean-Jacques Rousseau (1712-1778), acreditava que era um contrato entre Deus e o homem e entre todas as gerações da história – o passado, o presente e as gerações vindouras.[14]

A vida de Edmund Burke foi uma longa tentativa de evitar a revolução. Anteviu a Revolução Norte-Americana, mas foi incapaz de evitar sua vinda. Previu que a Irlanda iria no mesmo caminho da América do Norte se imediatamente não se fizesssem reformas, e assim aconteceu. Profetizou que a Revolução Francesa "despedaçaria a Europa, pedaço a pedaço, até ser subjugada pela força e por um mestre",[15] e foi isso o que sucedeu. Não partilhou o otimismo presunçoso do Iluminismo de que toda mudança fosse boa e de que a tradição era uma coisa que deveria ser levianamente posta de lado. Não podia dar-se senão por uma mudança gradual arraigada nas instituições da sociedade.

Assustado pelo sangue que jorrou da guilhotina e pelas ruas de Paris, Burke resolveu que a Grã-Bretanha "não partilharia a tolice da França e que a totalidade do mundo civilizado deveria ser

---

[14] Idem, ibidem, p. 350.
[15] Russell Kirk, "À Beira do Abismo", in *Edmund Burke: Redescobrindo um Gênio*, cap. 6, p. 264.

despertada"[16] para a ameaça do jacobinismo. Atacou, em particular, a falácia dos "Direitos do Homem" proposta pelos revolucionários franceses porque viu nessa noção abstrata um desejo de libertar-se de todos os deveres. No entanto, como expôs o prêmio Nobel em Economia F. A. Hayek (1899-1992) dois séculos depois, "liberdade e responsabilidade são inseparáveis".[17]

Diferentemente da Revolução Gloriosa da Inglaterra de 1688, que foi muito mais uma reforma que uma revolução, Edmund Burke insistiu em que a Revolução de 1789 desenraizaria a sociedade humana e levaria primeiro à anarquia e depois à ditadura. A Revolução Francesa, disse, era uma "loucura metafísica" baseada na incompreensão fantástica da natureza humana".[18]

Primeiramente, suas admoestações tiveram pouco impacto no Parlamento – Charles James Fox (1749-1806), o companheiro e líder dos *whigs*, considerou a deposição francesa de Luís XVI (1754-1793) e a resultante "democracia do povo" um "triunfo do progresso e da liberdade". Burke decidiu ir diretamente às pessoas com suas preocupações e escreveu uma das obras mais brilhantes da filosofia política inglesa, as *Reflexões sobre a Revolução em França*,[19] publicada em 1790.

Enquanto os revolucionários franceses falavam incessantemente de coisas abstratas, Edmund Burke descreveu o que chamou de "os verdadeiros direitos do homem", a começar pelo direito dos homens de viver numa sociedade civil baseada no estado de direito. "O que quer que cada homem possa fazer separadamente, faça-o sem pôr a culpa nos outros", escreveu; "ele tem o direito de fazê-lo a si mesmo e tem direito a uma porção justa de toda a sociedade, com tudo o

---

[16] Idem, "A Revolução do Dogma Teorético", in *Edmund Burke: Redescobrindo um Gênio*, cap. 7, p. 286.

[17] Friedrich A. Hayek, *The Constitution of Liberty*, Chicago, University of Chicago Press, 1960, p. 7

[18] Russell Kirk, *Edmund Burke: Redescobrindo um Gênio*, cap. 7, p. 288.

[19] Idem, ibidem, p. 288.

que as combinações de habilidades e de força podem realizar a seu favor". Nessa associação, afirmou Burke, "todos os homens têm direitos iguais; mas não coisas iguais".[20]

Insistiu em que a liberdade deveria ser medida de modo prudente. "Nesse sentido, as restrições aos homens, bem como as liberdades, devem ser consideradas entre os seus direitos".[21]

Não há abismo mais aparente entre o conservador moderno e o liberal moderno que a discussão de "direitos". O progressista moderno é o sucessor orgulhoso da noção jacobina de direitos abstratos, descobrindo novos direitos todos os dias na busca vã de perfectibilidade e de utopia. O conservador moderno fica ao lado de Edmund Burke, assegurando que os verdadeiros direitos do homem estão fundados no costume, na tradição e na fé – e que a reforma é essencial, mas a mudança total é catastrófica.[22]

A diferença essencial entre Edmund Burke e os revolucionários franceses era teológica. Burke possuía uma compreensão cristã da natureza humana que Georges-Jacques Danton (1759-1794), Maxmilien de Robespierre (1758-1794) e os outros jacobinos rejeitaram. Para os revolucionários, o cristianismo era superstição e um inimigo. Para Burke, era "o maior bem do homem" e "instituir ordem a principal necessidade da civilização".[23] Ofereceu a base civilizadora da sociedade, independentemente da denominação particular do indivíduo.

Ao contrário, o líder revolucionário francês Danton procurou o fermento constante e falou de um "caldeirão" em que cada impureza da sociedade seria "reduzida a cinzas". Burke, no entanto, declarou que

---

[20] Idem, ibidem, p. 296.

[21] Idem, ibidem, p. 297.

[22] Edmund Burke, *On Taste. On the Sublime and Beautiful, Reflections on the Revolution in France and A Letter to a Noble Lord*, Charles W. Elliot, LL.D. (ed.), New York, P.F. Collier & Son Corporation, 1968, p. 390.

[23] Russell Kirk, "A Revolução do Dogma Teorético", in *Edmund Burke: Redescobrindo um Gênio*. Capítulo 7, p. 287.

a sociedade justa não era um caldeirão borbulhante, mas uma corporação individual, formada pela aliança entre o homem e seu Deus.

Uma acusação frequente a Edmund Burke era que após décadas de defesa dos oprimidos – na América, na Irlanda, na Índia e na Inglaterra – ele "traiu seu amor por liberdade e justiça" ao defender o Antigo Regime na França (mesmo Alexis de Tocqueville critica a Burke o ser demasiado simpático à monarquia francesa). Entretanto, não havia diferença em princípio entre a defesa das colônias norte-americanas de Burke e seus ataques aos revolucionários franceses. Em cada etapa, aliou uma lei natural moral e a prudência como a melhor estratégia para resistir à tirania política (a regra do homem *versus* a regra da lei) e à injustiça – e isso era verdade quer falasse de reis ou de democratas.

Quaisquer que sejam as diferenças entre Burke e Tocqueville quanto a vícios e virtudes da monarquia francesa, concordaram quanto à importância da religião, do costume e da lei para a manutenção de uma sociedade civil e ordenada.[24]

Como resumir, então, o conservadorismo de Edmund Burke e sua influência no pensamento conservador norte-americano? Burke apoiava a preservação da constituição inglesa, com sua divisão tradicional de poderes, como "o sistema mais propício à liberdade e à ordem" em toda a Europa. E, nas palavras de Russell Kirk, Burke defendeu a preservação de uma "constituição maior que a civilização".[25]

Nos escritos e discursos de Burke, podemos encontrar confiança na tradição e no costume para orientação pública e privada; a convicção de que os homens são iguais aos olhos de Deus e em nenhum outro lugar; a dedicação à liberdade pessoal e à propriedade privada e a oposição à mudança doutrinária.

---

[24] Alexis de Tocqueville, *The Old Regime and the Revolution*, trad. John Bonner, New York, Harper & Brothers, 1856, p. 16, 248.

[25] Russell Kirk, *The Conservative Mind: From Burke to Santayana*, Chicago, Henry Regnery Company, 1953, p. 15.

Como escreveu Burke:

> pela facilidade sem escrúpulos de trocar de estado com tanta frequência, tantas vezes e de muitas maneiras assim como existem fantasias flutuantes e modismos, o todo e a continuidade da comunidade seriam rompidos. Nenhuma geração poderia unir-se a outra. Os homens se tornariam um pouco melhores que as moscas de verão.[26]

As crenças articuladas por Edmund Burke, como vemos acima, formam uma parte significativa do fundamento intelectual do conservadorismo moderno norte-americano. Igualmente aplicável neste século, recentemente liberto da ameaça de comunismo, estão as advertências severas de Burke contra uma elite fanática que exige conformidade com sua ideologia: "Para eles, a vontade, o desejo, o querer, a liberdade, a labuta, o sangue dos indivíduos é como se nada fossem. A individualidade é deixada fora do projeto de governo. O Estado é tudo em tudo".[27]

As ideias de Burke, escreve Kirk, "fizeram mais que instituir ilhas no mar de pensamento radical; ofereceram as defesas [a definição] do conservadorismo, em grande escala, e que ainda estão de pé e não sujeitas a cair em nossos tempos".[28]

II – ALEXIS DE TOCQUEVILLE

No início de 1830, quatro décadas depois da morte de Edmund Burke, um jovem aristocrata e advogado francês, Alexis de Tocqueville, visitou os Estados Unidos. Dessa visita de um ano publicou um livro notável, *A Democracia na América*, que o professor Harvey C.

---

[26] Idem, ibidem, p. 39.
[27] Edmund Burke, "Letters on a Regicide Peace", in *The Works of the Right Honourable Edmund Burke*, vol. VI, London, Henry G. Bohn, 1856, p. 255.
[28] Russell Kirk, *The Conservative Mind: From Burke to Santayana*, op. cit., p. 61.

Mansfield, da Harvard University, descreveu como "de uma só vez o melhor livro já escrito sobre a democracia e o melhor livro já escrito sobre a América".[29]

É um ensaio longo sobre a ascensão natural da democracia nos Estados Unidos e sobre o que a ameaça, incluindo a tirania da maioria, o excessivo materialismo e um desejo "insaciável" de igualdade.

A mesma igualdade que permite que cada cidadão imagine grandes esperanças, escreve Tocqueville, "torna todos os cidadãos individualmente fracos". A cada passo descobrem "imensos obstáculos que não tinham primeiramente percebido". Embora seja possível conceber um grau de liberdade que possa satisfazer totalmente as pessoas, diz, "os homens nunca encontrarão uma igualdade que lhes baste".[30]

Para Alexis de Tocqueville, há três razões para o sucesso de uma nação: as circunstâncias materiais, as leis e os *mores*, ou seja, os hábitos morais e os costumes. O jovem francês achou que a América não tinha vantagens especiais no que se refere às circunstâncias.

Quanto às leis, nota que a forma federativa de governo dá à América "o poder de uma grande república e a segurança de uma pequena". As instituições locais operam para moderar o despotismo potencial da democracia e dar ao povo "tanto o gosto por liberdade quanto a perícia para ser livre". Entre tais instituições, estão o governo local, a imprensa livre, um judiciário independente e o respeito pelos direitos individuais, poder judiciário em verificações especiais e dirigindo os movimentos da maioria, ajudando a corrigir as "aberrações da democracia".[31]

Ao ecoar a crença de Edmund Burke no papel civilizador da religião, Alexis de Tocqueville afirma que a razão central do sucesso da democracia norte-americana, quando comparada com o fracasso de outras democracias, são os hábitos morais da América.

---

[29] Alexis de Tocqueville, *Democracy in America*, trad., ed. e notas Harvey C. Mansfield e Delba Winthrop, Chicago, University of Chicago Press, 2000, p. xvii.

[30] Idem, ibidem, p. 513.

[31] Russell Kirk, *The Roots of American Order*, p. 447.

"Para os norte-americanos", escreve Tocqueville, "as ideias do cristianismo e da liberdade estão associadas de maneira tão completa que é quase impossível fazê-los conceber uma sem a outra". Para eles, o cristianismo não é uma série "de crenças estéreis legadas pelo passado", mas crenças "vivas nas profundezas da alma".[32]

A sociedade norte-americana poderia ter mergulhado em um "individualismo irresponsável", argumenta Russell Kirk, se não fosse mantida em união pelo "cimento do ensinamento cristão". Tocqueville entendeu que sem costumes virtuosos e sem leis prudenciais o povo se torna a "grande besta"[33] de Alexander Hamilton (1755-1804).

Tocqueville é muitas vezes citado por outro antídoto ao individualismo radical – a aptidão dos norte-americanos a se associarem uns aos outros voluntariamente (algo parecido com os "pequenos pelotões" da sociedade) segundo a própria vontade e a própria razão em vez de confiar naquilo que Harvey C. Mansfield chama de "um governo centralizado, 'mestre-escola', para tomar conta",[34] ou no que Margareth Thatcher (1925-2013) chamou de "Estado-babá".

Pelas pesquisas da vida norte-americana, pelo entendimento da Inglaterra e dos escritos de Edmund Burke e de outros, pela carreira política (serviu na Câmara dos Deputados) e pela erudição sem pretensões, Alexis de Tocqueville certamente estava qualificado para falar da sociedade e do governo. O fato de ser extremamente qualificado para fazê-lo é confirmado por comentários como os de Lord Acton, ao afirmar: "De todos os escritores, [Tocqueville] é o mais aceitável e o mais difícil de conter erros. É sempre sábio, sempre está certo e é justo como Aristides".[35]

---

[32] Idem, ibidem, p. 448.

[33] Idem, *The Conservative Mind*, p. 195.

[34] Alexis de Tocqueville, *Democracy in America*, p. xviii.

[35] Idem, ibidem, p. 181.

III – LORD ACTON

O mesmo pode ser dito do historiador inglês do século XIX John Emerich Edward Dalberg-Acton, 1.º Barão Acton, famoso pela máxima "o poder tende a corromper e o poder absoluto corrompe absolutamente".[36] Com essas palavras sombrias, a historiadora Gertrude Himmelfarb diz que Lorde Acton se situa na tradição do pessimismo político e filosófico, mesmo quando se maravilhara pelo futuro otimista dos Estados Unidos.[37]

Entretanto, o que salvou Acton de um pessimismo radical foi a recusa a sucumbir ao determinismo filosófico ou histórico. Acreditava, juntamente com Edmund Burke, que o homem é um agente livre, capaz de escolher o bem. As forças do mal eram "constantes e variáveis", escreveu Acton, mas igualmente o eram "a verdade e o propósito superior".[38]

Lord Acton era um homem do século XIX que nascera três anos antes da ascensão da rainha Vitória (1819-1901) ao trono, em 1837, e que morreu em 1902, um ano após o falecimento da soberana. Foi um católico devoto (ainda que opositor da doutrina da infalibilidade papal promulgada no Concílio Vaticano I por Pio IX [1792-1878]), um pessimista e um moralista – uma combinação pouco atraente nas primeiras décadas do século XX, quando o otimismo e o materialismo estavam prevalecendo.

No entanto, com a chegada do nazismo e do comunismo, escreve Himmelfarb, duras verdades sobre política e poder receberam nova atenção. Os epigramas de Lorde Acton que denunciavam o racismo

---

[36] Lord Acton, "Acton-Creighton Correspondence", in *Selected Writings of Lord Acton – Volume II: Essays in the Study and Writing of History*, ed. J. Rufus Fears, Indianapolis, Liberty Classics, 1986, p. 383.

[37] Gertrude Himmelfarb, *Lord Acton: A Study in Conscience and Politics*, San Francisco, ICS Press, 1993, p. 239.

[38] Idem, ibidem, p. 240.

e o estatismo pareceram aumentar nos editoriais, nas dissertações e nos discursos. Assim, aqueles que tinham se tornados céticos com relação a um liberalismo secular e otimista descobriram em Acton uma filosofia "religiosa no temperamento, capaz de lidar com os fatos do pecado humano e da corrupção".[39]

Por toda a sua erudição – dizem que tinha mais de vinte mil livros em sua biblioteca particular –, Lorde Acton nunca produziu um único livro para publicação.[40] A tarefa intelectual de sua vida – a história da liberdade – foi "o maior livro nunca escrito". Muito antes, todavia, do nacionalismo e do "despotismo democrático" – para usar uma expressão de Alexis de Tocqueville – começarem a assombrar o mundo, Acton predisse que um dia iriam "ameaçar nossa civilização".[41]

IV – RUSSELL KIRK

Isso nos traz à última personagem deste quarteto de pensadores conservadores, o formidável Russell Kirk.

Na introdução do livro *The Liberal Imagination* [A Imaginação Liberal],[42] publicado em 1950, o crítico progressista Lionel Trilling (1905-1975) escreveu que "o liberalismo não só é dominante, mas até é a única tradição intelectual" nos Estados Unidos. O impulso conservador, disse, não foi de modo algum profundo,

---

[39] Idem, ibidem, p. ix.

[40] Uma seleção de alguns escritos de Lorde Acton foi publicada em língua portuguesa na seguinte edição brasileira: Lord Acton, *Ensaios: Uma Antologia*, introd. Mary del Priore, trad. Joubert de Oliveira Brízida, Rio de Janeiro, Topbooks, 2014. (N. T.)

[41] Gertrude Himmelfarb, *Lord Acton*, p. 4.

[42] Em língua portuguesa o livro foi lançado na seguinte edição brasileira: Lionel Trilling, *A Imaginação Liberal: Ensaios sobre a Relação entre Literatura e Sociedade*, introd. Louis Menand, trad. Cecília Prada, São Paulo, É Realizações Editora, 2015. (N. T.)

mas feito, na melhor das hipóteses, de "atitudes mentais irascíveis que pareciam ser ideias".[43]

Trilling não insistia só na rejeição do conservadorismo. Em *The Liberal Tradition in America* [A Tradição Liberal nos Estados Unidos], Louis Hartz (1919-1986) explicou que por conservadorismo realmente queria dizer o feudalismo europeu, algo completamente alheio à experiência norte-americana.

Em *Conservatism in America* [Conservadorismo nos Estados Unidos], Clinton Rossiter (1917-1970) concluiu que, porque a América era "um país progressista com uma tradição liberal", o conservadorismo era simplesmente "irrelevante".[44]

Não podemos culpar Trilling, Hartz e Rossiter pela incompreensão profunda do conservadorismo. Na época em que escreveram – no início da década de 1950 –, havia apenas um pequeno grupo de escritores e pensadores conservadores discrepantes cujas diferenças filosóficas pareciam prevalecer sobre as similitudes.

Escritores, entre os quais o já citado Friedrich A. Hayek, um economista liberal clássico nascido na Áustria; Richard M. Weaver (1910-1963), um agrariano do Sul[45] que lecionou Língua Inglesa na

---

[43] Matthew Spalding, "Preface", in Lee Edwards, *A Brief History of the Modern American Conservative Movement*, Washington D.C., The Heritage Foundation, 2004, p. 1.

[44] Idem, ibidem, p. 1.

[45] Agrariano do Sul ou agrariano sulista [*Southern Agrarian*] é a denominação usada para os diversos escritores da região Sul dos Estados Unidos, que, em grande parte, foram influenciados pelo manifesto *I'll Take My Stand* [Manterei Firme a Posição], lançado em 1930, reunindo doze ensaios escritos por Donald Davidson (1893-1968), John Gould Fletcher (1886-1950), Henry Blue Kline (1905-1951), Lyle H. Lanier (1903-1988), Andrew Nelson Lytle (1902-1995), Herman Clarence Nixon (1886-1967), Frank Lawrence Owsley (1890-1956), John Crowe Ransom (1888-1974), Allen Tate (1899-1979), John Donald Wade (1892-1963), Robert Penn Warren (1905-1989) e Stark Young (1881-1963), conhecidos como *Twelve Southerners* [doze sulistas] ou *Vanderbilt Agrarians* [agrarianos da Universidade Vanderbilt]. Ao constatar as mazelas do modernismo cultural inerente ao industrialismo, os autores

University of Chicago; e Whittaker Chambers (1901-1961), um ex-espião soviético transformado em anticomunista ardoroso.

Os conservadores tradicionais, os liberais clássicos e os anticomunistas concordam todos em que os valores centrais da civilização estavam em perigo. O lugar do indivíduo e do grupo voluntário fora seriamente debilitado pelo poder crescente dos governos. A liberdade de pensamento e de expressão foi ameaçada pelas minorias sedentas de poder. Todos esses incrementos foram adotados por uma visão filosófica que negava todos os padrões morais absolutos, e contribuíram para a descrença na propriedade privada e no mercado competitivo.

Que tema intelectual poderia unir os diferentes ramos de conservadorismo? Hayek ofereceu uma resposta parcial em *The Road to Serfdom* [O Caminho da Servidão],[46] de 1944, com as admoes-

---

do manifesto advogam a importância da preservação dos costumes rurais da cultura sulista norte-americana como alternativa à massificação da civilização industrial, garantindo, dessa forma, uma reconciliação entre o progresso e a tradição, assegurada pela salvaguarda da identidade cultural sulista, pautada nos princípios religiosos do humanismo cristão, no senso de comunidade e nos laços familiares. Além de Richard M. Weaver, podemos citar entre os inúmeros autores que foram influenciados por essa corrente os nomes de Walker Percy (1916-1990), Flannery O'Connor (1925-1964), Marion Montgomery (1925-2011), Eugene Genovese (1930-2012), Wendell Berry (1934-) e Allan C. Carlson (1949-). A influência do pensamento dos agrarianos sulistas é notável no livro *Casa-Grande e Senzala*, publicado originalmente em 1933, e no *Manifesto Regionalista de 1952*, ambos escritos pelo sociólogo brasileiro Gilberto Freyre (1900-1987). A importância do pensamento agrariano sulista para o conservadorismo norte-americano é ressaltada por Russell Kirk no seguinte texto: Russell Kirk, "Donald Davidson e o Conservadorismo Sulista", in *A Política da Prudência*, apres. Alex Catharino, intr. Mark C. Henrie, trad. Gustavo Santos e Márcia Xavier de Brito, São Paulo, É Realizações, 2013, p. 177-90. Sobre a apreciação de Kirk dos escritos e do testemunho de Weaver, ver Russell Kirk, "Dez Conservadores Exemplares", in *A Política da Prudência*, p. 156-57. (N. T.)

[46] Traduzida com base na versão inglesa de 1976, a obra está disponível em português na seguinte edição: F. A. Hayek, *O Caminho da Servidão*, trad. Ana Maria Copovilla, José Ítalo Stelle e Liane de Morais Ribeiro, 6.ª ed., São Paulo, Instituto Ludwig von Mises Brasil, 2010. (N. T.)

tações severas quanto ao fato de o planejamento econômico levar à ditadura. Seu conhecimento da natureza totalitária do socialismo o levou a concluir que o homem não conhece nem pode conhecer tudo, e que, quando age como se o conhecesse, então acontece o desastre. Em abril de 1945, centenas de milhares de norte-americanos foram apresentados a Hayek quando uma versão ligeiramente resumida foi publicada no *Reader's Digest*. O livro prosseguiu vendendo mais de um milhão de cópias em todo o mundo.

Em *Ideas Have Consequences* [As Ideias Têm Consequências],[47] de 1948, o professor Richard Weaver delineou a dissolução moral do Ocidente e a ascensão do nominalismo, do racionalismo e do materialismo no Iluminismo. Weaver era um homem de contradições. Por um lado, acreditava que a humanidade começara a "descer ladeira abaixo" afastando-se do transcental no século XIV. Também acreditava que o homem "triunfará sobre as forças das trevas do tempo" por meio do "discurso persuasivo a serviço da verdade".[48]

No livro *Witness* [Testemunha], Whittaker Chambers declarou que a nação e o mundo enfrentavam uma crise transcendente não de política ou de poder, mas de fé. Sempre Chambers, o pessimista, acreditou que estava deixando o lado vencedor [comunista] para o lado perdedor, mas que "era melhor morrer no lado perdedor do que viver sob o comunismo".[49]

Foi nesse momento crítico que um acadêmico jovem e desconhecido publicou uma história intelectual do pensamento conservador anglo-americano desde 1700 que modificou de maneira permanente

---

[47] O livro foi publicado em português na seguinte edição brasileira: Richard M. Weaver, *As Ideias Têm Consequências*, trad. Guilherme Araújo Ferreira, São Paulo, É Realizações Editora, 2012. (N. T.)

[48] Edwin J. Feulner, Jr., *The March of Freedom: Modern Classics in Conservative Thought*, Washington D.C., The Heritage Foundation, 2003, p. 398.

[49] Idem, ibidem, p. 294.

a percepção pública do conservadorismo e lançou os alicerces que transformariam o debate político norte-americano.

Russell Kirk tinha apenas 34 anos e era um modesto professor de História no Michigan State College na primavera de 1953 quando foi publicada sua obra seminal, o já citado *The Conservative Mind*. Muitos progressistas fizeram troça dizendo que o título era um oximoro, mas pararam de sorrir quando leram o "eloquente, desafiador, apaixonado *cri de coeur* do conservadorismo".[50]

O livro era uma visão geral de 450 páginas dos escritores e líderes políticos conservadores anglo-americanos mais importantes desde a Revolução Norte-Americana. Também era uma acusação contundente de toda a panaceia progressista, da perfectibilidade humana à igualdade econômica. *The Conservative Mind* começa não com uma explosão, mas com um gemido:

> "O partido estúpido": essa é a descrição dos conservadores por John Stuart Mill (1806-1873). Como outras máximas breves que os liberais do século XIX criam ser triunfantes para sempre, seu julgamento precisa ser revisto em nossa época de filosofias desintegradoras liberais e radicais.[51]

A passagem aturdiu progressistas complacentes que tinham concluído que o conservadorismo poderia expressar-se somente em "atitudes mentais irascíveis" e trouxe conservadores menores e tristes como Whittaker Chambers, que declarou que ao tornar-se um homem de direita tinha ingressado no lado perdedor. Assim não era Russell Kirk, o impetuoso jovem acadêmico norte-americano que descobrira uma grande verdade e desejou comunicar sua descoberta ao mundo.

O que Russell Kirk descobrira?

---

[50] George Nash, *The Conservative Intellectual Movement in America Since 1945*, p. 65.
[51] Russell Kirk, *The Conservative Mind*, p. 3.

O conservadorismo moderno norte-americano repousa, seguramente, nas palavras e nos feitos de uma galeria de gigantes conservadores a começar pelo fundador da "verdadeira escola do princípio conservador", Edmund Burke. O pensador e estadista irlandês não era uma voz solitária no deserto, mas apenas o primeiro de um grupo de escritores e líderes políticos notáveis, entre os quais o cardeal John Henry Newman (1801-1890), Sir Walter Scott (1771-1832) e Benjamin Disraeli (1804-1881) na Grã-Bretanha; Alexis de Tocqueville na França; a extraordinária família de John Adams (1735-1826), John Quincy Adams (1767-1848) e Henry Brook Adams (1838-1918), Nathaniel Hawthorne (1804-1864) e Orestes Brownson (1803-1876) nos Estados Unidos.

Esses não são escritores de segunda linha e mercenários políticos, mas homens de distinção e propósito que fizeram diferença profunda no pensamento de seus países pela exposição e pelo compromisso com os primeiros princípios. Russell Kirk resume a essência do conservadorismo em seis cânones:

(1) A crença de que um intento divino rege a sociedade, bem como a consciência. "Os problemas políticos, no fundo, são problemas religiosos e morais."

(2) A vida tradicional é prolífera em variedade e em mistério, ao passo que os sistemas mais radicais são caracterizados por uma uniformidade limitada.

(3) A sociedade civilizada requer ordens e classes. "A única verdadeira igualdade é a igualdade moral."

(4) Propriedade e liberdade estão inseparavelmente relacionadas.

(5) O homem deve pôr freios à própria vontade e aos apetites, pois os conservadores sabem que o homem é governado mais pela emoção que pela razão.

(6) "Mudança e reforma não são idênticas." A sociedade deve se modificar lentamente.

Antes que os progressistas recuperassem o fôlego, *The New York Times* resenhou de maneira favorável o livro *The Conservative Mind*, e da mesma maneira a *Time Magazine*, que dedicou toda a seção de livros a ele. Por semanas, *The New York Times* listou a obra na sua coluna de recomendações. Recebeu 47 das 50 maiores resenhas laudatórias em publicações desde *The Saturday Review* até a *Yale Review*.

Nenhum conservador norte-americano jamais recebera tais indicações brilhantes do *mainstream* intelectual. O filósofo político Robert Nisbet (1913-1996) escreveu a Russell Kirk que com um livro ele conseguira o impossível: rompera "a massa da oposição intelectual à tradição conservadora nos Estados Unidos". Ao fazê-lo, tornou o conservadorismo norte-americano intelectualmente respeitável e até atraente.

Como disse o historiador conservador George H. Nash, outros conservadores, como Richard Weaver e Whittaker Chambers, construiram "genealogias de homens maus e de pensamentos perniciosos; aqui, finalmente, estava uma genealogia de bons homens e de pensamentos valiosos".[52]

No último capítulo do livro *The Conservative Mind*, Russell Kirk aparta-se dos que prediziam maus agouros ao argumentar que o principal interesse de um verdadeiro conservadorismo e de uma democracia no velho estilo libertário coincidiam. Confrontado por coletivistas arrogantes e ávidos arquitetos do *New Deal* e seus sucessores, Kirk escreve que os conservadores norte-americanos "defenderão a democracia constitucional como um repositório de tradição e ordem", ao passo que democratas inteligentes "esposarão a filosofia conservadora como o único sistema de ideias seguro com que confrontar os planejadores da nova ordem".[53]

---

[52] George Nash, *The Conservative Intellectual Movement in America Since 1945*, p. 67.

[53] Russell Kirk, *The Conservative Mind*, p. 413.

Kirk assinala que mesmo o professor de Harvard Arthur M. Schlesinger Jr. (1917-2007), um democrata do tipo de Andrew Jackson (1767-1845) e de Franklin Delano Roosevelt (1882-1945), admitiu a necessidade premente de um conservadorismo norte-americano inteligente. O que Russell Kirk nos dá em *The Conservative Mind*.

Existe outra contribuição crítica do autor: Russell Kirk orgulhava-se de ser conservador. O verdadeiro conservador, insiste, não é uma caricatura cruel de um "ser aborrecido, grosseiro, fanático e avarento", como o apresenta a maioria dos jornalistas e dos políticos progressistas e radicais.

O verdadeiro conservador, diz Kirk, pode ser muitas pessoas diferentes: um clérigo "resoluto e forte em espírito"; um fazendeiro que "se agarra" à sabedoria dos ancestrais; o motorista de caminhão no coração da metrópole; um proprietário de um antigo nome que se esforça por moderar a mudança inevitável pela "prudência e boa natureza"; um fabricante antiquado, diligente, sensato e justo; um médico que conhece demasiado bem a natureza humana para permitir-se falar de perfectibilidade humana; um advogado que compreende que não podemos nos divorciar da história; um mestre-escola que sabe que não existe recompensa sem trabalho. O verdadeiro conservador é um homem de futuro enraizado no passado.

Todos esses verdadeiros conservadores, diz Kirk, preferem o antigo e já experimentado ao novo e duvidoso, e, o que quer que façam, se esforçam por salvaguardar as instituições e a sabedoria do passado, não de maneira servil, mas prudente.[54]

Se tivéssemos de escolher pensadores mais responsáveis que quaisquer outros por plantar as raízes intelectuais do pensamento conservador moderno, creio que escolheríamos Edmund Burke e Russell Kirk: cada um apresentou uma "crítica profunda" das sociedades em que viveram e uma "imagem vívida" de como a sociedade pode

---

[54] Idem, ibidem, p. 440-42.

aprimorar-se.⁵⁵ Estão separados por quase dois séculos, mas unidos na adesão ao princípio inestimável da liberdade ordenada. Isso os une e é o que oferece a base para a tradição conservadora.

V – REFLEXÕES FINAIS

Em conclusão, a distância entre ganhar a batalha das ideias – que acredito os conservadores ganharam com a ajuda de Edmund Burke, Alexis de Tocqueville, Lord Acton, Russell Kirk e outros – e traduzir essas ideias em leis que diminuam genuinamente o poder dos governos e sua influência enquanto expandem as escolhas disponíveis para os indivíduos é muito amplo, bem mais amplo que os conservadores perceberam de início.

No livro sobre a esplêndida história da Mont Pélérin Society, o historiador Max Hartwell (1921-2009), professor da University of Oxford, assinala:

> Na história das ideias, há períodos identificáveis em que uma ideia sobre como a sociedade deve ser organizada está claramente articulada e circula e adquire legitimidade e aceitação. A ideia é, então, incorporada nas leis que controlam e condicionam as ações das populações [...].

"A retórica não é o bastante", sublinha Hartwell. "Somente quando as ideias são aceitas e também se tornam leis o mundo muda."⁵⁶

Assim, é possível ganhar a guerra de ideias, mas fracassar em mudar o modo como o mundo funciona. Deixem-me esclarecer: creio plenamente no poder das ideias, na hegemonia potencial. Para citar Richard Weaver: "Ideias têm consequências".

---

⁵⁵ David Frum, "The Legacy of Russell Kirk", in *The New Criterion*, December 1994, p. 16.
⁵⁶ R. M. Hartwell, *A History of the Mont Pélérin Society*, Indianápolis, Liberty Fund, 1995, p. 216.

Entretanto, as ideias não se autoimplementam ou se autossustentam, senão que devem estar ligadas a ações. Traduzir ainda que a melhor das ideias em políticas e em leis que revertam o domínio estatista que temos nos Estados Unidos nos últimos setenta anos é, por certo, uma tarefa amedrontadora, mas não impossível.

Ao observar nossos desafios dos ombros desses pensadores gigantes, creio de todo o coração, de toda a mente e de toda a alma que isso pode ser feito e que está sendo feito por todo o nosso grande país.

Edwin J. Feulner

É um dos mais ativos líderes do movimento conservador, sendo considerado o principal responsável pela transformação da Heritage Foundation, em Washington, D.C., na maior e mais influente instituição conservadora do mundo. Nasceu em 1941 na cidade de Chicago, em Illinois. Cursou a graduação em Língua Inglesa na Regis University, em Denver, no Colorado, recebeu em 1964 o MBA pela Wharton School da University of Pennsylvania, na Filadélfia e, posteriormente, fez estudos de pós-graduação na Georgetown University, em Washington, D.C., na London School of Economics, na Inglaterra, e na University of Edinburgh, na Escócia, tendo recebido o título de doutorado, em 1981, por esta última instituição. Atuou como pesquisador do Center for Strategic Studies, em Washington, D.C., e do Hoover Institution da Stanford University, na Califórnia, como secretário particular do congressista e secretário de defesa Melvin R. Laird, como chefe de gabinete do congressista Philip M. Crane, como diretor executivo do Republican Study Committee no Congresso dos Estados Unidos e, entre 1977 e 2013, como presidente da Heritage Foundation. É autor de oito livros, dentre os quais destacamos *Conservatives Stalk the House* (Green Hill, 1983), *Leadership for America: The Principles of Conservatism* (Spence Publishing Company, 2000), e *The American Spirit* (Thomas Nelson, 2012).

Anexo 3 | A Sabedoria Inspirada de Edmund Burke

GEORGE A. PANICHAS

O livro de Russell Kirk (1918-1994) sobre Edmund Burke (1729-1797), publicado pela primeira vez em 1967, agora revisado e belamente reeditado, testemunha não só o "Burke duradouro", mas também o duradouro Kirk. Como estadista britânico e filósofo político de "sabedoria inspirada", Burke continua a dirigir-se ao nosso tempo e condição. Como um homem de letras norte-americano, Kirk possui a plena argúcia sapiencial – e a visão simpática – para elucidar a vida e o pensamento de Burke. Em essência, *Edmund Burke: A Genius Reconsidered* [Edmund Burke: Redescobrindo um Gênio] serve como uma introdução ao significado e à importância dos feitos de Burke. De fato, o livro de Kirk, na clareza da expressão, no brilho das ideias, na cogência da organização e do desenvolvimento, exemplifica padrões que um estudo crítico, se há de ter valor durável, tem de satisfazer. Ao mesmo tempo, o *insight* e a sabedoria transmitida o tornam muito mais que uma introdução e conferem-lhe uma dimensão crítica suplementar. Despretensioso e direto, com uma honestidade estimulante na abordagem e na interpretação, este livro tem a capacidade maravilhosa de guiar o leitor pelas veredas mais significativas e intrincadas da contribuição de Burke.

É um dos grandes dons de Russell Kirk ser capaz de explorar os assuntos sociopolíticos, históricos e literários com lucidez surpreendente e com uma autoridade e uma convicção de julgamento que aprofundam e enriquecem seus comentários. O que pode ser obscuro para o leitor, ele esclarece-o; o que é confuso, desenreda-o. No entanto, nunca rebaixa o discurso ou induz o leitor em erro. Seu propósito é assegurar e estimular a atenção e a resposta do leitor; elevar seu senso histórico e seus instintos morais; pressionar o leitor a formular juízos e discriminações. O pensamento crítico que aspira a padrões de discriminação requer esforço, e até um esforço extenuante, e Kirk, neste como em outros livros – particularmente *Enemies of the Permanent Things: Observations of Abnormity in Literature and Politics*[1] [Inimigos das Coisas Permanentes: Observações sobre as Aberrações em Literatura e Política] e *Eliot and His Age: T. S. Eliot's Moral Imagination in the Twentieth Century* [A Era de T. S. Eliot: A Imaginação Moral do Século XX][2] – guia, molda, inspira com sabedoria esse esforço por parte do leitor. Essa capacidade, esse dom, afinal, distingue os escritos de Kirk daqueles dos modernos exegetas relativistas, e isso é o que dá a seu trabalho sua alta distinção, o que o leva para além da crítica especializada, o que define e embasa sua vocação de homem de letras que fala a favor do e para o "pensamento humano".

O esforço e a descoberta morais são, para Kirk, interesses críticos indispensáveis que o homem de letras afirma nos escritos – em sua

---

[1] A obra lançada originalmente em 1969 pela Arlington House foi revisada pelo autor e reeditada como Russell Kirk, *Enemies of the Permanent Things: Observations of Abnormity in Literature and Politics*, Peru, Sherwood Sugden & Company, 1984. (N. T.)

[2] A obra foi publicada originalmente, em 1971, pela Randon House. Em 1984, a Sherwood Sugden & Company publicou, em 1984, uma edição revista e ampliada do livro, reimpressa pela mesma editora em 1988. Em 2008, o Intercollegiate Studies Institute (ISI) fez uma reimpressão da obra com uma nova introdução de Benjamin G. Lockerd Jr. O livro foi publicado em português na seguinte edição: Russell Kirk, *A Era de T. S. Eliot: A Imaginação Moral do Século XX*, apr. Alex Catharino, intr. Benjamin G. Lockerd Jr., trad. Márcia Xavier de Brito, São Paulo, É Realizações, 2011. (N. T.)

visão. Essas qualidades, esses valores, essas virtudes são, com efeito, os princípios constituintes da centralidade e da ordem que permitem a visão e que, na abundância e na representatividade, imprimem a força especial de *Edmund Burke: Redescobrindo um Gênio*. É necessário reconhecer primeiro esses princípios constituintes da centralidade e da ordem, que Kirk venera em seus escritos, a fim de entender por que o presente livro exige um estudo cuidadoso e respeitoso. É, por conseguinte, útil penetrarmos a metafísica crítica de Kirk – sua base do ser, por assim dizer; as origens de seu ponto de vista, os ingredientes de seu caráter humano e do impulso moral – para sermos capazes de confiar em sua explicação da vida e da obra de Burke. O que encontramos do princípio ao fim do livro é uma integridade comunicante e uma suprema moralidade mental que moldam linguagem e explicação e que impelem o autor a dar sua apreciação sobre o assunto com autoridade e convicção. É essa qualidade o que ajuda o autor a penetrar o significado do seu objeto e a provocar a confiança do leitor. Essa suprema qualidade é o que, em suma, o distingue dos comentadores seculares ou empíricos, como, digamos, Conor Cruise O'Brien (1917-2008), cujo livro *The Great Melody: A Thematic Biography of Edmund Burke* [A Grande Melodia: Uma Biografia Temática de Edmund Burke], de 1992, contém erros de interpretação e de representação que, como revelou Peter J. Stanlis (1920-2011) em uma resenha longa e definitiva do livro publicada nas páginas da revista quadrimestral *Modern Age*, "desconstrói Burke em uma imagem dele mesmo [O'Brien], utilizando dados históricos como matéria prima para criar um Burke imaginário". Como demonstra Stanlis, O'Brien escolhe desconsiderar a visão religiosa e metafísica de Burke da realidade e seus recursos à prudência moral e à predisposição, bem como a desconsiderar as virtudes intelectuais e morais que governam os princípios básicos da política de Burke. Com efeito, O'Brien cria um "Burke imaginário", "um filho do Iluminismo", limitado a ser um político partidário. A falácia dos métodos de O'Brien é, por fim, prejudicial e produz um problema maior em honestidade crítica, ou, como escreve Stanlis, "[...] nenhuma comunicação significativa é possível quando os solipsismos da lógica subjetiva de O'Brien, sentimentos ou imaginação determinam o que é verdadeiro ou falso quanto ao assunto".[3]

Diferentemente de Conor Cruise O'Brien, a análise de Russell Kirk revela uma excepcional abertura e um temperamento crítico honesto que tornam o leitor um amigo apreciativo. De muitas maneiras, o objeto de uma obra crítica está à mercê de seu intérprete, e coisas incomuns e infelizes podem acontecer no processo crítico. A esse respeito, Burke é afortunado por ter Kirk como seu expositor, pois nas mãos de um pseudocrítico a obra de Burke (ou de qualquer outro pensador conservador) pode assumir formas falsas e significados distorcidos. O que faz este livro ter valor permanente e que, de fato, ademais, honra e preserva o valor da contribuição de Burke é Kirk trazer para a tarefa a inteligência moral, a sensibilidade, o discernimento, o caráter e, sim, a humildade que nutre sua metafísica crítica e dar-lhe especificidade. Em um prefácio persuasivo, Roger Scruton alerta o leitor com sabedoria para a relação recíproca entre o objeto e o autor neste livro, quando observa que Kirk "aprendeu com Burke que o estilo não é um suplemento decorativo do pensar, senão que pertence à sua essência". Aqui Scruton toca uma força quintessencial da *oeuvre* de Kirk, a reverência firme ao *lógos* ao infundir conteúdo e dar força e verdade, separando-o dos hábitos profanos da mente que cercam O'Brien. Austin Warren (1899-1986), um homem de letras da Nova Inglaterra, ajuda-nos a perceber a singularidade daquilo que Scruton detecta nos poderes de exposição de Kirk com a afirmação memorável: "o estilo não é apartado da substância: é considerado a expressão da substância".[4]

---

[3] Peter J. Stanlis, "An Imaginary Edmund Burke". *Modern Age: A Quarterly Review*, vol. 36, n. 2 (Winter 1994), 114-27, cit., p. 127.

[4] Austin Warren, In Continuity: *The Last Essays of Austin Warren*, introd. e ed. George A. Panichas, Macon, Mercer University Press, 1996, p. xvii.

Para Russell Kirk, e isto deve ser enfatizado, Edmund Burke exemplifica como a vida pública e a vida da mente interagem daquelas maneiras únicas e sutis que fundem o discernimento e a sabedoria e que tornam Burke "um dos homens mais sábios que já meditaram sobre a ordem social civil". Este curto estudo crítico, "um ensaio como biografia", como Kirk chama sua nota preliminar, analisa esse processo de demonstrar como Burke "fala para nosso tempo". Kirk, portanto, vê Burke como "um homem moderno" que estava preocupado com "nossas perplexidades modernas". Além disso, como Kirk demonstra ao longo do livro, Burke era um visionário, "nosso Tirésias". De uma perspectiva diretamente social e política, Burke era um reformador, era um reformador que lutou contra "políticas desonestas", mas também e acima de tudo era um conservador que combinava o fardo de sua responsabilidade como homem de negócios com a "defesa da civilização". Burke discerniu, então, os perigos e admoestou quanto a eles, para não falar das consequências fatais da "doutrina armada" e da "loucura metafísica" perpetradas por inovadores radicais – aqueles que Jacob Burckhardt (1818-1897) depois chamou de "terríveis simplificadores".[5] Portanto, um comentador com uma ordem do dia como Conor Cruise O'Brien, que limita o significado dos feitos de Edmund Burke a uma dimensão exclusivamente política, torna-o um mero apêndice do mundo material. Tais comentadores – na realidade, são ideólogos – arbitrariamente destacam o estadista irlandês das raízes metafísicas de sua visão. Isso não só trivializa Burke, ao entregá-lo à modernidade, mas ainda reduz sua verdadeira estatura à de um pensador em constante busca de um significado na história e de princípios gerais.

A força do presente livro sobre Edmund Burke é vê-lo além da mentalidade e da situação política rotineira, além do espírito da época,

---

[5] Jacob Burckhardt, *The Letters of Jacob Burckhardt*, ed. e trad. Alexander Dru, Indianápolis, Liberty Fund, 2001, p. 230.

em suma, é vê-lo nos contextos transcendentes e sapienciais. Russell Kirk, na avaliação de Burke, torna indiscutivelmente claro que "a vida sem predisposições" não é vida de modo algum, ou, para recordar a observação de Richard M. Weaver (1910-1963): "A vida sem preconceitos, se alguma vez foi tentada, logo se revelaria uma vida sem princípios. Pois os preconceitos [...] muitas vezes são princípios embutidos". O Burke de Kirk exemplifica a verdade inscrita nas palavras de Weaver. Quando cuidadosamente considerado e assimilado, o livro de Kirk sobre Burke protege não só Burke mas também o leitor das "forças da desintegração planejada", para relembrar as palavras finais de Weaver em seu ensaio de referência.[6] Logo no início de *Edmund Burke: Redescobrindo um Gênio*, Kirk firma o Burke que precisamos conhecer, o "Burke [que] ganhou imortalidade não pelo que fez, mas por aquilo de que se apercebeu",[7] ou como Kirk escreve com eloquente perspicácia:

> Antevendo a pilhagem do mundo pelas forças do "Caos e [d]a Noite Antiga"[8], Burke empenhou-se em salvar o melhor da ordem tradicional dentro das barricadas da instituição e da filosofia. Foi o primeiro conservador de nosso "período de desordem".[9] Trabalhou para salvaguardar as coisas permanentes que converteram o selvagem no cortês homem social. Na política moderna, a tarefa de *preservação* começa com Burke [...]. Na cidadela da tradição e dos usos consagrados, Burke mantém vigília.[10]

---

[6] Richard. M. Weaver, "Life Without Prejudice", in George A. Panichas (ed.), *Modern Age: The First Twenty-Five Years – A Selection*, Indianápolis, Liberty Fund, 1988, p. 17.

[7] Russell Kirk, "Edmund Burke está morto?", in *Edmund Burke: Redescobrindo um Gênio*, cap. 1, p. 153.

[8] No original: *"Caos and Old Night"*. A passagem é uma alusão às personagens que representam as forças ou deuses míticos opostos à luz e à ordem da criação no poema épico *Paradise Lost* [Paraíso Perdido], de John Milton (1608-1974). Ver John Milton. *Paraíso Perdido*, canto I (N. T.)

[9] Ver, no capítulo "Edmund Burke está Morto?", a nota de rodapé 16 na p. 141.

[10] Russell Kirk, "Edmund Burke está morto?", in *Edmund Burke: Redescobrindo um Gênio*, cap. 1, p. 141.

Russell Kirk centra-se principalmente nas "quatro grandes contendas"[11] de Edmund Burke como homem de negócios do século XVIII e como visionário político: seu esforço mal-sucedido por alcançar a conciliação com as colônias norte-americanas; seu papel na disputa dos Rockinghams *whigs* contra o poder doméstico do rei George III (1738-1820); o processo de dezesseis anos contra Warren Hastings (1732-1818), o governador-geral da Índia; a resistência obstinada ao jacobinismo, a "doutrina armada" da Revolução Francesa. Os capítulos que Kirk dedica a essas lutas são eminentemente claros e minuciosos em detalhe, e contêm excelentes passagens seletas dos escritos de Burke e também de alguns de seus mais perspicazes expositores. As discussões de Kirk são judiciosas e sempre instrutivas. O quadro que obtemos de Burke nunca é unilateral, eclético ou torcido, mas sempre multifacetado e abrangente. A necessidade de manter o equilíbrio entre liberdade e ordem, para Burke, sempre está em evidência, como deveria, no relato de Kirk. Ao evitar os extremos que terminam em tendências e em ações antinomianas foi de suprema importância para Burke, ou, como declarou, em 3 de abril de 1777, na *Letter to the Sheriffs of Bristol* [Carta aos Delegados Eleitores de Bristol], tendo tais palavras especial importância em nossa época:

> O extremo da liberdade (que é sua perfeição abstrata, mas verdadeiro defeito) nada alcança nem deve alcançar lugar algum porque os extremos, como todos sabemos, em todos os pontos em que se relacionam, sejam com os deveres ou com as satisfações da vida, são tão destrutivos da virtude quanto do prazer.[12]

Em particular, o longo e profundo capítulo "Índia e justiça" guarda lições importantes para os leitores modernos, dado que

---

[11] Idem, "Das Letras à Política", in *Edmund Burke: Redescobrindo um Gênio*, cap. 2, p. 169.

[12] Edmund Burke, *Letter to the Sheriff of the City of Bristol*, citado em Russell Kirk, "Conciliação e Prudência", in *Edmund Burke: Redescobrindo um Gênio*, cap. 3, p. 203.

Edmund Burke, na acusação formal particular da lei britânica, estava a expressar princípios de justiça que são universais na aplicação. O uso consagrado, a tradição, o hábito moral e o costume devem apontar o caminho, se a corrupção interna e a externa devem ser refreadas e se a anarquia deve ser evitada. Warren Hastings e outros ingleses, acusou Burke, estavam explorando os povos indianos e levando à ruína da Índia e à violação dos princípios da moralidade, que vão além das fronteiras geográficas. O próprio Burke considerou o processo contra Hastings a melhor obra de sua vida. "Não deixe que esse ato cruel, audaz e ímpar de corrupção pública, de culpa e de vilania", escreveu Burke um ano antes de sua morte, "chegue à posteridade [...] sem a devida crítica [...]. Deixe meus esforços por salvar a nação dessa infâmia e culpa ser o meu monumento; o único que jamais terei".[13] A argumentação bem forjada de Kirk, por certo, honra seus "esforços", aprofunda e ilumina seu significado maior.

De fato, como sublinha Russell Kirk, toda a vida de Edmund Burke foi um longo empenho por evitar ou conter a devastação da revolução nas colônias norte-americanas, na ordem civil da Grã-Bretanha, da Índia, da Irlanda, da França e de toda a Europa. Salvar a civilização humana da anarquia foi o motivo dominante de Burke nas suas ações e nos seus escritos. As revoluções, sabia-o, e Kirk nos chama a atenção para isto, têm um modo de devorar seus filhos. Para Burke, de fato, os Gordon Riots anticatólicos de 1780, como ele mesmo observou, ou seja, a violência da turba em Londres, alertaram para aquilo que poderia acontecer em uma sociedade em que ideólogos fanáticos buscam cumprir suas ordens do dia. "No meio da fumaça de uma Londres semidestruída", afirma Kirk, "sabia que a tirania anônima e sem rosto da turba revolucionária era

---

[13] Idem, "Índia e Justiça", in *Edmund Burke: Redescobrindo um Gênio*, cap. 5, p. 259.

uma coisa pior que o mais insensível despotismo [...]",[14] e "Opôs-se tenazmente aos revolucionários como um homem que se encontra, de repente, acossado por ladrões".[15] O livro *Reflections on the Revolution in France* [Reflexões sobre a Revolução em França], de 1790, recorda Kirk ao leitor, é a obra de um profeta que discerniu o estremecimento dos fundamentos da civilização europeia com todos os choques pós-sísmicos.

O sexto capítulo na obra de Kirk, chamado "A revolução do dogma teórico", o mais longo de todo o livro, merece uma leitura diligente. Um modelo de excelência na exposição e no comentário revela a capacidade de concentração e de análise, de observação e julgamento de Kirk, que o tornam um guia confiável para aqueles que muito têm por aprender de Burke. Nenhum parágrafo neste livro esplêndido identifica melhor os valores ou a mesmíssima "sabedoria inspirada" que o próprio Burke continua a transmitir ao mundo moderno que o parágrafo a seguir. Quem meditar sobre o texto saberá, com Edmund Burke e seus sucessores, como Russell Kirk, que para "a defesa da civilização" nunca devemos "sucumbir ao inimigo".

> No entanto, a utopia nunca será encontrada aqui embaixo, e Burke sabia disso; a política é a arte do possível, não da perfectibilidade. Nunca seremos como deuses. A melhora é obra de lenta exploração e persuasão, sem nunca descartar os antigos interesses de uma só vez. A simples inovação total não é reforma. Uma vez que os hábitos morais imemoriais sejam violados pelo utópico imprudente, uma vez que os antigos freios aos apetites sejam descartados, a pecaminosidade inescapável da natureza humana afirmar-se-á: e aqueles que aspiraram a usurpar o trono de Deus descobrirão que inventaram o Inferno na Terra.[16]

---

[14] Idem, "À Beira do Abismo", in *Edmund Burke: Redescobrindo um Gênio*, cap. 6, p. 270.

[15] Idem, "A Revolução do Dogma Teórico", in *Edmund Burke: Redescobrindo um Gênio*, cap. 7, p. 287.

[16] Idem, ibidem, p. 304-05.

George Andrew Panichas

Foi um respeitado pesquisador, crítico literário e social, editor, professor e escritor norte-americano. Nasceu em 21 de maio de 1930, na cidade de Springfield, em Massachusetts. Cursou a graduação em Sociologia no American International College, em sua cidade natal, e o mestrado em Literatura no Trinity College, em Hartford, Connecticut. Recebeu o título de doutorado em Literatura, no ano de 1962, pela University of Nottingham, na Inglaterra. Atuou como professor de Língua Inglesa e de Literatura Comparada, de 1962 até 1992, na University of Maryland, em College Park. Entre 1984 e 2007, foi o editor responsável do periódico *Modern Age*. Faleceu em 17 de março de 2010. Foi editor de coletâneas de ensaios de Irving Babbitt, de Simone Weil e de Austin Warren, além de ter editado e escrito a introdução do livro *Essential Russell Kirk: Selected Essays* (ISI, 2007). É autor de diversos artigos acadêmicos e de dezenas de livros, dentre os quais destacamos a tetralogia de ensaios *The Reverent Discipline: Essays in Literary Criticism and Culture* (University of Tennessee Press, 1974), *The Courage of Judgment: Essays in Criticism, Culture, and Society* (University of Tennessee Press, 1982), *The Critic as Conservator: Essays in Literature, Society, and Culture* (Catholic University of America Press, 1992), e *Growing Wings to Overcome Gravity: Criticism as the Pursuit of Virtue* (Mercer University Press, 1999), além das obras *Adventure in Consciousness: The Meaning of D. H. Lawrence's Religious Quest* (Mouton, 1964), *The Burden of Vision: Dostoevsky's Spiritual Art* (W. B. Eerdmans Publishing, 1977) e *Joseph Conrad: His Moral Vision* (Mercer University Press, 2003).

Anexo 4 | As Reflexões de Edmund Burke Sobre o Revolucionário Europeu Encontram a América do Sul

JEFFREY O. NELSON

É conveniente que o relato acessível de Russell Kirk (1918-1994) sobre a vida e as principais ideias de Edmund Burke (1729-1797) tenha agora encontrado um lar na América do Sul. A nova edição em português desta obra expõe o pensamento de dois grandes escritores: a mentalidade conservadora do século XX de Russell Kirk e a do estadista do século XVIII Edmund Burke. Os dois escritores são considerados mestres da língua inglesa, cujo pensamento político muitas vezes se eleva a alturas literárias, e ambos são figuras políticas importantes, ainda que de modo diferente, cuja mente e cujos escritos estavam saturados de história. Um dos grandes benefícios dessa tradução para o português de *Edmund Burke: A Genius Reconsidered* [Edmund Burke: Redescobrindo um Gênio] é que a nova geração de leitores lusófonos ficará mais familiarizada com o autor e o assunto do livro.

O presente ensaio concentra-se em um ponto do início da vida de Edmund Burke, uma época em que ele tinha profundo interesse pela história das Américas, incluindo de maneira geral o Novo Mundo tanto no hemisfério Norte como no Sul. O interesse de Burke pela América do Sul é pouco comentado nos estudos de Burke, que se concentram primeiramente nas muitas controvérsias parlamentares, imperiais e político-culturais que marcaram a célebre carreira política. Seu foco na América do Sul estava centrado no legado da conquista peruana ou no primeiro encontro com os europeus e na atividade jesuíta no Paraguai. Esta é uma história nunca contada da vida intelectual de Burke e que este artigo pretende contar.

O primeiro trabalho histórico de Edmund Burke foi um estudo extenso sobre o Novo Mundo espanhol, francês e inglês: *An Account of the European Settlements in America* [Um Relato das Colônias Europeias na América],[1] de 1757. Burke conseguiu um conhecimento detalhado da América enquanto colaborava no volume com seu amigo e "primo" William Burke (1728-1798).

Publicado anonimamente em dois volumes por James Dodsley (1724-1797) em abril de 1757, as ideias amadurecidas de Edmund Burke sobre as relações imperiais com as colônias americanas e seus pontos de vista sobre a centralidade da política comercial e das tradições da liberdade e sobre as relações entre as colônias e a metrópole já são aparentes nesse trabalho. Este texto, negligenciado no *corpus* de Burke, foi elogiado pelos contemporâneos, desenvolveu linhas de pesquisa que anteciparam obras mais festejadas do Iluminismo, como os escritos de Adam Ferguson (1723-1816), de Henry Home (1696-1782), mais conhecido como Lorde Kames, de William Robertson (1721-1793) e de Adam Smith (1723-1790). O livro *An Account of the European Settlements in America* é, portanto, um texto essencial para estabelecer entre a natureza e a continuidade da imagem que o pensador e estadista irlandês fazia da América e seus discursos mais famosos posteriores sobre os assuntos americanos, além de ser uma fonte importante para a tentativa burkeana de desenvolver uma hermenêutica por aplicar aos estudos históricos.

---

[1] William Burke & Edmund Burke, *An Account of the European Settlements in America*, Ed. Richard C. Robey, Jack P. Greene, Edmund S. Morgan & Alden T. Vaughn, London, Arno Press, 6.ª ed., 1972. 2 vols. (Research Library of Colonial America). Esta edição será usada ao longo do artigo e será citada apenas como *Settlements*.

Já em 1970, Sir J. H. Elliott aconselhou que "a América e a Europa não deveriam estar sujeitas a um divórcio historiográfico, não importando quão sombrio muitas vezes pudesse parecer perante o final do século XVII".[2] Elliott acreditava que as histórias da América e da Europa constituíam uma ação combinada contínua de dois temas: em primeiro lugar, "a tentativa da Europa de impor sua própria imagem, suas próprias aspirações, seus próprios valores a um mundo recém-descoberto" e, em segundo lugar, "o modo como uma consciência crescente do caráter, das oportunidades e dos desafios representados pela América ajudou a formar e a transformar um Velho Mundo [...]".[3] Ao seguir essa percepção, Elliott, Bernard Bailyn e outros estimularam a escrita histórica que visava promover os estudos relacionados a ela. Nas palavras de Bailyn, "os aspectos comuns, comparativos e interativos da história dos povos do mundo Atlântico".[4]

O método de Burke de mapear a América e sua relação com a Inglaterra e a Europa podia ser descrito justamente com palavras semelhantes. Pois, na sua primeira pesquisa histórica, Burke buscou, nas palavras de Elliott, "relacionar a resposta europeia ao mundo não europeu com a história geral da civilização e das ideias europeias".[5] O historiador escocês William Robertson notou, no início de seu *History of America* [História da América], de 1777, que foi somente no século XVII que "a conduta dos habitantes [americanos] atraiu, em grau considerável, a atenção dos filósofos. Por fim, descobriram a contemplação da condição e do caráter dos americanos no estado

---

[2] J. H. Elliott, *The Old World and the New, 1492-1650*, Cambridge, Cambridge University Press, 1970, p. 7.

[3] Idem, ibidem, p. 7. Elliott acreditava que o primeiro tema tradicionalmente recebeu maior atenção e que "o segundo necessita de mais atenção histórica que o primeiro".

[4] Bernard Bailyn, "Preface". In: David Armitage & Michael J. Braddick, *The British Atlantic World*, New York, Palgrave Macmillan, 2002, p. xiv.

[5] Elliott, *The Old World and the New*, p. 6.

original, que tendiam a completar nosso conhecimento da espécie humana; podiam nos permitir preencher um considerável hiato da história de seu progresso [...]".[6] Em uma carta congratulatória para Robertson, de 9 de junho de 1777, Burke articulou uma visão geral de sua época segundo a qual, pela primeira vez, toda a história humana era visível, e de como tal relato comparativo da relação dos povos nativos não europeus com a civilização europeia podia ser empreendida. "Sempre pensei convosco", disse Burke a Robertson,

> que possuímos neste tempo vantagens muito grandes com respeito ao desenvolvimento da natureza humana. Já não precisamos ir à História para traçá-la em todos os estágios e períodos [...]. Agora o grande mapa da humanidade foi de uma só vez desfraldado e não há estado ou gradação de barbarismo e nenhum modo de refinamento que não temos, ao mesmo tempo, sob a visão.[7]

Ao cruzar mentalmente o Oceano Atlântico e ao estudar as origens dos povos e das culturas, os primeiros europeus modernos, como Burke e Robertson, estavam tentando entender-se a si mesmos e à sua civilização.

I - BIOGRAFIA E HISTÓRIA

O senso histórico de Edmund Burke era narrativo e fortemente biográfico. Achava esse gênero particularmente útil em seus primeiros escritos históricos, que, como seus futuros discursos, estavam polvilhados de um generoso número de retratos de personagens. E isso foi

---

[6] A obra foi originalmente publicada na seguinte edição: William Robertson, *The History of the Discovery and Settlement of America*, 3 vol., London, Strahan, 1777. Ao longo do presente ensaio utilizaremos a seguinte reimpressão: William Robertson, *The History of the Discovery and Settlement of America*, New York, Harper & Brothers, 1855, Livro IV, p. 139.

[7] Burke para Robertson, 9 de junho de 1777, In: *The Correspondence of Edmund Burke*, Ed. Thomas W. Copeland, Chicago, University of Chicago Press, 1958-1977, 10 volumes, Vol. III, p. 350-51.

especialmente assim no tratamento das principais figuras e dos principais acontecimentos associados ao encontro europeu com os povos nativos da América do Sul.

A estima do pensador e estadista irlandês por personagens fundava-se nos muitos exemplos que encontrara na literatura clássica. Para Burke, ler amplamente as vidas das grandes figuras históricas foi uma maneira indispensável de formar a prudência e o bom julgamento, que vêm da experiência. Imitação e compaixão combinam-se no estudo dos exemplares, ambos nobres e alicerçados, para comunicar lições universais de experiências particulares com o propósito de instruir as novas gerações.

De fato, os retratos de personagens não eram peças solitárias de biografia. Estavam incorporadas em uma tentativa de escrever uma narrativa histórico-política das origens e do desenvolvimento dos principais impérios coloniais do Novo Mundo. O senso histórico de Burke se caracterizou por sua compreensão do presente como produto de forças históricas que o precederam. Como escreveu William Todd (1919-2011), a mente histórica de Burke foi marcada por "sua capacidade de apresentar acontecimentos, instituições, costumes de volta às origens".[8] Sua ligação com a forma "resumida" da escrita histórica se seguiu dessa orientação. Foi pronunciada no título do texto não publicado *An Essay towards an Abridgement of the English History* [Um Ensaio para Resumo da História Inglesa]. Dado que Henry St. John (1678-1751), 1.º Visconde Bolingbroke, acreditava que uma história resumida não valia a pena ser escrita, a mente de Burke não estava submersa em toda a cronologia e detalhes dos períodos, mas em um significado maior de novos desdobramentos, de vidas individuais, de ascensão e queda de nações, e em uma variedade de movimentos

---

[8] *Writings and Speeches of Edmund Burke* – Volume 1, "The Early Writings and Speeches of Edmund Burke", Ed. Paul Langford & William B. Todd, Oxford, Oxford University Press, 1997, p. 333.

políticos e intelectuais.⁹ Tal abordagem historiográfica era a intenção de Burke quando ele começou a compilar o que depois descreveria como "a história agitada das revoluções da América".¹⁰ Antes de considerar a história colonial das colônias britânicas na América do Norte, Burke tentou explicar as lutas e os efeitos de um conflito imperial na América entre as potências europeias e os habitantes nativos do México e do Peru. Viu continuidade entre as primeiras experiências de conquista e a colonização na América do Sul e do Norte. Por isso, sua compreensão da colonização britânica da América do Norte era comunicada por essa visão da colônia espanhola na América do Sul, bem como pela competição com as colônias francesas nas Índias Ocidentais e na América do Norte.

II - DESCOBERTA REVOLUCIONÁRIA

Às vésperas da era das revoluções democráticas na América e na Europa, Edmund Burke era um aspirante a escritor a pensar sobre uma idade mais primitiva da revolução – a revolução que balançou todo o mundo ocidental com a descoberta e a conquista de civilizações até então desconhecidas, apesar de avançadas. O estudo de Burke das colônias europeias nas Américas lhe dificultou o quadro tradicional de uma terra de selvagens incultos ou de inocentes vivendo em perfeito estado de natureza. Muito certamente, levou-o ao desenvolvimento de tal imagem americana a compreensão histórica de costumes do povo irlandês e da natureza e do legado da conquista

---

⁹ Uma afirmativa feita por William B. Todd, ibidem. A visão de Bolingbroke pode ser vista nas *Letters on the Study and Use of History* [Cartas sobre o Estudo e o Uso da História].

¹⁰ *Speech on American Taxation* (1774), In: *Writings and Speeches of Edmund Burke* – Volume 2, "Party, Parliament, and the American Crisis, 1766-1774", Ed. Paul Langford & William B. Todd, Oxford, Oxford University Press, 1981, p. 452.

inglesa dessa "pobre terra". Era um ajuste estranhamente confortável. Seus sentimentos e seu conhecimento irlandeses lhe deram uma perspectiva única da qual observou o complicado encontro da Europa com o "outro" em um mundo diferente. Sua compreensão, no contexto da Irlanda, de que uma civilização ou povo conquistador não é necessariamente superior à civilização e às pessoas conquistadas permitiu-lhe acolher a possibilidade de que em alguns aspectos-chave os europeus e sua cultura não eram tão avançados quanto os ameríndios nativos (os astecas e os incas na América do Sul e as nações indígenas da América do Norte) que encontraram e subjugaram.

Dessa maneira, Burke demonstrou "simpatia" pelos povos nativos da América, que era de muitos modos sentida mais profundamente que a de William Robertson.

Aqui também a visão de progresso e de história de Edmund Burke revelou-se e começou a dar uma virada montesquiana. A distinção que fez entre progresso "humano" e progresso "material", com sua mútua dependência, é a chave. Materialmente, os europeus avançaram muito além dos americanos nativos. Fora da ciência e da tecnologia, no entanto, o quadro era mais complexo. O estado das maneiras, dos hábitos, do caráter e da matriz das instituições religiosas, políticas, econômicas e legais das grandes civilizações ameríndias era, em seus próprios termos, impressionante. Se, como acreditava Burke, Deus trabalhasse providencialmente na história pelo agir do homem, então Ele agia nas civilizações isoladas da América assim como o fizera na Europa. Grandes "personagens" individuais promoveram a humanidade tanto nos mundos conhecidos como nos desconhecidos até a revelação mútua os ter unido e feito começar uma nova era histórica para a humanidade. Burke tinha capacidade de ver, por outro lado, os acontecimentos e as pessoas. Fora condicionado no mundo irlandês a proceder assim. Essa empatia, a preocupação com o equilíbrio e com o uso crítico das fontes a serviço de ambos, foi a marca do método histórico de Burke. Em retrospecto, tal compromisso com novos modos de objetividade (que se tornou um estandarte para alguns historiadores, como David Hume [1711-1776], para sob ele marchar e travar combate contra a religião) destaca um paradoxo pessoal que, se estivesse ciente dele, manteria escondido: ou seja, enquanto Burke em seu ofício era profundamente "moderno", empregou a sensibilidade contemporânea a serviço da renovação de antigas constituições e *ancien régimes*, costumes pré-modernos e usos consagrados, instituições veneráveis e *mores* [costumes] – ainda mais para garantir e não minar ou rejeitar os fundamentos da própria modernidade. Nisso encontramos a essência tanto de seu "liberalismo" quanto de seu "conservadorismo".

Sua história política do grande encontro do império asteca e do inca com o império espanhol foi outro exemplo, no início da carreira, da habilidade de Burke para alcançar, compilar e escrever um "resumo" temático de história. O escrito sobre a América é importante tanto pelo tratamento avançado do assunto, na ocasião, como pelo fundamento instituído para um pensamento político posterior pelo conhecimento histórico que dele adquiriu. A história política de Burke da América espanhola não era tão detalhada e abrangente como seria a de Robertson duas décadas depois. No entanto, a capacidade de penetrar a essência filosófica ou o significado de um episódio ou o significado histórico de um ator individual foi comparável às habilidades do grande historiador de Edimburgo e, de muitas maneiras, da capacidade de Voltaire (1694-1778), que também registrou em crônicas Cristóvão Colombo (1451-1506), Hernán Cortés (1485-1547) e Francisco Pizarro (1475-1541), no extenso relato *Essai sur les Mœurs et l'Esprit des Nations* [Ensaio sobre os Costumes e o Espírito das Nações], lançado entre 1753 e 1756, sobre aquilo que "realmente eram as nações ocidentais".[11] Como Burke e como Robertson,

---

[11] Ver a versão contemporânea de *The Works of Voltaire*, notas de Tobias Smollett, traduzida por William F. Fleming em quarenta e dois volumes (Ohio, 1904), com *An Essay on the Manners and Spirit of Nations, and on the Principal Events of History from Charlemagne to Louis XIII* [Um Ensaio sobre as Condutas e o Espírito das Nações e sobre os Principais Acontecimentos da

Voltaire admirava o "grande Colombo", cuja fama lhe pareceu "pura e imaculada". No entanto, diferentemente de Burke e de Robertson, a interpretação de Cortés, dos exploradores europeus que se seguiram e das populações nativas que estes encontraram eram tingidas de forte viés antiespanhol e anticristão.[12] Entre as obras históricas de Voltaire, Burke recomenda nos primeiros volumes da *The Annual Register*[13] a leitura tanto do supracitado *Essai sur les Mœurs et l'Esprit des Nations* como de *Le Siécle de Louis XIV* [O Século de Luís XIV], publicado em 1751.

Edmund Burke estava interessado nas conquistas do México e do Peru porque eram acontecimentos transformacionais tanto para o Novo quanto para o Velho Mundo. Nas palavras de Voltaire, os relatos de viagem e de descoberta "nos ensinaram quão desprezível era este ponto no globo, a nossa Europa [...]".[14] Fora do contexto irlandês de Burke, eram as primeiras "revoluções gerais" que ele analisava, e nesse sentido as chamaria em *Thoughts on the Present Discontents* [Reflexões sobre a Causa dos Atuais Descontentes] de mudança grande e súbita.[15] Como posteriormente escreveria William Robertson, "a conquista de dois grandes impérios do México e do Peru forma o período mais esplêndido e interessante da história da América [...]".[16] Em se-

---

História de Carlos Magno a Luís XIII], composto de sete volumes. O volume 4, que trata da época de Carlos V (1500-1558) a Filipe II (1527-1598), inclui seções sobre Cristóvão Colombo e Hernán Cortés, p. 193-231.

[12] Ibidem, sobre Colombo, p. 206, 227; sobre as interpretações anticristãs de Voltaire e o consequente interesse pelos nativos do Novo Mundo injustamente feitos "presa dos poderes da cristandade", ver p. 206 ss. A principal fonte de Voltaire parece ser Bartolomeu de las Casas (1484-1566), a quem menciona repetidamente (ver p. 207 ss).

[13] *The Annual Register*, 1758, p. 240n; e para o *Essai* ver *The Annual Register*, 1760, p. 176-78, e 1764, p. 167-72.

[14] Ibidem, p. 200.

[15] *Thoughts on the Cause of the Present Discontents*, In: *Writings and Speeches of Edmund Burke* – Volume 2, "Party, Parliament, and the American Crisis, 1766-1774", Op. cit., p. 264.

[16] William Robertson, *History of America*, op. cit., Livro VIII, p. 313.

ções relevantes de *An Account of the European Settlements in America*, Burke pesquisou as origens das grandes convulsões que eram efeito do encontro entre a civilização europeia e a asteca e a inca com um olhar que explorava obliquamente as implicações concretas do desenvolvimento de sua própria compreensão da natureza da conquista e do império por exemplos históricos que pôs diante dos leitores.

Ademais, a crença de Edmund Burke de que a instrução é o componente primário da escrita histórica recebe expressão concreta, por exemplo, no seu relato da personalidade de Cortés e da conquista do México. Embora traços dessa abordagem da escrita histórica estivessem evidentes no retrato de Colombo, seu relato sobre a sujeição de um grande império primitivo – o asteca – pelo grande império europeu do período – a Espanha – é um veículo mais abrangente para Burke pôr as mãos na narrativa histórico-política. Isso lhe ofereceu uma tela maior em que podia misturar o interesse pelo papel causal dos indivíduos, muitas vezes não intencional, na história em movimento, com a necessidade de oferecer uma estrutura narrativa cronológica para sua história política mais abrangente.

Significativamente, esta foi a primeira tentativa registrada do tipo daquilo que Burke estava por fazer. Seguir-se-ia a isso, é claro, um relato um tanto mais elegante da história inglesa antiga; alguns afirmaram que planejou, mas abandonou, uma versão semelhante da história irlandesa[17] e que daria utilidade às suas capacidades ao rascunhar artigos para *The Annual Register*. Além dessa importância óbvia, a instrução moral que Burke incorporou em seu relato da captura e da destruição de Tenochtitlán, a capital asteca sobre cujas ruínas Cortés construiu a cidade do México, foi o meio pelo qual ele pôde continuar a trabalhar suas próprias ideias sobre natureza, progresso e origens de império e de colonização.

---

[17] Ver John C. Weston Jr., "Edmund Burke's Irish History; a Hypothesis", *PMLA* 77, 1962, p. 397-403.

III - A HISTÓRIA DE BURKE DO IMPÉRIO INCA E DOS PRIMEIROS EUROPEUS

O relato de Edmund Burke das primeiras conquistas europeias que transformaram tanto o Novo quanto o Velho Mundo começam com um tratamento das viagens de Colombo, seguido de uma exposição de Hernán Cortés e dos povos nativos que compunham o império asteca. Em seguida, Burke volta-se para a América do Sul e para a conquista de outro "reino civilizado",[18] o império inca do Peru. Burke concentrou-se nos "planos" e nas "personagens" de Francisco Pizarro, Diego de Almagro (1475-1538), o Velho, e Hernando de Luque (†1534), as principais personagens da conquista do Peru. Como no seu relato da conquista do México, Burke intensificou o drama ao contrastar "conquistadores" opostos. O contraste entre uma política de conquista animada pelo autointeresse e uma fundada no desinteresse foi traçada de modo surpreendente. Pizarro foi elencado como um vilão conquistador, ao passo que Almagro, o Velho, foi retratado como uma personagem semitrágica, basicamente com boas intenções, se não com particular previdência ou percepção. Luque era um padre desonroso.

Uma das partes mais notáveis da história política de Edmund Burke sobre a conquista do Peru foi a reflexão sobre o imperador Atahualpa (1502-1533) – ou Atabalipa, na forma hispanizada – e o povo inca. Como Burke tinha antes considerado o caráter dos imperadores astecas Montezuma II (1466-1520) e Cuauhtémoc (1502-1525) – também conhecido como Guatimozín – e seu império no México, neste relato retratou com simpatia, ainda que de modo breve, a personalidade dos monarcas incas, de modo breve do primeiro rei, Manco Capac (†1230), e depois, mais profundamente, de seu descendente Atahualpa. Ao mesmo tempo, num painel mais amplo, Burke também traçou o caráter do povo peruano:

---

[18] *Settlements*, p. 129.

> O império do Peru foi governado por uma raça de reis que se chamavam incas. O décimo segundo na sucessão havia subido ao trono. O primeiro dessa raça, chamado Manco Capac, era um príncipe de grande gênio, com aquela mistura de entusiasmo que cabe ao homem que faz grandes mudanças e é o legislador de uma nação em formação. Observou que o povo do Peru era naturalmente supersticioso e tinha, sobretudo, veneração ao sol. Ele, portanto, aparentou descender desse astro, cuja autoridade portava, e fazia se lhe aplicar a devoção a tal autoridade. Por essa convicção, facilmente incorporada por um povo crédulo, pôs um grande território sob sua jurisdição; um ainda maior foi dominado por seus exércitos, mas fez uso dos logros e da força para fins mais louváveis. Uniu e civilizou os povos dispersos e bárbaros: fez que tendessem para as leis e para as artes; suavizou-os pelas instituições de uma religião benevolente; em suma, não havia parte na América em que a agricultura e as artes não fossem tão e tão bem cultivadas, nem em que as pessoas tivessem natureza mais branda e modos mais engenhosos. Os incas descendiam, como imaginavam, de uma origem tão sagrada, que eles mesmos eram respeitados como divindades. Em nenhum lugar, nem mesmo nos países asiáticos, havia obediência tão completa à autoridade real. No entanto, aqui era mais filial que servil. Como o próprio caráter dos peruanos, pareciam ter uma grande semelhança com os antigos egípcios: como eles, sob um céu constantemente sereno, eram um povo laborioso e engenhoso; cultivavam as artes, mas sem levá-la à perfeição; tendiam à superstição e a um temperamento brando nada bélico.[19]

Ao descrever o primeiro encontro entre o Peru inca e a Espanha cristã, Edmund Burke demonstrou empatia pelos incas peruanos e tornou evidente uma verdadeira admiração pela civilização deles. Francisco Pizarro e seus saqueadores, em geral, ignoravam tais realizações. Como mencionei acima, Pizarro não tinha educação formal e, portanto, era, ele mesmo, de modo importante, mais bárbaro que aqueles peruanos por quem demonstrava tanto desprezo. Diferentemente de Cortés, Pizarro não tinha habilidade para avaliar o caráter

---

[19] *Settlements*, p. 133-34.

dos povos que veio a conquistar nem interesse por fazê-lo. Além disso, os missionários cristãos, neste caso, não eram diferentes. De fato, a nobreza inerente e a generosidade dos incas, que em grande parte fluía do culto religioso, eram postas em relevo gritante com os conquistadores cristãos do Peru.

O uso que Burke fez da história comparativa levou seus leitores contemporâneos a considerar que barbarismo e civilidade podem, muitas vezes, estar nos olhos de quem vê; e que ignorância e tolerância – e a crueldade selvagem e a injustiça que sempre as acompanha – eram tanto ou mais parte da Europa cristã do que dos povos selvagens das Américas. A narrativa de Burke era forte neste ponto e merece citação:

> Atahualpa, recém-assentado no precário trono, não estava nem um pouco alarmado [com a chegada dos espanhóis]; pois um novo poder instituído tem tudo a temer de qualquer coisa que ponha a mente das pessoas, ainda instável, em nova inclinação. Decidiu que, se possível, os inimigos não deveriam tirar vantagem da chegada desses estranhos, envolvendo-os por todos os meios no próprio interesse. Recebeu, portanto, os embaixadores que Pizarro enviara com as maiores honras, embora o discurso consistisse, em si mesmo, em matérias demasiado impertinentes, muito mal interpretado por ele, assim como foi o seu pelos outros. Chegou até a ir ao encontro de Pizarro com grande número de servidores, aos quais encarregou de em nenhuma hipótese fazer a menor das injúrias aos estrangeiros [...]. No entanto, Pizarro, que se adiantou com outras ideias para a entrevista, logo o convenceu de que a cautela oposta era mais necessária. Encontraram-se perto de um templo famoso, preparados os espanhóis para a batalha e com um pequeno destacamento emboscado. Essa circunstância não deixa dúvidas quanto ao propósito de Pizarro. A primeira pessoa que se dirigiu ao inca foi o Padre Vicente,[20] um frade que não tinha vergonha de deixar seu caráter ser instrumento de um crime tão vil. Adiantou-se com uma

---

[20] Vicente de Valverde, O. P. (1490-1543), foi um bispo espanhol e frade dominicano, notório por escravizar e oprimir os peruanos nativos.

cruz na mão e começou o discurso mais inoportuno sobre o nascimento e os milagres de Cristo, exortando-o a tornar-se cristão, sob pena de punição eterna. O inca comportou-se com decência e gravidade, dizendo-lhe que acreditava que ele e seus companheiros eram filhos do sol; recomendou-se a si e a seus súditos à proteção dos espanhóis e não deixou dúvidas de que se comportariam de maneira digna de filhos de uma divindade tão beneficente. Seguiu-se uma altercação [e] o inca foi arrastado e feito prisioneiro, num ato da mais incomparável traição, executado com uma crueldade de que dificilmente se tem exemplo e que não admite desculpa. A pilhagem desse campo, rico para além da ideia de qualquer europeu do período, foi a recompensa.[21]

A última frase de Burke, ao mesmo tempo que apresentava aos leitores ingleses contemporâneos a verdade histórica de que a colonização europeia na América do Sul começara por traição, assassinato selvagem, exuberante iconoclastia e furto, também realça uma tensão na própria compreensão de Burke do colonialismo. É típico que Burke acreditasse ser melhor cerrar um véu nas origens dos regimes vigentes, já que os entendia como normalmente obtidos por violência que em outras circunstâncias seria considerada de mau gosto ou injusta pelos herdeiros do sistema governante.

O dilema de Edmund Burke era que, uma vez que a expansão da "civilização" cristã europeia pareceu conformar-se a um desígnio providencial misterioso,[22] era certo encorajá-la e estabelecer incentivos para tal. Entretanto, sendo a natureza humana horrivelmente falha, os sonhos de avareza conjugaram-se com a falta de uma educação liberal, ampla, pondo o empreendimento colonial europeu em um risco terrível de projetar um barbarismo vicioso em regiões des-

---

[21] *Settlements*, p. 136-38. William Robertson fez uma representação muito semelhante e respeitosa de Atabilipa e um relato vívido da captura do líder inca por Francisco Pizarro em *History of America*, livro VI, p. 269-77.

[22] "Parece haver uma providência notável em distribuir os papéis, se é que posso usar esta expressão, das várias nações europeias que atuam no palco da América". *Settlements*, p. 57-58.

conhecidas do Novo Mundo e de privar as duas partes das vantagens que poderiam derivar de outro tipo de conquista, baseado na justiça e na busca desinteressada do bem para todas as partes. Esse "outro tipo de conquista" levou Burke a dar prioridade absoluta ao caráter e à qualidade dos responsáveis por levar noções cristãs e europeias de civilização às regiões inexploradas e aos povos nativos das Américas. A ausência desse elemento na conquista inicial do Peru proporcionou a Burke um incidente na história em que a falta de um líder de "visão abrangente" resultou na projeção do vício europeu, e não da virtude, nas novas colônias. O vício – principalmente ganância e desejo de poder – era, por sua vez, usado para atrair novos recrutas para seguir o caminho ignóbil do colonialismo. Ao contrário, em tipos ameríndios tais como Atahualpa, Burke encontrou muito mais provas de um raciocínio sofisticado, e foi capaz de justapor os líderes indígenas "esclarecidos" aos ignorantes líderes europeus:

> Nesse meio-tempo, o infeliz Atahualpa [...] esforçou-se por tirar vantagem de seu cativeiro, para conhecer o gênio e os costumes desse povo. Entre todos os talentos, nada admirou mais que a arte de ler e de escrever. Parecia-lhe demasiado incompreensível, embora visse claramente seu uso. Estava perdido e queria saber se o considerava como um dom natural ou como uma aquisição de arte. Para descobri-lo, um dia ele desejou que um soldado escrevesse o nome de Deus em sua unha, e fez isso espalhar-se pelo exército, desejando que vários o explicassem, o que todos fizeram para seu espanto e satisfação. Por fim, mostrou-o a Pizarro, mas Pizarro corou e nada podia fazer. O inca, então, percebeu que não era um dom natural, mas algo devido à educação, cuja falta descobriu em Pizarro, menosprezando-o. Isso mortificou o general, e seu desgosto, unido à crueldade natural e a uma política que pensou ver na atuação, o fez apressar a sina que determinara, algum tempo antes, para seu infeliz prisioneiro. Nada poderia faltar à ousadia e à atrocidade da barbaridade, e voltaram-se contra ele por meio de julgamento e nas formas da lei.[23]

---

[23] *Settlements*, p. 142-43.

O contraste de Edmund Burke entre os europeus "admirados" e sedentos do ouro inca e o príncipe inca mais admirado pela "arte" de ler e de escrever efetivamente justifica o fato de a civilização não ser propriedade privada dos europeus. A erudição adquirida por Burke e apresentada em *An Account of the European Settlements in America* foi, em si, um ato de criar um modelo de como a educação clássica poderia levar a um progresso "esclarecido" da humanidade por todo o mundo. No entanto, de modo irônico, também destaca um modo como Burke pode ser contrastado com a tendência "iluminada" dominante. Por sua descrição da conquista do México e do Peru e do caráter dos conquistadores e dos povos conquistados, Burke demonstrou que um "progresso" linear não é uma inevitabilidade histórica. Muito pelo contrário; a verdade para Burke parecia ser que o progresso e o retrocesso estão inextricavelmente unidos um ao outro, ao mesmo tempo e no mesmo povo. E os períodos históricos muito bem definidos segundo os quais as eras sempre avançam das trevas à luz, a próxima sempre mais progressiva que a última, era uma superstição.

IV - A SIMPATIA DE BURKE PELOS AMERÍNDIOS E PELA LIDERANÇA ESCLARECIDA NO PERU

Com a saída de Francisco Pizarro e de Diego de Almagro, o Velho, Edmund Burke apresentou seus sucessores, cuja abordagem na colônia era, de fato, notável pela humanidade, pela grandeza de espírito, pela justa força e pela abrangência de visão. Tratava-se dos administradores coloniais espanhóis Cristóbal Vaca de Castro (1492-1566) e Pedro de la Gasca (1485-1567), bispo e diplomata. Como nas peças de William Shakespeare (1564-1616) com as personagens Fontinbras, ao final de *Hamlet*, ou Malcolm, ao final de *Macbeth*, esta tragédia terminou quando uma nova geração de líderes coloniais surgiram no Peru. A chegada deles foi um sinal de esperança para a perspectiva de uma colônia europeia mais "esclarecida" na América.

Edmund Burke começa a contar a chegada de Vaca de Castro, cuja aparição coincidiu com a transição volátil da liderança para Diego de Almagro (1520-1542), o Moço, o filho de vinte um anos de Almagro, o Velho, que fora designado como governador. Para Burke, Vaca de Castro anunciava uma "nova linguagem" de justiça desinteressada e correspondia a um novo amanhecer para o Peru, pois Vaca de Castro era um "advogado de profissão" que se atinha a "uma adesão mais firme à ideia estrita de direito e justiça que é adequada à rudeza da prática" e, como resultado, "não fez essa imagem na profissão para a qual sua grande capacidade o habilitara". No entanto, "o que o manteve fora da advocacia, recomendou-o primeiro ao conhecimento e depois à estima de seu mestre, o imperador Carlos V [...]". Burke estava tocado por essa personagem, "que era um advogado sem exercer o ofício da lei e que viveu na corte sem ser um cortesão".[24] Foi a nobreza nativa de Vaca de Castro, seus modos naturalmente aristocráticos e não "alguma recomendação de um ministro ou favorito [o que] o colocou em uma ocupação de tamanha confiança". Crucial para Burke, Vaca de Castro não foi arruinado pelo sucesso:

> Quando chegou às Índias, ainda preservava seu caráter. Agiu como alguém que não veio para fazer amigos ou fortuna, mas tão somente para cumprir o dever; e mostrou favor ou desaprovação a todos na proporção que eles os requeriam. Índio ou espanhol eram completamente semelhantes na igualdade de sua justiça. Não bajulava ninguém, não ameaçava ninguém e, enquanto viveu com toda a modéstia como homem privado, suportou toda a dignidade de um governador.

Estabelecendo-se como o novo governador do Peru, foi mandado pelo imperador Carlos V (1500-1558) para restaurar a ordem entre as

---

[24] Podia muito bem ser uma descrição da própria percepção de si mesmo de Edmund Burke.

facções de Pizarro e de Almagro, o Velho, depois do assassinato deste último em 1538. Vaca de Castro derrotou Almagro, o Moço, em 1542, e "achou necessário" fazer "numerosas execuções" (entre as quais a do jovem Almagro e de seus seguidores). Burke argumentou que:

> A severidade desse procedimento, embora aterrorizasse a todos, não provocou ódio no governador, que agiu de modo claro e sem preconceito ou autointeresse. Viram essas execuções como julgamentos do céu, que nos afligem amargamente, mas não deixam espaço para murmuração ou queixa contra a mão que os inflige [...]. Procedeu com tanta constância, que os espanhóis foram reduzidos a total sujeição e os índios passaram a ser tratados por eles como súditos e criaturas semelhantes. Ao clero, fê-lo cumprir de maneira diligente a obrigação da função e a conversão dos índios, e não a aquisição de ouro. Moldou a administração da justiça da maneira mais exata. Fundou várias cidades e nelas instituiu escolas e faculdades, pondo as receitas reais em tal posição, que a conquista do Peru se tornou, imediatamente, uma grande vantagem pública, o que não era mais que objeto de saques privados. Entretanto, embora permanecesse, ele mesmo, pobre entre alguns dos confiscos mais ricos jamais realizados, e enquanto enriquecia o tesouro real com as remessas mais prodigiosas, os grandes homens da corte não recebiam presentes. Isso os induziu a arranjar uma quantidade de juízes nomeados cuja autoridade prevalecia à de Castro. Apresentava-se o fim.[25]

O retrato elaborado por Edmund Burke do "caráter" de Cristóbal Vaca de Castro revelou, mais uma vez, qualidades e virtudes centrais em seu ideal de colonizador e/ou governador. Isto é, proceder com "constância"; agir sem "preconceito ou autointeresse"; dar aos nativos o devido ao exigido pela dignidade de nossa natureza humana comum e, desse modo, tratá-los como "súditos e criaturas semelhantes"; reformar o clero segundo a "função"; assegurar "a administração da justiça da maneira mais exata"; fundar escolas e propagar a educação; pôr o tesouro em condição de permitir a

---

[25] *Settlements*, p. 159-62.

vantagem pública e não o saque privado; e dar o exemplo pessoal para todos ao permanecer pobre quando a opulência tentava e as riquezas aguardavam "confiscos". Por fim, ao deter a prática de subornos na corte, que era a causa de tanta corrupção colonial, de má administração e de violência.

A admiração de Burke por Vaca de Castro e por Pedro de la Gasca é palpável nas páginas de *An Account of the European Settlements in America*. É o tipo de admiração plena e sem reservas por uma liderança virtuosa que antecipa, da maneira mais óbvia, sua lisonja pessoal ao líder *whig* Charles Watson-Wentworth (1730-1782), 2.º Marquês de Rockingham (1730-1782). Mesmo assim, Burke estava muito ciente de que perto da imagem de virtude muitas vezes se esconde a sombra mais escura da natureza humana a esperar uma oportunidade para escapar. E, assim, com uma espécie de resignação histórica ou providencial, relatou a maneira como a liderança resoluta e com bons princípios de Vaca de Castro não ficou impune no centro imperial aos "cortesãos", cuja paixão pela expansão colonial era governada pelo autointeresse e pela ganância. (Mais uma vez, essa é uma tese embrionária que desenvolveria no início da carreira política ao criticar o rei e os "amigos do rei", em grande parte referindo-se aos assuntos da América do Norte, inseridos de modo sistemático no influente panfleto de 1770, *Thoughts on the Causes of Our Present Discontents*.) "Surgiram disputas", continuou Burke, "a colônia estava perturbada; inumeráveis petições e reclamações chegaram até nós e foram apresentadas de todos os lados. No entanto, respondeu-se à presente finalidade dos cortesãos, a ponto de quase parar a fonte de suborno no futuro. Na confusão que surgiu, de tamanho choque de jurisdições e dos planos dos homens decididos a satisfazer seus próprios interesses, não foi difícil para Gonzalo Pizarro (1510-1548), irmão do famoso Francisco Pizarro, valer-se do descontentamento geral e estabelecer-se como chefe de um partido." A luta interna enciumada e as brigas na corte pelos despojos do saque peruano incluíram os feitos de Vaca de

Castro; "agora já não há disputa entre governadores sobre os limites das suas jurisdições; Gonzalo Pizarro só se submeteu nominalmente ao imperador. Fortaleceu-se a cada dia e foi tão longe que decapitou um vice-rei[26] mandado para refreá-lo". Por uma astúcia digna de seu nome, este Pizarro impediu uma frota do México, evitando um contra-ataque dessa direção, e "ainda acalentou esperanças de ganhar os espanhóis daquele reino a que se unissem à sua revolta".[27]

O sucessor de Cristóbal Vaca de Castro, Pedro de la Gasca, era-lhe, de todas as maneiras, complementar e foi objeto do último retrato de Edmund Burke relacionado à conquista do Peru.[28] Burke captou os mesmos traços de caráter em seu objeto, ampliando uma análise semelhante para a ação. Demonstrou a mesma admiração e respeito que William Robertson apresentaria duas décadas depois. Neste caso, os leitores podem ficar surpresos com tamanha estima sem reservas por um padre católico espanhol. Como Burke argumentou, Gasca só era diferente de Castro:

> Por ter um comportamento mais brando e insinuante, mas com o mesmo amor pela justiça, a mesma grandeza de alma e o mesmo espírito desinteressado [...]. Quando chegou ao México, declarou que

---

[26] Blasco Núñez de Vela (1495-1546).

[27] *Settlements*, p. 162-63. Vale notar que William Robertson terminou o seu livro formal *History of America* com um retrato longo e cheio de admiração por Pedro de la Gasca, que descreve como uma figura romântica, um padre sem grande posição possuidor de um "temperamento gentil e insinuante, acompanhado de muita firmeza, probidade, superior a qualquer sentimento de interesse privado, e uma cuidadosa circunspecção ao estabelecer medidas, seguido por um vigor em executá-las como raramente se encontra em alianças com o próximo. Essas qualidades o retiraram da função para a qual estava destinado". Aprovou a "moderação desinteressada", os "sentimentos desinteressados" e o "mérito desinteressado". Ver William Robertson, *History of America*, livro VI, p. 304-12.

[28] Depois de ler os *Settlements*, James Boswell observou que achara o retrato de Pedro de la Gasca particularmente admirável. Citado por: F. P. Lock, *Edmund Burke*, volume 1, Oxford University Press, 1998, p. 139.

sua profissão era de paz, não viera para exercer severidades, mas para curar por medidas gentis os efeitos daqueles que anteriormente estiveram em exercício [...]. O novo governador, tendo acalmado por rigores necessários sua província, teve cuidado efetivo para remediar as desordens pelas artes da paz e para completar o que Castro fora obrigado a deixar inacabado. Estabeleceu o governo civil, o exército e as minas; sobre tal base tornou a província capaz de ser saqueada por futuros vice-reis. Levou dois milhões para o tesouro real, pagou todas as dívidas e satisfez-se como pobre na Espanha, assim como a deixara.[29]

Assim Burke concluiu essa seção de *An Account of the European Settlements in America* com uma crônica condensada de dois homens notáveis por suas "visões abrangentes" e sua "grandeza de alma". A referência de Burke era, obviamente, alta para qualquer bandeira do colonialismo europeu no Novo Mundo. Ao reconhecer que a ordem era a primeira necessidade, Burke enfatizou a necessidade absoluta de líderes coloniais na pátria e na terra colonizada para serem constantes em virtude e visão, implacáveis somente quando necessário e apenas contra aqueles que se desviam desse ideal em atenção a um autointeresse doentio e destrutivo. Tal, para Burke, não era um padrão impossível de atingir. Sua lista de personalidades coloniais mostrava que, providencialmente, os homens possuidores de tal caráter se ergueram para aceitar o desafio e, ao fazê-lo, trouxeram grande crédito para a humanidade e para as colônias que fundaram e governaram. No entanto, ele também demonstrou que havia muito exemplos de homens de caráter contrário, que, ao saquearem o Novo Mundo e ao cometerem crimes indescritíveis, se desgraçaram a si mesmos, aos seus países, à sua religião, e deixaram um legado de sangue e de intolerância cujo efeito foi sentido pelas gerações futuras de habitantes nativos, bem como pelos colonos europeus. Em uma resenha da *History of America* de William Robertson na *The Annual Register*, vinte anos depois de publicar *An Account of the European Settlements in*

---

[29] *Settlements*, p. 163-65.

America, Burke ilustrou os primeiros interesses com relação ao extermínio cruel dos peruanos nativos por Pizarro:

> Esses subversores desumanos do império dos incas, destituídos do gênio e da grandeza de mente de Cortés, excederam-no em crueldade, de modo que suas ações bárbaras, se não podem atenuar a enormidade, ao menos afastam o efeito produzido pela narrativa das piores partes de sua conduta. Essas crueldades parecem mais lamentáveis se se vê como as maneiras, a disposição, o governo, as instituições civis e religiosas dos peruanos eram moderadas, brandas, equitativas, distantes da dureza de governo, da disposição feroz, das superstições sombrias e dos ritos sangrentos dos mexicanos.[30]

Toda essa complexidade, que demonstrou pelo retrato das personagens, era inerente à história e à prática do colonialismo. Era o que Burke tinha em mente quando falou por todo *An Account of the European Settlements in America* e, depois, em seus escritos mais famosos sobre a América do Norte (e sobre a Índia e a Irlanda também quanto a isto), da necessidade absoluta dos ingleses de instituir uma "gestão", uma "regulação", uma "política" e uma liderança propriamente colonial.

Essa insistência foi o grande reservatório ou fonte de simpatia que Edmund Burke dirigiu à rebelião norte-americana e para a compreensão do caráter do colono norte-americano nas décadas de 1760 e 1770. A origem de sua paixão era que seguissem um curso moderado em resposta às queixas norte-americanas, que grandes esforços deveriam ser feitos para compreender e situar as colônias britânicas e seus habitantes dentro do império. Isso também foi a base de suas profecias de que o Império seria perdido, caso políticas magnânimas não fossem perseguidas e a satisfação excessiva do autointeresse não

---

[30] *The Annual Register*, 1778, p. 218. Para uma interessante validação moderna da visão de Burke do Império Inca, e da distinção dos astecas mexicanos e dos encontros com a Espanha, ver: John Hemming, *The Conquest of the Incas*, New York, Mariner Books, 1970.

fosse refreada. É claro, ao ingressar no Parlamento Burke, teve de transigir; sua paixão e sua política tinham necessidade de ser reconciliadas com os interesses do partido de Rockingham. Ainda assim, os modelos norte-americanos de Burke e o "mapa da humanidade" que desenvolveu em *Account of the European Settlements in America* informaram de modo permanente a compreensão da natureza complexa da conquista e do colonialismo. Depois se estenderia sobre isso para moldar o curso de seu próprio partido. Consequentemente, o estudo de Burke das Américas ajudou a direcionar os seus pensamentos para os desafios e as possibilidades que havia de criar uma estrutura imperial esclarecida que fosse humana e, tanto quanto possível, benéfica para todos os partidos.

Aqui, novamente, encontramos provas da simpatia de Edmund Burke pelo estado dos povos nativos. Estava profundamente enraizada num senso de humanidade plena. Não eram somente selvagens no sentido específico do termo como utilizado no século XVIII – viajantes incapazes ou não dispostos a associar-se à civilidade. Para Burke, "eles" somos "nós", e por isso mereciam um tratamento humano. Por eles, acreditava, seus contemporâneos poderiam ver o próprio passado e a si mesmos como deveriam ter sido na fase inicial da civilização. Por isso, nosso presente e nosso passado poderiam combinar-se para instruir e assistir o mundo europeu contemporâneo em sua maturidade, talvez para evitar algumas das injustiças e políticas erradas que atormentavam o Velho Mundo. A base para o conhecimento complacente de Burke, "aquela nobre faculdade por meio da qual o homem é capaz de viver no passado e no futuro, no distante e no irreal",[31] e que Thomas Babington Macaulay (1800-1859) e tantos outros desde a época de Burke admiraram, foi a Irlanda. A história irlandesa e a própria experiência com os Nagles (e os Shackletons), combinada

---

[31] Thomas Babington Macaulay, "Warren Hastings" In: *Critical, Historical, and Miscellaneous Essays and Poems* – Volume II, Chicago, Donohue & Henneberry, 1988, p. 632-33.

com os dons naturais para formar uma sensibilidade e uma compreensão, em seus próprios termos, do estado das maiorias oprimidas pelas minorias colonizadoras. Podia entrar com sucesso na mente e na cultura do ameríndio e sentir a sua humanidade, em grande parte por causa do impacto dos experimentos colonizadores ingleses na Irlanda, que ele pessoalmente sentiu, e que não eram, na formulação de Macaulay, "irreais", mas, ao contrário, muito reais.[32] Realmente, a *retórica* da conquista inglesa com relação à natureza dos povos irlandeses era tão importante quanto seu legado político, econômico e religioso. Juntamente com a conquista político-cultural normanda e, depois, tudor-elizabetana da Irlanda, houve, do mesmo modo, se não maior, uma "construção" britânica significativa da natureza do povo irlandês como, ao mesmo tempo ou de maneira alternativa, "selvagem", "ignorante", "incivilizado", "selvagem" e coisas semelhantes. Os ameríndios nativos eram, dessa mesma maneira, idealizados pelos britânicos, mas não por Edmund Burke.[33]

---

[32] Tais sentimentos e sensibilidades "inatos" são evidentes por todos os seus escritos. Consideremos um exemplo das *Reflexões sobre a Revolução na França*: "Prefiro crer, porém, que tal tratamento dispensado a uma criatura humana deva estarrecer qualquer pessoa, salvo aqueles que foram talhados para realizar revoluções. Mas não posso me deter aqui. Influenciado pelos sentimentos inatos de minha natureza [...], confesso-vos, senhor, que a alta condição das vítimas [...], em vez de ser motivo de exultação, acresce não pouco daquela mais melancólica ocasião à minha sensibilidade". Ver Edmund Burke, *Reflexões sobre a Revolução na França*, trad., apres. e notas José Miguel Nanni Soares, São Paulo, Edipro, 2014, p. 94. A mesma passagem encontra-se também em Edmund Burke, *Reflexões sobre a Revolução em França*, trad. Renato de Assumpção Faria, Denis Fontes de Souza Pinto e Carmem Lídia Richter Ribeiro Moura, Brasília, Editora da Universidade de Brasília, 1982, p. 99; e Idem, *Reflexões sobre a Revolução na França*, trad. Eduardo Francisco Alves, Rio de Janeiro, Topbooks / Liberty Fund, 2012, p. 242. (N. T.)

[33] Ver, Nicholas P. Canny, "The Ideology of English Colonization: From Ireland to America". *Willam and Mary Quarterly*, Third Series, Volume 30, Number 4 (October 1973).

V - BURKE E AS REDUÇÕES JESUÍTAS NO PARAGUAI

Além do México e do Peru, Edmund Burke incluiu uma narrativa apreciativa das contribuições que os jesuítas deram para colonizar o interior da América do Sul. Em particular, concentrou-se nos benefícios salutares do trabalho missionário no Paraguai. Os jesuítas, nessa época, eram uma ordem controversa, e nos anos que se seguiram à publicação de *An Account of the European Settlements in America* seriam suprimidos de muitos países europeus e expulsos dos assentamentos coloniais. No conto filosófico *Candide ou l'Optimisme* [Cândido ou o Otimismo], de 1759, por exemplo, Voltaire fez a personagem principal fazer uma visita ao assentamento jesuíta no Paraguai e retratou "los padres" e o "Reverendo padre provincial" como mundanos e pervertidos.[34] Acusações de que Burke estivera entre muitos irlandeses treinados no seminário jesuíta de St. Omer na França e, portanto, seria ele mesmo um jesuíta perseguiram-no por toda a vida. Por exemplo, durante uma disputa parlamentar em 1770, Sir William Bagot (1728-1798), 1.º Barão Bagot, denunciou Burke como "um jesuíta negro [...] apto a ser um secretário de uma inquisição".[35] Como escreveu um autor anônimo e praticamente desconhecido em meados de 1750, Burke poderia incluir tal relato abertamente favorável à atividade jesuíta nas Américas em *An Account of the European Settlements*. Conforme crescia em fama nas décadas seguintes, contudo, não desfrutou do luxo de tal admiração inequívoca, nem sequer seria prudente que reconhecesse a glória juvenil.

Os jesuítas chegaram ao Paraguai em 1550 e iniciaram o trabalho missionário entre os índios guaranis como parte de uma política espanhola maior de assentamento de *reducciones de indios* ou

---

[34] Voltaire, *Cândido*, trad. Maria Ermantina Galvão G. Pereira, São Paulo, Martins Fontes, 1990, cap. XIV e XV, p. 57-64.

[35] William Burke para William Dennis, 3, 6 April 1770, *Correspondence*, II, p. 128.

"reduções".³⁶ Essas "reduções" jesuítas visavam principalmente converter, civilizar e educar a população nativa segundo os padrões do catolicismo espanhol. Foram bem-sucedidos, e os guaranis tornaram-se um povo alfabetizado. Além desse feito, aos jesuítas no Paraguai foi confiada a proteção dos guaranis da captura e exploração dos comerciantes de escravos europeus em troca da remessa de tributos, em grande parte obra dos habilidosos artesãos ameríndios, ao monarca espanhol. Apesar das tendências agressivamente seculares e anticristãs que caracterizaram o Iluminismo, Edmund Burke tinha a obra jesuíta na América do Sul em alta conta e aclamava "aquela extraordinária variedade de comunidade que os jesuítas erigiram no interior (do continente)".³⁷

Edmund Burke começou por observar a crítica persuasiva dos jesuítas acerca dos que buscavam a glória da Espanha, cuja "imortalidade" e "comportamento insolente" escandalizaram e encolerizaram as populações ameríndias nativas. Os jesuítas argumentavam que, "se não fosse por esse impedimento, o império do Evangelho poderia, por seus trabalhos, ser estendido às partes mais desconhecidas da América; e todos aqueles países poderiam ser submetidos à obediência da majestade católica, sem custo nem força". A corte espanhola respondeu dando aos jesuítas o interior do Paraguai juntamente com "uma liberdade sem controles [...] dentro desses limites". Os jesuítas, "de sua parte, concordaram em pagar determinado tributo de capitação

---

[36] Para o melhor relato contemporâneo do encontro entre jesuítas e os guaranis do Paraguai, ver: Barbara Ganson, *The Guarani Under Spanish Rule in the Rio De La Plata*, Stanford, Stanford University Press, 2003. Embora as *reducciones* sejam literalmente traduzidas por "reduções", na América espanhola a *reducción* tinha significado especial. Era o nome que os espanhóis davam ao assentamento de nativos que tinham se convertido ao cristianismo. Portanto, como uma questão de política, as *reducciones* significariam algo mais próximo à "conversão" dos índios que uma "redução ou diminuição" dos índios, no sentido mais literal.

[37] *Settlements*, I, p. 278-88.

proporcional ao seu rebanho [...]".³⁸ Eis como se inicia a narrativa jesuíta de Burke:

> Nesses termos, os jesuítas ingressaram no cenário da ação e inauguraram a campanha espiritual. Começaram por reunir cerca de cinquenta famílias nômades, que eles persuadiram a assentar-se, unindo-as numa pequena povoação. Esse era o alicerce delicado sobre o qual construíram uma superestrutura que impressionou o mundo e reuniu demasiado poder, ao mesmo tempo que trouxe muita inveja e ciúmes à sociedade. Nesse princípio, fizeram esforços infatigáveis e com uma política tão magistral que, por etapas, apaziguaram as nações mais selvagens; ajustaram os mais desmedidos e dominaram os mais avessos ao governo. Conseguiram triunfar sobre milhares de tribos dispersas na adoção da religião, e submeteram-nos à religião e ao governo, e, quando cederam, os jesuítas não deixaram nada por fazer que pudesse conduzir à permanência nessa sujeição ou que não tendesse a aumentar o seu número no grau necessário para uma sociedade bem ordenada e potente; tais labores alcançaram sucesso.
>
> Dizem que de tal início irrefletido, muitos anos depois, chegaram a ter cerca de três mil famílias. Viviam em cidades; regularmente vestidos, trabalhavam na agricultura e tinham manufaturas. Alguns aspiravam até às artes elegantes. Eram instruídos militarmente com a mais precisa disciplina e podiam reunir uns sessenta mil homens bem armados. Para efetivar tais propósitos, de tempos em tempos, traziam da Europa vários artesãos, músicos e pintores. Estes, disseram-me, principalmente da Alemanha e da Itália.
>
> Estamos longe de ser capazes de rastrear, com a exatidão que merecem, todos os passos que foram tomados para a realização de uma conquista tão extraordinária sobre corpos e mentes de tantas pessoas, sem armas ou violência e diferentemente dos métodos de todas as outras conquistas, sem pôr fim a uma grande parte dos habitantes para assegurar outros, mas pela multiplicação do povo enquanto ampliavam o território [...].

---

³⁸ Ibidem, I, p. 278-79.

> Nada pode se igualar à obediência desses milhões do povo, exceto o contentamento. Longe de murmurarem de que têm somente o necessário à vida, por um trabalho que poderia, em algum grau, adquirir-lhes tais conveniências, julgam-se um povo importante e favorecido por desejá-las e acreditavam na obediência como um dever, que não só assegurava a ordem e o descanso neste mundo, mas os melhores meios de infundir felicidade no próximo [...].[39]

A admiração de Edmund Burke pelo empreendimento jesuíta é palpável. Seu respeito pela capacidade prudente de persuadir pela afeição e não de conquistar pela força surgiu por ser tão diferente de qualquer outra interação entre povos de diferentes culturas que já ouvira ou experimentara. Estava familiarizado com as histórias horrendas de perseguição desumana tanto de europeus quanto de ameríndios, para não falar da opressão inglesa na Irlanda. A estima mútua que esses dois povos e culturas diferentes pareciam sentir um pelo outro era tão surpreendente para Burke que lhe trazia esperanças. Essa harmonia social e essa liberdade ordenada levaram a uma população maior, ao domínio de muitas artes práticas e ao florescimento do comércio. Isso, como Burke havia predito, se devia ao equacionamento de coexistência pacífica e de consenso no governo e aos feitos comerciais. Ademais, a consciência de Burke da conexão entre liberdade e ordem encontrou confirmação na demonstração jesuíta da missão no Paraguai de que a ordem na alma leva à ordem na sociedade "neste mundo, [e] no próximo".[40]

Edmund Burke, no entanto, compreendeu bem a controvérsia que se seguiu a qualquer sucesso jesuíta e, desse modo, admitiu que era "razoável que muitos tenham representado a conduta dos jesuítas nessa missão sob uma luz muito ruim; mas essas reflexões não me parecem estar, absolutamente, apoiadas nos fatos sobre os quais eles as contruíram". Podia ter sido "razoável" com respeito a tais distorções

---

[39] Ibidem, p. 279-81.
[40] Ibidem, p. 283-84.

historiográficas, dado o grande conhecimento de distorções similares com relação à Rebelião Irlandesa de 1641.

Assim, neste caso, Edmund Burke instou seus leitores a considerar o empreendimento jesuíta e seus resultados em termos comparativos: "para julgar perfeitamente o serviço que fizeram ao seu povo, não devemos considerá-los em paralelo com as nações desenvolvidas da Europa, mas compará-los aos vizinhos, aos selvagens da América do Sul, ou ao estado daqueles índios que gemem sob o jugo espanhol. Considerando assim, que é a verdadeira luz, parecerá que a sociedade humana tem para com eles uma dívida infinita [...]".[41] Levou adiante essa controvérsia ao propor que, já que os jesuítas estavam entre os colonizadores mais bem-sucedidos do Novo Mundo, a abordagem deles deveria servir como modelo para a administração de outras colônias europeias nas Américas e, mais radicalmente, poderia ser empregada com lucro entre as nações cristãs da Europa ao determinar o tratamento das minorias dentro de suas próprias fronteiras. Na era do Iluminismo, a felicidade era considerada como objeto do governo, e considerava-se que governo bom era o que promovia a maior felicidade para os que viviam sob seu auspício. Nisso, como de outros modos, as reduções jesuítas do Paraguai eram um sinal de sucesso para Burke:

> [...] podemos nós, por quaisquer meios, culpar um sistema que produz tais efeitos salutares e que encontrou o caminho difícil, mas feliz, daquele grande desiderato na política, unir uma perfeita sujeição a todo um conteúdo e satisfação do povo? Assuntos que, se desejados, seriam por nós estudados com maior atenção, e nos contentamos com injuriar a diligência de um adversário, que deveríamos elogiar e imitar, e em nossos negócios raramente pensamos em usar quaisquer outros instrumentos além da força e do dinheiro.[42]

---

[41] Ibidem, p. 285.
[42] Ibidem, p. 285-86.

VI - MAPEAR A HUMANIDADE

Um aspecto importante do pensamento de Edmund Burke torna-se, então, evidente nesse relato da conquista europeia e da administração do Peru. Enquanto o espírito secular do Iluminismo buscava produzir estudos objetivos, cientificamente verificáveis, tais hipóteses não funcionavam plenamente para Burke. Não acreditava que existisse uma "ciência da sociedade". Só defendeu uma teoria parcial por estágios do desenvolvimento histórico ou progresso. Não partilhava a visão de que a história se movia de maneira cada vez mais linear de eras de trevas para a luz.

Aceitou, é claro, que existiam "estágios" indicativos da evolução da humanidade através do tempo. Estava ávido por explorar os modos pelos quais o novo movimento de economia política do século XVIII afetara tais avanços. Entretanto, para ele mesmo essas fases eram, de alguma maneira, cambiáveis ou ajustáveis dentro dos ou entre os períodos. Reconheceu continuidade na natureza humana e manteve um ponto de vista cristão ortodoxo acerca das implicações na história da doutrina do livre arbítrio.

Foi pelo estudo e pela escrita de episódios históricos como o oferecido pelo Peru, contudo, que Burke transmitiu o crescente apreço pela natureza daquilo que era único em sua época. Era um juízo que não era formado por uma abstração teórica, mas pelo estudo das circunstâncias concretas da história e das direções e/ou ações resultantes de pessoas notáveis a operar em parâmetros providenciais. Estava interessado em compreender indivíduos particulares e acontecimentos individuais somente enquanto isso ajudava a moldar ou reconhecer mais precisamente padrões estabelecidos. O pensador e estadista irlandês viu continuidades comparativas, mas com uma diferença. Cada uma de suas "personagens", como Cristóvão Colombo, Hernán Cortés e Francisco Pizarro, tinha um propósito individual, e suas ações ou escolhas levaram a diferentes tipos de fim. Eram úteis para reforçar ou criticar o presente. Não eram úteis para estabelecer padrões de uniformidade. Muito pelo contrário, revelavam, para Burke, uma grande variedade. A história, para Burke, desenvolve-se de muitas fontes e de múltiplos fatores. Há continuidades ou conexões, mas não podem ser categorizados como se fossem um padrão fixo da sociedade humana.

A declaração de Edmund Burke a William Robertson em 1777 sobre aquilo que "sempre pensou" com relação ao mapeamento da América era exatamente essa história longa e complicada da relação da Europa com o Novo Mundo. Burke viu as muitas lições maravilhosas que podiam ser aprendidas pelo estudo das colônias europeias nas Américas, mas sempre esteve ciente dos desafios humanos e institucionais enfrentados pelos europeus. A civilização, como Burke e seus contemporâneos conheciam e apreciavam, não era móvel; era produto de um processo de experimentação e de modificação lento, desigual e difícil. Enquanto havia muito poucas forças institucionais desenvolvidas nas Américas fora do México e do Peru, o estudante atento tinha muito que aprender sobre a natureza humana e o desenvolvimento histórico. No entanto, sempre existia o perigo de que em tais condições povos mais fracos, por natureza "selvagens", pudessem reemergir e de que partidários mais extremos e zelosos de facções políticas pudessem tomar posse e desenvolver partes do Novo Mundo em uma direção nada natural, abaixo do plenamente humano, muitas vezes resultando em violência, fanatismo, intolerância, e numa ênfase extremada nos méritos da liberdade natural. Voltaire, para citar um contemporâneo de Burke, estava atraído por esse aspecto não institucional da América ao escrever o *Cândido*: "Ah! Teria sido melhor ficar no paraíso de Dorado do que voltar a esta maldita Europa".[43]

Edmund Burke nunca viu o valor da América sob uma luz idealizada. Manteve uma visão comparativa e conectiva da América e da

---

[43] Voltaire, *Cândido*, capítulo XXIV, op. cit, p. 119.

Europa. Para Burke, assim como a Europa era a América, a América era e continuaria a ser a Europa. Não há como escapar da natureza humana comum e da experiência histórica.

Jeffrey O. Nelson

    É vice-presidente executivo do Intercollegiate Studies Institute (ISI), em Wilmington, Delaware, e cofundador com Annette Y. Kirk do Russell Kirk Center for Cultural Renewal, em Mecosta, Michigan, ocupando o cargo de vice-presidente do conselho executivo da instituição. Cursou a graduação em Economia na University of Detroit e o mestrado em Teologia na Divinity School da Yale University, recebendo Ph.D. em História pela University of Edinburgh, na Escócia, com uma tese de doutorado sobre Edmund Burke. Foi assistente particular de Russell Kirk, entre 1986 e 1989, editor dos periódicos *Intercollegiate Review* e *University Bookman*, presidente do Thomas More College of Liberal Arts e secretário da Edmund Burke Society, da qual ainda é membro. Fundou a editora ISI Books e foi o responsável pela preparação editorial dos livros *Redeeming the Time* (ISI, 1996) e pela terceira edição revisada de *Edmund Burke: A Genius Reconsidered* (ISI, 1997), obras póstumas de Russell Kirk, pela segunda edição de *The Political Principles of Robert Taft* (Transaction, 2010), de Russell Kirk e James McClellan, por *Perfect Sowing: Reflections of a Bookman* (ISI, 1999), de Henry Regnery, e por *Remembered Past: John Lukacs On History Historians & Historical Knowledge – A Reader* (ISI, 2005), de John Lukacs. Junto com Bruce Frohnen e Jeremy Beer, organizou a obra *American Conservatism: An Encyclopedia* (ISI, 2006). É autor de inúmeros artigos acadêmicos e de diversos prefácios, apresentações e introduções para livros de outros autores.

Anexo 5 | O Caleidoscópio Conservador:
A Presença de Edmund Burke
no Brasil

CHRISTIAN EDWARD CYRIL LYNCH

Ao lado do liberalismo e do socialismo, o conservadorismo é considerado uma das ideologias arquetípicas do pensamento político moderno. Como elas, é dependente de uma filosofia da história de fundamento iluminista, entendida como um processo de mudança social para níveis cada vez mais elevados, qualitativamente falando, de existência coletiva. Em vez de compor-se a partir do repertório de eventos conhecidos, que remontava a um passado imemorial, o futuro passava a ser concebido progressivamente como formado de elementos historicamente inéditos. A percepção de um mundo novo marcado por uma sociedade civil que caminhava para padrões crescentes de civilização e de liberdade moldou o primeiro liberalismo britânico, de que o conservadorismo seria herdeiro. Fruto do Iluminismo na Inglaterra e na Escócia, esse primeiro liberalismo já era crítico do absolutismo de base teológica, mas já não se confundia com o republicanismo clássico.[1] Autores dele característicos, que escreviam em meados do século XVIII – David Hume (1711-1776), Adam Ferguson (1723-1816), Edmund Burke (1729-1797) e Adam Smith (1723-1790) – abandonaram as antigas restrições republicanas ao desenvolvimento do comércio e do luxo como simplesmente anacrônicas. A Inglaterra do tempo de

---

[1] Andreas Kalyvas & Ira Katsnelson, *Liberal beginnings: making a Republic for the moderns*. Cambridge, Cambridge University Press, 2008, p. 5.

Burke estava na vanguarda do desenvolvimento europeu. Seu Estado nacional se consolidara ao tempo dos Tudors, e a sociedade lograra derrotar o absolutismo dos Stuarts na segunda metade do século XVII. A Revolução Gloriosa em 1688 e o longo consulado *whig* que se lhe seguiu na primeira metade da centúria seguinte terminou por assentar as raízes da monarquia em um sistema liberal oligárquico de orientação progressista. A expansão comercial no âmbito do Império fortaleceu o mercado mobiliário e financeiro contra a tradicional propriedade agrária. Simpáticos ao processo, os autores do Iluminismo britânico buscavam compreender suas causas econômicas e sociais de mudança e, com ela, a natureza da nova sociedade que emergia. No final do século, esta orientação política foi colocada na defensiva quando se difundiu um radicalismo de fundamento racionalista, abstrato e universalista, associado a autores como Jeremy Bentham (1748-1832) e Thomas Paine (1737-1809). Foi no curso desta operação que, por contraste, aquele primeiro liberalismo, típico do Iluminismo britânico, tornou-se "conservador", sem renegar, porém, sua filiação com as "luzes".[2]

Seu principal agente foi Edmund Burke, nas famosas *Reflections on the Revolution in France* [Reflexões sobre a Revolução em França]. Ao longo de sua carreira, Burke esteve positivamente comprometido com aquelas transformações. Por isso, no seu conjunto, pode-se qualificar sua obra, no contexto da Inglaterra protestante setecentista, como expressiva de um liberalismo moderado, pragmático, voltado para a defesa de uma sociedade civil que evoluía sem saltos, de modo progressivo e orgânico. A política era uma arte voltada para a resolução de problemas práticos. O estadista devia orientar-se conforme a prudência, ou seja, a experiência pessoal esclarecida pelo conhecimento da história. As circunstâncias devidas à época e ao lugar da ação regulavam sua ação. O fator tempo impunha considerar as contingências, que determinavam

---

[2] Gertrude Himmelfarb, *Roads to modernity: The British, French and American Enlightenments*. New York, Vintage Books, 2005, p. 72.

a oportunidade e o ritmo mais adiantado ou mais moderado da ação. O fator lugar ensinava que a diversidade geográfica implicava a diversidade cultural. Diferentes nações – Inglaterra, Irlanda, América, Índia, França – possuíam ecologias culturais próprias que também condicionavam a ação política. A política não era, portanto, uma linha reta, e muitas vezes o estadista deveria orientar-se em sentidos diferentes para alcançar os mesmos fins. Quando a liberdade periclitava pelo excesso de ordem, cumpria defendê-la contra os excessos da autoridade. Foi o que Burke fizera ao combater a oligarquia cortesã do rei George III (1738-1820); ao defender os colonos norte-americanos contra as pretensões centralizadoras do mesmo governo; e ao denunciar os abusos da administração imperial na Índia. Entretanto, quando a liberdade periclitava pela revolução ou pela anarquia, impunha-se a defesa da sociedade por meio do fortalecimento da autoridade do Estado. De fato, no fim da vida, Burke opôs-se ao radicalismo revolucionário, metafísico e universalista, que lhe parecera ameaçar o complexo cultural que tornara a liberdade possível na Grã-Bretanha. É que o Estado de direito dependia não de um imperativo da razão abstrata, mas de um delicado tecido social acumulado. Um processo de democratização que não o respeitasse, reformando-o de forma lenta e orgânica, poderia arruiná-lo de modo irreversível.

Como, porém, foi o conservadorismo de Burke recepcionado fora do contexto britânico, acima sumariamente referenciado? Embora surjam em lugares determinados, os conceitos e as linguagens políticos são essencialmente móveis, graças às possibilidades, às simpatias e aos interesses de grupos políticos de outras paragens que deles tomam conhecimento. Transpostos para sociedades diferentes, tendem sempre a apresentar uma operacionalidade algo diversa daquela de sua origem. Por essa razão, o estudo da recepção histórica de determinada obra depende sempre, em algum nível pelo menos, da compreensão do tempo e do lugar das personagens envolvidas.

Com efeito, a diversidade de contexto foi responsável por uma recepção muito diferente do conservadorismo de Edmund Burke na

Europa continental da década de 1790, cujo principal modelo de civilização, a França, se encontrava em pleno processo revolucionário. A alternativa intermédia de um liberalismo tolerante e moderado, de inspiração inglesa, havia sido rapidamente eliminada nos primeiros meses da Revolução, reputado por todos os lados como incompatível com a cultura política francesa. Os referenciais da violenta luta política derivavam da tradição absolutista católica, tanto na sua versão autêntica como na versão democrática, onde a soberania de Deus e a do rei eram deslocadas para o povo sem mediações institucionais significativas. A luta política opôs assim a antiga aristocracia hereditária e privilegiada e a população rural, unidas em torno da tradição monárquica católica, à pequena burguesia urbana apoiada pelo populacho, que brandiam uma ideologia democrática radical. Em semelhante contexto, os argumentos antirrevolucionários de Burke não foram mobilizados para defender uma sociedade livre preexistente, mas, ao contrário, para justificar o restabelecimento do Antigo Regime. Foram reacionários franceses como Joseph De Maistre (1753-1821) e Louis De Bonald (1754-1840) os que absorveram as reflexões burkeanas que elogiavam o papel civilizador da aristocracia, da tradição e da religião. Quando, a partir do Termidor em 1795, o liberalismo moderado de Anne-Louise Germaine Necker de Staël-Holstein (1766-1817), a Madame de Staël, e de Benjamin Constant (1767-1830) tentou cavar no espectro político um espaço intermediário entre o radicalismo republicano e o reacionarismo absolutista, sua absorção dos argumentos de Burke revelou-se problemática. A liberdade na França seria sempre, na prática, um resultado prático dos princípios da Revolução, que era moderna. Apenas um punhado de aristocratas liberais, como François--René de Chateaubriand (1768-1848), defendia a tese nobiliárquica de que a liberdade francesa remontava à Idade Média.[3] Este foi um

---

[3] Na Espanha das Cortes de Cádiz (1812), houve mesmo quem apresentasse o liberalismo radical como a expressão moderna das liberdades medievais que o absolutismo teria supostamente destruído.

constrangimento que a assimilação do conservadorismo de Burke sofreu fora do mundo de fala inglesa ou protestante. Em países cujo "passado" era antiliberal, católico e absolutista, e não existia uma sociedade liberal como a inglesa com tradições de liberdade para ser louvadas, os admiradores de Burke pareceram ter-se interessado principalmente pelo repertório de críticas ao radicalismo. Os reacionários precisavam da crítica para retornar ao Antigo Regime; os conservadores, para construir um Estado constitucional fortalecido contra a anarquia. A defesa das tradições passadas, vistas eventualmente como inexistentes ou indesejáveis, acabava substituída por uma filosofia da natureza humana ou por uma espécie de sociologia da realidade nacional.

O presente artigo indaga o modo por que se deu a recepção do conservadorismo de Burke no pensamento de cinco dos mais ilustres representantes do pensamento político brasileiro oitocentista: José da Silva Lisboa (1756-1836), o Visconde de Cairu; Bernardo Pereira de Vasconcelos (1795-1850); José de Alencar (1829-1877); e, por fim, Rui Barbosa (1849-1923) e Joaquim Nabuco (1849-1910). Cada um desses autores parece ter mobilizado os mesmos argumentos de Burke em seu respectivo contexto, para alcançar fins nem sempre assemelhados e às vezes mesmo opostos, como se verá. A hipótese é a de que tal se passou não apenas em função dos diferentes momentos em que cada autor atuou, mas também pelas diferenças existentes entre a sociedade brasileira e a britânica daquele tempo, de origem histórica, geográfica, etc. O resultado desmente a hipótese de recepções servis, desvelando a complexidade do conservadorismo nacional e seus traços peculiares. Contraria-se assim frontalmente a opinião de Sérgio Buarque de Holanda (1902-1982), para quem os conservadores brasileiros – a começar por Vasconcelos – não apenas não teriam lido Burke, como não seriam "conservadores", mas apenas "atrasados".[4] O artigo aponta

---

[4] Quem conta a anedota é o ex-presidente Fernando Henrique Cardoso: "Sobre a 'esquerda' e a 'direita' no Brasil, há anos eu repito a frase que ouvi do historiador Sérgio Buarque de Holanda quando examinava uma tese de

para uma conclusão exatamente contrária: a de que os conservadores brasileiros não apenas leram Burke, mas se apropriaram de seus argumentos de modo inteligente e produtivo para o contexto brasileiro, e em um sentido mais progressista do que o próprio autor das *Reflexões sobre a Revolução em França* poderia adivinhar.

I – CRISE DO ANTIGO REGIME E REFORMISMO ILUSTRADO: O EDMUND BURKE DE JOSÉ DA SILVA LISBOA

Nem gradualista como a Inglaterra, nem revolucionário como a França, o Brasil joanino de 1812 ainda era uma periférica e colonial sociedade de Antigo Regime que, pela distância, parecia imune ainda ao vírus revolucionário que na Europa alavancava os exércitos de Napoleão Bonaparte (1769-1821). Essa situação tranquilizava alguns conselheiros da Corte do Príncipe Regente, o futuro Dom João VI (1767-1826), como Tomás Vilanova Portugal (1755-1839), incentivando-os a apostar na continuidade do absolutismo como método de governo e de sociedade. Outros, como Dom Rodrigo de Sousa Coutinho (1755-1812), Conde de Linhares – temerosos das turbulências que já atingiam os vizinhos hispânicos do continente –, apostavam, porém, numa estratégia reformista ilustrada, que passava pela "racionalização dos conjuntos imperiais mediante a intervenção direta do poder central, seja

---

livre-docência sobre a política brasileira no Império. No trabalho, o autor confrontava o pensamento liberal, o conservador e o progressista. Sérgio, referindo-se a um personagem simbólico de nossos conservadores naquele período, perguntou com certa ironia ao candidato: você acredita que Bernardo Pereira de Vasconcelos lia Edmund Burke (um clássico do conservadorismo inglês, que via com maus olhos a Revolução Francesa)? Não, respondeu o próprio Sérgio, ele não era um verdadeiro conservador, não defendia ideias; ele era apenas um 'atrasado'" (Fernando Henrique Cardoso, "O certo e o errado", *Estado de São Paulo*, São Paulo, 7 de fevereiro de 2016.

através do fomento, seja através do controle da atividade produtiva (mediante proibições), seja através dos circuitos de distribuição (mediante monopólios)".⁵ Para Dom Rodrigo, a monarquia deveria antecipar-se às eventuais pressões que surgiriam na sociedade, satisfazendo-as à medida de suas conveniências, dentro da ordem estabelecida. A difusão antecipada dos ideais iluministas britânicos serviria assim para prevenir a disseminação do radicalismo francês, acenando, em seu lugar, com a possibilidade de um reformismo lento e gradual, menos fatal às instituições.

Foi esta lógica de prevenção da revolução e de semeadura das teses de mudança lenta e gradual operada do alto – lógica diversa da britânica e perfeitamente inversa à francesa – o que presidiu a recepção e a difusão das ideias de Edmund Burke no Brasil a partir da década de 1810. Seu principal artífice foi o jornalista, economista e político baiano José da Silva Lisboa, exímio conhecedor dos autores-chave do Iluminismo britânico. Na chegada da Família Real, ele publicara suas *Observações sobre a Franqueza do Comércio* em 1808, que justificavam intelectualmente a decisão, tornada inevitável àquela altura pela razão de Estado, de encerrar o sistema de monopólio comercial na América e abrir os portos à Inglaterra e aos Estados Unidos. Já se fizera a apologia do reformismo brando quando se sustentara que "o Regedor do Universo nada faz crescer de salto, mas por desenvolvimento dos germes da vida e produção física e social".⁶ Tratava-se de conciliar a ordem com a promoção de reformas destinadas a levar o Brasil a progredir do ponto de vista civilizacional:

---

⁵ István Jancsó, "A Construção dos Estados Nacionais na América Latina: Apontamentos para o Estudo do Império como Projeto", In: Tamás Szmrecsányi e José Roberto do Amaral Lapa (orgs), *História Econômica da Independência e do Império*, 2ª. ed. rev., São Paulo, Hucitec /EDUSP, p. 8.

⁶ José da Silva Lisboa, Visconde de Cairo. 1756-1835, *Visconde de Cairu*. Organização e introdução de Antônio Penalves Rocha, São Paulo, Editora 34, 2001, p. 320.

Não nos persuadamos que os nossos maiores nos deixaram todas as possíveis lições de sabedoria. Adotemos da antiguidade o que é bom, e venerável, e não o que se mostra irracional e caduco. Quando a órbita política torneia com tão vertiginoso movimento, é absurdo ficar-se estacionário, e não se seguirem novas regras. Quando o vento salta à proa, o bom piloto muda logo de rumo.[7]

Assim notabilizado, Silva Lisboa foi encarregado em 1812 pelo Conde de Linhares de publicar uma primeira seleção de obras de Edmund Burke, como "antídoto aos venenos que se estão vendendo por bálsamos em folhas volantes e periódicos regulares, em que se transcrevem doutrinas do intitulado sofista de Genebra [Jean-Jacques Rousseau (1712-1776)], escritor do *Contrato Social*".[8] O prefácio dos *Extratos das Obras Políticas e Econômicas do Grande Edmund Burke* começava por salientar a fama de Burke, adquirida por sua condenação da Revolução e pela acurácia de suas profecias relativas aos descaminhos que ela seguiria: a perversão das leis fundamentais da sociedade civil operada pelo jacobinismo e o subsequente despotismo militar, obra do bonapartismo.[9] A publicação visava a "assoalhar algumas amostras dos pensamentos deste insigne mestre de ciência prática da administração e de política ortodoxa, por ser o mais valente antagonista da seita revolucionária e o que, ensinando realidades e não quimeras, expôs os verdadeiros direitos do homem, lançando

---

[7] José da Silva Lisboa, Visconde de Cairu, *Visconde de Cairu*, org. e intr. de Antônio Penalves Rocha, São Paulo, Editora 34, 2001, p. 194.

[8] Tereza Cristina Krischner, "Burke, Cairu e o Império do Brasil", In: István Jancsó (org.), *Brasil: Formação do Estado e da Nação*, São Paulo, Hucitec, 2003, p. 686.

[9] Os extratos continham trechos dos seguintes textos: Os *Extratos das Obras Políticas e Econômicas do Grande Edmund Burke* foram republicadas, traduzidas por Lisboa, e continham trechos das *Reflexões sobre a Revolução na França, Observações sobre o Gênio e o Caráter da Revolução Francesa e sobre a Necessidade da Guerra contra a Facção Usurpadora, Pensamentos sobre a Proposta de Paz entre a Inglaterra e a França (Paz Regicida)* e a *Apologia de Edmund Burke, por Si Mesmo, sobre a Sua Pensão do Governo.*

exata linha divisória entre as ideias liberais de uma regência paternal e as cruas teorias de especuladores metafísicos, ou maquiavelistas, que têm perturbado ou pervertido a imutável ordem social, estabelecida pelo Regedor do Universo".[10] A tradução colocaria à disposição do público uma obra que não teria a devida publicidade se circulasse apenas no original, e serviria "de antídoto contra o pestífero miasma e sutil veneno das sementes da anarquia e tirania da França, que insensivelmente voam por bons e maus ares, e por todos os ventos do globo" – especialmente pela já convulsionada América Latina.[11] Sobre o pensamento de Burke propriamente dito, Silva Lisboa frisava o seu caráter não reacionário mas reformista na recusa da Revolução:

> Burke judiciosamente observou que não se precisava de talento, nem de sagacidade fora do comum, para notar irregularidades na regência dos Estados, e os abusos dos nobres, ricos e administradores públicos: a questão só é sobre os oportunos remédios de prevenir os dados e emendá-los. Execrar revoluções não é defender desgovernos, nem excluir boas leis. Ainda os melhores soberanos e administradores são obrigados a conformarem-se às opiniões das diversas ordens do Estado. Quando o remédio é pior que o mal, até as boas reformas são inúteis ou nocivas. As revoluções são como os terremotos: tudo arruínam e nada reparam. A sociedade civil, depois de convulsões políticas, sempre torna a recompor-se de ricos e pobres, nobres e plebeus; bons e maus; quem mande e quem obedeça. A cena será renovada e unicamente mudarão os atores. Só a doce influência da verdadeira religião e o progresso da cultura do espírito podem diminuir erros e vícios dos homens e fazer durar e florescer os impérios. Mas a perfeição ideal é de absoluta impossibilidade. Que se ganha com as revoluções? As ambições desordenadas se desenfreiam. É preciso confiar a força pública de novas mãos e concentrá-la na de poucos ou de algum, para resistir-se aos inimigos internos e externos. Eis organizada a oligarquia, que logo

---

[10] José da Silva Lisboa, *Extratos das Obras Políticas e Econômicas do Grande Edmund Burke*, 2.ª ed. mais correta, Lisboa, A Nova Impressão da Viúva Neves e Filho, p. v-vi.

[11] Idem, ibidem, p. vi-vii.

finda em ditadura e tirania. Tal é o desfecho das revoluções antigas e modernas; e, em algumas, o despotismo se firmou para sempre.[12]

Por ocasião da Revolução constitucionalista e da independência que se lhe seguiu, o futuro Visconde de Cairu publicaria textos de outros autores ligados direta ou indiretamente ao Iluminismo britânico, como David Hume, Montesquieu (1689-1755), Madame de Stäel, Adam Ferguson, além do próprio Edmund Burke. Todos esses autores se opunham a mudanças bruscas ou movidas ao puro voluntarismo da razão, calcados em modelos naturalistas, culturalistas ou evolucionários. Foi através deles que Silva Lisboa faria durante a sua vida a apologia de reformas econômicas em sentido liberal, inclusa aí a condenação do escravismo, ressalvada a autoridade da monarquia centralizada. O futuro Cairu entendia que a escravatura representava o "compêndio de todos os males, e o emblema e prova da depravação do homem, que ou não quer trabalhar, ou se apraz do espetáculo da violência e miséria alheia".[13] Por isso, a impressão que fica é a de que, a despeito das diversas afinidades entre os dois autores, o baiano acabou por mobilizar o irlandês não tanto para resistir à mudança, mas para encaminhá-la em um ritmo mais moderado, que levasse em consideração as circunstâncias locais e conservasse a autoridade do governo central herdado do absolutismo e a unidade nacional que ele garantira:

> A tradição e os costumes, tão valorizados na reflexão de Burke com relação à Inglaterra, tinham como referência, em Silva Lisboa, a tradição monárquica portuguesa na sua versão pombalina. Tradição essa que configurava um quadro complexo, uma vez que nela coexistiam os elementos novos que apontavam em direção a um modelo político voluntarista e os remanescentes da antiga tradição corporativista.[14]

---

[12] Idem, ibidem, p. v.

[13] Wilson Martins, *História da Inteligência Brasileira*, vol. II, São Paulo, Cultrix, p. 108.

[14] Tereza Cristina Krischner, "Burke, Cairu e o Império do Brasil", In: István Jancsó (org.), *Brasil: Formação do Estado e da Nação*, São Paulo, Hucitec, 2003, p. 691.

II – GUERRA CIVIL, CRÍTICA DO LIBERALISMO COSMOPOLITA E CONSTRUÇÃO DO ESTADO: O EDMUND BURKE DE BERNARDO PEREIRA DE VASCONCELOS

A independência do Brasil, rompendo os laços políticos formais com a Europa, tornou mais difícil a acomodação da nova sociedade nacional com um conservadorismo do tipo burkeano. Na América Ibérica, o passado e a tradição tendiam a se confundir com o Antigo Regime colonial com o qual se acabava de romper em nome da liberdade e da autonomia nacional. Destituída a América de passado aproveitável, onde tudo parecia dever ser erigido do zero, não era possível ao mais empedernido dos conservadores, depois da independência, olhar politicamente para trás. O destino dos novos países ibero-americanos não passava pela evolução orgânica de seu passado, mas pela superação das tradições coloniais, quase sempre rejeitadas porque sinônimas de domínio estrangeiro, de ignorância, pobreza, despotismo e corrupção. Ao contrário da Europa continental, onde podiam eventualmente defender o Antigo Regime, na América independente o liberalismo era, ao contrário, uma fatalidade. Era preciso construir um Estado nacional quase do zero, o que implicava elaborar uma Constituição, criar ministérios, preparar uma burocracia, organizar exércitos, etc. Por esse motivo, os conservadores ibero-americanos acompanharam o movimento geral, reduzindo o campo de experiências ao qual podiam recorrer e dilatando seu horizonte de expectativas, comprometendo-se com um programa político mais progressista do que os seus homólogos europeus. Em um ambiente como este, o conservadorismo burkeano não poderia ser hegemônico. A versão que dele prevaleceu foi outra, aquela do reformismo ilustrado, adaptada ao contexto constitucional. A principal autoridade cêntrica invocada pelos conservadores até a década de 1860 seria François Guizot (1787-1874), chefe do conservadorismo francês, que aceitava o lado liberal da Revolução Francesa e justificava o fortalecimento do

Estado na época moderna através de uma filosofia da história como civilização. Isso não quer dizer, reitere-se, que argumentos burkeanos não tenham sido também mobilizados. Um número significativo de conservadores a eles recorreria para combater o espírito de inovação, especialmente dos radicais, e defender o gradualismo nas reformas que inevitavelmente haveriam de ter lugar.

O primeiro deles foi Bernardo Pereira de Vasconcelos, deputado mineiro que da condição de chefe liberal durante o reinado de Dom Pedro I (1798-1834) passara para o campo moderado para, por fim, levantar a bandeira do regresso conservador em 1836. Do ponto de vista intelectual, seu desafio passava por resolver os problemas decorrentes da assimilação a crítica de diversas doutrinas e institutos jurídicos ingleses e norte-americanos, promovida pelos liberais. Calcada na crença de uma universalidade cultural e de uma relativa sincronia entre centro e periferia, aquela transposição provocara a erosão da autoridade pública e, como efeitos colaterais, a anarquia e a guerra civil. Era esse "progresso" precipitado, inoportuno, o que cumpria corrigir, conciliando as instituições de caráter universalista com os imperativos de fortalecimento da autoridade exigidos pelas nossas circunstâncias efetivas: "Se as revoluções procedem da desarmonia entre as ideias e as instituições dos povos, é evidente que todas as vezes que se puderem harmonizar as instituições às ideias, desaparecem as revoluções. A sabedoria do governo, a sua previdência, está em saber atalhar as revoluções, satisfazendo as necessidades públicas" (ASI,[15] 23/05/1844). Na prática, essa conciliação se efetuaria por meio de uma nova legislação que, desfazendo parte das reformas anteriores, restabelecesse o primado da União sobre as províncias (por meio da centralização efetuada pela lei de interpretação do Ato Adicional e pela reforma do Código de Processo Criminal); do gabinete sobre o Parlamento (por meio da prática de um governo parla-

---

[15] ASI – Anais do Senado do Império.

mentar tutelado), e, por fim, da Coroa sobre o gabinete (pela lei de restabelecimento do Conselho de Estado). Auxiliado por um grupo de conselheiros imparciais com respeito aos partidos e às facções, a legitimidade monárquica do chefe do Estado lhe permitiria arbitrar as contendas entre os grupos políticos, garantir a formação de governos na ausência de consenso parlamentar e reprimir, em último caso, a insubordinação de aristocratas inconformados ou de setores excluídos. Cabia ao Imperador dar a última palavra em matéria de governo:

> Nunca esposei a ideia de que os ministros oferecessem a política ao chefe do Estado, nunca foi essa a minha opinião; eu quero que o chefe do Estado tenha a sua política, que ele procura e a sustentar enquanto está convencido de que é a política nacional, e que procure, sendo política nacional, nas maiorias nacionais, quem a sustente, quem a desenvolva (ASI, 6/07/1839).

A julgar por relato do próprio Bernardo Pereira de Vasconcelos em discurso no Senado, seu primeiro contato com a obra de Edmund Burke se deu por intermédio dos *Extratos* traduzidos pelo Visconde de Cairu (ASI, 15/5/1844). Mas o senador mineiro também hauria argumentos "conservadores" pelas páginas de outros autores mais ou menos aparentados, como David Hume e de Alexander Hamilton (1757-1804). Essas leituras, por ele referenciadas em seus discursos à época do Regresso, lhe forneceram o embasamento intelectual necessário para refugar publicamente o cosmopolitismo liberal de seus adversários em nome de uma concepção prudencial de política: "Em política e moral, não há princípios absolutos" (ASI, 25/05/1839). Para Vasconcelos, a invariabilidade supunha uma concepção da vida social orientada por princípios constantes e lógicos, quando as ciências políticas e morais, na verdade, ainda relevavam do domínio do experimental: "Se a política tivesse regras certas e de uma aplicação invariável, seria, sem dúvida, uma ciência ao alcance de todos; mas a dificuldade de aplicar as regras, de modificá-las, de acomodá-las ao estado social, é o que torna a ciência política a mais difícil de todas as ciências e que faz com que todos os publicistas de boa-fé reconheçam que é a que está mais na sua infância" (ASI, 28/05/1839). A mudança de orientação político-ideológica, do liberalismo para o conservadorismo, não importava frouxidão de princípios ou de caráter. "Tudo muda em torno do homem, e por isso não é de estranhar que ele também modifique suas ideias. É exigir muito da humanidade impor-lhe a obrigação de pensar sempre do mesmo modo e não modificar os seus pensamentos" (ASI, 22/07/1839). Um estadista deveria ser apreciado segundo sua capacidade de modificar seus princípios sempre que aconselhado pela observação, pelo estudo e pela experiência: "Os perigos da sociedade variam; o vento das tempestades nem sempre é o mesmo: como há de o político, cego e imutável, servir no seu país?"[16] E afirmava que "a sua vaidade não chegava ao ponto de sacrificar a verdade ao ridículo orgulho de ser coerente".[17] O excesso de lógica e de virtude dos jacobinos, por sua falta de potência cética e liberal, fora a causa da miséria da França revolucionária:

> A rígida virtude de alguns homens de moral, e a lógica que se apoderou de suas cabeças políticas, foram as causas que mais influíram nas grandes catástrofes da França durante o reinado da Convenção. O célebre Burke, de que nos deu larga medida o Sr. Visconde de Cairu, e que por isso ninguém tachara de partidista e exaltado, ou de infenso à monarquia, atribuía todos os erros, todos os absurdos, todos os atentados cometidos na França revolucionária ao predomínio que na política obteve a lógica. Robespierre e outros membros da Montanha não eram muito lógicos? (ASI, 15/05/1844).

A adoção desta concepção antes prudencial do que ideológica de ação levava Vasconcelos a se guiar, no plano prático, por um *espírito de transação* que se exprimia tanto no plano dos princípios quanto no da gestão pública. No plano dos princípios, o espírito de

---

[16] Bernardo Pereira de Vasconcelos, introd. e sel. José Murilo de Carvalho, *Bernardo Pereira de Vasconcelos*, São Paulo, Editora 34, 1999, p. 26.
[17] Idem, ibidem, p. 238.

transação levava à premência de harmonizar os princípios absolutos e abstratos da filosofia política "universal", conhecidos pelos livros que chegavam da Europa, com as circunstâncias particulares e concretas da realidade brasileira, conhecidas pela experiência local. "As instituições são próprias do lugar e do tempo; devem ser acomodadas não só aos povos, como também às épocas. Cada época tem a sua necessidade apropriada", pontificava Vasconcelos (ASI, 19/06/1840). Por esse motivo, "a legislação de um país não pode ser transportada para outro, senão em circunstâncias raríssimas" (ASI, 3/7/1840). Destarte, o brasileiro não deveria "imitar ou plagiar os ingleses; devemos estudar o nosso país, as nossas circunstâncias, e aplicar o remédio que elas reclamarem" (ASI, 19/07/1840). Era preciso orientar-se segundo os interesses nacionais: "Toda a Nação deve ter um egoísmo exaltado, que deve procurar governar-se segundo a sua natureza, e não arremedar os outros países"(ASI, 28/09/1843). Eram essas atitudes realistas, pragmáticas, nacionalistas as que caracterizavam a ação política dos conservadores brasileiros e os distinguiam de seus adversários, com seu nefasto "espírito de sistema":

> Nós não somos os homens das teorias, os homens dos sistemas, os homens das utopias; somos os homens da prática, do positivo, os amigos das realidades. Nossos adversários [os liberais] seguem opinião contrária [...]. Olham para o futuro como isolado, como independente do passado, e é daí que vem a nossa divergência. Os nossos adversários adotam as suas regras, estabelecem a sua linha reta em finanças, são inexoráveis amigos dos princípios absolutos; nós queremos todo o progresso, mas progresso muito regulado, queremos andar para adiante para assegurar a vida presente, a vida real (ASI, 7/10/1843).

Resistir ao cosmopolitismo, ao estrangeirismo implicava reconhecer que a Brasil ainda não estava em condições de incorporar nenhuma instituição liberal de origem inglesa ou norte-americana: a diversidade de circunstâncias, especialmente de estado social, poderia tornar aqui mau o que lá era bom. Por isso, "convinha meditar as medidas que se propunham; se continham ou não um verdadeiro progresso, que fizesse cessar os sofrimentos e trouxesse ao país um melhoramento real".[18] Uma vez que "a ideia do mundo não é a do movimento, e melhor lhe pode caber a denominação de ideia de resistência" (ASI, 6/7/1841), somente deveriam ser promovidas reformas políticas e sociais quando se chegasse "ao verdadeiro conhecimento dos verdadeiros interesses do país".[19] Naquela quadra, em particular, cumpria resistir a qualquer novo "progresso" no sentido de enfraquecer o Estado nacional em benefício do indivíduo, ou da província, ou do município. O restabelecimento da ordem exigia até o emprego da coação pela União para submeter todos os insubordinados que se encontrassem abaixo na cadeia de comando: "Não pode haver boa política sem respeito. Como estou na convicção de que nada se respeita quando nada se teme, por isso julgo que o governo deve ter força, e deve empregar a força, em todos os casos. Em todas as questões morais se vê sempre que o princípio dominante é o respeito e o medo" (ASI, 2/5/1838).

A acomodação dos princípios da monarquia e do governo parlamentar deu origem ao que se pode chamar "modelo político do regresso", que, como sugerido acima, organizava o país antes conforme uma lógica hobbesiana do que burkeana de representação política. Ao frisarem que as lutas partidárias refletiam o atraso do povo e o particularismo dos caudilhos que o oprimiam, com prejuízo para a qualidade e a estabilidade do governo, os regressistas como Bernardo Pereira de Vasconcelos, Paulino José Soares de Sousa (1807-1866), o Visconde de Uruguai, e José Antônio Pimenta Bueno (1803-1878), o Marquês de São Vicente, engendraram um governo parlamentar crítico da própria representação que em tese o justificava. Enfatizando a necessidade de uma administração imparcial, proba e pacificadora, apartada da política, eles punham em segundo plano a Câmara dos Deputados, que

---

[18] Idem, ibidem, p. 238.
[19] Idem, ibidem, p. 253.

deveria se limitar a uma função pedagógica e coadjuvante face ao governo. A câmara baixa constituía um recinto em que, respeitadas as formalidades, os representantes das parcialidades se reuniam para entrar em contato com o Estado, assimilar seus valores e, dando maioria ao ministério, auxiliar o governo imperial na promoção da civilização nacional. Daí que, com sua autoridade arbitral, o Imperador devesse se mostrar sempre à testa dos negócios públicos: "Vossa Majestade Imperial não é, não pode, não deve ser homem de partidos", lembravam os conservadores a Dom Pedro II (1825-1891): "A Divina Providência o fez somente o homem do partido da prosperidade e da grandeza do país que o chamou a *governar*".[20] Alterava-se assim a natureza jurídica da representação: de mandatário dos interesses da sociedade, percebendo-a em estado de incapacidade, o Estado se convertia no seu tutor, encarregado de representá-la de modo a contribuir para o seu bom crescimento e preservando, se não aumentando, o seu precioso patrimônio.

Como se vê, a necessidade de construir um Estado das ruínas de uma comunidade política desagregada pela guerra civil parecia aproximar Bernardo Pereira de Vasconcelos antes do absolutismo de Thomas Hobbes (1588-1679) do que do conservadorismo de Edmund Burke. Da mesma forma, o passado colonial brasileiro não era um exemplo de vida pública ao qual Vasconcelos julgasse adequado recorrer. O "regresso" por ele advogado era antes uma volta aos princípios da autoridade do Estado que vigoraram no Primeiro Reinado, aos quais as liberdades precisavam se acomodar naquele momento excepcional da vida brasileira, do que um elogio às tradições do passado colonial. O seu conservadorismo era, assim, não uma defesa do passado, atrasado, colonial e autocrático, mas outra proposta de construção do Estado nacional, alternativa àquela proposta pelos liberais.[21]

---

[20] Hélio Vianna, *Vultos do Império*, São Paulo, Editora Nacional, 1968, p. 151.

[21] Christian Edward Cyril Lynch, "Modulando o tempo histórico: Bernardo Pereira de Vasconcelos e conceito de "regresso" no debate politico-parlamentar brasileiro", *Almanack*, Guarulhos, n.10, p. 331, agosto de 2015.

Uma vez que o progresso sem ordem era impossível, o regresso é que era o verdadeiro progresso. No combate às propostas destes últimos, como vimos, Vasconcelos deveu muito a Burke, que lhe forneceu um repertório de defesa do gradualismo em matéria de reforma, e que era crítico não tanto do radicalismo, mas do cosmopolitismo dos seus adversários. Corroborado posteriormente pelas obras do Visconde de Uruguai e do Marquês de São Vicente (que eram antes guizotianos que burkeanos), o conservadorismo regressista daria o tom da política brasileira pelos trinta anos seguintes.

III – CRÍTICA DO REFORMISMO ESTATISTA, CONSERVADORISMO "TORY" E DEFESA DA SOCIEDADE ESCRAVISTA: O EDMUND BURKE DE JOSÉ DE ALENCAR

Como referido, o conservadorismo de viés estatista prevaleceu de modo mais ou menos inconteste até a segunda metade da década de 1860. Generalizou-se então, na consciência geral, a sensação de que, consolidado o Estado nacional graças ao modelo político instaurado por Bernardo Pereira de Vasconcelos e pelo Visconde de Uruguai à época do regresso, chegara a hora de desmontá-lo, substituindo-o por outro, mais caracteristicamente liberal. Semelhante providência passava por emancipar a sociedade civil do jugo do Estado, as províncias da tutela da União, o mercado das restrições dos regulamentos, o poder judiciário do contencioso administrativo. Tratava-se, em suma, de remover a herança do reformismo ilustrado, que aqui se exprimia pela preferência dos regressistas pelas instituições francesas de inspiração napoleônica. O liberal que melhor exprimiu esses anseios foi Aureliano Tavares Bastos (1839-1877) nas *Cartas do Solitário* de 1862, que advogavam o liberalismo econômico, e em *A Província* de 1870, que celebrava o parlamentarismo inglês e o federalismo norte-americano. Contra esse movimento de reforma, opuseram-se os conservadores mais identificados com o modelo regressista, como o jornalista e senador conservador Firmino Rodrigues Silva (1816-1879), que em 1867 oferecia no jornal *O Correio Mercantil* uma boa definição burkeana do conservadorismo que cumpria observar àquela altura da vida brasileira:

> A ideia conservadora é inseparável de todas as instituições, em todos os tempos e fases da civilização. É a primeira que surge no dia seguinte ao das revoluções para firmar-lhe as conquistas. Sem ela a sociedade giraria desnorteada, como no espaço os corpos privados de centro de gravitação. Na própria natureza humana, encontraremos a sua origem. Para sustentar sua obra, Deus deu ás suas criaturas o instinto de conservação. Nos domínios da razão e da consciência, este instinto se traduz no desejo de conservar o bem que possuímos; de não abandonarmos irrefletidamente o certo pelo duvidoso; de não caminharmos para o desconhecido senão à luz das experiências dos fatos sucessivos, das ideias encadeadas, como nas ciências exatas chegamos a apreciar o valor da *incógnita*. O conservadorismo não é a imobilidade chinesa, nem a fatalidade islamita. Não exclui o movimento pela mesma razão por que não considera a única condição do aperfeiçoamento do ente moral, indivíduo ou sociedade. O homem não é ostra nem árvore. Para viver, melhorar seu estado, aperfeiçoar-se, não pode existir sempre no mesmo lugar; necessita mover-se, desenvolver suas faculdades. O movimento é, portanto, uma lei de sua conservação, como de todo criado, e o progresso não é senão o movimento, na ordem moral e intelectual.[22]

No entanto, a unidade do Partido Conservador àquela altura já se encontrava comprometida, arrastada, também ela, pela necessidade de ceder às transformações na esfera pública que tinham lugar na virada da década de 1860 para a de 1870, de franca ascensão do cosmopolitismo enquanto paradigma intelectual. Numa época em que a sensação de aceleração do tempo histórico tornava iminente o advento das sociedades democráticas, a mudança encorajou cada segmento do espectro político-partidário daqueles países a "progredir",

---

[22] In Nélson Lage Mascarenhas, *Um Jornalista do Império: Firmino Rodrigues Silva*, São Paulo, Companhia Editora Nacional, 1961, p. 328.

ou seja, a dar um passo adiante no caminho da "democracia". A fim de desmentirem as acusações de que só tinham serventia para épocas de anarquia e se legitimarem como alternativa aos progressistas, alguns senadores do Partido Conservador começaram a flexibilizar o discurso que os associava exclusivamente à defesa da ordem e da autoridade. É preciso lembrar que, por esse tempo, o Partido Liberal britânico, antigo *whig*, começava a democratizar-se e fazer a apologia da reforma constitucional, e que era o Conservador, antigo *tory*, que, tomando a peito o papel de resistir às mudanças, incorporara o antigo discurso burkeano.[23] Por isso, a geração mais nova dos conservadores brasileiros mostrava-se já ansiosa por uma versão mais moderna de sua ideologia, mais semelhante àquela dos *tories* britânicos. Em outras palavras, que se desvinculasse do estatismo de Vasconcelos e Uruguai, identificado com o primado de uma Coroa tutelar, para, ao contrário, enraizar-se nos interesses da sociedade rural e nos valores por ela representados.

O escritor e deputado conservador cearense José Martiniano Pereira de Alencar (1794-1860) foi o principal teórico do movimento de renovação do conservadorismo brasileiro operado durante as décadas de 1860 e 1870. Em sua obra política não faltam referências diretas a Edmund Burke, nem a "burkeanos" mais modernos, como Thomas Babington Macaulay (1800-1859), Thomas Erskine May (1815-1886), o 1.º Barão Farnborough, Charles Grey (1764-1845), o 2.º Conde Grey, e Henry Brougham (1778-1868), o 1.º Barão Brougham and Vaux. Esta foi provavelmente a tentativa mais fiel ou extensa de aclimatar o conservadorismo inglês no Brasil imperial. Do ponto de vista ideológico, a despeito do acendrado liberalismo de seu pai, o Senador José de Alencar, o autor de *O Guarani* entrara para a política, apadrinhado pelo cardeal do Partido Conservador, Eusébio de Queirós (1812-1868):

---

[23] J. G. A. Pocock, "Introduction", In: *Edmund Burke, Reflections on Revolution in France*, Indianapolis / Cambridge, Hackett Publishing Company, 1987, p. XIX.

A minha infância, senhores, foi liberal [...]. Hoje, porém, compreendo melhor a liberdade do que então a compreendia. O sentimento não mudou, mas a razão se esclareceu. Outrora, liberdade era para mim o entusiasmo popular, a eletricidade da multidão. Hoje, porém, considero como o verdadeiro cunho da liberdade a felicidade calma, tranquila do povo, a manifestação vivaz e enérgica da opinião pública.[24]

O modelo de governo representativo de Alencar era obviamente a Inglaterra, país de cuja história constitucional ele extraía os exemplos com que argumentava em sua militância política. Se os próprios estadistas franceses citavam os ingleses, perguntava-se, "seremos nós, ainda na infância deste sistema, que poderemos considerar inútil e pretensioso instruir-nos nos exemplos fecundos da história parlamentar de países cultos?"[25] Por fim, o próprio Partido Conservador deveria se organizar à maneira de seu homólogo britânico, pela criação de uma associação que contasse com seções em cada vila e cada cidade do Brasil, publicando um programa que contivesse os princípios cardeais do partido: o "respeito inviolável à Constituição, no estado atual das luzes"; "a independência prática dos poderes, atualmente aniquilada pela onipotência e degeneração do Executivo; quanto aos direitos civis, na realidade das garantias individuais, burladas pela viciosa organização da judicatura".[26] Alencar se dizia conservador da Constituição: "Se me chamo conservador, neste país, é porque ele tem a Constituição que todos nós admiramos, Constituição que considero o mais belo padrão de liberdade dos povos [...]. Não possuísse o Brasil semelhante Constituição, que eu seria liberal, e estaria nas fileiras dos reformistas".[27]

---

[24] José de Alencar, *Discursos Parlamentares*, Brasília, Senado Federal, 1979, p. 83-84.

[25] Idem, ibidem, p. 211.

[26] Raimundo Magalhães Jr., *José de Alencar e Sua Época*, 2.ª ed. corr. e aum., Rio de Janeiro, Civilização Brasileira, 1977, p. 203.

[27] José de Alencar, *Discursos Parlamentares*, Brasília, Senado Federal, 1979, p. 297.

Alencar entendia a marcha da civilização como um processo de superação lenta e orgânica dos preconceitos do passado para formas mais livres e justas de vida individual e coletiva, refletidas na evolução histórica do direito: "O direito caminha. Deus, criando-o sob a forma do homem e pondo a inteligência a seu serviço, abandonou-o à força bruta da matéria. A luta gigante do espírito contra o poder físico dos elementos, do sopro divino contra o vigor formidável da natureza irracional é a civilização. Cada triunfo que obtém a inteligência importa a solução de mais um problema social".[28] Entretanto, José de Alencar não fazia uma leitura entusiástica do processo que o fizesse maldizer o passado; ao contrário, sua visão historicista romântica do processo civilizador, tributário de Edmund Burke, François-René de Chateaubriand e Friedrich Carl von Savigny (1779-1861), levava-o a crer que ele apenas se desenrolava de modo adequado quando, orgânico e autêntico, respeitasse os costumes sociais enraizados em cada nação:

> A superstição do futuro me parece tão perigosa como a superstição do passado. Este junge o homem ao que foi e o deprime; aquela arreda o homem ao que é e o precipita. Consiste a verdadeira religião do progresso na crença do presente, fortalecida pelo respeito às tradições, desenvolvida pelas aspirações a maior destino.[29]

A história, que era mestra da vida, mostrava que todos os países civilizados haviam em seu tempo suportado instituições que, depois de a ajudarem a prosperar, haviam se tornado obsoletas e, depois, julgadas anacrônicas e bárbaras, e o Brasil não era exceção: "Ainda mesmo extintas e derrogadas, as extinções dos povos são coisa santa, digna de toda veneração. Nenhum utopista, seja ele um gênio, tem o direito de profaná-las. A razão social condena uma tal impiedade").[30] Por isso mesmo, seus costumes sociais deveriam ser vistos como mui-

---

[28] Idem, *Cartas de Erasmo*, Rio de Janeiro, ABL, 2009, p. 282.
[29] Idem, *Discursos Parlamentares*, Brasília, Senado Federal, 1979, p. 283.
[30] Idem, ibidem, p. 283.

to respeitáveis, até aqueles reputados mais atrasados pelos radicais: "Toda a lei e justa, útil, moral, quando realiza um melhoramento na sociedade e apresenta uma nova situação, embora imperfeita da humanidade".[31] A reforma dos preconceitos populares deveria ser promovida com prudência: "É necessário condescender às vezes com os prejuízos populares quando muito radicados, mas para corrigi-los, para destruí-los com prudência".[32] As mudanças sociais deveriam ficar preferencialmente a cargo da evolução dos costumes:

> Sempre depositarei toda a confiança na iniciativa individual, no bom senso do povo, que legisla melhor pela educação e pelos costumes do que podem legislar os representantes da Nação por meio de leis expressas, que serão letra morta, senão germes de graves perturbações, quando não se conformarem com o espírito e a índole da sociedade.[33]

José de Alencar não ignorava a situação dependente do Brasil, como nação atrasada e periférica, mas entendia que isto não a tornava menor ou menos estimável no concerto das nações. Todas as nações, mesmo as mais desenvolvidas, como a França e a Inglaterra, já haviam sido pobres e atrasadas, e se delas era o presente da civilização atual, enquanto representantes das raças latina e anglo-saxã, o seu futuro pertenceria, ao contrário, aos seus representantes americanos, que eram respectivamente o Brasil e os Estados Unidos. Numa crítica ao materialismo anglo-saxônico que passava pela defesa do ideal de latinidade representado pelo Brasil, Alencar se opunha radicalmente à ideia, pregada pelos liberais, de que o país carecesse de um transplante cultural para modernizar-se:

> Atualmente, que se desenvolve entre nós um fervor de americanismo, seria para desejar que, antes de barcos e artefatos, transportassem de preferência para esta América as virtuosas tradições daqueles

---

[31] José de Alencar, *Cartas de Erasmo*, Rio de Janeiro, ABL, 2009, p. 284.

[32] Idem, *Discursos Parlamentares*, Brasília, Senado Federal, 1979, p. 594.

[33] Idem, ibidem, p. 187.

rígidos cidadãos, que primeiro civilizaram a liberdade do novo mundo. A prosperidade material, que muitos sonham e esperam da colonização, das estradas de ferro, da navegação dos rios, o que fora sem a regeneração moral do país? Matéria para combustão; pasto aos vermes. A grandeza moral deste Império é obra de Deus. A exuberância do solo, a força criadora do clima, hão de fazê-lo opulento infalivelmente. Do que mais necessitamos é da grandeza moral das virtudes que ornam a juventude dos povos; e já mareamos nós, império de ontem, nos vícios das nações decrépitas.[34]

No contexto brasileiro da década de 1860, não era apenas o reformismo progressista ou liberal o alvo de Alencar, mas, como referido, o conservadorismo estatista que caracterizava a ação do partido desde o Regresso e que acabara por moldar a forma por que se fazia política no Brasil. Partia da nova interpretação político-institucional da Constituição já referida, que ele julgava mais consentânea com o conservadorismo britânico à Burke. No sistema representativo moderno, a classe política não era composta de burocratas nem era dirigida pela Coroa; era composta de profissionais liberais que esclareciam e dirigiam o país por meio da imprensa e da tribuna. Da mesma forma, era preciso refugar a razão de Estado que guiava a política conservadora brasileira: já que a nação tem o direito de saber como era governada, a primeira condição e garantia de uma administração "sisuda e moralizada" era a publicidade. A opinião pública era o tribunal onde se resolvem suas questões mais importantes.[35] O sistema partidário seria caracterizado por uma "uma luta fecunda que, pondo em movimento as forças vitais do país, traga o seu desenvolvimento e a sua prosperidade".[36] As forças vitais eram justamente as classes agrícola, comercial e industrial, cujas visões de mundo e interesses eram representadas pelos partidos políticos em competição.

---

[34] Idem, ibidem, p. 324-25.

[35] Idem, ibidem, p. 267.

[36] Idem, ibidem, p. 241.

O fortalecimento do Estado burocrático e o esmorecimento dos partidos teriam levado à inércia do espírito público. Para sacudi-lo, cumpria enraizar os partidos na sociedade civil, vinculando cada um deles em uma das classes acima referidas, de que ela era composta. José de Alencar defendia assim que o Partido Conservador abandonasse a representação do funcionalismo para apoiar-se principalmente na aristocracia rural – isto é, o "elemento agrícola". E citava Edmund Burke em seu auxílio: "A base mais sólida e firme de um bom governo é o solo".[37] Já o Partido Liberal deveria amparar-se na classe comercial e industrial, citando o exemplo de Peel, que impôs à aristocracia rural inglesa a lei do trigo. As duas agremiações desempenhariam papéis definidos: "Esta é a distinção entre o Partido Liberal e o Partido Conservador. O Partido Liberal marcha na vanguarda, aventa as ideias, aponta-as à opinião, lança-as na discussão; o Partido Conservador, ao contrário, não aceita doutrinas que não estejam bastante amadurecidas; em vez de antecipar-se, acompanha, segue atrás da opinião".[38] A regeneração do sistema representativo brasileiro passava ainda por uma reforma eleitoral que, garantindo o direito de voto pela qualificação permanente e pela emissão do título, permitisse a organização partidária dos interesses das classes de que a sociedade era composta.

Crítico do modelo conservador regressista, que era a verdadeira tradição política do país, o burkeano Alencar não pôde se limitar à crítica do programa reformista dos liberais, mas também da geração anterior dos conservadores. O Viscondes de Uruguai e o Marquês de São Vicente eram admiradores da França napoleônica, ultracentralizada em Paris, regulamentadora do domínio socioeconômico, e com sua burocracia regida por um direito administrativo que afastava da política a administração. Alencar era um crítico feroz desse

---

[37] Idem, ibidem, p. 340.
[38] Idem, ibidem, p. 202.

conservadorismo afrancesado e de todos os ideais de Estado forte e interventor. Segundo Alencar, o excesso de governo matava o espírito público, de que o sistema representativo dependia para existir:

> Nós lamentamos os efeitos da regulamentação, desse espírito de fiscalização por parte do Estado, a respeito de alguns [...] ramos que não lhe pertencem, como a indústria, a iniciativa individual: nós queremos alargar o campo da iniciativa individual, a fim de que o cidadão mostre mais atividade em curar dos seus interesses, do que infelizmente se observa em nosso país [...]. Um dos grandes erros do nosso país, um dos grandes defeitos da nossa organização, é querermos governar muito, queremos governar demais, entendermos que tudo é assunto administrativo, que de tudo o governo deve ocupar-se.[39]

Outra crítica frequente sua era à centralização política e administrativa, que favorecia o Rio de Janeiro em detrimento das outras províncias do país, especialmente as do Nordeste: "Não entendo que entre as vinte irmãs umas sejam deserdadas e órfãs, e outras filhas prediletas".[40] A descentralização era por ele apontada como remédio à "absorção do Poder Executivo, que se vai manifestando de uma maneira bastante nociva". Impunha-se deixar os assuntos locais por conta das localidades para que a grande política, a dos princípios, da alta administração, prevalecesse na esfera nacional.[41] Como se percebe, o enraizamento do conservadorismo na sociedade em vez de no Estado envolvia a reversão das premissas do Regresso, com o elogio nacional romântico da vida provincial e campestre e da legitimidade dos interesses que ela representava, como representação autêntica do povo brasileiro. O aumento da máquina pública também lhe parecia um dos maiores fatores da degeneração do sistema representativo no Brasil.[42] Entretanto, a causa mais célebre em que José de Alen-

---
[39] Idem, ibidem, p. 24.
[40] Idem, ibidem, p. 259.
[41] Idem, ibidem, p. 117.
[42] Idem, ibidem, p. 117.

car empenhou seu conservadorismo foi a oposição ao projeto de lei de liberdade do ventre escravo. O projeto havia sido encomendado pela Coroa ao Marquês de São Vicente, jurista da ala burocrática ou reformista do Partido Conservador, durante a Guerra do Paraguai, com o apoio dos chefes liberais. Na ocasião, Alencar alegara nas *Cartas de Erasmo* que a escravidão estava profundamente enraizada na sociedade brasileira e não deveria ser extinta por medidas impostas pelo Estado. A escravidão civilizara a América porque, por força da necessidade, havia sido a única forma de colonizar o continente. Naquele tempo, era julgado legítima; hoje, tornada ilegítima por força da evolução dos costumes, cumpria providenciar sua extinção – não de chofre, por imposição do Estado, mas pela evolução dos costumes sociais, que já caminhavam nesse sentido:

> O Partido Conservador sempre esteve convencido da necessidade de deixar que o problema da escravidão se resolvesse por si, por uma transformação lenta e pela revolução social dos costumes [...]. É justamente pela confiança que temos todos na elevação do caráter brasileiro, no melhoramento dos costumes, nos impulsos do espírito público, na ação eficaz da opinião, que dispensamos a intervenção direta do governo e a consideramos fatal.[43]

Para Alencar, os costumes generosos da sociedade brasileira haviam adoçado a escravidão, integrando-a na teia de solidariedade social, ao passo que a celeuma suscitada em torno da emancipação forçada criaria o ódio entre as raças: "É um fato reconhecido a moderação e a doçura de que se tem revestido sempre, e ainda mais nos últimos tempos, a instituição da escravidão em nosso país. Nossos costumes, a índole generosa da raça, impregnaram essa instituição de uma brandura e solicitude que a transformaram quase em servidão".[44] A interferência do Estado naquele propósito causaria uma verda-

---

[43] Idem, ibidem, p. 238-39.
[44] Idem, ibidem, p. 240.

deira revolução social, atentando contra os direitos adquiridos dos senhores, arruinando o país, mas também contra os interesses dos próprios escravos, que não estavam preparados para a liberdade e seriam lançados sem tutela na miséria e no alcoolismo.

Depois, quando a guerra terminou, o Imperador incumbiu sucessivamente o Marquês de São Vicente e José Maria da Silva Paranhos (1819-1880), o Visconde do Rio Branco, membros da ala burocrática ou cortesã do Partido Conservador, de promover a passagem do processo de lei pela Assembleia Geral do Império, conforme os estilos do velho modelo político regressista estabelecido por Vasconcelos e Uruguai. A ala do partido vinculada aos interesses da propriedade rural se colocou ao lado dos liberais na oposição ao ministério para fazer a denúncia do reformismo ilustrado da Coroa, reputado um verdadeiro absolutismo. Na Câmara dos Deputados, o chefe político da oposição era o conselheiro Paulino José Soares de Sousa (1834-1901), filho de Uruguai, mas o mentor intelectual dos argumentos contrários ao projeto era José de Alencar, que também não se furtou a atacá-lo por diversas vezes. Alencar acusava o Imperador de subverter os princípios do governo representativo, impondo uma medida que não havia sido advogada pela Nação: "Aqui, longe de se resistir ao Rei, é de cima que vem o impulso. A opinião não exerce pressão alguma sobre o governo. Donde ele recebeu essa pressão? Do alto".[45] A imposição feita pela Coroa sobre o Partido Conservador no sentido de promover uma reforma que cabia aos liberais também perturbara o sistema partidário. O que se observava já não era a luta regular entre o princípio liberal e o conservador, mas "a luta do poder com a nação"; "a luta do elemento oficial contra os interesses máximos do país".[46] A nação figurava como um menor tutelado pela Coroa, que cedia contra o interesse nacional às pressões da pretensa filantropia

---

[45] Idem, ibidem, p. 203.
[46] Idem, ibidem, p. 225.

europeias. O que o país queria não era abolição imposta do alto, mas reforma eleitoral, representação de minorias, descentralização. Cabia aos proprietários, que compunham a nação, resistir-lhe: "Que ideia faz o governo da nação brasileira? Pensa que não somos um povo, mas um rebanho que se dirige com um aceno?".[47] O dever do Partido Conservador era conter o poder pessoal da Coroa para resguardar os interesses da lavoura, cujos interesses lhe cabia representar e proteger, "restaurando assim a verdade do governo parlamentar".[48]

Em síntese, a aclimatação do conservadorismo ideológico *tory* por Alencar deve ser compreendida no contexto de necessidade percebida a partir da década de 1860 de desmonte do modelo político regressista. Até então, o conservadorismo de Burke desempenhara um papel mais tópico no quadro de uma linhagem de autores como Cairu e Vasconcelos, ainda tributários da tradição do reformismo ilustrado. Alencar foi o primeiro a propor a substituição do estatismo intervencionista do Regresso em benefício de um conservadorismo burkeano de sabor ideológico *tory*, em prol das classes agrárias. Em seu pensamento, a sociedade brasileira continuava atrasada, mas ganhava em dignidade e é vista de modo mais benevolente. Alencar julgava que a nação já se encontrava constituída, com seus traços próprios. Impunha-se assim modernizá-la, sem descaracterizá-la. A vida no campo, com sua atividade agrícola, guardada contra os estrangeirismos que invadiam a Corte em particular, era o lugar por excelência do Brasil autêntico. Por outro lado, essa aplicação extensiva do conservadorismo *tory* ao Brasil, valorizando nossas tradições e costumes, representava uma inovação considerável, em uma cultura política marcada pelo desprezo pela mentalidade ilustrada. Talvez por isso mesmo a adaptação sistemática do conservadorismo tenha adquirido um caráter algo artificial e dogmático.

---

[47] Idem, ibidem, p. 230.
[48] Idem, ibidem, p. 192.

Desaparecido o conservadorismo estatista na década de 1870, foi o *tory*, de que Alencar foi o grande teórico, que prevaleceu na cena política brasileira até a queda do Império. O conservadorismo que dominaria a cena da Primeira República seria outro, de corte liberal spenceriano, cientificista, de que seriam grandes representantes Manuel Ferraz de Campos Sales (1841-1913) e Joaquim Murtinho (1848-1911).

IV – CRÍTICA DO PODER PESSOAL, ADVENTO DA REPÚBLICA DITATORIAL E DEFESA DO ESTADO DE DIREITO: O EDMUND BURKE "WHIG" DE RUI BARBOSA E JOAQUIM NABUCO

No começo da década de 1870 se consolidou a sensação de que a sociedade brasileira já estava suficientemente amadurecida para dispensar a tutela do Estado centralizador. Os liberais foram os primeiros a demandar reformas de desmantelamento do modelo regressista que levassem à neutralização do poder moderador pelo parlamentarismo, à emancipação do judiciário diante do executivo, à autonomia das províncias diante da União, à desregulamentação do mercado face à normatização administração e à transição do regime escravista para o de trabalho livre. Foi esse liberalismo monárquico (e não o radical republicano) que, a despeito das resistências e dos vaivéns, acabou por arrastar as demais forças do campo político nas duas últimas décadas da monarquia constitucional, quando se reformou o sistema eleitoral, se reduziu a influência da Coroa e se extinguiu o regime escravista. Embora pareça surpreendente, aqui também houve mobilização do pensamento de Edmund Burke, operada por liberais avançados como Rui Barbosa e Joaquim Nabuco. Não se tratava, porém, da abordagem *"tory"* que caracterizara José de Alencar (cujo conservadorismo, aliás, seria objeto de seu forte rechaço). Tratava-se de uma leitura que, desenvolvida na primeira metade do século XIX por *whigs* como Lorde Macaulay, na forma de uma "nobre ciência da política", baseada na indução de fatos extraídos da observação e do estudo do passado,[49] pode ser justamente qualificada de *whig*. A difusão da língua inglesa, entre outras causas, permitia ao público brasileiro da época um melhor conhecimento da história constitucional inglesa e, nela, do papel desempenhado por Burke ao longo de sua carreira, bem como de sua obra completa e de seus primeiros comentadores acadêmicos. Ele pôde então ser visto pelos políticos brasileiros não só como o inflexível *tory* de quem os conservadores profissionais extraíam sua ideologia de resistência às reformas, mas como um teórico *whig* do governo representativo, que defendera muitas causas reformistas antes das *Reflexões sobre a Revolução na França*. Tratava-se, em outras palavras, de ver a Burke de modo mais complexo, no conjunto de sua obra e de sua atuação.

O jovem Rui Barbosa, por exemplo, conhecia a obra de Edmund Burke desde o tempo de terceiranista da Faculdade de Direito, no final da década de 1860. Em seus discursos parlamentares como deputado liberal e em seus artigos jornalísticos, abundantes são as referências ao irlandês como teórico do governo representativo, nos últimos anos do reinado de Dom Pedro II. Em 1885, Rui recorreria ao conceito de partidos da *Letter to the Sheriffs of Bristol* [Carta aos Delegados Eleitores de Bristol] para criticar os conservadores;[50] no ano seguinte, no elogio fúnebre a José Bonifácio (1827-1886), o Moço, pinçaria uma passagem do processo de *impeachment* de Warren Hastings (1732-1818) e se referia a Burke como "o maior dos modernos";[51] em 1887,

---

[49] Thomas Babington Macaulay, "Mill's Essay on Government: Utilitarian Logic and Politics", In: Jack Lively & John Rees (eds.), *Utilitarian Logic and Politics*, Oxford, Clarendon Press, 1978, p. 128.

[50] Rui Barbosa, *Abolicionismo*, In: *Obras Completas*, vol. XII, t. I, Rio de Janeiro, Fundação Casa de Rui Barbosa, 1988, p. 16.

[51] Idem, (1962). *Trabalhos Diversos*, In: *Obras Completas*, vol. XIII, t. II, Rio de Janeiro, Ministério da Educação e Cultura,1962, p. 324.

elogiaria Jonathan Swift (1667-1745) pela boca do irlandês,[52] fazendo no ano seguinte referência ao "gênio de Burke" em matéria de política monetária.[53] No campo da militância político-partidária propriamente dita, desde muito cedo, ainda em 1874, Rui Barbosa mobilizaria a autoridade do "eminente publicista" para, em seus primeiros artigos como jornalista, condenar o suposto "poder pessoal" da Coroa em favor de um ideal de governo puramente parlamentar.[54] Rui se comportava como se fosse o jovem Burke *whig* dos *Thoughts on the Cause of the Present Discontents* [Reflexões sobre a Causa dos Atuais Descontentes], vergastando Pedro II como o irlandês a George III:

> Advirtam em que, há mais de um século, desde 1770, na Inglaterra, o grande estadista que a filosofia política venera como talvez o maior dos talentos que a têm interpretado; o eminente liberal que, nos piores dias de Jorge III, deixou eternizada, num estilo indelevelmente lapidar, a justificação dos descontentamentos do povo contra o vício canceroso do aulicismo introduzido, sob a conjuração do rei com os amigos do rei, nos órgãos essenciais da vida constitucional; o ilustre Burke, no seu célebre panfleto, cuja atualidade, sob a monarquia constitucional, tantas vezes, infelizmente, e em tantos países, se tem reproduzido, consignava já a existência de uma teoria, de uma praxe, de um sistema de governo que, sem contravir à letra de lei alguma, opera, todavia, contra o espírito de todo o direito constitucional".[55]

No último ano da monarquia, ao longo de seus artigos no *Diário de Notícias*, Rui afirmaria que Edmund Burke, Charles James

---

[52] Idem, *Questão militar. Abolicionismo. Trabalhos Jurídicos. Swift*, In: *Obras Completas*, vol. XIV, t. I, Rio de Janeiro, Ministério da Educação e Cultura, 1955, p. 299.

[53] Idem, *Trabalhos Diversos*, In: *Obras Completas*, vol. XV, t. I, Rio de Janeiro, Ministério da Educação e Cultura, 1965, p. 46.

[54] Idem, *Trabalhos Políticos*, In: *Obras Completas*, vol. II, t. II, Rio de Janeiro, Fundação Casa de Rui Barbosa, 1987, p. 57.

[55] Idem, *Discursos Parlamentares: Câmara dos Deputados*, In: *Obras Completas*, vol. VI, t. I, Rio de Janeiro, Ministério da Educação e Saúde, 1943, p. 125.

Fox (1749-1806) e William Pitt (1759-1806), o Jovem, constituíam, "no mundo daquela época extraordinária, as três grandes altitudes da sabedoria política".[56] Ele teria sido "a mais sublime cabeça política cabeça de que se desvanece a Inglaterra", pois, sendo "o pugnador formidável da revolução francesa, o mais irreconciliável inimigo da democracia revolucionária, não hesitou, contudo, em ferir na fronte a realeza, apontando à indignação pública o sistema de rapinagem, de que o país era vítima sob os auspícios do trono, e que, perdendo a América, desengastara da Coroa da Inglaterra a sua mais preciosa gema".[57] Em outras palavras, Rui se valia da fama de conservador e de adversário da demagogia desfrutada por "Burke, o imortal Burke",[58] para atacar a prática empírica da monarquia constitucional, que julgava tributária do absolutismo, não na condição de radical, mas de verdadeiro amigo do regime, que o criticava para obrigá-lo a reformar-se, a fim de enquadrar-se no figurino parlamentarista britânico. Esta seria uma constante na retórica do baiano, a de apresentar seu adiantado liberalismo como conservador. Era o reformismo por ele defendido o que, impedindo a formação de um fosso entre as aspirações democráticas e as instituições políticas, ajudaria a conservar estas últimas. Tratava-se, como se vê, de um "conservadorismo" *whig* que, no limite, chegava às raias do radicalismo, ao menos na forma retórica. Àqueles que o atacavam como a um subversivo, Rui Barbosa redarguia que semelhante qualidade melhor caberia aos "falsos conservadores" (como José de Alencar), que involuntariamente acabavam por precipitar as revoluções com sua resistência obstinada às mudanças exigidas pela sociedade.

---

[56] Rui Barbosa, *Queda do Império: Diário de Notícias*, In: *Obras Completas*, vol. XVI, t. I, Rio de Janeiro, Ministério da Educação e Saúde, 1947, p. 323.

[57] Idem, ibidem, p. 324.

[58] Idem, *Queda do Império: Diário de Notícias*, In: *Obras Completas*, vol. XVI, t. VII, Rio de Janeiro, Ministério da Educação e Saúde, 1948, p. 160.

Poucos anos depois, em 1893, sob a República, houve oportunidade para que esses liberais democratas invocassem Edmund Burke em uma chave mais caracteristicamente conservadora, mas *whig* ainda assim. Ela se deu quando o governo do marechal Floriano Peixoto (1839-1895) promoveu a derrubada de governadores estaduais e instaurou uma ditadura militar voltada para a repressão dos opositores. A defesa da República passava pela veiculação de um discurso autoritário, voluntarista, jacobino e positivista, que passava pela decretação de estados de sítio interpretados como sucedâneos de leis marciais, que suspendiam a Constituição em nome da salvação pública.[59]

Foi contra esse radicalismo que Rui Barbosa e Joaquim Nabuco se declararam formalmente "conservadores". Fizeram-no, porém, não no registro *tory* de Alencar e outros, por eles combatido e detestado ao tempo da monarquia, mas no *"whig"* que lhes era mais familiar, e que se traduzia pela defesa de um liberalismo moderado, de índole aristocrática porque de extração britânica, que deveria substituir o radicalismo como meio de reforma. Do ponto de vista da assunção de uma condição expressamente conservadora, a leitura *"whig"* de Edmund Burke autorizava o estadista que militava pela liberdade a passar de liberal a conservador, e vice-versa, sempre que as circunstâncias assim o aconselhassem. Era, aliás, o que fizera Bernardo Pereira de Vasconcelos, meio século antes: se a ameaça à liberdade viesse da direita, pelo excesso de autoridade governamental, o político deveria ser radical na defesa da liberdade, como o Burke dos *Present Discontents*. No entanto, se a ameaça viesse da esquerda, pelo excesso de radicalismo anárquico, era preciso ser conservador em defesa da ordem, como o Burke das *Reflections*. Em todo caso, cumpria evitar os excessos. Esta teria sido a postura do senador José

---

[59] Christian Edward Cyril Lynch, "O Caminho para Washington Passa por Buenos Aires: A Recepção do Conceito Argentino do Estado de Sítio e Seu Papel na Construção da República Brasileira (1890-1898)", *Revista Brasileira de Ciências Sociais*, v. 27, n. 78, São Paulo, 2012a, p. 359.

Tomás Nabuco de Araújo Filho (1813-1878) ao longo de sua carreira, apontada por seu filho Joaquim Nabuco como exemplar do estadista conservador à moda *whig*: "Os que o veem indicar o perigo de um lado e logo do lado oposto, julgam-no incoerente, mas é que a estrada corre entre precipícios e que ele olha à direita e à esquerda e não vê os abismos somente de uma margem".[60] Para esses idealistas práticos, como Edmund Burke, Thomas Babington Macaulay e Alexis de Tocqueville (1805-1859), "passar de conservador a liberal, ou vice-versa, era apenas uma combinação diferente de moléculas dentro da mesma forma".[61] Era esse o exemplo de atitude *"whig"* que legitimava, portanto, a conduta "conservadora" assumida por liberais como Joaquim Nabuco e Rui Barbosa diante da ameaça jacobina e positivista da década de 1890.

Ao levantar a pena em 1893 para atacar a ditadura de Floriano, Rui voltava a recorrer a Burke, o "maior gênio político de uma idade de gênios", para apelar aos "conservadores brasileiros", aos "republicanos constitucionais", para que se juntassem à sua causa.[62] Já que a restauração monárquica lhe parecia impossível, cumpria aos cidadãos de bem escolher "entre a república degenerada pela ditadura, ou a república regenerada pela Constituição".[63] Os jacobinos franceses, em que os brasileiros se inspiravam, não passavam de uma "confraria feroz que impôs à revolução a ditadura da ignorância, da malvadez e da improbidade, que matou a república, preparando a prostituição do diretório e o absolutismo do império, e que ainda hoje assombra o mundo por seus crimes, por sua

---

[60] Joaquim Nabuco, *Um estadista do Império*, Rio de Janeiro, Topbooks, 1997, p. 128.

[61] Idem, ibidem, p. 1.123.

[62] Rui Barbosa, *Trabalhos Jurídicos: Estado de Sítio*, In: *Obras Completas*, vol. XIX, t. III, Rio de Janeiro, Ministério da Educação e Cultura, 1956, p. 341 e 24.

[63] Idem, ibidem, p. 16.

corrupção e por sua imbecilidade".[64] Era indispensável lutar pela legalidade e, por conseguinte, pela limitação da soberania popular invocada em proveito próprio pelos radicais. A razão estava sempre com os moderados: "Não estive ontem, não estou hoje, não estarei amanhã com os violentos. Advoguei, advogo, advogarei sempre a lei contra eles. Não conheço nem relações, nem conveniências, que me obriguem a alistar-me ao seu serviço. 'Defendi sempre a liberdade dos outros', dizia Burke. Esta deveria ser a divisa de todos os homens de Estado".[65] A fundação de um *partido conservador republicano* era sugerida como uma fórmula capaz de chamar aos seus postos os "interesses conservadores, e considerar o abismo que separa demagogos de democratas, e jacobinos de republicanos. O espírito jacobino é a negação do verdadeiro espírito republicano".[66] E declinava o seu ideal de reformismo liberal *whig*: "Fora do terreno jurídico nossa inspiração procurará beber sempre na ciência, nos exemplos liberais, no respeito às boas praxes antigas, na simpatia pelas inovações benfazejas, conciliando, quanto possível, o gênio da tradição inteligente com a prática do progresso cauteloso".[67] O endurecimento da ditadura, pela eclosão da Revolta da Armada, obrigou Rui a refugiar-se no exterior, tendo-se fixado na Inglaterra no final de 1893.

Quando, em 1894-1895, o sucessor de Floriano Peixoto, Prudente de Morais (1841-1902), desalojou os jacobinos do governo e buscou desanuviar o ambiente político, sendo por eles contestado violentamente, Rui Barbosa voltou a vergastá-los de Londres e, depois, no Brasil. Ao longo dos artigos posteriormente publicados no volume *Cartas de Inglaterra*, ele desenvolveu uma defesa candente

---

[64] Idem, ibidem, p. 31.
[65] Idem, ibidem, p. 329.
[66] Idem, ibidem, p. 32.
[67] Idem, ibidem, p. 17.

do liberalismo anglo-americano: "Os EUA são apenas um ramo da Inglaterra, a grande árvore da liberdade no mundo moderno".[68] Era este espírito liberal de matriz britânica que teria presidido à elaboração da Constituição republicana de 1891, pervertida pelo autoritarismo jacobino positivista de origem francesa. Para que a democracia brasileira voltasse aos seus eixos, urgia retornar àquele espírito conservador de liberdade. A experiência daquelas duas comunidades políticas, a inglesa e a estadunidense, verdadeiras pátrias da liberdade, demonstrava, ainda, que o cristianismo era o indispensável fundamento ético da democracia liberal: "A existência moral desta nação [a Inglaterra] continua a estar associada, no espírito de seus maiores homens, às crenças que presidiram ao berço das suas instituições, e animaram os grandes movimentos da sua história".[69] Por contraste, o domínio do materialismo jacobino positivista no Brasil evidenciava "[como] pode barbarizar-se um povo benigno, pacífico e tolerante, quando a sua sorte acerta de cair nas mãos de uma seita em cujo calendário os déspotas são benfeitores da humanidade".[70] Retornar ao espiritualismo seria "o manifesto da consciência moral de uma sociedade, voltando-se inquieta para as suas origens, em busca, talvez, da tradição salvadora, no meio dos perigos da crise geral, que ameaça convulsar uma civilização corroída até o âmago pelo ceticismo, pela negação, pela irreverência, pelo orgulho, pela inveja, por todas as paixões da anarquia".[71]

Menos ocupado com a necessidade de intervenção cotidiana nos negócios públicos do que Rui Barbosa, porque retirado da política na confecção da biografia do pai, Joaquim Nabuco pôde expor com mais profundidade os fundamentos teóricos daquele "conservadorismo"

---

[68] Idem, *Cartas de Inglaterra*, São Paulo, Iracema,1960, p. 876.

[69] Idem, ibidem, p. 903.

[70] Idem, ibidem, p. 904.

[71] Idem, ibidem, p. 886-887.

whig, liberal moderado, típico do reformismo imperial, com que se impunha combater o jacobinismo positivista. O antigo líder abolicionista se recusara a aderir à República, continuando a mover-se no universo intelectual britânico e de sua monarquia parlamentarista, mas pensando, igualmente, as condições de possibilidade de aclimatação daquele liberalismo nas condições particulares da periférica América Ibérica. No mesmo espírito burkeano, Nabuco também verberava, com sentimento republicano clássico, contra a especulação em papel moeda e a dívida pública, que no Brasil marcara o começo da República. Seu ataque à intelectualidade jacobina e positivista, ao longo das séries de artigos publicados no *Jornal do Comércio* e em *O Comércio de São Paulo*, em 1895-1896, também era afim àquele de Edmund Burke na medida em que, para Joaquim Nabuco, a aristocracia formada no Império era mais orgânica com os interesses e tradições nacionais pela liberdade do que a pequena burguesia urbana republicana, encharcada de valores cosmopolitas que pouco ou nada tinham com a nossa história. Revela-se aqui fidelidade à tese de irlandês, devidamente adaptada, segundo a qual "uma fundamentação nos costumes precisa estar assentada para tornar o comércio possível, e os códigos culturais feudais e clericais gerados na idade média fazem parte daquilo que [William] Robertson [1721-1793] chamara 'o progresso da sociedade na Europa'; destruí-los solapava aquilo que havia sido construído sobre eles".[72]

Em *Balmaceda* de 1895, obra em que comentava a guerra civil chilena em perspectiva comparada à do Brasil, Joaquim Nabuco elaborou uma teoria do desenvolvimento político inspirada no do Reino Unido, que, em três etapas sucessivas, partia da autocracia fundadora do Estado e terminava na democracia liberal, passando por um estado intermediário de aristocracia, durante o qual se instalava um estado de direito encarregado de salvaguardar a liberdade.

---

[72] J. G. A. Pocock, "Introduction", op. cit., p. XXXIII.

O liberalismo moderado ou conservador que deveria orientar as elites políticas naquele processo seria de particular importância na América Latina, cuja inconsistente sociedade civil ainda parecia incapaz de criar obstáculos à expansão autoritária do poder de seus caudilhos. O surgimento de uma sociabilidade liberal em ambiente tão inóspito, propício ao despotismo, dependia da adesão civilizacional de suas aristocracias nacionais à cultura política de liberdade de que a Inglaterra era o grande farol.[73] Como em Burke, a existência de uma aristocracia é reputada indispensável à estruturação de uma sociedade tolerante e pluralista: "O que distingue as sociedades e as pessoas cultas, é que nas grandes divergências de boa-fé, que só se podem resolver pela ruína de ambas as partes se lutarem, elas sujeitam-se a um laudo, ou, de alguma forma, transigem".[74] A emergência do radicalismo igualitário, neste quadro de delicada tessitura e de aclimatação de uma cultura política de liberdade, não passava de um disfarce por que se manifestava o espírito do caudilhismo, forma indígena de despotismo. Este estaria ansioso por arrancar as mudas da liberdade, que, plantadas pela aristocracia, necessitavam de tempo para crescer. Ademais, a democratização radical pretendida por setores subalternos contra a "oligarquia" era ilusória, na medida em que não existia propriamente governo democrático; havia sempre um número limitado de cargos de mando no Estado, fosse ele aristocrático ou democrático. O radicalismo vitorioso, no fundo, não fazia mais do que um rodízio de elites, cuja marca era a decadência do espírito público:

> O método radical *(de resolver o problema do governo oligárquico)* é mandar abrir as portas para que todos entrem, como a República fez a 15 de novembro. [...] Infelizmente, o gabinete, o parlamento, a administração, tudo tem uma lotação certa, como os teatros. Da primeira

---

[73] Christian Edward Cyril Lynch, "O Império É Que Era a República: A Monarquia Republicana de Joaquim Nabuco", *Lua Nova*, n. 85, São Paulo, p. 291.

[74] Joaquim Nabuco, *Balmaceda*, São Paulo, Progresso Editorial, 1949, p. 124.

vez, escancarando as portas, o que se consegue é fazer entrar para o edifício renovado um pessoal completamente diverso, o dos que não receiam o atropelo, dos que não sabem esperar a sua vez, dos que podem abrir caminho à força; desde, porém, que a sala estiver outra vez completa, ninguém mais entrará; os que tomaram lugar, não quererão mais sair. É a princípio uma multidão, de todas as procedências, pessoas ou que não se conhecem umas às outras, ou admiradas de se verem juntas naquele lugar, mas que em breve se tornam um partido, adquirem o tom de classe diretora, e ficam sendo eles – *os parvenus* – a oligarquia. Para resultado tão negativo, valia a pena subverter o Chile? "Eu não hesito em dizer" – é ainda uma lição de Burke – "que a estrada que leva da condição obscura à alturas do poder não deve ser tornada demasiado fácil... O templo da honra deve estar colocado numa eminência".[75]

Conforme a interpretação do conservadorismo burkeano efetuado pelos *whigs*, não há, no aristocratismo de Nabuco, empecilho ao reformismo democrático. A condenação recai sobre os métodos abruptos, inspirados em ideias abstratas e estranhas ao ambiente: "O reformador em geral detém-se diante do obstáculo; dá longas voltas para não atropelar nenhum direito; respeita, como relíquias do passado, tudo o que não é indispensável alterar; inspira-se na ideia de identidade, de permanência".[76] Era esta predileção pelo reformismo respeitoso das tradições do passado compatíveis com as necessidades do presente que Nabuco denominava *atitude conservadora*: "A tradição toda da palavra *reforma*, tomada primeiro à mais tranquila de todas as histórias, a dos mosteiros, é conservadora, e encerra em si dois grandes sentimentos: o de veneração e o de perfeição".[77] Já que o radicalismo supostamente democrático se ancorava em uma concepção "científica" de política, decorrente das leis supostamente objetivas da vida social de Comte e seus seguidores, o escritor pernambucano re-

---

[75] Idem, ibidem, p. 126-27.
[76] Idem, ibidem, p. 39.
[77] Idem, ibidem, p. 39.

corria novamente a Burke e a Tocqueville para defender, ao contrário, aquela "nobre ciência política" descrita por Macaulay. Cuidava-se de um agir prudencial, de acordo com o qual o ator buscava mover-se eticamente, submetido às circunstâncias de tempo e de lugar, informado pelo conhecimento empírico, e não filosófico, da história:

> A política chamada científica propõe-se poupar a cada sociedade as contingências da experiência própria, guiá-la por uma sabedoria abstrata, síntese das experiências havidas, o que seria enfraquecer e destruir o regulador da conduta humana, que é exatamente a experiência individual de cada um. Certas leis existem em política que se podem chamar científicas, no sentido em que a economia política, a moral, a estatística, são ciências, mas a política em si mesma é uma arte tão prática como a conduta do homem na vida. O estadista que aprendeu a governar nos livros é um mito, e provavelmente os Pitts, os Bismarcks, os Cavours do futuro hão de se formar na mesma escola que eles. Conhecer o seu país, conhecer os homens, conhecer-se a si mesmo, há de ser sempre a parte principal da ciência do homem de Estado. Era um rei sábio o que dizia que para castigar uma província, o melhor seria entregá-la a filósofos políticos.[78]

Mas na América do Sul, imitadora dos modismos europeus, havia também um utopismo de cariz livresco, que marcava o intelecto radical por estas plagas:

> Ao que parece, *(o radical)* é um espírito amigo da novidade, ao qual nunca ocorreu a frase de Burke: "Há uma sorte de presunção contra a novidade, tirada da observação profunda da natureza humana e dos negócios humanos". A versatilidade desses espíritos alvissareiros não é um simples vício intelectual, ou uma doença atávica do espírito. [...] No fundo, o fenômeno é um relaxamento causado pela desordem das leituras; é a atrofia das defesas naturais do espírito; um gasto contínuo, inútil, de atividade mental, inabilitando o espírito para qualquer produção forte, o coração para todo seguimento seguido. O homem torna-se uma espécie de títere de biblioteca; deixa de pensar por si, de

---

[78] Idem, ibidem, p. 39.

contar consigo; é o eterno sugestionado, em cujo cérebro se sucedem rapidamente em combinações extravagantes as quimeras alheias, os sistemas antípodas; não é mais, em sentido algum, uma individualidade, é um feixe de incompatíveis.[79]

Em *Um Estadista do Império* de 1897, Joaquim Nabuco aplicaria a sua teoria do desenvolvimento político, marcada pelo conservadorismo *whig*, à história do Segundo Reinado. Do ponto de vista ideológico, a obra era uma elegia do liberalismo moderado de cunho reformista, monárquico (*whig*, portanto), desaparecido com a República, e de que o senador Nabuco de Araújo, pai do autor, teria sido a mais perfeita encarnação. A carreira política do antigo chefe do Partido Liberal permitia apontá-lo como "o guia mais seguro dos espíritos positivos, que aliam, como Burke, o liberalismo utilitário e o conservantismo histórico".[80] Regressista na mocidade, quando cumpria garantir o Estado nacional pela defesa do princípio da autoridade, Nabuco de Araújo evoluíra para o conservadorismo moderado, depois para o progressismo, e por fim para o liberalismo, acompanhando as necessidades de uma sociedade ansiosa por desafogar-se da tutela do Estado centralizador montado por Vasconcelos. Momento de inflexão do regime havia sido precisamente a Conciliação na década de 1850, época de abertura política para atenuar o modelo conservador regressista, marcado por um "espírito de autoridade, gradualmente penetrado de liberalismo, isto é, de tolerância e de equidade, mas equiparando sempre as aspirações e processos revolucionários de 1831 à pura anarquia e subversão social".[81] Nabuco de Araújo teria representado a "evolução natural" do regime, do regressismo para o liberalismo democrático, sem radicalismo, dentro da ordem. Se o conservador puro, *tory*, se contentava politicamente

---

[79] Idem, ibidem, p. 122.

[80] Idem, *Um Estadista do Império*, Rio de Janeiro, Topbooks, 1997, p. 1.126.

[81] Idem, ibidem, p. 320.

em lidar com os fatos, puros e duros, o *whig* primeiramente "lidava com ideias ou princípios, em segundo lugar com fatos". Era o que fazia do primeiro um puro realista, e do segundo "um idealista, idealista positivo").[82] Tratava-se de "um idealista prático, um espírito sempre com um grande objetivo diante de si, às vezes longínquo, difícil, complexo, mas procedendo em tudo com espírito positivo, legislando para a sociedade presente e procurando nela seus pontos de apoio e seus meios de ação".[83] Neste sentido, se ele se diferenciava dos conservadores *tories* ou "emperrados", como José de Alencar, o senador Nabuco também se diferenciava dos idealistas puros, como José Bonifácio, o Moço, para quem as ideias não passavam de "palavras, frases musicais, antíteses literárias, abstrações de que só ele mesmo sentia a realidade").[84] Seu espírito eclético conciliava a modernidade do liberalismo econômico com os valores republicanos cívicos:

> A Nabuco sorria a ideia de conciliar no seu código o progresso econômico com a tradição moral; a feição de uma época industrial, como é a moderna, com o espírito de perpetuidade das velhas fundações civis, o que se pode chamar, em oposição à nova escravidão de Herbert Spencer [1829-1903], a liberdade antiga.[85]

Por fim, a exemplo de Rui Barbosa, Joaquim Nabuco golpeava o materialismo radical dos jacobinos, reafirmando a tese de que o cristianismo era o indispensável fundamento ético do liberalismo, sem o qual a política degenerava em autoritarismo e sectarismo: "Nabuco era um verdadeiro católico, um estadista convencido da necessidade de amparar e desenvolver o sentimento religioso, como o meio único de regeneração e aperfeiçoamento da sociedade, a base permanente de todas as suas instituições e relações morais, de justiça, de liberdade

---

[82] Idem, ibidem, p. 124.
[83] Idem, ibidem, p. 81.
[84] Idem, ibidem, p. 465.
[85] Idem, ibidem, p. 1.074.

e de direito".⁸⁶ O antigo chefe liberal "não compreendia a sociedade sem moral, moral sem igreja, e que não via no catolicismo um obstáculo, mas a condição do progresso humano".⁸⁷

Em suma, vê-se que argumentos burkeanos também foram mobilizados no século XIX brasileiro pela tradição liberal de linha anglófila, que passou a designar por conservadorismo a defesa do Estado de direito e do reformismo moderado contra o radicalismo jacobino e positivista. Sob a monarquia, Rui Barbosa se valeu do Burke *whig* para reformar o regime; quando republicano, tornou-se "conservador" para criticar o jacobinismo e restabelecer as bases liberais do regime. Monarquista, Nabuco "conservador", pela apologia do regime decaído, recomendava o liberalismo ao que se inaugurava. Este conservadorismo burkeano em chave *whig*, de orientação liberal moderada, aristocrática e cristã, serviria de referência no século seguinte para uma corrente liberal minoritária, mas nem por isso irrelevante, composta por políticos de inclinação parlamentarista, como José Maria dos Santos (1877-1954) e Afonso Arinos de Melo Franco (1905-1990).

CONCLUSÃO

Este artigo examinou o impacto e o manuseio de argumentos conservadores de Edmund Burke em cinco intelectuais brasileiros do século XIX, quando a influência do pensamento político britânico encontrou entre nós o seu apogeu. Cada qual atuou em um momento diferente de nossa história: o de crise do Antigo Regime colonial (Visconde Cairu); o de construção do Estado nacional (Bernardo Pereira de Vasconcelos); o da emancipação da sociedade nacional (José de Alencar); e, por fim, o de instauração autoritária da República (Rui Barbosa e Joaquim

---

⁸⁶ EI, 977.

⁸⁷ Joaquim Nabuco, *Um Estadista do Império*, Rio de Janeiro, Topbooks, p. 983.

Nabuco). Ao longo deste exame, segui a sugestão de J. G. A. Pocock, para quem as diversas recepções de sua obra mundo afora seguiram lógicas diversas, conforme o modo por que seus leitores compreendiam o papel da natureza e da história em seus respectivos países.

> Qualquer pensador que pretenda valer-se de uma estratégia burkeana precisa perguntar-se em que sociedade aquela estratégia será levada a efeito; qual é o "passado" daquela sociedade, ou seja, os processos de mudança e preservação pelos quais a sociedade se tornou o que é; qual (se houver) o grau de compromisso desta sociedade com o seu passado, isto é, quais as condições insuscetíveis de mudanças, sob pena de a sociedade se tornar irreconhecível a si mesma; e, caso haja revolucionários bastantes dispostos a mudar a sociedade tão inteiramente, de modo a torná-la irreconhecível, indagar-se em que grau aquele objetivo pode ser perseguido. É provavelmente a natureza do "passado" e do "compromisso" o que vai diferenciar o conservadorismo de uma sociedade para outra. E a questão estará bastante complicada devido ao fato de que o "passado" de muitas sociedades incluem, agora, a experiência da revolução.[88]

Ao escrever estas linhas, Pocock tem em mente o Novo Mundo, cujo ambiente também apresentava obstáculos para a recepção de um conservadorismo como o de Burke. Na América independente, rompida com o passado colonial, era difícil valorizar a tradição, e nem sequer se poderia dizer que ela derivasse de uma história imemorial. Mas essas diferenças foram diversamente sentidas nas antigas colônias britânicas e ibéricas. No primeiro caso, embora já não tivessem um "passado" a que recorrer (o inglês), havia, todavia, uma cultura política liberal e republicana cívica herdada da metrópole, assim como instituições constitucionais. Quando o liberalismo radical ameaçou inviabilizar a confederação, foi possível aos federalistas desenvolver, a partir do recurso de Alexander Hamilton e de John Adams (1735-1826) ao pensamento de David Hume e do próprio

---

[88] J. G. A. Pocock, op. cit., p. XLVI.

Edmund Burke, uma modalidade atenuada de conservadorismo para reconstruir a União. Mas, sem ter uma história nacional sobre a qual se basear, esse conservadorismo teve de recorrer a uma filosofia da natureza humana para se justificar – de que Russell Kirk (1918-1994) se fez o grande representante no século XX. Além disso, nunca pôde tornar-se uma ideologia hegemônica, depois que, a partir de Thomas Jefferson (1743-1826) e, sobretudo, de Andrew Jackson (1767-1845), se consagrou o imaginário de uma nação liberal e democrática voltada para o futuro. Já na América Ibérica, não havia tradição constitucional colonial, mas uma versão colonial do Antigo Regime ibérico. Não apenas não havia história nacional a que recorrer, como tampouco havia o caldo de cultura liberal das colônias inglesas, mas outro, católico e absolutista, sobre o qual já agia o despotismo ilustrado. Acreditava-se que somente um Estado forte e ilustrado, apartado da sociedade atrasada, teria condições de pelo alto promover sua modernização.[89] A tradição política nem sequer servia, assim, para defender as tradições sociais da região, já condenadas pelo seu atraso. Foi com essa bagagem intelectual que a esquerda, liberal e republicana, teve de lidar depois da independência, ora pelo confronto, ora pela acomodação. Por outro lado, quaisquer que fossem seus intuitos – preservar o que restara das estruturas coloniais ou liquidá-las do alto –, os conservadores hispano-americanos teriam sempre de se mover dentro da moldura republicana. Daí sua atração por ideologias ambíguas, como o positivismo, que prometia menos *conservar reformando*, adaptando o presente ao passado, do que *reformar conservando*, pela adequação do passado ao presente. Difícil conservadorismo.[90]

---

[89] Christian Edward Cyril Lynch, "O Pensamento Conservador Ibero-americano na Era das Independências (1808-1850)", *Lua Nova*, n. 74, São Paulo, 2008, p. 59-92.

[90] Bernardo Ricupero, "O Conservadorismo Difícil", In: Gabriela Nunes Ferreira & André Botelho (orgs.), *Revisão do Pensamento Conservador*, São Paulo, Hucitec, 2010.

No conjunto da América Ibérica, o caso brasileiro foi singular. A independência sob o signo da monarquia constitucional elevou a Constituição da Inglaterra à posição de seu modelo político central, com todos os seus consectários teóricos e doutrinários.[91] Entretanto, as instituições monárquicas não eliminaram os constrangimentos que existiam nas repúblicas vizinhas à aclimatação e desenvolvimento de um conservadorismo de linha burkeana. O caldo de cultura ibérico, somado à consciência do atraso da sociedade nacional, facilitou a associação entre forma constitucional inglesa e prática reformista ilustrada. É o que se viu da reflexão do Visconde de Cairu. Além disso, o regime monárquico não poupou o trabalho de erigir um Estado nacional sobre um vastíssimo território desabitado, dotado de uma população dispersa, metade da qual era escrava da outra, governada por caudilhos turbulentos e regida por códigos de comportamento tradicionais. A lógica da pós-independência exigia antes o absolutismo de Thomas Hobbes que o conservadorismo defensivo de Edmund Burke. Isso explica por que conservadores como Bernardo Pereira de Vasconcelos e o Visconde de Uruguai tenham preferido reivindicar a autoridade dos doutrinários franceses, como François Guizot – liberais que, preocupados com a governabilidade pós-revolucionária, também não dispensavam um Estado forte e centralizado. Somente, quando o Estado brasileiro se consolidou e a agenda reformista se impôs, nas décadas de 1860 e 1870, foi possível a adesão a um conservadorismo inglês de tipo "*tory*". Ainda assim, enfrentaram-se dificuldades. A valorização da sociedade nacional afrontava a percepção da opinião pública urbana, que se recusava a identificar-se com um mundo rural, analfabeto e escravista. Além disso, a defesa

---

[91] Nas três primeiras décadas do Império, tal influência se fez sentir majoritariamente intermediada pela experiência francesa da Restauração e da Monarquia de Julho. Os autores citados eram os franceses, e os ingleses eram lidos por traduções francesas. A partir da década de 1860, a mediação francesa esmoreceu, e as referências às fontes primárias inglesas tornaram-se usuais.

das tradições da sociedade passava forçosamente por combater as tradições políticas que as ameaçavam, porque encarnadas pelo reformismo ilustrado adaptado ao constitucionalismo pela geração conservadora anterior. Por esse ângulo, o conservadorismo "*tory*" de José de Alencar revelou-se tão subversivo quanto o liberalismo de Aureliano Tavares Bastos. Desconectado da política, onde não poderia sobreviver, o conservadorismo de Alencar reapareceria no século seguinte, na sociologia histórica, "quase política", de um Gilberto Freyre (1900-1987). Em nações saídas de um continente novo, mas atrasado, nas quais o liberalismo resultava mais da vontade que da história, a aclimatação de um conservadorismo como o burkeano era tão ou mais problemático do que na Europa continental.

Isso não quer dizer que não se tenha recorrido a Edmund Burke de modo seletivo ou tópico. Ao contrário, durante o século XIX, para ele apelaram os conservadores, sempre que se fazia necessário resistir ao espírito de inovação e defender o gradualismo. Mas, como referido, eles não necessariamente elogiavam o passado, nem queriam conservar a sociedade como ela se encontrava. Típico reformista ilustrado, Cairu queria modernizar a sociedade, ainda que aos bocadinhos, liberalizando a sua economia e abolindo a escravidão. Já Vasconcelos pretendia acabar com as guerras civis pela construção de um Estado unitário, marcado pela supremacia do Executivo e pela tutela da sociedade, que julgava inorgânica. Acreditava que a escravidão deveria permanecer enquanto não se arranjasse um meio de substituí-la. Alencar, por sua vez, valorizava as tradições nacionais brasileiras, que incluíam a vida no campo e a sociabilidade decorrente da escravidão. Para tanto, paradoxalmente atacou as instituições políticas tradicionais, a começar pelo Imperador. Foi um conservador à sua maneira. Mas também houve uma leitura "*whig*" de Burke por parte de membros destacados do movimento liberal reformista, que lutavam pela abolição da escravatura e pelo federalismo. No Império, Rui Barbosa valeu-se do jovem Burke para atacar o poder pessoal da Coroa; na República, recorreria ao velho, *tory*, para combater o jacobinismo. Nabuco se valeria de Burke de modo mais largo e aprofundado para fazer o elogio do liberalismo moderado como fórmula por excelência de reforma, apresentando o regime decaído como o arquétipo do Estado de direito possível na América Latina. As diferentes leituras feitas da obra de Burke ao longo do século XIX no Brasil revelam a complexidade do conservadorismo da época, dividido entre ilustrados e pragmáticos, *tories* e *whigs*, abolicionistas e escravistas, estatistas e liberais. Um verdadeiro caleidoscópio conservador.

Christian Edward Cyril Lynch

Nasceu no Rio de Janeiro a 17 de novembro de 1973. Graduou-se em Direito pela Universidade Federal do Estado do Rio de Janeiro (UNIRIO) em 1996; obteve seu mestrado em Direito pela Pontifícia Universidade Católica do Rio de Janeiro (PUC-RJ) em 1999 e doutorou-se em Ciência Política pelo Instituto Universitário de Pesquisas do Rio de Janeiro (IUPERJ) em 2007. É professor do Instituto de Estudos Políticos e Sociais da Universidade do Estado do Rio de Janeiro (IESP-UERJ - antigo IUPERJ) e da Universidade Veiga de Almeida (UVA). Atua como pesquisador da Fundação Casa de Rui Barbosa do Ministério da Cultura (FCRB), do Conselho Nacional de Pesquisa Científica (CNPq) e da Fundação de Amparo à Pesquisa do Estado do Rio de Janeiro (FAPERJ). Foi professor da Universidade Cândido Mendes (UCAM), do Instituto Brasileiro de Mercado de Capitais (IBMEC), da Universidade Federal Fluminense (UFF), da Universidade Gama Filho (UGF) e da UNIRIO. É coordenador do Programa de Pós-graduação em Ciência Política do IESP-UERJ, do grupo de trabalho de Teoria Política e Pensamento Político Brasileiro da Associação Nacional de Pós-Graduação em Ciências Sociais (ANPOCS) e da Área Temática de Pensamento Político Brasileiro da Associação Brasileira de Ciência Política (ABCP), membro da diretoria do Instituto Brasileiro de História do Direito (IBHD) e, desde 2013, editor da Revista Insight Inteligência. Esteve em 2003 e 2004 como pesquisador no Centro de Pesquisas Políticas Raymond Aron, EHESS, em Paris e foi pesquisador visitante da Fundação Casa de Rui Barbosa (FCRB) entre 2006 e 2010. É autor dos livros *Monarquia sem Despotismo e Liberdade sem Anarquia: O Pensamento Político do Marquês de Caravelas* (UFMG, 2014) e de *Da Monarquia à Oligarquia: História Institucional e Pensamento Político Brasileiro (1822-1930)* (Alameda, 2014), bem como de inúmeros artigos publicados em diferentes periódicos acadêmicos.

Retrato de Edmund Burke. 1774. Óleo sobre tela. James Barry (1741-1806).
National Gallery of Ireland, Dublin, Irlanda.

Seleção Bibliográfica de Estudos Recentes Sobre Edmund Burke

ALEX CATHARINO

O testemunho pessoal e as ideias de Edmund Burke (1729-1797) são parâmetros obrigatórios para os autores e políticos conservadores britânicos, franceses, norte-americanos e até brasileiros. O pensamento burkeano, contudo, não influenciou apenas o conservadorismo, dado que foi uma importante referência teórica para determinados autores liberais clássicos, de Alexis de Tocqueville (1805-1859) a F. A. Hayek (1899-1992), bem como para alguns progressistas, como, por exemplo, o crítico literário Lionel Trilling (1905-1975) ou os historiadores e democratas norte-americanos Woodrow Wilson (1856-1924) e Arthur M. Schlesinger Jr. (1917-2007).

As ideias de Edmund Burke, todavia, são indissociáveis da tradição conservadora anglo-saxã. Por esse motivo, não é surpreendente que a melhor introdução à biografia e aos princípios conservadores defendidos pelo estadista e pensador irlandês seja o livro *Edmund Burke: A Genius Reconsidered* [Edmund Burke: Redescobrindo um Gênio], de Russell Kirk (1918-1994), lançado pela primeira vez em 1967.

O intuito do autor de escrever uma obra introdutória acessível ao grande público não contradiz a preocupação de oferecer uma relação de trabalhos que permitissem o aprofundamento dos leitores nos estudos do pensamento burkeano e no contexto histórico-cultural em que Edmund Burke viveu, motivo pelo qual Russell Kirk incluiu uma nota bibliográfica ao final do livro desde quando foi lançado pela primeira vez, atualizando-a na segunda edição de 1988. Mas, da terceira edição revista e ampliada da obra, organizada por Jeffrey O. Nelson e editada pelo Intercollegiate Studies Institute (ISI), em 1997, até o ano de 2016, quando publicada a presente tradução brasileira pela É Realizações Editora, surgiram inúmeros novos estudos sobre o pensamento burkeano.

As pesquisas mais recentes, contudo, não contrariam a visão geral sobre a vida e as ideias de Edmund Burke tais quais apresentadas no livro de Russell Kirk, o que mantém a presente obra como um estudo válido para a presente geração. Entretanto, com o objetivo de manter o mesmo intuito do autor, seguido por Jeffrey O. Nelson quando na terceira edição acrescentou algumas obras mais recentes desconhecidas por Russell Kirk, decidimos manter a tradição, oferecendo aos leitores brasileiros a presente seleção bibliográfica. Além de listar os trabalhos mais recentes, apresentamos uma relação completa de todos os ensaios de Russell Kirk sobre o pensamento burkeano, uma relação das traduções em língua portuguesa das obras de Edmund Burke e, por fim, uma relação dos trabalhos em português de mais fácil acesso sobre a vida e as ideias do estadista e pensador irlandês.

Nas condições de pesquisador do Russell Kirk Center for Cultural Renewal e de membro da Edmund Burke Society of America, tive a oportunidade, nos últimos oito anos, de manter contato com Bruce Frohnen, David Bromwich, Elizabeth R. Lambert, Ian Crowe, Jeffrey O. Nelson, Joseph Pappin III, Mark C. Henrie, Regina Janes, Robert A. Heineman, Vigen Guroian e William F. Byrne, entre outros renomados especialistas contemporâneos no pensamento burkeano, o que facilitou bastante o meu trabalho de coligir as pesquisas mais recentes. Outro fator muito importante nessa pesquisa foi acesso irrestrito, oferecido por Annette Y. Kirk, ao acervo do Russell Kirk Center for Cultural Renewal, cuja biblioteca provavelmente possui o maior conjunto de obras de Edmund Burke nos Estados Unidos, bem como sobre o pensamento burkeano e seu contexto histórico-cultural, reunindo toda a impressionante coleção de livros de autores século XVIII que pertenceu ao professor Peter J. Stanlis (1920-2011), além de muitos volumes adquiridos e doados por Jeffrey O. Nelson, incluindo todos os volumes originais das edições da *The Annual Register*, lançados no período entre 1758 e 1815. Os arquivos da instituição também preservam a coleção completa dos escritos de Russell Kirk, incluindo os inúmeros artigos acadêmicos e os textos de conferências sobre Edmund Burke, além da correspondência e dos manuscritos do já mencionado Peter J. Stanlis e de C. P. Ives (1903-1982), dois renomados estudiosos do pensamento burkeano.

Na seleção abaixo, listamos alguns livros e capítulos de livros que tratam de diferentes aspectos do pensamento de Edmund Burke.

BLAKEMORE, Steven. *Burke and the Fall of Language: The French Revolution as Linguistic Event*. Hanover: University Press of New England, 1988.

BLAKEMORE, Steven. *Intertextual War: Edmund Burke and the French Revolution in the Writings of Mary Wollstonecraft, Thomas Paine, and James Mackintosh*. Cranbury: Associated University Presses, 1997.

BLAKEMORE, Steven (Ed.). *Burke and the French Revolution: Bicentenial Essays*. Athens: University of Georgia Press, 1992.

BOURKE, Richard. *Empire & Revolution: The Political Life of Edmund Burke*. Princeton: Princeton University Press, 2015.

BREDVOLD, Louis I. "Burke and the Reconstruction of Social Philosophy". In: *The Brave New World of the Enlightenment*. Ann Arbor: University of Michigan Press, 1961, p. 125-48.

BROMWICH, David. "Burke, Wordsworth, and the Defense of History". In: *A Choice of Inheritance: Self and Community from Edmund Burke to Robert Frost*. Harvard University Press, 1989, p. 43-78.

BROMWICH, David. *The Intellectual Life of Edmund Burke: From the Sublime and Beautiful to American Independence*. Cambridge: Belknap Press of Harvard University Press, 2014.

BROWNE, Stephen Howard. *Edmund Burke and the Discourse of Virtue*. Tuscaloosa: University of Alabama Press, 2007.

BULLARD, Paddy. *Edmund Burke and the Art of Rhetoric.* Cambridge University Press, 2014.

BYRNE, William F. *Edmund Burke for Our Time: Moral Imagination, Meaning, and Politics.* DeKalb: Northern Illinois University Press, 2011.

CHAIMOWICZ, Thomas. *Antiquity as the Source of Modernity: Freedom and Balance in the Thought of Montesquieu and Burke.* Pref. Russell Kirk. New Brunswick: Transaction, 2008.

CHANDLER, James K. "Poetical Liberties: Burke's France and the 'Adequate Representation' of the English". In: FURET, Francois & OZOUF, Mona (Ed.). *The French Revolution and the Creation of Modern Political Culture – Volume III: The Transformation of Political Culture 1789-1848.* Oxford: Pergamon, 1990. p. 45-58.

CHIRON, Yves. *Edmund Burke et la revolution francaise.* Paris: Éditions Pierre Téqui, 2000.

COLAS, Dominique. "Réflexions sur la Révolution de France". In: *Dictionnaire de la Pensée Politique: Auteurs, Œuvres, Notions.* Paris: Larousse, 1997.

CONNIFF, James. *The Useful Cobbler: Edmund Burke and the Politics of Progress.* Albany: State University of New York Press, 1994.

CROWE, Ian (ed.). *An Imaginative Whig: Reassessing the Life and Thought of Edmund Burke.* Columbia: University of Missouri Press, 2005.

CROWE, Ian. *Patriotism and Public Spirit: Edmund Burke and the Role of the Critic in Mid-Eighteenth-Century Britain.* Palo Alto: Stanford University Press, 2012.

D'ADDIO, Mario. *Natura e Società nel Pensiero di Edmund Burke.* Milano: Giuffrè Editore, 2008.

DEANE, Seamus. *Foreign Affections: Essays on Edmund Burke.* Cork: Cork University Press, 2005.

DE BRUYN, Frans. *The Literary Genres of Edmund Burke: Political Uses of Literary Forms.* Oxford: Claredon Press, 1996.

DELANNOY, Benjamin. *Burke et Kant Interprètes de la Révolution Française.* Paris: Editions L'Harmattan, 2004.

DONLAN, Sean Patrick (Ed.). *Edmund Burke's Irish Identities.* Dublin: Irish Academic Press January, 2007.

DWAN, David & INSOLE, Christopher J. (Ed.). *The Cambridge Companion to Edmund Burke.* Cambridge: Cambridge University Press, 2012.

EAGLETON, Terry. "Edmund Burke and Adam Smith". In: *Trouble with Strangers: A Study of Ethics*. Hoboken: Wiley-Blackwell, 2008, p. 62-82.

EAGLETON, Terry. "The Law of the Heart: Shaftesbury, Hume, Burke". In: *The Ideology of the Aesthetic*. Oxford: Blackwell Publishers, 1991, p. 31-69.

FERGUSON, Frances. "The Sublime of Edmund Burke, or the Bathos of Experience". In: *Solitude and the Sublime: The Romantic Aesthetics of Individuation*. London: Routledge, 1992, p. 37-54.

FUCHS, Michel. *Edmund Burke, Ireland and the Fashioning of Self*. Oxford: Voltaire Foundation, 1996.

FURNISS, Tom. *Edmund Burke's Aesthetic Ideology: Language, Gender and Political Economy in Revolution*. Cambridge: Cambridge University Press, 1993.

GERMINO, Dante. "Burke and the Reaction Against the French Revolution". In: *Machiavelli to Marx: Modern Western Political Thought*. Chicago: University of Chicago Press, 1972, p. 214-32.

GIBBONS, Luke. *Edmund Burke and Ireland: Aesthetics, Politics and the Colonial Sublime*. Cambridge: Cambridge University Press, 2009.

GLENN, Gary D. "Natural Rights and Social Contract in Burke and Bellarmine". In: FROHNEN, Bruce P. & GRASSO, Kenneth L. (Ed.). *Rethinking Rights: Historical, Political, and Philosophical Perrspectives*. Columbia: University of Missouri Press, 2009, p. 58-79.

GUSHURST-MOORE, Andre. "'The Decent Drapery of Life': The Unity of Nature and Art in Edmund Burke". In: *The Common Mind: Politics, Society and Christian Humanism from Thomas More to Russell Kirk*. Tacoma: Angelico Press, 2013, p. 79-94.

HAMPSTER-MONK, Iain. "Burke and the Religious Sources of Skeptical Conservatism". In: ZANDE, Johan van der & POPKIN, Richard H. (Ed.). *The Skeptical Tradition Around 1800: Skepticism in Philosophy, Science, and Society*. Dordrecht: Kluwer, 1998.

HAMPSTER-MONK, Iain. "Edmund Burke's Changing Justification for Intervention". In: KELLY, Duncan (Ed.). *Lineages of Empire: The Historical Roots of British Imperial Thought*. London: British Academy, 2009, p. 117-36.

HARRIS, Ian. "Rousseau and Burke". In: BROWN, Stuart (Ed.). *British Philosophy and the Age of Enlightenment*. London: Routledge, 2003, p. 354-78.

HEINEMAN, Robert. "Bentham and Burke: Theoretical Alternatives to Governmental Authority". In: *Authority and the Liberal Tradition: From Hobbes to Rorty*. Pref. Russell Kirk. New Brunswick: Transaction, 2nd ed., 1994, p. 55-77.

HIMMELFARB, Gertrude. "Edmund Burke: Apologist for Judaism?". In: *The Moral Imagination: From Adam Smith to Lionel Trilling*. Lanham: Rowan & Littlefield Publishers, 2012, p. 21-29.

JANES, Regina (Ed.). *Edmund Burke on Irish Affairs*. Bethesda: Maunsel & Company, 2002.

KATES, Gary & CARNES, Mark C. *Rousseau, Burke, and Revolution in France, 1791*. New York: W. W. Norton & Company, 2014.

LAMBERT, Elizabeth R. *Edmund Burke of Beaconsfield*. Pref. Peter J. Stanlis. Newark: University of Delaware Press, 2003.

LENCI, Mauro. *Individualismo Democratico e Liberalismo Aristocratico nel Pensiero Politico di Edmund Burke*. Pisa: Istituti editoriali e poligrafici internazionali, 1999.

LEVIN, Yuval. *The Great Debate: Edmund Burke, Thomas Paine, and the Birth of Right and Left*. New York: Basic Books, 2014.

LOCK, F. P. "Burke and Human Rights". In: GRASSO, Kenneth L. & HUNT, Robert P. (Ed.). *A Moral Enterprise: Politics, Reason, and the Human Good – Essays in Honor of Francis Canavan*. Wilmington: ISI Books, 2002, p. 17-35.

LOCK, F. P. *Edmund Burke, Volume I: 1730-1784*. Oxford: Oxford University Press, 2008.

LOCK, F. P. *Edmund Burke, Volume II: 1784-1797*. Oxford: Oxford University Press, 2009.

MACIAG, Drew. *Edmund Burke in America: The Contested Career of the Father of Modern Conservatism*. Ithaca: Cornell University Press, 2013.

McDOWELL, R. B. "Edmund Burke and the Law". In: GREER, Desmond S. & DAWSON, Norma M. (Ed.). *Mysteries and Solutions in Irish Legal History*. Dublin: Four Courts Press, 2001.

MELDING, David. *Edmund Burke and the Foundation of Modern Conservatism*. London: Conservative Political Centre, 1991.

MOREIRA, Ivone. "Edmund Burke and the Natural Law". In: GARCIA MARTINEZ, Alexandro; SILAR, Mario; TORRALHA, José M. (Ed.). *Natural Law: Historical, Systematic and Juridical Approaches*. Cambridge: Cambridge Scholars, 2008, p. 181-93.

MUKHERJEE, Subrata. *Edmund Burke: A Biography of His Vision and Ideas*. New Dheli: Deep & Deep Publications, 1999.

MUKHERJEE, Subrata & RAMASWAMY, Sushila (Ed.). *Edmund Burke (1729-1797)*. New Delhi: Deep & Deep Publications, 1998.

NEOCLEOUS, Mark. *The Monstrous and the Dead: Burke, Marx, Fascism*. Cardiff: University of Wales Press, 2005.

NIEDDA, Daniele. *Governare la Diversità: Edmund Burke e l'India*. Roma: Storia e Letteratura, 2013.

NORMAN, Jesse. *Edmund Burke: The First Conservative*. New York: Basic Books, 2013.

NORMAN, Jesse. *Edmund Burke: The Visionary Who Invented Modern Politics*. Honley: William Collins, Sons, 2004.

O'KEEFFE, Dennis. *Edmund Burke*. London: Bloomsbury Academic, 2013.

O'NEILL, Daniel I. *Edmund Burke and the Conservative Logic of Empire*. Oakland: University of California Press, 2016.

O'NEILL, Daniel I. *The Burke-Wollstonecraft Debate: Savagery, Civilization, and Democracy*. University Park: The Pennsylvania University Press, 2007.

PAPPIN III, Joseph. "Edmund Burke on Tradition and Human Progress: Ordered Liberty and the Politics of Change". In: GRASSO, Kenneth L. & HUNT, Robert P. (Ed.). *A Moral Enterprise: Politics, Reason, and the Human Good – Essays in Honor of Francis Canavan*. Wilmington: ISI Books, 2002, p. 37-58.

PITTS, Jennifer. "Edmund Burke's Peculiar Universalism". In: *A Turn to Empire: The Rise of Imperial Liberalism in Britain and France*. Princeton: Princeton University Press, 2006, p. 59-100.

POCOCK, J. G. A. "Burke and the Ancient Constitution: A Problem in the History of Ideas". In: *Politics, Language & Time: Essays on Political Thought and History*. Chicago: University of Chicago Press, 1989, p. 202-32.

POCOCK, J. G. A. "Edmund Burke and the Redefinition of Enthusiasm: The Context as Counter-Revolution". In: FURET, Francois & OZOUF, Mona (Ed.). *The French Revolution and the Creation of Modern Political Culture – Volume III: The Transformation of Political Culture 1789-1848*. Oxford: Pergamon, 1990, p. 19-43.

POCOCK, J. G. A. "Introduction". In: BURKE, Edmund. *Reflections on the Revolution in France*. Indianapolis / Cambridge: Hackett Publishing Company, 1987, p. vii-lvi.

POCOCK, J. G. A. "The Political Economy of Burke's Analysis of the French Revolution". In: *Virtue, Commerce and History: Essays on Political Thought and History, Chiefly in the Eighteenth Century*. Cambridge: Cambridge University Press, 1985, p. 193-212.

RITCHIE, Daniel E. "From Babel to Pentecost: George Psalmanazar's 'Formosa', Burke's India, and Multiculturalism". In: *Reconstructing Literature in an Ideological Age: A Biblical Poetics and Literary Studies from Milton to Burke*. Grand Rapids: Wm. B. Eerdmans Publishing, 1996, p. 180-231.

RYAN, Alan. "The French Revolution and Its Critics". In: *On Politics: A History of Political Thought from Herodotus to Present*. London: Penguin, 2012, p. 616-51.

SCRUTON, Roger. "Man's Second Disobedience: A Vindication of Burke". In: CROSSLEY, Ceri & SMALL, Ian (Ed.). *The French Revolution and British Culture*. Oxford: Oxford University Press, 1989, p. 187-222.

STANLIS, Peter J. "Burke, Edmund (1729-97)". In: FROHNEN, Bruce; BEER, Jeremy & NELSON, Jeffrey O. (Eds.). *American Conservatism: An Encyclopedia*. Wilmington: ISI Books, 2006, p. 103-07.

STANLIS, Peter J. "Burkean Conservatism". In: FROHNEN, Bruce; BEER, Jeremy & NELSON, Jeffrey O. (Eds.). *American Conservatism: An Encyclopedia*. Wilmington: ISI Books, 2006, p. 107-09.

STANLIS, Peter J. "Edmund Burke and British Views of the American Revolution: A Conflict over Rights of Sovereignty". In: GRASSO, Kenneth L. & HUNT, Robert P. (Ed.). *A Moral Enterprise: Politics, Reason, and the Human Good – Essays in Honor of Francis Canavan*. Wilmington: ISI Books, 2002, p. 1-16.

STANLIS, Peter J. "Edmund Burke, Jean-Jacques Rousseau and the French Revolution". In: TONSOR, Stephen J. *Reflections on the Revolution in France: A Hillsdale Symposium*. Washington, D.C.: Regnery Gateway, 1990, p. 41-70.

TAMAGNINI, Giuliano. *Un Giusnaturalismo Ineguale: Studio su Edmund Burke*. Milano: Giuffrè Editore, 1988.

VERMEIR, Koen & DECKARD, Michael Funk (Ed.). *The Science of Sensibility: Reading Burke's Philosophical Enquiry*. Dordrecht: Springer, 2012.

WHALE, John (Ed.). *Edmund Burke's Reflections On the Revolution in France*. Manchester: Manchester University Press, 2000.

WHITE, Stephen K. *Edmund Burke: Modernity, Politics, and Aesthetics.* Lanham: Rowman & Littlefield Publishers, 2002.
YOUNG, B. W. *Religion and Enlightenment in Eighteenth-Century England: Theological Debate from Locke to Burke.* Oxford: Clarendon Press, 1998.
ZERILLI, Linda M. G. "The 'Furies of Hell': Women in Burke's 'French Revolution'". In: *Signifying Woman: Culture and Chaos in Rousseau, Burke, and Mill.* Ithaca: Cornell University Press, 1994. p. 60-94.

Nossa seleção não contempla a miríade de artigos publicados em periódicos acadêmicos nos últimos anos, bem como as dissertações de mestrado e teses de doutorado defendidas em diferentes programas de pós-graduação. No caso específico das pesquisas de doutorado, destacamos as eruditas e bem fundamentadas teses de dois discípulos de Russell Kirk. A primeira é a tese *Politics and the Moral Life in the Writings of Edmund Burke and Reinhold Niebuhr* [Política e Vida Moral nos Escritos de Edmund Burke e Reinhold Niebuhr], de Vigen Guroian, defendida em Teologia no ano de 1977 na Drew University, em Madison, New Jersey. A segunda é *A Map of Mankind: Edmund Burke's Image of America in an Enlightened Atlantic Context* [Um Mapa da Humanidade: a Imagem de Edmund Burke da América em um Contexto Iluminista do Atlântico], de Jeffrey O. Nelson, defendida em História no ano de 2008 na University of Edinburgh, na Escócia.

O pensamento burkeano tem sido objeto de trabalho para muitos pesquisadores em áreas distintas. Uma parcela desses estudos costuma ser divulgada em artigos acadêmicos. Nesse sentido, o principal periódico a ser consultado é *Studies in Burke and His Time*, fundado como *The Burke Newsletter*, em 1959, por Peter J. Stanlis, que durante muitos anos foi o editor responsável. Atualmente essa revista da Edmund Burke Society of America é publicada pelo Russell Kirk Center for Cultural Renewal, tendo como editores responsáveis Elizabeth R. Lambert e Joseph Pappin III, como editor executivo Ian Crowe, e como editores associados Bruce Frohnen e Frederick G. Whelan. Em uma vertente conservadora semelhante à da *Studies in Burke and His Time*, artigos e resenhas de livros sobre Edmund Burke podem ser encontrados em várias edições dos periódicos *Modern Age* e *The University Bookman*, fundados por Russell Kirk, respectivamente, em 1957 e em 1961, bem como em *Humanitas*, em *The Intercollegiate Review* e em *The Political Science Reviewer*, com os arquivos da maioria das edições disponíveis na Internet.

* * *

O conservadorismo tradicionalista defendido por Russell Kirk é caudatário dos princípios apresentados no pensamento burkeano. As interpretações kirkeanas da biografia e das reflexões de Edmund Burke ainda não receberam uma análise adequada, em parte porque os principais escritos do homem de letras norte-americano sobre o estadista e pensador irlandês não são de fácil acesso para a maioria dos pesquisadores. Burke é uma presença marcante nos trabalhos de Kirk. Excluindo as coletâneas de contos sobrenaturais e os três romances, encontramos referências ao estadista e pensador irlandês em todos os livros do conservador norte-americano. Além de duas introduções diferentes para o livro *Reflections on the Revolution in France* [Reflexões sobre a Revolução em França], uma para a edição publicada em 1955 pela Gateway e a outra lançada em 1965 pela Arlington House, e das análises em "Burke and the Politics of Prescription" [Burke e a Política dos Usos Consagrados], o segundo capítulo do clássico *The Conservative Mind* [A Mentalidade Conservadora], em "The Politics of Prudence: Burke" [A Política da Prudência: Burke], a quarta seção do décimo capítulo do monumental *The Roots of American Order* [As Raízes da Ordem Norte-Americana], e em *Edmund Burke: Redescobrindo um Gênio*, Kirk escreveu diversos artigos acadêmicos, introduções para livros de outros pesquisadores, resenhas de livros, textos inéditos de conferências e ensaios em jornais ou em revistas de grande circulação que tratam especificamente de Burke. Listamos abaixo uma parte dos textos que, com apoio da Edmund Burke Society of America e de comum acordo com Annette Y. Kirk e Jeffrey O. Nelson, pretendemos reunir em uma coletânea intitulada *Reflections of Russell Kirk on Edmund Burke* [Reflexões de Russell Kirk sobre Edmund Burke].

"How Dead Is Edmund Burke?". *Queen's Quarterly*, Volume 57, Number 2 (Summer 1950): 160-71.

"Burke and the Natural Rights". *The Review of Politics*, Volume 13, Number 3 (October 1951): 441-56.

"Burke and the Principles of Order". *The Sewanee Review*, Volume 60, Number 2 (April-June 1952): 187-201.

"The Anglican Mind of Burke". *The Church Quarterly Review*, Volume 153, Number 4 (October-December 1952): 470-87.

"Burke and the Philosophy of Prescription". *Journal of the History of Ideas*, Volume 14, Number 2 (June 1953): 365-80.

"Edmund Burke – Part 1: Young Man of Talents". *Classmate*, Volume 62, Number 14 (April 3, 1955): 10-12.

"Edmund Burke – Part 2: The Christian in the Politics". *Classmate*, Volume 62, Number 15 (April 10, 1955): 6-7, 11-12.

"Edmund Burke – Part 3: The Great Conservative". *Classmate*, Volume 62, Number 16 (April 17, 1955): 10-11, 15.

"The Conservative Revolution of Burke". *The Catholic World*, Volume 187 (August 1958): 338-42.

"Burke, Providence, and Archaism". *The Sewanee Review*, Volume LXIX, Number 1 (January-March 1961): 179-84.

"Burke in Austria". *National Review*, Volume 11 (November 4, 1961): 305.

"Burke at Work". *National Review*, Volume 12 (March 27, 1962): 305.

"John Randolph of Roanoke on the Genius of Edmund Burke". *The Burke Newsletter*, Volume 4 (Fall, 1962): 167-69.

"Rhetoricians and Politicians". *The Kenyon Review*, Volume XXVI, Number 4 (Autumn 1964): 764-68.

"The Supreme Court and Edmund Burke". *National Review*, Volume 16 (December 15, 1964): 1111.

"Bolingbroke, Burke, and the Statesman". *The Kenyon Review*, Volume XXVIII, Number 3 (June 1966): 426-32.

"Burke Dispassionately Considered". *The Sewanee Review*, Volume LXXIV, Number 2 (April-June 1966): 565-69.

"Burke, Watercolors, and Darkness". *The Sewanee Review*, Volume LXXVI, Number 1 (January-March 1968): 134-38.

"Bentham, Burke, and the Law" In: *Great Issues – Volume 9: 1977*. Troy: Troy State University Press, 1977: 153-68.

"Three Pillars of Order: Edmund Burke, Samuel Johnson, Adam Smith". *Modern Age*, Volume 25, Number 3 (Summer 1981): 565-69. [O artigo foi republicado como décimo nono capítulo do seguinte livro: KIRK, Russell. *Redeeming the Time*. Ed. e intr. Jeffrey O. Nelson. Wilmington: ISI Books, 1996, p. 254-70].

"The Living Edmund Burke". *Modern Age*, Volume 26, Numbers 3-4 (Summer-Fall 1982): 323-24.

"Edmund Burke and the Constitution". *Intercollegiate Review*, Volume 21, Number 2 (Winter 1985-1986): 3-11. [O ensaio foi republicado em uma versão revista pelo autor como sexto capítulo do seguinte livro: KIRK, Russell. *The Conservative Constitution*. Washington, D.C.: Regnery Gateway, 1990, p. 80-98].

"Why Edmund Burke Is Studied". *Modern Age*, Volume 30, Numbers 3-4 (Summer-Fall 1986): 237-44. [O editor Jeffrey O. Nelson, responsável pela organização da terceira edição do livro *Edmund Burke: A Genius Reconsidered*, lançada postumamente em inglês no ano de 1997 pelo Intercollegiate Studies Institute (ISI), incluiu o artigo como epílogo desta obra. A presente edição brasileira de *Edmund Burke: Redescobrindo um Gênio* manteve este texto de Russell Kirk como epílogo da obra].

"Men of Letters as Statists: Locke, Montesquieu, Hume, Burke". In: PERSON JR., James E. (Ed.). *Literature Criticism from 1400 to 1800*. Detroit: Gale Research, 1987, Vol. 7, p. xiii-xix.

"Burke, Hume, Blackstone, and the Constitution of the United States". In: *The John M. Olin Lectures on the Bicentennial of the U. S. Constitution*. Washington, D.C.: Young America's Foundation, 1987, p. 11-16.

"Edmund Burke and the Future of American Politics". *Modern Age*, Volume 31, Number 2 (Spring 1987): 107-14.

* * *

Os escritos de Edmund Burke exerceram significativa ascendência no pensamento político brasileiro, desde os trabalhos de José da Silva Lisboa (1756-1835), o Visconde de Cairu, que traduziu e publicou em 1812 uma seleção de escritos do estadista e pensador irlandês, até autores mais contemporâneos, como, por exemplo, o cientista social e diplomata José Osvaldo de Meira Penna, em especial no livro *O Espírito das Revoluções: Da Revolução Gloriosa à Revolução Liberal*, lançado originalmente em 1996 e republicado em nova edição no ano de 2016. Apesar da influência exercida no Brasil, poucas obras do vasto *corpus* burkeano foram traduzidas para a língua portuguesa. Desde o ano de 1812 até 2016, foram publicadas no contexto lusófono apenas as traduções de Burke listadas abaixo.

Extractos das Grandes Obras Políticas e Economicas do Grande Edmund Burke. Trad. José da Silva Lisboa (Visconde de Cairú). Rio de Janeiro: Impressão Régia, 1812.

Reflexões sobre a Revolução em França. Trad. Renato de Assumpção Faria, Denis Fontes de Souza Pinto e Carmem Lídia Richter Ribeiro Moura. Brasília: Editora da Universidade de Brasília, 1982.

Reflexões sobre a Revolução na França. Trad. Eduardo Francisco Alves. Rio de Janeiro: Topbooks / Liberty Fund, 2012.

Reflexões sobre a Revolução na França. Trad., apres. e notas José Miguel Nanni Soares. São Paulo: Edipro, 2014.

Reflexões sobre a Revolução na França. Trad., pref. e notas Ivone Moreira. Lisboa: Fundação Calouste Gulbenkian, 2015.

Uma Investigação Filosófica sobre a Origem de Nossas Ideias do Sublime e do Belo. Trad. Enid Abreu Dobránszky. Campinas: Unicamp / Papirus, 1993.

* * *

O número de textos em língua portuguesa sobre Edmund Burke é pequeno, e a maioria dos ensaios disponíveis é composta por traduções de obras escritas originalmente em inglês ou em francês, com raras exceções produzidas por autores brasileiros e portugueses. Abaixo coligimos uma relação de livros e de capítulos de livros, não listando os artigos em periódicos acadêmicos.

BABBITT, Irving. "Burke e a Imaginação Moral". In: *Democracia e Liderança*. Pref. Russell Kirk; Trad. Joubert de Oliveira Brízida. Rio de Janeiro: Topbooks / Liberty Fund, 2003, p. 119-38.

CHEVALLIER, Jean-Jacques. "*Reflexões sobre a Revolução Francesa* de Edmund Burke (1790)". In: *As Grandes Obras Políticas de Maquiavel a Nossos Dias*. Pref. André Siegfried; Trad. Lydia Cristina. Rio de Janeiro: Agir, 8º ed., 1998, p. 213-32.

GENGEMBRE, Gérard. "Burke". In: FURET, François & OZOUF, Mona. *Dicionário Crítico da Revolução Francesa*. Rio de Janeiro: Nova Fronteira, 1989.

HIMMELFARB, Gertrude. "O Iluminismo de Edmund Burke". In: *Os Caminhos para a Modernidade: Os Iluminismos Britânico, Francês e Americano*. Pref. Luiz Felipe Pondé; Trad. Gabriel Ferreira da Silva. São Paulo: É Realizações, 2011. p. 97-122.

KINZO, Maria D'Alva Gil. "Burke: A Continuidade Contra a Ruptura". In: WEFFORT, Francisco C. (Org.). *Os Clássicos da Política 2: Burke, Kant, Hegel, Tocqueville, Stuart Mill, Marx*. São Paulo: Ática, 10º ed., 2001, p. 13-23.

KIRSCHNER, Tereza Cristina. "Burke, Cairu e o Império do Brasil". In: JANCSÓ, István (Org.). *Brasil: Formação do Estado e da Nação*. São Paulo: Hucitec, 2003.

LOURO, Maria Filomena [et al.]. *Inquérito à modernidade: Bi-centenário da morte de Edmund Burke (1729-1797)*. Braga: Centro de Estudos Humanísticos da Universidade do Minho, 1999.

MANSFIELD JR., Harvey. "Edmund Burke". In: STRAUSS, Leo & CROPSEY, Joseph (Ed.). *História da Filosofia Política*. Trad. Heloísa Gonçalves Barbosa. Rio de Janeiro: Forense Universitária, 2013, p. 613-34.

MOREIRA, Ivone. *A Filosofia Política de Edmund Burke*. Moinho Velho: Aster, 2012.

MOREIRA, Ivone. "A Virtude da Prudência no Pensamento Político de Edmund Burke". In: *Actas do II Congresso da Associação Portuguesa de Ciência Política*. Lisboa: Bizâncio, 2006, p. 585-91.

MOREIRA, Ivone. "As *Reflections on the Revolution in France* de Edmund Burke e a resposta de Thomas Paine em *The Rights of Man*". In: MORUJÃO, Carlos & OLIVEIRA, Cláudia (Ed.). *A Ideia de Europa de Kant a Hegel*. Lisboa: Universidade Católica Editora, 2010, p. 93-118.
MOREIRA, Ivone. "O Justo Preconceito em Edmund Burke". In: COUTO SOARES, Maria Luísa; VENTURINHA, Nuno; COSTA SANTOS, Gil da (Org.). *Actas do Colóquio "O Estatuto do Singular. Estratégias e Perspectivas"*. Lisboa: Imprensa Nacional-Casa da Moeda, 2008, p. 31-39.
RAYNAUD, Philippe. "Edmund Burke". In: CHÂTELET, François; DUHAMEL, Olivier; PISIER, Evelyne (Orgs.). *Dicionário de Obras Políticas*. Rio de Janeiro: Civilização Brasileira, 1993.
SOUZA, Ricardo Luiz de. *Tocqueville, Burke, Paine: Revolução, Democracia, Tradição*. Ponta Grossa: Editora UEPG, 2013.
STRAUSS, Leo. "Burke". In: *Direito Natural e História*. Trad. Bruno Costa Simões. São Paulo: Editora WMF Martins Fontes, 2014. p. 357-91. [O livro também está disponível na seguinte edição lusitana: STRAUSS, Leo. "Burke". In: *Direito Natural e História*. Introd. e trad. Miguel Morgado. Lisboa: Edições 70, 2009, p. 251-74].

Tanto no Brasil quanto em Portugal, aos poucos, o pensamento burkeano está a se tornar objeto de estudo, com resultados em artigos acadêmicos, dissertações de mestrado e teses de doutorado. Além da tese de doutorado de Ivone Moreira, que foi lançada como o livro *A Filosofia Política de Edmund Burke* mencionado acima, achamos importante citar, entre os trabalhos acadêmicos produzidos no mundo lusófono, outras duas teses de doutorado, infelizmente não publicadas, escritas em lados opostos do Atlântico e em áreas distintas do conhecimento. A primeira é *As Reflexões sobre a Revolução em França de Edmund Burke: Uma Revisão Historiográfica*, de Modesto Florenzano, defendida em História no ano de 1994 na Universidade de São Paulo (USP). A segunda é *Política e Perfeição: Um estudo sobre o pluralismo de Edmund Burke e Isaiah Berlin*, de João Pereira Coutinho, defendida em Ciência Política no ano de 2008 no Instituto de Estudos Políticos (IEP) da Universidade Católica Portuguesa (UCP).

Há vinte anos, em 1996, iniciei meus estudos sobre o pensamento de Edmund Burke, sendo cuidadosamente guiado nessa empreitada por meus saudosos mentores. Em uma perspectiva liberal hayekiana, o economista e cientista social Og Francisco Leme (1922-2004) fez-me compreender a importância do pensamento burkeano para um melhor entendimento da noção de "ordem espontânea" e da ideia de limite e dispersão do conhecimento humano, tais quais apresentadas no axioma da "mão invisível" por Adam Smith (1723-1790), e para o entendimento do "processo de mercado", defendido pelo já citado F. A. Hayek e por outros economistas da Escola Austríaca, entre os quais destacamos Carl Menger (1840-1921), Eugen von Böhm-Bawerk (1851-1914) e Ludwig von Mises (1881-1973). Em um tipo de análise mais próxima do conservadorismo kirkeano, o filósofo, historiador e jurista Ubiratan Borges de Macedo (1937-2007), que, além de ter-me apresentado às obras de Russell Kirk, ao destacar os livros *The Conservative Mind* e *Edmund Burke: A Genius Reconsidered* como análises fundamentais do pensamento burkeano, ressaltou os aspectos essenciais da relação entre o conceito de "tradição" e a defesa de mudanças sociais gradativas, tais quais entendidas e defendidas pelo estadista, orador e pensador irlandês, bem como me orientou na compreensão do papel de Edmund Burke como influência significativa em François Guizot (1787-1874) e em Alexis de Tocqueville (1805-1859), na França, e, também no Brasil, tanto no já citado Visconde de Cairu quanto, especialmente, nos escritos de Paulino José Soares de Sousa (1807-1866), o Visconde de Uruguai.

Ao longo dessa jornada burkeana, sempre encontrei no amigo Christian Edward Cyril Lynch o meu principal interlocutor, e agradeço em especial o fato de ele ter ressaltado a importância da metodologia de estudos da chamada História dos Conceitos, adotada, entre outros, por Quentin Skinner e por J. G. A. Pocock, além de ter destacado a necessidade de meus estudos sobre o liberalismo e o conservadorismo não se limitarem ao contexto norte-americano ou europeu, apontando a premente tarefa de colocar essas tradições intelectuais em diálogo com o pensamento brasileiro, descobrindo o modo como influenciaram inúmeros autores nacionais. Nos últimos três anos, encontrei na figura do amigo Bruno Garschagen outro interlocutor nas discussões sobre o pensador, orador e estadista irlandês, bem como sobre as tradições conservadoras britânica e brasileira.

Não poderia esquecer de agradecer a Márcia Xavier de Brito, competente tradutora das obras de Russell Kirk para o português, que, além de ter estabelecido o uso adequado de diversos conceitos burkeanos e kirkeanos em nosso idioma, gentilmente traduziu a maioria das citações de textos originais em inglês que utilizamos em nosso longo estudo introdutório para o presente volume. Por fim, expresso a minha gratidão a Annette Y. Kirk, presidente do Russell Kirk Center for Cultural Renewal, a Jeffrey O. Nelson, vice-presidente do Intercollegiate Studies Institute (ISI), e a Ian Crowe, diretor da Edmund Burke Society of America e editor executivo do periódico *Studies in Burke and His Time*, com os quais tive a oportunidade de conversar em diferentes ocasiões em Mecosta sobre a presente edição, dialogando principalmente sobre inúmeros posicionamentos advogados no texto de nossa apresentação e sobre a presente seleção bibliográfica.

Após vinte anos estudando a temática, percebo que, apesar de certos avanços neste campo de pesquisas, muito ainda precisa ser feito. Espero que a publicação da presente edição em português do livro *Edmund Burke: Redescobrindo um Gênio*, de Russell Kirk, possa contribuir na premente tarefa de ampliar os estudos sobre Edmund Burke no mundo lusófono.

Busto de Edmund Burke. 1785. Escultura de mármore. John Hickey (1756-1795). Trinity College Library, Dublin, Irlanda.

Índice Remissivo

A

Abridgement of the English History, An, ver *Essay Towards an Abridgement of the English History*, 109, 451

Act of Union 1800 [Ato de União de 1800], 185

Acton, John Emerich Edward Dalberg-Acton (1834-1902), 1.º Barão Acton, Lorde, 160, 163, 415, 419, 425-27, 435

Adams, Henry Brook (1838-1918), 163, 432

Adams, John (1735-1826), 67, 135, 193, 364, 366-67, 432, 523

Adams, John Quincy (1767-1848), 67, 432

Adams, Samuel (1722-1803), 195

Address to the King [Discurso ao Rei], de Burke, 114

Administration of Justice Act [Lei de Administração da Justiça], 113

Admiralty Board [Conselho do Almirantado], 210

Aeschliman, M. D. [Michael David] (1948-), 21, 63

Age of Reason, The [Era da Razão, A], de Thomas Paine, 294

Agostinho (354-430), Santo, 65, 365

Alencar, José de (1829-1877), 31, 483, 496, 498, 499-508, 511-12, 521-22, 526

Alencar, José Martiniano Pereira de (1794-1860), 30, 498

Almagro, Diego de (1520-1542), o Moço, 463-64

Almagro, Diego de (1475-1538), o Velho, 457, 462-64

American Cause, The [Causa Americana, A], de Kirk, 18

American Revenue Act [Lei de Receita Americana], 110

An Account of the European Settlements in America [Relato das Colônias Europeias na América, Um], de Burke, 109, 163, 448, 456, 462, 465, 467-68, 471

Anacharsis Cloots, Jean-Baptiste du Val-de-Grâce (1755-1794), Barão de Cloots, 285

Ancien Régime, L' [O Antigo Regime], de Frantz Funck-Brentano, 400

Ancien Régime et la Révolution, L' [O Antigo Regime e a Revolução, O], de Alexis de Tocqueville, 399

Andrada e Silva, José Bonifácio de (1763-1838), 30
Aníbal (248-183 a. C.), 348
Anne (1665-1714), rainha da Grã-Bretanha, 172
Annual Register, The, 109, 149, 163-65, 170, 187, 416, 455-56, 467-68, 531,
Antiquity as the Source of Modernity: Freedom and Balance in the Thought of Montesquieu and Burke [Antiguidade como Fonte da Modernidade: Liberdade e Equilíbrio no Pensamento de Montesquieu e de Burke] de Thomas Chaimowicz, 90, 532
Appeal from the New to the Old Whigs, An [Súplica dos Novos aos Antigos *Whigs*, Uma], de Burke, 122, 315, 317
Arinos de Melo Franco, Afonso (1905-1990), 522
Aristófanes (447-385 a.C.), 73
Aristóteles (384-322 a.C.), 46, 73, 76, 84, 86, 202, 286, 367
Arnold, Matthew (1822-1888), 46, 160, 278
Association for Preserving Liberty and Property against Republicans and Levellers [Associação para Preservar a Liberdade e a Propriedade contra Republicanos e Niveladores],
Atahualpa (1502-1533), imperador inca, 123
Auckland, William Eden (1745-1814), 1.º Barão de, 127, 338
Augusta de Saxe-Gotha (1719-1772), princesa de Gales, 108
Aulo Gélio (125-180), 46

B
Babbitt, Irving (1865-1933), 44, 46-51, 53-54, 64, 67, 73, 75, 90, 207, 446, 542
Bach, Johann Sebastian (1685-1750), 68
Bacon, Francis (1561-1626), 49-50, 335
Bagehot, Walter (1826-1877), 208
Bagot, Sir William Bagot (1728-1798), 1.º Barão, 471
Bailyn, Bernard (1922-), 449
Balmaceda, de Joaquim Nabuco, 516-17
Balmes, Jaime (1810-1848), 28
Barbarossa: A Tragedy, de John Brown, 141
Barbosa, Rui (1849-1923), 31, 483, 508-15, 521-22, 526
Barnaby Rudge, de Charles Dickens, 268-69
Barnard, Thomas (1726-1806), 162
Barry, James (1741-1806), 208, 350
Barth, Hans (1904-1965), 203
Bastos, Aureliano Tavares *ver* Tavares Bastos, Aureliano, 31, 496, 526
Beauchamp, William Lygon (1747-1816), 1.º Conde de, 225
Beauclerk, Lady Diana (1734-1808), 380
Beauclerk, Topham (1739-1780), 162, 380-81
Bedford, John Russell (1710-1771), 4.º Duque de, 171, 193, 290, 331-34
Benfield, Paul (1742-1810), 247
Bentham, Jeremy (1748-1832), 49, 74, 86, 216, 400, 480
Bevan, Ruth A., 88, 395
Berry, Wendell (1934-), 429
Betjeman, John (1906-1994), 357

Bibliography of Edmund Burke, A [Bibliografia de Edmund Burke, Uma], de William B. Todd, 395
Billaud-Varenne, Jacques-Nicolas (1756-1819), 123
Birrell, Augustine (1850-1933), 265
Birzer, Bradley J. (1967-), 15, 48, 52, 56, 59-60, 75, 80, 84, 93
Blackstone, Sir William (1723-1780), 37, 266
Bleeker, Harmanus (1779-1849), 360
Board of Trade [Conselho de Comércio], 210
Böhm-Bawerk, Eugen von (1851-1914), 544
Boke Named the Governour, The, de Elyot, 146
Bolingbroke, Henry St. John (1678-1751), 1.º Visconde de, 53, 132, 155-56, 172-73, 216-18, 451
Bolingbroke, Frederick St. John (1734-1787), 3.º Visconde St. John e 2.º Visconde de, 380
Bolingbroke, Viscondessa de [Diana St. John], *ver* Beauclerk, Lady Diana, 380
Bonald, Louis de, *ver* De Bonald, Louis, 28, 371, 482
Bonaparte, Napoleão, *ver* Napoleão Bonaparte, 119, 126, 264, 290, 302, 343, 347, 368, 371, 484
Bonifácio, José, *ver* Andrada e Silva, José Bonifácio de, 30
Bonifácio, José (1827-1886), o Moço, 509, 521
Boorstin, Daniel (1914-2004), 367
Boston Massacre [Massacre de Boston], 112
Boston Port Act [Lei do Porto de Boston], 113, 196, 199

Boswell, James (1740-1795), 110, 159, 161-62, 178, 207, 398, 466
Boulton, James T. (1924-2013), 101, 148, 158, 218, 294-95, 298-99
Bourke, John (1742-1795), 266
Bourke, Richard (1965-), 16, 531
Bourke, Sir Richard (1777-1855), 394
Bradbury, Ray (1920-2012), 356-57
Bredvold, Louis I. (1888-1977), 42, 158, 302-03
Brienne, Étienne Charles de Loménie de, *ver* Loménie de Brienne, Étienne Charles de, 118
Bromwich, David (1951-), 16, 530-31
Brooke, John (1920-?), 212
Brougham, Henry (1778-1868), 1.º Barão Brougham and Vaux, 160, 498
Brown, Charles C., 63
Brown, John (1715-1766), 141
Brownson, Orestes (1803-1876), 67, 353, 372, 432
Buarque de Holanda, Sérgio *ver* Holanda, Sérgio Buarque de, 483
Buckinghamshire, John Hobart (1723-1793), 2.º Conde de, 176
Buckle, Henry Thomas (1821-1862), 287
Bueno, Pimenta *ver* São Vicente, Marquês de, 30, 494
Bunyan, John (1628-1688), 136, 141
Burckhardt, Jacob (1818-1897), 441
Burgoyne, John (1722-1792), 115
Burke, Edmund (1729-1797), 10-12, 16-27, 29, 33-48, 50-59, 61-94, 96-99, 101, 103, 105-22, 124-27, 131-53, 155-71, 173-79, 181-205, 207-62, 264-68, 270-81, 283-95, 297-315, 317-51, 354-69, 371-72,

374-76, 378-87, 389-91, 393-98, 400-01, 405-26, 432, 434-35, 437, 439-45, 447-89, 491-92, 495-96, 498, 500, 502-03, 507-14, 516-20, 522-27, 529-46
Burke, Garrett (1725-1765), irmão de Edmund Burke, 132
Burke, Jane Mary Nugent (1734-1812), 109, 151, 327, 330, 376, 378, 381-82, 391
Burke, Juliana (1728-1790), irmã de Edmund Burke, 132
Burke, Mary [Nagle] (1702-1770), mãe de Edmund Burke, 107, 132, 191
Burke, Richard (1700-1761), pai de Edmund Burke, 107, 132, 165, 191, 271-72, 280, 389
Burke, Richard (1733-1794), irmão de Edmund Burke, 124, 132, 165, 330, 376, 382, 386-87
Burke, Richard (1758-1794), filho de Edmund Burke, 109, 125, 163, 246, 275, 330, 376, 378-79
Burke, William (1729-1798), 115, 151, 163, 165-66, 171, 174, 176-77, 190-91, 239-41, 245-46, 256, 330, 448, 471
Burke Newsletter, The ver *Studies in Burke and His Time*, 167, 188, 266, 271-72, 291-92, 330, 537, 539
Burke Street [Rua Burke], de George Scott-Moncrieff (1910-1974), 89
Burn, William Lawrece (1904-1966), 67
Burney, Charles (1726-1814), 344, 375
Burney, Esther Sleepe (1725-1762), 375

Burney, Fanny (1752-1840), Madame D'Arblay, 344, 375, 379, 381, 388
Burney, Susanna Elizabeth (1755-1800), 379, 385
Bute, John Stewart (1713-1792), 3.º Conde de, 110
Byrne, William F., 21, 530, 532

C
Cairu, José da Silva Lisboa (1756-1835), Visconde de, 30, 144, 355, 374, 483, 485-86, 541
Calhoun, John C. (1782-1850), 58, 67, 135, 364, 372
Calonne, Charles Alexandre de (1734-1802), 118, 318
Camden, John Pratt (1759-1840), 1.º Marquês, 126
Campos Sales, Manuel Ferraz de (1841-1913), 508
Canavan, S.J., Francis (1917-2009), 22, 39, 42, 70, 101, 106, 233-34, 252-53, 394, 396, 405-06, 412
Candide ou l'Optimisme [Cândido ou o Otimismo] de Voltaire, 471
Canning, George (1770-1827), 343, 345, 371
Caravelas, José Joaquim Carneiro de Campos (1768-1836), o 1.º Visconde de, 30
Caravelas, Manuel Alves Branco (1797-1855), o 2º Visconde de, 30
Carlos V (1500-1558), rei da Espanha e imperador do Sacro Império Romano-Germânico, 455, 463
Carlos X (1757-1836), rei da França, 122, 126, 318
Carlson, Allan C. (1949-), 429
Carlyle, Thomas (1795-1881), 148

Caroline (1683-1737), rainha da Inglaterra, 377
Cartas de Erasmo, de José de Alencar, 500-01, 505
Cartas de Inglaterra, de Rui Barbosa, 514-15
Cartas do Solitário, de Aureliano Tavares Bastos, 496
Carter, Elizabeth (1717-1806), 161
Carter, Jimmy (1924-), 363
Casa-Grande e Senzala, de Gilberto Freyre, 429
Cassirer, Ernst (1874-1945), 399
Castelo Branco, Camilo (1825-1890), 28
Castle Rackrent [O Castelo Rackrent], de Maria Edgeworth, 167
Castro, Cristóbal Vaca de, *ver* Vaca de Castro, Cristóbal, 462-67
Catão, Marco Pórcio (95-46 a.C.), o Jovem, ou Catão de Útica, 321
Catão, Marco Pórcio (234-149 a.C.), o Velho, 351
Catarina II (1729-1796), imperatriz da Rússia, 382
Catharino, Alex (1974-), 11-15, 18, 20, 27, 29-30, 35, 38, 40, 44, 46-47, 52-57, 59, 65, 67, 72, 76, 92, 94, 106-07, 406, 408, 429, 438, 529
Catholic Relief Act 1788 [Lei de Ajuda Católica de 1788], 194, 273
Caulfeild, James (1728-1799), 1.º Conde de Charlemont, 166
Cavendish, Georgiana *ver* Devonshire, Duquesa de, 377, 380
Cavendish, Richard (1752-1781), Lorde, 268
Cavendish, William *ver* Devonshire, 4.º Duque de, 109

Cavendish-Bentinck, William Henry Cavendish *ver* Portland, 3.º Duque de, 116, 235
Cecilia, de Fanny Burney, 388
Celtic Twilight [Crepúsculo Celta], de Yeats, 143
César, Júlio (100-44 a.C.), imperador romano, 322
Chaimowicz, Thomas (1924-2002), 90, 532
Chait Singh (†1810), o Rajá de Benares, 248
Chambers, Robert (1737-1803), 162
Chambers, Sir William (1723-1796), 376
Chambers, Whittaker (1901-1961), 429-31, 433
Chamier, Anthony (1725-1780), 162
Charlemont, 1.º Conde de, *ver* Caulfeild, James, 166, 273, 317
Charles II (1630-1685), rei da Inglaterra, 168, 380, 387
Charles III, *ver* Stuart, Charles Edward, 172
Charlotte (1744-1818), rainha da Inglaterra, 380, 387
Chateaubriand, François-René de (1768-1848), 267, 318, 334, 371, 482, 500
Chatham, 1.º Conde de, *ver* Pitt, William, o Velho, 111, 174, 192, 194, 200, 209-10, 213, 398
Christie, Julie (1941-), 356
Church Quarterly Review, The, 84, 539
Cipriani, Giovanni Battista (1727-1785), 382
Clark, John Abbot (1903-1965), 5, 45-46, 103
Clay, Henry (1777-1852), 135

Clive, Robert (1725-1774), 238
Cícero, Marco Túlio (106-43 a.C.), 46, 147
Cobbett, William (1763-1835), 150
Colden, Cadwallader (1688-1776), 199
Coleridge, Samuel Taylor (1772-1834), 46, 67, 140, 157, 159, 291, 293, 306
Colman, George (1732-1794), o Velho, 162
Colombo, Cristóvão (1451-1506), 454-57, 476
Collot d'Herbois, Jean-Marie (1749-1796), 123
Comércio de São Paulo, O, 516
Commentaries on the Constitution of the United States [Comentários sobre a Constituição dos Estados Unidos] de Joseph Story, 361
Commentaries on the Laws of England [Comentários sobre as Leis da Inglaterra], de Sir William Blackstone, 266
Commissioners of Customs Act [Lei dos Comissários Aduaneiros], 111
Common Mind: Politics, Society and Christian Humanism from Thomas More to Russell Kirk, The [Mentalidade Comum: Política, Sociedade e Humanismo Cristão de Thomas More à Russell Kirk, A], de Andre Gushurst-Moore, 61-62, 533
Companhia das Índias Orientais [East India Company], 113, 238-41, 245-46, 249-50, 253, 256-57
Compton, Spencer *ver* Wilmington, 1.º Conde de, 107
Cone, Carl B. (1916-1995), 23, 101, 184, 201, 235, 248, 256-58

Confessions of a Bohemian Tory: Episodes and Reflections of a Vagrant Career [Confissões de um Tory Boêmio: Episódios e Reflexões de uma Carreira Errante], de Kirk, 57-58
Conservatism in America [Conservadorismo nos Estados Unidos] de Clinton Rossiter, 292, 362, 428
Conservative Intellectual Movement in America: Since 1945, The [Movimento Intelectual Conservador na América: Desde 1945, O], de George H. Nash, 40, 414, 431
Conservative Mind, The [Mentalidade Conservadora, A], de Kirk, 12, 14-15, 18, 23, 25, 27-29, 39-41, 43, 47, 50, 55, 58-59, 61, 64, 66, 68, 71-72, 74, 77, 81, 83-86, 89, 94, 144, 333, 355, 361, 400-01, 405-06, 414, 422-23, 425, 431, 433-34, 538, 544
Conservatives' Rout: An Account of Conservative Ideas from Burke to Santayana, The [Diáspora dos Conservadores: Uma Análise das Ideias Conservadoras de Burke à Santayana, A], de Kirk, 67, 77
Constant, Benjamin (1767-1830), 33, 482
Construtores do Império: Ideais e Lutas do Partido Conservador Brasileiro, Os, de João Camilo de Oliveira Torres, 33-34, 95
Conway, Thomas (1735-1800), general, 209-10
Cook, James (1728-1779), capitão, 379
Cooper, James Fenimore (1789-1851), 67

Copeland, Thomas W. (1907-1979), 23, 101, 147, 191, 241, 285, 394
Cork, Edmund Boyle (1742-1798), 7.º Conde de Cork e 7.º Conde de Orrery, Lorde,
Correio Mercantil, O, 376
Cornwallis, Charles Cornwallis (1738-1805), 1.º Marquês de, 116, 138, 205
Correspondence of the Earl of Chatham [Correspondência do Conde de Chatham], 398
Correspondence of Edmund Burke, The [Correspondência de Edmund Burke, A], da Cambridge University Press e da University of Chicago Press, 147, 168, 170, 176, 241, 247, 266-67, 394, 407, 418, 450
Correspondence of Edmund Burke, The [Correspondência de Edmund Burke, A], da Francis and John Rivington, 394
Cortés, Hernán (1485-1547), 454-55, 457, 476
Cotter, Jr., James (1689-1720), 271-72
Couthon, Georges (1755-1794), 123
Coutinho, João Pereira (1976-), 543
Coutinho, Dom Rodrigo de Sousa *ver* Linhares, Conde de, 484
Crabbe, George (1754-1832), 208
Crabbe, Jr. George (1785-1857), 398
Crewe, Frances Anne (1748-1818), 381-87, 389-91
Crewe, John Crewe (1742-1829), 1.º Barão, 382
Crewe, John Crewe (1772-1835), 2.º Barão, 382
Crisis, 61
Croker, John Wilson (1780-1857), 371

Cromwell, Oliver (1599-1658), 137, 215
Crowe, Ian, 106, 396, 530, 532, 537, 545
Cruger, Henry (1739-1827), 223
Cuauhtémoc (1502-1525), imperador Astecas, 457
Cumberland, príncipe William Augustus de Hanover (1721-1765), Duque de, 174-75
Cusack, Cyril (1910-1993), 356

D

Danton, Georges-Jacques (1759-1794), 123, 125, 280, 304, 322, 324, 421
D'Arblay, Alexandre (1748-1818), 375
D'Arblay, Madame, *ver* Burney, Fanny, 344
d'Arc, Joana (1412-1431), 263, 348
Davidson, Donald (1893-1968), 428-29
Dawson, Christopher (1889-1970), 55-56, 60, 95
De Bonald, Louis (1754-1840), 28, 371, 482
Decadence and Renewal in the Higher Learning: An Episodic History of American University and College since 1953 [Decadência e Renovação no Ensino Superior: Uma História Episódica da Universidade Norte-Americana desde 1953], de Kirk, 14
Declaração da Independência, 352
Declaratory Act [Ato Declaratório], 111, 186-88, 197
Delaney, Lady Mary (1700-1788), 387

De Maistre, Joseph (1753-1821), 28, 365, 371, 482
Democracia Coroada: Teoria Política do Império do Brasil, A, de João Camilo de Oliveira Torres, 31, 33
Democracy and Leadership [Democracia e Liderança], de Irving Babbitt, 50-51, 53-54, 542
Démocratie en Amérique, De La [Democracia na América, A], de Alexis de Tocqueville, 414-15, 423-25
Denney, Joseph Villiers (1862-1935), 359
Dennis, William, 52, 149, 471
Deserted Village [Aldeia Abandonada], de Oliver Goldsmith, 144
Devonshire, William Cavendish (1720-1764), 4.º Duque de, 109
Devonshire, Georgiana Cavendish (1757-1806), Duquesa de, 377, 380
Dewey, John (1859-1952), 140
Diário de Notícias, 510-11
Diary and Letters [Diário e Cartas], de Fanny Burney, 375
Diary of The French Revolution [Diário da Revolução Francesa], de Gouverneur Morris, 400
Dickens, Charles (1812-1870), 268-69
Dictionary of National Biography, The [Dicionário de Biografias Nacionais], 400
Diderot, Denis (1713-1784), 263
Discourse on the Love of our Country, A [Discurso sobre o Amor ao nosso País, Um], de Richard Price, 120
Diseases of Man, The [Doenças do Homem, As], de Benjamin Rush, 352

Disraeli, Benjamin (1804-1881), 67, 145, 215, 218, 432
Dodsley, James (1724-1797), 448
Dodsley, Robert (1704-1764), 108, 161, 163-64
Donoso Cortés, Juan (1809-1853), 28
Dowdeswell, William (1721-1775), 189, 196
Dunciad, The, de Pope, 147, 161
Dundas, Henry (1742-1811), 241, 244, 247, 255, 322, 336
Dupont, Charles-Jean-François (1767-1796), 285, 288-89
Dupont, Gaétan-Pierre-Marie (1762-1817), 285
Dyer, Samuel (1725-1772), 162

E

Early Life and Diaries of William Windham, The [Vida Inicial e os Diários de William Windham, A], 398
East India Company *ver* Companhia das Índias Orientais, 190
Éclogas, de Virgílio, 148
Edmund Burke: A Bibliography of Secondary Studies to 1982 [Edmund Burke: Uma Bibliografia Secundária até 1982], de Clara I. Gandy e Peter J. Stanlis, 395
Edmund Burke: A Genius Reconsidered [Edmund Burke: Redescobrindo um Gênio], de Kirk, 11, 408, 415, 437, 447, 478, 529, 540, 544
Edmund Burke: A Life in Caricature [Edmund Burke: Uma Vida em Caricatura], de Nicholas K. Robinson, 400
Edmund Burke and His World [Edmund Burke e seu Mundo], de Alice P. Miller, 88

Edmund Burke and the Natural Law [Edmund Burke e a Lei Natural], de Peter J. Stanlis, 75, 88, 150, 251, 397

Edmund Burke: Appraisals and Applications [Edmund Burke: Abordagens e Aplicações] de Daniel Ritchie, 90, 397

Edmund Burke in America: The Contested Career of the Father of Modern Conservatism [Edmund Burke nos Estados Unidos: A Contestada Carreira do Pai do Conservadorismo Moderno], de Drew Maciag, 22, 534

Edmund Burke for Our Time: Moral Imagination, Meaning, and Politics [Edmund Burke para a Nossa Época: Imaginação Moral, Significado e Política], de William F. Byrne, 21, 532

Edmund Burke: The Enlightenment and Revolution [Edmund Burke: O Iluminismo e a Revolução], de Peter J. Stanlis, 89, 397

Eddy, Mary Baker (1821-1910), 365

Edgeworth, Maria (1768-1849), 167

Edwards, Jonathan (1703-1758), 365

Egmont, John Perceval (1711-1770), 2.º Conde de, 152

Eliot, T. S. [Thomas Stearns] (1888-1965), 18, 19, 26, 47-49, 53-54, 55, 56, 61, 72-73 PAREI AQUI

Eliot and His Age: T. S. Eliot's Moral Imagination in the Twentieth Century [A Era de T. S. Eliot: A Imaginação Moral do Século XX], de Kirk, 11-14, 18, 38, 47-48, 50

Elizabeth I (1533-1603), rainha da Inglaterra, 143

Elliot, Gilbert (1751-1814), 1.º Conde de Minto, 210, 326, 381

Elliott, Sir J. H. [John Huxtable] (1930-), 249, 307, 449

Elyot, Thomas (c.1490-1546), Sir, 146

Empire & Revolution: The Political Life of Edmund Burke [Império e Revolução: A Vida Política de Edmund Burke], de Richard Bourke, 16, 531

Enemies of the Permanent Things: Observations of Abnormity in Literature and Politics [Inimigos das Coisas Permanentes: Observações sobre as Aberrações em Literatura e Política], de Kirk, 13-14, 135, 351, 438

Engels, Friedrich (1820-1895), 134

English Literature and Society in the Eighteenth Century [Literatura Inglesa e Sociedade no Século XVIII], de Leslie Stephen, 399

English Political Caricature: A Study of Opinion and Propaganda [Caricatura Política Inglesa: Um Estudo de Opinião e Propaganda], de M. Dorothy George, 400

Epiteto (55-135), 147

Erskine, Frances [Moore] Erskine (1752-1805), Baronesa, 389

Erskine, Thomas Erskine (1750-1823), 1.º Barão, 389-90

Erskine May, Thomas *ver* Farnborough, 1.º Barão, 498

Espírito das Revoluções: Da Revolução Gloriosa à Revolução Liberal, O, de J. O. de Meira Penna, 92-93, 541

Essai sur les Mœurs et l'Esprit des Nations [Ensaio sobre os Costu-

mes e o Espírito das Nações], de Voltaire, 454-55
Essay Towards an Abridgement of the English History, An [Ensaio para Resumo da História Inglesa, Um], de Burke, 109, 163, 451
Essay Towards an History of the Laws of England, An [Ensaio para Resumo da História das Leis da Inglaterra, Um], de Burke, 109
Estadista do Império, Um, de Joaquim Nabuco, 513, 520, 522
Evelina, de Fanny Burney, 344, 375, 377
Evola, Julius (1898-1974), 28
Exchequer [Departamento de Tributação e Receitas], 210
Extratos das Obras Políticas e Econômicas do Grande Edmund Burke, do Visconde de Cairu, 486-87

F
Faerie Queene [Rainha das Fadas, A], de Spenser, 143
Fahrenheit 451, de Ray Bradbury, 356
Farnborough, Thomas Erskine May (1815-1886), 1.º Barão, 498
Fawkes, Guy (1570-1606), 268
Federalist Papers, The [Federalista, O], de Alexander Hamilton, James Madison e John Jay, 365
Feiling, Keith (1884-1977), 248-49
Ferguson, Adam (1723-1816), 448-79, 488
Feulner, Edwin J. (1941-), 22, 106, 413, 430, 436
Fielding, Henry (1707-1754), 161
Figueiredo, Jackson de (1891-1928), 28

Filosofia Política de Edmund Burke, A, de Ivone Moreira, 42, 542-43
FitzRoy, Augustus Henry, *ver* Grafton, 3.º Duke de, 112, 189
Fitzwilliam, William Wentworth-Fitzwilliam (1748-1833), 4.º Conde, 125, 261, 279-80, 301, 308, 317, 324, 330, 336, 394
Fitzwilliam, Charles William Wentworth-Fitzwilliam (1786-1857), 5.º Conde, 394
Fitzwilliam, William Thomas George Wentworth-Fitzwilliam (1904-1979), 10.º Conde, 174
Fletcher, John Gould (1886-1950), 428
Florentino, Brás *ver* Sousa, Brás Florentino Henriques de, 31
Florenzano, Modesto (1949-), 543
Foley, John Henry (1818-1874), 131, 354
Ford, Gerald (1913-2006), 363
Fordyce, George (1736-1802), 162
Foundation for Economic Education (FEE), 19
Fox, Charles James (1749-1806), 110, 116, 121, 124, 162, 184, 210, 235, 236, 242, 244, 249, 254, 284, 288, 290, 301, 308, 314, 323, 329, 337, 344, 385, 420, 510
France: an Ode [França: Uma Ode], de Samuel Taylor Coleridge, 306
Francis, Philip (1740-1818), 239-40, 247, 256, 313, 364
Francisco I (1768-1835), imperador da Áustria, 122
Franco, Afonso Arinos de Melo, *ver* Arinos de Melo Franco, Afonso, 522
Franklin, Benjamin (1706-1790), 115, 195, 377

Frederick Louis (1707-1751), príncipe de Gales, 108
Frederico Guilherme II (1744-1797), rei da Prússia, 122
Freeman, The, 19
Frere, John Hookhan (1769-1846), 343
Freyre, Gilberto (1900-1987), 429, 526
Frohnen, Bruce (1962-), 34-35, 70-72, 76, 103, 396, 418, 478, 530, 533, 536, 538
Frontiers in American Democracy [Fronteiras na Democracia Norte-Americana], de Eugene McCarthy, 362
Fuller, Thomas (1608-1661), Reverendo, 283, 331
Funck-Brentano, Frantz (1862-1947), 400
Fuseli, Henry (1741-1825), 158

G
Gandy, Clara I. (1928-), 395
Garden of Proserpine, The [Jardim de Prosérpina, O], de Swinburne, 139,
Garrick, David (1717-1779), 110, 161-62, 330, 379
Garschagen, Bruno (1975-), 34, 545
Gasca, Pedro de la (1485-1567), 462, 465-66
Gates, Horatio (1727-1806), 115
Gattopardo, Il [Leopardo, O], de Giuseppe Tomasi di Lampedusa, 29-30
Genovese, Eugene (1930-2012), 429
George I (1660-1727), rei da Grã-Bretanha, 107, 172
George II (1683-1760), rei da Grã-Bretanha, 108, 110, 169, 172, 377

George III (1738-1820), rei da Grã-Bretanha, 108, 110, 116-18, 124-25, 172-73, 181-85, 194, 207-08, 211-12, 217-18, 221-22, 224, 227, 236, 283, 289, 317, 324, 327, 380, 387, 398, 417, 443, 481, 510
George IV (1762-1830), rei da Grã-Bretanha, 118, 290
George, M. Dorothy (1878-1971), 400
Germino, Dante (1932-2002), 21, 37-39, 533
Gibbon, Edward (1737-1794), 57, 110, 162, 210, 230, 308, 378
Gladstone, Mary (1847-1927), 160
Godwin, William (1756-1836), 295
Goldsmith, Oliver (1730-1774), 110, 131, 144, 161-62, 164, 261, 292, 330, 354, 381
Gordon, George (1751-1793), Lorde, 194, 221, 268-70
Gordon Riots, 115, 194, 224, 268, 270, 444
Gordon, William (1728-1807), reverendo, 165
Grafton, Augustus Henry FitzRoy (1735-1811), 3.º Duke de, 112, 189
Grattan, Henry (1746-1820), 142, 272, 279
Great Debate: Edmund Burke, Thomas Paine, and the Birth of Right and Left, The [O Grande Debate: Edmund Burke, Thomas Paine e o Nascimento da Direita e da Esquerda], de Yuval Levin, 52, 53, 534
Great Melody: A Thematic Biography of Edmund Burke, The [Grande Melodia: Uma Biografia Temática

de Edmund Burke, A], de Conor Cruise O'Brien, 16, 24, 42, 397, 439
Grégoire, abade Henri (1750-1831), 123, 125
Grenville, George (1712-1770), Lorde, 110-11, 152, 174, 323
Grey, Charles Grey (1764-1845), 2.º Conde, 390, 498
Grieson, Herbert J. C. (1886-1960), 157
Guarani, O, de José de Alencar, 498
Guatimozín, *ver* Cuauhtémoc, 457
Guerra dos Sete Anos, 109-10, 173, 183, 214, 238, 251
Guilford, Conde de, *ver* North, Frederick, 112, 169, 210
Guilherme V de Nassau (1748-1806), Príncipe de Orange e Estatuder dos Países Baixos, 124
Guillotin, Joseph-Ignace (1738-1814), Dr., 215
Guizot, François (1787-1874), 33, 371, 489, 525, 544
Guroian, Vigen (1948-), 530, 537
Gushurst-Moore, Andre, 61-62

H

Halifax, George Montagu-Dunk (1716-1771), 2.º Conde de, 166
Hamilton, Alexander (1755-1804), 135, 364-66, 425, 491, 523
Hamilton, William Gerard (1729-1796), 110, 166, 168, 170
Hamlet, de William Shakespeare, 462
Hanriot, François (1761-1794), 124
Hardy, Thomas (1752-1832), 122
Hardy, Thomas (1840-1928), 158
Hare-Naylor, Francis (1753-1815), 377
Hare-Naylor, Georgiana, *ver* Shipley, Georgiana, 377

Harpe, Jean-François de La, *ver* La Harpe, Jean-François de, 262, 264
Hart, Jeffrey (1930-), 20, 101, 216, 219
Hartwell, Max (1921-2009), 435
Hartz, Louis (1919-1986), 428
Hastings, Warren (1732-1818), 116-18, 120-21, 125-26, 136, 169, 204, 237, 239-42, 244-58, 260, 265, 283-84, 323, 326, 344, 363-64, 368, 376, 381, 383, 397, 400, 409, 443-44, 469, 509
Haviland, Thomas (†1795), 381
Haviland-Burke, Thomas William Aston (1795-1852), 381
Hawkins, Sir John (1719-1789), 162
Hawthorne, Nathaniel (1804-1864), 67, 432
Hayek, F. A. [Friedrich August von] (1899-1992), 36, 420, 428-30, 529, 544
Hazlitt, William (1778-1830), 159
Hegel, Georg Wilhelm Friedrich (1770-1831), 78, 542-43
Heineman, Robert A. (1939-), 530
Helvétius, Claude-Adrien (1715-1771), 310
Henrie, Mark C., 11-12, 103, 408, 429, 530
Heráclito (535-475 a.C.), 367
Himmelfarb, Gertrude (1922-), 36-37, 426-27, 480
History of America [História da América], de William Robertson, 449, 455, 460, 466-67
History of England in the Eighteenth Century [História da Inglaterra no Século XVIII], de William E. H. Lecky, 160, 399

History of English Law, A [História da Lei Inglesa, Uma], de Sir William Searle Holdsworth, 400
History of English Thought in the Eighteenth Century [História do Pensamento Inglês no Século XVIII], de Leslie Stephen, 160, 399
History of the Decline and Fall of the Roman Empire, The [História do Declínio e da Queda do Império Romano, A], de Edward Gibbon, 378
Hobart, John *ver* Buckinghamshire, 2.º Conde de, 176
Hobbes, Thomas (1588-1679), 75, 419, 495, 525
Hoffman, Ross J. S. (1902-1979), 23, 42, 101, 187, 195, 204, 210-11, 231, 266, 280, 312, 396, 406
Holanda, Sérgio Buarque de (1902-1982), 483
Holdsworth, Sir William Searle (1871-1944), 400
Home, Henry, *ver* Kames, Lord, 448
Homero, 147, 415
Hooker, Richard (1554-1600), 65, 71, 84, 86, 271, 347
Hoover, Herbert (1874-1964), 264,
Howe, William Howe (1729-1814), 5.º Visconde, 114
Hubbell, Jay B. (1885-1979), 57, 64, 360
Huguenin, Sulpice (1750-1803), 122
Hulin, Pierre-Augustin (1758-1841), 119,
Human Face, The [Face Humana, A], de Max Picard, 353-54
Humanitas, 538
Hume, David (1771-1776), 36, 37, 79, 157, 163, 454, 479, 488, 491, 523
Humphrey, Hubert (1911-1978), 362

Hussey, Thomas (1746-1803), padre, 275
Hyder Ali Khan (1721-1782), sultão do reino de Mysore, 241, 246

I

Ideas Have Consequences [As Ideias Têm Consequências], de Richard M. Weaver, 430
I'll Take My Stand [Manterei Firme a Posição], dos agrarianos sulistas,
Impeachment, 428
Incident on King Street, *ver* Boston Massacre, 112
Indemnity Act [Lei de Indenização], 111
India Act [Lei da Índia], 238,
Individualismo, 51, 425
Inns of Court, 149, 150
Intellectual Life of Edmund Burke: From the Sublime and Beautiful to American Independence, The [Vida Intelectual de Edmund Burke: Do Sublime e Belo à Independência dos Estados Unidos, A], de David Bromwich, 16, 531
Intelligent Woman's Guide to Conservatism, The [Guia do Conservadorismo para a Mulher Inteligente, O], de Kirk, 33
Intercollegiate Review, The, 22, 91, 106, 478, 538, 540
Intolerable Acts [Leis Intoleráveis], 113
Irish Penal Laws [Leis Penais Irlandesas], 110, 271
Irish Volunteers [Voluntários Irlandeses], 142, 273
Ives, C. P. [Charles Pomeroy] (1903-1982), 42, 60-61, 330, 531

J

Jacobino, 24, 91, 124-26, 137, 139, 173, 216-17, 261, 302, 323, 325-27, 330-32, 335, 339-42, 349, 355, 368, 387, 421, 492, 512-15, 521-22

Jacobita, 172-73, 217, 271, 293

Jackson, Andrew (1767-1845), 434, 524

Jaffa, Harry V. (1918-12015), 80

James, William (1842-1910), 367

James II (1633-1701), rei da Inglaterra, 172, 184, 272,

James III, *ver* Stuart, James Francis Edward, 172

Janes, Regina (1946-), 530

Jefferson, Thomas (1743-1826), 57-58, 60, 135, 367, 524

Jenkinson, Charles (1729-1808), 1.º Conde de Liverpool, 210

Jenkinson Papers, 1760-1766, The [Escritos de Jenkinson: 1760-1766, Os], 398

Jequitinhonha, Francisco Gê Acayaba de Montezuma [Francisco Gomes Brandão] (1794-1870), Visconde de, 30

João VI, Dom (1767-1826), rei de Portugal, 484

João Sem-Terra (1166-1216), rei da Inglaterra, 163

John Bull's Other Island [A Outra Ilha de John Bull], de George Bernard Shaw, 270

John Randolph of Roanoke: A Study in American Politics, [John Randolph de Roanoke: Um Estudo sobre Política Norte-Americana], de Kirk, 56, 59, 62, 71, 360

John Randolph of Roanoke: A Study in Conservative Thought [John Randolph de Roanoke: Um Estudo sobre Pensamento Conservador], de Kirk, 56, 59, 62, 360

Johnson, Lyndon B. (1908-1973),

Johnson, Samuel (1709-1784), 36, 46, 90, 110, 131, 140-41, 147, 150-53, 155, 159, 161-63, 165-66, 170, 173, 176, 178, 261, 295, 303, 312, 330, 345, 362, 375, 398, 540

Jones, Sir William (1746-1794), 162

Jornal do Comércio, 516

Jouvenel, Bertrand de (1903-1987), 409

Journal of the History of Ideas, 83, 156, 297, 539

Juvenal, Décimo Júnio (55-130), 147, 415

K

Kames, Henry Home (1696-1782), Lorde, 448

Kant, Immanuel (1724-1804), 158

Keppel, Augustus Keppel (1725-1786), 1.º Visconde, 115

Ketton-Cremer, R. W. [Robert Wyndham] (1906-1969), 398

King, Walker (1751-1827), 127

Kirk, Annette Y. (1940-), 60, 105-06, 478, 530, 539, 545

Kirk, Marjorie Rachel Pierce (1895-1943), 358

Kirk, Russell (1918-1994), 11-30, 33-68, 70-78, 80-95, 97-98, 102-03, 105-06, 135, 141, 250, 270, 291-92, 297, 321, 351, 355, 360-63, 372, 374, 393, 395, 397, 401, 405-08, 411, 413-15, 417, 419-25, 427, 429, 431-35, 437-38, 440-47, 478, 524, 529-34, 537-40, 542, 544-45

Kipling, Rudyard (1865-1936), 138,

Kline, Henry Blue (1905-1951), 428
Knopf, Alfred A. (1892-1984), 67, 280
Knox, Thomas Malcolm (1900-1980), Sir, 67
Kramnick, Isaac (1938-), 16, 24, 42, 70-71, 396

L
La Harpe, Jean-François de (1739-1803), 262-65
Lamb, Charles (1775-1834), 283
Lambert, Elizabeth R. (1936-), 530, 534, 537
Lamennais, Félicité de (1782-1854), 28
Lampedusa, Giuseppe Tomasi di (1896-1957), 29-30
Lancaster, Burt (1913-1994), 30
Langton, Bennet (1737-1801), 161-62
Langrishe, Sir Hercules Langrishe (1729-1811), 1.º Baronete de, 122, 126, 275-76
Lanier, Lyle H. (1903-1988), 428
Lansdowne, 1.º Marquês de, *ver* Shelburne, 2.º Conde de, 228
Launay, Bernard-René Jourdan (1740-1789), Marquês de, 119
Laski, Harold J. (1893-1950), 133, 291
Laurence, French (1757-1809), 127, 259-60, 307
Laws of Ecclesiastical Polity [Leis de Política Eclesiástica], de Richard Hooker, 271
Leaders of Public Opinion in Ireland [Líderes da Opinião Pública na Irlanda], de William E. H. Lecky, 399
Lecky, William E. H. (1838-1903), 160, 399

Lei do Selo *ver* Stamp Act, 111, 178
Leme, Og Francisco (1922-2004), 544
L'Enfant, Pierre (1754-1825), 351,
Leopoldo II (1747-1792), imperador da Áustria, 122
Lessing, Gotthold Ephraim (1729-1781), 157
Letters of Horace Walpole, Earl of Orford, The [Cartas de Horace Walpole, Conde de Orford, As], 315, 398
Letters of Junius [Cartas de Junius], de Philip Francis, 239
Letters on a Regicide Peace [Cartas sobre a Paz Regicida], de Burke, 127, 337-40, 342, 348, 366, 423
Letter to a Member of the National Assembly [Carta a um Membro da Assembleia Nacional], de Burke, 121, 308-10, 312, 314
Letter to a Noble Lord, A [Carta a um Nobre Senhor, Uma], de Burke, 127, 132, 164, 230, 237, 290, 330-31, 334, 416
Letter (...) to a Noble Lord, on the Attacks made upon him and his Pension, in the House of Lords, A [Carta (...) a um Nobre Senhor sobre os ataques feitos a ele e à sua pensão na Câmara dos Lordes, Uma], de Burke, 331
Letter to Sir Hercules Langrishe [...] on the Subject of the Roman Catholics of Ireland and the Propriety of Admitting Them to the Elective Franchise [Carta a Sir Hercule Langrishe [...] sobre o Assunto dos Católicos Romanos na Irlanda e a Justeza de Admiti-los nos Privi-

légios Eleitorais], de Burke, 122, 126, 276
Letter to the Sheriffs of Bristol [Carta aos Delegados Eleitores de Bristol], de Burke, 114, 190, 203-04, 417, 443, 509
Letter to William Smith [Carta a William Smith], de Burke, 126, 339
Levack, Paul (1909-2001), 42, 231, 280, 406
Levin, Yuval (1977-), 53, 534
Lewis, C. S. [Clive Staples] (1898-1963), 21
Liberal Imagination, The [Imaginação Liberal, A], de Lionel Trilling, 427
Liberal Tradition in America, The [Tradição Liberal nos Estados Unidos, A], de Louis Hartz, 428
Life and Times of Henry Grattan, The [Vida e a Época de Henry Grattan, A], 398
Life of George Crabbe, by his Son, The [Vida de George Crabbe, por seu Filho, A], de George Crabbe, Jr., 398
Life of Samuel Johnson, The [Vida de Samuel Johnson, A], de James Boswell, 159, 161, 398
Lincoln, Abraham (1809-1865), 365
Linhares, Dom Rodrigo de Sousa Coutinho (1755-1812), Conde de, 484
Lisboa, José da Silva *ver* Cairu, Visconde de, 30, 144, 355, 374, 483, 485-86, 541
Literature and the American College [Literatura e o Ensino Superior Norte-Americano], de Irving Babbitt, 49

Lock, Augusta, *ver* Schaub, Frederica Augusta, 382
Lock, William (1732-1810), 382
Lock II, William (1767-1847), 382
Locke, John (1632-1704), 76, 172-73, 346
Loménie de Brienne, Étienne Charles de (1727-1794), 118
London Corresponding Society [Sociedade dos Correspondentes de Londres], 122-23
Longino, Caio Cássio (213-273), 46
Lord of the Rings, The [Senhor dos Anéis, O], de J. R. R. Tolkien, 357
Loughborough, Alexander Wedderburn (1773-1805), 1.º Conde de Rosslyn e Lorde, 255, 336, 389-90
Love, Walter D. (1924-1967), 167,
Lowe, Robert (1811-1892), 1.º Visconde de Sherbrooke, 160
Lowell, James Russell (1819-1891), 361
Luciano (125-180), 147
Luís XIII (1601-1643), rei da França, 119, 455
Luís XIV (1638-1715), rei da França, 183, 455
Luís XV (1710-1774), rei da França, 111, 113, 183
Luís XVI (1754-1793), rei da França, 111, 113, 115, 118-19, 121-24, 126, 183, 323, 420
Luís XVII (1785-1795), Delfim da França, 126
Luís XVIII (1755-1824), rei da França, 126, 318
Luís Fernando (1729-1765), Delfim da França, 111
Luque, Hernando de (†1534), 457
Lygon, William *ver* Beauchamp, 225

Lynch, Christian Edward Cyril (1973-), 105, 479, 495, 512, 517, 524, 527, 544
Lyttelton, George (1709-1773), Lorde, 161
Lytle, Andrew Nelson (1902-1995), 428

M
Macartney, George Macartney (1737-1806), 1.º Conde, 382,
Macaulay, Thomas Babington (1800-1859), 159-60, 163, 346, 469, 498, 509, 513
Macbeth, de William Shakespeare, 462
MacCunn, John (1846-1929), 309-10
Macedo, Ubiratan Borges de (1937-2007), 544
Maciag, Drew, 22, 38, 42, 54, 74-75, 82, 84, 534
Mackintosh, James (1765-1832), 121, 159-60, 290, 297-98, 318, 335, 416
Madison, James (1751-1836), 99, 364-66
Mahoney, Thomas H. D. (1913-1997), 101, 169, 278, 281
Mailhe, Jean-Baptiste (1750-1834), 123
Maistre, Joseph de, *ver* De Maistre, Joseph, 28, 365, 371, 482
Malmesbury, James Harris (1746-1820), 1.º Conde de, 323, 336, 339
Manco Capac (†1230), rei inca, 457-58
Manifesto Comunista, de Karl Marx e Friedrich Engels, 27, 134
Manifesto Regionalista de 1952, de Gilberto Freyre, 429

Mannheim, Karl (1893-1947), 73
Mansfield, William Murray (1705-1793), 1.º Conde de, 270
Mansfield, Jr., Harvey C. (1932-), 40-42, 101, 212-16, 396, 424-25, 542
Map of Mankind: Edmund Burke's Image of America in an Enlightened Atlantic Context, A [Mapa da Humanidade: a Imagem de Edmund Burke da América em um Contexto Iluminista do Atlântico, Um], de Jeffrey O. Nelson, 537
Maquiavel, Nicolau (1469-1527), 216, 418
Marcel, Gabriel (1889-1973), 348
Marco Aurélio (121-180), 65
Maria Antonieta (1755-1793), rainha da França, 124, 126, 144, 295, 337
Maria Leszczyńska (1703-1768), rainha da França, 111
Markham, William (1719-1807), 407, 418
Marshall, John (1755-1835), 165
Marx, Karl (1818-1883), 27, 86, 134, 140, 368
Marx and Burke: A Revisionist View [Marx e Burke: Um Análise Revisionista], de Ruth A. Bevan, 88
Marlborough, Spencer, Charles (1706-1758), 3.º Duque de, 380
Massachusetts Government Act [Lei do Governo de Massachusetts], 113
Maurras, Charles (1868-1952), 28
McCarthy, Eugene (1916-2005), 362-63
McCarthy, Joseph R. (1908-1957), 362
McClellan, James (1937-2005), 21-22, 55, 291, 478

McDonald, W. Wesley (1946-2014), 27, 53, 75-76, 84
McGovern, George (1922-2012), 363
Medical Inquiries and Observations [Pesquisas Médicas e Observações], de Benjamin Rush,
Meira Penna, J. O. [José Osvaldo] de (1917-), 352
Melo Franco, Afonso Arinos de, *ver* Arinos de Melo Franco, Afonso, 522
Memoirs of the Marquis of Rockingham [Memórias do Marquês de Rockingham], 398
Memoirs of the Reign of George the Third [Memórias do Reinado de George III], de Horace Walpole, 398
Menger, Carl (1840-1921), 544
Merquior, José Guilherme (1941-1991), 32-33
Metaphisics of Edmund Burke, The [Metafísica de Edmund Burke, A], de Joseph L. Pappin III, 38, 75
Meyer, Frank S. (1909-1972), 51-52
Millar, S.J., Moorhouse I. X. (1886-1956), 42, 406
Miller, Alice P., 88,
Milton, John (1608-1974), 141, 147, 231, 355, 415, 442
Mirabeau, Honoré Gabriel Riqueti (1749-1791), Conde de, 285
Mises, Ludwig von (1881-1973), 544
Modern Age, 18, 23, 36, 44, 52, 60-61, 90, 92, 106, 351, 439-40, 442, 446, 538, 540
Molière [Jean-Baptiste Poquelin (1622-1673)], 387
Monmouth, 1º Conde de, *ver* Peterborough, 3.º Conde de, 377

Montagu, Elizabeth (1718-1800), 161
Montagu-Dunk, George, *ver* Halifax, 166
Montesquieu, Charles-Louis de Secondat (1689-1755), Barão de La Brède e de, 37, 79, 90, 488, 540,
Montezuma II (1466-1520), imperador asteca, 457
Montgomery, Marion (1925-2011), 429
Morais, Prudente de (1841-1902), 514
Mordaunt, Anna Maria (1716-1804), 377
Mordaunt, Charles *ver* Peterborough, 3.º Conde de, 377
More, Paul Elmer (1864-1937), 46-47, 53, 67, 134, 137, 291
Moreira, Ivone, 41-42, 534, 541-43
Morley, John (1838-1923), 134, 189-90, 396
Morris, Gouverneur (1752-1816), 400
Müller, Adam (1779-1829), 28
Murphy, Arthur (1727-1805), 162
Murray William *ver* Mansfield, 1.º Conde de, 270
Murtinho, Joaquim (1848-1911), 508
Mutiny Act [Leis de Motim], 192

N

Nabuco, Joaquim (1849-1910), 31, 483, 508, 512-13, 515-17, 520-22
Nabuco de Araújo Filho, José Tomás (1813-1878), 513
Nagle, Catherine Fitzgerald, 107, 143
Nagle, Edmund, 107, 143
Nagle, Sir Richard (1636-1699), 271

Nagle de Ballygriffin, Garrett (1674-1746), 272
Namier, Sir Lewis (1888-1960), 212
Napoleão Bonaparte (1769-1821), 119, 126, 264, 290, 302, 343, 347, 368, 371, 384,
Nash, George H. (1945-), 40, 433
National Review, 20, 405, 539
Natural Right and History [Direito Natural e História], de Leo Strauss, 79
Navigation Acts [Leis de Navegação], 182, 201
Navigation Laws [Leis de Navegação], 196
Nawab de Arcot, Muhammad Ali Khan Walla Jah (1717-1795), o, 117, 239-41, 246
New Cambridge Modern History, The [Nova História Moderna de Cambridge, A], 400
Newcastle, Eustace Percy (1887-1958), 1.º Barão Percy de, 286
Newcastle, Thomas Pelham-Holles (1693-1768), 1.º Duque de, 108-09, 133
Newman, Bertram (1886-19??), 174-75, 228, 259,
Newman, John Henry (1801-1890), 67, 74, 178, 345, 432
New Deal, 135, 433
New Republic, The, 363
New York Restraining Act [Lei de Restrição de Nova York], 192
New York Times, The, 433
Niemeyer, Gerhart (1907-1997), 61
Nisbet, Robert A. (1913-1996), 433
Nixon, Herman Clarence (1886-1967), 428
Nixon, Richard (1913-1994), 362-63

Notes Towards a Definition of Culture [Notas para a Definição de Cultura], de T. S. Eliot, 73
North, Frederick (1732-1792), 2.º Conde de Guilford, 112, 169, 210
Northumberland, Hugh Percy (c.1714-1786), 1.º Duque de, 168
Nugent, Dr. Christopher (1698-1775), 162
Núñez de Vela, Blasco (1495-1546), 466
Nuvens, As, de Aristófanes, 73

O
Oates, Titus (1649-1705), 168
Observações sobre a Franqueza do Comércio, do Visconde de Cairu, 485
Observations on Present State of Nation [Observações sobre a Presente Situação da Nação], de Burke, 112
Observations on the Conduct of the Minority [Observações sobre a Conduta da Minoria], de Burke, 124
O'Brien, Conor Cruise (1917-2008), 16, 23-24, 42, 397, 439-41
O'Connor, Flannery (1925-1964), 429
O'Halloran, 143
O'Hara, Charles (1746-1822), 170, 176-77, 187, 195
Oliveira Torres, João Camilo de *ver* Torres, João Camilo de Oliveira, 29, 31, 33-34, 95
Opitz, Edmund A. (1914-2006), 19
Orford, 1.º Conde de, *ver* Walpole, Robert, 107
Orford, 4.º Conde de, *ver* Walpole, Horace, 200, 314-15, 398

Origines de la France contemporaine, Les [Origens da França Contemporânea, As], de Hippolyte Taine, 399
Orwell, George [Eric Arthur Blair (1903-1950)], 353-54
Owsley, Frank Lawrence (1890-1956), 428

P
Paine, Thomas (1737-1809), 52-53, 71, 76, 121-22, 135, 140, 218, 253, 280, 285, 290-91, 293-94, 297-99, 301, 323, 480, 531, 534, 543
Palmer, John (1708-1770), 378
Palmer, Mary [Reynolds] (1716-1794), 378
Palmer, Theophila ["Offy"] (1757-1848), 378
Panichas, George A. (1930-2010), 22, 47, 106, 406, 437, 440, 442, 446
Papists Act [Lei Papista], ver *Catholic Relief Act 1788* [Lei de Ajuda Católica de 1788], 194, 273
Paradise Lost [Paraíso Perdido], de John Milton, 141, 355, 442
Paranhos, José Maria da Silva ver Rio Branco, Visconde do, 506
Parkin, Charles W., 101, 310-11, 397, 406-07
Pascal, Blaise (1623-1662), 158, 416
Patriot King, The [Rei Patriota, O], do 1.º Visconde de Bolingbroke, 183,
Paulo, São (5-67), o Apóstolo, 367
Pay Office [Departamento de Contas], 210
Payne, Edward John (1844-1904), 338, 393
Pedro I, Dom (1798-1834), Imperador do Brasil, 490

Pedro II, Dom (1825-1891), Imperador do Brasil, 495, 509-10
Peel, Sir Robert (1788-1850), 372
Peixoto, Floriano (1839-1895), 512-14
Pelham, Henry (1694-1754), 107
Pelham-Holles, Thomas, ver Newcastle, 1.º Duque de, 108, 133
Penal Laws, ver *Irish Penal Laws*, 110, 271
Percy, Eustace, ver Newcastle, 1.º Barão Percy de, 286
Percy, Thomas (1729-1811), 162
Percy, Walker (1916-1990), 429
Pepys, Sra., ver Rothes, 12ª Condessa de, 377
Pepys, Sir Lucas Pepys (1742-1830), 1.º Baronete, 377
Perceval, John, ver Egmont, 152
Percy, Hugh, ver Northumberland, 168
Person Jr., James E. (1955-), 25, 40, 55, 75, 84, 540
Peterborough, Charles Mordaunt (1658-1735), 1.º Conde de Monmouth e 3.º Conde, 377
Petty, William, ver Shelburne, 2.º Conde de, 116, 228, 234-35, 289, 313-14
Phillips, Molesworth (1755-1832), capitão, 379
Philosophical Enquiry into the Origins of Our Ideas of the Sublime and Beautiful [Uma Investigação Filosófica Sobre a Origem de Nossas Ideias do Sublime e do Belo], de Burke, 45, 108-09, 148, 157-58, 359
Philosophie der aufklärung, Die [A Filosofia do Iluminismo] de Ernst Cassirer, 399

Picard, Max (1888-1965), 353-54
Pigot, George Pigot (1719-1777), 1.º Barão, 239
Pilgrim's Progress, The [Peregrino, O], Bunyan, 136, 141
Pimenta Bueno, José Antônio, *ver* São Vicente, Marquês de, 30, 294
Pio VI, [Giovanni Angelo Braschi (1717-1799)], papa, 121
Pio IX, [Giovanni Maria Mastai-Ferretti (1792-1878)], papa, 426
Pitt, William (1759-1806), o Jovem, 117, 124-25, 184, 232-33, 236, 238, 244, 255, 278-79, 288, 307, 322-24, 326-27, 329, 336-40, 342-43, 364, 385, 511
Pitt, William (1708-1778), o Velho, 1.º Conde de Chatham, 58, 111, 166, 174, 178, 186, 189, 192, 209, 214
Pizarro, Francisco (1475-1541), 454, 457-62, 464, 476
Pizarro, Gonzalo (1510-1548), 465-66
Platão (427-347 a.C.), 46, 52, 73, 84, 289
Pleasures of Memory, The [Prazeres da Memória, Os], de Samuel Rogers, 391
Pocock, J. G. A. [John Greville Agard] (1924-), 498, 516, 523, 535-36, 544
Policy of Making Conquests for the Mahomentans, The [Política de Conquista para os Maometanos, A], de Edmund Burke e William Burke, 115
Política e Perfeição: Um estudo sobre o pluralismo de Edmund Burke e Isaiah Berlin, de João Pereira Coutinho, 543

Political Science Reviewer, The, 43, 333, 538
Politics and the Moral Life in the Writings of Edmund Burke and Reinhold Niebuhr [Política e Vida Moral nos Escritos de Edmund Burke e Reinhold Niebuhr], de Vigen Guroian, 537
Politics of Prudence, The [Política da Prudência, A], de Kirk, 408, 538
Portugal, Tomás Vilanova, *ver* Vilanova Portugal, Tomás, 484
Pope, Alexander (1688-1744), 147, 161, 173
Portable Conservative Reader, The [Guia de Bolso de Textos Conservadores, O], de Kirk, 14, 406
Portland, William Henry Cavendish Cavendish-Bentinck (1738-1809), 3.º Duque de, 116, 235,
Postmodern Imagination of Russell Kirk, The [Imaginação Pós-Moderna de Russell Kirk, A], de Gerard J. Russello, 24-25, 55-56, 75
Prédiction de Cazotte, faite en 1788 [A Profecia de Cazzotte, feita em 1788], de Jean-François de La Harpe, 262, 264
Prelude, The [Prelúdio, O], de William Wordsworth, 305-06
Price, Richard (1723-1791), 120, 145, 289, 301, 313
Priestley, Joseph (1733-1804), 301
Private Papers of James Boswell, The [Escritos Pessoais de James Boswell, Os], de James Boswell, 398
Program for Conservatives, A [Programa para Conservadores, Um], de Kirk, 25-26

Prospects for Conservatives [Perspectivas para Conservadores], de Kirk, 25
Protestant Ascendancy [Supremacia Protestante], 272, 274, 276-77, 279-80
Província, A, de Aureliano Tavares Bastos, 496
Pucelle d'Orléans, La [Donzela de Orleans, A], de Voltaire, 263

Q
Qianlong (1711-1799), imperador da China, 282
Quartering Acts 1765 [Lei de Aquartelamento de 1765], 111
Quartering Acts 1774 [Lei de Aquartelamento de 1774], 113
Quebec Act [Ato de Quebec], 113, 199
Quebec Bill [Lei de Quebec], 121, 314
Queen's Quarterly, 81, 102, 539
Queirós, Eusébio de (1812-1868), 30, 498
Quincey, Thomas de (1785-1859), 159
Quintiliano, Marco Fábio (35-95), 46
Quinton, Anthony (1925-2010), 32
Quod Aliquantum, do papa Pio VI, 121

R
Rage of Edmund Burke: Portrait of an Ambivalent Conservative, The [Furor de Edmund Burke: Retrato de um Conservador Ambivalente, O], de Isaac Kramnick, 16, 24, 42, 70-71, 396
Rajá de Tanjore, Thuljaji Bhonsle (1738-1787), o, 239, 241

Rall, Johann (1726-1776), 114
Ramsay, David (1749-1815), 165
Rand, Ayn (1905-1982), 43
Randolph, John (1773-1833) de Roanoke, 44, 56-60, 62, 64, 67, 71, 291, 298, 360, 539
Ransom, John Crowe (1888-1974), 428
Reagan, Ronald (1911-2004), 363
Reclaiming a Patrimony: A Collection of Lectures [Reafirmar um Patrimônio: Uma Coletânea de Conferências], de Kirk, 14
Redeeming the Time [Redimir o Tempo], de Kirk, 14, 36, 73, 78, 89-90, 478, 540
Reeves, John (1752-1829), 123
Reflexões sobre a Revolução em França de Edmund Burke: Uma Revisão Historiográfica, As, de Modesto Florenzano, 543
Reflections on the Revolution in France [Reflexões sobre a Revolução em França], de Burke, 17, 33, 57, 69, 73, 82, 88, 120-21, 138, 144-45, 288-93, 295, 297-302, 305, 307-08, 313-14, 318, 322, 329, 335, 337, 338, 346, 359, 366, 372, 374, 405, 418, 420, 445, 470, 480, 484, 538, 541
Reformer, 108, 146
Regnery, Henry (1912-1996), 12, 18-19, 68, 361, 401, 478
Regulating Act [Lei Regulatória], 238-39
Remarks on the Apparent Circumstances of the War [Observações sobre as Aparentes Circunstâncias da Guerra], do 1.º Barão de Auckland, 127, 338

Remarks on the Policy of the Allies with Respect to France [Observações sobre a Política dos Aliados a Respeito da França], de Burke, 124, 324-25
Representation to His Majesty, A [Representação para Sua Majestade, Uma], de Burke, 117
Revenue Act of 1767 [Lei de Receita de 1767], 111, 192
Revere, Paul (1734-1818), 200
Review of Politics, The, 82, 297, 539
Reynolds, Sir Joshua (1723-1792), 10, 71, 110, 157, 162, 198, 261, 330, 375, 377-78
Reynolds, Mary, *ver* Palmer, Mary [Reynolds], 378
Ritchie, Daniel, 90, 159-60, 397, 536
Rigby, Richard (1722-1788), 228
Rights of Man [Direitos do Homem], de Thomas Paine, 121-22, 291, 543
Rio Branco, José Maria da Silva Paranhos (1819-1880), Visconde do, 506
Rivarol, Claude-François de (1762-1848), 369
Road to Serfdom, The [Caminho da Servidão, O], de Friedrich A. Hayek, 429
Roanoke, John Randolph de, *ver* Randolph, John, 44, 55, 57, 64, 67, 298 360
Robertson, William (1721-1793), 163, 448-50, 453-55, 460, 466-67, 477, 516
Robespierre, Maximilien de (1758-1794), 125, 324, 336, 421, 492
Robinson, Henry Crabb (1775-1867), 283, 332
Robinson, Nicholas K. (1946-), 400

Rocha, Justiniano José da (1812-1862), 30
Rockingham, Charles Watson-Wentworth (1730-1782), 2.º Marquês de, 169, 394, 417, 465
Roeg, Nicolas (1928-), 356
Rogers, Samuel (1763-1855), 391
Romantismo, 41, 49, 74, 140, 143, 157, 209, 286, 466, 500, 504
Roots of American Order, The [Raízes da Ordem Norte-Americana, As], de Kirk, 13-14, 37, 55, 88, 91, 411, 413, 424, 538
Roosevelt, Franklin Delano (1882-1945), 434
Rossiter, Clinton (1917-1970), 292, 362, 364-65, 428
Rosslyn, 1.º Conde, *ver* Loughborough, 255, 389,
Rothbard, Murray N. (1926-1995), 156
Rothes, Jane Elizabeth Leslie (1750-1810), 12.ª Condessa de, 377
Rousseau, Jean-Jacques (1712-1778), 69, 76, 82-83, 86, 140, 155, 297, 302, 309-12, 317, 322, 369, 419, 486
Royal Marriages Act 1772 [Lei dos Casamentos Reais de 1772], 220
Royce, Josiah (1855-1916), 367
Rush, Benjamin (1745-1813), 352
Russell, John, *ver* Bedford, 4.º Duque de, 171, 193, 290, 331-34
Russell Kirk: A Critical Biography of a Conservative Mind [Russell Kirk: Uma Biografia Crítica de uma Mente Conservadora], de James E. Person Jr., 25
Russell Kirk and the Age of Ideology [Russell Kirk e a Era da Ideologia],

de W. Wesley McDonald, 27, 53, 75-76
Russell Kirk: American Conservative [Russell Kirk: Conservador Norte-Americano], de Bradley J. Birzer, 15
Russell Kirk: O Peregrino na Terra Desolada, de Alex Catharino, 12, 16, 44, 92, 94
Russello, Gerard J. (1971-), 24-25, 55-56, 75, 84

S
Salústio (85-35 a.C.), 147,
Santayana, George (1863-1952), 67, 136, 163
Santos, José Maria dos (1877-1954), 522
São Vicente, José Antônio Pimenta Bueno (1803-1878), Marquês de, 30, 494
Sardá y Salvany, Félix (1844-1916), 28
Sardinha, António (1887-1925), 28
Savigny, Friedrich Carl von (1779-1861), 500
Savile, George (1726-1784), 8.º Baronete da Inglaterra, 224, 268
Saturday Review, The, 264, 433
Schaub, Frederica Augusta (1750-1832), 382
Schmitt, Carl (1888-1985), 28
Scott, Walter (1771-1832), Sir, 67, 74, 161, 293, 432
Scott-Moncrieff, George (1910-1974), 89
Scruton, Roger (1944-), 11, 34-36, 97, 99, 103, 105, 440
Secret Service Fund, 176
Sêneca, Lúcio Aneu (4 a.C.-65 A.D.), 64, 73, 86
Sentimentalismo, 49, 86

Seven Sages, The [Sete Sábios, Os], de Yeats,
Sewanee Review, The, 345
Shackleton, Abraham (1697-1771), 107, 145, 281
Shackleton, Richard (1726-1792), 145-47, 149, 193, 261, 267
Shakespeare, William (1564-1616), 147, 298, 367, 415-16, 462
Shaw, George Bernard (1856-1950), 270
Schlesinger Jr., Arthur M. (1917-2007), 135, 529
Shelburne, William Petty (1737-1805), 1.º Marquês de Lansdowne e 2.º Conde de, 116, 228, 234-36, 289, 313-14
Sherbrooke, Visconde de, *ver* Lowe, Robert, 160
Sheridan, Richard Brinsley (1751-1816), 244, 248-49, 254, 390
Shipley, Anna Maria *ver* Mordaunt, Anna Maria, 377
Shipley, Georgiana (1752-1806), 377
Shipley, Jonathan (1714-1788), 377
Siécle de Louis XIV, Le [Século de Luís XIV, O], 455
Silva, Firmino Rodrigues (1816-1879), 497
Silva Lisboa, José da, *ver* Cairu, Visconde de, 30, 144, 355, 374, 483, 485-86, 541
Skinner, Quentin (1940-), 544
Smith, Adam (1723-1790), 36, 110, 162, 182, 312, 448, 479, 544
Smollett, Tobias (1727-1771), 163, 454
Soares de Sousa, Paulino José (1834-1901), *ver* Uruguai, o Visconde de, 30, 494, 506, 544

Society of United Irishmen [Sociedade dos Irlandeses Unidos], 122, 142, 274
Sócrates (469-399 a.C.), 73, 309
Souza, Brás Florentino Henriques de (1825-1870), 31
Southey, Robert (1774-1843), 140, 293
Spear, Percival (1901-1982), 400
Speech on American Taxation [Discurso sobre a Tributação Americana], de Burke, 113, 190, 417, 452
Speech on Continuation of the Impeachment [Discurso sobre a Continuidade do Impeachment], de Burke, 120
Speech on Economical Reformation [Discurso sobre Reforma Econômica], de Burke, 115, 229
Speech on Fox's East India Bill [Discurso sobre o Projeto de Lei de Fox para a Índia Ocidental], de Burke, 117, 253
Speech on Limitation of the Impeachment [Discurso sobre os Limites do Impeachment], de Burke, 121
Speech on Moving Resolutions for Conciliation with the Colonies [Discurso sobre as Deliberações Propostas para a Conciliação com as Colônias], de Burke, 45, 114, 190, 200, 358-59
Speech on the Acts of Uniformity [Discurso sobre os Atos de Uniformidade], de Burke, 112
Speech on the Army Estimates [Discurso sobre as Estimativas do Exército], de Burke, 120
Speech on the Nabob of Arcot's Debts [Discurso sobre os Débitos do *Nawab* de Arcot], de Burke, 117

Spencer, Charles, *ver* Marlborough, 3.º Duque de, 380
Spencer, Diana, *ver* Beauclerk, Lady Diana, 380
Spencer, Herbert (1829-1903), 521
Spenser, Edmund (1552-1599), 143, 147, 415
Staël, Anne-Louise Germaine Necker de Staël-Holstein (1766-1817), Madame de, 482, 488
Stahl, Friedrich Julius (1802-1861), 28
Stamp Act [Lei do Selo], 111, 178
Stanlis, Peter J. (1920-2011), 23, 40, 42, 62, 65, 70, 75, 83-84, 88-89, 101, 150, 208-10, 250-51, 395, 397, 418, 439-40, 531, 536-37
Steevens, George (1736-1800), 162
Stephen, Leslie (1832-1904), 160, 172, 399
Stewart, John, *ver* Bute, 3.º conde de, 110
St. John, Diana [Viscondessa de Bolingbroke], *ver* Beauclerk, Lady Diana, 380
St. John, John St. John (1695-1749), 2.º Visconde de, 380
St. John, 3.º Visconde, *ver* Bolingbroke, 2.º Visconde de, 380
St. John, Frederick, *ver* Bolingbroke, 2.º Visconde de, 380
St. John, Henry, *ver* Bolingbroke, 1.º Visconde de, 53, 132, 155-56, 172-73, 216-18, 451
Story, Joseph (1779-1845), 361
Strauss, Leo (1899-1973), 41, 79-81, 320-21, 542-43
Stuart, Charles Edward (1720-1788), o jovem Pretendente, 172
Stuart, James Francis Edward (1688-1766), o velho Pretendente, 172

Studies in Burke and His Time, 106, 537-38, 545
Study of History, A [Estudo de História, Um], de Arnold Toynbee, 141
Sugar Act [Lei do Açúcar], 110
Sutherland, George Leveson-Gower (1758-1833), 1.º Duque de, 324
Swift, Jonathan (1667-1745), 143, 173, 510
Swinburne, Algernon Charles (1837-1909), 139
Sword of Imagination: Memoirs of a Half-Century of Literary Conflict, The [Espada da Imaginação: Memórias de Meio Século de Conflito Literário, A], de Kirk, 12-13, 23, 40, 45, 57, 65-66, 81
Sydnor, Charles S. (1898-1954), 57, 64, 360

T
Taine, Hippolyte (1828-1893), 264, 399
Taft, Robert A. (1889-1953), 55
Tate, Allen (1899-1979), 428
Talleyrand-Périgord, Charles-Maurice de (1754-1838), 119
Tavares Bastos, Aureliano (1839-1877), 31, 496, 526
Tea Act [Lei do Chá], 113
Tea Party, *ver* Boston Tea Party, 113, 192
Test Act [Lei de Teste], 273, 277
Thackeray, William Makepeace (1811-1863), 221-22
Thomas, James Havard (1854-1921), 354
Thoughts on French Affairs [Considerações sobre as Questões Francesas], de Burke, 122, 320-22

Thoughts on the Cause of the Present Discontents [Reflexões sobre a Causa dos Atuais Descontentes], de Burke, 112, 211, 214-15, 218, 220, 267, 455, 465, 510
Time Magazine, 433
Tocqueville, Alexis de (1805-1859), 34, 67, 70, 76, 79, 216, 266, 371, 399, 414-15, 422-25, 427, 432, 435, 513, 529, 544
Todd, William B. (1919-2011), 395, 451-52
Tolkien, J. R. R. [John Ronald Reuel] (1892-1973), 357
Tomás de Aquino (1225-1274), Santo, 39, 65, 71, 75, 286, 367
Tone, Wolfe (1763-1798), 275, 280-81
Torres, João Camilo de Oliveira (1916-1973), 29, 31, 33, 95
Tory, 57-58, 110, 117, 124, 161, 172, 183, 193, 216, 236, 244, 255, 318, 336, 345, 371, 498, 507-09, 512, 520, 525-27
Townshend Acts [Leis Townshend], 111-12
Townshend, Charles (1725-1767), 192
Toynbee, Arnold J. (1889-1975), 141, 363
Treasury Board [Conselho do Tesouro], 210
Trilling, Lionel (1905-1975), 135, 427-28, 529
Truffaut, François (1932-1984), 356
Twilight of the Mughuls: Studies in Late Mughul Delhi [Crepúsculo dos Mugals: Estudos sobre a Déli Mugal Tardia], de Percival Spear, 400
Two Letters on Irish Trade [Duas Cartas sobre o Comércio Irlandês], de Burke, 115

U

Unitarista, 289, 322
United Irishmen [Irlandeses Unidos], 275, 278-80
ver também Society of United Irishmen, 122, 142, 274
University Bookman, The, 21, 478, 538
Uruguai, Paulino José Soares de Sousa (1807-1866), o Visconde de, 30, 494, 506, 544
Utilitarismo, 28, 74, 86
Utilitarista, 49, 74, 405

V

Vaca de Castro, Cristóbal (1492-1566), 462-66
Valverde, O.P., Vicente de (1490-1543), 459
Vasconcelos, Bernardo Pereira de (1795-1850), 30, 483-84, 489-96, 498, 506-07, 512, 520, 522, 525-26
Vázquez de Mella, Juan (1861-1928), 28
Veiga, Evaristo da (1799-1837), 30
Vela, Blasco Núñez de, *ver* Núñez de Vela, Blasco, 466
Verney Papers, The [Escritos de Verney, Os], 398
Verney, Ralph (1714-1791), 2.º Conde de Verney, 171, 177, 190-91
Vesey, Elizabeth (1715-1791), 161
Veuillot, Louis (1813-1883), 28
Viereck, Peter (1916-2006), 43
Vilanova Portugal, Tomás (1755-1839), 484
Vindication of Natural Society, A [Vindicação da Sociedade Natural, Uma], de Burke, 109, 155-57

Vindication of the Rights of Men, A [Vindicação dos Direitos do Homem, Uma], de Mary Wollestonecraft, 120
Vindiciæ Gallicæ: A Defence of the French Revolution and its English admirers against the accusations of the Right Hon. Edmund Burke [Vindiciæ Gallicæ: Uma Defesa da Revolução Francesa e de seus admiradores ingleses contra as acusações do Right Hon. Edmund Burke], de James Mackintosh, 121, 335
Virgílio [Marão], Publio (70-19 a.C.), 143, 145, 147, 148, 297, 415
Virtue and the Promisse of Conservatism: The Legacy of Burke & Tocqueville [Virtude e a Promessa do Conservadorismo: O Legado de Burke e de Tocqueville], de Bruce Frohnen, 35, 70-72, 76
Visconti, Luchino (1906-1976), 29
Vitória (1819-1901), rainha da Grã-Bretanha, 426
Vivas, Eliseo (1901-1993), 43
Voegelin, Eric (1901-1985), 21, 60, 94, 141
Vogelsang, Karl von (1816-1890), 28
Voltaire, [François Marie Arouet (1694-1778)], 454-55, 471, 477

W

Wade, John Donald (1892-1963), 428
Waller, Edmund (1606-1687), 147
Walpole, Horace (1717-1797), 4.º Conde de Orford, 200, 314-15, 398
Walpole, Robert (1675-1745), 1.º Conde de Orford, 107

Warren, Austin (1899-1986), 440, 446
Warren, Robert Penn (1905-1989), 428
Warton, Joseph (1722-1800), 162
Washington, George (1732-1799), 114, 116, 218, 266, 280, 366
Watson-Wentworth, Charles, *ver* Rockingham, 2.º Marquês de, 169, 394, 417, 465
Weaver, Richard M. (1910-1963), 428-30, 433, 435, 442
Webster, Daniel (1782-1852), 135
Wedderburn, Alexander, *ver* Loughborough, 255, 336, 389-90
Wentworth-Fitzwilliam, Charles William, *ver* Fitzwilliam, 5.º Conde, 394
Wentworth-Fitzwilliam, William, *ver* Fitzwilliam, 4.º Conde, 125, 261, 279-80, 301, 308, 317, 324, 330, 336, 394
Wentworth-Fitzwilliam, William Thomas George, *ver* Fitzwilliam, 10.º Conde, 174
Werner, Oskar (1922-1984), 356
Wharton, Joseph (1722-1800), 161
Wharton, Thomas (1728-1790), 161
Whelan, Frederick G., 397, 538
Whig, 15, 65-66, 107-12, 116, 121-22, 124, 133, 152, 169, 171-74, 178, 182-84, 186, 189, 192-93, 204, 208, 211, 215, 220-21, 223, 235-36, 257, 284, 286, 288, 290, 297, 308, 314-15, 317, 322-24, 326, 331, 336, 338, 345-47, 381-82, 417, 420, 443, 465, 480, 498, 508-14, 516, 518, 520-22, 526-27, 532
Wilde, Oscar (1854-1900), 364
Wilkes, John (1725-1797), 173, 177, 193-94, 221, 223, 267, 294

Williams, John William (1885-1957), 65, 67
Wilmington, Spencer Compton (1673-1743), 1.º Conde de, 107
Wilson, Woodrow (1856-1924), 284, 288, 291, 331, 361, 529
Windham, William (1750-1810), 249, 307, 343, 387, 398
Windham Papers, The [Escritos de Windham, Os], 398
Winkelried, Arnold von, 348
Wish, Harvey (1909-1968), 165
Wolfe, Gregory (1959-), 28
Wollestonecraft, Mary (1759-1797), 120
Wordsworth, William (1770-1850), 140, 159, 293, 305-06
Works and Correspondence of the Right Honourable Edmund Burke, The [Trabalhos e a Correspondência do Right Honourable Edmund Burke, Os], da Francis and John Rivington, 315, 394
Works of the Right Honourable Edmund Burke, The [Trabalhos do Right Honourable Edmund Burke, Os], da Little, Brown and Company, 204, 214, 229, 230, 232, 254, 339, 393, 423
Writings and Speeches of Edmund Burke [Escritos e Discursos de Edmund Burke], da Oxford University Press, 231, 280, 393, 451-52, 455
Wycherley, William (1641-1716), 387

X

Xavier de Brito, Márcia (1970-), 11-12, 55-56, 105, 361, 405-06, 408, 429, 438, 545
Xenofonte (430-355 a.C.), 147

Y
Yale Review, 433
Yeats, William Butler (1865-1939), 143-44, 345, 347
Young, Edward (1681-1765), 147
Young, Stark (1881-1963), 428
Young America's Foundation (YAF), 91, 540

Z
Zenão de Cítio (333-263 a.C.), 64
Zoll, Donald Atwell (1927-2011), 43

Do mesmo autor, leia também:

A ERA DE T. S. ELIOT
A Imaginação Moral do Século XX
Russell Kirk

Este livro é a melhor introdução à vida, às ideias e às obras literárias de T. S. Eliot. A clara percepção de Russell Kirk dos escritos de Eliot é enriquecida com uma leitura abrangente dos autores que mais influenciaram o poeta, bem como por experiências e convicções similares. Kirk segue o curso das ideias políticas e culturais de Eliot até as verdadeiras fontes, mostrando o equilíbrio e a sutileza de seus pontos de vista.

facebook.com/erealizacoeseditora   twitter.com/erealizacoes   instagram.com/erealizacoes   youtube.com/editorae

issuu.com/editora_e   erealizacoes.com.br   atendimento@erealizacoes.com.br